Uwe Lehnert

Warum ich kein Christ sein will – Mein Weg vom christlichen Glauben zu einer naturalistisch-humanistischen Weltanschauung

Uwe Lehnert

Warum ich kein Christ sein will –

Mein Weg vom christlichen Glauben zu einer naturalistisch-humanistischen Weltanschauung

4. Auflage

[TEIA] INTERNET AKADEMIE LEHRBUCH VERLAG

TEIA AG – Internet Akademie und Lehrbuch Verlag
Salzufer 13/14
10587 Berlin

Tel. 030/726 298 – 515
Fax 030/726 298 – 510

www.teialehrbuch.de
buero@teia.de

4., überarbeitete und erweiterte Auflage, Januar 2011
Version 4.0

Satz und Layout: Uwe Lehnert
Umschlaggestaltung: Steenbrink Vormgeving, www.steenbrink.de
Umschlagbild: Holzstich von Camille Flammarion, 1888 – © culture-images

ISBN 978-3-939520-70-2

Inhalt

Widmung und Danksagung

Dieses Buch habe ich meinen Eltern gewidmet. Meiner Mutter, die sich zeitlebens lebhaft für philosophische, religiöse und allgemeine naturwissenschaftliche Fragen interessierte, es aber oft mit der Fachsprache des Spezialisten nicht leicht hatte; meinem Vater, der in mir das Interesse an »Gott und der Welt« weckte und der mir die kritische Grundhaltung in religiösen Fragen vorlebte. Und hoffentlich wird dieses Buch auch meinen Sohn Björn ermutigen, trotz kultureller Vorgaben und vielfältigem gesellschaftlichen Drucks in Sachen Religion eine vernunftbasierte Position zu entwickeln und zu leben.

Zu großem Dank verpflichtet bin ich vor allem meinem Bruder Volker, der mein Vorhaben von Anfang an und in allen Phasen kritisch aber stets ermunternd begleitete und mit einer Vielzahl wertvoller Vorschläge bereicherte. Auch mein Bruder Jürgen war mir aufgrund seines Wissens und seiner unbestechlichen Logik ein wichtiger und sehr anregender Gesprächspartner. Meine Schwester Gudrun begegnet diesem Thema aus einer ganz anderen Perspektive und hat völlig andere Vorstellungen von Gott und der Welt als ich; es sind Auffassungen, die ich respektiere, wenn auch nicht teile und die doch zugleich zur Präzisierung meines Weltbildes beigetragen haben.

Ferner danke ich meinen Freunden Achim Rosenhahn und Werner Menzel für stundenlanges kritisches und weiterführendes Diskutieren meiner Texte. Pfarrer Harald Groß hat mich mit seiner geduldigen Gesprächsbereitschaft beeindruckt und ist mir trotz gegenteiliger Auffassungen in Glaubensfragen stets ein toleranter und verständnisvoller Dialogpartner gewesen; ich habe ihm zudem eine Reihe von Richtigstellungen zu verdanken. Pfarrer Jens Teuber hat mir heftig widersprochen; er veranlasste mich aber zu Recht, einige missverständliche und ungerechte Äußerungen zu überarbeiten und manche unnötige Schärfe im Text zu entfernen. Schließlich danke ich für Zuspruch und oft berechtigte Kritik – beides in je unterschiedlichem Maße – Dr. Ute Szudra, Hille Lahring, Jürgen Keller, Roswitha Braun und nicht zuletzt meiner Frau Dr. Elfi Bendikat.

In die 3. Auflage gingen auch eine Reihe von Verbesserungsvorschlägen und Korrekturen ein, die ich von Lesern erhielt, die mich über meine Internetadresse kontaktierten, namentlich seien genannt Prof. Dr. Uwe Hillebrand (www.warumglaubstdunoch.de) und Prof. Dr. Wolfgang Klosterhalfen (www.reimbibel.de), der im Internet wohl als erster empfehlend auf mein Buch verwies. Hilfreiche Kritik und viel freundschaftlichen Rat erhielt ich ferner von Dr. Dr. Joachim Kahl.

Zu der vorliegenden 4. Auflage ermunterten mich die nahezu ausschließlich sehr positiven Rezensionen bei den Internet-Buchversendern. Auch die Würdigungen, die dieses Buch durch die Giordano Bruno Stiftung und durch den Humanistischen Pressedienst und andere humanistisch orientierte Gruppierungen erfuhr, haben mich in der Auffassung bestärkt, dass man sich auch als theologischer Laie zu Fragen des Glaubens und der Kirchen zu Wort zu melden sollte. Besonders bedanken möchte ich mich bei vier mir Wohlgesonnenen, die mich fast wie Lektoren mit Hinweisen auf sachliche Ungenauigkeiten und vielen wertvollen inhaltlichen Anregungen bei dieser letzten Auflage unterstützten. Es sind (in alphabetischer Reihenfolge): Jürgen Beetz, Prof. Dr. Gerd Doerry, Univ.-Doz. Dr. Georg Dorn und Frank Spade.

Alle Genannten haben auf ihre Weise Anteil an diesem Buch. Die Verantwortung für alles Geschriebene und damit Gesagte, insbesondere natürlich für das, was so manchem Leser weh tun oder ihn erzürnen wird, liegt selbstverständlich bei mir.

Berlin, im Januar 2011

Warum dieses Buch?

Dieses Buch ist hervorgegangen aus persönlichen Aufzeichnungen und über viele Jahre gesammelten Materialien. Ich wollte mir im Sinne einer kritischen Selbstvergewisserung Klarheit verschaffen über einige mich seit Jahrzehnten bewegende Fragen – soweit es mir jedenfalls mit meinen Mitteln möglich war und soweit das überhaupt erreichbar ist. Zu diesen Fragen gehören jene nach dem Stellenwert von Wissenschaft, speziell von Naturwissenschaft, für unser Leben, insbesondere der Geltung ihrer Erkenntnisse für Gestaltung und Deutung unseres Daseins. Es geht um Fragen nach unserer Stellung und Bedeutung im Kosmos, nach der möglichen Existenz Gottes und ob der Gott, der in der Bibel beschrieben wird, für uns heutige Menschen so überhaupt »glaubwürdig« sein kann. Ich frage mich, warum so viele Menschen an Dinge glauben, die so offensichtlich – oder doch nur scheinbar? – im Widerspruch zu Vernunft und Wissen stehen. Auch versuche ich, eine mich überzeugende, sprich »vernünftige« Antwort nach dem Sinn des und auch meines Lebens zu finden. Nicht zuletzt bewegt mich die nur scheinbar akademische Frage, ob wir über einen freien Willen verfügen, der es uns erlaubt, wirklich Herr unserer Entscheidungen zu sein und damit für alles, was wir in diesem Leben tun oder lassen, so Verantwortung zu übernehmen, wie es zum Beispiel das Strafrecht oder christlicher Glaube von uns verlangen.

Ich habe also über mein Dasein nachgedacht, über die Frage, warum ich, warum wir hier auf dieser Erde sind, und ob wir jemals in der Lage sein werden, uns und das uns umgebende Universum zu begreifen. Über diese Dinge habe ich zeitlebens – in manchen Lebensphasen mehr, in anderen weniger – versucht, mir Einsicht, Klarheit, ja möglichst Gewissheit zu verschaffen. So wie es ungezählte andere Menschen auch taten und wohl immer tun werden. Eine ganz zentrale Rolle spielt dabei natürlich die philosophische beziehungsweise erkenntnistheoretische Frage, wieweit wir überhaupt in der Lage sind, verlässliche Erkenntnisse über uns und die Welt zu erlangen. In diesem

Buch versuche ich, die mir wesentlich erscheinenden Überlegungen, Einsichten und Überzeugungen zu den genannten Fragenkomplexen zusammenfassend darzustellen und mich dabei der Gültigkeit, zumindest Glaubwürdigkeit der Antworten soweit wie möglich zu vergewissern.

Es geht um nichts Geringeres als um die Wesensfragen unserer Existenz hier auf dieser Erde, die sich so viele andere Menschen vor mir auch schon gestellt haben: Wer sind wir? Woher kommen wir? Wohin gehen wir? Worauf können wir hoffen? Wer will ich sein, wer sollte ich sein? Wer oder was gibt dem Ganzen einen Sinn? Das intensive Suchen nach Antworten, ja möglichst Gewissheit in diesen existenziellen Fragen drückte sich in der Phase des Abiturs in dem ernsthaften Wunsch aus, Theologie zu studieren. Die Ahnung, dass dies für mich zu keinem guten Ende führen würde, ließ diese Absicht aber wieder in den Hintergrund treten. Die damals verdrängte Frage nach meiner Einstellung zu Christentum und Kirche ist für mich nach dem Ende meines Berufslebens wieder bedeutsam geworden und wird ein zentrales Thema dieses Buches sein. Ich versuche, vor mir zu begründen und möchte anderen erklären können, warum ich kein Christ sein kann und auch nicht sein will.

Dies ist somit ein Buch, das sich Fragen der Philosophie und der christlichen Religion und den grundlegenden Erkenntnissen und Folgerungen der modernen Naturwissenschaften widmet. Dies allerdings nicht in der für solche Bücher typischen Form, nämlich systematisch, umfassend, in der anspruchsvollen Sprache des Spezialisten abgefasst. Ich habe mich nur mit jenen Themen befasst, die mir für mein – ich betone: mein – Nachdenken über »Gott und die Welt« wichtig erschienen. Die Auswahl der Themen ist deshalb sicherlich subjektiv und doch – wie ich hoffe zeigen zu können – wohl überlegt. Ich möchte aber noch einmal unterstreichen, dass ich dieses Buch – zunächst jedenfalls – nur für mich geschrieben habe. Dies allerdings in der wohl nicht unbegründeten Annahme, dass meine Fragen und meine Antworten von vielen anderen Menschen ganz ähnlich formuliert würden. Ich meine deshalb, dass die hier mitgeteilten Gedanken auch andere Menschen interessieren könnten.

Als einen typischen Leser, der mir beim Schreiben vorschwebte, stellte ich mir meine inzwischen verstorbene Mutter vor. Sie interessierte sich zeitlebens für Fragen der Philosophie und der Religion, aber auch für Erkenntnisse moderner naturwissenschaftlicher Forschung und den daraus folgenden Konsequenzen für unser heutiges Weltbild. Ihr Problem war oft die Sprache der schreibenden Spezialisten, die sich zu wenig bemühten, verstanden zu werden oder die sich gar nicht bewusst waren, dass ihre zu Papier gebrachten Einsichten der »Übersetzung« in Vorstellungswelt und Sprache des zwar

Interessierten, aber nicht einschlägig und hinreichend Vorgebildeten bedurften. Ich hoffe, es ist mir gelungen, mich über Philosophie, Glauben und Wissenschaft so mitzuteilen, dass ich von jedem Interessierten und Gutwilligen verstanden werde. Dabei ist mir sehr wohl bewusst, dass das Klare und Verständliche schnell im Verdacht des Trivialen und Selbstverständlichen steht.

Mein Interesse an den Naturwissenschaften und der Technik wurde früh durch meinen Vater geweckt. Ich erinnere mich noch, dass ich als etwa 13- oder 14-jähriger Junge zu Weihnachten ein Buch des Berliner Astronomen Bruno H. Bürgel bekam mit dem Titel »Aus fernen Welten – Eine volkstümliche Himmelskunde«. Dieses Buch legte den Grundstein für mein bis heute anhaltendes Interesse an Astronomie und vor allem Astrophysik. Ebenfalls zu Weihnachten bekam ich über viele Jahre die jeweils neueste Ausgabe der Jugendbuchreihe »Das Neue Universum«. Die darin enthaltenen, reich bebilderten Berichte über neueste wissenschaftliche Erkenntnisse, eindrucksvolle technische Entwicklungen und geplante außerirdische Forschungsexpeditionen wurden von mir immer begierig aufgenommen und haben ebenfalls wesentlich dazu beigetragen, dass mich naturwissenschaftliche und technische Themen ein Leben lang begeisterten.

Diskussionen über Religion blieben in unserer Familie nicht aus. Mein Vater war schon als junger Mann – sehr zum Leidwesen seiner gläubigen Mutter – aus der Kirche ausgetreten. Später trat er formal der evangelischen Kirche wieder bei, um uns Kindern nach der kriegsbedingten Vertreibung die Eingliederung in einer christlich-kirchlich geprägten Umgebung nicht unnötig zu erschweren. Wir sollten den christlichen Glauben kennen lernen und später eine eigene Entscheidung treffen. An seiner ablehnenden Haltung der Kirche gegenüber ließ unser Vater jedoch nie einen Zweifel. Meine Mutter war eine liberale Katholikin, wenn der Begriff »liberal« überhaupt sinnvoll ist im Zusammenhang mit »katholisch«, soll heißen, sie blieb bei ihrem ihr anerzogenen Glauben, hatte aber nie Schwierigkeiten, andere Glaubensvorstellungen zu akzeptieren. Ein Bruder ist noch als Schüler in einer evangelischen Kirche nebenamtlich Organist geworden und hatte von daher natürlich eine enge Verbindung und Bindung zu allem, was sich in einer und um eine Kirche herum abspielt. Die beiden jüngsten Geschwister waren in Bezug auf religiöse Fragen für mich in meiner Zeit als Schüler und junger Student gewissermaßen neutrale Familienmitglieder. Sie waren noch zu jung, um sich für Fragen dieser Art zu interessieren.

Ich selbst wurde erst mit 14 Jahren – gleichzeitig mit meinen drei Geschwistern – getauft und erst mit 16 Jahren konfirmiert. Die Folge meines gegenüber meinen Mitkonfirmanden relativ hohen Alters war, dass unser Pastor es mit mir, dem ständig nachfragenden und widersprechenden Jüngling, nicht leicht hatte. Er konnte mich in seiner bemühten aber schlichten Argumentation eigentlich nie überzeugen. Als Student bin ich dann aus der Kirche ausgetreten. Kurzum: Da in unserer Familie Fragen des Glaubens beziehungsweise Nichtglaubens immer eine Rolle spielten, lernten wir alle erst nach anfänglichen Schwierigkeiten, dass in diesen Fragen Toleranz dem Andersdenkenden gegenüber die einzige Möglichkeit ist, sich bei aller Unterschiedlichkeit doch als eine zusammengehörige Familie zu fühlen.

Meine Ansichten und Bekenntnisse in diesem Buch gründen auf der Überzeugung, dass es richtig und vernünftig ist, soweit es irgend möglich ist, sich seines Verstandes zu bedienen. Weder kirchlicher Glaube noch persönliche Erleuchtung anderer – und seien diese für den Betroffenen noch so bedeutsam und wegweisend – können für mich Richtschnur meines Denkens sein. Auch will ich mich nicht von der Künstlichkeit und Konstruiertheit christlicher Theologie vereinnahmen lassen. Das, was heutige Wissenschaft, insbesondere meine ich damit die Naturwissenschaften, als derzeit gesicherte Erkenntnis ansieht, ist für mich zunächst einmal maßgebend und Basis für alle weiteren Überlegungen. Vor allem ist es die streng logische und systematische Denkweise der heutigen Naturwissenschaften und ihre empirische Verankerung, die ich mir zum Vorbild genommen habe. Nur diese Denk- und Forschungsmethodik hat die faszinierenden Erfolge der Astronomie, der Physik, der Biologie oder beispielsweise der Medizin ermöglicht. Nur Logik und Empirie sind meines Erachtens in der Lage, verlässliche Erkenntnisse über unsere Welt zu gewinnen. Dabei ist mir sehr wohl bewusst, dass es Bereiche gibt, über die die Wissenschaft prinzipiell nichts sagen kann. Und ich verkenne auch nicht, dass unsere Einsichtsfähigkeit immer auch zeitbedingte und vermutlich wohl auch prinzipielle Grenzen hat. Dennoch bilden nach meiner Überzeugung rational-logisches Denken und naturwissenschaftlich erarbeitetes Wissen die sicherste und intellektuell befriedigendste Basis für unser Denken und Handeln. Denn worüber man nichts Begründetes sagen kann, kann man allenfalls spekulieren.

Sich seines Denkvermögens zu bedienen, heißt deshalb für mich, nichts zu »glauben«, was dem Verstand und wissenschaftlicher Erkenntnis eindeutig widerspricht. Zwar kann auch Wissenschaft nicht alles erklären, aber Glaube erklärt gar nichts. Damit möchte ich religiösen Gedanken nicht von vornherein ihre Berechtigung absprechen, aber feststellen, dass der Glaube zum Verständnis unserer Welt meines Erachtens nichts beiträgt. Auch bin ich überzeugt, dass über den eigentlichen Gegenstand des Glaubens mit den Mitteln des Verstandes nichts »Vernünftiges« im Sinne von »der Vernunft zugänglich« gesagt werden kann. Wohl aber sollte es statthaft sein, über logische Widersprüche innerhalb einer Glaubenslehre und zwischen Glaubenslehre und erlebter Wirklichkeit – jedenfalls wenn sich ihre Aussagen auf das so genannte Diesseits beziehen – kritisch nachzudenken.

Dieses Buch ist von einem Laien geschrieben worden. Ich bin Nichtfachmann in Sachen Philosophie und Theologie, auch die hier zusammengetragenen Erkenntnisse über Kosmologie, Mikrophysik, Evolutionsbiologie und Hirnforschung habe ich als Laie verfasst. Allerdings immer in dem entschiedenen Bemühen, diese Dinge erst selbst zu verstehen, um sie anschließend verstehbar darzustellen. Mein naturwissenschaftlich-technisches Studium zum Diplom-Ingenieur der Nachrichtentechnik und Elektronik und das darauf folgende geisteswissenschaftlich orientierte Studium der Erziehungswissenschaft mit berufskundlich-informatischem Schwerpunkt und nicht zuletzt meine jahrzehntelangen Erfahrungen als Hochschullehrer an der Universität haben mir – so denke ich – die Arbeit sehr erleichtert.

Aber es gibt noch einen weiteren Grund, der mir Mut machte, auch ein nicht-fachliches Buch zu schreiben, also ein Buch, dessen Thematik nicht dem eigenen universitären Lehr- und Forschungsgebiet, der Bildungsinformatik, entstammt. Ich meine, dass es jedem erlaubt sein muss, an existenzielle Fragen mit jenem Verständnis heranzugehen, das man als »gesunden Menschenverstand« zu bezeichnen pflegt. Es kann doch nicht richtig sein, dass man nur nach einem mehrjährigen akademischen Studium der Theologie oder der Philosophie befähigt sein sollte, für sich gültige Antworten in Fragen des rechten Glaubens und eines erfüllten Lebens zu finden. Jeder Mensch, ob gebildet oder nicht, ob studiert oder nicht, ob geistreich oder einfach denkend, hat das Recht, nach den für ihn »richtigen« Antworten zu suchen. Die Kriterien allerdings, die ich an die Aussagen meines »Weltbildes« anlege, sind innere Stimmigkeit, sie dürfen sich also logisch nicht widersprechen, und sie sollten mit meinen Erfahrungen übereinstimmen, insbesondere dürfen sie derzeit als gesichert angesehenen naturwissenschaftlichen Erkenntnissen nicht zuwiderlaufen.

Die Kapitel I bis IV versuchen, ein naturalistisches Weltbild auf der Basis heutigen Wissens zu skizzieren. Verschiedentlich wurde kritisiert, dass dieser Teil zu umfangreich ausgefallen sei. Ich möchte deshalb die Wichtigkeit dieser Ausführungen ausdrücklich betonen. Es geht mir darum, nicht nur wesentliche Ergebnisse der heutigen Naturwissenschaften und deren philosophisch-theologische Folgerungen mitzuteilen, sondern auch zu verdeutlichen, welcher Denkweise diese Einsichten zu verdanken sind. Dieses wissenschaftliche Denken mit den dahinter liegenden Prinzipien verständlich zu machen, bedarf mehr als einer bloßen Auflistung von wissenschaftlichen Fakten. Die Kapitel V und VI bauen auf diesem naturwissenschaftlich geprägten Weltverständnis auf und möchten zeigen, dass herkömmlicher Gottesglaube und christliche Lehre sich damit nicht mehr vereinbaren lassen. Auch die weithin unbekannte Amoral der Bibel und der Geschichte der Kirche werden ausführlich behandelt. In Kapitel VII beschreibe ich meinen Gegenentwurf. Das letzte Kapitel VIII fasst noch einmal meine grundsätzlichen Gedanken über »Gott und die Welt« zusammen.

Dieses Buch soll und kann keine erschöpfende Behandlung der aufgeworfenen Probleme darstellen. Ich habe die Probleme soweit diskutiert, bis ich – ich betone: ich – das Gefühl hatte, für mich überzeugende und befriedigende Antworten gefunden zu haben. Dazu habe ich die Argumente – klassische, neuere sowie von mir entwickelte – zusammengetragen, die mir am einleuchtendsten erschienen und dem entgegenkommen, was man den erwähnten »gesunden Menschenverstand« nennt.

Noch einmal sei es deshalb gesagt: Das Buch wendet sich *nicht* an den Philosophen und Theologen beziehungsweise Religionswissenschaftler und will nicht die aktuellen Kontroversen zwischen ihnen aufgreifen. In meiner Auseinandersetzung mit Kirche und Christentum wird deshalb so manches Argument auftauchen, das dem Fachmann wohlbekannt ist und ihn daher nicht mehr beeindrucken wird. Für mich und den von mir angesprochenen Leser verliert ein solches Argument dadurch aber keinesfalls an Bedeutung. Ein Argument büßt ja nicht dadurch an Überzeugungskraft ein, wenn es – wie in Diskussionen oft üblich – mit einer abwertenden Handbewegung als »altbekannt« abqualifiziert wird. Entscheidend bleibt sein argumentativer Gehalt, seine logische, empirische oder historische Substanz.

Mein gedachter Leser ist der »normale« Mitmensch, dessen alltägliches Denken um die Bewältigung seines »normalen« Lebens kreist, den aber von Zeit und zu Zeit und im Alter zunehmend mehr auch religiöse beziehungsweise weltanschauliche Fragen beschäftigen. Ihn interessieren dabei weniger akademische Auseinandersetzungen um biblische Textinterpretationen oder zum Beispiel diffizile theologische Probleme etwa der Wiedervereinigung von katholischer und evangelischer Kirche. Vielmehr möchte er Antworten haben auf Fragen wie: Was bedeutet mir der christliche Glaube, kann mir die Kirche eine Glaubensheimat sein, was kann und soll ich eigentlich glauben? Das Buch wendet sich an Leser, die eine zusammenfassende Darstellung von Argumenten gegen den christlich-kirchlichen Glauben und für ein naturalistisch-humanistisches Weltbild suchen. Ich möchte ihnen die Furcht vor dem Abschied vom Glauben nehmen und zeigen, dass man auch ohne diese Illusion ein erfülltes Leben führen kann und dass die Zahl der Menschen mit einer kritischen bis ablehnenden Einstellung zu Kirche und Christentum viel größer ist, als es Politik und Öffentlichkeit wahrhaben wollen.

I.

Was können wir wissen? Was können wir erkennen?

Der Versuch, ein naturwissenschaftlich fundiertes beziehungsweise ein naturwissenschaftlichen Erkenntnissen zumindest nicht widersprechendes Weltbild zu entwerfen, provoziert recht schnell die Frage, wie weit wir und ob wir überhaupt in der Lage sind, verlässliche Informationen über die Welt und über uns selbst zu erlangen. Besonders in Diskussionen über Gott und Religion taucht oft das Argument auf, hier stünde halt Wissenschaft gegen Glauben, eine Weltsicht gegen eine andere, und der eine glaube eben dies und der andere jenes. Spätestens an dieser Stelle ist die Wissenschaft, besonders die Naturwissenschaft, gefordert zu belegen, dass ihr Wissen und ihre Erkenntnisse nicht willkürlich zustande kommen und nicht einfach nur behauptet werden, aber auch nicht durch Offenbarungen gewonnen werden können. Wissenschaft hat um ihrer Glaubwürdigkeit willen zu zeigen, dass sie mit guten Gründen den Anspruch erheben kann, ein wenn auch nur teilweise und immer nur vorläufig gültiges, letztlich aber doch zunehmend zutreffenderes Bild der realen Welt zu zeichnen.

Nur teilweise gültig ist unser Wissen, weil wir wegen unserer sinnlichen und kognitiven Einschränkungen immer nur Ausschnitte der Wirklichkeit erfassen können; nur vorläufig gültig ist es, weil wir nie ganz sicher sein können, dass nicht zukünftig eine zutreffendere oder gar bisheriges Wissen korrigierende Beschreibung eines Sachverhalts entwickelt wird. Allerdings können Physik, Astronomie, Biologie oder beispielsweise Medizin aufgrund ihrer Erkenntnisse inzwischen für sich in Anspruch nehmen, auf vielen Gebieten zutreffende Erklärungen, hilfreiche Anwendungen und nützliche Voraussagen zu ermöglichen. Diese Erfolge lassen jedenfalls die berechtigte

Vermutung zu, dass wir zumindest in Ausschnitten ein hinreichend zuverlässiges Abbild der Wirklichkeit uns zu schaffen in der Lage sind.

Wichtige und zu klärende Fragen in diesem Zusammenhang lauten somit: Wie kommen eigentlich Erkenntnisse zustande? Wie zuverlässig sind unsere Erkenntnisse tatsächlich? Ist gar objektive Erkenntnis möglich? Gibt es Grenzen für unser Streben nach Erkenntnis? Und nicht zuletzt die Frage: Was ist überhaupt Erkenntnis?

Solche Fragen fallen in den Aufgabenbereich der Philosophie, genauer der Erkenntnistheorie. Sie befasst sich mit den Voraussetzungen, Prinzipien und Grenzen des Erkennens, also des Erzeugens von Einsichten und zuverlässigem Wissen über die Welt. Schon die antiken griechischen Philosophen beschäftigten sich mit dieser Problematik und entwickelten erste Vorstellungen über das Verhältnis von erkennendem Subjekt und Wirklichkeit. Berühmt ist das Höhlengleichnis von PLATON (427-347 v. Chr.), mit dem er die Problematik des Erkenntnisprozesses zu veranschaulichen suchte. Man stelle sich – so PLATON – Gefangene in einer Höhle vor, die angekettet mit dem Rücken zum Eingang sitzen und an der gegenüber liegenden Höhlenwand nur die projizierten Schatten von Gegenständen sehen können, die außerhalb der Höhle vorbeigetragen werden. Die Menschen in der Höhle halten in ihrer begrenzten Sicht die Schatten für die Dinge selbst, also für die Realität. Dass sie nur Projektionen sehen, wissen sie nicht, von den »Dingen an sich« außerhalb der Höhle ahnen sie daher noch nicht einmal etwas. Würden sie von den die Schatten werfenden Dingen erfahren, hätten sie in ihrer eingeschränkten Situation dennoch keinerlei Möglichkeit, sie je zu sehen.

Alles was wir Menschen sehen, hören, fühlen, also über unsere Sinne erfahren, sind – so PLATON – nur Abbilder, Schatten einer höheren Wirklichkeit, nämlich der Ideen. PLATON unterschied folglich zwischen den Ideen und ihren Erscheinungen. Die Ideen, die die eigentliche Wirklichkeit ausmachen würden, bekommen wir nie zu Gesicht. Was wir Menschen, die wir erkenntnismäßig wie in einer Höhle lebten, wahrnehmen, seien nur die Erscheinungen, das heißt, nur mehr oder weniger genaue Abbilder der reinen Ideen.

PLATON gilt als Begründer des so genannten Idealismus, der Lehre, dass es ein rein geistiges Sein gibt, dass die Ideen das einzig Wirkliche darstellen und die Materie nur als deren Erscheinungsform anzusehen ist. Diese Position mit ihren zahlreichen historischen und neuzeitlichen Varianten ist mit einer modernen, naturwissenschaftlich basierten Auffassung von der Welt eigentlich nicht mehr vereinbar, sie hat aber im geisteswissenschaftlichen und vor allem theologischen Lager immer noch viele Anhänger. Gleichwohl bleibt festzuhalten, dass das Höhlengleichnis in einem entscheidenden Punkt nach wie vor zutreffend ist: Es gibt eine nur unvollkommene Übereinstimmung zwischen den realen Dingen und ihren Abbildern in unserem Bewusstsein. Warum das so ist, soll in den folgenden Unterkapiteln ausführlicher besprochen werden.

Die erkenntnistheoretische Gegenposition zum Idealismus bildet der Realismus, der davon ausgeht, dass es eine reale Welt gibt, die unabhängig von einem erkennenden Subjekt existiert. Der Realismus sieht die Materie als die eigentliche Substanz an und das Geistige als eine Eigenschaft oder Funktion dieser Substanz. Der naive Realismus nimmt an, dass wir diese reale Welt über unsere Sinne und dem nachgeschalteten Informationsverarbeitungssystem, unserem Gehirn, genau so wahrnehmen und erkennen, wie sie ist. Diese Auffassung hat sich spätestens im Lichte heutiger naturwissenschaftlicher Erkenntnisse als unhaltbar erwiesen; sie wird dennoch von der überwältigenden Mehrheit der Menschen mangels besserer Einsicht wie selbstverständlich angenommen. Üblicherweise ist man davon überzeugt, dass zum Beispiel der mit ästhetischem Vergnügen beobachtete Sonnenuntergang am Meer in all seiner Pracht genau so auch dann vorhanden ist, wenn ihn niemand anschaut. Dem »naiven Realisten« ist nicht bewusst, dass dieses schöne Bild nur in seinem Kopf existiert. Zwar sind Sonne, Meer und Wolken materiell vorhanden, auch die Strahlung, die von der Sonne ausgeht, aber diese von uns als wunderschön erlebte Komposition von Formen, Farben und Licht gibt es objektiv so nicht, sie ist eine Konstruktion unseres Gehirns.

Die kritische Variante des Realismus geht ebenfalls von der Annahme aus, dass es eine Realität gibt, stellt aber zunächst einmal fest, dass deren tatsächliche Existenz niemals beweisbar sein wird, also immer hypothetisch bleiben wird – trotz der Fülle an Plausibilitätsgründen, die eigentlich dafür spricht! Aber auch unsere Erkenntnisse über die Welt würden immer von hypothetischer Natur sein, da unser Erkenntnisapparat – Sinnesorgane und Gehirn – nicht in der Lage sei, endgültig festzustellen, ob eine Aussage oder Theorie über einen Aspekt dieser Welt tatsächlich objektiv richtig ist. Unser Wissen ist immer nur vermutet, vorläufig und von Korrektur bedroht – dennoch keinesfalls willkürlich, sondern sehr oft im hohen Maße zutreffend, wie noch zu zeigen sein wird. Man bezeichnet daher diese Variante des Realismus auch als hypothetischen Realismus. Viele Wissenschaftler, vor allem wohl die meisten Naturwissenschaftler, bekennen sich zu dieser kritischen erkenntnistheoretischen Position, die in dieser Form vor allem von dem österreichisch-britischen Philosophen und Wissenschaftstheoretiker KARL R. POPPER (1902-1994) methodisch ausgearbeitet wurde.

POPPER begründete Anfang der 1930er Jahre seine heute allgemein akzeptierte Form von Wissenschaftsmethodik. Danach muss ein Wissenschaftler die von ihm aufgestellte Theorie so formulieren, dass sie auch »falsifiziert« (widerlegt) werden kann. Nur dann stellt sie eine wissenschaftliche Aussage dar. Dahinter steckt die Erkenntnis, dass eine Theorie immer nur als Hypothese (Annahme) aufgefasst und die Richtigkeit einer Theorie grundsätzlich nicht bewiesen werden kann, Theorien können nur falsifiziert werden. Insofern hat PAPST BENEDIKT XVI. sogar recht, wenn er sagt, »dass die Evolutionstheorie nicht beweisbar« sei. Entscheidend ist jedoch, dass es bisher keinem Kritiker gelungen ist, sie wissenschaftlich zu widerlegen.

So lässt sich die Gültigkeit eines Satzes wie zum Beispiel »Alle Schwäne sind weiß« nicht streng belegen. Man müsste nämlich alle Schwäne dieser Welt ausfindig machen und ihre Farbe kontrollieren. Dagegen ist es leicht, eine solche Behauptung zu falsifizieren, also ihre Gültigkeit zu widerlegen. Man müsste nur ein einziges Exemplar eines nicht-weißen Schwans vorweisen. Die einzigartige Stärke des Falsifikationsprinzips liegt darin, nur eines einzigen Gegenbeispiels zu bedürfen.

Ein Wissenschaftler muss daher – neben seiner Aufgabe, Theorien zu entwickeln – immer auch versuchen, aufgestellte Theorien zu widerlegen, um so ihre mögliche Fehlerhaftigkeit aufzudecken. Dazu müssen sie – wie erwähnt – so abgefasst werden, dass sie prinzipiell auch widerlegt werden können. Ein Satz der Art »In jedem Lebewesen wirkt der nicht mit wissenschaftlichen Methoden nachweisbare Geist Gottes« ist so formuliert beziehungsweise konstruiert, dass er prinzipiell nicht widerlegbar ist. Er stellt somit keine wissenschaftliche Aussage dar, liefert daher auch keinen Erkenntniszuwachs. Dagegen sind selbst so einfache Sätze wie »Die Erde ist eine Scheibe« oder »Die Erde hat eine Kugelform« im Prinzip wissenschaftliche Aussagen. Sie sind so formuliert, dass sie testbar sind und damit widerlegt werden können, was im ersten Beispiel bekanntlich auch geschehen ist.

In einem evolutionsartigen Ausleseprozess setzen sich auf diese Weise die Theorien durch, die »wahrheitsnäher« sind. Theorien, die nicht falsifiziert, also nicht widerlegt werden konnten, gelten als »vorläufig bewährt«. Durch dieses Aussieben fehlerhafter oder gar falscher Theorien kommt man der Wahrheit immer näher. Nach POPPER ist somit – so paradox das sich anhören mag – die unentwegte Fehlersuche das Prinzip der Wahrheitsfindung!

Zu behaupten, dass man die Wahrheit gefunden habe, ist jedoch nicht zulässig, da man nie sicher sein kann, dass eine derzeit als bewährt geltende Theorie nicht doch eines Tages zu Fall gebracht wird, zumindest in in ihrem Geltungsbereich eingeschränkt wird. Eine wissenschaftliche Aussage oder Theorie kann also nach gängiger wissenschaftstheoretischer Auffassung nur widerlegt, niemals bewiesen werden. Solange sie nicht widerlegt wurde, kann sie als derzeit gültig oder benutzbar betrachtet werden. In der Softwareprüfung geht man übrigens ähnlich vor. Man versucht eine neu entwickelte Software durch unterschiedlichste Eingabedaten oder Anwendungssituationen zu testen. Bringt man sie nicht zum »Absturz«, gilt sie vorläufig als stabil und funktionstüchtig. »Vorläufig« deswegen, weil man nie sicher sein kann, dass eine bestimmte, derzeit noch unbekannte Datenkombination nicht doch noch ihre Fehlerhaftigkeit aufzeigt.

Angemerkt werden soll jedoch, dass in der modernen Wissenschaftstheorie das Falsifikationskriterium nicht mehr ganz unumstritten ist. In Disziplinen, die an Grenzen unseres Wissens und Verstehens stoßen, wie speziell die Kosmologie oder die Mikrophysik, werden oft Hypothesen formuliert, die zumindest auf den ersten Blick sich in keiner Weise falsifizieren lassen. Lehnte man solche spekulativen Hypothesen wegen ihrer möglicherweise prinzipiellen Nicht-Falsifizierbarkeit von vornherein ab, verzichtete man auf viele kreative und eventuell doch weiterführende Ideen. Einige Wissenschaftstheoretiker ersetzen daher das Falsifikationskriterium durch ein weniger rigoroses Prüfkriterium. Sie versuchen stattdessen die Indizien, die für die Gültigkeit einer Theorie sprechen, zu gewichten und die Plausibilität und Evidenz dieser Theorie mittels Wahrscheinlichkeitsüberlegungen abzuschätzen.

Heutige Naturwissenschaftler gehen jedenfalls von der These aus, dass die Welt regelhaft strukturiert ist, mindestens teilweise erkennbar und daher mindestens teilweise durch Wahrnehmung, Nachdenken und Wissenschaft in Form von Hypothesen beziehungsweise Theorien erklärbar ist. Die meisten Naturwissenschaftler und wohl auch Philosophen sind darüberhinaus inzwischen davon überzeugt, dass diese Welt auch ohne ein erkennendes Subjekt existierte, also auch dann da wäre, wenn wir nicht vorhanden wären.

Aus naturalistischer Sicht, die wir hier einnehmen, besteht die Realität, also unsere Welt, ausschließlich aus materiellen Dingen, denen jeweils ganz bestimmte Eigenschaften zukommen wie Gewicht, elektrische Ladung, Lichtwellenlänge (Farbe) oder zum Beispiel Schallintensität (Lautstärke). Begriffliche Objekte wie Ideen oder psychische Phänomene wie Empfindungen sind nur insoweit existent, als sie von einem Lebewesen gedacht oder erzeugt werden, ihnen kommt keine subjektunabhängige Existenz zu. Wir können also zwei Arten von Objekten unterscheiden: materielle, konkrete, subjektunabhängige Dinge und immaterielle, abstrakte, subjektgebundene Konstrukte. So sind Hypothesen oder Gesetze zum Beispiel ebenfalls Konstrukte; sie sind nicht real, können aber etwas Reales repräsentieren.

Noch einmal zurück zu PLATON. Mit seiner Auffassung, dass es einen wesentlichen Unterschied zwischen den Erscheinungen und den von ihm behaupteten »Ideen« gibt, stimmt der hypothetische Realismus insofern überein, als auch er feststellt, dass es oft eine erhebliche Differenz gibt zwischen den über unsere Sinnesorgane gewonnenen Anschauungen und der objektiven Natur der Dinge. Der Blick in den nächtlichen Sternenhimmel oder in einen Garten mit bunten Sträuchern und duftenden Blumen enthüllt uns nur einen Bruchteil dessen, was sich »hinter« den Erscheinungen tatsächlich verbirgt. Und das, was wir wahrnehmen und glauben zu erkennen, hat meist mit der objektiven Realität wenig Ähnlichkeit. Einerseits sind wir für die meisten Eigenschaften der uns umgebenden Natur »blind«, weil wir für diese Merkmale – wie zum Beispiel Ultraschall, Magnetismus, Radioaktivität – überhaupt keine Wahrnehmungsorgane besitzen. Andererseits »konstruiert« unser Gehirn beim Blick in die Natur Eigenschaften, wie etwa ein leuchtendes Grün oder einen betörenden Duft, die so objektiv gar nicht existieren, sondern Schöpfungen unseres Wahrnehmungs- und Erkenntnisapparates sind. Diese Variante des Realismus steht also in schroffem Gegensatz zum oben skizzierten naiven Realismus. Warum wir dennoch trotz aller Verzerrungen in der Lage sind, nach und nach ein tendenziell objektives Bild der Welt zu erlangen, soll vor allem im zweiten Unterkapitel näher erläutert werden.

Der Königsberger Philosoph IMMANUEL KANT (1724-1804), der die erkenntnistheoretische Diskussion der letzten 200 Jahre wesentlich mitbestimmte, befasste sich ebenfalls intensiv mit den Fragen, wie wir und was wir erkennen können. Er kam zu der Überzeugung, dass Raum und Zeit Strukturen unseres Denkens und von vornherein (a priori) in unserem Denken enthalten, uns also angeboren sind. Wir erleben die Welt als räumlich und zeitlich strukturiert, weil wir das, was wir erleben, gar nicht anders ordnen können. Das Empfinden für Raum und Zeit ist nach KANT somit nicht das Ergebnis, sondern die Voraussetzung aller Erfahrung, ein angeborenes Vor-Urteil, das fester Bestandteil unseres Wahrnehmungs- und Denkapparates ist. Auch Kausalität, also die Überzeugung, dass jedes Ereignis eine Ursache hat und jede Wirkung wiederum Ursache für ein weiteres Ereignis darstellt, ist nach KANT keine Erkenntnis, die wir durch Erfahrung gewonnen haben, sondern ist ebenfalls a priori, also von vornherein, unserem Denken als Erkenntnisform eingeprägt. Raum- und Zeitempfinden, Kausalität und einige weitere Grundformen des Erkennens werden vom Individuum nicht erlernt, sondern sind ihm gewissermaßen schon in die Wiege gelegt.[1]

KANT hat in seiner Genialität etwas erkannt, was die Wissenschaft erst sehr viel später bestätigen konnte. Wie das menschliche Gehirn zu diesen Fähigkeiten gekommen ist, wusste er nicht zu erklären, weil ihm das DARWINsche Konzept der Evolution noch nicht bekannt sein konnte (C. R. DARWIN lebte von 1809 bis 1882, KANT starb bereits im Jahr 1804). Der Biologe und Nobelpreisträger KONRAD LORENZ (1903-1989) konstatierte wohl als erster, dass zwar nicht das Individuum diese erkenntnismäßigen Erfahrungen gemacht hat, sehr wohl aber die biologische Art, der es angehört, indem es aufgrund einer Millionen Jahre währenden evolutiven Entwicklung nach und nach in den Besitz dieser Fähigkeiten gelangte. Das menschliche Gehirn, der Sitz unseres »Geistes«, ist also – soviel kann an dieser Stelle schon gesagt werden – bei seiner Geburt kein leeres und strukturloses Gebilde. Bestimmte ganz grundlegende Erkenntnisstrukturen sind stammesgeschichtlich schrittweise erworben und ihm individuell vererbt worden; sie steuern seine Sicht auf die Welt und seine Erfahrungen vom ersten Lebenstag an. In der Architektur, also in den Bau- und Funktionsprinzipien unseres Gehirns, steckt somit bereits ein beachtliches Wissen über die Welt und ihre Herausforderungen.

Um dies näher auszuführen, soll im ersten Unterkapitel anhand des Buches von KONRAD LORENZ »Die Rückseite des Spiegels – Versuch einer Naturgeschichte menschlichen Erkennens« in groben Zügen nachgezeichnet werden, wie Erkennen und Denken in die Welt kamen. LORENZ zeigt Schritt für Schritt auf, wie aus den allereinfachsten Erkenntnismechanismen beispielsweise einer Amöbe schließlich die hochkomplexen Erkenntnis- und Denkstrukturen von Primaten und damit des Menschen entstanden sind. Diese Einsichten wiederum bilden die Grundlage für die so genannte evolutionäre Erkenntnistheorie, dessen Hauptvertreter – neben den Österreichern KONRAD LORENZ (1903-1989) und RUPERT RIEDL (1925-2005) – in Deutschland GERHARD VOLLMER (*1943) ist. Die Grundzüge dieser naturwissenschaftlich fundierten Erkenntnistheorie werden vor allem anhand seines Hauptwerkes »Evolutionäre Erkenntnistheorie« im zweiten Unterkapitel skizziert. Ihre Grundthese lautet nach VOLLMER:

> »Unser Erkenntnisapparat ist ein Ergebnis der Evolution. Die subjektiven Erkenntnisstrukturen passen auf die Welt, weil sie sich im Laufe der Evolution in Anpassung an diese reale Welt herausgebildet haben. Und sie stimmen mit den realen Strukturen (teilweise) überein, weil nur eine solche Übereinstimmung das Überleben ermöglichte.« [2]

Die evolutionäre Erkenntnistheorie folgert aus der Tatsache, dass eine Art, die überlebt, offenbar in der Lage ist, mindestens ausschnittsweise objektive Informationen über die Welt zu gewinnen. Das Ergebnis dieses Kapitels I soll somit der Nachweis sein, dass es – vor allem mit Hilfe der Wissenschaft – sehr wohl möglich ist, Aussagen über den realen Menschen und die reale Welt zu formulieren, die weitaus zuverlässiger und daher glaubwürdiger sind als das, was über die Jahrhunderte die Religion und oft genug auch die Philosophie dem Menschen weiszumachen suchten.

Der herkömmlichen Philosophie entgegnet RUPERT RIEDL im Vorwort seines Buches »Biologie der Erkenntnis – Die stammesgeschichtlichen Grundlagen der Vernunft«:

»Unsere Position unterscheidet sich also insoferne grundsätzlich von der, welche die philosophische Erkenntnistheorie einnimmt, als die Grundlagen der Vernunft nicht nur aus ihren eigenen Prinzipien erschlossen werden, sondern durch eine vergleichend stammesgeschichtliche Erforschung eben aller Erkenntnisprozesse. Damit ist der Gegenstand der Untersuchung nicht mehr mit dem erkennenden Subjekt ›identisch‹, sondern befindet sich in der Hauptsache außerhalb desselben; und die Methode bleibt die der vergleichenden Naturwissenschaft. Auf diese Weise wird jene Beschränkung vermieden, die entstehen muß, wenn sich die rationale Vernunft aus sich allein begründen soll.«[3]

Mit anderen Worten: RUPERT RIEDL und alle anderen Vertreter der evolutionären Erkenntnistheorie verlagern wesentliche Fragen der Erkenntnistheorie in den Bereich der Naturwissenschaften, nämlich der Biologie und speziell der Hirnforschung, und sind damit in der Lage, nachprüfbare und tendenziell objektive Antworten auf diese Fragen zu gewinnen.

1. Wie Erkennen und Denken in die Welt kamen

Der Mensch ist ein Lebewesen, das seine Existenz zweifellos der Evolution zu verdanken hat. Seine Eigenschaften und Befähigungen, zu denen vor allem auch die Fähigkeit zum Erkennen der ihn umgebenden Welt gehören, sind in einem hunderte Millionen Jahre währenden Prozess in Auseinandersetzung mit der Umwelt und Anpassung an eben diese Umwelt entstanden.

»Dieses ... Geschehen« – so der Nobelpreisträger KONRAD LORENZ – »ist ein Vorgang der *Erkenntnis*, denn jede ›Anpassung an‹ eine bestimmte Gegebenheit der äußeren Realität bedeutet, daß ein Maß von ›Information über‹ sie in das organische System aufgenommen wurde.«

Die in Millionen Jahren gewonnenen Erfahrungen der jeweiligen Art drücken sich also in Struktur und Funktion des Informationsverarbeitungsmechanismus aus, dessen individueller Aufbau und Fähigkeiten sich wiederum Schritt für Schritt in den Genen festgeschrieben hat. Und weiter heißt es bei LORENZ:

»Die Organisation der Sinnesorgane und des Zentralnervensystems setzt die Lebewesen in den Stand, Kunde von bestimmten, für sie relevanten Gegebenheiten der Außenwelt zu erlangen und in lebenserhaltender Weise auf sie zu antworten. Auch die primitive Ausweichreaktion des Pantoffeltierchens, das, wenn es auf ein Hindernis gestoßen ist, erst ein Stückchen zurück und dann – in einer zufallsbestimmten anderen Richtung – wieder vorwärts schwimmt, ›weiß‹ etwas im buchstäblichen Sinne ›Objektives‹ über die Außenwelt. Das Pantoffeltierchen ›weiß‹ über das Ob-

> jekt ..., daß es die Fortbewegung in der bisherigen Richtung nicht zuläßt.« (Hervorhebungen im Original) [4]

Etwas später heißt es bei LORENZ:

> »An unserer Überzeugung ..., daß alles, was unser Erkenntnisapparat uns meldet, *wirklichen* Gegebenheiten der außersubjektiven Welt entspricht, halten wir unerschütterlich fest. ... Diese erkenntnistheoretische Haltung entspringt dem Wissen, daß unser Erkenntnisapparat selbst ein Ding der realen Wirklichkeit ist, das in Auseinandersetzung mit und in Anpassung an ebenso wirkliche Dinge seine gegenwärtige Form erhalten hat. Auf dieses Wissen gründet sich unsere Überzeugung, daß allem, was unser Erkenntnisapparat uns über die äußere Wirklichkeit mitteilt, etwas Wirkliches entspricht. Die ›Brillen‹ unserer Denk- und Anschauungsformen, wie Kausalität, Substantialität, Raum und Zeit, sind *Funktionen* einer neurosensorischen Organisation, die im Dienste der Arterhaltung entstanden ist. Durch diese Brillen sehen wir also nicht, wie die transzendentalen Idealisten annehmen, eine unvoraussagbare Verzerrung des An-sich-Seienden, die in keiner noch so vagen Analogie, in keinem ›Bildverhältnis‹, zur Wirklichkeit steht, sondern ein wirkliches Bild derselben, allerdings eines, das in kraß utilitaristischer [nützlichkeitsorientierter, U.L.] Weise vereinfacht ist: Wir haben nur für jene Seiten des An-sich-Bestehenden ein ›Organ‹ entwickelt, auf die in arterhaltend zweckmäßiger Weise Bezug zu nehmen für unsere Art so lebenswichtig war, daß ein ausreichender Selektionsdruck die Ausbildung dieses speziellen Apparates der Erkenntnis bewirkte.« (Hervorhebungen im Original) [5]

LORENZ verweist in diesem Zusammenhang auf die unterschiedlichsten »Weltbildapparate«, die die Evolution im Laufe von Jahrmilliarden hervorgebracht hat. Unter Weltbildapparat versteht er den Wahrnehmungs- und Informationsverarbeitungsmechanismus, der einem Lebewesen ein für ihn lebensnotwendiges Abbild seiner Umwelt liefert. Die Honigbiene beispielsweise muss eine bestimmte Blütenart an der Farbe erkennen können; für die in der Dämmerung jagende Katze ist Farbe unwichtig, dagegen muss sie über ein gutes Bewegungssehen verfügen; die Eule muss das Rascheln einer Maus akustisch lokalisieren können.

So unterschiedlich die jeweiligen Weltbildapparate sind, sie liefern jeweils, wenn auch meist nur extrem ausschnitthaft, lebenserhaltende, weil eben zutreffende Informationen über die diese Tiere umgebende Realität. Die so gewonnenen Informationen sind aber offensichtlich nicht nur zutreffend, sondern – darauf verweist LORENZ ganz besonders – sie widersprechen einander auch nie, wenn sie sich auf dieselbe Umweltgegebenheit beziehen. [6] Dies ist ein weiterer starker Hinweis auf die Korrektheit und Zuverlässigkeit der über den jeweiligen Wahrnehmungsapparat gewonnenen Informationen. Das oben schon erwähnte Pantoffeltierchen, das ein Hindernis erkennt, bildet über seine Sinnesorgane eine »objektive« Gegebenheit ab, wie wir selbst bei einem Blick durch ein Mikroskop feststellen könnten. Die Tatsache, dass weder das Pantoffeltierchen oder beispielsweise die Biene sich des Prozesses der Wahrnehmung objektiver Gegebenheiten bewusst werden, spricht nicht gegen die Feststellung, dass hier tatsächlich ein Erkenntnisprozess vorliegt. Es handelt sich um einen Erkenntnisprozess, weil er ganz offensichtlich wichtige und korrekte Informationen über einen relevanten Ausschnitt der sie umgebenden Wirklichkeit zum eigenen Nutzen, sprich Überleben, liefert.

Wie einfach und wie andersartig die »Weltbilder« von Tieren sein können, verdeutlichen die folgenden Beispiele. Das extrem einfache Bild von der Welt, das das Pantoffeltierchen hat, wurde schon erwähnt. Die Zecke, eine Milbenart und für den Menschen bekanntlich nicht ungefährlich, hat ebenfalls eine außerordentlich eingeschränkte Fähigkeit, die Welt wahrzunehmen. Das begattete Weibchen benötigt das Blut eines Warmblüters, um ihre Eier ausreifen zu lassen. Dazu positioniert es sich, geleitet durch einen diffusen Lichtsinn der Haut, im hohen Gras und wartet dort auf vorbeikommende Warmblüter. Diese erkennt sie am Geruch von Buttersäure, wie sie die Schweißdrüsen dieser Organismenart absondern. Der Geruch von Buttersäure und die Wärme dieses Tieres oder Menschen sind die Auslösereize, sich auf der Haut dieser Organismen festzusetzen. Die ganze, für uns Menschen unendlich reiche und vielgestaltige Wirklichkeit besteht für dieses Tier lediglich in den Empfindungen hell, buttersäurig und warm. Mehr nimmt dieses Wesen von der Welt nicht wahr.

Wie eingeschränkt die Wahrnehmung von Vögeln sein mag, ahnt man, wenn man erfährt, dass sie offenbar auch nur auf kümmerlich zu nennende Schlüsselreize reagieren. Entfernt man Jungvögel aus ihrem Nest und ersetzt die hungrigen Schnäbel durch ein Reagenzglas mit einem aufgesetzten Stück Pappe, das wie ein aufgerissener Rachen aussieht, dann füttern die Eltern unbeeindruckt weiter und füllen das Reagenzglas mit Würmern und Insekten. Man kann sich schwer vorstellen, welches Bild diese Tiere von sich, ihren Jungen und zum Beispiel von uns Menschen haben mögen.

Ein letztes Beispiel soll zeigen, wie völlig anders die Welt »aussehen« mag, wenn statt des Gesichtssinns der Hörsinn dominiert. Hier heimische Fledermäuse leben von Insekten, die sie aber, da sie nachts jagen, nicht sehen können, sondern durch selbst erzeugten Ultraschall anpeilen. Sie erhalten aufgrund ihres ausgesandten Schallimpulses als Reaktion ein »Hörbild«, eine Art Geräuschantwort, mit der wir zum Beispiel überhaupt nichts anfangen könnten. Für die Fledermaus stellt das Echo aber ein echtes, wenn auch – aus unserer Sicht – sicherlich stark verfremdetes Abbild eines vielleicht flatternden Nachtfalters dar, der ihr als gesuchte Nahrung dient. Vielleicht konstruiert das Gehirn einer Fledermaus zu jeder Tonfrequenz eine charakteristische »Tonfarbe«, vergleichbar der »Lichtfarbe« (wie Grün oder Blau), die wir beim Empfang von Lichtwellen bestimmter Frequenz »sehen«. Fledermäuse haben also eine Hörwelt, Hunde – wie wir wissen – vor allem eine Riechwelt, wir Menschen in erster Linie eine Sehwelt.

Diese wenigen Beispiele zeigen, dass unsere Sicht von der Welt nur eine von sehr vielen möglichen ist, wenngleich begründet vermutet werden kann, dass die unsrige reichhaltiger und umfassender ist, nicht zuletzt durch unsere Fähigkeit, durch Wissenschaft und Technik unseren Wahrnehmungs- und Erkenntnishorizont außerordentlich zu erweitern.

Wie entstehen die Fähigkeiten, die Welt wahrzunehmen, wie entwickeln sich neue Erkenntnisformen? Wie ist vor allem der Entwicklungsprozess des – von LORENZ so genannten – Weltbildapparats von einfachsten Mechanismen völlig unbewussten Aufnehmens von lebensrelevanter Information bis hin zu den höchsten Formen bewusster Informationsaufnahme, -speicherung und -verarbeitung beim Menschen zustande gekommen? Wie kann diese Höherentwicklung erklärt und verstanden werden?

Zwei Begriffe beziehungsweise Phänomene sind hier von zentraler Bedeutung: Mutation und Fulguration. Unter Mutation versteht man eine plötzlich auftretende und dann fortlaufend weiter vererbte Veränderung der genetischen Information einer Zelle. Solche Veränderungen können zum Beispiel durch radioaktive Strahlung verursacht sein, auch im Rahmen der Zellteilung eintreten oder durch eine zufallsbedingte Rekombination der Gene zustande kommen. Diese Änderungen des Erbguts treten zufällig und ungerichtet auf und bleiben meist ohne bedeutsame Auswirkung in Bezug auf Merkmale und Verhalten, können aber auch zu einer Verschlechterung der Situation des Organismus führen.

Nur in sehr seltenen Fällen – das aber sind die hier entscheidenden – führt eine solche Variation des Erbguts zu einer Verbesserung der Situation des Individuums. Sei es, dass es durch seine äußere Erscheinungsform Vorteile hat oder beispielsweise ein Sinnesorgan eine höhere Empfindlichkeit aufweist, und es dadurch in seiner Umwelt besser zurecht kommt. Damit erhöhen sich seine Überlebens- und Fortpflanzungschancen, und es sinken die seiner Artgenossen, die nicht mit diesem vorteilhafteren Merkmal beziehungsweise zweckmäßigeren Verhaltensweise ausgestattet sind. Diesen Auslesevorgang der besser Angepassten nennt man Selektion. Mutation und Selektion bilden die wesentlichen Faktoren, die – wie CHARLES DARWIN damals im Prinzip schon erkannte – aus einer gemeinsamen Urform über ungezählte viele Zwischenschritte das Leben in seiner heutigen Vielgestaltigkeit hervorgebracht haben und die Entwicklung der Arten vorwärts treiben. (Eine ausführlichere Darstellung der Evolutionstheorie folgt in Kapitel III,3!)

Unter Fulguration – der Begriff geht auf KONRAD LORENZ zurück – versteht man das plötzliche beziehungsweise »blitzartige« (lateinisch fulguratio »Blitzstrahl«) Auftreten neuer Systemeigenschaften beim Zusammenwirken beziehungsweise bei der Verschaltung von einfacheren Teilsystemen zu einer größeren Einheit. LORENZ führt als erläuterndes (technisches) Beispiel die aus der Rundfunktechnik bekannte Zusammenschaltung von Widerstand, Spule und Kondensator an. Diese Zusammenschaltung bildet in dieser Form einen elektromagnetischen Schwingungskreis und hat bei Anlegen einer Spannung die Eigenschaft, eine Schwingung zu erzeugen (die zum Beispiel über einen Lautsprecher hörbar gemacht werden kann). Das Entscheidende an diesem Beispiel (und anderen vergleichbaren Beispielen) ist die Tatsache, dass die neu entstandene Systemeigenschaft, hier die Schwingungsfähigkeit, die dem Gesamtsystem zukommt, in den einzelnen Schaltelementen Widerstand, Spule und Kondensator nicht einmal in Ansätzen vorhanden ist. Die neue Systemeigenschaft ist allein durch eine bestimmte (nicht beliebige!) Art der Verknüpfung entstanden.[7] (Ein allgemeinverständliches Beispiel zum Phänomen des Auftretens neuer Systemeigenschaften wird auch in Kapitel III,4 ausführlich dargestellt.)

Der Begriff der Fulguration bringt die bekannte Einsicht zum Ausdruck, dass »das Ganze mehr ist als die Summe seiner Teile«. Für das Auftreten neuer, meist nicht voraussagbarer Qualitäten beim Zusammenwirken mehrerer Elemente oder Systeme ist in der Wissenschaftstheorie heute der Begriff der Emergenz üblicher. Wir bleiben hier aber zunächst beim Begriff der Fulguration, da wir uns in diesem Unterkapitel im Wesentlichen auf LORENZ beziehen.

LORENZ führt ein weiteres Beispiel an, das zeigt, dass die Verschaltung aus einfacheren Systemen nicht nur neue Eigenschaften hervorbringt, sondern dass vor allem durch die Eigenart des Zusammenwirkens von vergleichsweise primitiven Elementen Leistungen ermöglicht werden, die an der Spitze dessen stehen, was wir heute kennen.

> »... die Ganglienzellen unseres Gehirns, die [in ihrer Verknüpfung] die höchsten geistigen Leistungen vollbringen, sind, jede für sich genommen, einer Amöbe oder einem Pantoffeltierchen weit unterlegen, und zwar ebensosehr, was die Einzelleistung der Zelle anbelangt, als auch, was die relevante Information betrifft, die dieser Leistung zugrunde liegt. Eine Amöbe oder ein Pantoffeltierchen verfügt über eine Reihe von sinnvollen Antworten auf Außenreize und ›weiß‹ eine ganze Anzahl wichtiger Dinge über die Umwelt. Die Ganglienzelle aber ›weiß‹ nur, wann sie feuern soll, und selbst dies kann sie nicht stärker oder schwächer tun, sondern nur entweder ganz oder gar nicht, dem ›Alles-oder-nichts-Gesetz‹ gehorchend.«[8]

Ein Grundelement vieler elektronischer Schaltungen ist ebenfalls ein Baustein, der nur zwei Zustände kennt, nämlich ›Strom zu führen‹ oder ›keinen Strom zu führen‹. Vor allem die besondere Art der Verschaltung solcher Bauelemente ermöglicht die Konstruktion hochleistungsfähiger informationsspeichernder und -verarbeitender Systeme, wie wir sie heute in Form von Computern kennen.

Mutationen sind zufallsausgelöste Prozesse, die – wie im Zusammenhang mit der Erläuterung dieser Begriffe eben schon erwähnt wurde – ungerichtet stattfinden und in den allermeisten Fällen entweder ohne Auswirkung bleiben oder zu einer Verschlechterung der Anpassung führen. Nur in dem sehr seltenen Fall, in dem eine Mutation wie etwa eine zufällige Neugruppierung des genetischen Materials dem jeweiligen Organismus einen Überlebensvorteil in Form einer verbesserten Anpassung verschafft, wird das so erworbene Merkmal vererbt und damit zum dauerhaften Besitz der sich so weiter entwickelnden Art, dem der Organismus angehört. Auch Fulgurationen, also das Auftreten völlig neuartiger Systemeigenschaften durch mutationsbewirkte Verknüpfung schon vorhandener einfacherer Funktionseinheiten zu bisher nicht existierenden größeren Einheiten, haben im Laufe der Evolution immer wieder stattgefunden. Bei der Höherentwicklung kognitiver, also erkennender und informationsverarbeitender Systeme – von der Amöbe bis hin zu den Primaten – spielten diese eine ebenso wichtige Rolle.

Mutationen und Fulgurationen erklären somit im Prinzip die wesentlichen Schritte in der Weiter- und Höherentwicklung der Arten und – was uns hier eben besonders interessiert – ihrer »Weltbildapparate«, wie LORENZ das funktionelle Zusammenwirken von Sinnesorganen und Zentralnervensystem nennt. Dass von den zufälligen Veränderungen im Gen und den daraus resultierenden Steuerungsprozessen nur ein winziger Bruchteil zu einer vorteilhafteren und dauerhaften Merkmalsmodifikation führt, erklärt die unermesslich langen Zeiträume, die die Evolution bisher in Anspruch genommen hat. Aber es ist wohl so, dass eines der »schöpferischsten« Prinzipien der Natur ihr schier unerschöpflicher Vorrat an Zeit ist, der es ihr gestattet, in allergrößter »Gelassenheit« die Entwicklung vonstatten gehen zu lassen.

LORENZ beschreibt in seinem Buch »Die Rückseite des Spiegels« sehr ausführlich die Entwicklung der Mechanismen zur Verarbeitung der aus der Umwelt aufgenommenen Informationen. Die Evolution führte von einfachsten kognitiven Mechanismen, die lediglich auf die augenblicklich eintreffenden Informationen reagieren können, bis hin zu Organismen, die über ein Gedächtnis mit Erfahrungen, über zweckmäßige Verhaltensstrategien und über die Fähigkeit verfügen, geplante Handlungen zunächst im Bewusstsein probeweise ablaufen zu lassen. Dabei ist es bemerkenswert und stellt einen weiteren Beleg für das evolutive Prinzip der Weiter- und Höherentwicklung dar, dass die meisten Komponenten des menschlichen Erkenntnisapparats schon bei den Vorläufern des Menschen vorhanden sind.

In einfachsten Fällen verfügen Organismen über Regelkreise, um bestimmte innere Bedingungen von äußeren, auf den Organismus einwirkende Schwankungen unabhängig zu machen. Diese Regelungsmechanismen können die aufgenommenen Informationen nur sofort verwerten, nicht jedoch speichern. Das Bilden von Erfahrungen ist ihnen nicht möglich. Wesentliche Steigerungen in den Fähigkeiten zur kognitiven Bewältigung des Überlebenskampfes sind daher erst mit dem Auftreten von Gedächtnisfunktionen, also Speichermöglichkeiten für Informationen, verbunden. Die einfacheren Mechanismen sind dabei – wie schon erwähnt – stets die Grundlage für die auf höherer Ebene sich entwickelnden leistungsfähigeren Systeme.

Sprünge in der Entwicklung treten daher besonders dann auf, wenn eine neue Verbindung entsteht zwischen bisher unabhängig voneinander funktionsfähigen informationsverarbeitenden Mechanismen, ein Vorgang, den LORENZ – wie oben dargestellt – als Fulguration bezeichnet. Sie treten aufgrund mutationsbedingter, also zufällig entstandener Verbindungen zwischen einfacheren Systemen auf. Wenn solche Verschaltungen dem Individuum einen Vorteil im Überlebenskampf bieten, können sie an die nächste Generation vererbt werden. Typische Beispiele dafür sind – nach unzähligen Zwischenschritten – das Auftreten des Lernens durch Erfolg und Misserfolg oder die Fähigkeit zum Ausbilden bedingter Reaktionen. Ein weiterer großer Entwicklungsschritt ist die Fähigkeit zur Gestaltwahrnehmung und Mustererkennung. Diese erfordern die Fähigkeit zur Abstraktion, das Vermögen, Wesentliches von Zufälligem eines Phänomens zu unterscheiden; dieses wiederum ist die Voraussetzung für das begriffliche Denken.

Ein abschließendes, diesen sehr summarischen Überblick gleichsam krönendes Beispiel mag eine Ahnung davon vermitteln, wie »das Denken in die Welt kam«. LORENZ beschreibt einen Versuch mit einem Orang-Utan, der vor die Aufgabe gestellt wird, eine in einer Ecke stehende Kiste unter eine für ihn zu hoch aufgehängte Banane zu schieben, damit er diese erreicht. LORENZ beobachtet und notiert:

> »Zunächst durchwandern die Blicke des Affen ziemlich ratlos die Raumdiagonale zwischen der links unten stehenden Kiste und der rechts oben hängenden Banane. Dann wird der Orang böse, weil er keine Lösung findet; er versucht sich der peinlichen Lage durch Wegwenden ... zu entziehen. Das Problem läßt ihm aber keine Ruhe, er wendet sich der Versuchsanordnung wieder zu. Da plötzlich beginnen seine Blicke andere Wege einzuschlagen. Sie gehen zur Kiste, von dort zu dem Ort am Fußboden genau unter der Banane, von da empor zu dem lockenden Ziel, wieder lot-

> recht hinab zum Boden und zurück zur Kiste. Dann folgt blitzartig der erlösende und problemlösende Einfall, der an dem ausdrucksvollen Gesicht des Orang eindeutig abzulesen ist, und sogleich begibt er sich, vor Freude einen Purzelbaum schlagend, zur Kiste, schiebt sie unter die Banane und holt sich diese.«

LORENZ einige Sätze weiter:

> »Was spielt sich nun objektiv und subjektiv in dem Affen ab, während er still, aber innerlich schwer arbeitend, dasitzt und sich durch Umherblicken über die gebotene Situation informiert? Was er erlebt, wissen wir nicht, aber wir können mit erheblicher Sicherheit annehmen, daß der Gesamtvorgang dem analog ist, den wir bei uns selbst *Denken* nennen. Ich persönlich bin davon überzeugt, daß er nichts anderes tut als ich selbst, daß er nämlich in einem *vorgestellten*, d.h. in seinem Zentralnervensystem modellmäßig repräsentierten Raum eine ebenso repräsentierte Kiste verschiebt und ›sich vorstellt‹, wie er dann auf diese klettern und die Banane erreichen kann. ... Ich sehe nicht, was Denken grundsätzlich anderes sein soll als ein solches probeweises und nur im Gehirn sich abspielendes Handeln im vorgestellten Raum. Zumindest behaupte ich, daß Vorgänge dieser Art auch in unseren höchsten Denkoperationen mit enthalten sind und ihre Grundlage bilden. Jedenfalls gelingt es mir nicht, mir irgendeine Form des Denkens vorzustellen, die von dieser Grundlage unabhängig wäre.« (Hervorhebungen so im Original) [9]

Der Wissenschaftspublizist HOIMAR VON DITFURTH (1921-1989) macht in diesem Zusammenhang darauf aufmerksam, dass wir gedankliche Prozesse bis heute mit Bildern und Begriffen beschreiben, die der räumlichen Dimension entnommen sind:

> »Wir *wenden* ein Problem, ungeachtet seiner abstrakten Natur, noch immer *hin und her*, wir betrachten es *von allen Seiten*, um uns einen *Überblick* zu verschaffen, um es besser *erfassen* und schließlich *begreifen* zu können. All das sind unübersehbare Spuren, welche die geschilderte Entwicklung unserer Sprache – die ja nichts anderes ist als der Ausdruck unseres Denkens – hinterlassen hat.« (Hervorhebungen im Original) [10]

Diese sprachlichen Ausdrücke sind ganz offensichtlich weitere Hinweise darauf, dass das »Hantieren« mit vorgestellten Objekten in einem vorgestellten Raum der Ursprung allen Denkens sein dürfte.

Der Biologe, Verhaltensforscher und Philosoph KONRAD LORENZ – immerhin hatte er eine Zeitlang auch den KANTschen Lehrstuhl in Königsberg inne – zeichnet alle Entwicklungsstufen des Weltbildapparats anhand konkreter Beobachtungen und Befunde an niederen, höheren und höchstentwickelten Organismen detailliert nach und belegt damit nachdrücklich, dass »der Geist nicht vom Himmel fiel«.[11] Auch wenn LORENZ auf Grund der heutigen Einsichten von Evolutionsbiologie und Hirnforschung inzwischen in manchen Punkten korrigiert worden ist, so steht doch fest: Denken und Bewusstsein sind das Ergebnis eines insgesamt Milliarden Jahre währenden ziellosen(!) Probierens und Verwerfens in Gestalt zufällig variierender Merkmale und Verhaltensweisen, letztlich aber triumphierenden Sich-Behauptens immer »geistvollerer« Formen des Auseinandersetzens mit der Umwelt. Nicht ein angeblich »planender Designer« schuf diese Erkenntnis- und Informationsverarbeitungsmechanismen, wie die bibelgläubigen Anhänger des so genannten »intelligent design« behaupten, sondern in einer unaufhörlichen Folge von zufallsausgelösten Änderungen der Merkmalsanlagen und anschließenden Auseinandersetzungen mit der Realität formten sich diese artspezifischen Weltbildapparate. Und diese lieferten den jeweiligen Organismen jene lebenserhaltenden Informationen aus der Umwelt, weil diese ganz offensichtlich – wenn auch nur ausschnitthaft – diese Realität korrekt abbildeten, also in der Lage waren, ein objektiv zutreffendes Abbild – wenn auch extrem zweckorientiert reduziert – von dieser Welt zu erzeugen.

Es entwickelten sich nach dem Prinzip von Mutation und Selektion Funktionen, die dem Besitzer dieser Funktionen zunächst einmal das Überleben, nach und nach aber ein immer souveräner werdendes Zurechtkommen in seiner Umwelt ermöglichten. Dass dabei die Ausbildung von Denkvermögen einen enormen Selektionsvorteil darstellte, dürfte unmittelbar einleuchten. Wobei anzumerken ist, dass das Ergebnis dieses Entwicklungsprozesses unter anderen Umweltbedingungen ziemlich sicher anders ausgefallen wäre. Womit noch einmal unterstrichen wird, dass es keine zielgerichtete Entwicklung gibt. Es existieren stets nur jene Organismen, die so weit an ihre Umwelt angepasst sind, dass sie in ihr überleben, sich fortpflanzen und damit ihre Gene beziehungsweise Merkmalsanlagen weitergeben können.

Darüber hinaus aber besitzen wir als Menschen ganz offensichtlich auch die Gabe des Reflektierens und Hinterfragens, die Fähigkeit, uns unserer Situation bewusst zu werden, über unseren Ursprung nachzudenken und unser Werden zu verstehen. Ist diese für das Überleben an sich nicht erforderliche Begabung nun ein zusätzlicher, zufällig entstandener »Luxus« oder etwa gar ein »Schachzug« der Natur mit der Folge, dass die Evolution nun an tatsächlich »planende und zielorientiert agierende Designer« übergeben wird? Ein überlegter Schachzug ist es gewiss nicht, doch mit den derzeit schon erfolgten gezielten gentechnischen Eingriffen in die Struktur unserer Erbanlagen hat der Mensch offenbar begonnen, in die bisher blindlings ablaufende Evolution bewusst und zielgerichtet einzugreifen.

Zum Bewusstsein wird von Kritikern der evolutionären Erkenntnistheorie eingewandt, dass sein Auftreten mit der Evolution angeblich nicht erklärt werden könne, weil ihm keine Existenz sichernde Funktion zukäme. Eine solche Aussage erscheint aber verfrüht, da uns der weitere Verlauf der Evolution natürlich nicht bekannt ist. Erwähnenswert ist in diesem Zusammenhang die Tatsache, dass zumindest erste Ansätze von Bewusstsein auch in der Tierwelt zu beobachten sind. So zeigen Schimpansen, Elefanten oder bestimmte Rabenvögel, die man sich in Spiegeln betrachten lässt, dass sie sich selbst dort erkennen. Man kann das daraus schließen, dass sie im Spiegel Dinge an ihrem Körper entdecken, zum Beispiel einen angebrachten Farbtupfer, die sie dann an sich selbst (und nicht im Spiegel!) untersuchen. Solche Selbsterkennungstests zeigen doch, dass ein erstes Gewahrwerden des eigenen Ichs auch schon bei höher entwickelten Tieren existiert. Man könnte es – vielleicht philosophisch etwas überhöht – so formulieren: Mit der Entwicklung von Bewusstsein beginnt die Materie, sich selbst wahrzunehmen und über ihre eigene Existenz zu reflektieren.

Wir kennen bei der Entwicklung von komplexen technischen Systemen (Beispiel: Funktelefon) das Phänomen, dass diese – neben der beabsichtigten Funktion – sehr oft zusätzliche, zunächst nicht gesehene Möglichkeiten enthalten, für die sich erst im Laufe der Zeit Anwendungen ergeben, die dann ihrerseits eine Weiterentwicklung des Gesamtsystems anstoßen (beim Funktelefon z. B. das Versenden von Textnachrichten, die Ortung von Personen, der Einsatz als Navigationssystem). Die Evolution schafft bei Systemen hoher Komplexität aufgrund des in Fulgurationsvorgängen liegenden Potentials zusätzliche Eigenschaften, deren Verwendung sich immer erst ergeben muss. So verlief es aber in der Evolution stets: Durch Mutation entstand eine neue Eigenschaft; wenn sie dem Träger eine erhöhte Überlebenschance verschaffte, wurde sie genutzt und weiter vererbt; wenn sie nicht »störte«, wurde sie beibehalten, bis sich eventuell eine Verwendung ergab.

Inzwischen schickt sich das »Bewusstsein« offenbar an, die Evolution selbst vorwärts zu treiben!

2. Grundlegende Aussagen der evolutionären Erkenntnistheorie

Die Grundfrage der Erkenntnistheorie ist nach dem Philosophen GERHARD VOLLMER die nach dem »Grund und dem Grad der Übereinstimmung von subjektiven Erkenntnisstrukturen und objektiven Realstrukturen«. Wie kommt es, so fragt er, dass unser Erkenntnisapparat – bei KONRAD LORENZ Weltbildapparat genannt – in der Lage ist, ein zutreffendes oder wenigstens hinreichend genaues Abbild der Wirklichkeit zu erzeugen?

Die evolutionäre Erkenntnistheorie antwortet darauf, dass die Übereinstimmung von subjektiven und objektiven Strukturen ein Ergebnis der biologischen Evolution ist. Unser Körper und damit auch seine Sinnesorgane und sein Gehirn haben sich aus einfachsten Anfängen nach dem Prinzip von Mutation und Selektion zu immer komplexeren Strukturen und Mechanismen entfaltet. Parallel mit der »Hardware« entwickelten sich auch die Funktionen des Wahrnehmens, Fühlens, Sehens, des Gedächtnisses, des Denkens und Sprechens. Jede durch Mutation ausgelöste Veränderung musste sich in einem »Test«-Prozess, also im realen Leben, bewähren. Wenn dieser Testprozess erfolgreich war, stimmten offenbar die Strukturen der Erkenntnis und die Strukturen der Realität wenigstens soweit überein, dass die so gewonnenen Informationen über die Welt hilfreich waren zu überleben. In der Regel verbesserten sie dann die Situation des Individuums und erlaubten, die neu erworbenen Fähigkeiten zu vererben. Die Strukturen der Realität werden durch alle Dinge dieser Welt gebildet: durch Atome, Moleküle, pflanzliche und tierische Organismen, Menschen, Gebirge, Flüsse, Sterne usw. sowie deren Eigenschaften und Verhaltensweisen.

Unser Gehirn hat sich nicht entwickelt, um objektive Wahrheiten, also die Welt »an sich« zu erkennen. Es wurden die Informationen in dem Umfang und in der Form aus der Umwelt aufgenommen und verarbeitet, die die eigene Existenz sicherten. Eine vollständige Übereinstimmung zwischen subjektiver Erkenntnis und objektiver Realität war dazu offenbar nicht unbedingt erforderlich. VOLLMER bemerkt hierzu:

> »Die Passung muß wenigstens so weit reichen, daß die wesentlichen Bedürfnisse des Organismus ... befriedigt werden; sie muß *überlebens-adäquat* sein. ... Nehmen wir ein Beispiel: Baumlebende Tiere wie Affen, die von Ast zu Ast und sogar von Baum zu Baum springen, müssen irgendwie die räumliche Struktur ihrer Lebenswelt bewältigen. Nur wenn sie die Entfernung eines Astes richtig einschätzen, wird ihre Greifhand im richtigen Moment zufassen. Dazu müssen sie die dreidimensionalen Objekte ihrer Umwelt aus zweidimensionalen Netzhautinformationen rekonstruieren, also wahrnehmen.«

Andere räumliche Rekonstruktionen müssen weniger exakt sein. Ein Affe jedoch, der keine realistische Wahrnehmung von dem Ziel hatte, das er anvisierte, sprang daneben und war bald ein toter Affe. [12]

Für die evolutionäre Erkenntnistheorie ist Wirklichkeitserkenntnis somit »eine adäquate interne Rekonstruktion und Identifikation äußerer Objekte im erkennenden Subjekt«, [13] vereinfacht gesprochen also eine hinreichend genaue Abbildung der umgebenden Welt im Kopf des agierenden Organismus. Man kann es auch so ausdrücken: Wenn unsere Wahrnehmung der Welt nicht eine für unsere Bedürfnisse im wesentlichen korrekte Abbildung der tatsächlichen Verhältnisse darstellen würde, hätten wir als Menschen nicht überleben können, schon unsere Vorfahren hätte es nicht gegeben.

Eine wichtige Einschränkung, vor allem in Bezug auf die diesem Kapitel zu Grunde liegende Frage, wieweit wir in der Lage sind, sicheres Wissen über die Welt zu erlangen und zu formulieren, gilt es jedoch zu beachten. Durch die Evolution hat sich unser Erkenntnisapparat nur an einen Teil der Wirklichkeit angepasst. Es ist – wie VOLLMER betont – die Welt der mittleren Dimensionen. Sie umspannt den Bereich von Millimetern zu Kilometern, von Sekunden zu Jahren, von Gramm zu Tonnen, es ist ferner der Bereich der mittleren Temperaturen, der mittleren Geschwindigkeiten und der mittleren Kräfte. VOLLMER nennt diesen Teil der Welt den »Mesokosmos«. In diesen Bereichen machen wir unsere unmittelbaren Erfahrungen, und deren Strukturen und Erscheinungen können wir uns anschaulich vorstellen. Die Anschauung versagt jedoch im Mikrokosmos und im Makrokosmos. In der Welt der Atome und Elementarteilchen scheitert unsere Anschauung und die im mesokosmischen Bereich entwickelte Alltagssprache. Und wenn wir sie dennoch auf Aufbau und Abläufe innerhalb eines Atoms anwenden, dann zeichnen wir ein die tatsächlichen Verhältnisse verfälschendes Bild. Nur die Sprache und die Modelle der Mathematik helfen uns hier weiter. Gleiches gilt für den Makrokosmos. Entfernungen von Millionen und Milliarden Lichtjahren oder ein endliches aber unbegrenztes vierdimensionales Weltall sind für uns nicht »denkbar«, wir können sie uns nur mit den Methoden und Modellen der Naturwissenschaft verständlich machen.

So gesehen ist Naturwissenschaft der Versuch, die uns durch die Natur beziehungsweise Evolution gesetzten Grenzen des Wahrnehmens und Erkennens zu überwinden. Wir »erweitern« unsere Sinnesorgane durch Mikroskope, Fernrohre, Mikrofone, Kameras, Messinstrumente usw. und wir »erweitern« unsere kognitive Informationsverarbeitungskapazität und Vorstellungsmöglichkeit durch Modelle, Mathematik und Computer. Die Naturwissenschaften machen sichtbar, was wir unmittelbar nicht sehen. Wir bedürften der Naturwissenschaft überhaupt nicht, wenn wir die Welt so unmittelbar erkennen, durchschauen und verstehen könnten, wie sie sich uns über unsere Sinnesorgane präsentiert.

Diese spezifische, unser Wahrnehmen und Erkennen ausschnitthaft ausrichtende Formung durch die Jahrmillionen währende Evolution zeigt sich auch in unserer Unfähigkeit, komplizierte und komplexe Systeme unmittelbar zu durchschauen. Aufbau und Funktion einer biologischen Zelle oder die vielfältigen Verflechtungen innerhalb einer Volkswirtschaft etwa sind aufgrund ihrer internen Vernetzung von einer Komplexität, der wir ohne Hilfsmittel wie konkret-physikalische oder abstrakt-mathematische Modelle nicht gewachsen wären. Noch komplexere Systeme, wie zum Beispiel der globale Finanzmarkt oder das System der Komponenten, die unser Klima langfristig bestimmen, sind selbst mit mathematischen Modellen nicht mehr hinreichend genau zu durchschauen und haben uns unsere erkenntnismäßigen Grenzen drastisch vor Augen geführt. Die Evolution hat uns ganz offenbar auf die Komplexität unserer heutigen Welt nicht vorbereitet.

Das komplexeste und zugleich komplizierteste System, das wir kennen, ist das menschliche Gehirn. Die Hirnforschung ist noch weit davon entfernt, es zu durchschauen oder gar zu verstehen. Auf welche Weise Phänomene wie Denken, Intuition, Bewusstsein oder Gefühle als psychische Verhaltensweisen zustande kommen und zu erklären wären, ist bisher allenfalls in ersten Ansätzen erkennbar. Dennoch vertritt die evolutionäre Erkenntnistheorie hier ganz entschieden die Auffassung, wonach physische und die mit ihnen korrespondierenden psychischen Prozesse nur verschiedene Erscheinungsformen ein und desselben Vorgangs sind. Dabei gilt: Der »Geist« ist eine (emergente) Funktion des Gehirns und keine eigenständige Instanz. [14] RUPERT RIEDL nimmt zu diesem Sachverhalt im Vorwort seines schon erwähnten Buches »Biologie der Erkenntnis« so Stellung:

> »Wir werden [im Rahmen seines Buches und damit der evolutionären Erkenntnistheorie, U.L.] zeigen, daß Vernunft und Erfahrung, Idee und Realität, Geist und Materie zu Unrecht und zu unserem Schaden gespalten wurden.« [15]

Trotz aller noch bestehender Verständnisdefizite bezüglich der Funktionsweise des menschlichen Gehirns, insbesondere der höchsten kognitiven und emotionalen Erscheinungsformen – an einem besteht für die evolutionäre Erkenntnistheorie nicht der geringste Zweifel, dass nämlich der »Geist« nicht aus einer anderen Welt zu uns gekommen ist, sondern das derzeit vorläufige Ergebnis eines sich über ungeheuere Zeiträume erstreckenden evolutiven Prozesses ist. Vorläufig ist das Ergebnis, weil die Evolution natürlich mit uns nicht beendet ist. Die für eine mögliche Weiterentwicklung erforderlichen Zeitspannen wären jedoch von der gleichen Größenordnung, wie sie bisher notwendig waren, das Ergebnis würden wir jetzt Lebenden also nicht mehr zur Kenntnis nehmen können. Es sei denn, der Mensch selbst griffe in die Entwicklung ein, wie oben schon angedeutet. Vorstellbar wären gezielte genetische Eingriffe oder elektronisch-biologische Systeme, die als »Verstärker« die geistige Kapazität des Menschen unmittelbar steigern würden.

Welche weiteren Formen des Erspürens und Erkennens weiterer Dimensionen der Wirklichkeit dann möglich wären, darüber kann man allenfalls spekulieren, weil das gedankliche Überschreiten der uns heute gesetzten verstandesmäßigen Grenzen in uns unbekannte »geistige Räume« uns nicht gelingt. Ob wir neue Eigenschaften der Welt erkennen, neue Fähigkeiten des Gewahrwerdens der Welt erwerben würden? Ob vielleicht unsere Alltagslogik, die sich im mesokosmischen Bereich absolut bewährt hat, aber in mikrokosmischen Dimensionen – wie noch zu zeigen sein wird – versagt, eine Erweiterung im Sinne einer umfassenderen »Weltlogik« erführe?

Dass Denken, Fühlen und Bewusstsein eine quantitative und schließlich qualitative Erweiterung erfahren könnten, ist durchaus vorstellbar, ja sogar wahrscheinlich, wenn wir auf die bisher kontinuierlich stattgefundene Höherentwicklung geistiger Funktionen zurückblicken, die – wie schon erwähnt – mit dem heutigen Tag bestimmt noch kein Ende gefunden hat. Eine andere Möglichkeit der Weiterentwicklung ist die bewusst vorgenommene Verschaltung von bisher getrennt agierenden informationsverarbeitenden Systemen, um zu neuen Systemeigenschaften im Sinne der LORENZschen Fulguration (bzw. Emergenz) zu gelangen. Die Potenz, die in diesem kreativsten Prinzip der Natur liegt, ist überhaupt nicht abzuschätzen.

Wenn es in unserem unendlich erscheinenden Weltall an vielen Stellen Leben und Bewusstsein geben sollte, wovon eigentlich auszugehen ist, dann ist es aufgrund des dann anzunehmenden milliardenfachen Auftretens von Leben oder von für uns nicht vorstellbaren Formen von »nicht-toter« Materie nicht unwahrscheinlich, dass es dort Erkenntnis- und Bewusstseinsformen gibt, die zu uns eine solche quantitative und qualitative Differenz aufweisen, wie wir vielleicht zu einem Schimpansen, Schäferhund oder Vogel. Möglicherweise wären diese Erkenntnisformen allerdings so völlig andersartig, dass wir sie zunächst gar nicht oder vielleicht nie als solche wahrnehmen würden. So wie Leben an anderen Orten dieses Universums ganz und gar andere Konzepten folgen könnte, dass wir Probleme hätten, Gemeinsamkeiten mit irdischen Lebensformen zu erkennen.

Zurück zur Ausgangsfrage dieses Kapitels: Ist sicheres Wissen über die Welt möglich, gibt es objektive Erkenntnis? Wie zuverlässig ist das, was wir über unsere Sinne von der Welt wahrnehmen und im Kopf weiter verarbeiten? Wie weit sind wir fähig, die Welt zu erkennen und darüber zuverlässige Aussagen zu machen?

Wie wir gesehen haben – obwohl im Rahmen dieses Kapitels eine nur sehr grobe Darstellung gegeben wurde – kann die evolutionäre Erkenntnistheorie zeigen, dass die subjektiven Strukturen unseres Wahrnehmungs- und Denkapparats uns hinreichend zutreffende, teilweise sogar übereinstimmende Informationen über die objektiven Strukturen der Welt liefern. Denn wären die Informationen über die uns umgebende reale Welt vollkommen unzutreffend – so die Argumentation – gäbe es uns Menschen überhaupt nicht, schon unsere Vorgänger hätten nie existiert, weil nicht überlebt. Nur wenn die über meine Sinnesorgane gelieferten Informationen im Wesentlichen den Tatsachen entsprechen, dass ich zum Beispiel derzeit von keinem Feind bedroht werde oder wo ich für mich und meinen Nachwuchs Nahrung finde, verfüge ich über jenes die Realität abbildende Wissen, das mein und meiner Nachkommen Überleben ermöglicht.

Unser Erkenntnisvermögen, unsere Anschauung und Sprache haben sich evolutiv an den mesokosmischen Strukturen entwickelt und können in diesem »mittleren« Bereich erfolgreich eingesetzt werden, um Informationen über die Welt zu gewinnen, zu formulieren und anzuwenden. Mit Hilfe wissenschaftlicher Methoden gelingt es, auch über den mikrokosmischen und makrokosmischen Bereich Erkenntnisse zu erlangen, diese immer wieder auf Gültigkeit zu testen und dadurch ständig zu verbessern. Alle Erkenntnisse sind aber immer hypothetisch, das heißt, wir können ihrer nie ganz sicher sein, sie können aber so lange als zutreffend gelten, wie sie nicht durch andere Erkenntnisse relativiert oder gar widerlegt werden. Es ist sogar objektive Erkenntnis möglich. Wir können aber der Objektivität oder Wahrheit auch objektiven Wissens nie absolut sicher sein, da alle Erkenntnis eben immer hypothetisch ist. Dabei folgen wir hier einem Wahrheitsbegriff, wonach »die Wahrheit einer Tatsachenaussage in ihrer Übereinstimmung mit den Tatsachen besteht«. Man spricht hier vom sogenannten korrespondenztheoretischen Wahrheitsbegriff. [16] Ob und wie eine Aussage mit den Tatsachen übereinstimmt, darüber kann zum Beispiel ein Experiment oder Test Auskunft geben.

Abschließend sei noch einmal GERHARD VOLLMER zitiert:

> »Jeder Erkenntnisapparat liefert ... Informationen über die objektive Wirklichkeit! Je mehr Bestimmungsstücke er verarbeiten und je mehr verschiedene Reize er voneinander unterscheiden kann, je größer also sein ›Auflösungsvermögen‹ ist, desto näher kommt er der außersubjektiven Realität. Daß die evolutionäre Erkenntnistheorie in Verbindung mit dem hypothetischen Realismus die *Möglichkeit objektiver Erkenntnis* sicherstellt und begründet, ist zweifellos eine ihrer wichtigsten Folgerungen. Sie rechtfertigt somit in einem gewissen Maße unsere intuitiven Überzeugungen von der Existenz einer realen Welt und ihrer Erkennbarkeit. Wir dürfen uns viel mehr auf unsere Sinneseindrücke, Wahrnehmungen, Erfahrungsurteile und wissenschaftlichen Erkenntnisse verlassen, als der hypothetische Charakter aller Erkenntnis ... vermuten (läßt).« (Hervorhebungen im Original) [17]

Unsere Sinneseindrücke, Wahrnehmungen und kognitiven Verarbeitungsprozesse können also schon deshalb nicht so völlig falsche Ergebnisse liefern – wie nämlich die herkömmlichen Erkenntnistheorien immer wieder gern behaupten – weil sie sich offensichtlich im Prozess der Evolution bewährt haben, mindestens jedoch soweit die Realität widerspiegelten, dass die gewonnenen Informationen ausreichten, um dem Individuum das Überleben und in der Regel auch das Fortpflanzen zu ermöglichen.

II.

Raum und Zeit: Unbegreiflich in Dimension und Wesen

Der Blick Richtung Himmel an einem wolkenlosen Abend versetzt mich – und sicherlich sehr viele andere Menschen auch – immer wieder in ein grenzenloses Nachdenken über das, was ich sehe, über das, was sich wohl in den schweigenden Welten da oben ereignen mag, über die Kräfte und Mächte, die das alles entstehen ließen. Mit bloßem Auge kann man in einer wolkenlosen und tiefschwarzen Nacht – so die Aussage der Astronomen – etwa 3000 Sterne sehen und dazwischen den blassen Schleier der Milchstraße, innerhalb der wir mit unserem Sonnensystem nur ein winziger Teil sind. Wie unfassbar groß müssen wohl die Distanzen sein, die bestehen zwischen unserer Erde und den Galaxien genannten Sternenansammlungen, die wie unsere Milchstraße, in ungezählter Zahl am Firmament stehen, sich oft nur noch mit einem Lichtfunken bemerkbar machen und in den Tiefen des Weltalls fernab von uns einfach da sind. Die unbegreiflichen Entfernungen, die zwischen mir und den für mich sichtbaren Sternen liegen mögen, machen mich sprachlos, und Gedanken und Gefühle schieben sich ins Bewusstsein, die ich nie in Worte fassen könnte.

In Gedanken ist es möglich, sich blitzschnell in die entferntesten Tiefen des Weltalls zu versetzen, sich vorzustellen, dass es dort oben ganz andere Daseinsformen gibt, die vielleicht ebenso ratlos in unsere Richtung schauen, vielleicht aber bereits eine Entwicklungsstufe erreicht haben, die für uns so unbegreiflich wäre wie für uns heute die Existenz unseres Kosmos. Ich sehe vor mir die Explosion einer Supernova, die gewaltige Mengen an chemischen Elementen auswirft, die Leben möglich machen und letztlich meinen Körper entstehen ließen – so jedenfalls sagen es uns die Astrophysiker – und sehe meine Bausteine in irgendwelchen fernen Zeiten zurückgegeben und wieder in den ewigen Kreislauf von neu Entstehen und wieder Vergehen eingefügt.

Was bedeuten wir diesem unendlich groß scheinenden Kosmos? Sind wir mit unserer Erde ein unbemerktes und ungezähltes Staubkörnchen im All – ähnlich dem bedeutungslosen einzelnen Sandkörnchen an einem nicht enden wollenden Meeresstrand? Haben die Kosmologen recht, wenn sie feststellen, dass sich unser Sonnensystem mit seinen Planeten und Monden allenfalls durch ein einige physikalische Parameter auszeichnet, die Leben möglich machen, es aber ansonsten nur eines von Abermilliarden vergleichbarer Sonnensysteme ist. Oder ist doch alles ganz anders, weil hinter dem Sicht- und Denkbaren sich ganz andere Dimensionen verbergen?

Wie groß ist das Weltall? Wie klein ist ein Atom? Sind wir als denkende und Bewusstsein habende Wesen allein auf dieser Welt? Ist uns in diesem grandiosen kosmischen Szenario eine Rolle zugewiesen?

Die folgenden Überlegungen sollen einen gedanklichen Rahmen aufspannen, der es uns gestattet, sich in dieser Welt ein wenig besser zu orientieren. Sich orientieren heißt ja zunächst einmal, sich räumlich und zeitlich einzuordnen. Eine solche Einordnung sagt mir, wo ich in Raum und Zeit stehe; in der Folge davon vielleicht aber auch, was ich im Sinne von kosmischer Bedeutung und nach menschlichem Selbstverständnis darstellen könnte.

Unsere raum-zeitliche Position im Kosmos kann aus sehr verschiedenen Blickrichtungen bestimmt werden. Zum einen ist es die Stellung unserer Erde im Gefüge der uns umgebenden kosmischen Objekte, die soweit von uns entfernt sind, dass sie nach menschlichen Maßstäben als unendlich fern von uns erscheinen. Zum anderen ist es unsere relative Größe als biologisches Wesen Mensch gegenüber der Welt des Kleinen und Kleinsten. Galaxie und Atom spannen also gewissermaßen den räumlichen Rahmen auf. Ähnliche Überlegungen gelten für die Dimension der Zeit. Das Datum des so genannten Urknalls datieren die Kosmologen nach neuesten Berechnungen auf einen Zeitpunkt vor etwa 13,7 Milliarden Jahren, und sie glauben, dass ihre Rechenmodelle ihnen erlauben, den »Schöpfungsakt« bis auf den irrwitzig kleinen Bruchteil von 10^{-43} Sekunden nach dem eigentlichen Urknall zurückverfolgen zu können. 13,7 Milliarden Jahre und der Bruchteil von 10^{-43} Sekunden (eine Zahl mit 42 Nullen hinter dem Komma!) bilden also die zeitlichen Extremwerte, die es sich in Relation zu »menschlichen« Zeitabschnitten wie Sekunde, Tag oder Jahr zu verdeutlichen gilt.

Wir wollen jetzt versuchen, uns solche extremen beziehungsweise minimalen Größen und Größenordnungen verständlich zu machen und beginnen mit einigen, vielleicht aus der Schulzeit noch bekannten astronomischen Zahlenwerten.

1. Die räumlichen Dimensionen des ganz Großen und des ganz Kleinen

Der mittlere räumliche Abstand zwischen Erde und Mond beträgt ungefähr 384 000 km. Dies ist für irdische Verhältnisse eine ungeheure Entfernung, im kosmischen Maßstab dagegen liegt diese Strecke gewissermaßen im »Millimeterbereich«. Wir können uns diese Strecke hilfsweise als knapp 10 mal den Erdumfang vorstellen, nämlich 10 mal 40 075 km. Der Erdumfang wiederum ist eine Strecke, die ein Autofahrer, der viel unterwegs ist und im Jahr etwa 20 000 km fährt, in etwa zwei Jahren mit seinem Gefährt zurücklegt. Die Entfernung Erde – Mond würde also dieser Zeitgenosse in knapp 20 Jahren mit seinem Auto »abfahren«.

Hier sei gleich einmal eine bemerkenswerte Geschichte eingeschoben, die zeigt, dass allein durch Beobachten und Nachdenken schon zu Zeiten der Antike Erkenntnisse gewonnen werden konnten, die uns noch heute größten Respekt abverlangen. Der griechische Gelehrte ERATOSTHENES (284-202 v. Chr.) war bereits in der Lage, den Erdumfang zu berechnen. Er beobachtete nämlich, dass die Sonne im Sommer zu einem bestimmten Zeitpunkt genau über der Stadt Syene (das heutige Assuan) stand, so dass sie keine Schatten warf, während sie zum selben Zeitpunkt in der nördlich davon gelegenen Stadt Alexandria mit 7,2° vom Zenit abwich. (Der Zenit ist der genau senkrecht über dem Beobachtungsort liegende Punkt am Himmel). 7,2° sind genau der 50. Teil des vollen Kreisumfangs von 360°. Also – so schloss ERATOSTHENES, der schon von der Kugelform der Erde wusste, messerscharf – beträgt der Erdumfang das 50fache der Entfernung von Syene nach Alexandria. Die Entfernung zwischen den beiden Städten war durch Abschreiten halbwegs genau bekannt, so dass er auf einen Erdumfang in der Größenordnung zwischen – umgerechnet auf unsere Maßeinheit – 35 000 und 45 000 km kam. Ein für damalige Bedingungen erstaunliches Ergebnis!

Der für kosmische Verhältnisse ebenfalls winzige Abstand zwischen Erde und Sonne beträgt etwa 150 Millionen Kilometer. Dennoch sprengt diese nach astronomischen Maßstäben geradezu lächerlich kleine Distanz schon alle menschliche Vorstellungskraft. Erst recht gilt das für alle anderen kosmischen Entfernungen. Diese werden daher nicht mehr in der uns vertrauten Längeneinheit von Kilometern gemessen sondern in Licht»jahren«. Ein Lichtjahr ist die Strecke, die das Licht innerhalb eines Jahres zurücklegt; umgerechnet in Kilometern sind das etwa 9½ Billionen! (Ein Lichtjahr ist also keine Zeiteinheit sondern ein Längen- bzw. Entfernungsmaß!)

Der Wert für ein Lichtjahr kommt so zustande: Ein Tag hat 24 (Stunden) × 60 (Minuten) × 60 (Sekunden) = 86 400 Sekunden, das sind im Jahr etwa 365 × 86 400 = 31 536 000 Sekunden. Da das Licht rund 300 000 km pro Sekunde zurücklegt, ergibt sich damit für ein Lichtjahr eine Strecke von 31 536 000 Sek. mal 300 000 km/Sek. = 9 460 000 000 000 km, also ungefähr 9½ Billionen km. (Astronomen rechnen inzwischen in der Einheit »parsec«. Der Anschaulichkeit wegen bleiben wir hier aber bei der Maßeinheit »Lichtjahr«.)

Proxima Centauri, der uns nächste Fixstern, ist 4,3 Lichtjahre, also etwa 4,3 mal 9½ Billionen Kilometer von uns entfernt. Diese rund 41 Billionen Kilometer sind für uns außerhalb jeder Anschauung und damit außerhalb jeder Vorstellung. Aber selbst die Sonne ist ja schon so weit entfernt, dass das Licht gut 8 Minuten benötigt, bis es uns erreicht. Dabei sei nochmal erwähnt, dass das Licht in einer Sekunde 300 000 km zurücklegt!

Das unmittelbare Erfassen und Einschätzen ganz großer und ganz kleiner räumlicher oder zeitlicher Zahlenwerte gelingt uns kaum oder nur sehr verzerrt. Wo unmittelbare Anschauung oder Erfahrung versagen, helfen aber Vergleiche und gedankliche Modelle weiter, um aus dem bloßen Staunen herauszukommen und eine Ahnung von den wahren Größenordnungen zu erlangen. Entwickeln wir uns also solch ein gedankliches Modell!

Der Mond ist von uns – wie schon erwähnt – etwa 384 000 km entfernt. Die Erde hat von der Sonne einen Abstand von rund 150 Millionen km, Jupiter, der größte Planet in unserem Sonnensystem, von 780 Millionen km und Pluto, der vor kurzem noch als äußerster Planet in unserem Sonnensystem galt, von 5,9 Milliarden km. Proxima Centauri als der uns am nächsten gelegene Fixstern hat – wie eben schon erwähnt – von der Erde aus gemessen eine Entfernung von ca. 41 Billionen Kilometern. [1] Das sind alles Größen, die jenseits unserer Erfahrung und Vorstellung liegen. Wenn wir uns aber in Gedanken ein Vergleichsmodell schaffen, gelingt es uns vielleicht doch, ein Gefühl für die Relationen zu entwickeln.

Stellen wir uns dazu die Erde als eine Kugel von Erbsengröße vor, auf der wir uns – entsprechend verkleinert – befinden. Wir sehen dann den Mond in 14 cm Entfernung, die Sonne in einer Distanz von 55 m, Jupiter in knapp 300 m und Pluto (in der Größe eines unsichtbaren Staubkörnchens) in gut 2 km Entfernung. Proxima Centauri, der uns nächste Fixstern, wäre fast 15 000 km(!) entfernt, also – verglichen wieder mit unseren irdischen Verhältnissen – fast eine halbe Erdumrundung weit weg, tatsächlich aber ist er eben unvorstellbare 41 Billionen km entfernt.

Schon diese Zahlen zeigen die ungeheure Leere des Weltraums. Denn dazwischen ist nichts, fast nichts, allenfalls ein Paar dünne Gaswolken oder auf Wanderschaft befindliche Asteroiden und Kometen. Diese bestehen aus Eis, Gestein und Kohlenstoff- oder Metallverbindungen und sind zwischen

0,1 und 100 km groß. Verglichen mit der Größe von Erde, Jupiter oder Sonne sind das aber winzige Partikelchen. (Für die Erde dennoch keinesfalls ungefährliche »Geschosse«, die schon mehr als einmal auf die Erde stürzten und gewaltige Artensterben verursachten!). Eine Reise mit einem Raumschiff heutiger Konstruktion und Geschwindigkeit würde mindestens 25 000 Jahre dauern, um Proxima Centauri zu erreichen. Wahrscheinlich wären dort kaum so interessante Entdeckungen zu machen, die eine solche ausgedehnte Reise rechtfertigen würden. (Wir übergehen mal großzügig die Frage, wer überhaupt so lange leben würde, um eine solche Reise zu überstehen!) Sirius, ein weiterer, uns vergleichsweise naher Stern, wäre weitere 4,6 Lichtjahre beziehungsweise 4,6 × 9½ Billionen km = 44 Billionen km entfernt. Das heißt, weitere mindestens 25 000 Jahre Reisezeit wären zu veranschlagen, um diese nach kosmischen Maßstäben ziemlich kleinen Distanzen zu überwinden.

Aber es kommt noch dramatischer! Unsere Milchstraße enthält zwischen 100 und 400 Milliarden Sterne – genau weiß das keiner. Sie ist so groß, dass das Licht von einem Rand der Galaxie, die ja die Form einer diskusförmigen Scheibe hat, zum anderen Rand – nach neuesten Berechnungen – in etwa 200 000 Jahre benötigt. Dabei sei daran erinnert, dass das Licht pro Sekunde 300 000 km zurücklegt, in einem Jahr also etwa 9½ Billionen km! Wenn wir weiter erfahren, dass das Weltall weitere 100 bis 200 Milliarden Galaxien enthält, zum Teil sehr viel größer noch als unsere Milchstraße und jede einzelne Galaxie wiederum aus Hunderten von Milliarden Sternen besteht, dann wird uns endgültig klar, wie schwer es ist, sich von den tatsächlichen Größenordnungen eine Vorstellung zu machen. Sowohl die raum-zeitlichen Distanzen als auch die nach Milliarden und Abermilliarden zählenden Galaxien und Sterne überfordern jede Vorstellungskraft.

Das Licht einer der am weitesten entfernten, mit technischen Hilfsmitteln gerade noch sichtbaren Galaxie benötigt etwa 12 Milliarden Jahre, um zu uns zu gelangen; vielleicht auch 15 Milliarden Jahre, was aber für die folgenden Überlegungen kaum noch eine Rolle spielt. 12 Milliarden Lichtjahre sind 12 Milliarden mal 9½ Billionen km, das sind etwa 10^{22} km, also eine Eins mit 22 Nullen.[2] So weit können wir also von unserer Erde aus in die Tiefen des für uns sichtbaren Teils des Weltalls schauen. Auch hier soll uns noch einmal ein Vergleich helfen, wenigstens die Spur einer Vorstellung von den tatsächlichen Verhältnissen zu erlangen.

Stellen wir uns die Erde als einen Punkt vor und den Mond ebenfalls als Punkt in einer Entfernung von 1 mm, dann wäre die Sonne etwa 390 mm entfernt, der nächste Fixstern Proxima Centauri aber schon rund 106 km, und eine der am weitesten entfernten und gerade noch sichtbaren Galaxie hätte in diesem Modell einen Abstand von 300 Milliarden km, also eine auch in diesem extrem verkleinerten Modell nicht mehr vorstellbare Entfernung.

Wir können unseren Vergleich noch etwas weiter treiben, indem wir unser Modell noch einmal um den Faktor 1000 verkleinern. Nehmen wir also an, dass in unserem gedachten Modell der Abstand Erde zu Mond $^{1}/_{1000}$ mm beträgt, dann betrüge der Abstand Erde zu Sonne 0,390 mm und der Abstand Erde zu Proxima Centauri 106 m. In diesem Fall wären die für uns am Rande der Sichtbarkeit gelegenen Galaxien immer noch rund 300 Millionen km entfernt, also doppelt soweit wie unsere Sonne tatsächlich von uns weg ist! Man kann also mit Fug und Recht und fast resignierend oder fassungslos staunend sagen, dass die Größenordnungen des Weltalls jenseits aller Vorstellungskraft liegen und trotz Vergleich und Modellbildung nur unvollständig veranschaulicht werden können. Wenn man dann noch erfährt, dass es theoretische und empirische Hinweise gibt, dass sich unser Universum noch 100 oder 1000 mal weiter erstreckt als das, was wir heute mit modernsten Teleskopen gerade noch sehen können, dann bleibt eigentlich nur noch Schweigen, weil sich keine Worte mehr finden.

Abschließend dennoch ein letzter Vergleich, der uns helfen soll, die wahrhaft unfassbar riesigen Distanzen innerhalb unseres Kosmos ein wenig mehr zu begreifen. Stellen wir uns die Milchstraße, also unsere Galaxie, als eine Scheibe vor mit einem Durchmesser von 10 km und einer Höhe von 1 km. In diesem Vergleichsmodell wäre dann unsere Sonne nur wenige millionstel Millimeter groß, etwa mit der Größe eines Virus vergleichbar. Unsere Erde hätte dann nur die Größe eines Atoms.

Bedenkt man, dass bisher nur vom sichtbaren Teil des Kosmos die Rede war und dass Astrophysiker – wie eben erwähnt – vermuten, dass der sichtbare Teil des Kosmos nur einen Bruchteil des gesamten Kosmos ausmacht, dann gibt man es auf, sich eine realistische Vorstellung von der Größe unserer Welt zu machen. Es bleibt nur der Eindruck des Unfassbaren zurück.

Warum diese ausführliche Beschäftigung mit Entfernungen und Größenordnungen? Was sagen und bedeuten uns solche Größen und Zahlen?

Zunächst einmal lassen sie uns noch mehr staunen und uns noch mehr wundern, als wir es ohnehin schon tun bei dem Gedanken an die unvorstellbaren Weiten unseres Universums. Unsere sich emotional äußernde Ergriffenheit vor dem eigentlich Unfassbaren und Unbegreifbaren bekommt aber gewissermaßen eine zusätzliche rationale Grundlage. Zumindest im astronomischen »Nahbereich« können wir uns nun eine halbwegs zutreffende Vorstellung von den wahren Größenverhältnissen machen. Diese Zahlen und Distanzen zeigen uns aber auch unsere Einsamkeit und Verlorenheit im Weltraum. Diese unfassbaren Größen wollen nicht so recht passen zu der von den Religionen, insbesondere zu der von der christlichen Kirche behaupteten besonderen oder gar einmaligen kosmischen Bedeutung des Menschen. Zwar muss physische Kleinheit nicht auch kosmische Bedeutungslosigkeit ausdrücken, aber der Gedanke der Überschätzung der eigenen Rolle drängt sich schon auf. Zumal die Wahrscheinlichkeit groß ist, dass in den Weiten des Kosmos ebenfalls Formen von Leben und Bewusstsein existieren, die vielleicht ebensolche Ansprüche in Bezug auf die eigene Bedeutung erheben.

Ähnliche Empfindungen der Unvorstellbarkeit stellen sich ein, wenn es um die Welt des ganz, ganz Kleinen geht. Atome, Elektronen, Protonen, Neutronen, Quarks und schließlich Strings, die derzeit als die elementarsten Bausteine unserer Welt, quasi als die Urteilchen, angesehen werden. Diese sind wiederum von einer so unfassbaren Kleinheit, dass auch hier die Alltagssprache und die am Sichtbaren entwickelte Anschauung versagen, sich ein Bild von den wirklichen Verhältnissen zu machen. Oder können wir uns vorstellen, was es heißt, dass ein Atom – ein im mikrokosmischen Bereich noch vergleichsweise großes Gebilde – einen Durchmesser von etwa 10^{-10} m hat? Die Zahl 10^{-10} sieht in der uns bekannten Schreibweise so aus: 0,000 000 000 1 m. In cm oder mm: 0,000 000 01 cm oder 0,000 000 1 mm. Der Kern eines Atoms wiederum ist noch einmal um mehrere Größenordnungen kleiner. Der Durchmesser eines Atomkerns beträgt nämlich nur etwa $^{1}/_{100\,000}$ des Atomdurchmessers. Als Zahl geschrieben: 10^{-15} m; in der uns bekannten Schreibweise: 0,000 000 000 000 001 m oder 0,000 000 000 000 1 cm oder 0,000 000 000 001 mm.[3]

Der Versuch, sich diese Größen unmittelbar vorzustellen, ist von vornherein zum Scheitern verurteilt. Wir wollen deshalb auch hier versuchen, durch Vergleich und Modell ein Gefühl für die wahren Dimensionen zu gewinnen. Während allerdings die Modelle zur Veranschaulichung astronomischer Größen durch »Stauchung« der wahren Verhältnisse zustande kamen, müssen wir jetzt gewissermaßen eine »Spreizung« vornehmen, um die irrwitzig kleinen Abstände im inneratomaren Bereich »sichtbar« zu machen.

Zunächst ein vertrautes Beispiel vorab, um sich langsam an die Größen-Verhältnisse der Mikrowelt heranzutasten: Ein menschliches Haar ist etwa $50 \cdot 10^{-6}$ m = $50 \cdot 10^{-3}$ mm = 0,05 mm dick; das ist die Hälfte eines Zehntel-Millimeters. 20 menschliche Haare ganz eng nebeneinander gelegt würden also etwa einen Millimeter ergeben. Aber mit diesem Beispiel wollen wir uns nur ein erstes Gefühl für die Welt der kleinen Dimensionen verschaffen.

Wie viele Atome müsste man nebeneinander legen, um auf die Breite eines Haares zu kommen? Oder auf die Größe eines Millimeters? Ganz einfach: Wir müssen nur die Dicke eines Haares durch die Größe eines Atomdurchmessers teilen, nämlich $50 \cdot 10^{-6}$ m : 10^{-10} m. Die Division ergibt einen

Wert von $50 \cdot 10^4$ beziehungsweise $0{,}5 \cdot 10^6$. Der Sachverhalt in Worten: eine halbe Million Atome nebeneinander gelegt, ergäben gerade die Dicke eines menschlichen Haares, oder 10 Millionen Atome nebeneinander gelegt, würden ungefähr einen Millimeter Platz beanspruchen. Dabei sollte man sich bewusst machen, was die Zahl 10 Millionen tatsächlich aussagt. 10 Millionen sind zum Beispiel 1000 mal 10 000; also ein Satz von jeweils 1000 nebeneinanderliegender Atome 10 000 mal nebeneinander gelegt, ergeben erst 1 Millimeter! Hier noch ein anderes Beispiel, um sich die Mächtigkeit der Zahl 10 Millionen zu veranschaulichen: 10 Millionen 1-Cent-Stücke mit der Schmalseite nebeneinander gestellt, würden eine Rolle von 16,5 km Länge ergeben. (Bitte nachrechnen! 10 1-Cent-Stücke senkrecht nebeneinander gelegt sind 16,5 mm breit.)

Aber wie im ganz Großen so auch im ganz Kleinen: Wie wir vorhin schon feststellten, gibt es ungeheure Leerräume zwischen den Sternen und Galaxien, die Abstände zwischen den Sternen und Galaxien bemessen sich in Hunderten, Tausenden und Millionen von Lichtjahren. Dazwischen ist in der Regel nichts. Auch ein Atom besteht im Wesentlichen aus Leere. Denn der Kern eines Atoms nimmt nur ein $^{1}/_{100\,000}$ des Durchmessers in Anspruch, enthält aber fast die gesamte Masse eines Atoms. Versuchen wir auch hier uns die Größenverhältnisse durch einen Vergleich klar zu machen. Hätte der Kern etwa die Größe einer Erbse, also einen Durchmesser von etwa 0,5 cm, dann wäre das gesamte Atom um den Faktor 100 000 größer, würde also eine Kugel von circa 50 000 cm beziehungsweise 500 m(!) Durchmesser bilden. Zum Vergleich: Der Berliner Fernsehturm als Deutschlands größtes Bauwerk ist mit der aufgesetzten Antenne 368 m hoch! Das Gewicht des gesamten Atoms wäre aber im wesentlichen in dem erbsengroßen Kern konzentriert. Was auch hier auffällt, ist die unglaubliche Menge an leerem Raum. Dabei ist es schon bemerkenswert, dass so viel »leerer Raum« extrem »harte Materie« bilden kann, wie wir sie beispielsweise in Form von Stein oder Stahl kennen.

Anzumerken ist, dass die verbreitete Vorstellung, die den Atomkern umhüllenden Elektronen kreisten um diesen wie die Planeten um die Sonne, die tatsächlichen Verhältnisse in keiner Weise korrekt wiedergibt. Ein Elektron beispielsweise hat man sich eher als ein formloses, wolkenähnliches Gebilde vorzustellen, also nicht »fassbar« im herkömmlichen Sinne. Die Wolke beschreibt eher einen Bereich, in dem das Elektron mit einer bestimmten Wahrscheinlichkeit anzutreffen ist. Eigentlich ist aber auch dieses Bild nicht geeignet, den Sachverhalt im Innern eines Atoms zutreffend zu beschreiben. Tatsächlich sind die Vorgänge im mikrokosmischen Bereich nicht mehr anschaulich darstellbar, wie wir im nächsten Kapitel im Rahmen der so genannten Quantentheorie noch einmal thematisieren werden. Alle Vergleiche und anschaulichen Modelle aus unserer Alltagswelt verfälschen das Bild der Wirklichkeit. Nur noch abstrakte mathematische Beschreibungen bilden hier die tatsächlichen Verhältnisse soweit korrekt ab, dass wir daraus weitere zutreffende Informationen gewinnen können.

2. Die zeitlichen Dimensionen des Kosmos im Großen und im Kleinen

Und noch ein Bereich ist unserer Anschauung kaum zugänglich: Die ganz großen und die ganz kleinen zeitlichen Dimensionen. Wer vermag schon mit 13,7 Milliarden Jahren als vermutlichem Alter unseres Kosmos oder mit 4,6 Milliarden Jahren für das Alter der Erde eine auch nur annähernd realistische Vorstellung zu verbinden. Eine gewisse Vorstellung von 4,6 Milliarden Jahren gewinnt man, wenn man diese Zahl zerlegt in 4600 Jahre und den Faktor 1 000 000, also eine Million. 4600 beziehungsweise rund 5000 Jahre entsprechen ungefähr der überblickbaren, durch Aufzeichnungen dokumentierten Menschheitsgeschichte, beginnend also etwa im Jahre 2600 bis 3000 vor unserer Zeitrechnung. Wenn wir diese für menschliche Begriffe an sich schon ungeheure Zeitspanne eine Million(!) mal ablaufen lassen würden, kämen wir erst auf einen Zeitraum, der dem Alter der Erde entspricht.

In naturgeschichtlichen Museen findet man manchmal Darstellungen der Erdgeschichte, die diese unfassbaren zeitlichen Dimensionen dadurch überschaubar und begreiflich machen, dass sie die Gesamtzeit der Erdgeschichte ins Verhältnis setzen zur Zeitspanne eines Kalenderjahres, also in eine zeitliche Dimension, die uns gut vertraut ist. Die bisherige Erdgeschichte würde also in diesem Vergleich am 1. Januar (Beginn der Erdgeschichte) beginnen und um Mitternacht des 31. Dezembers (das entspräche dem tatsächlichen Heute) enden.

In einer Tabelle sieht der zeitliche Vergleich – der Einfachheit wegen etwas aufgerundet – etwa so aus:

5 000 Millionen = 5 Mrd. Jahre	= 12 Monate
420 Millionen Jahre	= 1 Monat
100 Millionen Jahre	= 1 Woche
14 Millionen Jahre	= 1 Tag
600 000 Jahre	= 1 Stunde

10 000 Jahre	= 1 Minute
160 Jahre	= 1 Sekunde

In diesem zeitlichen Vergleich vergehen Monate, bis die ersten Organismen auftauchen und sich im Verlauf der Evolution zu einer Vielzahl von höherentwickelten Lebewesen entfalten. Im Frühjahr etwa zeigen sich die ersten Formen von Leben, aber erst Ende Dezember tauchen die Saurier auf. Und nun kommt das eigentlich kaum fassbare Ergebnis aus diesem zeitlichen Vergleich: Erst am späten Abend des 31. Dezembers erscheint der Vorläufer des Menschen, und erst knapp eine Minute vor Mitternacht beginnt die Kulturgeschichte des Menschen. Ein Menschenleben von 80 Jahren dauert in diesem Maßstab gerade mal eine halbe Sekunde.

Der englische Astrophysiker MARTIN REES (*1942) formulierte einen ähnlichen Vergleich. Er komprimierte den gesamten Lebenszyklus unseres Sonnensystems von dessen Geburt bis zu dessen Todeskampf ebenfalls auf ein Jahr. Das Sonnensystem entstand vor etwa 4,6 Milliarden Jahren in einer kosmischen Wolke und wird mit einem letzten Aufflackern der Sonne nach etwa eben so vielen Jahren enden. In dieser zeitlichen Analogie eines Jahres würde die ganze uns bekannte Menschheitsgeschichte auf weniger als eine Minute in der Mitte des Jahres zusammengeschoben werden. Und das 20. Jahrhundert zum Beispiel würde in diesem zeitlichen Maßstab weniger als eine Drittelsekunde in Anspruch nehmen.[4]

Diese zeitlichen Vergleiche für die Geschichte unseres Sonnensystems und die unserer Erde mit der uns vertrauten zeitlichen Dimension eines Jahres zeigen in desillusionierender Nüchternheit, von welcher Belanglosigkeit wir Menschen auch in zeitlicher Hinsicht für das kosmische Werden und Vergehen sind.

Als Menschen haben wir ein durch Erfahrung gebildetes Gefühl für die Länge einer Sekunde, Minute, Stunde oder eines Tages oder eines Jahres. Wir können in den meisten Fällen einschätzen, was innerhalb einer solchen Zeiteinheit passieren oder geleistet werden kann. Was jedoch in einem Zeitraum von Tausenden, Millionen oder gar Milliarden Jahren sich verändern kann, dafür haben wir aufgrund unserer vergleichsweise sehr geringen Lebensspanne überhaupt kein Gespür. Nur der Naturwissenschaft gelingt es, die qualitativen Sprünge aufzuzeigen, die allein durch unablässige, über gewaltige geologische Zeitspannen erfolgende kleinste Veränderungen eintreten. So addierte sich nach der Trennung der heutigen Kontinente Europa und Amerika das jährliche nur 10 bis 20 Millimeter betragende Auseinanderdriften der beiden Landmassen im Laufe der Millionen Jahre zu inzwischen rund 6000 Kilometern.

Noch unbegreiflicher erscheint uns das Wirken der Evolution. Allein durch zufälliges Variieren von Molekülstrukturen und Genmaterialien und anschließendem Selektieren der Überlebensfähigen soll aus Molekülen, Eiweißen und Einzellern schließlich die heutige, unübersehbar vielfältige Tier- und Pflanzenwelt hervorgegangen sein, mit Menschen, die Bewusstsein haben und diese Entwicklung rückschauend erkennen und erklären können? Das erscheint in der Tat unvorstellbar. Doch was wir aufgrund unserer Alltagserfahrung nicht mehr überblicken können, ist das nach Milliarden(!) Jahren zählende Wirken von zufälliger Mutation und anschließender Auslese der in ihrer Umwelt Lebensfähigen. Wir besitzen keinerlei Gespür dafür, noch verfügen wir über anschauliche Erfahrungen, wie im Laufe solch ungeheurer Zeitabläufe selbst allerkleinste, im wahrsten Sinne mikroskopisch kleine Veränderungen zu Ergebnissen kumulieren können, die den ursprünglichen Ausgangszustand überhaupt nicht mehr erahnen, geschweige denn erkennen lassen. Ein Geheimnis der Natur ist ganz offenbar ihr nicht versiegender Vorrat an schöpferisch nutzbarer Zeit.

Wechseln wir die Perspektive und betrachten nicht große Zeitabläufe sondern kleine, geradezu irrwitzig winzige Zeitabschnitte.

Wem sagen 10^{-43} Sekunden noch etwas? Dies ist ein schier unendlich kleiner Bruchteil einer Sekunde, eine Zahl mit 42(!) Nullen nach dem Komma. Ausgeschrieben sieht diese Zahl so aus: 0, 000 000 000 000 000 000 000 000 000 000 000 000 000 000 1 Sekunden. Es handelt sich also um den Bruchteil einer Sekunde, den man sich dadurch entstanden vorstellen kann, dass die Dauer einer Sekunde 42 mal nacheinander durch die Zahl 10 geteilt wird. Dennoch spielt diese winzige zeitliche Größe in den Rechnungen der Kosmologen und Mikro- beziehungsweise Quantenphysiker eine ganz wichtige und konkrete Rolle. Denn bis zu diesem unvorstellbar kurzen Zeitpunkt unmittelbar nach Beginn der Zeit meinen sie den Entstehungsprozess unserer Welt als Folge des so genannten Urknalls zurückverfolgen zu können. Aber auch der dagegen fast vertraut anmutende Wert von $^{1}/_{4000}$ = 0,00025 Sekunden für die Verschlusszeit einer hochwertigen Kamera zum Beispiel ist eigentlich schon nicht mehr vorstellbar.

Versuchen wir wieder einen Vergleich, um unserer Anschauung auf die Sprünge zu helfen. Wir haben eben die gesamte Erdgeschichte auf die Dauer eines Kalenderjahres projiziert, also verkleinert. Wir wollen jetzt umgekehrt zur Veranschaulichung der kleinsten theoretisch möglichen Zeiteinheit, nämlich 10^{-43} Sekunden, versuchsweise eine Sekunde auf die Dauer eines Kalenderjahres »strecken« und uns dann fragen, wie vergrößert sich im Verhältnis dazu der Wert 10^{-43} Sekunden? (Wem das zuviel Rechnerei ist, kann den Rest dieses Unterkapitels ohne Verlust an Verständnis gern überspringen.)

Dazu rechnen wir ein Kalenderjahr in Sekunden um. Das haben wir bereits einmal getan, um die Strecke zu berechnen, die das Licht in einem Jahr zurücklegt. Wir rechneten wie folgt: Ein Tag hat 24 × 60 × 60 = 86 400 Sekunden, das sind im Jahr 365 × 86 400 = 31 536 000 Sekunden. Unsere Frage lautet jetzt: Wenn wir eine Sekunde auf ein Jahr, also auf 31 536 000 Sekunden »strecken«, wie verlängert sich dann im Verhältnis dazu ein Zeitabschnitt von 10^{-43} Sekunden?

Eine einfache Rechnung zeigt, dass wir damit der Anschauung um keinen Deut näher gekommen sind: Aus 10^{-43} werden $0{,}3 \cdot 10^{-35}$ Sekunden, also eine ebenso absolut unvorstellbare kleine zeitliche Größe. Selbst wenn wir die Erdgeschichte als Vergleichszeitraum heranziehen, gewinnen wir ein ernüchterndes Ergebnis. Nehmen wir also die bisherige Erdgeschichte von 4,6 Milliarden Jahren als Projektionszeitraum, fragen wir uns jetzt also, wie »vergrößern« sich 10^{-43} Sekunden, wenn wir diese extrem kleine Zeitspanne nicht mit einer Sekunde vergleichen sondern mit dem Alter unserer Erde, wenn wir also eine Sekunde so »dehnen«, dass sie so lange dauert wie die bisherige Erdgeschichte.

Die bisherige Erdgeschichte von 4,6 Milliarden Jahren lässt sich in Sekunden wie folgt umrechnen: 24 × 60 × 60 = 86 400 Sekunden pro Tag, das sind wiederum im Jahr 365 × 86 400 = 31 536 000 = $31{,}5 \cdot 10^{6}$ Sekunden. Für 4,6 Milliarden Jahren ergeben sich also $4{,}6 \cdot 10^{9} \times 31{,}5 \cdot 10^{6}$, das sind rund $1{,}4 \cdot 10^{17}$ Sekunden. $1{,}4 \cdot 10^{17}$ ins Verhältnis gesetzt zu den zu veranschaulichenden 10^{-43} ergibt einen Wert von $1{,}4 \cdot 10^{-26}$. Die Rechnung zeigt also, dass sich 10^{-43} Sekunden gerademal auf ebenso unvorstellbare kurze $1{,}4 \cdot 10^{-26}$ Sekunden »verlängern«. Das heißt aber eben auch, dass 10^{-43} Sekunden für uns ein für alle mal unvorstellbar, unfassbar, unbegreiflich bleiben. Worte versagen, Vergleiche versagen, Anschauung und Vorstellung versagen. Das Analogon zum kleinsten theoretisch möglichen Zeitteilchen von 10^{-43} Sekunden, auch Planck-Zeit genannt, ist übrigens die Planck-Länge, sie beträgt ebenso unbegreifliche, unvergleichbare, unfassbare 10^{-37} cm.

3. Wo steht der Mensch in Zeit und Raum?

Was ist das Ergebnis dieser Größenbetrachtung? Wie und wo können wir uns einordnen? Ist unsere Stellung im Kosmos in irgendeiner Form herausgehoben oder treiben wir bedeutungslos und ziellos in den unendlichen Weiten von Raum und Zeit dahin? Der französische Biochemiker und Nobelpreisträger JACQUES MONOD (1910-1976) hat in seinem Werk »Zufall und Notwendigkeit« unsere Situation in die Worte gekleidet:

> »Der Mensch ist ein Zigeuner am Rande des Universums, das für seine Musik taub ist und gleichgültig gegen seine Hoffnungen, Leiden oder Verbrechen.«

Der Mensch mit seinen circa 180 cm Größe und einer Lebenszeit von etwa 80 Jahren bewegt sich räumlich und zeitlich gesehen auf einem extrem schmalen Grat. Die raum-zeitliche Spannbreite wird durch die besprochenen Randwerte des Raumes und der Zeit gebildet. Die räumlichen Randwerte werden einerseits durch eine rund 12 Milliarden Lichtjahre, etwa 10^{22} km, entfernte Galaxie, andererseits durch den kleinsten mikrophysikalischen Abstand definiert, der sich in der Größenordnung von 10^{-37} cm, der so genannten Planck-Länge, bewegt. Die zeitlichen Randwerte werden einerseits durch das Alter des Kosmos, das derzeit auf etwa 13,7 Milliarden Jahre geschätzt wird, andererseits durch die kleinste theoretisch mögliche Zeiteinheit von 10^{-43} Sekunden beschrieben, ein unfassbar kleiner Bruchteil eines unfassbar kleinen Bruchteils einer Sekunde. Innerhalb dieser für uns nicht vorstellbaren räumlichen und zeitlichen Spannbreite makro- und mikrokosmischer Dimensionen bewegen wir uns in einem außerordentlich schmalen Bereich.

Aus astronomischer Sicht sind wir kleiner als die denkbar kleinsten Staubkörnchen, aus atomarer Sicht stellen wir überdimensionale riesenhafte Gestalten dar. Verglichen mit dem Alter des Kosmos besteht unser Leben aus einem quasi sekundenbruchteilhaften Aufblitzen und Vergehen, im Vergleich zu den »atomaren Zeitteilchen« von 10^{-43} Sekunden existieren wir fast eine Ewigkeit.

Die wiederholt benutzten Begriffe »unfassbar«, »unbegreiflich« und »unvergleichbar« bekommen noch eine zusätzliche Bedeutungsdimension, wenn wir die Phänomene »Raum« und »Zeit« im Licht der modernen Physik betrachten. Ist der Raum unendlich, währt die Zeit ewig und läuft sie für alle gleichförmig ab? Hatten Raum und Zeit einen Anfang? Gibt es Raum und Zeit wirklich oder sind es vielleicht doch nur gedankliche Konstrukte?

Raum und Zeit lassen sich im wahrsten Sinne des Wortes nicht »begreifen«. Raum und Zeit sind für uns dennoch unmittelbar erlebbar. Den Raum können wir durchschreiten oder durchfliegen und ihn in seinen unvorstellbaren kosmischen Weiten wenigstens gefühlsmäßig auf uns wirken lassen. Wir können uns andererseits den Raum nicht »wegdenken«, wir können uns eine Existenz ohne Raum überhaupt nicht vorstellen. Das hängt – wie wir bereits in Kapitel I erfahren haben – mit dem uns angeborenen Empfinden für die Phänomene Raum und Zeit zusammen. Die Zeit spüren wir stetig und gleichmäßig verrinnen. Wir haben ein Gefühl für den Ablauf der Zeit: Was eben noch Zukunft war, ist für einen ganz kurzen Augenblick Gegenwart geworden und wird sogleich Vergangenheit. Wir sehen die unmittelbare Zukunft vor uns, aber gleich danach wird wie durch den Rumpf eines Schiffes der Fluss der Zeit in Gegenwart und unmittelbar darauf in Vergangenheit geteilt. Die Vergangenheit erblicken wir im Kielwasser des im Zeitfluss dahin gleitenden Schiffes nur noch als Abglanz des gerade Geschehenen. Eine Umkehr der Zeit, ein Wiederaufleben der Vergangenheit scheint ausgeschlossen zu sein. In der Vergangenheit scheint die Zeit stehen zu bleiben.

FRIEDRICH SCHILLER hat sein Empfinden von Zeit und Raum in folgendem Gedicht – hier nur ein Auszug – in ausdrucksvolle Worte umgesetzt:

»Dreifach ist der Schritt der Zeit:
Zögernd kommt die Zukunft hergezogen,
Pfeilschnell ist das Jetzt entflogen,
Ewig still steht die Vergangenheit. …

Dreifach ist des Raumes Maß:
Rastlos fort ohn' Unterlaß
Strebt die Länge fort ins Weite,
Endlos gießet sich die Breite,
Grundlos senkt die Tiefe sich.«

So zutreffend solche bildhaften Vergleiche für den gefühlten Fluss der Zeit sein mögen, sie helfen dennoch nicht, dem wahren Charakter dessen, was wir als Zeit erleben, auf die Spur zu kommen. Und auch der Raum ist – wie wir gleich sehen werden – ein außerordentlich seltsames Gebilde. Zu allen Zeiten haben sich daher Philosophen und vor allem Naturwissenschaftler bemüht, Definitionen für die Phänomene Zeit und Raum zu finden, die das Wesen dieser elementaren Ordnungsprinzipien unseres Daseins genauer bestimmen sollten.

Für ISAAC NEWTON (1643-1727), den berühmten englischen Mathematiker, Physiker und Astronomen, existierten Raum und Zeit objektiv und unabhängig voneinander. Für NEWTON war der Raum ein unendlich großer und leerer »Behälter«, in dem sich die materiellen Prozesse abspielen. Das Charakteristikum der Zeit war für ihn ihre Gleichförmigkeit und Unumkehrbarkeit. Der nicht minder berühmte Königsberger Philosoph IMMANUEL KANT (1724-1804) dagegen vertrat – wie wir schon im ersten Kapitel gesehen haben – die Auffassung, dass Raum und Zeit Anschauungsformen sind, die nur im Kopf des Betrachters existieren, also objektiv gar nicht vorhanden seien. Unsere Intuition und Erfahrung scheinen die Newtonsche Auffassung zu bestätigen, sie bringt zum Ausdruck, was wir alle eigentlich zu Raum und Zeit empfinden. Tatsächlich aber sind alle bisherigen Ansichten – seien sie nun von ARISTOTELES, GALILEI, DESCARTES, NEWTON, LEIBNIZ, KANT oder zum Beispiel HEGEL – aus Sicht der heutigen Physik falsch, und zwar so grundlegend falsch, dass nur das Attribut »revolutionär« geeignet ist, die neue Vorstellung von Raum und Zeit zu kennzeichnen.

Versuchen wir uns klar zu machen, was das heutige – von ALBERT EINSTEIN (1879-1955) entwickelte – Konzept von Raum und Zeit aussagt. Dabei werden wir nur die Ergebnisse und die daraus zu ziehenden Schlussfolgerungen mitteilen, nicht die außerordentlich schwierigen mathematischen Ableitungen und physikalischen Überlegungen, die seinerzeit angestellt wurden, und auch heute noch von nicht sehr vielen Menschen wirklich verstanden werden. Daran, dass sie die Wirklichkeit richtig erfassen, kann dennoch kein Zweifel bestehen. Denn die empirischen Belege für EINSTEINS Relativitätstheorie sind erdrückend eindeutig und können – im Gegensatz zur Ableitung und Begründung dieser Theorie – von fast jedermann, prinzipiell jedenfalls, verstanden und nachvollzogen werden.

Was besagt nun das moderne Konzept von Zeit und Raum, das so fundamental gegen jede Anschauung verstößt? Wir wollen uns im nächsten Unterkapitel darüber Klarheit zu schaffen versuchen.

4. Jenseits aller Anschauung: Der moderne Begriff von Zeit und Raum

NEWTON ging noch von der Vorstellung aus, dass die Zeit an jedem Punkt des Universums gleichförmig fließe, dass das Universum gewissermaßen mit einer Art eingebauter Uhr ausgestattet sei, die völlig unabhängig von jedem Einfluss die Sekunden identisch zähle. Und das entspricht ja auch unserer intuitiven Vorstellung von der Natur der Zeit. EINSTEIN dagegen konnte zeigen – zunächst mathematisch, später wurde seine Theorie durch Astronomie und Kernforschung immer wieder bestätigt – dass das Verstreichen der Zeit keinesfalls konstant erfolgt, sondern abhängig ist von der Geschwindigkeit, mit der sich ein Mensch oder ein Objekt im Weltraum bewegt, und der Gravitation, also der Massenanziehungskraft, die auf ihn oder das Objekt wirkt. Der US-amerikanische Physiktheoretiker BRIAN GREENE (*1963) gibt uns zwei phantastisch anmutende Beispiele, die diese unerhörte Behauptung aber gut illustrieren. So formuliert er etwa:

> »Stellen Sie sich vor, Sie würden die Erde in einem futuristischen Raumschiff mit einer Geschwindigkeit von 99,999999 Prozent der Lichtgeschwindigkeit verlassen, sechs Monate ins All vorstoßen und dann mit derselben Geschwindigkeit zur Erde zurückkehren. Sie würden danach feststellen, dass sich Ihre Uhr gegenüber den irdischen

Zeitmessern fast gar nicht bewegt hat. Sie wären nämlich nur um ein Jahr älter geworden, wohingegen auf der Erde in der Zwischenzeit etwa 7000 Jahre verstrichen sind.«

GREENE nennt ein weiteres, noch phantastischer klingendes Beispiel, um zu erläutern, dass es keine absolute Zeit gibt.

»Würden Sie ein Jahr lang etwa dreieinhalb Meter über dem Rand eines so genannten schwarzen Lochs mit der tausendfachen Masse unserer Sonne schweben, dann würden infolge dieses extrem starken Gravitationsfelds Ihre Uhr und damit auch alle in Ihnen ablaufenden Prozesse so langsam ablaufen, dass auf der Erde inzwischen über eine Million Jahre verstrichen wären. Mit Ihrer Rückkehr auf die Erde hätten Sie also eine Reise in eine unfassbar ferne irdische Zukunft unternommen« [5]

Beide Beispiele liegen technisch gesehen außerhalb jeder heute realisierbaren Möglichkeit. Man könnte sie deshalb schnell als Phantasterei abtun. Tatsächlich existieren diese Effekte aber und müssen deshalb berücksichtigt werden auch bei irdischen und ganz praktischen Anwendungen des Alltags, und zwar zum Beispiel in den uns inzwischen gut vertrauten satellitengestützten Navigationssystemen.

EINSTEINS Theorie sagt ja voraus, dass die Zeit in schnell bewegten Systemen langsamer verläuft. Und tatsächlich ist es so, dass die Uhren in den schnell fliegenden Satelliten in dieser Weise beeinflusst werden. Es handelt sich dabei zwar nur um Bruchteile von Sekunden, weil die Geschwindigkeit eines Satelliten gegenüber der Lichtgeschwindigkeit außerordentlich klein ist, aber der Einfluss ist nicht mehr zu vernachlässigen. Andererseits besagt EINSTEINS Theorie, dass auch das Gravitationsfeld die Zeit beeinflusst. Starke Felder verlangsamen die Zeit – siehe das zweite Beispiel von GREENE – schwache Felder lassen Uhren schneller gehen. Das Gravitationsfeld ist in der Höhe der Satellitenbahnen tatsächlich schwächer als auf der Erde, also werden dort die Uhren im Prinzip beschleunigt. Beide Effekte wirken also in diesem Fall in entgegengesetzter Richtung. Der zeitbeschleunigende Einfluss des schwächeren Gravitationsfeldes in diesen Höhen ist aber etwa sechsmal stärker. Unsere Navigationssysteme würden um mehrere Kilometer falsche Werte liefern, wenn bei der Bestimmung der irdischen Positionen nicht beide Effekte berücksichtigt würden. Man erreicht das übrigens dadurch, dass die Taktfrequenz der Satelliten-Uhren korrigiert wird. [6]

Einen anderen Beleg für die Relativität der Zeit liefern die Experimente in den modernen Teilchenbeschleunigern. So konnte in den 90er Jahren am europäischen Zentrum für Teilchenphysik CERN bei Genf gezeigt werden, dass Myonen, eine Form von Elementarteilchen, die auf fast Lichtgeschwindigkeit beschleunigt wurden, 400-mal langsamer alterten, als wenn sie im Ruhezustand verbleiben. Man konnte das an ihrer Halbwertszeit feststellen, die im Ruhezustand 1,5 Millionstelsekunden beträgt. Beschleunigt auf fast Lichtgeschwindigkeit verlängerte sich signifikant ihre Lebensdauer, weil eben durch die höhere Geschwindigkeit ihre »interne Uhr« langsamer tickte.

Ziehen wir ein erstes Fazit aus den bisherigen Erkenntnissen: Es gibt keine absolute Zeit, die Zeit ist abhängig von der Geschwindigkeit, mit der ein Objekt sich bewegt, und vom Einfluss der Gravitation auf dieses Objekt. Die Zeit würde zum völligen Stillstand kommen, wenn man sich mit Lichtgeschwindigkeit bewegen würde oder einer unendlich starken Gravitation ausgesetzt wäre. Jedes Objekt im weiten Kosmos hat also seine eigene Zeit, es gibt keine absolute Weltzeit! Das heißt aber auch, dass der uns intuitiv selbstverständliche Begriff der »Gleichzeitigkeit« für den Kosmos als Ganzes nicht existiert! Solche Feststellungen sind in der Tat revolutionär, umwälzend in ihrer Konsequenz.

In einem Gespräch mit einem »Spiegel«-Redakteur sagte der schon erwähnte Physiker GREENE:

> »Nun, wenn wir zu unterschiedlichen Ergebnissen darüber kommen, was zu einem bestimmten Zeitpunkt geschieht, dann stimmen wir auch nicht darüber überein, was Vergangenheit, Gegenwart und Zukunft sind. Was Zukunft für Sie ist, kann Vergangenheit für mich sein oder umgekehrt. Dass es ein ›Jetzt‹, ein ›Vergangen‹ und ein ›Zukünftig‹ gibt, ist nichts als Illusion. Das Universum nimmt nicht teil an dieser unserer Idee vom ›Jetzt‹.«[7]

Und etwas weiter heißt es in diesem Gespräch:

> »Intuitiv haben wir ja das Gefühl: Zukunft ist die Richtung der Zeit, in der die Dinge noch offen sind; in Richtung Vergangenheit dagegen sind sie entschieden oder festgelegt. Es ist jedoch äußerst schwierig, für dieses Konzept von ›festgelegt sein‹ irgendeine Heimat innerhalb der Gesetze der Physik zu finden. So sehr Sie auch suchen: Sie finden keinen Zeitpfeil in den fundamentalen Gesetzen der Physik. Deshalb ist ja auch der freie Wille so ein problematisches Phänomen: Im Grunde lässt die Physik dafür keinen Platz.«

Das moderne Konzept des Raumes ist noch weniger anschaulich zu erklären. Versuchen wir es trotzdem.

Bis zum Anfang des letzten Jahrhunderts galten NEWTONS Beschreibung des Kosmos mit einem absoluten Raum und einer absoluten Zeit sowie seine Theorie über die Bewegung der Körper über jeden Zweifel erhaben. Nicht zuletzt der eindrucksvolle Aufschwung der Astronomie belegte, dass seine Bewegungs- und Gravitationsgesetze die kosmische Wirklichkeit offenbar korrekt abbildeten. Kleinere Unstimmigkeiten führte man auf Messfehler zurück. EINSTEIN jedoch konnte zeigen, dass, wie die Zeit, auch der Raum keine absolute, sondern eine sich verändernde Größe ist. Er wies nach, dass NEWTONS Bewegungs- und Gravitationsgesetze dann nicht mehr gelten, wenn starke Gravitationsfelder und hohe Geschwindigkeiten eine Rolle spielen. So verkürzt sich in einem bewegten System der Raum in Bewegungsrichtung. Man spricht von der so genannten Längen-Kontraktion. Damit wurde aber von der Theorie her deutlich, dass Raum und Zeit nicht mehr getrennt voneinander betrachtet werden können. EINSTEIN spricht folglich von der vierdimensionalen Raum-Zeit. Diese Raum-Zeit sei unbegrenzt, dennoch endlich und in sich zurückgekrümmt.

Hier tauchen sehr erläuterungsbedürftige Begriffe auf wie vierdimensional, Raumzeit, gekrümmt, unbegrenzt aber endlich. Versuchen wir, etwas Klarheit in diese ungewohnte Begriffswelt zu bringen.

EINSTEINS Relativitätstheorie besagt, dass die Existenz von Materie in unserem Universum eine von Ort zu Ort wechselnde geometrische Struktur des Raumes zur Folge hat, die sich in der so genannten Raumkrümmung ausdrückt. In der Nähe von massereichen Körpern wird der Raum so verändert, dass elektromagnetische Strahlung und Materieteilchen gekrümmten Bahnen folgen. Je größer die Massenkonzentration, um so stärker die Krümmung des Raumes in diesem Bereich. Nicht also die Anziehungskraft der Sonne zwingt die Erde in eine ellipsenförmige Umlaufbahn, sondern die Masse der Sonne krümmt oder verbiegt den sie umgebenden Raum so, dass die Erde dieser Geometrie folgen muss. Dies ist eine außerordentlich gewöhnungsbedürftige Sichtweise, so total anders als das, was wir zeitlebens an Vorstellung über Anziehungskraft und Bewegung von Planeten verinnerlicht haben. Eine Analogie kann hier aber dem Verstehen weiterhelfen.

Betrachten wir die Oberfläche einer Kugel. Ihre Oberfläche ist von endlicher Größe, ihre Fläche ist aber unbegrenzt. Unbegrenzt im Sinne von keinen Anfang und kein Ende haben. Hier haben wir also schon ein erstes Beispiel für einen unbegrenzten, aber endlichen »Raum«. Ein Objekt, also zum Beispiel ein kleiner, nicht flugtauglicher Käfer, der auf dieser Oberfläche entlang läuft, bewegt sich in einem gekrümmten »Raum«, hier auf einer gekrümmten Fläche. Er muss dieser Raumstruktur folgen, denn eine andere Möglichkeit, sich zu bewegen, hat er nicht. Eine Fläche ist ein zwei-dimensionales Gebilde. Jeder Punkt auf dieser Fläche ist durch zwei Koordinaten, nämlich Länge (Längengrad) und Breite (Breitengrad), eindeutig bestimmt. Bei der Oberfläche einer Kugel können wir mit dem Begriff der Krümmung also noch eine anschauliche Eigenschaft verbinden.

Unser physikalischer Raum, so wie wir ihn in unserer Anschauung erleben, ist ein drei-dimensionales Gebilde, er hat die Dimensionen Länge, Breite und Höhe. Jeder Punkt in diesem Raum ist durch drei Koordinaten eindeutig festgelegt. Auch hier können wir am Beispiel eines ringförmigen Gebildes, eines so genannten Torus, zum Beispiel an einem aufgeblasenen Autoreifen-Schlauch, uns noch vorstellen, was ein in sich gekrümmter Raum sein könnte. Der kosmische Raum nach EINSTEIN hat allerdings eine vierte Dimension, nämlich die Zeit. Jeder so genannte Ereignispunkt im Kosmos ist durch drei Raumkoordinaten und eine Zeitkoordinate eindeutig beschrieben. Die Raum-Zeit wird dann durch die Gesamtheit aller dieser Ereignispunkte gebildet. Was allerdings in diesem vier-dimensionalen Raum Krümmung bedeutet, ist für uns nicht mehr vorstellbar. Eine solche Eigenschaft ist nur noch mathematisch darstellbar oder – wie eben geschehen – allenfalls mittels Analogie über einfachere Fälle hilfsweise erklärbar.

Raum und Zeit sind also keine absoluten, sondern dynamische Größen, die sich unter dem Einfluss von Bewegung und Masse verändern können. In der Relativitätstheorie verbinden sich Raum, Zeit und Materie zu einem nur noch mathematisch beschreibbaren Ganzen. Alle Massen, ob Galaxie oder kleines Felsmassiv, verformen mehr oder weniger stark die Raumzeit. Und diese Verformung legt fest, wie sich Licht und Materie im Kosmos bewegen. Das heißt aber auch, dass der Raum nicht die Bühne ist, auf der das kosmische Schauspiel abläuft und die Zeit nicht wie eine Uhr den Fortgang des Geschehens unbeteiligt nur minutiös datiert. Raum und Zeit sind selbst Akteure in diesem kosmischen Drama.

STEPHEN HAWKING (*1942), einer der führenden Köpfe der heutigen theoretischen Physik, hat eine sehr interessante, wenn auch sehr spekulative Deutung des unbegrenzten, aber endlichen, in sich zurückgekrümmten vierdimensionalen Raum-Zeit-Gebildes gegeben. Raum und Zeit zusammen könnten dann – so die Überlegungen in seinem Buch »Eine kurze Geschichte der Zeit« – einen endlichen vierdimensionalen Raum ohne Anfang und ohne Ende und ohne Grenzen bilden, ähnlich wie die Oberfläche der Erde, nur mit mehr Dimensionen. Ein solches Universum benötigte keinen Schöpfer, denn es würde einfach da sein, und zwar schon immer und auf ewig existieren.[8]

Die Annahme, dass »das alles« schon immer da gewesen sein sollte, unbegrenzt in Zeit und Raum, aber auch die gegenteilige Vorstellung, dass »das alles« von einem Wesen, Gott genannt, erschaffen worden sein soll, das selbst aber unerschaffen sei, also schon immer und ewig existieren soll, erzeugt beim intensiven Darübernachdenken in meinem Kopf ein logisches Tohuwabohu und lässt in mir ein Gefühl entstehen, als ob mir der Kopf zerspringen würde. Es ist so, also ob die neurologischen Schaltkreise in diesem Moment »durchdrehen« und bei der Anwendung der erlernten Logik bloß einen antwortlosen Gedankenwirbel erzeugen. Die Frage nach einer letztendlichen Ursache will nicht verstummen, aber sie überfordert unseren Verstand hoffnungslos. Aber auch die Vorstellung, dass immer und ewig nichts sein könnte, immer ein raumzeitliches Nichts »existierte«, ist ebenso wenig denkbar.

Ich sehe in diesem verzweifelten Ringen unseres, auf die Logik sich stützenden Verstandes einen unübersehbaren Hinweis darauf, dass unsere alltägliche Logik nur ein Spezialfall einer allgemeineren Logik sein wird, die wir höchstwahrscheinlich nicht erfassen würden, die aber eine Auflösung dieses hoffnungslos erscheinenden Dilemmas darstellen könnte. So wie sich Newtons Mechanik und seine Gravitationstheorie, die sich im Bereich der klassischen Mechanik als absolut zutreffend erwiesen, als Grenzfälle der allgemeinen Relativitätstheorie ergaben.

Und noch eine weitere Feststellung über die jenseits aller Anschauung liegenden Begriffe von Zeit und Raum, die wir oben versucht haben, uns verständlich zu machen. STEVEN WEINBERG (*1933), US-amerikanischer Physiker und Nobelpreisträger, äußerte sich 1998 in einem Gespräch mit einem Redakteur der Wochenzeitschrift »Die Zeit« so:

> »Es wächst die Überzeugung, dass die endgültige Theorie [gemeint ist die umfassende physikalische Weltformel, U.L.] nicht einmal mehr auf Begriffe wie Zeit und Raum zurückgreifen wird.«[9]

Ähnliche Gedanken formuliert der schon erwähnte Physiker BRIAN GREENE, ebenfalls in einem Interview in der »Zeit« im Jahre 2005:

> »Wissenschaftler, die heute versuchen, die Quantentheorie mit Einsteins Theorie der Schwerkraft, der Allgemeinen Relativitätstheorie, zu verbinden, sind überzeugt, dass wir kurz vor der nächsten Umwälzung stehen, in der wir die grundlegenden Konzepte erkennen können, aus denen Raum und Zeit hervorgehen. Viele glauben, dass diese eine völlig neue Formulierung der Naturgesetze beinhalten werden. Sie könnten Wissenschaftler dazu zwingen, die Raum-Zeit-Matrix, mit der sie seit Jahrhunderten gearbeitet haben, gegen etwas Fundamentaleres einzutauschen: ein Reich, in dem weder Zeit noch Raum existieren. ... Grob gesagt, sehen Wissenschaftler voraus, dass Zeit und Raum in den grundlegenden Gleichungen des gesuchten Systems [der allgemeinen Weltformel, U.L.] nicht mehr vorkommen werden.«[10]

Neueste Forschungen kommen in der Tat inzwischen zu dem verblüffenden Schluss, dass auf einer ganz fundamentalen Ebene der Realität Zeit überhaupt nicht existieren könnte. Nach Auffassung theoretischer Physiker und Philosophen wie CRAIG CALLENDER könnte die Zeit eine »emergente« Eigenschaft der grundlegenden aber zeitlosen Komponenten unserer Welt sein. So wie sich die Eigenschaft »flüssig« von Wassermolekülen als emergente Eigenschaft der Verbindung der »gasförmigen« Wasserstoff- und Sauerstoffatome ergibt, so könnte die Zeit »emergieren« aus den elementarsten Bausteinen der Realität. [11] Eine Vorstellung, die mir noch atemberaubender erscheint als die Tatsache, dass Zeit gedehnt oder verkürzt werden kann.

Bleibt eine letzte Frage zu klären: Warum können wir eigentlich immer so sicher sein, dass solche komplizierten, meist mathematischen Theorien die Wirklichkeit zutreffend erfassen? Selbst nachvollziehen oder gar vollständig verstehen können wir sie meist ohnehin nicht mehr. Sind wir den Autoritäten aus Physik und Mathematik nicht letztlich ausgeliefert wie im Mittelalter die Laien den Priestern und Schriftgelehrten?

Die Wissenschaft hat hier im Laufe ihrer Geschichte ein Kriterium zum Maßstab gemacht, das sich als sehr überzeugend erwiesen hat. Die Gültigkeit oder – aus praktischer Sicht – Brauchbarkeit einer Theorie erweist sich nämlich daran, ob sie in der Lage ist, zutreffende Voraussagen zu machen, insbesondere in einem Bereich, den wir noch gar nicht richtig überschauen oder verstehen. EINSTEIN beispielsweise machte aufgrund seiner – zunächst ja nur mathematisch begründeten – Theorie verschiedene Voraussagen. Zum Beispiel, dass Uhren in einer mit hoher Geschwindigkeit fliegenden Rakete und unter dem gleichzeitigen Einfluss der schwächeren Schwerkraft im All schneller gehen als auf der Erde oder dass Masse in Energie oder – wie später in den Teilchenbeschleunigern gezeigt werden konnte – die zugeführte Bewegungsenergie beschleunigter Teilchen sich in einer Massezunahme auswirkt, gemäß der berühmten Formel $E = m \cdot c^2$.

Seine Voraussagen traten sämtlich so ein, wie er prognostiziert hatte. Die wissenschaftliche Welt war darauf hin – auch wenn sich dieser Prozess über Jahrzehnte hinzog – letztlich davon überzeugt, dass die Relativitätstheorie ein zutreffendes Bild von der Wirklichkeit liefert. Je mehr solche aus einer Theorie abgeleiteten und vorab festgelegten Voraussagen tatsächlich eintreffen, um so sicherer wird man, dass diese dem Phänomen zugrunde liegende Theorie die Wirklichkeit korrekt beschreibt und erfasst.

Dieses Gültigkeitskriterium gilt grundsätzlich für jede Wissenschaft. Mathematisierende Wissenschaften wie zum Beispiel die Astronomie oder die Kernphysik sind aber wesentlich präziser in ihren Vorhersagen, folglich können ihre Theorien auch wesentlich leichter zu Fall gebracht werden. Wenn sie aber bestimmte, präzise beschriebene Effekte korrekt vorhersagen, dann sind solche Vorhersagen ein sehr guter Beleg für die (immer nur vorläufige!) Gültigkeit beziehungsweise Brauchbarkeit einer Theorie.

Ziel der Ausführungen dieses letzten Abschnitts war es, zunächst Grundgedanken der EINSTEINSCHEN Relativitätstheorie und der inzwischen darüber hinausgehenden Überlegungen darzustellen. Es sollte deutlich werden, dass die Zeit keine absolute Größe ist. Sie ist in einem bewegten Objekt abhängig von dessen Geschwindigkeit und von der Stärke der auf dieses Objekt einwirkenden Gravitation. Gleichzeitigkeit im Kosmos ist folglich eine Illusion. Auch der Raum ist ebenso eine dynamische Größe und keinesfalls der leere »Behälter«, als den ihn noch NEWTON ansah. Raum kann durch Bewegung gestaucht und durch Gravitation, also durch massereiche Körper, gekrümmt werden. Raum, Zeit und Materie bilden ein nicht mehr anschaulich zu denkendes Ganzes. Nach den Aussagen von GREENE und CALLENDER könnte es sogar sein, dass die Zeit bei extrem kleinen Zeiteinheiten und der Raum bei extrem kleinen Raumeinheiten überhaupt verschwinden und bedeutungslos werden beziehungsweise durch ein noch elementareres physikalisches Konzept ersetzt werden.

Damit kommen wir zu einer ganz wesentlichen Einsicht, zu der uns dieser letzte Abschnitt führen sollte: Unsere unmittelbare Wahrnehmung führt zu einer sehr begrenzten und in mancherlei Hinsicht verzerrten Vorstellung von der Wirklichkeit. Unser Gehirn und seine Funktionen haben sich im Laufe der Evolution so entwickelt, dass sie unser Überleben ermöglichten. Der äußere Anschein wurde wahrgenommen, nicht die absolute Wirklichkeit – was auch immer damit gemeint sein könnte – hinter dem, was uns unsere Sinne an anschaulich interpretierten Informationen lieferten. Unser Verstand hat sich an den realen, sichtbaren Problemen unserer physischen Umwelt entwickelt, hat damit zwar ein brauchbares Bild der Wirklichkeit gewonnen, aber auch nur einen ganz schmalen Bereich der Wirklichkeit in den Blick genommen. (Es ist der Bereich, den wir in Kapitel I, 2 als Mesokosmos bezeichnet haben.) Entscheidend war dabei nicht, ob wir die Wirklichkeit tatsächlich in ihrer »wahren« Struktur erfassten, entscheidend war allein, dass die über unsere Sinne aufgenommenen Informationen soweit der objektiv vorliegenden Situation entsprachen, dass sie unsere Existenz gewährleisteten.

Auch unsere Sprache hat sich an den alltäglichen Notwendigkeiten, an den sicht-, hör- und fühlbaren Phänomenen entwickelt. Weder Probleme des vierdimensionalen Universums noch inneratomare Vorgänge gehörten zu den zu bewältigenden Alltagsgeschäften des Menschen. Der Versuch somit, mit den Mitteln unserer auf alltägliche Verständigung hin orientierten Sprache und der an der Erfahrung gebildeten Anschauung Wirklichkeit jenseits unserer unmittelbaren Wahrnehmung zu erfassen, ist damit zum Scheitern verurteilt. Es gibt nur eine Sprache, die in der Lage ist, uns über die Grenzen von Umgangssprache und Anschauung hinwegzuhelfen. Es ist die Sprache der Mathematik. Dabei soll hier nur am Rande vermerkt werden, dass die hier gemeinte Mathematik nur noch wenig mit der Mathematik zu tun hat, die man in der Oberstufe des Gymnasiums kennenlernt.

Die Kluft zwischen dem sinnlichen Erleben einerseits und wissenschaftlicher Erkenntnis andererseits kann – wie wir inzwischen wissen – dabei erheblich sein. Aber mit Hilfe der Wissenschaft, speziell der Naturwissenschaft, gelingt es doch, nach und nach die wahre Natur der Dinge zu erkennen. Oder sollte man vorsichtiger sagen: der »eigentlichen« Natur der Dinge ein Stück näher zu kommen? Wir können feststellen, dass durch mathematische Werkzeuge, Computersimulationen, Gedankenmodelle und Begriffsschöpfungen die Grenze zum Nichtverstehen – also nicht nur Nichtwissen – immer weiter vor uns her geschoben wird.

Die Erfolge der Naturwissenschaften, speziell die der Physik und Biologie, und die daraus resultierenden – und von uns täglich wie selbstverständlich genutzten – Ergebnisse zum Beispiel in Medizin, Landwirtschaft und schließlich Technik lassen den Schluss zu, dass vor allem, wenn nicht ausschließlich die Denkweise der Naturwissenschaften geeignet ist, die uns umgebende Wirklichkeit, von der wir ein Teil sind, uns schrittweise begreiflich zu machen. Ob es über diese Wirklichkeit hinaus noch eine weitere, uns unerkennbar bleibende jenseitige Wirklichkeit gibt, von deren Existenz der Glaube spricht, wird sich wohl nie klären lassen. Denn etwas zu widerlegen, was möglicherweise, ich möchte eher sagen: höchstwahrscheinlich gar nicht existent ist, dürfte schwerlich möglich sein. Die schier unerforschlichen Tiefen und noch unbekannten Dimensionen unseres Kosmos, dessen Größe möglicherweise weit über das für uns derzeit Sichtbare hinaus reicht, werden aber immer wieder Anlass zu neuen spekulativen Ideen und willkürlichen Schlussfolgerungen geben.

An den inneren und äußeren Rändern dieser Welt, wo wir nichts mehr »begreifen« können, wo unsere sprachlichen Begriffe nicht mehr »greifen« und es daher nicht mehr zulassen, dass wir die Fragen nach dem »Dahinter« gedanklich fassen, wird uns eines sehr deutlich: unser begrenztes Wissen, das manchmal eine dunkle Ahnung aufkommen lässt, dass »alles« so ganz anders sein könnte, als wir es uns nur vorstellen können.

Es wäre meines Erachtens dennoch verfehlt, daraus den Schluss zu ziehen, es sei alles noch ungeklärt, möglicherweise überhaupt nicht zu klären, und die im Rahmen religiöser Spekulationen gemachten Aussagen könnten weiterhin Gültigkeit beanspruchen. Gerade die Forschungsergebnisse der Kosmologie, der Quantenphysik, der Biologie und der Neurowissenschaft – mehr dazu im nächsten Kapitel – stützen die Arbeitshypothese der evolutionären Erkenntnistheorie, dass es prinzipiell möglich ist, die »wahre« Natur der Dinge Schritt für Schritt zu enthüllen und zu zeigen, dass es in der Natur »mit rechten Dingen zugeht«, soll heißen, dass auf übernatürliche oder gar göttliche Einwirkungen zur Erklärung unserer Welt verzichtet werden kann.

III.

Naturwissenschaft, Religion und menschliches Selbstverständnis

Im Jahr 1999 veröffentlichte der Hamburger Literaturprofessor DIETRICH SCHWANITZ (1940-2004) ein Buch mit dem Titel »Bildung« und dem herausfordernden Untertitel »Alles, was man wissen muss«. Das voluminöse Buch entfachte die unterschwellig stets präsente Diskussion erneut, was heute zur Allgemeinbildung beziehungsweise zum Bildungskanon in der Informationsgesellschaft gehören sollte. Das Buch wurde wegen der allseits empfundenen Bedeutung des Themas und nicht zuletzt aufgrund des kurzweiligen Stils ein Bestseller. Dabei sichtet der Autor – wie es im Klappentext heißt – das gesamte kulturelle Wissen unter der Fragestellung: Was trägt es zu unserer Selbsterkenntnis bei? [1]

Ich möchte im Folgenden zunächst begründen, dass das Buch von SCHWANITZ diese öffentliche Wertschätzung nicht verdient hat. Es propagiert ein Bildungsideal aus vergangener Zeit.

Auf über 540 Seiten breitet SCHWANITZ seine Überlegungen zu dem aus, was er unter Bildung versteht. Er spricht über die Geschichte Europas, über große Werke der Literatur, über die Geschichte von Kunst und Musik, über große Philosophen, Ideologien, Theorien und Weltbilder und lässt uns wissen, weshalb es so wichtig ist, über literarische Figuren wie Don Quijote, Hamlet oder Faust Bescheid zu wissen. Soweit so gut und im Prinzip auch einverstanden. Kaum mehr als 10 Seiten, das sind etwa 2 Prozent des Buches, widmet er dagegen den Naturwissenschaften. Der Biologe DARWIN, der Physiker EINSTEIN und der (naturwissenschaftlich orientierte) Arzt und Psychologe FREUD werden mit ihren Einsichten knapp (aber teilweise falsch) dargestellt; auch ihre Rolle als Revolutionäre unserer Sicht auf diese

Welt wird angedeutet. Was SCHWANITZ aber wirklich von den Naturwissenschaften hält, offenbart er freimütig am Ende seines Werkes:

»Die naturwissenschaftlichen Kenntnisse werden zwar in der Schule gelehrt; sie tragen auch einiges zum Verständnis der Natur, aber wenig zum Verständnis der Kultur bei. ... So bedauerlich es manchem erscheinen mag: Naturwissenschaftliche Kenntnisse müssen zwar nicht versteckt werden, aber zur Bildung gehören sie nicht.«[2]

Hier zeigt sich – ich möchte das an dieser Stelle einmal so deutlich formulieren – die typische Ignoranz, ja Arroganz eines immer noch verbreiteten Typs von Geisteswissenschaftlern mit einem sehr traditionalistischen Bildungsbegriff, der nicht selten auch noch damit kokettiert, von »Physik und Mathematik keine Ahnung zu haben«. SCHWANITZ hätte stattdessen darüber nachdenken sollen, was er – und natürlich wir alle – zum Beispiel den Astronomen NIKOLAUS KOPERNIKUS (1473-1543) und JOHANNES KEPLER (1571-1630) sowie dem Philosophen, Mathematiker und Physiker GALILEO GALILEI (1564-1642) zu verdanken haben. Sie lösten durch das von ihnen vertretene heliozentrische System die von der Kirche behauptete Auffassung von der gottgegebenen Stellung der Erde als Mittelpunkt der Welt ab. Der Philosoph und Astronom GIORDANO BRUNO (1548-1600) ging noch darüber hinaus und behauptete schon damals, dass das Universum unermesslich groß sei und von unzähligen Sonnen wie die unsere erfüllt sei. An jedem Ort des Kosmos könnte man den Eindruck haben, im Mittelpunkt der Welt zu stehen. Von daher verbiete es sich, die Erde oder unser Sonnensystem als Zentrum einer göttlichen Naturordnung anzusehen.

Worin bestand – neben der wissenschaftlichen Leistung – die geistig-kulturelle Bedeutung dieser Wissenschaftler? Man kann es in einem Satz sagen: Sie wagten es, ihre Einsichten und Beobachtungen über die Autorität der Kirche und der Bibel zu stellen, sie trauten sich, ihren Verstand zu benutzen und ihre empirischen Erkenntnisse gegen nur behauptete, angebliche Wahrheiten, wie sie zum Beispiel auch in den alten Schriften eines ARISTOTELES (384-322 v. Chr.) niedergelegt waren, zu setzen. Ihr Interesse galt nicht mehr den tradierten Texten und ihrer Interpretation sondern den beobachtbaren und messbaren Fakten der Wirklichkeit. Sie leiteten damit die entscheidende Wende im Denken jener Zeit ein und etablierten neben der Philosophie und Theologie die Naturwissenschaften als dritte prägende kulturelle Disziplin. Galileo Galilei hat die Geisteshaltung, die zu diesem Denken führte, so zum Ausdruck gebracht:

»Ich fühle mich nicht zu dem Glauben verpflichtet, dass derselbe Gott, der uns mit Sinnen, Vernunft und Verstand ausgestattet hat, von uns verlangt, dieselben nicht zu benutzen.«[3]

Als CHARLES R. DARWIN (1809-1882), wie vor ihm schon andere, erkannt hatte, dass der Mensch nicht aus einem Erdenkloß geformt worden ist, sondern das Produkt eines natürlichen Entwicklungsprozesses ist und dass uns mit der übrigen Tierwelt eine Vielzahl von organischen und verhaltensmäßigen Gemeinsamkeiten verbindet, stellte diese Einsicht ein weiteres Mal das Monopol der Kirche auf Besitz und Verkündung angeblich ewiger Wahrheiten in Frage. Die herrschende Lehre der Kirche begann so nach und nach ihren dominierenden Einfluss auf das Weltbild und damit auch das Selbstverständnis des Menschen zu verlieren. Dass die Erde und mit ihm auch der Mensch im Kosmos nur eine ganz unbedeutende Rolle spielen, dass womöglich das Weltall voll anderer Lebensformen ist, diese paradigmatische, wahrhaft umwälzende Qualität von neuem Wissen sollte keinen Bildungswert haben?

Der Mensch und die Erde als Mittelpunkt der Welt oder wandernd irgendwo in den Weiten eines unermesslich großen Kosmos? Der Mensch als Ebenbild Gottes oder ein zufälliges Produkt einer sich selbst organisierenden Natur? Der Geist eine eigenständige, göttliche Wesenheit oder eine Funktion der hochkomplex organisierten Materie? Solche Fragen sollten ohne Einfluss auf mein Nachdenken über mich und die Welt sein? Hier irrte SCHWANITZ ohne jeden Zweifel gewaltig, definiert er doch selbst den Bildungswert von Wissen über die Frage, was es zur Selbsterkenntnis und zum Selbstverständnis des Menschen beitrage.

Die (naturwissenschaftliche!) Hirnforschung erbringt täglich neue Belege dafür, dass der »Geist nicht vom Himmel fiel«, sondern eine Funktion des materiellen Gehirns ist. Wenn schachspielende Computer einen Weltmeister zu schlagen in der Lage sind, dann wird deutlich, dass über Computerprogramme geistige Leistungen möglich wurden, die bislang ausschließlich dem Menschen vorbehalten waren. Solche Entwicklungen und die ihnen zugrunde liegenden biologischen und physikalischen Erkenntnisse sollten bedeutungslos sein für unser Selbstverständnis? Die moderne Kosmologie behauptet, dass unsere Welt einen physikalischen Anfang hat, und die Mikrophysik hat uns längst wissen lassen, dass im inneratomaren Geschehen der herkömmliche Begriff von Kausalität sich auflöst und unsere Alltagslogik dort nicht mehr uneingeschränkt gilt. Diese neue Sicht auf die materiellen Grundlagen unserer Existenz sollte ohne Folgen bleiben für unser Verständnis von der Welt und damit unser Nachdenken über Grund und Sinn unserer Existenz?

Worin liegt die immer wieder zu beobachtende geringe Wertschätzung naturwissenschaftlichen Wissens begründet?

Historisch gesehen hat sie sicher ihre Wurzeln in dem tief sitzenden Argwohn von Theologie und Kirche gegenüber naturwissenschaftlichen Erkenntnissen, fühlte sich die christliche Religion doch schon immer von wissenschaftlichen Einsichten bedroht. Der eigentliche Grund der kirchlichen Skepsis gegenüber Wissen, das nicht den Texten der angeblich von Gott diktierten Bibel entnommen wurde, vor allem aber gegenüber jeder Form von Naturwissenschaft, liegt tiefer und dürfte das göttliche Verbot sein, vom »Baum der Erkenntnis« zu essen. Im Alten Testament heißt es:

> 1. Buch Mose, Kapitel 2, Vers 16-17: Dann gebot Gott, der Herr, dem Menschen: Von allen Bäumen des Gartens darfst du essen, doch vom Baum der Erkenntnis von Gut und Böse darfst du nicht essen; denn sobald du davon isst, wirst du sterben. [4]

Zunächst einmal erscheint es sehr merkwürdig, aus göttlichem Mund zu erfahren, dass die Fähigkeit zur Unterscheidung von »gut« und »böse« nicht erwünscht sein sollte. Aber es geht offenbar nicht nur um die Erkenntnis von »gut« und »böse«, es geht wohl ganz allgemein um das Bestreben des Menschen, sich und die Welt zu begreifen. Gott scheint die Neugier des Menschen, hinter das Geheimnis seiner Schöpfung zu kommen, jedoch zu verdammen. Der Kirchenlehrer AUGUSTINUS (354-430) bekräftigte dieses göttliche Verdikt:

> »Es gibt noch eine weitere Art der Versuchung, die noch stärker mit Gefahren verbunden ist. Es ist die Krankheit der Neugier. Sie treibt uns dazu, dass wir die Geheimnisse der Natur aufdecken wollen, jene Geheimnisse, die außerhalb unseres Verständnisses liegen, die uns nichts nützen und die zu kennen, wir uns nicht wünschen sollten« [5]

Die Kirche sah in diesen Worten über die Jahrhunderte offenbar geradezu die Verpflichtung, die Menschen vor Einsichten abzuschirmen, die ihnen womöglich die Widersprüche zwischen biblischem Wort und menschlicher Erkenntnis bewusst gemacht hätten. Aber wer Neugier verbietet, hindert die menschliche Gesellschaft daran, sich weiter zu entwickeln, und schließlich die Lust an der Freiheit des Denkens und der Selbstbestimmung ihres Lebens zu entdecken. Daran wollte und konnte die Kirche ganz offensichtlich keinerlei Interesse haben. Aufgeklärtheit durch Wissen sowie Selbstbestimmung durch Freiheit von Denk- und Glaubensvorgaben sind Basiselemente einer demokratisch strukturierten Gesellschaft. Die Kirche, insbesondere die katholische mit einem autokratisch waltenden Papst an der Spitze, konnte von einer solchen Entwicklung nur Verlust an Einfluss und Macht erwarten.

Heute liegt das geringe Interesse an den Naturwissenschaften in bestimmten Kreisen wohl vor allem an der schulischen Erfahrung, dass der Erwerb naturwissenschaftlichen, speziell mathematisch formulierten Wissens mit erheblichen Anstrengungen verbunden war und oft genug mit der Frustration vergeblichen Bemühens endete. Die aufbauende Freude, ja das

Glücksgefühl, das sich nach dem mühsam erworbenen Verständnis eines komplizierten, beispielsweise physikalischen Sachverhalts einstellen kann, ist diesen Menschen offenbar nie zuteil geworden. Hinzu kommt das problematische Vorbild vieler nicht-naturwissenschaftlicher Lehrer, die in ihren Fächern direkt und indirekt zum Ausdruck brachten, dass wahre Bildung sich vor allem in der Hinwendung zur Antike, zur schöngeistigen und gesellschaftspolitischen Literatur und zur klassischen Musik zeige, alles andere allenfalls schmückendes Beiwerk sei. Und die schon frühzeitig gemachte Beobachtung, dass erfolgreiche Persönlichkeiten des öffentlichen Lebens selten ausgewiesene Naturwissenschaftler waren, oft genug ihre diesbezüglichen Defizite gern einräumten, trug ein Übriges dazu bei, naturwissenschaftliche Bildung als weniger relevant für Berufserfolg und Lebensglück anzusehen.

Die Redaktion der angesehenen Tageszeitung »Frankfurter Allgemeine« beschloss im Sommer 2006, in ihrem umfangreichen Kulturteil täglich einen oder zwei Berichte aus den Naturwissenschaften unterzubringen, die einen wesentlichen und unmittelbaren Bezug zu Kultur und Gesellschaft aufweisen. Sie zog damit die Konsequenz aus der Erkenntnis, dass naturwissenschaftliche Befunde für unser heutiges Denken und Empfinden von großer allgemeiner Bedeutung sein können. Diese Zeitung leistet damit einen Beitrag, aus dem bloßen Nebeneinander von Geistes-, Sozial- bzw. Kulturwissenschaften einerseits und Naturwissenschaften andererseits zu einem Miteinander zu kommen. Sie tat das, obwohl sie neben dem täglichen Feuilleton zusätzlich wöchentlich einen ausführlichen naturwissenschaftlichen Teil anbietet. Es war auch diese Zeitung, die seinerzeit eine menschliche Genomsequenz in ganzseitigem Format abdruckte und damit die Bedeutung dieses Erkenntnisfortschritts in das öffentliche Bewusstsein rückte.

Wer – wie SCHWANITZ – meint, naturwissenschaftliches Wissen trüge zwar einiges zum Verständnis der Natur bei, aber kaum zum Verständnis von Kultur und damit – so muss man ergänzen – des Menschen hinsichtlich seiner Situation in dieser Welt, der muss KOPERNIKUS, DARWIN, FREUD und EINSTEIN – um nur einige Namen zu nennen – zu zwar interessanten, aber letztlich bedeutungslosen Randerscheinungen der Wissenschaft der letzten vierhundert Jahre erklären. Sie hätten dann zwar informative Details zum Verständnis der Natur geliefert, aber keinen Beitrag zu unserem heutigen Weltbild, das sich bekanntlich radikal von dem unterscheidet, was einst in den Schriften des ARISTOTELES und des Alten Testaments niedergelegt worden ist. Tatsächlich haben die Naturwissenschaften der letzten vier Jahrhunderte aber mehr als nur eine neue Sicht auf Natur und Kosmos hervorgebracht. Auch Kultur und Gesellschaft sind von ihnen in hohem Maße beeinflusst und geprägt worden.

Es waren Astronomen, die sich damals mit Fragen befassten, die scheinbar weit entfernt von allen irdischen Problemen lagen, und doch den geistlichen und weltlichen Mächten der damaligen Zeit langsam ihre Grundlage entzogen. Der Wissenschaftler und Publizist HOIMAR VON DITFURTH (1921-1989) beschreibt die damalige Situation so:

»Dieser Himmel … war zu jener Zeit noch ausschließlich der Himmel der Kirche. Er galt als der Sitz Gottes und in seiner allem menschlichen Verständnis entzogenen Rätselhaftigkeit als Beweis göttlicher Allmacht. … Für das Verständnis des Menschen im Mittelalter waren die ›sublunare‹, die ›unter dem Mond‹ gelegene irdische Welt und der Himmel darüber, grundsätzlich voneinander geschiedene Räume. Dort draußen, jenseits des Mondes, begann nämlich das Reich Gottes. Über der sublunaren Sphäre der Sterblichen lag das Gefilde der Seligen, über ihm wohnten die Heiligen, noch weiter oben residierten die Erzengel. Das Ganze bildete so etwas wie eine kosmische Pyramide, deren Basis die Erde und deren oberste Spitze Gott selbst war. Dieses Weltmodell lieferte die Legitimation für die feudale Gesellschaftsordnung im Abendland. ... (D)iese Ordnung war für damaliges Verständnis nichts Geringeres als das irdische Abbild der himmlischen Hierarchie, war gottgewollt und also das ›Natürlichste von der Welt‹.«[6]

An anderer Stelle kommt DITFURTH zu der uns hier besonders interessierenden Feststellung:

»Ich rekapituliere dieses wichtige Kapitel unserer geistigen Geschichte hier deshalb in einiger Ausführlichkeit [gemeint ist die Darstellung der Einsichten von Giordano Bruno und Nikolaus Kopernikus, U.L.], weil es die Absurdität des in unserem kulturellen Umfeld noch immer grassierenden Vorurteils besonders kraß erhellt, Naturerkenntnis bleibe für das menschliche Selbstverständnis letztlich ohne Bedeutung. Denn die ›Revolution des Giordano Bruno‹ hatte nun wahrhaftig eine Revolution zur Folge. In dem Maße nämlich, in dem die geniale Einsicht sich im Bewußtsein der Gesellschaft allmählich durchsetzte, verlor die feudale Ordnung der damaligen Gesellschaft Schritt für Schritt ihre fundamentale Legitimation. Die ›Demokratisierung der kosmischen Verhältnisse‹ [gemeint ist die Bruno'sche Einsicht, dass sich jeder Punkt im Kosmos gleichberechtigt neben jedem anderen als Mittelpunkt der Welt auffassen lässt, U.L.] zog, ganz unvermeidlich, schließlich auch die Demokratisierung der gesellschaftlichen Verhältnisse nach sich. Denn … die kosmische Hierarchie hatte – mit der Erde im Zentrum, darüber die Sphäre der Fixsterne und hinter diesen die Regionen der Heiligen, Engel und Erzengel, bis hinauf zu Gott als oberstem Herrscher – die vergleichbare Hierarchie der irdischen Gesellschaftsordnung im allgemeinen Lebensgefühl bis dahin als scheinbar am Himmel sichtbarer Beweis, quasi als ›gottgewollt‹ legitimiert.«[7]

Was sind denn nun die wesentlichen Erkenntnisse, die wir den Naturwissenschaften zu verdanken haben, welche Einsichten sind es, die unser Weltbild nachhaltig geprägt haben und von daher beanspruchen können, als Bestandteil eines allgemeinen Bildungskanons zu gelten? Dabei soll hier nicht der Fehler begangen werden, nun alles nicht-naturwissenschaftliche Wissen, also das, was SCHWANITZ als kulturelles Wissen bezeichnet, in einer Art Retourkutsche wiederum als bedeutungslos anzusehen. Geschichtliches, literarisches, philosophisches Grundwissen, repräsentative Beispiele von Kunst und Musik, die großen Figuren der Weltgeschichte und der Weltliteratur – alles das hat ohne Zweifel ebenso seine große Bedeutung für das Verstehen der mich umgebenden Welt und meiner Rolle in der Gesellschaft sowie für das Bestreben, dem eigenen Leben Sinn und Bedeutung zu verleihen.

Aber sind die Geistes-, Kultur- bzw. Sozialwissenschaften allein autorisiert für Sinn und Deutung, sind sie die »Deutungsspezialisten«, die durch übergreifende Fragestellungen das Ganze erst in einen Sinnzusammenhang bringen? Ist die Arbeitsteilung zwischen den Naturwissenschaften einerseits und den Geistes-, Kultur- bzw. Sozialwissenschaften andererseits so geregelt, dass die einen für die Fakten und Daten, die anderen für Deutung und Bedeutung zuständig wären? Ich bezweifele diese einseitige Zuordnung. Zwar führt kein Weg vom Sein zum Sollen, wie das die Wissenschaftstheoretiker formulieren, das heißt, die Wissenschaft kann keine Sinnzuweisungen und ethischen Setzungen vornehmen, aber sie kann Unmöglichkeiten aufzeigen oder Widersprüche zum jeweiligen Wissensstand aufdecken, sie formuliert gewissermaßen Rahmenbedingungen für akzeptable Deutungen. [8]

In Analogie zum POPPERschen Falsifikationsprinzip in der Wissenschaft könnte man für Sinn- und Deutungsfragen das Plausibilitätsprinzip heranziehen: Ist ein unterstellter Sinn oder eine vorgeschlagene Deutung für ein Phänomen angesichts diesbezüglicher naturwissenschaftlicher Einsichten noch plausibel vertretbar? Zum Beispiel verlor die kirchliche und weltliche Machthierarchie ihre religiöse Begründung mit dem Sturz des geozentrischen Weltbildes, wie oben DITFURTH sehr bildhaft darlegte. DARWIN konnte zeigen, dass der Mensch ein Produkt der Evolution ist und verwarf damit die Deutung des Menschen als direktes Geschöpf und Ebenbild Gottes. Die moderne Hirnforschung belegt mit immer mehr Erkenntnissen, dass der Geist nicht unabhängig von seiner materiellen Grundlage existiert und verneint damit die Deutung des Geistes als eigenständige oder gar daseinsschöpfende Kraft.

So wie eine wissenschaftliche Theorie durch eine »bewährtere« Theorie ersetzt wird, so kann eine Deutung oder Sinnzuschreibung der eben beispielhaft geschilderten Art durch eine »plausiblere«, weil logisch oder wissenschaftlich fundierter, weil wahrscheinlicher oder einleuchtender, ersetzt werden. (Jedoch nicht widerlegt oder gar bewiesen werden!) Überkommene – meist ja religiös motivierte – Sinnbilder und Deutungen können somit an ihrer Nicht-Plausibilität scheitern. Nicht plausibel und damit un-glaub-würdig sind Sinnzuschreibungen und Deutungsmuster, die heutigen naturwissenschaftlichen Einsichten offenkundig widersprechen oder auf bloßen Behauptungen oder gar willkürlichen Annahmen beruhen.

Kehren wir zu den Naturwissenschaften zurück. Die Bedeutung der Naturwissenschaften für unser Selbstverständnis kann auf zwei Ebenen begründet werden: auf der Ebene der Methode und auf der Ebene der gewonnenen Erkenntnisse.

Die Methode der Naturwissenschaft besteht – wie schon an anderer Stelle dargelegt – darin, für relevante Problemstellungen Theorien in Form von Hypothesen zu entwickeln und diese an der Wirklichkeit mit geeigneten Verfahren zu testen. Die Ergebnisse werden dann in den schon vorhandenen Wissensbestand eingefügt, gegebenenfalls unter Abänderung bislang vertretener Theorien.

Schauen wir uns das an einem besonders prägnanten, aber gleichzeitig auch typischen Beispiel aus der Physik, der schon erwähnten Relativitätstheorie von ALBERT EINSTEIN (1879-1955), etwas näher an. Aufgrund theoretischer Überlegungen, die EINSTEIN 1915 in präzise mathematische Formeln fasste, sagte er unter anderem genau voraus, um wie viel Zeiteinheiten die Uhren in einer mit bestimmter Geschwindigkeit die Erde umrundenden Rakete langsamer gehen werden. Andererseits zeigten seine Formeln, dass mit abnehmendem Einfluss der irdischen Schwerkraft im Weltall die Uhren schneller gehen würden. Beide Effekte – auch das sagte seine Theorie voraus – würden sich nicht vollständig kompensieren, so dass im Ergebnis die Uhren in einem Satelliten gegenüber einer Uhr auf der Erde schneller gehen würden. Seine Voraussagen trafen bei später erfolgten Untersuchungen an Uhren in Satelliten exakt zu, so wie auch ausnahmslos alle anderen theoretisch abgeleiteten Folgerungen aus seiner Theorie empirisch bestätigt werden konnten.

Das Beispiel der Relativitätstheorie – stellvertretend für unzählige andere naturwissenschaftliche Theorien – verdeutlicht zweierlei. Eine exakte naturwissenschaftliche Theorie ermöglicht genaue, in der Regel quantitative, und damit eindeutig überprüfbare Voraussagen. Eine solche Voraussage ist das Prüfkriterium, mit dem man zweifelsfrei feststellen kann, ob sich eine Theorie »bewährt«, wie die Wissenschaftstheoretiker sagen. Treffen die Voraussagen zu, so stellt das im Ergebnis eine positive Aussage über die Güte und die praktische Verwertbarkeit einer solchen Theorie dar. (So wie wir einem Hellseher prognostische Fähigkeiten attestieren *würden*, wenn er ein Geschehen so detailliert voraussagen *könnte*, dass wir die tatsächliche Übereinstimmung von Geschehen und Voraussage nicht mehr mit Zufall erklären könnten.) Zum andern liefert eine solche Theorie auch qualitative Aussagen, in unserem oben skizzierten Beispiel unter anderem über das Wesen der

Zeit. EINSTEIN konnte im Rahmen seiner Relativitätstheorie zeigen, dass die Zeit nicht – wie seit Menschengedenken angenommen – für jedes Objekt und an jedem Ort gleichmäßig abläuft. EINSTEIN konnte nachweisen, dass die Zeit abhängig ist von der Geschwindigkeit, mit der sich ein Objekt bewegt und der Gravitation, die auf das Objekt einwirkt. Jedes Objekt kann somit seine eigene Zeit haben, der Begriff der Gleichzeitigkeit zum Beispiel – so konnte er ja zeigen – ist folglich eine reine Illusion. Bei der Relativität der Zeit handelt sich also um ein Phänomen, das wir uns mit unserer Alltagslogik und Alltagserfahrung kaum begreiflich machen können.

Zum Begriff der Theorie ist allerdings noch anzumerken, dass er in den Naturwissenschaften eine signifikant andere Bedeutung hat als im alltäglichen Sprachgebrauch. Wir sprechen zum Beispiel von einer Theorie der Massenmedien oder einer betriebswirtschaftlichen Entscheidungstheorie und meinen damit einen Satz von mehr oder weniger miteinander verbundenen Regeln, Prinzipien und Annahmen, aus denen aber – und das ist entscheidend – keine prinzipiell neuen, bisher unbekannten Einsichten abgeleitet werden können. Auch sprechen wir umgangssprachlich oft etwas abwertend von »reiner Theorie« und meinen damit eine an der Realität vorbeizielende Betrachtungsweise.

In den Naturwissenschaften hat der Begriff der Theorie eine deutlich andere, durch bestimmte Merkmale genau definierte Bedeutung. Eine gute naturwissenschaftliche Theorie zeichnet sich durch folgende Eigenschaften aus: Präzision in den Begriffen und in der Aussage (was sich oft darin ausdrückt, dass die Theorie in mathematischer Form abgefasst ist), Möglichkeit zur Ableitung neuer Erkenntnisse und damit Möglichkeit zur exakten Voraussage von zukünftigen Ereignissen beziehungsweise Abläufen, und schließlich eindeutige Überprüfbarkeit der Theorie an der Wirklichkeit. Die Eindeutigkeit und Zuverlässigkeit einer naturwissenschaftlichen Aussage oder Theorie sind meines Erachtens somit ungleich höher einzuschätzen als dies bei Einsichten und Erkenntnissen im Bereich der Geistes- oder Kulturwissenschaften der Fall ist.

Die Vorgehensweise beim Zustandekommen naturwissenschaftlicher Erkenntnisse und damit auch die Qualität der Ergebnisse hebt sich somit in kennzeichnender Weise von der Verfahrensweise bei der Erzeugung kulturellen Wissens ab. Naturwissenschaftliche Aussagen werden zwar grundsätzlich als Hypothesen angesehen und müssen so formuliert werden, dass sie überprüft werden können. Sie können auch nur so lange Gültigkeit beanspruchen, wie sie nicht widerlegt worden sind. Das Prozedere der Naturwissenschaften garantiert aber höchstmögliche Zuverlässigkeit, zwar keine absolute, da eben alles Wissen prinzipiell hypothetisch ist, bei sorgfältiger Beachtung wissenschaftlicher Standards jedoch führt solches Vorgehen zum jeweils bestmöglichen Erkenntnisstand.

Geistes- und kulturwissenschaftliches Wissen besteht vielfach aus subjektiven Erfahrungen, Meinungen, Behauptungen, Wertmaßstäben, Sinnsetzungen und Deutungen, ferner auch aus so genannten Glaubensgewissheiten und Offenbarungen einzelner Menschen. Naturwissenschaftliches Wissen kann im Prinzip objektiver Natur sein, kulturelles Wissen ist subjektiver, allenfalls intersubjektiver Natur. Kennzeichnend für die Naturwissenschaft ist das Bemühen, die Welt objektiv zu beschreiben, den Einfluss des Subjekts also soweit wie irgend möglich auszuschließen, während es in den Kultur- und Geisteswissenschaften vor allem um das Wissen und die Erfahrung des Subjekts geht.

Die empirisch arbeitenden Sozialwissenschaften nehmen eine Zwischenstellung ein. Die Gültigkeit und Zuverlässigkeit der ermittelten Daten ist nachprüfbar, wenn auch die eingesetzten Messinstrumente nicht den Grad an kultureller Unabhängigkeit aufweisen wie die der naturwissenschaftlichen Disziplinen. Auch die Deutung ihrer Ergebnisse unterliegt vielfältigen, schwer kontrollierbaren Einflüssen. Diese resultieren einmal aus Herkunft und Biografie des interpretierenden Wissenschaftlers, zum andern aus seinem Umfeld, dem er als Wissenschaftler angehört und das sein Denken nicht unwesentlich prägt.

Ich möchte daher behaupten, dass insbesondere die moderne Astro- und Mikrophysik, die Evolutionstheorie, neuerdings die Hirnforschung und – wie später noch zu zeigen sein wird – die Soziobiologie entscheidend mehr an Fakten und Einsichten geliefert haben, die religiösen Glauben in Frage stellen, als die Geistes-, Kultur- und Sozialwissenschaften. Naturwissenschaftliche Erkenntnisse werden weltweit auf prinzipiell gleiche Art gewonnen und gelten weltweit, unabhängig von jeder kulturellen oder gar religiösen Prägung der sie hervorbringenden Wissenschaftler. Dass eine Vielzahl von Philosophen von der Antike bis heute durch richtige Fragen an die Natur und die Religionen viele der heutigen Einsichten entscheidend vorbereiteten, sei an dieser Stellte aber ausdrücklich anerkannt.[9]

Ich ziehe aus dem bisher Gesagten somit für mich den Schluss, dass vor allem Wissen, das nach den Kriterien heutiger naturwissenschaftlicher Forschungslogik gewonnen wurde, Anspruch auf – wenn auch immer nur vorläufige – Gültigkeit und Zuverlässigkeit erheben kann. Und nur solches Wissen kann zudem grundlegend für mein Weltbild sein, das anerkennt, dass ich zuallererst ein biologisches Wesen bin, das mit allen seinen Fasern der Natur verbunden ist und verbunden bleiben wird. Evolutionstheorie, Hirnforschung und in den letzten Jahren die Soziobiologie haben dafür inzwischen Beweismaterial in Hülle und Fülle zusammengetragen.

Kulturelles Wissen ist für mein Selbstverständnis ebenfalls bedeutend, weil ich über meine biologische Natur hinaus auch ein soziales Wesen bin, das der Gemeinschaft und ihrer Erfahrungen und Deutungen bedarf. Natur und Kultur des Menschen sind offenbar viel mehr miteinander verwoben, als uns bisher bewusst zu sein scheint. In jüngster Zeit hat die Epigenetik gezeigt, dass die Umwelt die Gene in ihrer Aktivität beeinflussen können und dass damit Erbe und Umwelt noch enger miteinander verzahnt sind, als man bisher annahm. Aber wenn auch nach und neben der biologischen Evolution des Menschen eine soziale und kulturelle stattfindet, so werden dennoch die biologischen Gesetzmäßigkeiten nicht außer Kraft gesetzt, sondern ergänzt und überformt durch weitere über die Biologie hinausgehende Faktoren. Die Biologie, die ihrerseits wiederum eine physikalisch-chemische Grundlage hat, bleibt aber die Basis alles Lebendigen. Jede Aussage über das Wesen des Menschen, die dessen biologisches beziehungsweise physikalisch-chemisches Fundament als unerheblich qualifiziert, und jede Ansicht über die Welt insgesamt, die negiert, dass der Ursprung allen Seins zunächst einmal materieller Natur ist, wird zwangsläufig zu falschen Schlussfolgerungen führen.

Im Folgenden soll deshalb der Versuch unternommen werden, grundlegende Fakten und daraus für unser Selbstverständnis resultierende Konsequenzen aus vier mir besonders bedeutsam erscheinenden Bereichen zusammenfassend darzustellen. Diese vier Bereiche sind die moderne Kosmologie, die Mikrophysik mit der Quantentheorie, die DARWINsche Evolutionstheorie und die Hirnforschung mit ihren neuesten Erkenntnissen.

Folgt man den derzeitigen kosmologischen Theorien, dann beginnt der allererste Anfang unserer Welt scheinbar mit einer logischen Unmöglichkeit: Die Erschaffung der Welt aus dem Nichts. Schließlich sagt uns unser Verstand und unsere millionenfach bestätigte Lebenserfahrung, dass aus Nichts nichts kommen könnte. Wie lässt sich dieser logische Widerspruch auflösen? Auch die bizarre Welt des Mikrokosmos wartet in Form der Quantentheorie mit Phänomenen auf, die unserer Alltagslogik vollständig zuwider laufen. Elementarteilchen entstehen und verschwinden ohne ersichtlichen Grund, das Prinzip der Kausalität scheint außer Kraft gesetzt zu sein und Systeme können offenbar gleichzeitig verschiedene Zustände einnehmen.

Diese unseren Verstand in den Zustand des Zweifelns, Verzweifelns, ja zeitweise vollständiger Verwirrung treibenden Beobachtungen und Erkenntnisse, insbesondere der Mikrophysik, in eine die Logik nicht verletzende Ordnung zu bringen, erscheint aussichtslos. Und doch liegt die Lösung näher, als man vermuten mag. Es gibt nur eine die Logik befriedigende und zugleich elegante Antwort auf das Dilemma sich logisch widersprechender Erkenntnisse, wenn alle, auch die unseren Verstand irritierenden Beobachtungen weiterhin und gleichzeitig Anspruch auf Gültigkeit haben sollen. Die Lösung scheint fast an einen Spieler zu erinnern, der nachträglich die Spielregeln zu ändern verlangt, weil er zu verlieren droht. Die Unvereinbarkeit bestimmter Erkenntnisse der Kosmologie und Mikrophysik mit unserer Alltagslogik lässt sich nur aufheben, wenn wir die uns vertraute, unserem Gehirn apriori (also von vornherein) einprogrammierte und auf Basis der Kausalität arbeitende Logik als einen Spezialfall einer umfassenderen Logik, einer »Weltlogik«, wie ich sie nennen möchte, auffassen.

Zwar würden wir heute Lebenden diese Weltlogik wahrscheinlich nicht mehr begreifen, aber sie würde Widersprüche und Deutungen insbesondere makro- und mikrophysikalischer Erkenntnisse zumindest zu akzeptieren erlauben. Dem Einwand, dass eine solche vermutete Weltlogik ein reines Phantasieprodukt sei, kann mit dem Hinweis begegnet werden, dass diese Logik tatsächlich »existieren« muss, spiegelt sie sich doch in den Beobachtungen und Erkenntnissen, die uns die Wirklichkeit liefert, wider. Die Strukturen unserer derzeit als gültig angesehenen Logik entsprechen offenbar nicht vollständig den Strukturen der Wirklichkeit. Denn eines lehrt uns die Geschichte der Naturwissenschaften: Die Wirklichkeit kümmert sich nicht darum, ob wir uns eine Vorstellung von ihren Prinzipien und Gesetzmäßigkeiten machen können. Vielleicht werden spätere Generationen sich mit einer umfassenderen Logik, mit neuen Begriffen und erweitertem Denken so vertraut gemacht haben, dass sie sich ihrerseits wundern werden, wie wir mit unserer »beschränkten« Logik Jahrhunderte lang leben konnten.

Aber auch die Tatsache, dass das Leben auf dieser Erde und das Auftauchen des Menschen keinem planenden »Designer«, sondern der Fähigkeit der Materie zur Selbstorganisation, eines Zusammenspiels von Zufall und Notwendigkeit zu verdanken sein sollen, fällt unserem auf Ziel und Sinn programmierten Denken ebenfalls schwer zu glauben. Dass schließlich die nach unserer Überzeugung bisher höchste Ausformung aller Existenz, nämlich Geist und Bewusstsein, ebenfalls »nur« eine Erscheinungsform des Materiellen sein sollen, das erscheint uns nun überhaupt nicht mehr begreifbar.

Die Wissenschaft gelangte oft erst dann zu logisch befriedigenden Antworten auf scheinbar nicht lösbare Fragen, wenn ein so genannter Paradigmenwechsel vollzogen wurde. Unter einem Paradigma versteht man in der Wissenschaft ein grundlegendes Denk- und Erklärungsmuster. Ein Paradigmenwechsel meint somit einen Wechsel von einer wissenschaftlichen Grundauffassung zu einer anderen. Das kann zum Beispiel dann eintreten, wenn die Daten und Beobachtungen zu einem Phänomen aus einer ganz anderen Perspektive betrachtet werden. Ein Paradebeispiel für einen solchen Paradigmenwechsel stellt – wie schon in Kapitel I gezeigt wurde und noch ausführlicher zu zeigen sein wird – das Konzept der Evolution dar. Es erklärt das Werden des Kosmos und das Entstehen von Leben in seiner Vielfalt nicht wie bisher von einem vermuteten *Ziel* der Entwicklung her sondern aus dessen *Ursachen*.

1. Der Anfang von Allem – mit oder ohne Schöpfer?

In der biblischen Schöpfungsgeschichte (1. Buch Moses, Kap. 1 und 2) steht:

> »Am Anfang schuf Gott Himmel und Erde, die Erde aber war wüst und wirr, Finsternis lag über der Urflut und Gottes Geist schwebte über dem Wasser. Gott sprach: Es werde Licht. Und es wurde Licht. Gott sah, dass das Licht gut war. Gott schied das Licht von der Finsternis und Gott nannte das Licht Tag und die Finsternis nannte er Nacht. … Gott sah alles an, was er gemacht hatte: Es war sehr gut.«

In einfacher aber poetisch anmutender Sprache beschreibt die Bibel ganz am Anfang des Alten Testaments die einzelnen Stationen der Erschaffung der Welt. Zum Schluss des Schöpfungsberichts heißt es:

> »Am siebten Tag vollendete Gott das Werk, das er geschaffen hatte, und er ruhte am siebten Tag, nachdem er sein ganzes Werk vollbracht hatte.« [10]

Der irische Theologe James Usher (1580-1656), zeitweilig Erzbischof von Armagh im Norden Irlands, meinte sogar das Datum des ersten Schöpfungsaktes angeben zu können: Samstag, den 22. Oktober 4004 vor dem Jahr null unserer Zeitrechnung um sechs Uhr abends. Eine Woche später am Freitagabend sei – so seine Berechnungen, die er anhand von Jahreszahlen, Generationenfolgen und anderen Angaben in der Bibel anstellte – die Schöpfung vollendet gewesen.

Wir schmunzeln heute über die Einfalt dieser Vorstellungen, aber über mehr als zwei Jahrtausende wurde der Bericht der Bibel über die Entstehung der Welt mit nicht in Frage gestellter Selbstverständlichkeit Wort für Wort so geglaubt. Im einleitenden Kommentar der hier zitierten Einheitsübersetzung heißt es zwar heute, »die Erzählungen der Urgeschichte sind weder als naturwissenschaftliche Aussagen noch als Geschichtsdarstellung, sondern als Glaubensaussagen über das Wesen der Welt und des Menschen und über deren Beziehung zu Gott zu verstehen.« Was dabei aber souverän übergangen wird, ist die Tatsache, dass bis in die Anfänge des letzten Jahrhunderts die meisten Menschen in unserem Kulturkreis diese Darstellung aufgrund der Autorität, die die Bibel genoss, als quasi wissenschaftliche Beschreibung ansahen. Jeder Zweifel daran wurde von der Kirche als Ketzerei, als Gotteslästerung, als Missachtung göttlicher Verkündigung gebrandmarkt. Nicht ohne Kopfschütteln muss man allerdings feststellen, dass in den USA und auch sonst weltweit heute noch sehr viele Menschen diese Legenden so wörtlich glauben, wie sie in der Bibel dargestellt werden.

Dass dieser biblische Bericht über die Jahrhunderte die Entwicklung einer wissenschaftlichen Kriterien genügenden Auffassung von der Entstehung der Welt behinderte, wenn nicht sogar verhinderte, sollte also darüber nicht vergessen werden. Und im Übrigen: Wenn die Bibel Gottes Wort ist im Sinne eines – wie behauptet – göttlich inspirierten Textes, dann ist es nicht verständlich, warum Gott, der es doch eigentlich besser wissen müsste, nicht eine dem Verständnis der damaligen Zeit zwar angepasste, aber eine wenigstens im Prinzip richtige Darstellung des Geschehens den damaligen Autoren diktierte.

Der griechische Philosoph ARISTOTELES (384-322 v. Chr.) vertrat die Auffassung von einem unwandelbaren und damit »ungeschichtlichen« Universum. Selbst der Physiker ALBERT EINSTEIN (1879-1955) ging zunächst von einer Welt aus, die von Ewigkeit an existiert und immer bestehen bleiben würde. Erst gegen Ende der 20er Jahre des letzten Jahrhunderts verdichteten sich die Indizien, dass sich das Universum mit rasender Geschwindigkeit ausdehnt. Der amerikanische Astronom EDWIN P. HUBBLE (1889-1953) und andere beobachteten, dass sich die meisten Galaxien von uns weg bewegen, und zwar um so schneller, je weiter sie von uns weg sind. Dies erkannte man an der so genannten Rotverschiebung des Lichts. Denn das ankommende Licht einer Lichtquelle, die sich mit hoher Geschwindigkeit von uns weg bewegt, verschiebt sich in den langwelligeren Infrarotbereich. Aus dem Maß der Verschiebung lässt sich die Geschwindigkeit berechnen, mit der sich die Lichtquelle von uns weg bewegt.

Bei der Rotverschiebung handelt es sich um den so genannten Doppler-Effekt, den wir auch aus dem Alltag kennen. Der Ton einer Polizeisirene erhöht sich, wenn das Polizeiauto auf uns zurast, der Ton wird zunehmend tiefer, wenn sich das Polizeiauto von uns weg bewegt. Ähnlich der Frequenz des Tons einer sich von uns weg bewegenden Tonquelle verringert sich die Frequenz einer Lichtquelle, hier die einer Galaxie, die sich von uns entfernt.

Die astronomischen Beobachtungen zeigen also, dass sich das Weltall in alle Richtungen ausdehnt. Die Galaxien rasen von uns weg, und je weiter sie von uns entfernt sind, um so größer ist ihre Geschwindigkeit. Verfolgt man diese Expansionsbewegung gedanklich und rechnerisch zurück, gelangt man zu einem etwa 13 bis 14 Milliarden Jahre zurückliegenden Zeitpunkt, an dem alle Materie in einem extrem kleinen Volumen konzentriert gewesen sein muss. Zu diesem Zeitpunkt – so die heute unter Kosmologen gängige

Vorstellung – muss der so genannte Urknall stattgefunden haben, aus dem unser heutiges Universum hervorgegangen ist. Es soll dies der in jeder Hinsicht absolute Nullpunkt gewesen sein, der Punkt, an dem Zeit und Raum entstanden sein sollen.

Aufgrund des inneren Zusammenhangs, den EINSTEIN zwischen Masse, Energie, Raum und Zeit und anderen Größen durch seine Relativitätstheorie sowie weiteren physikalischen Theorien hergestellt hat, lassen sich die physikalischen Prozesse bis zu einem Zeitpunkt von 10^{-43} Sekunden nach dem Nullpunkt der Zeit theoretisch zurückverfolgen. (Wir erinnern uns: Dies ist ein schier unendlich kleiner Bruchteil einer Sekunde, eine Zahl mit 42 Nullen nach dem Komma!) Die noch davor liegende so genannte Planckära wird theoretisch noch nicht verstanden. Man vermutet lediglich, dass in ihr noch alle Fundamentalkräfte, also die Gravitation, der Elektromagnetismus und die Kernkräfte, also die starke und die schwache Wechselwirkung, eine Einheit bildeten.

Nach dem so genannten Standardmodell der Kosmologen betrug die Temperatur des Universums am Ende der Planckära, also zum Zeitpunkt 10^{-43} Sekunden, unvorstellbare 10^{32} °K und die Dichte das 10^{93}-fache des Wassers (10^{32} ist eine Eins mit 32 Nullen; °K steht für Grad Kelvin, diese Temperaturskala wird bei extrem hohen Werten identisch mit der uns vertrauten Celsius-Skala). 10^{-6} Sekunden nach dem Nullpunkt der Zeit, also nach einer Millionstel Sekunde, betrug die Temperatur noch 10^{12} °K. Die Materie bestand aus einem Plasma aus Quarks und Leptonen, die im Gleichgewicht mit den Photonen der elektromagnetischen Strahlung standen. In der Zeit zwischen 10^{-6} und 10^{-3} Sekunden, also in der Zeit zwischen einer Millionstel und einer Millisekunde nach dem Nullpunkt der Zeit, kühlte das Universum durch Expansion weiter ab. Die Quarks kondensierten in diesem Zeitraum zu Protonen und Neutronen. Bei weiter sinkender Temperatur froren weitere Teilchenklassen aus. Nach 1 Sekunde – immer gerechnet vom Zeitpunkt Null ab – vernichteten sich größtenteils Elektronen und Positronen, und die Neutrinos machten sich selbstständig. Parallel zu diesem skizzierten Geschehen entkoppelten sich die Fundamentalkräfte. Nach wenigen Minuten schon bildeten sich die leichten Elemente (Wasserstoff, Helium). Erst nach etwa 100 000 Jahren trennte sich die Strahlung von der Materie, das Universum wurde elektrisch neutral und durchsichtig. Nach vielleicht 20 Millionen Jahren kondensierte das Gas infolge der Schwerkraft zu Materieklumpen und schließlich zu Sternen und Galaxien.[11]

Als Laie kann man solche Aussagen und Daten nur im Vertrauen auf die Kompetenz der sie formulierenden Wissenschaftler zur Kenntnis nehmen, verstehen im eigentlich Sinn oder gar kritisch beurteilen kann man sie nicht mehr.

Eine Vielzahl von astronomischen Beobachtungen und theoretischen Überlegungen stützt dieses Modell von der Entstehung unseres Kosmos. Es stellt wie alle wissenschaftlichen Theorien eine Hypothese dar, behauptet also nicht, die »Wahrheit« darzustellen, es beschreibt und deutet aber das bis jetzt vorliegende Wissen über unseren Kosmos am plausibelsten. Eine aufsehenerregende Bestätigung dieses kosmischen Modells stellte im Jahr 1965 die Entdeckung der so genannten Hintergrundstrahlung dar. Diese Strahlung wurde lange vorher theoretisch vorausgesagt als »Nachglühen« des Feuerballs aus jener Entwicklungsphase des Universums, als sich Protonen und Elektronen zu Wasserstoff vereinigten. Ein solches theoretisch vorausgesagtes und dann tatsächlich beobachtetes Phänomen gilt in der Wissenschaft stets als eine besonders eindrucksvolle Bestätigung einer Theorie.

Problematisch und zugleich hoch interessant an diesen hier nur sehr grob geschilderten Vorgängen unmittelbar nach dem Urknall ist der Zeitraum zwischen dem absoluten Zeitnullpunkt und dem Zeitpunkt 10^{-43} Sekunden. Theoretisch müsste im Zeitpunkt Null die gesamte Materie in einem unendlich kleinen Volumen mit einer unendlich hohen Energie konzentriert sein. (Mit dem Potential für hundert und mehr Milliarden Galaxien – eigentlich unglaublich, aber aufgrund der von EINSTEIN in seiner Speziellen Relativitätstheorie erkannten Gleichwertigkeit von Energie und Masse gemäß der berühmten Formel $E = m \cdot c^2$ mindestens theoretisch einleuchtend!) Dieser – wie man sagt – singuläre Zustand mit unendlich kleinen und unendlich großen Werten ist aber mathematisch nicht beherrschbar, so dass im Standardmodell das Geschehen in diesen ersten 10^{-43} Sekunden – wie schon erwähnt – ungeklärt bleibt. Alle Naturgesetze und ihre theoretischen Darstellungen verlieren in solchen Singularitäten ihre Bedeutung.

Deshalb versuchen einige Theoretiker, diese problematischen Anfangssingularitäten zu umgehen, indem sie die Quantennatur der Materie ins Spiel bringen. Durch die Quantisierung der Raumzeit werden die mathematisch nicht behandelbaren Singularitäten vermieden, stattdessen bleiben die kritischen Werte endlich, werden also weder null noch unendlich groß. Nach diesen Überlegungen könnte das Universum zu einem bestimmten Zeitpunkt eine minimale Größe gehabt haben, davor aber war es irgendwann vielleicht so groß wie heute. Das Universum – so dieses alternative Denk- und Rechenmodell – ziehe sich infolge der Gravitation so weit zusammen, bis die Quanteneigenschaften der Gravitation schließlich entgegenwirken. Der Urknall sei deshalb in Wahrheit eine Art Abpraller, nicht der Beginn von allem, sondern nur ein Übergang in einer unendlichen Abfolge von Expansion und irgendwann wieder eintretender Kontraktion. Statt von einem Big Bang (Urknall) spricht man deshalb von einem Big Bounce (Abpraller, Umschwung).

Aus philosophischer Sicht macht es einen großen Unterschied, ob alles einen zeitlichen Anfang hatte im Sinne eines absoluten zeitlichen Nullpunktes, der kein Davor kennt, oder ob es die Zeit schon immer gab, also auch eine Zeit vor dem Urknall existierte. In diesem Fall hätte unser Universum keinen zeitlichen Anfang, es existierte dann schon immer und ewig. Ein Schöpfergott, wie ihn die Religionen als selbstverständliche Voraussetzung für die Existenz der Welt ansehen, wäre überflüssig. Dass uns eine schon ewig existierende Welt aber ähnliche logische Probleme schafft wie ein Schöpfergott, dessen Existenz und Herkunft ja ebenfalls logisch nicht erklärbar erscheint, steht auf einem anderen Blatt. Aber es wurde ja schon an anderer Stelle thematisiert, dass unsere menschliche Logik möglicherweise nur ein Spezialfall einer umfassenderen »Weltlogik« sein könnte, die alle diese scheinbar logisch nicht überwindbaren Konflikte elegant »aus der Welt schafft«.

Nun könnte so mancher Leser einwenden, dass man die Abläufe bei der Entstehung unseres Kosmos so genau doch gar nicht kennen könnte, da man schließlich nicht dabei war. Hier würde der Physiker etwa wie folgt antworten: Wir haben aufgrund von Beobachtungen, Experimenten und theoretischen Überlegungen eine Reihe von astro- und mikrophysikalischen Modellen, die uns in Form mathematischer Gleichungssysteme vorliegen. Eine sehr gute Möglichkeit, sie zu testen und zu verbessern, besteht darin, diese in Form von Simulationen in Computern ablaufen zu lassen. Solche Simulationen bilden also Prozesse aufgrund vorliegender mathematischer Beschreibung nach und geben die Ergebnisse in Form von Datenreihen oder Bildschirmbildern aus. Man kann auf diese Weise zum Beispiel physikalische Prozesse in die Zukunft oder in die Vergangenheit projizieren und feststellen, ob sie Ergebnisse erbringen, die mit den Beobachtungen übereinstimmen. Ist das nicht der Fall, müssen die Gleichungen und Parameter so lange angepasst werden, bis Simulationsergebnisse entstehen, die mit den tatsächlichen Verhältnissen, also den Beobachtungen der Astrophysiker oder experimentell arbeitenden Mikrophysikern übereinstimmen. Auf diese Weise gelingt es, Theorien zu entwickeln, die ein immer höheres Maß an Übereinstimmung mit der Wirklichkeit zeigen. Solche Computersimulationen sind heute eine eigenständige Forschungsmethode geworden, neben der Beobachtung und dem Experiment und deren theoretischer Analyse.

Noch eine andere kosmologische Thematik ist von philosophisch-theologischer Bedeutung. Kosmologen haben nämlich festgestellt, dass eine Reihe von Naturkonstanten, wie das Plancksche Wirkungsquantum, die Lichtgeschwindigkeit, die elektrische Elementarladung oder die Gravitationskonstante so fein aufeinander abgestimmt zu sein scheinen, dass das Universum kein Leben hervorgebracht hätte, wenn die Werte dieser Konstanten auch nur geringfügig anders ausgefallen wären. Wäre etwa die Schwerkraft nur wenig stärker, so hätten sich weder Sonnen noch Planeten bilden können, denn das Universum wäre schon kurz nach dem Urknall wieder in sich zusammengestürzt. Theologen und religiös orientierte Kosmologen vermuten in dieser Feinabstimmung göttliche Absicht, um ein Universum zu ermöglichen, in dem Leben und Menschen entstehen können. Man bezeichnet diese Hypothese zur Erklärung dieser Feinabstimmung und der daraus folgenden Bewohnbarkeit des Universums als »anthropisches Prinzip«.

Man kann diese Hypothese als Versuch bezeichnen, der Existenz des Universums einen Sinn zu verleihen: Gott schuf das Universum, um Menschen, die ihm ebenbildlich sind, entstehen zu lassen, ihn zu erkennen, ihn und die Schöpfung zu preisen. Angesichts des ungeheueren Aufwands eines ganzen Universums zugunsten einer erst nach Jahrmilliarden auftretenden Spezies mit Gottebenbildlichkeit auf einem winzigen Planeten am Rande einer Galaxie, von denen es etwa zweihundert Milliarden gibt, von denen jede wiederum hunderte von Milliarden Sterne und Planeten enthält, ist das eine wenig plausible, wenn nicht gar abenteuerlich anmutende Idee. Der Gedanke einer grandiosen Überschätzung der eigenen Bedeutung dürfte wohl hier eher zutreffen. Aber eine Widerlegung dieses anthropischen Prinzips stellt ein solcher Einwand natürlich nicht dar.

Nun scheint die Wahrscheinlichkeit, dass diese Konstellation von Werten zufällig entstanden sein könnte, tatsächlich außerordentlich gering zu sein. Der Gedanke eines gezielten göttlichen Eingreifens, um eine bestimmte Kombination von Leben ermöglichenden Werten zu erzeugen, kann daher einem religiös orientierten Menschen schon kommen. Akzeptiert man allerdings die oben angedeutete Theorie von einem ewig wiederkehrenden, zyklischen Universum, könnte immer wieder auch von allein die Konstellation von Naturkonstanten auftreten, die ein menschenfreundliches Universum ermöglicht.

Hinter diesem anthropischen Prinzip steckt aber noch eine andere Argumentation, die Auffassung nämlich, dass Gott sich zwar nach dem Urknall zurückgezogen haben könnte, aber seine Macht und sein Wirken zeigten sich unübersehbar in den Naturgesetzen, die das gesamte Geschehen in dieser Welt steuerten. Diese Naturgesetze und Naturkonstanten jedenfalls seien göttlichen Ursprungs. Die Systematik und Regelhaftigkeit der natürlichen Prozesse, die die Wissenschaft entdeckt und in die Form von Gesetzen gekleidet hat, sind jedoch eine Folge der je spezifischen Eigenschaften der Materie. Diese Eigenschaften könnten sich mit jedem entstehenden Universum neu formen. Insofern ist die Frage, wer die Naturgesetze und -konstanten gemacht habe, identisch mit der Frage nach dem Ursprung der Materie überhaupt und den Kräften, die ein Universum hervorbringen.

Immer mehr Kosmologen kommen inzwischen zu dem Schluss, dass die Welt aus sich selbst heraus entstanden sein könnte. Der Astrophysiker STEPHEN HAWKING (*1942) erläutert in seinem jüngst erschienen Buch »Der große Entwurf« seine Vorstellungen vom Ursprung des Universums. Er glaubt, die Ansätze zu einer Theorie gefunden zu haben, die »alles« erklärt. Einen Schöpfer hält er infolgedessen für überflüssig. Er leitet aus seinen Gleichungen ab, dass das Universum nicht erschaffen wurde, sondern aus dem Nichts entstand. HAWKING verweist hierzu auf das Vakuum, dass mit Energie geladen ist und in dem spontan Teilchen und Antiteilchen entstehen und ebenso spontan wieder zerfallen. Diese spontane Erzeugung sei der Grund, weshalb etwas sei und nicht einfach nichts. Er sieht aufgrund seiner Theorien eine unendliche Zahl von Welten entstehen und vergehen, aber einen Gott könne er nirgends entdecken. In keinem seiner Gleichungssysteme tauche auch nur der Hauch einer Idee auf, unser Universum könnte das Ergebnis eines willentlichen Schöpfungsaktes sein. Die Potentialität des mit Energie geladenen Vakuums wiederum mit dem Wirken Gottes zu erklären, ist keine Antwort. Sie »erklärt« wie üblich das Problem nur mit einem unerklärten Begriff.

Äußert sich hier frevelhafter Übermut, gar menschliche Vermessenheit oder nur die kühle und zwangsläufige, uns einfach unverständliche Logik kosmologischer Rechenmodelle? Ich denke, dass wir uns damit abfinden müssen, mit unserem Alltagsverstand nicht begreifen zu können, welche Logik und welche Prinzipien jenseits des uns Sicht- und Verstehbaren unsere Existenz hervorgebracht haben. Zwar ist auch die Mathematik blind und bedarf der Interpretation ihrer Ergebnisse, aber sie scheint uns den Weg zu weisen, wo wir jenseits des Horizontes unseres Alltagsverständnisses des Rätsels Auflösung finden könnten. Gott würden wir dort wohl auch nicht finden. Denn wo wäre die theoretische Nische, die ihm eine Heimat bieten würde?

Der Philosoph und Mathematiker GOTTFRIED WILHELM LEIBNIZ (1646-1716) formulierte eine Frage, die auch als Grundfrage der Philosophie bezeichnet wurde: Warum gibt es überhaupt etwas und nicht vielmehr nichts? Der Theologe HANS KÜNG (*1928) meint hierzu, dass dies »die Ur-Frage des Menschen sei, … die der Naturwissenschaftler nicht beantworten kann«, dass dies »die Frage nach der grundlegenden Beziehung der Welt zu einem möglichen Urgrund, Urhalt und Urziel dieser Wirklichkeit ist.«[12] Der österreichisch-britische Philosoph LUDWIG J. J. WITTGENSTEIN (1889-1951) soll gesagt haben: »Nicht wie die Welt ist, ist das Mystische, sondern, dass sie ist.«

Obwohl es uns gewohnheitsmäßig und gedanklich schwer fällt, gilt es festzuhalten, dass das Nichts keinesfalls selbstverständlicher und natürlicher ist als das Etwas. Im Falle des absoluten und grenzenlosen Nichts wäre allerdings kein Bewusstsein da, das sich darüber wundern könnte.

2. Die skurrile Welt der Quanten und die Grenzen unserer Alltagslogik

Die Quantentheorie ist noch mehr als die Relativitätstheorie ein Beleg dafür, dass sich unser Denken nur an einem Ausschnitt der Wirklichkeit – dem Mesokosmos, dem Bereich der mittleren Größenordnungen (siehe Kapitel I, 2!) – entwickelt und von daher größte Mühe hat, sich der ganzen Wirklichkeit zu stellen. Sowohl unsere Alltagssprache wie unsere Anschauung versagen vollständig, wenn es darum geht, die Geschehnisse im Mikrokosmos, also im Bereich der Atome und Elementarteilchen, zu beschreiben und zu verstehen. Ja selbst die Logik scheint in dieser Welt der allerkleinsten Teilchen außer Kraft gesetzt zu sein. Noch mehr als mit der Kosmologie überschreitet die Physik mit der Quantentheorie ganz offensichtlich die Grenze der Verstehbarkeit im herkömmlichen Sinn. Versuchen wir, uns eine ungefähre Vorstellung von den so völlig andersartigen Prinzipien zu verschaffen, nach denen »die Welt im Innersten« funktioniert.

Die klassische Physik beschreibt und erklärt makro- bzw. mesokosmische Prozesse, also zum Beispiel die Flugbahn einer mit bestimmter Schubkraft sich von der Erde weg bewegenden Rakete oder die auftretenden Kräfte beim Bewegen eines stromdurchflossenen Leiters durch ein Magnetfeld. Die Theorien der klassischen Physik versagen jedoch beim Beschreiben und Erklären atomarer Phänomene. Der unserer Anschauung entgegenkommende Versuch, Atome als kleine Planetensysteme mit einem Kern und um ihn herum kreisenden Elektronen zu deuten, scheiterte, weil Struktur und Dynamik eines Atoms ganz offenbar völlig anderen Prinzipien folgen. Erst die in den 1920er und 1930er Jahren vor allem von WERNER HEISENBERG (1901-1976) und ERWIN SCHRÖDINGER (1887-1961) entwickelte Quantentheorie (auch als Quantenmechanik oder Quantenphysik bezeichnet) war in der Lage, das Verhalten der Materie im atomaren und subatomaren Bereich zu beschreiben und zu erklären. Den Anstoß zur Quantentheorie gab die im Jahre 1900 von MAX PLANCK (1858-1947) formulierte Erkenntnis, nach der Materie elektromagnetische Strahlungsenergie nur in bestimmten Beträgen, den so genannten Quanten, emittieren und absorbieren kann. PLANCK gilt damit als der eigentliche Initiator der Quantentheorie.

Die Quantentheorie unterscheidet sich in fundamentaler Weise von der klassischen Physik. In der klassischen Physik sind die Beobachtungsgrößen prinzipiell kontinuierlich, das heißt, Messwerte können sich beliebig wenig voneinander unterscheiden. In der Quantentheorie dagegen können viele Größen nur diskrete Werte annehmen, das heißt, sie treten nur portionsweise, also »gequantelt« auf. In der klassischen Physik sind bei vollständiger Kenntnis eines Systems sichere Vorhersagen über das zukünftige Geschehen möglich, die Quantentheorie dagegen kann selbst bei vollständiger Kenntnis eines Systems über die meisten Beobachtungsdaten nur Wahrscheinlichkeitsaussagen machen. Exakte Angaben zum Beispiel über Ort und gleichzeitig Geschwindigkeit eines subatomaren Teilchens sind nicht möglich. Die Situation ist vergleichbar dem Roulettespiel, bei dem man auch nur die Wahrscheinlichkeit des Eintreffens einer bestimmten Farbe, Zahlengruppe oder Zahl und damit eines möglichen Gewinns berechnen kann.

Viele Physiker, auch EINSTEIN gehörte dazu, konnten sich zunächst nicht mit den Wahrscheinlichkeitsaussagen der Quantentheorie abfinden. Sie interpretierten die Wahrscheinlichkeitsaussage als Ausdruck der Unkenntnis über die tatsächlichen Vorgänge und glaubten, dieses Unwissen auf verborgene, noch nicht bekannte Variablen zurückführen zu können, die es noch aufzuspüren gelte. Die meisten Physiker sind heute davon überzeugt, dass hier keine Unkenntnis vorliegt, dass im inneratomaren Bereich unserem Erkenntnisstreben vielmehr Grenzen gesetzt sind. HARALD FRITZSCH (*1943), Professor für theoretische Physik in München, drückt es so aus:

> »Heute hat sich die Wahrscheinlichkeitsinterpretation der Quantenphysik durchgesetzt. Im Grund ist Letztere eine Konsequenz der Unvollkommenheit unserer Begriffe. Die üblichen Begriffe der Physik sind definiert und resultieren aus Erfahrungen in der makroskopischen Physik. Das Übertragen dieser Begriffe in mikrophysikalische Bereiche, etwa in die Atomphysik oder Teilchenphysik, ist nicht ohne weiteres möglich. Die Wahrscheinlichkeitsinterpretation der Quantenphysik ist deshalb ein Kompromiss, um die mikroskopischen Prozesse zu beschreiben, ohne dabei auf die gewohnten Begriffe der makroskopischen Physik wie Ort, Geschwindigkeit und Masse zu verzichten.«[13]

In vielen Fällen lassen sich daher nur noch über eine mathematische Modellierung neue Erkenntnisse gewinnen, die dann nur unvollkommen in das Alltagsverständnis übersetzt werden können und oft genug jeder Anschauung und Alltagserfahrung widersprechen.

Die Problematik, Erkenntnisse der Quantentheorie in die Alltagssprache und in unsere Anschauung zu übersetzen, wird an einem vergleichsweise einfachen, aber wissenschaftsgeschichtlich höchst bedeutsamen Experiment, dem so genannten Doppelspaltversuch, deutlich. Bei diesem Experiment wird einfarbiges Licht auf eine Platte gestrahlt, die einen Doppelspalt enthält. Der Doppelspalt besteht aus zwei parallelen, senkrecht angeordneten, schmalen, dicht beieinander liegenden Schlitzen. Hinter dieser Platte befindet sich eine Projektionswand, die den Teil des Lichts auffängt, der den Doppelspalt passieren kann. Die Einzelheiten des Versuchsablaufs sind für uns weniger wichtig, bedeutsam ist das, was auf der Projektionswand zu beobachten ist und vor allem, wie diese Beobachtungen zu deuten sind.

Auf der Projektionswand zeigt sich ein Muster aus hellen und dunklen Streifen. Dieses Muster entsteht durch Überlagerung der durch die Öffnungen in der Platte gelangten Lichtwellen. Man bezeichnet diese Überlagerung von Wellen auch als Interferenz. Bei dieser Interferenz bilden sich Bereiche der Verstärkung aus (helle Streifen) sowie der Abschwächung bis hin zu völliger gegenseitiger Auslöschung (schwarze Streifen). Das höchst Bemerkenswerte an diesem Versuch ist nun die Beobachtung, dass er nicht nur bei Lichtwellen zu diesem Interferenzmuster führt, sondern auch dann, wenn Elektronen, Neutronen, Protonen, Atome oder Moleküle benutzt werden, Mikroobjekte also, die sich sonst wie Teilchen verhalten. Ja selbst dann, wenn nur einzelne Elektronen oder Atome nacheinander die Versuchsanordnung durchfliegen, zeigen sich diese Inferenzmuster. Das heißt, dass auch diese klassischen Teilchen unter bestimmten Bedingungen Welleneigenschaften zeigen. Man spricht daher auch von Materiewellen. (Ein anschaulicher Begriff, der allerdings heute nicht mehr gebräuchlich ist).

Was dem Laien bei diesen ersten Versuchen damals allenfalls interessant erschien, war für die Physiker im höchsten Maße irritierend. Denn Licht, Elektronen, Neutronen, Protonen, Atome oder Moleküle konnten je nach Versuchsbedingung mal Teilcheneigenschaft, mal Welleneigenschaft zeigen. Auch war der genaue Auftreffort der Teilchen auf dem Projektionsschirm nicht vorhersehbar, sondern konnte nur für einen Bereich mit unterschiedlichen Wahrscheinlichkeiten angegeben werden. Diese mikrophysikalischen Teilchen zeigten insgesamt ein Verhalten, das allen Erwartungen aufgrund bisheriger physikalischer Vorstellungen widersprach.

Dieser – wie man es nannte – Teilchen-Welle-Dualismus war etwas völlig Neues und im Rahmen der klassischen Physik nicht verstehbar und noch weniger erklärbar. Diese Situation führte schließlich dazu, dass im Bereich der Mikroobjekte oder – wie man heute sagt – Quantenobjekte sowohl der klassische Teilchen- als auch der klassische Wellenbegriff aufgegeben werden musste. Es ist ganz offenbar so, dass man sich Quantenobjekte weder als Welle noch als Teilchen vorstellen darf. Es gibt zwar Situationen, in denen das Wellenmodell oder das Teilchenmodell eine gute Näherung an die »wahren« Verhältnisse darstellen. Aber eigentlich besitzt ein Quantenobjekt stets gleichzeitig etwas Welliges, was die Art seiner Ausbreitung bestimmt, etwas Teilchenhaftes, was sich bei der Ortsbestimmung zeigt und etwas Zufälliges, was nur Wahrscheinlichkeitsaussagen zulässt. Tatsächlich sind Quantenobjekte etwas, was sich mit keinem Begriff aus der Begriffswelt der klassischen Physik oder gar unserer Alltagssprache auch nur annähernd kennzeichnen ließe. Wenn Begriffe wie Welle oder Teilchen zur Charakterisierung des Verhaltens von Quantenobjekten verwendet werden, dann nur in Ermangelung von Begrifflichkeiten, die die Eigenschaften solcher Objekte treffender erfassen würden. Hier ist eben noch einmal daran zu erinnern, dass unsere Anschauung, unser Denken und unsere Sprache sich an den Objekten und Strukturen des Mesokosmos entwickelt haben und nicht an dem uns direkt gar nicht zugänglichen und erfahrbaren Mikrokosmos.

Es wurde oben schon angedeutet, dass im Rahmen der Quantentheorie eine genaue Voraussage für das Verhalten eines Quantenobjekts nicht möglich ist, lediglich Wahrscheinlichkeitsaussagen sind möglich. Wir kommen damit zu einer weiteren fundamentalen Erkenntnis der Quantentheorie, die mit unserem bisherigen Weltbild nicht verträglich ist. So ist es nicht möglich, gleichzeitig den Ort und die Geschwindigkeit eines Elementarteilchens, zum Beispiel eines Protons, exakt zu messen. Das hängt damit zusammen, dass Quantenobjekte keine punktförmigen, sondern »verteilte« oder »verschmierte« Objekte sind. Das heißt, wenn solche Objekte verschwommene Eigenschaften haben, dann lässt sich auch nichts Präzises an ihnen bestimmen. So präsentiert sich zum Beispiel ein Elektron nicht als klassisches Teilchen mit exakt definiertem Ort, sondern je nach experimenteller Situation als Schale um einen Atomkern oder als Kondensspur in einer Nebelkammer.

Der Physiker, Philosoph und Nobelpreisträger WERNER HEISENBERG formulierte 1927 diese fundamentale Einsicht der Quantentheorie als so genannte Unschärferelation. Danach können Ort und Impuls (= Masse mal Geschwindigkeit) eines Quantenobjekts nicht gleichzeitig beliebig genau bestimmt werden. Andere Autoren wie SILVIA ARROYO CAMEJO (*1986) formulieren noch grundsätzlicher:

> »… dass diese Wissensgrenze nicht aufgrund von technisch begründeten Messungenauigkeiten oder unpräzisen Messinstrumenten entsteht, sondern eine definitive Eigenschaft der Materie im Mikrokosmos darstellt. Ein Quantenobjekt hat an sich nun einmal keinen bestimmten Aufenthaltsort bzw. keinen bestimmten Impuls.« [14]

Der Physiker HARALD FRITZSCH (*1943) kommentiert den Sachverhalt so:

> »Die Unschärfen der Quantenphysik bewirken letztlich, dass keine eindeutigen Voraussagen möglich sind. Man kann nur entsprechende Wahrscheinlichkeiten angeben. Damit beschreibt die Quantenphysik eine offene Welt, in der Zufall und Notwendigkeit gleichzeitig wirken und in der eine Evolution möglich ist, im Gegensatz zur sterilen Welt der klassischen Mechanik.« [15]

Die Unmöglichkeit der exakten Bestimmung von quantenphysikalischen Messwerten betrifft nicht nur Ort und Impuls eines Teilchens, auch andere Größen, zum Beispiel die Zeit oder die Energie.

> »Wenn Raum und Zeit schwanken, weil sie nicht gleichzeitig exakt messbar sind, dann gibt es keine Möglichkeit mehr, zwischen Ursache und Wirkung zu unterscheiden«,

so der Astrophysiker HARALD LESCH (*1960) in einem Vortrag.[16]

Weitere quantenphysikalische Phänomene, die sich weder in intuitiver Weise physikalisch deuten lassen noch mit unserer Alltagserfahrung in Einklang zu bringen sind, sind die so genannte Superposition sowie die Verschränkung. Unter Superposition versteht man die Überlagerung von zwei oder mehreren Eigenzuständen eines Objekts. Zum Beispiel kann sich ein Lichtquant gleichzeitig in den beiden Polarisationszuständen vertikal und horizontal befinden. Oder ein Teilchen hält sich gleichzeitig an verschiedenen Orten auf und nimmt einen konkreten Aufenthaltsort erst im Moment der Messung ein. In unserem Alltag ist eine Katze entweder lebendig oder tot, ein Gegenstand ist entweder hier oder dort. Die mit dem Superpositionsprinzip verbundenen philosophisch-logischen Probleme sind bis heute nicht befriedigend geklärt.

Auch die so genannte Verschränkung, von EINSTEIN »spukhafte Fernwirkung« genannt, wirft ebenfalls Fragen auf, denen unsere Alltagserfahrung ratlos gegenüber steht. Die Verschränkung von Teilchen kann zum Beispiel im Labor hergestellt werden. Dabei weisen zwei (oder mehr) Quantenteilchen die Besonderheit auf, dass sie wie mit einem unsichtbaren Faden miteinander verbunden bleiben, auch wenn sie beliebig weit voneinander entfernt sind. Die beiden Teilchen bleiben miteinander – wie man formuliert – verschränkt. Manipuliert man eines der beiden Teilchen, so hat das augenblicklich auch Auswirkung auf das an einem ganz anderen Ort befindliche Geschwisterteilchen. Misst man zum Beispiel die Polarisation eines von zwei verschränkten Photonen, dann ist damit sofort auch die Polarisation des anderen Photons festgelegt. Wie diese Fernwirkung beziehungsweise diese Verwobenheit physikalischer Vorgänge zustande kommen könnte, bleibt derzeit völlig ungeklärt. Lediglich die hoch spekulative Hypothese von einem Multiversum, also die Annahme einer unvorstellbar großen Zahl parallel existierender Universen, versucht hierauf eine Antwort zu geben.

Teilchen-Welle-Dualismus, Unschärferelation, Superposition und Verschränkung sind Phänomene, die im Bereich des Mikrokosmos ein Weltbild prägen, das mit unserer Alltagslogik nicht mehr in Übereinstimmung zu bringen ist und das sich einer fassbaren und begreiflichen Darstellung entzieht. WERNER HEISENBERG meint ergänzend hierzu:

> »Am schärfsten aber tritt uns diese neue Situation eben in der modernen Naturwissenschaft vor Augen, in der sich … herausstellt, daß wir die Bausteine der Materie, die ursprünglich als die letzte objektive Realität gedacht waren, überhaupt nicht

mehr an sich betrachten können … und daß wir im Grunde immer nur unsere Kenntnis dieser Teilchen zum Gegenstand der Wissenschaft machen können.«[17]

Was sind zum Beispiel virtuelle Teilchen, die in der Quantentheorie eine Rolle spielen? Sind sie nur von mathematisch-logischer Natur oder kommt ihnen Substanzialität zu? Begriffe und Realität verschwimmen anscheinend, die Wirklichkeit löst sich hier offenbar in einem diffusen Nebel, der nichts Konkretes mehr erkennen lässt, auf.

Auch der objektive Zufall – im Gegensatz zum subjektiven Zufall, der auf bloßer Unkenntnis der genauen Bedingungen beruht – spielt im Mikrokosmos eine unerklärliche Rolle: Teilchen tauchen zufällig und ohne erkennbare Ursache auf oder zerfallen zu einem nicht voraussagbaren Zeitpunkt nach einem Zufallsprinzip. Der objektive Zufall widerspricht dem Prinzip der Kausalität, denn eine Wirkung ist nicht mehr mit einer Ursache verknüpft. Der Zufall erscheint wie ein nicht mehr hinterfragbares Phänomen, Wirkungen entstehen anscheinend ohne Ursache.

Die Quantentheorie erlaubt nur eine Wahrscheinlichkeitsaussage über das künftige Verhalten, zum Beispiel über den Zeitpunkt des Zerfalls eines radioaktiven Elements. Erst wenn sehr viele gleichartige Vorgänge betrachtet werden, kulminieren die Einzelwahrscheinlichkeiten zu einem Mittelwert, der dann mit hoher Genauigkeit eine Voraussage erlaubt, wie man sie aus der klassischen Physik kennt. So ist der Zeitpunkt des radioaktiven Zerfalls eines Uran-238-Teilchens nicht exakt voraussagbar, wohl aber das Verhalten von einigen Millionen solcher Teilchen. Die Quantentheorie ist in diesem Fall in der Lage, präzise anzugeben, wann genau ein Viertel, die Hälfte oder Dreiviertel dieser Teilchenmenge zerfallen sein werden.

Gilt also in der Quantentheorie für das Verhalten eines einzelnen Teilchens das Kausalprinzip nicht mehr? Können im Mikrokosmos Ereignisse ohne Grund und Ursache stattfinden? Die Beobachtung von Vorgängen im mikrokosmischen Bereich scheint diese Vermutung nahezulegen. Wie ist dann aber das – scheinbar oder tatsächlich? – determinierte, und damit exakt voraussagbare Verhalten einer großen Zahl gleichartiger Vorgänge zu erklären? Die Kontroverse darüber ist unter den Physikern noch nicht beendet. Manche von ihnen, wie der amerikanische Physiker DAVID JOSEPH BOHM (1917-1992), halten die Quantentheorie für noch nicht ausgereift; sie schließen nicht aus, dass auf einer noch tieferen Ebene sich doch wieder eine deterministische Welt zeigt.[18]

Für den Laien ist es jedenfalls außerordentlich schwierig, die derzeitigen Erkenntnisse und Diskussionen der Quantenphysiker zu überblicken und darin ein in sich konsistentes »Weltbild« zu erkennen. In der Welt unserer

Größenordnungen, also im Mesokosmos und in dem uns zugänglichen Makrokosmos, regiert der Determinismus, das heißt, alles Geschehen ist durch Ursachen bestimmt, jedes Ereignis wird durch ein vorangegangenes verursacht. Diese Wirklichkeit ist wohldefiniert. Im Mikrokosmos scheint – mindestens teilweise – Indeterminismus zu herrschen, das heißt, das beobachtbare Geschehen wird offenbar nicht generell durch Ursachen bestimmt, das Kausalprinzip scheint hier nicht mehr durchgängig zu gelten. Die Vorstellung einer wohldefinierten Wirklichkeit ist hier fraglich geworden. Ungeklärt bleibt dabei die Logik des Übergangs vom einzelnen Ereignis zu einer Vielzahl gleichartiger Ereignisse, also der Übergang vom vermuteten Indeterminismus zum beobachtbaren Determinismus, der Übergang vom zufallsbeeinflussten Geschehen im Mikrokosmos zum voraussagbaren Geschehen im Meso- beziehungsweise Makrokosmos.

Was den Physiker wie den Laien irritiert und letztlich erhebliche philosophische Konsequenzen nach sich zieht, sind die Aussagen über die Aufhebung der Kausalität im Bereich der Quantenobjekte. Möglicherweise sind sie nur das Ergebnis einer Deutung, einer Interpretation, nicht unbedingt das Ergebnis einer experimentellen Beobachtung. Vielleicht wird hier der Unterschied zwischen der experimentellen Beobachtung einerseits und ihrer Deutung andererseits zu wenig beachtet. Ähnlich argumentiert HEISENBERG in dem oben wiedergegebenen Zitat, wenn er darauf aufmerksam macht, dass unsere Kenntnisse über die Bausteine der Materie nicht mit diesen Teilchen gleichzusetzen seien. Insofern dürfte hier tatsächlich das letzte Wort in Sachen Determinismus versus Indeterminismus noch nicht gesprochen worden sein.

Die Welt der Quanten bleibt also vorerst rätselhaft und widersprüchlich. Die Mehrheit der Quantenphysiker vertritt die Auffassung, dass der Wahrscheinlichkeitscharakter der Messergebnisse im mikrokosmischen Bereich von grundsätzlicher Natur und das Messergebnis prinzipiell nicht beliebig genau voraussagbar sei. Der Zufall spiele hier eine nicht exakt berechenbare Rolle, das Geschehen im Mikrokosmos ist daher als indeterminiert zu charakterisieren. Eine andere Gruppe von Quantenphysikern vertritt einen entgegengesetzten Standpunkt. Sie vermuten bisher nicht erkannte, noch tiefer liegende Faktoren, die das Geschehen letztlich doch vollständig determinierten. Das zufällige Verhalten, das die Messungen scheinbar zeigen, folge nur aus unserer Unkenntnis dieser verborgenen Variablen. Wer in dieser prinzipiellen und fundamentalen Frage Recht hat, muss derzeit offen bleiben. Die Wissenschaftsgeschichte hat allerdings oft gezeigt, dass die Wahrheit nicht immer auf Seiten der Mehrheit zu finden ist.

Gleichwohl – das gilt es ebenso festzuhalten – ist die Quantentheorie bei aller philosophischer Problematik, die sie ausgelöst hat, längst eine außerordentlich gut bestätigte und zugleich fruchtbare physikalische Theorie. Neben ungezählten erfolgreichen Anwendungen in der theoretischen Physik und theoretischen Chemie haben ihre Erkenntnisse in vielfältigster Weise zu technischen und medizinischen Entwicklungen geführt. Erwähnt seien hier nur beispielhaft die Halbleiterelektronik, die Lasertechnik, der in Entwicklung befindliche Quantencomputer, das Elektronenmikroskop oder die Kernspintomographie, nicht zu vergessen natürlich die (nicht unproblematische) atomare Energie- und Waffentechnik.

Was ist das Fazit dieses Unterkapitels? Nicht wenige Philosophen idealistischer Prägung, vor allem Theologen, sehen im Indeterminismus des Mikrokosmos ein Tor geöffnet in eine Welt, die Glauben ermöglicht, ohne ständig mit den ernüchternden Ergebnissen einer rational geprägten Naturwissenschaft und einem kausal-deterministischen Weltbild konfrontiert zu werden. Sie erkennen darin einen lange gesuchten und erhofften und wissenschaftlich quasi beglaubigten Übergang in die Sphäre des Metaphysischen und der Transzendenz. Ich sehe das nüchterner und deutlich anders. Wie schon wiederholt angesprochen führen die bisher erkannten, völlig andersartigen Prinzipien des Mikrokosmos zu einer Erweiterung unseres Denkhorizonts und langfristig zu einer wohl notwendigen Verallgemeinerung unserer bisherigen Alltagslogik, zu einer – wie ich sie genannt habe – Weltlogik, in der vielleicht der Gegensatz von Determinismus und Indeterminismus so gar nicht besteht.

Die Erkenntnisse der Quantentheorie machen die Elemente und Dogmen eines Glaubens christlicher Prägung bestimmt nicht plausibler, allenfalls wächst – bedingt eben durch Quantentheorie und Relativitätstheorie – die Einsicht, dass unsere bisherige Sicht auf den »Urgrund des Seins« erweiterungsbedürftig ist. Dies jedoch nicht um den Preis der Aufgabe unseres bisherigen, durch Logik und Empirie geprägten mesokosmischen Weltbildes. Vorstellbar ist gleichwohl eine Erweiterung unseres Weltbildes um neue Einsichten und Perspektiven, in der die bisherige Sicht der Dinge weiterhin gültig bleibt, aber insofern relativiert, als im Rahmen eines noch umfassenderen Ganzen gesehen.

3. Der Mensch ein Geschöpf Gottes oder ein zufälliges Produkt der Evolution?

In der biblischen Schöpfungsgeschichte heißt es (1. Buch Mose, auch Genesis genannt, Kapitel 1, Vers 26 ff):

> »Dann sprach Gott: Lasst uns Menschen machen als unser Abbild, uns ähnlich. ... Gott schuf also den Menschen als sein Abbild; als Abbild Gottes schuf er ihn. Als Mann und Frau schuf er sie.«

Die zweite Schöpfungsgeschichte (Kapitel 2, Verse 7, 21 und 22) präzisiert den Schöpfungsakt:

> »Da formte Gott, der Herr, den Menschen aus Erde vom Ackerboden und blies in seine Nase den Lebensatem. So wurde der Mensch zu einem lebendigen Wesen.« ... »Da ließ Gott, der Herr, einen tiefen Schlaf auf den Menschen fallen, sodass er einschlief, nahm eine seiner Rippen und verschloss ihre Stelle mit Fleisch. Gott, der Herr, baute aus der Rippe, die er vom Menschen genommen hatte, eine Frau und führte sie dem Menschen zu.«[19]

Soweit die Schöpfungsgeschichten zur Erschaffung des Menschen und soweit der feste Glaube der Christenheit, jedenfalls bis zu dem Zeitpunkt als der englische Naturforscher CHARLES ROBERT DARWIN (1809-1882) seine Beobachtungen und Erkenntnisse vorlegte. Seine Evolutionstheorie schockierte seinerzeit die christlich geprägte Menschheit und wird auch heute noch von der Mehrheit der Menschen, die naturwissenschaftliche Erkenntnisse konsequent ignorieren, beargwöhnt, wenn nicht sogar entschieden abgelehnt. Dabei gibt es kaum eine naturwissenschaftliche Theorie, die konzeptionell und empirisch so zweifelsfrei belegt werden konnte und täglich aufs neue bestätigt wird, wie die, die DARWIN in seinem 1859 erschienenen Buch niedergelegt hat. Es hat den ausholenden Titel »Über den Ursprung der Arten durch natürliche Auslese oder die Erhaltung der begünstigten Rassen im Kampf ums Dasein«.

Aus Sorge vor der geistigen Erschütterung und vor der damit gegen ihn möglicherweise ausgelösten Feindschaft hatte DARWIN dieses Werk etwa 20 Jahre zurückgehalten, bis er dann doch den Mut fand, seine wahrhaft revolutionäre Theorie der Öffentlichkeit zu präsentieren. Sich zur Idee der Evolution zu bekennen, so vertraute er sich einem Freund an, komme ihm vor, wie einen Mord zu gestehen. Die intellektuelle und religiöse Brisanz der Evolutionstheorie erfuhr noch einmal eine Steigerung, als DARWIN 1871 sein Buch »Die Abstammung des Menschen« veröffentlichte.

Was ist die Grundidee dieser von einer Reihe von Zeitgenossen gedanklich mit vorbereiteten und bis heute mit immer mehr paläontologischen (fossilen) und molekulargenetischen Belegen gestützten Theorie, einer Theorie mit Ausstrahlung unter anderem auf Philosophie, Geschichtstheorie und Soziologie. Es ist eine Theorie, die mit ganz wenigen Annahmen außerordentlich viel erklären kann. In aller Kürze kann man sie so formulieren:

Jeder Organismus einer Art, ob Pflanze oder Tier, kommt mit leicht variierten Erbanlagen und damit mit etwas anderen äußeren und inneren Merkmalen auf die Welt. Manche Merkmalsvarianten stellen dabei eine funktionelle Weiterentwicklung, zumindest einen irgendwie gearteten Vorteil im Kampf der Organismen um die stets knappen Ressourcen und die Widrigkeiten der Umwelt dar. Die Organismen, die sich mit ihrer Merkmalsausstattung in der sie umgebenden Umwelt und gegen die konkurrierenden Artgenossen besser behaupten können, überleben und pflanzen ihre Erbanlagen fort, die anderen gehen infolge ihrer Unterlegenheit eher unter und können sich folglich nicht mehr vermehren. In einem Jahrmilliarden währenden Prozess führten allein diese beiden Prinzipien Variation und Selektion vom Einzeller bis zu uns als Menschen.

Die Variation der Erbanlagen kommt, was DARWIN damals noch nicht wissen konnte, durch Mutationen zustande. Mutationen sind plötzlich auftretende und dann durch Vererbung weiter gegebene Veränderungen der genetischen Informationen einer Zelle. Eine Mutation kann spontan, ohne erkennbare Ursache entstehen oder durch so genannte Mutagene ausgelöst werden. Das können radioaktive Strahlung, Viren, bestimmte Chemikalien oder einfach erhöhte Temperaturen sein. Mutationen sind zufällige und ungerichtete Veränderungen des Erbmaterials und können zu veränderten Eigenschaften des betreffenden Organismus führen, beispielsweise in der Anatomie, der Physiologie oder in der Art der Verarbeitung von Umweltinformationen. In den allermeisten Fällen wirken sich diese zufälligen Veränderungen des Erbmaterials weder positiv noch negativ aus, nachteilige Veränderungen jedoch führen über kurz oder lang zum Untergang des Organismus. Nur in den allerwenigsten Fällen, das sind allerdings die hier entscheidenden, führt die Mutation zu einem vererbbaren Merkmal, das dem Individuum einen Vorteil gegenüber Umwelt und Artgenossen verschafft. Dieser Vorteil, im Zusammenwirken mit den anderen Eigenschaften des Individuums, führt dann in der Regel zu dessen Überleben und Vermehrung, im Gegensatz zu seinen mit ihm konkurrierenden Artgenossen, die in diesem Ausleseprozess unterliegen.

Erwähnenswert ist übrigens in diesem Zusammenhang die Tatsache, dass die Modifizierung eines Merkmals keinesfalls eine Optimierung oder gar Perfektionierung bedeutet. Es genügt, dass sich ein Merkmal gerade soweit verändert hat, dass damit eine höhere Überlebens- und Fortpflanzungschance gegeben ist.

Die Grundidee der »natürlichen Auslese« ist also folgende: Lebewesen erzeugen mehr Nachkommen als aufgrund des beschränkten Nahrungs- oder Raumangebots existieren können. Es kommt daher zum »Kampf ums Dasein«, bei dem die Individuen überleben, die aufgrund bestimmter, zufällig erworbener Eigenschaften zweckmäßiger an die vorgefundenen Lebensumstände angepasst sind. Über ungezählte Generationen führen Merkmalsvariation und Ausleseprinzip zu einer allmählichen Ausbildung der verschiedenen Arten, völlig neuen Lebensformen und schließlich über eine Vielzahl von Zwischenstufen auch zur Ausbildung des Menschen. Die entscheidende und das damalige Weltbild erschütternde Erkenntnis DARWINs war, dass diesem Prozess keinerlei höhere – sprich göttliche – Absicht zugrunde liegt, dass vielmehr Zufall und Notwendigkeit die einzig treibenden Kräfte in diesem blindlings ablaufenden Entwicklungsprozess sind. Evolutionsbiologen weisen immer wieder darauf hin, dass die Evolution unter anderen Umweltbedingungen – wenn beispielsweise mehr oder weniger riesige Meteoriten eingeschlagen, mehr oder weniger große Vulkane ausgebrochen wären oder deutlich andere Temperaturverhältnisse geherrscht hätten – einen ganz anderen, ebenso zufälligen Verlauf, aber mit ganz anderen Ergebnissen genommen haben würde. Menschen wären dabei nicht zwangsläufig entstanden. Und – auch das betonen sie – die Evolution ist keinesfalls zu einem Ende gekommen, sie gehe unaufhaltsam weiter.

Das hier behauptete Walten des Zufalls provoziert allerdings den massiven Protest vieler, insbesondere natürlich gläubiger Christen, die sich nicht damit abfinden wollen, dass der Mensch ein Produkt blinden Agierens natürlicher Kräfte sein sollte. Ich habe noch den apodiktisch urteilenden Spruch meines damaligen Biologielehrers im Ohr, der meinte: »Zu argumentieren, dass der Mensch durch Zufall entstanden sei, kommt der Behauptung gleich, dass der Parthenon-Tempel auf der Akropolis sich durch bloßen Steinwurf geformt hätte.« Und er schmetterte noch ein nachdrückliches »Niemals!« hinterher, so überzeugt war er davon, dass er mit seinem Vergleich auch den ultimativen Gegenbeweis erbracht hätte.

Zwei Irrtümer liegen hier jedoch vor. Erstens eine falsche Vorstellung von der Rolle des Zufalls im Rahmen des Evolutionsprozesses. Und zweitens die immer wieder vorgetragene, nur durch Glauben gestützte Auffassung, dass die Evolution ein zielgerichteter Prozess wäre, der im Menschen als der Krone der Schöpfung seinen Höhepunkt und seine Erfüllung fände.

Die falsche Vorstellung von der Rolle des Zufalls bei der Entwicklung der Arten und schließlich des Menschen besteht in der naiven Annahme, dass sich bei der Entwicklung von Pflanzen und Tieren einfach Zufall an Zufall gefügt hätte. Viele Kritiker der Evolutionstheorie meinen, dass sich nach dieser Theorie eine zufällige Merkmalsänderung an die nächste zufällig erfolgende gereiht hätte und dass sich so das Leben in seiner beobachtbaren Vielfalt nach und nach ergeben haben sollte. Und zu Recht wird dann von diesen Kritikern festgestellt, so könne es denn wohl doch nicht gewesen sein. Aber kein Evolutionsbiologe, auch schon DARWIN nicht, vertraten und vertreten ein derartig einfältiges Konzept.

Nach Überzeugung der Evolutionstheoretiker spielt sich im Prinzip Folgendes ab. Bei jedem auf die Welt kommenden Organismus gibt es, verglichen mit den Organismen der gleichen Art, eine mehr oder weniger starke Variation der inneren und äußeren Merkmale. Diese Variationen erfolgen zufällig und völlig ungerichtet, die meisten Veränderungen bleiben dabei in ihren Auswirkungen neutral. Merkmalsänderungen allerdings, die das Individuum im Kampf ums Dasein benachteiligen, führen dazu, dass solche Individuen nach und nach verschwinden.

Nur ein außerordentlich kleiner Teil der Merkmalsänderungen, vielleicht eine Änderung unter Millionen von Änderungen, haben eine unterstützende Funktion im Überlebenskampf. Das kann sein zum Beispiel eine leicht gefleckte Fellfarbe, die eine bessere Tarnung ermöglicht, ein leicht veränderter chemischer Aufbau eines Enzyms, das die vorgefundene Nahrung besser zu verdauen hilft, eine höhere Lichtempfindlichkeit, die diesem Organismus die Nahrungssuche erleichtert, ein Verhaltensmerkmal, das Zusammenhalt und Überlegenheit der für das Überleben notwendigen Gruppe stärkt oder vielleicht anatomische Änderungen, die neue Lebensräume zu erschließen ermöglichen. Individuen mit solchen vorteilhaften Merkmalen hatten dann einen Überlebensvorteil ihren Mitkonkurrenten gegenüber und damit die Chance, diese Eigenschaft weiter zu vererben. Ausschlaggebend ist: Jedes neue, durch Zufall zustande gekommene Merkmal wird erst einmal einem gnadenlosen Test unterzogen, und nur das, was sich als tauglich erweist, erhält die Chance, an die nächste Generation weiter gegeben zu werden.

Ganz entscheidend ist also das Zusammenspiel von zufälliger Änderung einer Eigenschaft und deren notwendiger Bewährung im Überlebenskampf. Da die Evolution auf unserem Planeten bereits seit mehr als drei Milliarden Jahren auf die eben skizzierte Weise »experimentiert«, haben sich aufgrund der Millionen und Abermillionen von Generationen nach und nach die verschiedensten Lebensformen mit ihren fast unübersehbaren Verzweigungen entwickeln können. Unzählige, nach Millionen zählende Entwicklungsschritte – jeweils bestehend aus Merkmalsänderung und Bewährung im Überlebenskampf – haben schließlich zu uns als Menschen geführt, wobei die allermeisten »Versuche« eben scheiterten und nur ganz wenige weiter führten. Aber diese wenigen, mitunter nur äußerst geringfügigen Merkmalsvariationen akkumulierten so im Laufe von Millionen und Abermillionen Jahren zu der heute zu beobachtenden Vielfalt. Vor allem sind die ungeheueren Zeiträume zu beachten, die der Evolution zur Verfügung standen. Unser sich in Monaten und Jahren ausdrückendes Zeitgefühl bleibt ahnungs- und vorstellungslos, wie sich in Millionen und Milliarden Jahren selbst allerkleinste quantitative Änderungen zu völlig neuen Qualitäten wandeln können.

Aber noch einmal: Nicht allein Zeit und nicht allein der Zufall sind hier am Werk gewesen, ebenso beteiligt ist das durch die Lebenswirklichkeit gebildete Verfahren der Bewährung. Mutation und Selektion und – so muss man ergänzen – eben grenzenlos verfügbare Zeit sind in der Tat die Kräfte oder – wenn man so will – die »Baumeister« der lebendigen Welt. (Eine andere Frage ist, wie es überhaupt zu der ersten Zelle, also zu erstem Leben gekommen sein könnte. Höchstwahrscheinlich ist vor Jahrmilliarden aus anorganischem Material durch »chemische« Evolution der erste sich selbst reproduzierende Molekülverband entstanden.)

Der zweite Irrtum – neben der falschen Auffassung von der Rolle des Zufalls im Evolutionsprozess – bezieht sich auf die von Gläubigen und Evolutionskritikern behauptete Zielorientierung der Entwicklungsprozesse in der belebten Natur. Selbst katholische und evangelische Kirche bezweifeln inzwischen – wenigstens in der Mehrheit ihrer führenden Repräsentanten – nicht mehr die Gültigkeit der Evolutionstheorie. Das Prinzip Mutation und Auslese, also auch die mitentscheidende Rolle des Zufalls, wird anerkannt. Der gravierende Unterschied besteht in der Behauptung, dass hinter aller Entwicklung, ja selbst im Wirken des Zufalls, dennoch die lenkende Hand Gottes im Spiel sei. Sie steuerte die Schöpfung auf den Menschen hin, machte ihn zum Ebenbild des Schöpfers mit einer unsterblichen Seele und verlieh auf diese Weise diesem großartigen Szenario erst Sinn und Würde.

Der äußere Anschein spricht zunächst nicht gegen diese Deutung. Die Schönheit der uns über unsere Augen sichtbaren Natur, das fein abgestimmte Zusammenspiel zwischen Pflanzen- und Tierwelt oder die unerreichte Perfektion zum Beispiel des menschlichen Blutkreislaufs mit seinen präzise arbeitenden, raffiniert ineinandergreifenden Regelwerken, alles das deutet auf einen »Uhrmacher« hin, ohne den dieses »Räderwerk« nicht existieren und funktionieren könnte.

Erkenntnisfortschritte und Entwicklungssprünge gab es in den Naturwissenschaften immer dann, wenn durch Änderung des Standpunkts ein Perspektivewechsel möglich wurde oder überkommene Deutungsmuster aufgegeben wurden. BRUNO und KEPLER revolutionierten die Astronomie, weil sie die Vorstellung aufgaben, dass die Erde der Mittelpunkt der Welt sei. DARWIN und seine damaligen Mitstreiter HUXLEY, HAECKEL und WALLACE befreiten die Biologie von einem Erklärungsmuster, das eigentlich gar keines war, sondern die Naturwissenschaft bis dahin nur daran gehindert hat, nach natürlichen, also innerweltlichen Triebkräften zu fragen.

Die DARWINsche Botschaft lautet: In der Pflanzen- und Tierwelt existiert das, was sich aus dem Zusammenspiel von zufälliger Variation und Einwirkung der Umwelt ergeben hat und fortpflanzen konnte, alles andere hat sich nicht durchgesetzt und ist folglich nicht vorhanden. Selbst die komplexesten Organismen mit den raffiniertesten internen Regel- und Informationsverarbeitungsystemen sind nicht das Ergebnis beabsichtigter und planvoller Schöpfung, sie sind die in einem Millionen Jahre währenden Prozess von Mutation und Auslese geformten Resultate. Diese Organismen sind unter allen anderen denkbaren und versuchten Kreationen die einzigen, die existieren, weil nur bei ihnen zufallsgesteuerte Merkmalsausstattung und jeweils vorgefundene Umwelt zueinander passten.

Das folgende Beispiel mag noch einmal illustrieren, wie der hier angesprochene Perspektivewechsel zu neuen Einsichten verhelfen kann. In der Südsee zum Beispiel existiert eine Muschelart, die in Muster und Färbung ihrer Schale geradezu perfekt an den felsigen Untergrund, auf dem dieser Muscheltyp lagert, angepasst ist. Tierische Räuber, die auf der Suche nach dem schmackhaften Muschelfleisch den Meeresgrund absuchen, übersehen regelmäßig diese außerordentlich gut getarnte mögliche Beute. Die naheliegende Interpretation dieser Form von Mimikry (Nachahmung) lautet, dass hier ein Wunderwerk raffiniertester Anpassung vorliege und dass das doch nur noch mit einem zielgerichteten, absichtsvollen Eingreifen zu erklären sei, zu perfekt sei einfach diese täuschende Angleichung. Das genaue Gegenteil aber ist richtig.

Die ersten Muscheln, die vielleicht vor Hunderttausenden oder Millionen Jahren an dieser Stelle siedelten, waren wahrscheinlich überwiegend so gefärbt und gemustert, dass sie ihrer Auffälligkeit wegen relativ bald zur Beute hungriger Räuber wurden. Offenbar aber gab es die eine oder andere Muschel, deren Schalen zufällig eine gewisse Ähnlichkeit in Farbe und Muster mit dem steinig-felsigen Meeresboden aufwiesen. Diese Muscheln überlebten wegen ihrer geringeren Auffälligkeit vermutlich länger und in etwas größerer Anzahl als ihre Artgenossen und konnten sich daher mit ihrem tarnenden Muster vermehren. Jede weitere mutationsbedingte Variation in der äußeren Erscheinungsform später lebender Muscheln wurde sofort wieder unter dem Aspekt ihrer Nützlichkeit »bewertet«. Neu entstandene Merkmalsvarianten, die mehr Auffälligkeit zur Folge hatten, führten zu raschem Untergang des Individuums, bessere Tarnung dagegen bedeutete immer auch bessere Überlebens- und Fortpflanzungschancen. Im Laufe von Tausenden von Jahren beziehungsweise Generationen vervollständigte sich durch Mutation und Auslese diese schützende Tarnung geradezu zwangsläufig immer mehr, bis sie heute diese in der Tat verblüffende Perfektion erreichte.

Dieser Anpassungs- beziehungsweise Vervollkommnungsprozess ist somit vollständig und plausibel auf der Basis evolutionstheoretischer Prinzipien erklärbar, er läuft auf der Grundlage bekannter physikalisch-chemischer beziehungsweise biologischer Gesetzmäßigkeiten ab, er bedarf zu seinem Verständnis keinerlei übernatürlichen Eingreifens.

Die christlich-kirchliche Auffassung von der lenkenden Schöpferhand hinter aller Entwicklung muss daher als falsch bezeichnet werden, auch wenn ein solcher göttlicher Schöpfer wissenschaftlich nicht widerlegt werden kann. Diese Auffassung steht mit ihrem teleologischen (zielgerichteten) Naturverständnis im logischen Widerspruch zur Evolutionstheorie, die eben nicht zielorientiert argumentiert. Die Vorstellung von einem planvoll vorgehenden Schöpfer ist auch entbehrlich, weil sie zur Erklärung der von uns beobachtbaren Lebenswelt nichts beiträgt. Sie macht keinen einzigen Evolutionsschritt verständlich, sie verlagert das Erklärungsproblem lediglich in Richtung eines in seiner Existenz unerklärten, nur behaupteten Schöpfers. Falsch ist auch, weil mit wissenschaftlichen Argumenten widerlegbar, der so genannte in den USA weit verbreitete Kreationismus, der an einer wortwörtlichen Auslegung des biblischen Schöpfungsberichts festhält. Die moderatere, in Deutschland (sogar von einer Kultusministerin!) vertretene Variante, das so genannte »Intelligente Design«, vertritt im Prinzip eine ähnliche, ebenfalls bibelfundierte Auffassung, gibt sich aber teilweise einen wissenschaftlichen Anstrich. Die Anhänger des »Intelligenten Design« behaupten zum Beispiel, dass Zellen und höhere Lebewesen oder das Wunderwerk des menschlichen Auges aufgrund ihres außerordentlich hohen Komplexitätsgrades sich nicht nach den Prinzipien der Evolutionstheorie entwickelt haben können, sondern dass ihnen ein intelligenter Plan (design) zu Grunde liege, der letztlich auf Gott als Schöpfer verweise.

Fast überflüssig zu erwähnen, dass diese Auffassungen in der wissenschaftlichen Welt fast einhellig als unhaltbar und absolut rückschrittlich eingestuft werden. Und von einem intelligenten Plan eines höheren Wesens zu sprechen, ist angesichts der vielen Sackgassen der Evolution und der immer wieder erfolgten Vernichtung von einst existierenden Pflanzen- und Tierarten durch zufällige Meteoriteneinschläge und verheerende Vulkanausbrüche auch nicht sehr überzeugend.

Die folgenden, leicht nachvollziehbaren Argumente stützen in eindeutiger, in ihrer Beweiskraft kaum noch überbietbarer Weise die Gültigkeit (genauer: Bewährung) der Evolutionstheorie, auch wenn nicht zu bestreiten ist, dass es noch immer viele ungeklärte Fragen gibt.

Da bietet zunächst die Morphologie, also die Lehre von Form und Struktur der Organismen, ein Fülle von Belegen über die organischen und funktionellen Ähnlichkeiten zwischen Tier und Mensch. Die größten morphologischen beziehungsweise anatomischen Übereinstimmungen weist der Mensch mit den Menschenaffen auf. Besonders beweiskräftig für die Verwandtschaft von Tier und Mensch ist die Zusammensetzung der Proteine. So besteht zum Beispiel ein bestimmtes Enzym, also ein stoffwechselsteuernder Katalysator, bei allen Tieren aus etwa hundert verschiedenen Aminosäuren und Eiweißen. Je mehr diese Bestandteile übereinstimmen, um so mehr sind die betrachteten Tiere, dabei ist in diesen Fällen der Mensch immer mit einbezogen, stammesgeschichtlich verwandt.

Frappierend sind auch die Ähnlichkeiten von Eizellen und Embryonen verschiedener Tiere. Eizellen und Embryonen von Fliege und Mensch seien auf den ersten Blick nicht zu unterscheiden, wie die Biologin und Nobelpreisträgerin CHRISTIANE NÜSSLEIN-VOLHARD (*1942) vom Tübinger Max-Planck-Institut für Entwicklungsbiologie in einem Vortrag in Berlin im Jahre 2005 ausführte, und geradezu verblüffend seien die Übereinstimmungen zwischen den Embryonen verschiedener Wirbeltiere wie Fisch, Frosch, Maus und Huhn. Den Biologen weisen diese Ähnlichkeiten auf eine gemeinsame Abstammung hin und sind ein weiterer starker Beleg für die Aussagen der Evolutionstheorie.

Vor allem aber die Molekularbiologie hat bestätigt, dass die in der DNS (Desoxyribonucleinsäure) und RNS (Ribonucleinsäure) fixierten Baupläne des Lebens große Gemeinsamkeiten aufweisen, die um so größer sind, je enger die auch auf andere Weise erkennbare stammesgeschichtliche Verwandtschaft zwischen den betrachteten Organismen ist. Der Kasseler Evolutionsbiologe Professor ULRICH KUTSCHERA (*1955) weist auf die hohe genetische Übereinstimmung zwischen Mensch und Schimpansen hin, die zeige, dass der Mensch mit den afrikanischen Affen (Schimpansen, Gorilla) näher verwandt sei als diese mit dem südwestasiatischen Orang-Utan.[20] Diese weitgehende genetische Übereinstimmung zwischen Mensch und Schimpanse hängt – wie man zu Recht vermuten darf – mit dem gemeinsamen Vorfahren zusammen, der vor etwa sechs Millionen Jahren in Afrika lebte.

> »Mich hat vor allen Dingen gefreut, daß die Entdeckung der DNS kein Jota an der Evolutionstheorie geändert hat«,

sagte mit freundlicher Bescheidenheit in einem Interview der weltweit wohl bedeutendste Evolutionsbiologe der Gegenwart, der in Deutschland geborene und in den USA tätig gewesene ERNST MAYR (1904-2005); nach eigenen Worten übrigens ein überzeugter Atheist.[21] Sein wesentlicher Beitrag zur Entwicklung der Biologie bestand in der Verbindung von Darwinismus und moderner Genetik. Er ist Mitbegründer der so genannten Synthetischen Evolutionstheorie, die unter Einbezug verschiedener wissenschaftlicher Teildisziplinen wie Zellforschung und Genetik die Theorie DARWINs zu einem einheitlichen Theoriegebäude zusammengefasst und erweitert hat.

Wird somit die Gültigkeit der Evolutionstheorie aufgrund der erdrückenden Beweislast von den Wissenschaften und – wie schon erwähnt – selbst von der katholischen und evangelischen Kirche im Grundsatz nicht mehr bestritten, so wird die Frage ihrer Bedeutung in Bezug auf das Selbstverständnis des Menschen keinesfalls einhellig beantwortet. Für die Kirche bleibt der Mensch das gottgewollte Ziel der Evolution und der Endpunkt dieser Entwicklung. Aber für metaphysische Begriffe wie Ebenbild Gottes oder unsterbliche Seele gibt es aus naturwissenschaftlicher Sicht keinerlei Ansatzpunkte. Und so sind für den Naturwissenschaftler solche Charakterisierungen zwar streng genommen nicht als falsch zu bezeichnende, weil nicht widerlegbare, aber überflüssige, weil zu Erklärung und Verständnis nicht beitragende Behauptungen. Lediglich in einem Punkt könnte man der Kirche zustimmen, wenn sie davon spricht, dass der Mensch die Krone der Schöpfung sei. Zumindest von der Entwicklung seines Intellekts und des Grades, sich seiner bewusst zu sein, dürfte er an der Spitze stehen. Der Mensch ist das einzige Wesen auf dieser Erde, das fähig ist, seine eigene Entwicklung zu erfassen und zu verstehen. Er hat kraft seines Verstandes die Evolution durchschaut und kann sogar mittels Gentechnik in diese zielorientiert eingreifen.

Wenn ich von der Richtigkeit der Evolutionstheorie überzeugt bin, welchen Anlass sollte ich dann haben, einer etwa dreitausend Jahre alten biblischen Legende Glauben zu schenken, dass ich mein Dasein und meine Bedeutung in dieser Welt einem separaten Schöpfungsakt verdanke. Für mich gibt es nicht die geringsten Hinweise, dass der Mensch außerhalb der biologischen Gesetze stünde und zu seiner Erklärung außernatürlicher, überirdischer Kräfte bedürfte.[22]

Hier stehen sich zwei konkurrierende Erklärungsansätze diametral gegenüber: ein teleologischer, vom Ziel der Entwicklung her denkend, und ein kausaler, von den Ursachen der Entwicklung her denkend. Der (christliche) Glaube erklärt die Welt und den Menschen intentional, ausgehend vom Willen Gottes. Die Naturwissenschaft denkt und erklärt kausal, ausgehend von den materiell-energetischen Gegebenheiten. Für sie gibt es kein vorher feststehendes Endziel einer Entwicklung, allenfalls ein dem Kosmos als Ganzem drohendes Ende aufgrund der ihm innewohnenden Gesetzmäßigkeiten beziehungsweise Eigenschaften.

Die Schöpfung, korrekter formuliert: die Evolution, also ohne jedes Ziel und ohne jeden Sinn? Ja! Ein solches Weltbild wird abschätzig gern als verarmt und als reduktionistisch bezeichnet, ich halte es für wahrhaftiger und »glaub«würdiger. Trotz der behaupteten »Verarmung« bleibt der Anblick sich entfaltenden und immer weiter entwickelnden Lebens dennoch großartig und ergreifend, auch wenn ich weiß, wie alles zustande kommt. Ist ein Sonnenuntergang am Meer dann weniger schön und beeindruckend, wenn ich mir erklären kann, welche physikalischen und psychologischen Prozesse dem zu Grunde liegen? Wer das bejaht, wünscht sich den Zustand paradiesischer Unkenntnis und Unschuld zurück. Und was den von theologischer oder geisteswissenschaftlicher Seite gern erhobenen Vorwurf des Reduktionismus angeht, so liegt dem eine falsche Vorstellung von Wissenschaft zu Grunde. Reduktion ist ein wesentliches Ziel aller Wissenschaft und heißt Rückführung bisher nicht verstandener Phänomene auf Prozesse und Gesetzmäßigkeiten, die durch Nachdenken und Erforschen inzwischen verstanden werden.

Die christliche Botschaft vom planvollen Eingreifen Gottes bei der Entstehung der Welt und insbesondere des Menschen hat für mich nur noch historische und literarische Bedeutung. Die Alternative Sinnhaftigkeit oder Sinnlosigkeit der Evolution formuliert eine nicht weiterführende Fragestellung. Es sind typisch menschliche Kategorien, nach denen wir die Welt als Ganzes beurteilen möchten. Der Kosmos, der uns hervorgebracht hat, ist jedoch taub und gleichgültig gegenüber solchen Denkmustern. Unsere Sehnsucht nach Sinn stillt er nicht. Kann es aus der Perspektive dieses zufälligen Wesens Mensch überhaupt einen allgemeingültigen Sinn für die Monumentalität dieses kosmischen Schauspiels geben?

Wer uns nicht hört, wird uns nicht antworten. Und auf falsch gestellte Fragen kann es keine richtigen Antworten geben. Am ehesten mag wohl die Philosophie in Verbindung mit der Soziobiologie einen Beitrag zu der Frage leisten, was »eigentlich« den Menschen ausmacht, was er über seine biologische Existenz hinaus darstellen könnte. Das läuft für mich auf die schon in der Antike entwickelte Einsicht hinaus, dass nur jeder Mensch für sich selbst in seiner sozialen Eingebundenheit den Sinn seines Daseins definieren kann.

4. Geist und Bewusstsein von göttlicher Natur oder eine Funktion der Materie?

GEORG FRIEDRICH WILHELM HEGEL (1770-1831) gilt als einer der Hauptvertreter des deutschen philosophischen Idealismus. Ein zentraler Satz seines Denkens lautete: Das Geistige allein ist das wahrhaft Wirkliche. Alles was wir mit unseren Sinnen wahrnehmen, Pflanzen, Tiere, Menschen, die Welt insgesamt, ist geistigen Charakters. In allem wirkt der Geist; das Materielle wird durch den Geist gestaltet und ist ihm untergeordnet.

Das Verhältnis des Geistes zur Materie wurde in der Geschichte der Philosophie sehr unterschiedlich gesehen, die Auffassungen dazu bewegten sich zwischen den Extrempositionen Idealismus und Materialismus. Stellt für den Idealismus der Geist die Realität dar, so ist für den Materialismus wiederum die Materie die eigentliche Realität und alles Geistige aus ihr abgeleitete Erscheinungsformen.

Mit dem Aufkommen der modernen Naturwissenschaften gewann die Auffassung immer mehr Anhänger, dass das materielle Sein die eigentliche Wirklichkeit darstelle und Geist und Bewusstsein Funktionen der Materie seien. Im Zuge der Entwicklung der Hirnforschung wird von den meisten damit befassten Forschern heute die Auffassung vertreten, dass psychische und mit ihnen korrespondierende neuronale Prozesse nur verschiedene Erscheinungsformen ein und desselben Vorgangs sind und Phänomene wie Denken, Fühlen oder Bewusstsein somit keinen eigenen Seinsstatus besitzen, sondern »lediglich« Funktionen des Zentralnervensystems beziehungsweise des Gehirns sind. (Dieser Sachverhalt kam bereits in Kapitel I, 2 im Zusammenhang mit der Darstellung der Grundzüge der evolutionären Erkenntnistheorie zur Sprache!)

Diese Behauptung, dass nämlich der Geist eine Funktion der Materie sei und keine Eigenständigkeit besäße, ist in den Augen jener, die letztlich vom unmittelbar göttlichen Ursprung des Geistes überzeugt sind, eine Provokation. Sie stellt für sie eine Beleidigung des Menschen dar, demontiert sie doch seine herausgehobene Stellung als eines die Natur überwindenden, freien und gottähnlichen Wesens. HEGEL bezeichnete den Geist als göttlich, ja als Gottheit und befand sich damals in Übereinstimmung mit den meisten philosophischen Autoritäten. Für die Theologie war und ist der göttliche Geist ohnehin das oberste Prinzip. Schließlich beginnt auch das Johannesevangelium mit den so gern zitierten, das Denken über die Jahrhunderte prägenden Worten:

> »Im Anfang war das Wort, und das Wort war bei Gott, und das Wort war Gott. … Alles ist durch das Wort geworden und ohne das Wort wurde nichts, was geworden ist.« (Johannes, Kapitel 1, Vers 1-3, Einheitsübersetzung)

Nun ist es keinesfalls so, dass die Hirnforschung heute in der Lage wäre zu zeigen, wie Denken, Fühlen, gar Bewusstseinhaben zustande kommen. Diese schon mehrmals gemachte Feststellung bezeichnet vielmehr ein Arbeitsprogramm, das auf der Überzeugung der Naturwissenschaften beruht, alle von ihr untersuchten Phänomene ausschließlich auf der Grundlage der in ihnen ablaufenden materiell-energetischen Prozesse und der ihnen zugrunde liegenden Gesetzmäßigkeiten erklären zu können, also ohne dabei auf übernatürliche Kräfte oder eine transzendente Macht zurückgreifen zu müssen.

In einer als Manifest bezeichneten, seinerzeit sehr beachteten Erklärung äußerten sich im Jahr 2004 elf führende Neurowissenschaftler, unter ihnen die auch einem breiteren Publikum bekannt gewordenen Professoren GERHARD ROTH und WOLF SINGER, zum Stand und der voraussichtlich weiteren Entwicklung der Hirnforschung. Sie erläutern darin, dass die neurobiologische Forschung auf drei verschiedenen Ebenen ansetze. Die oberste Ebene erkläre die Funktion größerer Hirnareale, beispielsweise der Amygdala (Mandelkern), die ein Teil des limbischen Systems darstellt und bei der emotionalen Bewertung von neuronalen Informationen eine Rolle spielt, oder der Basalganglien, ein Handlungsablauf-Gedächtnis und Kontrollzentrum. Die mittlere Ebene beschreibe das Geschehen innerhalb von Verbänden von hunderten oder tausenden Zellen. Die unterste Ebene befasse sich mit Vorgängen auf dem Niveau einzelner Zellen und Molekülen. Bedeutende Fortschritte bei der Erforschung des Gehirns seien – so wird festgestellt – bislang nur auf der obersten und der untersten Ebene erzielt worden, nicht jedoch auf der mittleren Ebene.

Mittels klassischem Elektroenzephalogramm, der neueren Magnetenzephalografie und weiteren modernen bildgebenden Messmethoden – so wird weiter ausgeführt – gelang die thematische Aufteilung der obersten Organisationsebene des Gehirns nach Funktionskomplexen wie Sprachverstehen, Bilderkennung, Handlungsplanung, Gedächtnisprozesse sowie das Erleben von Emotionen. Bestätigt werden diese lokalen Zuordnungen im Übrigen durch die Beobachtung der Folgen von Hirnverletzungen infolge von Unfällen oder Tumoren. So führen begrenzte Verletzungen ganz bestimmter Hirnareale zum Beispiel zum Ausfall nur der Sprache oder nur des Gedächtnisses, woraus sich ebenfalls Rückschlüsse ziehen lassen auf die Lage der ihnen zugrunde liegenden neurologischen Strukturen.

Auch auf der untersten Ebene sind mittels völlig neuartiger Mess- und Darstellungsmethoden in den letzten zehn Jahren viele Erkenntnisse über Aufbau und Arbeitsweise von Neuronen hinzugekommen, was wiederum grundlegende Einsichten zur Arbeitsweise von Sinnesorganen und Nervensystemen zur Folge hatte.

Über die mittlere Ebene, also das Geschehen innerhalb kleiner und größerer Zellverbände, weiß man dagegen noch sehr wenig. Wenig verstanden wird bisher, wie Nervenzellen untereinander kommunizieren. Völlig unbekannt ist, was passiert, wenn hunderte Millionen oder gar einige Milliarden Nervenzellen gleichzeitig miteinander kommunizieren. Vieles spricht dafür, dass hochgradig verschaltete neuronale Netzwerke aufgrund ihrer Komplexität völlig neue Eigenschaften hervorbringen, die an einer einzelnen Neuronenzelle nicht beobachtet werden können.

Wörtlich schreiben die Autoren des Manifests:

> »Wir haben herausgefunden, dass im menschlichen Gehirn neuronale Prozesse und bewusst erlebte geistig-psychische Zustände aufs Engste miteinander zusammenhängen und unbewusste Prozesse bewussten in bestimmter Weise vorausgehen. Die Daten, die mit modernen bildgebenden Verfahren gewonnen wurden, weisen darauf hin, dass sämtliche innerpsychischen Prozesse mit neuronalen Vorgängen in bestimmten Hirnarealen einhergehen – zum Beispiel Imagination, Empathie, das Erleben von Empfindungen und das Treffen von Entscheidungen beziehungsweise die absichtsvolle Planung von Handlungen. Auch wenn wir die genauen Details noch nicht kennen, können wir davon ausgehen, dass all diese Prozesse grundsätzlich durch physikochemische Vorgänge beschreibbar sind. Diese näher zu erforschen, ist die Aufgabe der Hirnforschung in den kommenden Jahren und Jahrzehnten. Geist und Bewusstsein – wie einzigartig sie von uns auch empfunden werden – fügen sich also in das Naturgeschehen ein und übersteigen es nicht. Und: Geist und Bewusstsein sind nicht vom Himmel gefallen, sondern haben sich in der Evolution der Nervensysteme allmählich herausgebildet. Das ist vielleicht die wichtigste Erkenntnis der modernen Neurowissenschaften.«

Man beachte insbesondere die letzten drei Sätze. Und weiter heißt es:

> »Die Hirnforschung wird in absehbarer Zeit, also in den nächsten 20 bis 30 Jahren, den Zusammenhang zwischen neuroelektrischen und neurochemischen Prozessen einerseits und perzeptiven, kognitiven, psychischen und motorischen Leistungen andererseits soweit erklären können, dass Voraussagen über diese Zusammenhänge in beiden Richtungen mit einem hohen Wahrscheinlichkeitsgrad möglich sind. Dies bedeutet, man wird widerspruchsfrei Geist, Bewusstsein, Gefühle, Willensakte und Handlungsfreiheit als natürliche Vorgänge ansehen, denn sie beruhen auf biologischen Prozessen.«[23]

Wie oben schon erwähnt, handelt es sich in den ganz entscheidenden Fragen bisher nur um ein Programm, allerdings um ein höchst anspruchsvolles. Derzeit völlig ungeklärt ist, wie man sich den Qualitätssprung von der physischen – also materiell-energetisch beobacht- und messbaren – Ebene der neuronalen Vorgänge zur psychischen – also subjektiv erlebbaren – Ebene des Fühlens, Entscheidens und Bewusstseins vorzustellen hat. Sowohl die Hirnforscher als auch die sie kritisierenden dualistischen »Geisteswissenschaftler« – gemeint sind die Vertreter der Auffassung von einer separaten geistigen Kraft – stehen vor dem Problem des Übergangs vom Physischen ins Psychische und umgekehrt vom Psychischen ins Physische.

Der Vorwurf der – monistischen – Hirnforscher an die »Geisteswissenschaftler« lautet, dass ihre Vorstellung vom Verhältnis von Geist zu Gehirn auf die naturwissenschaftlich nicht akzeptable Annahme von der Existenz einer autonomen geistigen, also immateriellen Kraft hinauslaufe, von der aber völlig unklar bleibe, wie sie auf die materiellen Strukturen einwirken könne. Umgekehrt argumentieren die »Geisteswissenschaftler« wohl zurecht, dass die Hirnforschung derzeit nicht einmal ansatzweise erklären könne, wie aus einem stromdurchflossenen beziehungsweise biochemische Aktivität zeigenden neuronalen Netzwerk ein fühlendes, denkendes und Bewusstsein habendes System entstehen könne.

Die Vertreter, die die Eigenständigkeit von Geist und Seele betonen – der Moraltheologe EBERHARD SCHOCKENHOFF (*1953) von der Universität Freiburg ist einer ihrer wortmächtigsten Sprecher – behaupten, dass die subjektive Seite der Wirklichkeit sich prinzipiell der Beobachtung mit wissenschaftlichen Mitteln entziehen würden. Es handele sich dabei um Phänomene wie »das Erleben der Freiheit des Willens« oder »die unmittelbare Erfahrung des Wirkens Gottes«, die, weil sie von einer anderen Welt kündeten, unserem Zugriff durch Beobachten von außen verschlossen blieben. Diese Auffassung kann schwerlich widerlegt werden, weil ihr ja schon per Definition nicht widersprochen werden kann. Sie entzieht sich der Nachprüfbarkeit und bleibt daher aus wissenschaftlicher Sicht aussagelos.

Bezüglich solcher bisher weitgehend unerklärter Phänomene wie Gefühl und Bewusstsein verweisen die Neurologen allerdings auf eine Eigenschaft der organisierten Materie, die unter dem Begriff der Fulguration beziehungsweise Emergenz in Kapitel I, 2 bereits angesprochen und mit Beispielen illustriert wurde. Unter dem Phänomen Emergenz versteht man das plötzliche Auftreten völlig neuer Systemeigenschaften durch Verbindung oder Verschaltung von bisher eigenständigen Systemkomponenten.

Das folgende technische Beispiel demonstriert auf leicht nachvollziehbare Weise den Vorgang des Auftretens völlig neuer Systemeigenschaften. Es mag als Analogiebeispiel dienen für die von den Hirnforschern behauptete Fähigkeit des Gehirns, durch Verschaltung von Neuronen und vor allem Neuronennetzen zu immer komplexeren Systemen Systemeigenschaften hervorzubringen, die den jeweiligen Organismus mit völlig neuartigen und leistungssteigernden Verhaltensweisen versehen.

Man stelle sich einen Raum vor, der mit einem elektrischen Heizgerät und einer Steuereinheit ausgestattet ist, die dafür sorgen, dass der Raum immer eine konstante Temperatur aufweist. Diese Steuereinheit erlaubt das Einstellen einer gewünschten Raumtemperatur (zum Beispiel 22 °C) und veranlasst dann, dass der elektrische Heizkörper solange eingeschaltet bleibt, bis die gewünschte Temperatur erreicht ist. Hat diese sich eingestellt, erfolgt vom Thermometer eine Rückmeldung an die Steuereinheit und der Heizkörper wird ausgeschaltet; sinkt dagegen die Temperatur, dann wird der Heizkörper wieder aktiviert. Es handelt sich hier um ein rückgekoppeltes System, um einen so genannten Regelkreis, der in der Lage ist, einen vorgegebenen Sollwert (hier 22 °C) mit dem jeweiligen Istwert (zum Beispiel 19 °C) zu vergleichen und beim Unterschreiten der Sollwert-Temperatur eine Maßnahme zu veranlassen (hier das Einschalten einer Wärmequelle), bis der vorgegebene Sollwert wieder erreicht ist.

Dieser Regelkreis besteht also aus den folgenden Elementen: einer Einrichtung zum manuellen Einstellen des gewünschten Sollwerts, einem Thermometer, das den Temperatur-Istwert feststellt und zum Vergleich mit dem Sollwert elektronisch weiterleitet, einer Einrichtung für den Vergleich der beiden Temperaturwerte einschließlich eines damit gekoppelten Ein-Ausschalters und einem elektrischen Heizgerät. Das Besondere an diesem Beispiel ist die Tatsache, dass dieser Regelkreis als Ganzes eine Eigenschaft realisiert, die keinem seiner Einzelelemente zukommt. Dieses System ist in der Lage, im Zimmer einen gewünschten Temperaturwert stabil zu halten. Es verhält sich »zielstrebig« insofern, als es trotz nicht planbarer Abweichungen, die von außen auf den Raum einwirken (z.B. weil die Außentemperatur sinkt oder die Tür zu oft geöffnet wurde), dafür sorgt, dass das Ziel einer vorgegebenen Temperatur immer wieder erreicht wird. Diese Zielstrebigkeit beziehungsweise Fähigkeit zur Stabilität ist eine Eigenschaft des *Gesamtsystems*, die durch eine spezifische Kombination beziehungsweise Verschaltung von Elementen, die selbst über diese Eigenschaft nicht verfügen, zustande gekommen ist. (»Das Ganze ist mehr als die Summe seiner Teile«) Das Auftreten neuer, meist nicht voraussagbarer Qualitäten beim Zusammenwirken mehrerer Faktoren (z. B. chemischer Elemente) oder Zusammenschalten von Systemkomponenten (z.B. Elektronikbausteinen) bezeichnet man als Emergenz.

Das Beispiel ist sehr einfach, hat aber den Vorteil leichter Durchschaubarkeit. Die Liste solcher Beispiele, die zeigen, dass neue, oft nicht vorhersehbare Eigenschaften durch die Kombination von Elementen entstehen, ließe sich beliebig mit anspruchsvolleren Beispielen etwa aus der Elektronik oder Biologie fortsetzen. Auch Neurowissenschaftler leiten aus der Tatsache, dass komplex verschaltete Subsysteme Eigenschaften beziehungsweise Verhaltensweisen zeigen, die die einzelnen Teile selbst nicht besitzen, die nicht unberechtigte Erwartung ab, eines Tages letztlich auch Phänomene wie Gefühle, Willensakte oder Bewusstsein aus dem Zusammenwirken von signalverarbeitenden neuronalen Elementen und Strukturen, die ihrerseits wiederum hochkomplexe, vor allem dynamische Systeme sein können, nach und nach erklären zu können.

Vielleicht beantwortet sich die Frage des Entstehens psychischer Qualitäten ebenso allmählich und unspektakulär wie die Frage, was tote von lebender Materie unterscheidet. Die Biologie hat im Laufe von Jahrzehnten erkannt, und die Philosophie und die meisten Theologen haben dies inzwischen akzeptiert, dass unter bestimmten Bedingungen hochkomplex organisierter Materie die Eigenschaft zukommt, »lebendig« zu sein.

In der Natur finden wir allenthalben die Fähigkeit der Materie vor, sich zu komplexeren Einheiten mit völlig neuartigen Eigenschaften weiter zu entwickeln, und in der Technik – hier sei nochmals an die Kunststoffchemie oder Elektronik erinnert – wird dieses Entwicklungskonzept schon längst erfolgreich nachgeahmt. Die Entdeckung des Konzepts der Emergenz lässt die Hoffnung der Neurologen berechtigt erscheinen, durch systematische Untersuchung von hochgradig komplex verschalteten neurologischen Netzen die mit ihnen korrespondierenden, psychisch genannten Verhaltenseigenschaften nach und nach messbar zu machen und in ihrem Zustandekommen zu erklären. Dazu muss neben der bisher betriebenen Analyse von Struktur und Funktion der neuronalen Komponenten der Blick noch stärker gerichtet werden auf die Art des Zusammenwirkens der Komponenten und der dabei entstehenden neuen Eigenschaften und Verhaltensweisen. Hierzu werden vermutlich neuartige Messkonzepte und Interpretationsmuster entwickelt werden müssen.

Die Feststellung, dass Denken, Fühlen und Bewusstsein emergente Eigenschaften sind, erklärt noch nicht viel, macht aber deutlich, dass diese Phänomene natürliche Systemeigenschaften sind, die folglich mit wissenschaftlichen Methoden untersucht werden können. Die Anwendung des Konzepts der Emergenz in der Hirnforschung stellt somit einen weiteren Schritt zur Entmystifizierung des »Geistes« dar.

Die inzwischen weit fortgeschrittene Technik der Modellierung und Simulation komplexer signal- bzw. informationsverarbeitender Systeme durch Computer verspricht neue Einsichten in das Verhalten hochkomplexer informationsverarbeitender Organismen und deren strukturellen und funktionellen Aufbau. Entscheidende Fortschritte im Verstehen psychischer Prozesse verspricht man sich über den schrittweisen elektronischen und softwaremäßigen Nachbau von Gehirnkomponenten – gemäß der Erkenntnis von FRIEDRICH ENGELS (1820-1895), wonach wir »einen Prozess erst richtig verstanden haben, wenn wir ihn industriell nachbauen können«. Zwar erzeugen solche Nachbauten keine identischen Systeme, sie könnten aber Prinzipien der Emergenz erkennen lassen. Die nach wie vor ungeklärte, aber entscheidende Frage ist, wie aus dem Zusammenschluss einzelner »bewusstloser« Nervenzellen ein Netzwerk von Nervenzellen entsteht, das Bewusstsein, Gefühle und Denkfähigkeit zeigt.

Die Behauptung, dass wir das Gehirn nie verstehen würden, verliert langsam an Überzeugungskraft, wenn man erfährt, dass durch so genannte Cochlear-Implantate Gehörlosen die Hörfähigkeit wieder geschenkt wird, Parkinson-Patienten durch Tiefenstimulationselektroden von ihrem Zittern befreit werden, dass es Querschnittgelähmten technisch ermöglicht wurde, allein durch Gedankenkraft den Mauszeiger auf einem Bildschirm in die gewünschte Position zu bewegen, ja, dass den durch bildgebende Verfahren gewonnenen neurologischen Aktivitätsmustern einer Versuchsperson die emotionalen Zustände Angst oder Freude zugeordnet werden können.[24] Es sind dies alles – ja keineswegs erfolglose – Versuche, das »Subjekt« zum »Objekt« wissenschaftlicher Forschung zu machen und damit zu dessen Verstehen beizutragen. Es ist das Bemühen, die subjektive Sicht, die Innensicht, und die objektive Sicht, die Außensicht, als die zwei Seiten derselben Medaille erklären zu können.

Welcher Philosoph wagt es heute noch, über den Geist zu philosophieren, ohne dessen evolutionsbiologische und neurologische Bedingtheit einzubeziehen. Und die Behauptung, dass nur der Mensch mit »Geist« ausgestattet sei, ist ebenfalls längst widerlegt. Nicht nur Menschenaffen benutzen Werkzeuge und zeigen in problematischen Situationen Verhalten, das einen Denkprozess voraussetzt. Auch bestimmte Vögel, insbesondere Raben, sind nachweislich in der Lage, völlig eigenständig Problemlösungen vorab »im Kopf durchzuspielen« und sich danach problemspezifische Werkzeuge anzufertigen.[25] Das jüngst erschienene Buch von GERHARD ROTH »Wie einzigartig ist der Mensch? – Die lange Evolution der Gehirne und des Geistes« zeigt anhand einer Fülle von Beispielen, dass die Natur Denkvermögen nicht nur beim Menschen entwickelt hat, sondern teilweise staunenerregende Intelligenzleistungen auch bei einer Vielzahl von Tieren.[26]

Die Ergebnisse der Hirnforschung werden mit großer Sicherheit das bis heute dominierende christlich geprägte Menschenbild tiefgreifend verändern. Das bisher favorisierte so genannte dualistische Modell von einem materiellen Körper und einem immateriellen Geist wird langsam und lautlos in der Versenkung verschwinden. Und damit wird auch das so genannte Leib-Seele-

Problem beziehungsweise Körper-Geist-Problem, das über die Jahrhunderte die Köpfe von Philosophen und Theologen zum Glühen brachte, als Scheinproblem entlarvt werden. Auch hier wird sich zeigen – wie so oft in der Geschichte der Philosophie und Naturwissenschaft – dass auf Fragen, die aus falschen Konzepten abgeleitet werden, keine befriedigenden Antworten gefunden werden können.

Wie könnte das neue Menschenbild aussehen? Eine abschließende Antwort darauf zu geben, dürfte noch zu früh sein. Eher dürfte es möglich sein, zunächst einmal festzustellen, worin sich das neue Menschenbild vom bisherigen christlichen unterscheidet. Es wird endgültig Abschied nehmen von der Vorstellung einer unsterblichen Seele und einem Geist, der seinen unmittelbaren Ursprung in Gott habe und uns mit ihm verbinde. Hier zeigt sich wiederum, dass die Kirche das DARWINsche Konzept eben nur halbherzig akzeptiert hat, denn sie hält nach wie vor an eigenständigen, göttlich eingeflößten Wesenheiten wie Geist und Seele fest. Die neurologischen Erkenntnisse engen jedoch den Spielraum für metaphysische Einflussgrößen, die den Menschen über seine biologische Natur hinausheben würden, immer mehr ein. Wenn das, was unsere Persönlichkeit ausmacht, unser Denken, unsere Gefühle, unsere Erfahrungen, unser Bewusstsein von uns und dieser Welt, auch ein das Diesseits transzendierender Glaube, gebunden sind an die neurologischen Strukturen unseres Gehirns, die mit unserem Tod zerfallen wie unser übriger Körper, dann wird es immer weniger plausibel, dass wir etwas von uns als unsterblichen Teil in ein Jenseits hinüber retten könnten. Diese Hoffnung, wer auch immer sie noch hegte, wird zu Grabe getragen. Was allenfalls bleibt, ist die Erinnerung an einen frommen Wunsch.

Die Antworten auf zwei Fragen sind für das Selbstverständnis des Menschen zentral. Erstens: Wie sieht die moderne Naturwissenschaft, speziell die Evolutionstheorie und die Hirnforschung, den Menschen heute? Zweitens: An welchen Lebenszielen sollte sich der Mensch ausrichten, wenn für ihn der (christliche) Glaube seine Anziehungskraft und seine Verbindlichkeit verloren hat?

Die Naturwissenschaft lässt heute keinen vernünftigen Zweifel mehr an der Erkenntnis zu, dass wir das ungeplante, nur durch das Zusammenspiel von Variation und Selektion zustande gekommene Ergebnis einer sich selbst organisierenden Materie sind. Was heute an der Spitze einer schon Milliarden Jahre währenden evolutionären Entwicklung steht – gleichgültig ob Mensch, Tier oder Pflanze – hätte unter anderen Umweltbedingungen ganz anders ausgesehen, ganz anders empfunden und höchst wahrscheinlich – wenn überhaupt – ganz anders gedacht. Vielleicht wäre auch ein Wesen entstanden, das uns heutigen Menschen an Einsicht und Fähigkeit zur physischen, psychischen und sozialen Lebensbewältigung so überlegen wäre, dass wir intellektuell überfordert wären, es in seiner Existenz überhaupt zu begreifen.

Die uns von der Naturwissenschaft übermittelte Botschaft, dass wir zufällig auf der Welt sind, dass keine jenseitige, uns zugewandte Macht erkennbar ist und dass auf uns zum Schluss nur der Tod wartet, ist ernüchternd und für viele erschütternd. Aber wissenschaftliche Erkenntnisse einfach zu ignorieren, weil nicht sein kann, was nicht sein darf, ist auch wenig überzeugend, besonders dann, wenn wir gleichzeitig die Früchte des wissenschaftlichen Nachdenkens und Erforschens in allen das Leben erleichternden und verlängernden Bereichen täglich wie selbstverständlich in Anspruch nehmen.

Auch wenn die Wissenschaft der Poesie des Erlebens, Empfindens und Wunderns oft nur die nüchternen Ergebnisse systematischen Erforschens entgegenstellen kann, so sind sie meiner Auffassung nach der zuverlässigere Wegweiser, wenn es darum geht, sich ein realistisches Bild von dieser Welt zu machen und sich in ihr zu behaupten. Zwar wird uns die Naturwissenschaft keine Fragen nach dem Sinn beantworten, sie kann uns aber sicher dabei helfen, Un-Sinniges zu verwerfen. Die biblischen Beschreibungen zum Beispiel von der Erschaffung der Erde und des Menschen und die jahrhundertelang kirchlich durchgesetzten Vorstellungen von der herausgehobenen Stellung unseres irdischen Planeten bildeten bis in das 20. Jahrhundert hinein die Grundlage unserer Auffassung von der Welt. Speziell die Naturwissenschaften haben dazu beigetragen, dass solche unhaltbaren Auffassungen ihre zentrale Bedeutung für die Deutung unseres Daseins verloren haben.

Die moderne Wissenschaft hat uns in unserer »geistig-geistlichen« Ausrichtung somit wieder auf einen Anfangszustand zurückgeworfen. Die Antwort auf die zweite, oben gestellte Frage nach den Lebenszielen, nach Sinn und Orientierung ist neu zu suchen, wenn man die überlieferte nicht mehr akzeptieren will. Ich scheue mich nicht, die übergreifenden Fragen nach dem Woher und Wohin, nach dem Warum und Danach in gewisser Weise auch als »religiöse« zu bezeichnen, oder sollte man sie eher »spirituelle« nennen?

Ich kann nicht erkennen, dass wissenschaftliche Erkenntnis und Aufklärung diese Urfragen so schnell verdrängen oder gar überflüssig werden lassen. Zu tief sind wohl diese uns bewegenden Fragen und tradierten religiösen Empfindungen in uns verankert, wahrscheinlich ein vorteilhaftes evolutionäres Erbe, weil es sich angesichts von Leid und Tod so leichter leben und überleben ließ, und eine wohl notwendige Phase in der Entwicklung der Menschheit. Solche Fragen verweisen uns an die zeitlichen Grenzen unserer Existenz und verlangen einfach nach Antworten. Sie fordern uns immer wieder auch heraus, besonders in Zeiten existenzieller Bedrängnis durch Not und Sterben, uns selbst aufzurichten und unseren Mitmenschen durch Gedanken und Worte beizustehen. Aber was sollen wir heute denken, was sollen wir heute sagen, woran sollen wir uns heute orientieren? Die Wissenschaft kann uns derzeit auf diese Fragen noch keine befriedigenden oder gar tröstenden Antworten geben. Langfristig gesehen werden uns jedoch nur die Naturwissenschaften und die aus ihnen hervorgehenden technischen und sozialen Anwendungen von dem befreien, was über die Jahrtausende die Menschen an physischem und damit psychischem Leid bedrängte. (Siehe Kapitel VII,4!)

Aus psychischer Not und aus der Kritik am Bestehenden sind oft genug neue Einsichten, Entwürfe und Zielsetzungen erwachsen. Deswegen wird nur eine konsequente Fortsetzung der einst begonnenen Aufklärung hin zu einem Menschenbild, das auf eine metaphysische Begründung des Menschen verzichtet und das sich an der biologischen und sozialen Natur des Menschen orientiert, uns weiter helfen. Die Naturwissenschaften werden uns auch insofern leiten, als sie uns drängen werden, begrifflich präziser und logisch konsequenter die Dinge zu Ende zu denken und durch ihre Erkenntnisse, Unsinniges und Unplausibles auszuschließen. Insbesondere die Hirnforschung mit dem Ziel der Naturalisierung des Geistes wird dafür sorgen, dass so manche Teile der herkömmlichen Geistes- und Sozialwissenschaften »vom Kopf auf die Füße gestellt werden«.

IV.

Schuld, Sühne, Glaube und die Illusion von der Willensfreiheit

Mit dem Problem der so genannten Willensfreiheit wurde ich ausführlich zum ersten Mal 1963/64 in einem Aufsatz von FRITZ BAUER (1903-1968) konfrontiert, seinerzeit Generalstaatsanwalt in Hessen und Verantwortlicher für die Anklageerhebung im Auschwitzprozess. Der Titel dieses damals für mich richtungsweisenden Beitrags in einem Sammelband des Club Voltaire lautete ganz schlicht: »Die Schuld im Strafrecht« und behandelte die Frage, woraus die Gesellschaft eigentlich das Recht ableite, einen Täter zu bestrafen, und was sie mit der Bestrafung eigentlich bezwecke.[1]

BAUER stellt in seinem Aufsatz fest, dass über die Jahrtausende das urtümliche – dem Menschen als animalisches Erbe innewohnende? – Motiv der Vergeltung beziehungsweise der Rache der Leitgedanke für die Verurteilung war. Verurteilung setzt aber Schuld voraus und Schuld wiederum die prinzipielle Möglichkeit, sich in problematischen Lebenssituationen für das Gute, das Rechtmäßige und gegen das Böse, das gegen das Gesetz Verstoßende frei entscheiden zu können. Diese Entscheidungsfähigkeit, also das angebliche Vermögen des Willens, frei, also unabhängig von äußeren und inneren Zwängen, nach vorgegebenen Normen zu handeln, wurde während der bisherigen Menschheitsgeschichte offenbar jedem Menschen unterstellt. Bis zum Beginn der Neuzeit wurden deshalb selbst Geisteskranke häufig als Hexen und Ketzer verbrannt. Und im Jahre 1913 – so BAUER – befanden sich noch 13 000 Zwölf- und Dreizehnjährige in deutschen Gefängnissen.

Uns erscheint es heute selbstverständlich und aus der Perspektive aufgeklärten und humanen Denkens geradezu zwingend geboten, dass Kinder, aber auch Geisteskranke, Triebtäter oder allgemein in ihrer Einsichtsfähigkeit entwicklungsbedingt, vorübergehend oder dauerhaft eingeschränkte Menschen nur begrenzt oder gar nicht als schuldfähig angesehen werden. Dabei entsteht aber die von allen Psychiatern eingeräumte Schwierigkeit der sauberen, rational begründeten Abgrenzung zwischen Schuldfähigkeit und Schuldunfähigkeit, Zurechnungs- und Unzurechnungsfähigkeit. Die Geschichte der Strafjustiz ist kennt eine Vielzahl von Beispielen geradezu willkürlich anmutender Grenzziehungen zwischen diesen beiden Bereichen. Das biologische Alter als Grenze zwischen Jugend- und Erwachsenenstrafrecht zum Beispiel liefert nur eine formale Marke, keine inhaltliche Begründung für das Maß an individueller Schuldfähigkeit. Oft stellt sich heraus, dass ein jüngerer Mensch über ein höheres Maß an Einsichtsfähigkeit verfügt als ein älterer und an Erfahrung eigentlich reicherer.

Diese Abgrenzungsschwierigkeit ist – wie ich im Folgenden zeigen möchte – nicht aufhebbar. Sie ist das Resultat eines philosophischen Konstrukts, das keine Entsprechung in der Wirklichkeit hat, das erfunden wurde, um den Tatbestand der Schuld zu begründen. Diese Abgrenzungsschwierigkeit ist somit das Symptom einer dahinter liegenden Problematik. Ein Indiz für die Fragwürdigkeit des hier unterstellten, so genannten freien Willens sind auch die vielen entlastenden Gründe, die – meines Erachtens meist aus guten Gründen! – in Strafverfahren regelmäßig herangezogen werden, um die Schuld des Angeklagten zu relativieren. Im Grunde genommen sind sie ein indirektes Eingeständnis, dass es mit der Freiheit des Willens doch nicht so weit her sein kann. Je mehr Einsichten Psychologie, Psychiatrie und Neurobiologie über das psychische Geschehen im Menschen im Laufe der letzten Jahrzehnte zu Tage förderten, um so mehr wurden nach und nach vom Täter nicht bewusst und willentlich nicht steuerbare, also ihn entlastende Einflussfaktoren entdeckt.

Auf der Suche nach der Ursache des Bösen – so wieder BAUER in seinem oben schon zitierten Aufsatz – hat man etwa unter dem Einfluss von THOMAS VON AQUIN (1225-1274), einem über die Jahrhunderte tonangebenden Philosophen, Theologen und Kirchenlehrer, der sich seinerseits auf AUGUSTINUS (354-430) berief, ebenfalls Kirchenlehrer, jedem Menschen die Fähigkeit unterstellt, in jeder Lebenssituation eine freie Willensentscheidung treffen zu können. Der Mensch habe – so die den Vertretern eines Vergeltungsstrafrechts willkommene Annahme – zu jedem Zeitpunkt seines Handelns die Möglichkeit, statt seinen Lüsten und Trieben nachzugehen, sich der Versuchung zu entziehen und den von Staat und Kirche als rechtmäßig vorgegebenen Weg zu wählen. Wenn er es nicht tue, treffe er bewusst eine freie Willensentscheidung. In diesem so genannten freien Willen hat man die letzte Ursache des Bösen und der Sünde gesehen. Das Böse habe somit seinen Ursprung im Menschen, der – obwohl frei in seiner Entscheidung, sich für das Gute zu entscheiden – aus Versuchung oder niederen Motiven oft das Böse wähle.

BAUER setzt dagegen und zitiert den sprachmächtigen FRIEDRICH NIETZSCHE (1844-1900):

> »Die Lehre vom Willen ist wesentlich erfunden zum Zwecke der Strafe, d.h. des Schuldig-Finden-Wollens. Die ganze alte Psychologie, die Willenspsychologie, hat ihre Voraussetzungen darin, dass deren Urheber sich ein Recht schaffen wollten, Strafen zu verhängen ... Die Menschen wurden frei gedacht, um gerichtet, um bestraft werden zu können: Folglich musste jede Handlung als gewollt, der Ursprung jeder Handlung im Bewusstsein liegend gedacht werden ... Es war aber die gesellschaftliche Nützlichkeit der Strafe, die diesem Begriff seine Würde, seine Macht, seine Wahrheit verbürgte.«[2]

BAUER argumentiert:

> »Der Mensch will und tut immer nur das Eine; die Entscheidung wird durch das stärkste Motiv bestimmt. Welches Motiv sich aber als das stärkste erweist, ergibt sich vor allem aus den unbewussten Strebungen und Neigungen. Über die unbewussten Tendenzen ist der Mensch aber keinesfalls Herr. Das Freiheitsgefühl, sofern vorhanden, kommt aus dem Intellekt, dem Bewusstsein, der Wille aber wurzelt in weiteren und nicht minder entscheidenden Bereichen des Seelischen.«[3]

Auf der nächsten Seite heißt es:

> »Der Wille ist in Wahrheit kein selbständiger, freischwebender Faktor menschlichen Seelenlebens, der imstande sein könnte, die Konstante der Person (z.B. ihren Charakter und ihr Temperament), ihre Triebe, Affekte und Neurosen, ihr Körperliches, den Nachhall aller Erlebnisse, die Reize des Augenblicks und die bewussten und vor allem unbewussten Motivationen zu überspielen. Der Wille ist eingebettet in die Gesamtpersönlichkeit, es gibt nur *eine* Psyche, nicht trennbare Teile des psychischen Lebens. Das Phlegma, häufig noch verkörpert in Korpulenz, kann nicht durch Willensentscheidung zu einem cholerischen oder sanguinischen Temperament werden; der Willensschwache kann nicht durch Willensanstrengung willensstark werden, so wenig wie Münchhausen sich am eigenen Zopf aus dem Sumpfe retten kann. Das Pariagefühl eines Outsiders, etwa eines Negers oder eines unehelichen Kindes, sein Ressentiment, sein Lebens- und Menschenhass kann nicht durch eine Willensentscheidung ausradiert werden, so wenig wie ein Mensch sich Liebe und Nestwärme, die er persönlich nie erfahren hat, durch bloßen Willensakt injizieren kann.«

Folgerichtig setzt sich BAUER vehement dafür ein, das bis heute geltende Schuld- und Vergeltungsrecht zu ersetzen durch ein Recht, das einzig von dem legitimen Anspruch der Gesellschaft ausgeht, in sicheren Verhältnissen zu leben. Dieses neue Recht geht von der Gefährlichkeit des Täters aus, abhängig von der Art und Schwere der Tat, strebt dessen Resozialisierung an und hat dabei als Leitmotiv vor Augen den Schutz der Gesellschaft vor nicht akzeptablen Verletzungen ihrer Spielregeln. Das kann, da die Resozialisierung nicht immer gelingen wird, in manchen Fällen die dauerhafte, aber human zu gestaltende Isolierung eines Täters bedeuten. Dieses neue Recht hat das Ziel des Schutzes der Gesellschaft und das der Besserung des Täters, nicht mehr und nicht weniger. Von Vergeltung, Schuld, Strafe oder Sühne ist nicht mehr die Rede.

Festzuhalten bleibt, Willensfreiheit wurde unterstellt, um über den daraus abgeleiteten Tatbestand der Schuld ein System von Moral und Vergeltungsrecht zu begründen. Aber eine bloße Unterstellung ist kein Beweis, ein Postulat begründet noch keine Wirklichkeit. Willensfreiheit ist wissenschaftlich nicht erwiesen, philosophische Argumente und immer mehr neurobiologische Erkenntnisse sprechen im Gegenteil dagegen. In den folgenden Unterkapiteln möchte ich daher erkunden, was bedeutende Philosophen und bekannte Wissenschaftler zum Problem der Willensfreiheit gedacht und gesagt haben, insbesondere soll auch zusammengetragen werden, was die Neurobiologie beziehungsweise Hirnforschung heute zu diesem Thema an Einsichten gewonnen hat. Denn eines ist klar, die philosophischen, strafrechtlichen und theologischen Konsequenzen, die sich aus der Ablehnung der Existenz eines freien Willens ergeben, sind von ganz erheblichem Ausmaß. Aus Schuld wird Ursache, aus Strafe wird eine Sozialisierungsmaßnahme, der theologische Sündenbegriff verliert seine Berechtigung und entzieht einem ganzen Glaubensgebäude die Grundlage und herkömmliches menschliches Selbstverständnis wird in seinen Grundfesten erschüttert.

Zuvor möchte ich allerdings meine schon seit Jahrzehnten bestehende Auffassung zum Thema des so genannten freien Willens formulieren. Oft genug habe ich dafür Kopfschütteln geerntet und heftigen Widerspruch bei meinen Kollegen, Mitarbeitern und Freunden ausgelöst. Aber meine Meinung hat sich seit dieser Zeit nicht geändert, lediglich die Argumentation ist lückenloser und substanzieller geworden.

1. Warum ich nicht an die Willensfreiheit glauben kann

Schon im Studium begegnete mir der Satz von ARTHUR SCHOPENHAUER (1788-1860): »Der Mensch kann tun, was er will, aber er kann nicht wollen, was er will«. SCHOPENHAUER gesteht uns also Handlungsfreiheit zu, vorausgesetzt, dass wir nicht gewaltsam an unserem Tun gehindert werden, aber eben keine Willensfreiheit, keine Freiheit, Handlungsziele frei oder nach vorgegebenen Normen zu setzen. Diese Aussage beeindruckte mich damals sehr, und ich empfand intuitiv, dass sie richtig sein musste. Ich meinte aber zunächst, dass man eine Begründung dafür nicht liefern könne, weil jedenfalls zu dieser Zeit das neurobiologische Wissen noch so in den Anfängen steckte, dass an eine empirische Widerlegung der Willensfreiheit nicht zu denken war. Nach und nach aber reifte in mir die Auffassung, dass die Frage, ob es Willensfreiheit geben kann, auch mit rein logischen Mitteln beantwortet werden könnte.

Aufgrund meines zunächst naturwissenschaftlichen und technischen Studiums war ich recht bald von der universellen Gültigkeit des Kausalprinzips überzeugt. Es gibt keine Wirkung ohne Ursache, kein Geschehen ohne Gründe. In der von uns direkt beobachtbaren Natur reiht sich Ursache-Wirkungs-Kette an Ursache-Wirkungs-Kette, nirgends ist ein Wirken ohne vorausgehende Ursache zu erkennen. Auch unser Körper ist diesem Kausalgesetz unterworfen. Warum sollte es bei den Prozessen in unserem Gehirn prinzipiell anders sein? Wovon auch sollte der Willensakt »frei« sein? Frei von der Beeinflussung durch aktuelle Reize, durch mein Wissen, meine Erfahrung, meine Einsichtsfähigkeit, meine körperliche Befindlichkeit, in mir verborgenen, unbewussten Motiven, frei von meiner sozialen Herkunft und kulturellen Einordnung? Frei von einer letzten Ursache, sozusagen »aus sich heraus« eine Wirkung produzierend? Das würde gegen elementare Naturgesetze verstoßen und erschien mir daher als abwegig, geradezu als absurd. Bisher sind weder Physiker, Chemiker oder Physiologen auf Phänomene gestoßen, die zeigen würden, dass es in unserem Gehirn »über«natürlich zugehen würde.

In der Diskussion um die Willensfreiheit wird nun von den Verfechtern der Willensfreiheit inzwischen nicht mehr bestritten, dass Gründe unseren Willen determinieren. Und es wird von ihnen auch zugegeben, dass diese Gründe wiederum geprägt sind von unseren Erbanlagen, unserer Erziehung und nicht zuletzt den aus der Umwelt auf uns einwirkenden Reizen und Umständen. Dennoch – so wird behauptet – sei des Menschen Wille insofern »frei«, als er sich über alle diese determinierenden Faktoren hinwegsetzen und eine ganz andere Entscheidung treffen könne, wenn er dies nur »wolle«. Jeder Mensch könne – so er es nur wolle – quasi im letzten Augenblick genau das Gegenteil von dem tun, was ihm sein Gehirn an Entscheidung vorbereitet und quasi als Wille vorgelegt habe.

Dass diese Argumentation nicht schlüssig sein kann, liegt auf der Hand. Denn auch der Wille »im letzten Augenblick« ist ebenso nicht frei. In die Willensbildung, im letzten Moment noch eine andere Entscheidung zu treffen, gehen ebenfalls auch Gründe ein, die letztlich doch wieder determiniert werden durch die Gesamtheit der die Persönlichkeit kennzeichnenden Merkmale und Eigenheiten, und wenn es nur der aus dem unbedingten Wunsch resultierende Grund ist, seinem Gegenüber beweisen zu wollen, dass man auch anders entscheiden könne. Eine »letzte Instanz« sozusagen, die souverän und unabhängig von allem vorher Gedachtem, Erwogenem und Empfundenem eingreifen könnte, widerspricht allen bisherigen Erkenntnissen und letztlich aller Logik.

Tatsächlich ist es eben so, wie BAUER oben schon argumentierte, dass alle eine Persönlichkeit bestimmenden Faktoren, seien sie nun durch die Erbanlagen, die Erziehung, die Erfahrung oder die Umwelt geprägt, in die Entscheidungsbildung eingehen. Die allermeisten Einflussfaktoren werden uns dabei überhaupt nicht bewusst. Die endgültige Entscheidung wird – so BAUER – durch das stärkste Motiv bestimmt, und das stärkste Motiv ergibt sich vor allem aus den unbewussten Strebungen und Neigungen.

Der Streit geht nun – wie oben schon angedeutet – darum, ob in diesen Abwägungs- oder Entscheidungsprozess auch Motive, oder allgemeiner gesprochen: Faktoren, eingehen, die ihre Wurzeln weder in den Erbanlagen, noch in der Erziehung, noch im Erfahrungsschatz, noch in irgendwelchen meine Persönlichkeit kennzeichnenden Eigenschaften wie Gewissen oder Glauben, noch in der auf die Entscheidung einwirkenden Umwelt haben. Solche völlig »freien« Einflussfaktoren wären ihrer Natur nach »akausal«, würden also keine Ursache, keinen Grund im herkömmlichen Sinn darstellen. Ich habe schon davon gesprochen, dass damit fundamentale Prinzipien des natürlichen Geschehens außer Kraft gesetzt würden. Aber nehmen wir das trotzdem einmal so an.

Wenn also ein solcher »freier« Faktor in meine Willensbildung »einwirkte«, dann würde jedoch die zustande gekommene Entscheidung letztendlich nicht mehr nur von mir veranlasst, ich würde vielmehr von einem akausalen Faktor gesteuert. Die Folge wäre doch, dass ich für meinen Entschluss nicht mehr verantwortlich gemacht werden könnte. Entweder ist das Ergebnis meines Willensbildungsprozesses die Resultierende aller in *meiner* Persönlichkeit wurzelnden Einflussgrößen, zu denen auch die aus der Umwelt auf mich wirkenden und von mir beurteilten und bewerteten Größen zu zählen sind, dann ist dieser Prozess durch mich determiniert, oder es tritt ein akausales Element hinzu, dann entzieht sich dieser Prozess meiner vollständigen Einflussnahme. Ich kann dann für das Endergebnis aber nicht mehr als alleiniger Urheber verantwortlich gemacht werden.

In den Diskussionen über die Existenz der Willensfreiheit wird von den Verfechtern der Willensfreiheit heute gern der Hinweis auf das inneratomare Geschehen als Argument benutzt. Dort hat man bekanntlich festgestellt, dass der akausale Zufall eine große Rolle spielt. Teilchen entstehen ohne sichtbaren Grund, Ereignisse finden ohne Ursache statt, die Kausalität scheint außer

Kraft gesetzt zu sein. Möglicherweise findet unsere Alltagslogik hier tatsächlich ihre Grenzen. Vielleicht gibt es aber auch Einwirkungen aus anderen Dimension, die uns derzeit weder theoretisch noch experimentell zugänglich sind. Ein Argument für die Willensfreiheit würde aus der Existenz solcher scheinbar oder tatsächlich stattfindender akausaler Vorgänge aber in keinem Fall folgen. Ein Einflussfaktor, der völlig außerhalb meiner Kontrolle liegt, widerspricht fundamental der These, dass ich für das, was ich will, also nicht nur für das, was ich tue, der Verursacher bin. Das, was dann geschähe, wäre nicht mehr mein Wille!

Vor allem die Quantentheorie mit ihren Wahrscheinlichkeitsaussagen kommt vielen Philosophen bei der Verteidigung der Willensfreiheit wie gerufen. Mit leuchtenden Augen verkünden einige von ihnen, damit sei der Determinismus ein für alle mal erledigt und damit auch das Argument, dass alle Prozesse im Gehirn determiniert seien, vom Tisch. So meint zum Beispiel der Philosoph KLAUS FISCHER, Universität Trier, in einer Kontroverse mit dem Hirnforscher GERHARD ROTH:

> »Hier muss die Hirnforschung von der modernen Naturphilosophie (Physik) lernen! Mit Verlaub: Wer den Determinismus als Grund für die Abschaffung der Willensfreiheit – und folgerichtig für die Leugnung der Verantwortung für unsere Handlungen – anführt, hat *die* grundlegende wissenschaftliche Revolution [gemeint ist die Quantentheorie, U.L.] des 20. Jhs. nicht verstanden und muss nachsitzen.«[4]

Tatsächlich muss wohl er nachsitzen, denn entscheidend im vorliegenden Diskussionzusammenhang ist, dass auf der Ebene der Gehirnzellen tatsächlich alle Prozesse als determinierte ablaufen. Denn dort, wo nicht einzelne Atome oder subatomare Teilchen maßgebend sind sondern Nervenzellen, und zwar Tausende und mehr, die gleichzeitig »feuern«, addieren sich – wie wir bereits in Kapitel III, 2 erfuhren – selbst bei akausalen Effekten die Einzelwahrscheinlichkeiten zu einem Mittelwert, der diesem Prozess den Charakter eines im Prinzip eindeutig voraussagbaren und damit determinierten Geschehens verleiht. Wäre dem nicht so, würden wir in unserem täglichen Verhalten wie zufallsgesteuerte Automaten und daher völlig unberechenbar agieren. Psychologie und Psychotherapie verlören ihre Arbeitsgrundlage, denn wo der Zufall regiert, ist keine rationale Analyse und erst recht keine Verhaltensvoraussage möglich. Und im Übrigen ist es keinesfalls so – wie FISCHER meint – dass fehlende Willensfreiheit auch fehlende Verantwortung bedeutet, Verantwortung ist nicht mit Schuld gleich zu setzen. Darauf wird noch ausführlich einzugehen sein.

Als Fazit kann man festhalten: Eine Willensbildung, in die akausale oder aus einer geistigen oder transzendenten Welt einwirkende Faktoren eingreifen, mag als *frei* bezeichnet werden, *mein* Wille ist es dann jedoch nicht mehr. Eine Willensbildung dagegen, die in ihrer Entstehung vollständig – jedenfalls prinzipiell – mit mich steuernden Gründen nachvollzogen werden kann, kann wiederum nicht als *frei* bezeichnet werden. Wenn meine Entscheidung, zum Beispiel ab dem morgigen Tag abnehmen zu wollen, durch die Ermahnungen beim letzten Arztbesuch, die dabei bekannt gewordenen beängstigenden Blutwerte, die ästhetischen Erwartungen meiner Umgebung, ganz allgemein durch den Wunsch nach Gesundheit und höherer Lebenserwartung und möglicherweise weiteren drängenden Gründen erklärt werden kann, dann bleibt für die Freiheit des Willens kein Platz mehr. Und wenn ich den Versuch, mein Gewicht zu reduzieren, nicht durchhalte, dann ist auch in diesem Fall die Entscheidung, oder hier besser gesagt das Gegenteil der vorher getroffenen Entscheidung, das sich zwangsläufig einstellende Ergebnis eines Prozesses, der ausschließlich durch die Determinanten meiner Persönlichkeit bestimmt wird.

Auf mich einwirkende äußere Umstände wie Erwartungen, Verlockungen, Versprechungen, Drohungen oder dergleichen sind dabei ebenfalls zu den persönlichen Einflussfaktoren zu zählen, weil sie immer erst einem subjektiven Bewertungsprozess unterworfen werden, bevor sie meine weiteren Entscheidungen beeinflussen. Ein in die Enge getriebener jähzorniger Mensch wird sehr viel schneller eine gesetzeswidrige Handlung begehen als ein phlegmatischer, dessen Psychostruktur eine Beleidigung zum Beispiel gleichgültig ignoriert.

Ob man es nun mit seinem Selbstverständnis vereinbaren kann oder nicht: Der Prozess der Willensbildung läuft in uns ab – zwangsläufig und programmiert. In gewisser Weise verhalten wir uns also wie Automaten. Das mag eine unglaubliche Kränkung unseres Selbstwertgefühls darstellen und geeignet sein, manchen von uns bis ins Mark zu erschüttern. Diese Einsicht zerstört unsere Auffassung, autonome Gestalter unseres Lebens zu sein. KOPERNIKUS und GALILEI vertrieben seinerzeit den Menschen aus dem Zentrum der Welt. DARWIN nahm später durch seine Evolutionstheorie dem Menschen den biblischen Glauben, ein unmittelbares Geschöpf Gottes zu sein. FREUD stellte ernüchternd fest, dass das Unbewusste und keinesfalls das Ich Herrscher im Hause ist. Die Neurobiologie schließlich – wie noch ausführlich zu zeigen sein wird – erklärt den freien Willen, die Grundlage unserer als unabhängig und souverän empfundenen Stellung innerhalb dieser Welt, zu einer zwar schönen, aber eben doch zu einer Illusion, zu einer aus unserem Wunschdenken resultierenden Selbsttäuschung. Der bekannte Satz des Dichters und Schriftstellers CHRISTIAN MORGENSTERN (1871-1914),

»dass nicht sein kann, was nicht sein darf«, kann kein Argument sein, um dieser schönen Illusion weiter anzuhängen.

Könnte es sein, dass viele Menschen nur deswegen an der Willensfreiheit festhalten, weil sie sich ohne sie zu einem nur instinkthaft reagierenden Tier herabgestuft fühlen? Für viele ist die Vorstellung eines »automatenhaft« agierenden Menschen mit dem Begriff der Menschenwürde unvereinbar, folglich halten sie an der Auffassung fest, dass der menschliche Wille frei sein müsse. Einen wissenschaftlichen Beweiswert hat eine solche Berufung auf die Menschenwürde natürlich nicht. Angemerkt werden aber sollte, dass die Attribute »programmiert« beziehungsweise »automatenhaft« insofern höchst problematisch sind, als sie der Funktionsweise von Systemen entsprechen, die nicht im entferntesten mit der Informationsverarbeitungskapazität und Komplexität und damit Verhaltensweise eines menschlichen Gehirns vergleichbar sind. Weder quantitativ noch gar qualitativ sind solche Vergleiche zwischen Mensch und Automat zulässig. Die Begriffe werden lediglich mangels anderer Begrifflichkeiten verwendet, um Folgerichtigkeit und innere Logik und damit Zwangsläufigkeit eines Prozesses zu beschreiben. Nur unter diesem eng umschriebenen *formalen* Aspekt sind Gehirnprozesse mit Abläufen in programmierten Automaten, zum Beispiel Rechenautomaten, vergleichbar.

Trotz aller Determiniertheit bleibt aber doch auch festzuhalten: Das Gefühl, frei entscheiden zu können, besteht dennoch. Auch wenn das eine Selbsttäuschung ist. Subjektiv haben wir die feste Überzeugung, »Herr im Hause« zu sein. Wir fühlen uns offenbar besonders dann frei in unserer Entscheidung, wenn wir uns in dem, was wir wollen und tun, in vollkommener Übereinstimmung mit unserer Erziehung, unseren Erfahrungen, unseren Ansichten und unserer Natur befinden. Deshalb sagt der Münchener Psychologe WOLFGANG PRINZ, ein Mitverfasser des schon in Kapitel III zitierten Manifests der elf führenden deutschen Hirnforscher, vielleicht mit leichter Ironie: »Wir tun nicht, was wir wollen, sondern wir wollen, was wir tun.«

BAUER macht in seinem schon mehrfach zitierten Aufsatz auf den interessanten Umstand aufmerksam, dass wir dieses Freiheitsgefühl für uns selbst beanspruchen, in der Wahrnehmung eines anderen Menschen erwarten wir jedoch Folgerichtigkeit, also eine innere Logik in seinem Wollen und Verhalten. Sehen wir diese Folgerichtigkeit nicht, halten wir ihm das als inkonsequent, unlogisch oder widersprüchlich vor!

2. Erkenntnisse der Neurobiologie zum Problem der Willensfreiheit

Philosophie, Geistes- und Kulturwissenschaften und vor allem die Naturwissenschaften versuchen Phänomene unserer Welt zu beschreiben, zu erklären und zu deuten. Allen diesen Disziplinen geht es um die Erklärung für bisher nicht verstandene Phänomene, um ein zunehmend tieferes Verständnis der Wirklichkeit, um Lösungen für Probleme und um Voraussagen zukünftiger Entwicklungen. Während im Altcrtum dic Philosophie noch für viele dieser Bereiche Erklärungs- und Deutungshoheit beanspruchte – später reklamierte die Theologie vielfach diese Rolle für sich – so hat sie heute das Feld weitgehend den Einzeldisziplinen überlassen und hat sich in Bezug auf wissenschaftliche Fragen auf deren wissenschaftstheoretische Fundierung zurückgezogen, also auf Fragen der Begründung von Wissenschaft und ihrer Methodik, sowie der verallgemeinernden Interpretation ihrer Ergebnisse. Aber für einige weitere Themen beansprucht sie auch heute noch ihre – manchmal sogar alleinige – Zuständigkeit.

Zu den von der Philosophie nach wie vor als in ihren Zuständigkeitsbereich fallenden Themen gehört zum Beispiel die Frage nach der Willensfreiheit. Wohl auch nicht ganz zu Unrecht, wie die vorangegangenen Erörterungen gezeigt haben. Denn es geht bei der Frage nach der Willensfreiheit unter anderem auch um die Allgemeingültigkeit von Kausalität und Logik, also um ganz grundsätzliche wissenschaftstheoretische Konzepte und Fragestellungen. Ihre Bearbeitung und Beantwortung erfolgen in der Philosophie. Da die Problematik der Willensfreiheit unter anderem diese wissenschaftstheoretischen Fragen aufwirft, ist die Philosophie hier zu Recht involviert.

Was aber, wenn es den Naturwissenschaften, hier speziell der Neurobiologie, gelingt zu beweisen, dass es keine Willensfreiheit gibt? Kann es dann sinnvoll sein, dass die Philosophie oder jedenfalls maßgebende Vertreter ihrer Zunft noch länger an der Auffassung von der Willensfreiheit festhalten?

Ich glaube nicht, denn es kann nur eine die Wirklichkeit korrekt widerspiegelnde Auffassung zu dieser Frage geben. Denn intuitiv haben wir wohl alle die Vorstellung von einem einheitlichen Verständnis der Wirklichkeit. Ein Nebeneinander von sich widersprechenden Theorien über denselben Sachverhalt widerspricht fundamentalen logischen und wissenschaftlichen Prinzipien und führt über kurz oder lang zu immer mehr Ungereimtheiten. Der Philosophie würde im Falle des Beharrens auf einer nachweislich überholten Ansicht dann das gleiche Schicksal zuteil werden, das die Theologie über die Jahrhunderte ertragen musste, nämlich unter dem Druck naturwissenschaftlicher Erkenntnisse Schritt für Schritt unhaltbare Positionen aufgeben zu müssen und dabei zugleich erheblich an Glaubwürdigkeit und Reputation zu verlieren.

Was hat denn nun die Neurobiologie bisher zur Frage des so genannten »freien Willens« herausgefunden? Gibt es einschlägige Experimente und Einsichten in die neuronalen Prozesse, die die Existenz eines freien Willens widerlegen oder jedenfalls sehr unwahrscheinlich erscheinen lassen?

In dem in Kapitel III, 4 schon erwähnten und teilweise schon zitierten Manifest der elf führenden Hirnforscher heißt es, dass die im Gehirn eines Menschen beobachtbaren neuronalen Prozesse einerseits und die von diesem Menschen gleichzeitig bewusst erlebten geistig-psychischen Zustände andererseits aufs engste miteinander zusammenhängen und dass *unbewusste* Prozesse *bewussten* in bestimmter Weise *voraus*gehen.[5]

Was eine beweiskräftige Antwort auf die Frage nach dem Phänomen der Willensbildung und damit auf die Frage nach dem so genannten »freien Willen« innerhalb der nächsten zehn Jahre angeht, zeigen sich die Autoren des Manifests etwas zurückhaltend. Sie lassen aber keinen Zweifel daran, dass es sich hierbei um ein natürlich erklärbares Phänomen handelt, das auf der Basis neurobiologischer Prozesse zustande kommt und prinzipiell keiner übernatürlichen Erklärung bedarf, auch wenn derzeit noch viele damit zusammenhängende Fragen ungeklärt seien.

Zwei der Autoren, GERHARD ROTH und WOLF SINGER, artikulieren sich in ihren eigenen Schriften in Bezug auf ihre Meinung zur Frage der Existenz von Willensfreiheit deutlicher. Professor GERHARD ROTH (*1942) ist Direktor am Institut für Hirnforschung an der Universität Bremen, Professor WOLF SINGER (*1943) ist Direktor am Max-Planck-Institut für Hirnforschung in Frankfurt; beide sind einer breiteren Öffentlichkeit durch ihre Schriften und Fernsehauftritte bekannt geworden. Beide halten einen »freien Willen« für unvereinbar mit einer Vielzahl von inzwischen gewonnenen neurologischen Erkenntnissen, ganz abgesehen von den bereits angesprochenen und im nächsten Unterkapitel noch einmal breiter diskutierten logischen Argumenten, die für einen freien Willen im Konzept der heutigen Naturwissenschaften keinen Platz lassen.

Es gibt ein neurologisches Experiment, das bereits im Jahre 1979 von BENJAMIN LIBET (1906-2007), Neurophysiologe an der University of California in San Francisco, durchgeführt wurde und meines Erachtens für die heutige Hirnforschung nach wie vor einen starken Beleg, wenn nicht sogar einen klaren Beweis gegen die Existenz eines freien Willens darstellt. GERHARD ROTH beschreibt diesen Versuch, mit dem LIBET eigentlich die Existenz der Willensfreiheit objektiv nachweisen wollte, ausführlich in seinem Buch »Fühlen, Denken, Handeln«.[6]

Im Prinzip ging es bei diesem Versuch um Folgendes: LIBET forderte Testpersonen auf, ihre Hand zu einem selbst bestimmten Zeitpunkt zu heben. Gleichzeitig beobachteten sie eine Art Uhr, auf der sie sehr genau ablesen konnten, wann sie sich für die Bewegung ihrer Hand entschieden hatten. Währenddessen maß LIBET die elektrischen Aktivitäten in Hand und Gehirn. Das erstaunliche und für LIBET – wie er in seiner Beschreibung des Versuchs eingestand – unerwartete und ihm höchst unangenehme Ergebnis, weil er sich als Dualist verstand und die Willensfreiheit eigentlich beweisen wollte: Etwa 350 bis 550 Millisekunden *vor* dem bewusst registrierten Entschluss, die Hand zu heben, zeigte sich bereits Aktivität in dem Hirnbereich, der die Bewegung der Hand steuert.

Man kann also sagen, dass das Bewusstsein, die Hand bewegen zu wollen, etwa eine halbe Sekunde *nach* dem Moment einsetzt, in dem das Gehirn bereits die Vorbereitungen für diese Aktion eingeleitet hat. LIBET zog daraus den Schluss, dass wir dem Gehirn mit unseren Absichten hinterher hinken. Wir machen nicht, was wir wollen, sondern es gilt umgekehrt: Wir wollen, was unser Gehirn bereits für uns entschieden hat. (Wobei die Frage wäre, wer mit »wir« hier eigentlich gemeint ist? Eine bestimmte Instanz im Gehirn, unser Bewusstsein oder unser Gehirn als Ganzes?)

Die Versuche zur Beziehung zwischen dem so genannten Bereitschaftspotential, also der unbewusst ablaufenden vorbereitenden Aktivierung, in der Sprache der Neurologen Voraktivierung genannt, und dem bewusst vollzogenen Willensakt wurden weltweit mit einigen wichtigen, methodische Kritik berücksichtigenden Veränderungen wiederholt. Aber das Ergebnis war immer dasselbe: Unser Gehirn hat offenbar seine Entscheidungen längst getroffen, wenn »wir« meinen, uns jetzt bewusst zu entscheiden.

ROTH analysiert in seinem Buch »Fühlen, Denken, Handeln« diesen Sachverhalt näher und unterscheidet bezüglich des zu erwartenden Versuchsausgangs drei theoretisch mögliche Fälle:

1. Wenn der Zeitpunkt des Entschlusses dem Beginn des Bereitschaftspotentials vorausgeht, dann ist dies ein empirischer Beleg, der für die Willensfreiheit spräche. In diesem Fall würde der Vorgang des Entschlusses durch die Messinstrumente natürlich nicht registriert werden können, da der Wille ja »frei«, also immateriell, ohne selbst verursacht zu sein, wirken würde. 2. Fällt der Zeitpunkt des Entschlusses mit dem Beginn des Bereitschaftspotentials zusammen, dann – so ROTH – ist nichts verloren, denn man kann dem immateriellen freien Willen unterstellen, dass er augenblicklich, das heißt ohne jegliche Verzögerung, auf die Hirnprozesse einwirkt. 3. Folgt

der Zeitpunkt des Entschlusses jedoch deutlich dem Beginn des Bereitschaftspotentials, dann sind erhebliche Zweifel an der Existenz eines freien Willens als eines mentalen Verursachers, der selbst nicht materiell verursacht sei, angebracht.

Man kann die unter Punkt 3 geschilderte Situation auch so interpretieren: Sofern dem Versuch keine systematischen und methodischen Fehler zu Grunde liegen, dann stellt das Ergebnis einen kaum noch zu widerlegenden Beleg für die Illusion von der Willensfreiheit dar, zumal sich dieser Befund bestätigend einreiht in eine Vielzahl anderer hirnphysiologischer Erkenntnisse. Gegen systematische und methodische Versuchsfehler spricht die Vielzahl von weltweit arbeitenden Hirnforschern, die LIBETS Versuch als richtungsweisend empfunden, so oder ähnlich nachvollzogen haben und seine Messungen eindeutig bestätigen konnten.

Noch eindrücklicher und aktueller sind die diese Erkenntnisse bestätigenden Untersuchungen von JOHN-DYLAN HAYNES (*1971) und Mitarbeitern vom Max-Planck-Institut für Kognitions- und Neurowissenschaften Leipzig. Sie konnten in einem veränderten Versuchsdesign zeigen, dass bis zu sieben Sekunden vor der eigentlichen Entscheidung bereits Hirnaktivitäten stattfinden und konnten anhand dieser neuronalen Aktivitätsmuster sogar voraussagen, welche von zwei möglichen Entscheidungen von dem Probanden gewählt werden wird. Wie beim LIBET-Versuch konnten auch hier die Probanden den Zeitpunkt ihrer Entscheidung selbst wählen, so dass der unbewusst ablaufende Prozess der Anbahnung der Entscheidung und auch die Aktivität im Moment der Ausführung der Entscheidung beobachtet werden konnten.[7]

Die Verteidiger der Willensfreiheit argumentieren, dass der LIBET-Versuch und ihm vergleichbare mit ihren simplen Alternativen wie »Hand heben« oder »linken oder rechten Knopf betätigen« zu schlicht seien, als dass sie als Modell für realistische Entscheidungssituationen gelten könnten. In diese gingen eine Vielzahl von Motiven und Gründen ein, die teils bewusst, teils unbewusst wirkten, zeitlich nacheinander bedacht würden, ja, dass die Entscheidungsfindung mitunter im letzten Moment abgebrochen und erneut gestartet würde, so dass schließlich in einer Art Iterationsprozess das Ergebnis der vorhergehenden Entscheidung in die neu aufgenommene Entscheidungsfindung eingehen könne. Letztendlich sei gar nicht mehr beurteilbar, ob nicht in einem sich verselbständigenden Kreisprozess die Wirkung zur Ursache werde und gewissermaßen eine Entscheidung aus sich selbst heraus produziere.

Abgesehen davon, dass auch diese Argumentation die Frage unbeantwortet lässt, worin letztlich die Freiheit des Willens begründet liege – es gilt das, was in der gesamten Naturwissenschaft gilt: Auch der einfache Fall steht für das Prinzip. Der prinzipielle Ablauf des Entscheidungsprozesses beim Heben einer Hand unterscheidet sich nicht grundsätzlich von dem des Entscheidungsprozesses zum Beispiel ins Kino zu gehen. In beiden Fällen laufen vorbereitende unbewusste Vorgänge ab, die sich meiner direkten Kontrolle entziehen. Im Falle des Kinobesuchs kommt vielleicht der emotional gefärbte Wunsch dazu, eine bestimmte Schauspielerin sehen zu wollen. Aber auch das ändert nichts an dem prinzipiell gleichen Ablauf.

Auch HOLK CRUSE (*1942), Professor für Biologische Kybernetik/Theoretische Biologie an der Universität Bielefeld, betont, dass das, was wir subjektiv erleben und auch das Erleben dessen, was wir mit »freiem Willen« bezeichnen, ein Konstrukt des Gehirns sei. Er beschreibt zwei Versuche, mit denen er dies illustriert. Wenn ein bestimmter menschlicher Gehirnbereich, der so genannte Thalamus, künstlich gereizt wird, dann führt das zu einer Fingerbewegung. Befragt man die Versuchsperson danach, ob sie diese Bewegung geplant und gewollt habe, verneint sie dies. Reizt man dagegen einen anderen Gehirnbereich, den so genannten motorischen Cortex, dann wird ebenfalls der Finger bewegt. Die Versuchsperson behauptet allerdings in diesem Fall, die Bewegung willentlich ausgeführt zu haben. Im zweiten Versuch liegt also das Erleben einer freien Entscheidung vor, die aber in diesem Fall nachweislich von außen ausgelöst wurde. Das Erlebenssystem – so CRUSE – kann also gründlich getäuscht werden.[8]

Ich meine, dass dieser eben beschriebene Versuch von CRUSE noch mehr als der LIBET- und der HAYNES-Versuch – jedenfalls für den Laien – die Illusion der Willensfreiheit demonstriert. Die Einfachheit des Versuchsablaufs ist für jedermann ersichtlich und lässt nicht den Gedanken aufkommen, in der relativen Kompliziertheit der anderen Versuche, vor allem in den Verfahren der Zeitmessung, könnten systematische Fehler stecken, die vor allem vom Laien gar nicht erkannt werden könnten.

Aus neurobiologischer beziehungsweise neurologischer Sicht kann also wohl kaum noch ernsthaft bezweifelt werden, dass unsere Willenshandlungen von unbewusst arbeitenden Instanzen in unserem Gehirn vorbereitet werden und daher eben wohl nicht frei sind. Man kann es auch so formulieren: Die Entscheidung wird in Wirklichkeit auf einer unbewussten Ebene getroffen und erst später in eine »bewusste Entscheidung« übersetzt. ROTH schreibt, dass jeder willentlichen motorischen Reaktion in unserer Großhirnrinde eine spezifische Erregung, das schon erwähnte Bereitschaftspotential, vorausgeht. Somit sei nicht der Willensakt die *Ursache*, sondern vielmehr eine *Folge* der mit der unbewussten Handlungsvorbereitung zusammenhängenden Hirnprozesse.

ROTH erläutert, wie Entscheidungen zustande kommen:

»Eine Fülle von Untersuchungen zeigt, dass unsere bewussten Wünsche, Absichten und Pläne, die zum Willen reifen, uns zwar frei erscheinen, in Wahrheit aber durch Faktoren bestimmt werden, die nicht unserer bewussten Kontrolle unterliegen. Hierzu gehört das als plötzlich erlebte Auftauchen von Wünschen und Absichten, die eingebettet sind in die weitgehend unbewussten Rahmenbedingungen unserer Persönlichkeit. Das limbische System unseres Gehirns mit dem Mandelkern (Amygdala) als Zentrum ist der Sitz dieser Rahmenbedingungen. Es bewertet alles, was unser Organismus tut, nach den Kategorien ›lustvoll‹ oder ›schmerzhaft‹, ›erstrebenswert‹ oder ›zu vermeiden‹, und bildet damit unser so genanntes ›emotionales Erfahrungsgedächtnis‹« …

»Diese [Untersuchungen] zeigen, dass die bewusst arbeitende Großhirnrinde allein nicht in der Lage ist, Willkürhandlungen auszulösen, sondern dass Strukturen tief im Gehirn, die so genannten Basalganglien, hierbei entscheidend mitwirken müssen. Die Basalganglien stellen ein Handlungsablauf-Gedächtnis und -Kontrollsystem dar. Sie müssen die Aktivitäten des Cortex, insbesondere des Stirnhirns, so verstärken, dass das Bereitschaftspotential ein bestimmtes Niveau erreicht und ein Bewegungsprogramm gestartet werden kann. Ob und in welchem Maße die Basalganglien dies tun, steht wiederum unter Kontrolle des limbischen Systems. Dieses hat also das erste Wort (beim Entstehen unserer Wünsche) und das letzte Wort (wenn entschieden werden soll, ob etwas jetzt und so und nicht anders getan werden soll). Wir mögen noch so verständig und vernünftig unsere Motive hin und her bewegen (das tun wir mit dem Stirnhirn) – was wir letztlich tun, wird vom Erfahrungsgedächtnis entschieden, denn die Handlung muss in unsere bisherigen Erfahrungen hineinpassen: Wir müssen damit ›emotional leben‹ können.«[9]

Als Neurobiologe ist ROTH also davon überzeugt, dass man nicht mehr von einem freien Willen sprechen kann, weil das bewusste rationale »Ich« nicht die Instanz ist, die das Handeln steuert, sondern das limbische System, also unser unbewusstes Erfahrungs- bzw. Handlungsgedächtnis. Dieses System kann man übrigens als das neurobiologische Korrelat zu FREUDS Konzept des Unbewussten ansehen. In diesem Zusammenhang macht ROTH auf einen Umstand aufmerksam, den ihm – wie er wiederholt betont – kein Dualist erklären kann: Warum wird insbesondere dann besonders viel Sauerstoff und Glukose verbraucht, wenn man denkt und sich konzentriert und die Neuronen besonders stark feuern müssen? Das – so sagt er – kann ihm kein Dualist, der an die völlige Autonomie und Immaterialität des Geistes glaubt, begreiflich machen.

Ein immaterieller, also nicht-stofflich-energetischer Wille wäre vielleicht nicht von dieser Welt. Schon der französische Philosoph RENÉ DESCARTES (1596-1650) hatte die Idee von den zwei Welten (daher der Begriff des Dualismus). Ein Wille von solcher »andersweltlicher« Beschaffenheit wäre dem (diesseitigen) Prinzip der Kausalität nicht unterworfen und könnte daher Entscheidungen in absoluter Freiheit treffen. So weit, so gut – aber wie ein solcher immaterieller Faktor das materielle Gehirn und seine Neuronen beeinflussen könnte, wäre mit den Mitteln heutiger Wissenschaft nicht erklärbar, weil eben Materie nur durch Materie beziehungsweise Energie bewegt werden kann. Es sei denn, man definiert eine Art Meta-Wissenschaft, die mit bisher unbekannten Einflussgrößen aus einer anderen, einer geistigen Welt rechnet. Nach heutigem wissenschaftlichen Verständnis setzt jedoch die kausale Verknüpfung einer Ursache mit einer Wirkung einen Energieübertrag voraus und besteht nicht bloß in einem zeitlichen Nacheinander.

Erwähnt werden soll noch, dass LIBET später seine früheren Interpretationen der Experimente nicht aufrecht erhalten wollte. Er sah zum Ende seiner aktiven Forschertätigkeit in seinen damaligen Experimenten nicht mehr den ursprünglich hinein interpretierten Beweis für die Nichtexistenz eines freien Willens. Seine Begründung lautete nun, dass dem Willen stets noch Zeit bliebe, um im Sinne eines Vetos in den unbewusst angelaufenen Prozess noch bewusst steuernd einzugreifen, ihn zu unterdrücken oder in eine andere Richtung zu lenken. Dieses Veto, so schreibt er, komme seinerseits nun nicht wieder aus dem Unbewussten, sondern stelle einen »freien« Faktor des Bewusstseins dar. Hier also auch wieder der Versuch, den freien Willen gewissermaßen durch die Hintertür – so würde ich das jedenfalls interpretieren – hereinzulassen.

Schließlich argumentierte LIBET, dass sich die Frage der Willensfreiheit experimentell eigentlich gar nicht beantworten lasse. Denn die von außen objektiv beobachtbaren und messbaren physikalisch-chemischen Abläufe und die innerlich subjektiv erlebbaren und mitteilbaren Ereignisse seien phänomenologisch unterschiedlichen Kategorien zuzuordnen, so dass es zum Beispiel fraglich sei, ob die objektive Zeitbestimmung mit der subjektiven überhaupt verglichen werden dürfe. Überzeugen konnte er aber die neurobiologische Fachwelt in ihrer überwältigenden Mehrheit mit diesem Rettungsversuch zu Gunsten des freien Willens nicht.[10]

In diesem Zusammenhang wird von Verfechtern der Willensfreiheit gern auf die Unvereinbarkeit der so genannten Erste-Person-Perspektive und der Dritte-Person-Perspektive verwiesen. Fühlen, Denken, Wollen, Bewusstsein erleben und beschreiben wir aus der Ersten-Person-Perspektive. Diese Phänomene sind uns derzeit nur in dieser Perspektive zugänglich. In der Dritten-Person-Perspektive kommen diese Phänomene (noch) nicht vor, es können in dieser Perspektive der naturwissenschaftlichen Beschreibung nur Aktivitäten in den Neuronen und Neuronenkomplexen beobachtet und gemessen werden. Die Neurobiologie ist derzeit allenfalls in ersten Ansätzen in der Lage festzustellen, ob eine neuronale Aktivität von Gefühlen oder gar Bewusstsein begleitet wird. Die beiden Perspektiven lassen sich – so wird gern triumphierend festgestellt – nicht aufeinander beziehen. Ich würde hier einwenden: *noch* nicht. Denn Korrelationen sind auch jetzt bereits feststellbar, zum Beispiel erhöhte (messbare!) Neuronenaktivitäten oder erhöhter Sauerstoffbedarf in bestimmten damit befassten Hirnarealen beim angestrengten Nachdenken oder zum Beispiel beim Fühlen von Schmerz oder Angst. Wenn – wie die heutige Neurobiologie behauptet – prinzipiell alle Vorgänge im Gehirn auf naturwissenschaftlicher Basis erklärbar sind, werden auch diese Phänomene nach und nach verstanden, und das Auseinanderklaffen der beiden Perspektiven wird überwunden werden.

Das in Kapitel III, 4 beschriebene Beispiel eines mit der Fähigkeit zur »Zielstrebigkeit« ausgestatteten Heizregelkreises soll zur Erhellung der Problematik hier noch einmal erwähnt werden. Man könnte davon sprechen, dass dieses System über einen – technisch realisierten – »Willen« verfügt, also über ein ihm innewohnendes Bestreben, etwas Bestimmtes erreichen zu wollen. Die generelle Befähigung dazu ist ihm vom Konstrukteur verliehen worden. Die jeweils konkrete Zielsetzung – im Rahmen der Möglichkeiten der Konstruktion – wird ihm vom Benutzer dieses Systems vorgegeben. Es handelt sich also um ein System ohne »eigenen« oder gar »freien Willen«. Stellen wir uns jetzt ein wesentlich komplexeres System vor, etwa einen zukünftigen Roboter, dessen Aufbau und Funktion wir seiner Komplexität wegen einfach nicht mehr durchschauten, also ein System, das über eine Vielzahl weiterer Regelungsmechanismen verfügte, die ebenfalls in der Lage wären, bestimmte Absichten unter wechselnden Umweltbedingungen zu verfolgen oder zum Beispiel bei Unmöglichkeit der Erfüllung selbstständig durch situationsangepasste zu ersetzen. Ein solches System besäße doch eine Verhaltensweise, die wir durchaus treffend mit dem Attribut »Wille« oder gar »freier Wille« bezeichnen könnten. Und dennoch wüssten wir, dass dieser Anthropomorphismus, also diese Übertragung menschlicher Eigenschaften auf ein technisches System, hier falsch wäre. Der Begriff wäre übergestülpt, tatsächlich verfügte dieses System nicht über diese Eigenschaft, es existieren lediglich programmierte, höchst anpassungsfähige Ablaufmechanismen, die nach außen aufgrund ihrer Flexibilität beziehungsweise Undurchschaubarkeit nur den Anschein erweckten, als ob es aufgrund eigenen und freien Willens handelte.

Was lässt sich nun als Fazit aus den vorangegangenen Ausführungen und Überlegungen dieses Unterkapitels formulieren?

Eine zentrale Behauptung der Vertreter der Willensfreiheit ist, dass die Vorgänge im Gehirn, speziell jene, die bei der Willensbildung beteiligt sind, nicht vollständig durch die bekannten physikalisch-chemischen Gesetze beschreibbar seien. Wirkliche Willensfreiheit muss also notwendigerweise außerphysikalische, also übernatürliche Mechanismen ins Spiel bringen. Dieser Auffassung steht diametral gegenüber die Arbeitsgrundlage der überwältigenden Mehrheit der Hirnforscher, dass die kognitiven und alle weiteren psychischen Funktionen mit den physikalisch-chemischen Aktionen in den Neuronen zwar nicht gleichzusetzen seien, aber dennoch aus diesen kausal erklärbar hervorgingen. Die Tatsache, dass viele dieser Vorgänge derzeit noch nicht verstanden würden, stelle absolut keinen Grund für ihre Mystifizierung durch Hinzunahme nicht-physikalischer Einflussfaktoren dar.

Die aus den obigen Ausführungen abzuleitende Feststellung, dass der freie Wille aus naturwissenschaftlicher, speziell neurologischer Sicht eine Illusion sei, heißt im Übrigen nicht, dass er subjektiv, also für mich, nicht als Realität wahrnehmbar sei. Ich erlebe tatsächlich das Gefühl der Freiheit in meiner Entscheidungsbildung. Dass dieses Gefühl objektiv eine Einbildung darstellt, zählt zu den vielen Beispielen von Widersprüchen zwischen subjektivem Erleben und Sinneswahrnehmung einerseits und objektiver Weltbeschreibung durch die heutigen Naturwissenschaften andererseits. Die vorangegangenen Kapitel lieferten hierzu bereits eine Reihe von Anschauungsbeispielen.

Noch eine letzte Bemerkung. Prinzipiell werden von der heutigen Hirnforschung alle Gehirnvorgänge als natürlich erklärbar angesehen, das heißt, auf der Basis physikalisch-chemischer Gesetzmäßigkeiten ablaufend definiert. Nur scheinbar erfolgt dadurch eine Entzauberung des »Geistes«. Das Denken, das Fühlen, das Sich-seiner-selbst-bewusst-werden – alles das bleibt dennoch etwas »Wunderbares«, wird eigentlich noch bestaunenswerter, wenn man bedenkt, dass es das Gehirn ist, das sich hier selbst betrachtet und sich selbst zu erklären versucht. So wie die Biologie heute schon durch die Gentechnik in den Fortgang der Evolution eingreifen kann, so wird in fernerer Zukunft die Neurowissenschaft ebenfalls in der Lage sein, das »Instrument« des Denkens und Fühlens nicht nur zu verstehen, sondern durch Eingriffe so zu verändern, dass diese Formen des Begreifens der uns umgebenden und uns hervorbringenden Welt erweitert werden. Es ist vorstellbar, dass nach der Ausweitung der äußeren Welt durch Seefahrt, Expeditionen, später Astronomie und Raumfahrt auch die innere Welt eine bis heute unvorstellbare Ausweitung an Erkenntnis und gefühlsmäßigem Erfassen, also an innerer »Weitsicht« hervorbringen wird. Was eine Erweiterung des Bewusstseins und der Empfindungsfähigkeit tatsächlich bewirken würde, kann man nur vage erahnen.

3. Philosophische Stimmen zum Problem der Willensfreiheit

Der oben zitierte Satz von SCHOPENHAUER, dass wir zwar tun könnten, was wir wollen, aber nicht wollen können, was wir wollen, lautet im Original etwas anders, und zwar ausführlicher wie folgt:

> »Ich kann thun, was ich will: Ich kann, wenn ich will, Alles, was ich habe, den Armen geben und dadurch selbst einer werden, – wenn ich will! – Aber ich vermag nicht, es zu wollen; weil die entgegenstehenden Motive viel zu viel Gewalt über mich haben, als daß ich es könnte. Hingegen wenn ich einen anderen Charakter hätte, und zwar in dem Maße, daß ich ein Heiliger wäre, dann würde ich es wollen können, dann aber würde ich auch nicht umhin können, es zu wollen, würde es also thun müssen.«[11]

SCHOPENHAUER definiert das »Freie« als »das in keiner Beziehung Nothwendige, welches heißt von keinem Grunde Abhängige«. Der freie Wille ist für ihn also ein Wille »ohne vorhergegangene Ursache … ohne Nothwendigkeit, … (der) nicht durch Gründe … durch gar nichts bestimmt würde«. SCHOPENHAUER stellt fest, dass die Annahme eines von Ursachen unabhängigen Willens unserem Denken zuwiderläuft, weil es dem unseren Denken zugrunde liegenden Kausalitätsprinzip widerspricht.

> »Unter Voraussetzung der Willensfreiheit wäre jede menschliche Handlung ein unerklärliches Wunder, – eine Wirkung ohne Ursache. Und wenn man den Versuch wagt, ein solches liberum arbitrium indifferentiae [freie, von keiner Seite beeinflusste Willensentscheidung] sich vorstellig zu machen, so wird man bald inne werden, dass dabei recht eigentlich der Verstand stille steht … .«[12]

Mit anderen Worten: nach SCHOPENHAUER widersprechen sich Willensfreiheit und Logik in fundamentaler Weise. Auch EINSTEIN bestritt die Möglichkeit von Willensfreiheit:

> »An Freiheit des Menschen im philosophischen Sinne glaube ich keineswegs. Jeder handelt nicht nur unter äußerem Zwang, sondern auch gemäß innerer Notwendigkeit. SCHOPENHAUERS Spruch: ›Ein Mensch kann zwar tun, was er will, aber nicht wollen, was er will‹, hat mich seit meiner Jugend lebendig erfüllt und ist mir beim Anblick und Erleiden der Härten des Lebens immer ein Trost gewesen und eine unerschöpfliche Quelle der Toleranz.«[13]

Bei anderer Gelegenheit sagte er:

> »Ich weiß ehrlich nicht, was die Leute meinen, wenn sie von der Freiheit des menschlichen Willens sprechen. Ich habe zum Beispiel das Gefühl, dass ich irgend etwas will; aber was das mit Freiheit zu tun hat, kann ich überhaupt nicht verstehen. Ich spüre, dass ich meine Pfeife anzünden will, und tue das auch; aber wie kann ich das

> mit der Idee der Freiheit verbinden? Was liegt hinter dem Willensakt, dass ich meine Pfeife anzünden will? Ein anderer Willensakt?«[14]

Für den Schöpfer der Relativitätstheorie war jedenfalls der freie Wille aus Sicht der Physik ein Ding der Unmöglichkeit.

Dass sich NIETZSCHE vehement gegen das Postulat der Willensfreiheit wandte, wurde oben schon erwähnt. Ein weiteres Zitat, das die Schuldfrage des Menschen in Zweifel zieht, verdeutlicht seine Einstellung noch einmal:

> »Die bösen Handlungen, welche uns jetzt am meisten empören, beruhen auf dem Irrthume, daß der Andere, welcher sie uns zufügt, freien Willen habe, also daß es in seinem Belieben gelegen habe, uns diess Schlimme nicht anzuthun.«[15]

SIGMUND FREUD (1856-1939) bewunderte NIETZSCHE, stimmte mit vielen seiner Ansichten überein und entnahm seiner Philosophie, die – wie man aus der Literatur über ihn erfahren kann – eigentlich auf weiten Strecken eine Psychologie war, viele Anregungen. FREUD war ebenfalls davon überzeugt, dass Willensfreiheit nicht existiert. Nach seiner Auffassung waren alle bewussten und unbewussten Vorgänge absolut determiniert. Da das Unbewusste die dominierende Rolle spielt und »das Unbewusste das Reich der wilden tierischen Instinkte« (Freud) ist, kann seines Erachtens von Freiheit der Willensbildung keine Rede sein. Ebenso war er davon überzeugt, dass alle psychischen Vorgänge sich auf physiologische zurückführen ließen. Für die Annahme eines freien Willens war und ist folglich in einem solchen Gedankengebäude definitiv kein Platz.

Die entschiedensten Verfechter der Willensfreiheit kommen aus dem religiösen Lager, speziell dem katholisch-christlichen. (Den Grund für das nachdrückliche Festhalten dieser Richtung an der Illusion der Willensfreiheit möchte ich im letzten Unterkapitel ansprechen.) Der Freiburger Moraltheologe EBERHARD SCHOCKENHOFF (*1953) greift in seiner Verteidigung der Willensfreiheit auf das klassische Dualismus-Modell zurück. Danach wirken auf der Ebene des Körpers und des Gehirns die Naturkräfte, auf der Ebene des Geistes walten metaphysische Kräfte, die der Naturwissenschaft prinzipiell nicht zugänglich seien. Nach dieser Vorstellung ist der Geist das Immaterielle, wesensverschieden von aller Materie, wohl aber in der Lage, auf die Materie, auf den Körper einzuwirken.[16]

Nach SCHOCKENHOFF wirkt der Geist, der Urheber des Willens, auf einer transzendenten, also jenseitigen Ebene. Das Gehirn ist nur sein ausführendes Organ. So wie das Klavier für den Pianisten als Instrument fungiert, so das Gehirn für den Geist. Nach SCHOCKENHOFF greift die moderne Naturwissenschaft, hier insbesondere die Neurophysiologie, zu kurz, wenn sie meint, durch die Beobachtung der neuronalen Vorgänge wesentliche Erkenntnisse zu gewinnen. Das wäre so, als wenn man versuchte, eine Symphonie anhand ihrer akustischen Signale, die auf einer Schallplatte gespeichert sind, zu erfassen, was in der Tat nicht möglich wäre.

Dieser Vergleich scheint nur im ersten Moment einleuchtend, er greift seinerseits zu kurz. Die akustischen Signale lösen ja in ihrer physikalischen Spezifität und Kombination ihrerseits bestimmte physiologische Prozesse im Gehirn aus. Sie rufen ganz bestimmte fest zugeordnete oder durch Lernen erworbene Gedächtnisinhalte ab und produzieren Bewusstseinszustände, die ein verstandesmäßiges Erkennen und Deuten und ein gefühlsbeladenes Erleben des Gehörten ermöglichen. Dies alles findet ganz zweifellos in unserem Gehirn statt, nicht auf irgendeiner transzendentalen Ebene.

Zwar ist die Neurowissenschaft beziehungsweise die Hirnphysiologie noch weit davon entfernt, erklären zu können, wie Gefühle und Bewusstsein entstehen, an der rein materiell-energetischen Grundlage dieser Phänomene zweifelt dennoch inzwischen ernsthaft kaum noch ein Neurowissenschaftler. Die Annahme der Mitwirkung metaphysischer Kräfte aus einer transzendenten Seinsebene an diesen Prozessen würde einen fundamentalen Bruch im naturwissenschaftlichen Forschungskonzept darstellen. Solche übernatürlichen Kräfte anzunehmen und damit ein über Jahrhunderte bewährtes Forschungskonzept als ungeeignet für diese – zugegeben höchst komplexe und wohl absolut gesehen schwierigste – Problematik zu verwerfen, besteht bisher kein Grund. Schließlich steckt die Hirnforschung noch in den Anfängen.

Selbst die Atomphysik – obwohl sie mit akausalen Effekten und mit bisheriger Logik absolut nicht zu vereinbarenden Phänomen zu tun hat – hat noch nie den Gedanken erwogen, ihr rein naturgesetzlich basiertes Forschungskonzept in Frage zu stellen. Es besagt bekanntlich, dass zur Erklärung materiell-energetischer Sachverhalte grundsätzlich keine übernatürlichen Kräfte angenommen werden müssen beziehungsweise erforderlich sind. Die Auffassung vom Einfluss übernatürlicher Kräfte erinnert an den Vitalismus (18. bis Mitte 20. Jahrhundert), wonach organisches Leben einer besonderen Lebenskraft (lateinisch: vis vitalis) bedarf. Der Vitalismus lehnte die ausschließlich physikalisch-chemische Erklärung der Lebensvorgänge ab. Er behauptete, dass in lebenden Systemen andere Substanzen und Kräfte als in der unbelebten Natur wirkten. Folglich seien auch die Methoden der klassischen Naturwissenschaften wie Physik oder Chemie ungeeignet, Phänomene des Lebendigen zu erfassen und zu erklären. Fast überflüssig zu erwähnen, dass der Vitalismus für die heutige Biologie als endgültig widerlegt gilt.

Zwei weitere sehr dezidierte Vertreter der Willensfreiheit sind der Berliner Philosoph PETER BIERI (*1944) und der inzwischen emeritierte Frankfurter Philosoph JÜRGEN HABERMAS (*1929). Beide haben sich zu dieser

Thematik wiederholt und an prominenter Stelle öffentlich geäußert. Beide koppeln den Begriff der Willensfreiheit sprachlich und philosophisch von den hirnphysiologischen Prozessen ab, so dass er gewissermaßen per Definition unabhängig ist von jenen Vorgängen, die nach Auffassung der Hirnforschung determiniert sind, also einen freien Willen nicht zulassen.

Beide sind viel zu klug, um das, was neurophysiologisch inzwischen als erwiesen gelten kann und sich zwanglos in unser naturwissenschaftliches Weltbild einfügt, noch zu bestreiten. Sie gehen sogar so weit, es als selbstverständlich anzusehen, dass auf der materiell-energetischen Ebene durchgängig Kausalität und insofern gesetzmäßige Zwangsläufigkeit herrscht. Ihnen ist klar, dass sie auf dieser Ebene, der biologischen beziehungsweise physiologischen Ebene, ihr Konzept von der Freiheit des Willens nicht verteidigen können. Für sie ist daher die psychologische Ebene entscheidend. BIERI argumentiert, dass Wille, Überlegungen, Entscheidungen psychologische Begriffe seien, die auf der physiologischen Ebene keinen Sinn machen, und in gleicher Weise suche man vergebens in der »neurobiologischen Mechanik« nach Freiheit oder Unfreiheit. Das Gehirn, also das neuronale Substrat und dessen Prozesse, seien der »falsche logische Ort« für diese Konzepte.

Für BIERI wie HABERMAS ist der Handelnde dann frei, wenn er will, was er als Ergebnis seiner Überlegung für richtig hält. BIERI wörtlich:

> »Unser Wille ist frei, wenn er sich unserem Urteil darüber fügt, was zu wollen richtig ist. Und der Wille ist unfrei, wenn Urteil und Wille auseinanderfallen – das ist der Fall beim Unbeherrschten, den seine übermächtigen Wünsche überrennen und zu einer Tat treiben, die er bei klarem Verstand verurteilt; und es ist der Fall beim inneren Zwang, wo wir gegen besseres Wissen einem süchtigen Willen erliegen. Die Unfreiheit zu überwinden und zur Freiheit zurückzufinden heißt jeweils, Urteilen und Wollen wieder zur Deckung zu bringen und eine Plastizität des Willens zurückzugewinnen, die in dem Gedanken Ausdruck findet: Ich würde etwas anderes wollen und tun, wenn ich anders urteilte.«[17]

Etwas weiter heißt es:

> »Das Gehirn nämlich *kann* gar nichts entscheiden, die Idee des Entscheidens hat keinen logischen Ort in der Rede übers Gehirn. Entscheidungen im eigentlichen Sinne gibt es nur, wo von Gründen und Überlegungen die Rede sein kann. Es ist ein Fehler, in die Rede über das Hirn einen Begriff wie ›entscheiden‹ aus der Sprache des Geistes einzuschmuggeln. Es ist so, als spräche man in der physikalischen Geschichte über ein Gemälde plötzlich von seinem Thema.« (Hervorhebung im Original)

Zur Erklärung des letzten Satzes soll noch nachgetragen werden, dass der Autor zu Beginn seines Essays folgenden, seinen Standpunkt charakterisierenden Vergleich formuliert:

»Betrachten wir ein Gemälde. Wir können es als einen physikalischen Gegenstand beschreiben. Wir können aber auch vom dargestellten Thema sprechen. Oder es geht um Schönheit und Ausdruckskraft. Oder um den Handelswert. Derselbe Gegenstand wird aus unterschiedlichen Perspektiven beschrieben. Alles, was wir sagen, ist im gleichen Sinne wahr. Es ist wahr, dass das Bild 30 Kilogramm wiegt und in Öl gemalt ist – und es ist wahr, dass es das Abendmahl darstellt, ein verkitschtes Machwerk ist und einen zu hohen Preis erzielt hat. Keine der Beschreibungen ist näher an der Wirklichkeit oder besitzt einen höheren Grad an Tatsächlichkeit als die anderen. Wir haben unterschiedliche Systeme der Beschreibung für unterschiedliche Zwecke entwickelt. Keines ist einem anderen ohne Rücksicht auf den Zweck also absolut überlegen. Man darf verschiedene Perspektiven nicht vermischen.«

Zu loben ist an BIERI die Klarheit seiner Sprache und die wegen ihrer Verständlichkeit mögliche Nachvollziehbarkeit seiner Argumentation. Ein Kompliment, das man HABERMAS nicht so leicht machen kann. Seine Texte sind in einer abgehobenen philosophischen Sprache abgefasst, die nicht die Absicht erkennen lässt, von einem breiteren Publikum verstanden werden zu wollen. HABERMAS argumentiert etwa folgendermaßen:[18]

»Dieser Determinismus [gemeint ist der streng kausale Ablauf auf der physiologischen Ebene, U.L.] ist allerdings mit dem alltäglichen Selbstverständnis handelnder Subjekte unvereinbar. Im Alltag kommen wir nicht umhin, uns die *verantwortliche Urheberschaft* für unsere Handlungen zuzuschreiben. Die objektivierende Sprache der Neurobiologie mutet dem ›Gehirn‹ die grammatische Rolle zu, die bisher das ›Ich‹ gespielt hat, aber sie findet damit an die Sprache der Alltagspsychologie keinen Anschluss.« (Hervorhebung im Original)[19]

HABERMAS kritisiert gewissermaßen die »Biologisierung« des Ichs, das dadurch seine psychologische Qualität verliere. Um die Freiheit des persönlichen Willens zu begründen und damit zu retten, definiert er einen ganz eigenen Freiheitsbegriff und bestreitet damit den Neurobiologen Anspruch und Möglichkeit, die Frage nach der Willensfreiheit auf der Ebene der Biologie beziehungsweise Physiologie überhaupt zu stellen, geschweige denn zu beantworten.

»Ich möchte zunächst einen phänomenologisch angemessenen Begriff der Handlungsfreiheit einführen. Mit dieser Konzeption verbindet sich ein Dualismus von Erklärungsperspektiven. Reduktionistische Forschungsstrategien unterlaufen diesen Dualismus um den Preis, das Selbstverständnis von Personen, die zu Gründen Stellung nehmen, zum Epiphänomen [d.h. zur bloßen Begleiterscheinung; U.L.] zu erklären.«

HABERMAS fährt fort:

»Benjamin Libet hatte seine neurologisch beobachteten Testpersonen aufgefordert, eine bestimmte Armbewegung spontan einzuleiten und den Zeitpunkt des Entschlusses zu Protokoll zu geben. Im Gehirn baut sich offenbar ein handlungsspezifisches

›Bereitschaftspotential‹ auf, bevor sich die Person selbst zur Handlung ›entschließt‹. Dieser Befund der zeitlichen Folge von neuronalem Geschehen und subjektiven Erleben scheint zu belegen, dass Gehirnprozesse bewusste Handlungen determinieren, ohne dass der Willensakt des Handelnden eine kausale Rolle spielt.«

Weiter heißt es dann aber:

»Normalerweise sind Handlungen das Ergebnis einer komplexen Verkettung von Intentionen und Überlegungen. Nicht nur dem Experiment von Benjamin Libet liegt ein Design zugrunde, das die Planung und Ausführung einer Körperbewegung aus jedem Kontext herauslöst. Diesen Artefakten fehlt das, was Handlungen erst zu freien Handlungen macht: der Zusammenhang mit Gründen.«

HABERMAS geht dann mit BIERI konform, wenn er feststellt:

»Peter Bieri hat in ›Das Handwerk der Freiheit‹ die Verwirrung im Konzept einer ursprungslosen Freiheit des Willens in überzeugender Weise aufgelöst.[20] Wenn der Akt des ›freien Entscheidens‹ bedeutet, dass der Aktor seinen Willen ›durch Gründe bindet‹, schließt das Moment der Offenheit der Entscheidung deren rationale Bedingtheit nicht aus. Der Handelnde ist dann frei, wenn er will, was er als Ergebnis seiner Überlegung für richtig hält. Als Unfreiheit erfahren wir nur einen äußeren Zwang, anders zu handeln, als wir nach eigener Einsicht handeln wollen. Daraus ergibt sich ein Konzept bedingter Freiheit, das beide Momente – einer Freiheit unter Bedingungen – berücksichtigt. Der Prozess des Urteilens *ermächtigt* den Handelnden zum Autor einer Entscheidung. Bei einem kausal erklärbaren Naturprozess würde sich der Handelnde entmächtigt, seiner Initiative beraubt fühlen.«

HABERMAS plädiert für einen Dualismus der Perspektiven. Die neurobiologische Betrachtungsweise bezeichnet er – ein in philosophischen Diskussionen dem Gegner gern angehängtes Etikett – als reduktionistisch, also seiner Meinung nach um eine wesentliche Beschreibungs- beziehungsweise Erkenntnisdimension verkürzt, insofern sie für sich genommen nicht in der Lage sei, die Freiheit des entscheidenden Subjekts zu erkennen und zu erklären.

»Die Anwälte einer reduktionistischen Forschungsstrategie unterlaufen diesen Dualismus, indem sie eine der beiden Erklärungsperspektiven beiseite schieben. Doch wenn Gründe und deren logische Verarbeitung als Epiphänomene [d.h. als bloße Begleiterscheinung; U.L.] abgetan werden, bleibt von der kausalen Rolle des Selbstverständnisses sprach- und handlungsfähiger Subjekte nicht mehr viel übrig. Aus neurobiologischer Sicht spielen Gründe die Rolle bloß mitlaufender Kommentare zum unbewusst verursachten und neurologisch erklärbaren Verhalten.«

Als Fazit formuliert HABERMAS, dass »wir auf eine komplementäre Verschränkung beider Wissensperspektiven angewiesen seien«, dass »die korrespondierenden Sprachspiele und Erklärungsmuster nicht aufeinander reduziert werden können« und dass »wir die Welt aus beiden Perspektiven gleichzeitig betrachten müssen, um von ihr lernen zu können.« Schließlich fasst er noch einmal zusammen:

> »Angesichts dieser Alternativen gewinnt ein Perspektivendualismus, der unser Freiheitsbewusstsein nicht der Evolution, wohl aber der Erklärungsperspektive der heute bekannten Naturwissenschaften entzieht, an Attraktivität.«

Ich habe BIERI und HABERMAS, die beiden prominenten Vertreter des Konzepts der Freiheit des Willens und der Entscheidung, hier ausführlich zitiert, um auch diese Richtung mit ihren wesentlichen Argumenten zu Wort kommen zu lassen. Sie überzeugen mich beide nicht. Wenn HABERMAS formuliert – siehe oben – »Wenn der Akt des ›freien Entscheidens‹ bedeutet, dass der Aktor seinen Willen ›durch Gründe bindet‹, schließt das Moment der Offenheit der Entscheidung deren rationale Bedingtheit nicht aus«, dann ist das für mich – mit Verlaub gesagt – ein logischer Eiertanz; entweder frei oder bedingt, beides zugleich geht nicht! Wenn es dann weiter heißt: »Der Handelnde ist dann frei, wenn er will, was er als Ergebnis seiner Überlegung für richtig hält«, ist das eine zulässige, aber konstruiert wirkende Definition eines Begriffs von Willensfreiheit, der sich damit einer naturwissenschaftlichen Einordnung beziehungsweise Deutung, um die es hier letztlich doch gehen sollte, eben entzieht.

HABERMAS und BIERI erinnern mich mit ihren teilweise sehr sophistisch wirkenden Abhandlungen an jene Kritiker, wie sie in der Geschichte der Naturwissenschaften immer dann auftraten, wenn Phänomene noch nicht vollständig naturgesetzlich erklärt werden konnten. Man bemühte dann geistige, metaphysische oder göttliche Kräfte, um zu verdeutlichen, dass ein rein materiell-energetischer Begründungsversuch angeblich zu kurz greife. Das war so, als man vor DARWIN die Entwicklung der Arten mit einem göttlich inspirierten teleologischen – also auf ein geplantes Endziel hin orientiertes – Prinzip zu erklären suchte. Das war der Standpunkt der Vitalisten, die Leben nur durch eine zusätzliche metaphysische Lebenskraft ermöglicht sahen. Das ist die Position jener Philosophen und Theologen, die Geist und Materie im Rahmen eines Dualismus zwei verschiedenen Welten zuordnen, die nicht ineinander überführbar seien.

Den klassischen Dualismus, der zwei Seinsebenen, eine materielle und eine geistige, postulierte, vertreten heute nur noch wenige Philosophen. BIERI und HABERMAS sprechen hier auch stattdessen vom Dualismus der Perspektiven. Sie bemühen keine metaphysischen Kräfte mehr, um die Willensfreiheit zu retten. Sie immunisieren sich gegen die Argumente der Hirnphysiologen mit einem anderen, einem sprach-philosophisch entwickelten Freiheitsbegriff, der nur jenseits der neurobiologischen Perspektive Sinn mache. Ihrer Auffassung nach ist der Wille frei, wenn er dem Urteil folgt, was zu wollen als richtig angesehen wird; Freiheit des Willens bedeutet ihnen Deckungsgleichheit von Urteilen und Wollen. Ihr Credo lässt sich so zusammenfassen: Der »Freie Wille« der Neurobiologen ist nicht der wahre »Freie Wille«.

Eine solche Position ist natürlich zulässig, da Definitionen im Grunde genommen beliebig vorgenommen werden können. Aber ist sie hilfreich, wenn es darum geht, ein wirklichkeitsgetreueres Bild vom Menschen zu gewinnen, das seiner tatsächlichen Natur entspricht? Überzeugend wirkt auf mich eine solche Vorgehensweise jedenfalls nicht. Denn sie bemüht sich nicht um Klärung der eigentlichen Frage, was denn aus den naturgesetzlich ablaufenden, also determinierten, basalen Hirnprozessen auf der nächsten Ebene folgt, der Ebene des Bewusstseins, des Denkens, Entscheidens und Empfindens. Es ist doch höchst unwahrscheinlich, dass die Abläufe auf dieser nächst höheren Ebene losgelöst von ihrer physiologischen Basis ein Eigenleben führen. Wie soll man sich das vorstellen: Das Ich als eine Instanz, das sich von seinen physischen Grundlagen lösen kann? Psychopharmaka zeigen sehr eindeutig, welche enge *kausale* Kopplung zwischen dem neuronalen Substrat einerseits und dem Bewusstsein und den geistig-seelischen Prozessen andererseits besteht!

Nach HABERMAS beziehen sich Erklärungen menschlichen Handelns auf Gründe und nicht auf (kausal wirkende) Ursachen. Folglich kritisiert er, dass den Untersuchungen von LIBET und anderen ein Design zugrunde läge, dass die zu beobachtenden Prozesse aus dem Begründungszusammenhang, also aus einem Sinn machenden Kontext herausreiße, bei dem »Gründe« eine Rolle spielen. Was so gemessen werde – so HABERMAS – sei eigentlich irrelevant in Bezug auf die Frage nach der Freiheit. Dem ist zu entgegnen, dass die neuronalen Prozesse nicht zwischen ›kontextfreien‹ oder ›begründeten‹ Handlungen unterscheiden. Sie laufen ab aufgrund ihrer ihnen innewohnenden chemisch-physikalischen Logik. Vom Standpunkt der ihnen zugrunde liegenden Chemo-Physik sind diese Prozesse vom Typ her identisch. Ob Gründe oder Ursachen, sie materialisieren sich beide in neurologischen Strukturen und bilden in beiden Fällen die kausale beziehungsweise ursächliche Grundlage für die daraus folgenden weiteren Aktivitäten.

Ein letzter prominenter Vertreter der Willensfreiheit soll noch zitiert werden, der an der Münchener Universität lehrende Philosoph JULIAN NIDA-RÜMELIN (*1954). Mit einem Büchlein »Über menschliche Freiheit«, bestehend aus fünf Essays, schaltet er sich in die Diskussion zwischen Hirnforschung und Philosophie ein.[22] Menschliche Freiheit besteht für ihn darin, »Gründe abzuwägen und dieser Abwägung entsprechend zu handeln«. Insoweit trifft er sich hier mit BIERI und HABERMAS. Er argumentiert, dass in die Willensbildung eingehende Gründe »naturalistisch unterbestimmt« und mit naturwissenschaftlichen Mitteln gar nicht erfasst werden könnten. Die sich dabei sofort ergebende Frage, wie solchermaßen entmaterialisierte, also neurophysiologisch nicht lokalisierbaren Gründe die neurophysiologischen beziehungsweise neuronalen Prozesse im Gehirn beeinflussen und damit die Willensbildung steuern können, wird von ihm nicht beantwortet.

In einem Streitgespräch zwischen NIDA-RÜMELIN und dem Hirnforscher WOLF SINGER geht es jedoch immer wieder um die Frage, in welcher Form Gründe im Gehirn Einfluss nehmen können, wenn Gründe – wie NIDA-RÜMELIN behauptet – von völlig anderer Natur seien als Motive, genetische Faktoren oder äußere Reize.[23] Für SINGER dagegen ist ein Grund nichts anderes als ein Attraktor, den sich das Gehirn aus seinen Speichern abruft. Oder er kommt von außen, zum Beispiel wenn mich ein Mitarbeiter an einen wichtigen Termin erinnert, leckerer Essensduft mich veranlasst, erst etwas zu essen, bevor ich vielleicht weiter arbeite oder ein mich beeindruckendes Argument eines Gesprächspartners meine Handlungsabsichten modifiziert. (Attraktor zusammenfassend hier im Sinne eines inneren oder äußeren Einflussfaktors gemeint.) Jeder dieser Attraktoren nimmt – nach SINGER – auf die Willensbildung Einfluss. Für NIDA-RÜMELIN wiederum sind Gründe keine Attraktoren im Sinne von SINGER, sie seien von völlig anderer Qualität, sie entzögen sich der materiellen Bestimmbarkeit.

NIDA-RÜMELIN vertritt meines Erachtens hier eine gedankliche Konstruktion, ohne Verankerung in der Wirklichkeit, entwickelt, um das klassische Bild einer überholten Philosophie von der angeblich autonomen Persönlichkeit zu retten, die, wenn schon als Körper an die Gesetze der Materie gebunden, im Geistigen jedoch ihre unumschränkte, durch keine Kausalitäten eingeengte Freiheit finden soll.

Viele Vertreter der Willensfreiheit versuchen, die alte idealistische Philosophie unter neuem Namen wieder aufleben zu lassen, nach der der Geist eine eigene ontologische, das heißt seinsmäßige Qualität habe und unabhängig von seiner materiellen Basis existiere. Nur im Geistigen vollziehe sich das wahre Leben, dessen Wesensmerkmal die Freiheit sei, von Gott dem Menschen zu seiner Entfaltung gegeben. Solche gedanklichen Konstruktionen hat die Philosophie jahrhundertelang produziert. Sie waren vielfach Grundlage für »un«menschliche Systeme, die der menschlichen Natur zuwider liefen und den Menschen zwangsläufig »schuldig« werden ließen. Schuldig im Sinne von Abweichen von lediglich postulierten, die menschliche Natur aber vergewaltigenden Idealen. Die so genannte Willensfreiheit ist ein eben solches philosophisches Konstrukt, lediglich erdacht, um einer philosophischen beziehungsweise religiösen Idee zur Macht zu verhelfen. Leider ist das über Jahrhunderte auch gelungen.

Um es noch einmal zu verdeutlichen: Willensfreiheit hieße ja, dass ich unter den gegebenen Umständen auch hätte anders entscheiden können. Willensfreiheit postuliert, dass mein Ich und mein Wille nicht vollständig durch die Naturgesetze beschrieben werden, dass vielmehr ein metaphysischer oder »geistiger« Anteil hineinspielt, der – angeblich – meine Freiheit begründe. Heutige Naturwissenschaft und Naturphilosophie sehen immer weniger Anlass, zur Erklärung ihrer Untersuchungsgegenstände an weitere Seinsebenen zu glauben, auch wenn es um Qualitäten geht wie Bewusstsein und Empfinden, von deren Verständnis wir derzeit in der Tat noch weit entfernt sind. Aber auch der Perspektivendualismus von BIERI und HABERMAS überzeugt nicht, weil er ebenfalls die höchst fragwürdige gegenseitige Unabhängigkeit von physischer und psychologischer Ebene postuliert.

Was bleibt abschließend noch zu sagen? Vielleicht das: Ich fühle mich frei in meiner Willensbildung, wenn ich das Gefühl habe, in völliger Übereinstimmung mit meinen Motiven, den in mir gewachsenen Überzeugungen, meinem Charakter und allem, was mich als Person unverwechselbar macht, zu entscheiden und zu handeln. Wenn ich auf diese Weise meinen Willen formulieren kann, dann realisiere ich das, was wir Selbstbestimmung nennen. Insofern gibt es scheinbar Übereinstimmung mit der Position von BIERI, HABERMAS oder NIDA-RÜMELIN. Der entscheidende Unterschied besteht darin, dass ich aufgrund philosophisch-logischer Überlegungen und aufgrund der Ergebnisse der Neurobiologie davon überzeugt bin, dass diese gefühlte Freiheit eine Illusion ist, die uns das Bewusstsein – aus welchen Gründen auch immer – nur vorgaukelt. Vielleicht – und für mich ist das eine naheliegende Erklärung – hätten wir die Illusion eines freien Willens gar nicht, wenn nicht über die Jahrhunderte Philosophie und Theologie unser Denken und Fühlen durch das erfundene Konzept der Willensfreiheit so einseitig geprägt hätten.

4. Keine Willensfreiheit: Moralische, theologische und strafrechtliche Konsequenzen

Auch für den Hirnforscher WOLF SINGER ist der freie Wille ein Konstrukt unserer Kultur. Wieso – so fragt er – haben wir das ganz reale Empfinden, uns mit Motiven und Gründen auseinanderzusetzen und dann eine Entscheidung frei und bewusst zu treffen? Wie kommt es zu der Illusion, dass wir einen freien Willen hätten? Wir erziehen – so sagt er – unsere Kinder, indem wir ihnen ständig sagen: Tue dies, sonst passiert das; wenn Du das tust, dann bekommst Du das. Damit würde uns schon von Kindesbeinen an sukzessive die Vorstellung vermittelt, dass wir einen Willen hätten, der sich frei entscheiden könnte, der – wenn wir nur wollten – auch eine andere Wahl treffen könnte.

Der Kirchenlehrer THOMAS VON AQUIN unterstellte Willensfreiheit, um das Böse in der Welt und die Sünde erklären zu können. Nach FRIEDRICH NIETZSCHE wurde der freie Wille vor allem erfunden zum Zwecke der Strafe, des – wie er es ausdrückte – Schuldig-Finden-Wollens. Von Schuld aufgrund von Willensfreiheit spricht auch der Bundesgerichtshof in seiner Entscheidung vom 18. März 1952, wenn er formuliert:

> »Strafe setzt Schuld voraus. Schuld ist Vorwerfbarkeit. ... Der innere Grund des Schuldvorwurfs liegt darin, dass der Mensch auf freie, verantwortliche, sittliche Selbstbestimmung angelegt und deshalb befähigt ist, sich für das Recht und gegen das Unrecht zu entscheiden.«[24]

Dieser Schuldbegriff durchzieht unser ganzes Rechtssystem und prägt unser gesamtes moralisches Denken und Urteilen.

> »Aus religiöser Sicht ist der freie Wille ohnehin Voraussetzung menschlicher Existenz: Gott hat den Menschen nicht als Marionette, sondern als Partner erschaffen. Er will seine freie Gegenliebe, keinen willenlosen Gehorsam.«

So der Moraltheologe EBERHARD SCHOCKENHOFF in einem »Spiegel«-Gespräch mit dem Neurobiologen und Hirnforscher GERHARD ROTH.[25] Mit wenigen Ausnahmen (siehe z.B. die Reformations-Bewegung des Calvinismus oder Luthers Lehre »Vom unfreien Willen«) ist nach christlicher Lehre der Mensch mit einem freien Willen ausgestattet und kann sich in freier Selbstbestimmung für das Gute oder das Böse entscheiden. Die ihm gegebene Willensfreiheit lässt ihm – so die Lehre – die Wahl zwischen einem gottgefälligen oder gottabgewandten Leben.

Dabei sind erhebliche theologische Argumentationskünste erforderlich, göttliche Allwissenheit logisch mit der individuellen Willensfreiheit zu vereinbaren. Denn wenn Gott alles weiß, dann weiß er auch, wie sich ein Mensch entscheiden wird. Hieße das aber nicht, dass die Entscheidung eigentlich schon feststeht, da ja vorher schon bekannt? Wie ist dann aber noch eine freie Entscheidung durch den Menschen möglich? Dieser logische Widerspruch ist, wenn überhaupt, nur mit sehr viel Argumentationsakrobatik aufhebbar. Der österreichische Schriftsteller FRANZ KAFKA (1883-1924) brachte diesen Widerspruch auf die einfache Formel:

> »Wie kann denn überhaupt jemand schuldig sein? Wir sind Gottes Geschöpfe. Wenn wir schuldig sind, was ist er dann?«[26]

In theologischer Sicht lässt aber noch ein weiterer Aspekt die Freiheit der Willensbildung fragwürdig erscheinen. Kann es sich wirklich um eine freie Willensentscheidung handeln, wenn die beiden Entscheidungsalternativen so ungleich bewertet werden? Wendet sich der Mensch mit seiner Entscheidung von Gott ab, macht er sich der Sünde schuldig, im schlimmsten Fall droht ihm ewige Verdammnis. Angeblich hat Gott den Menschen mit der Freiheit ausgestattet, sich für ihn oder gegen ihn zu entscheiden. Gleichzeitig wird dem Menschen aber von theologischer beziehungsweise kirchlicher Seite sehr nachdrücklich bedeutet, dass nur das Ja zu Gott, der unbedingte Glauben an ihn die rechte Entscheidung darstellt. Die Verweigerung gottgefälligen Verhaltens gilt als Verrat an Gott. Kann man da noch von einer wirklich freien Willensbildung sprechen, wenn eigentlich folgsames Verhalten erwartet wird und die Alternative dazu eine strafbewehrte Sünde darstellt, im Extremfall sogar mit ewiger Verdammnis geahndet wird?

Nur unter der Voraussetzung der tatsächlich freien Entscheidungsmöglichkeit lässt sich doch moralisch werten, lassen sich Handlungen in gut und schlecht einteilen, lässt sich Schuld begründen, wenn das »Fleisch schwach« geworden ist. Schuld wiederum zieht Sühne und Strafe nach sich. Dieses gesamte Moralgebäude mit allen seinen daraus abgeleiteten richtenden und strafenden Maßnahmen bricht zusammen, wenn man ihm die Grundlage entzieht – den freien Willen. Deswegen hält christliche Theologie mit allen Mitteln an der Vorstellung fest, dass Gott dem Menschen die Fähigkeit gegeben habe, frei zwischen Gut und Böse zu wählen und danach zu handeln. Entscheidet er sich für das »Böse«, obwohl es ihm angeblich frei stehe, sich für das »Gute« zu entscheiden, wendet er sich gegen Gott und hat folglich die Konsequenzen zu tragen, im schlimmsten Fall eben Hölle und Verdammnis. Insofern war LUTHER, für den bekanntlich der Mensch über keinen freien Willen verfügte, konsequent in seiner Haltung. Für ihn zählten gute Werke hier auf Erden nicht, mit ihnen lasse sich ein Platz im Himmelreich nicht erzwingen. Allein der Glaube und das Bekenntnis der eigenen Sündhaftigkeit lasse uns der Gnade Gottes teilhaftig werden.

Wenn es aber in Wahrheit keinen freien Willen gibt, dann ist auch das in unserer Kultur und im christlichen Glauben fest verankerte Konzept von Schuld und Strafe überholt. Denn wie kann Schuld begründet werden, wenn die Entscheidung nicht frei sondern neurologisch determiniert war? Wie lässt sich Strafe rechtfertigen, wenn keine Schuld vorliegt? Wird somit aus einer Untat ein neurobiologisches Problem, bei dem herkömmliche Moral und Strafrecht ihren Anspruch verlieren? Die logische Konsequenz dieser Einsicht ist für viele Menschen eine Provokation, denn sie lautet: Ein Verbrecher kann nicht mehr bestraft werden, da es keine Schuld mehr gibt.

Können viele Menschen der bisherigen Argumentation gegen die Existenz von Willensfreiheit noch folgen, spätestens an diesem Punkt begehren sie auf und verweisen auf die ihrer Ansicht nach absolut nicht akzeptable juristische Konsequenz. Das Argument lautet, dass dann jeder Gesetzesverstoß und jedes Verbrechen ungeahndet bliebe, da ja der Täter nicht anders konnte, folglich als unschuldig und damit als nicht bestrafbar anzusehen ist. Unausgesprochen steht also die Vermutung dahinter, dass der Täter völlig ungeschoren davon käme.

Der Einwand übersieht, dass es einen großen Unterschied gibt zwischen dem Verstehen einer Tat einerseits und dem Hinnehmen einer Tat andererseits. Die Tatsache, dass ich das Wollen und Tun eines Menschen in seinem zwangsläufigen Zustandekommen verstehe und insofern auch ent»schuldige«, bedeutet keinesfalls, dass ich sein Tun immer akzeptieren kann. Regelwidriges Verhalten eines Menschen bedarf selbstverständlich der Verurteilung, aber nicht durch Bestrafung im herkömmlichen Sinne sondern durch Korrektur seiner Einstellung und seines Verhaltens. Durch Resozialisierung, Umerziehung oder andere therapeutische Maßnahmen soll eine veränderte psychische Disposition geschaffen werden, die zukünftig regelkonformes Verhalten zur Folge hat oder wenigstens wahrscheinlicher macht.

Ein Blick auf die bei Triebtätern schon seit Jahrzehnten gängige Rechtspraxis zeigt, dass die oben geäußerte Befürchtung grundlos ist. Ein durch seine Triebe vollständig gesteuerter Täter wird auch schon nach jetzigem Strafrecht als nicht schuldfähig angesehen, folglich nicht bestraft, wohl aber in eine geschlossene Anstalt eingewiesen. Denn aus Selbsterhaltungsgründen nimmt sich die Gesellschaft mit guten Gründen das Recht heraus, Menschen, die die gesellschaftlichen Spielregeln missachten und damit das friedliche Zusammenleben gefährden, je nach der Schwere ihrer Tat von der übrigen Gesellschaft mehr oder weniger lange oder gar zeitlebens zu isolieren. Auch und gerade dann, wenn dem Täter durch ein psychologisches Gutachten aufgrund von Unzurechnungsfähigkeit oder gar Geisteskrankheit vollständige Schuldunfähigkeit attestiert wird.

Statt von einer Strafmaßnahme spräche man in diesem Fall aber sinnvoller- und korrekterweise von einer Besserungs- beziehungsweise Schutzmaßnahme. Unterstellt man dem Täter grundsätzlich Einsichtsfähigkeit und Änderungsbereitschaft, dann wird es sich bei einfachen Verstößen vielleicht um einen spürbaren Geldbetrag handeln, bei schweren Vergehen um einen Besinnung stiftenden Freiheitsentzug. In beiden Fällen geht es um Verhaltensänderung durch erziehende Maßnahmen, letztlich um die Bildung von Motiven, die dafür sorgen sollen, dass dieser Mensch zukünftig in ähnlichen Situationen eine andere, eine normgerechte Entscheidung treffen wird. Gegebenenfalls ist im Wiederholungsfall die als Besserungsmaßnahme zu verstehende »Strafe« zu erhöhen, also zum Beispiel die Resozialisierungsmaßnahme zu verlängern, um die Motivbildung zu verstärken. Diese Motive sollten möglichst in einer verhaltenssteuernden Einsicht bestehen, zeigen sich aber vielleicht auch nur in der bloßen Angst vor einem erneuten Freiheitsentzug.

Nur im Falle absoluter Unverbesserlichkeit – wie es ja zum Beispiel bei nicht therapierfähigen Triebtätern längst gemacht wird – wäre eine lebenslange Isolierung zum Schutz der Gesellschaft erforderlich. Eine solche Isolierung ist aber human zu gestalten. Bewusst demütigende oder gar quälende Inhaftierung widerspräche der Einsicht in die Zwangsläufigkeit des Geschehens, das diesen Menschen zum Gesetzesbrecher werden ließ.

Man wird übrigens feststellen können – darauf verweisen immer wieder auch Autoren, die sich mit dem neuen Recht befassen – dass herkömmliches Strafrecht und neues Besserungsrecht sich in der Höhe der Sanktionen bei gleicher Tat nicht wesentlich unterscheiden. Maßgeblich ist in beiden Rechtssystemen die Schwere der Tat, also das Maß der Gefährdung des gesellschaftlichen Friedens und damit auch das Maß der notwendigen Änderung des Täters. Da inzwischen auch das herkömmliche Strafrecht mit der Strafe den Gedanken der Resozialisierung verbindet, wird sich praktisch das neue Recht in seinem Sanktionenkatalog eher graduell vom derzeit gültigen unterscheiden. Ganz entscheidend aber ist die andere Sichtweise: Der Täter wird nicht mehr als schuldig betrachtet sondern als resozialisierungsbedürftig, im schlimmsten Fall allerdings als so gefährlich, dass ihm die Freiheitsrechte auf Dauer genommen werden müssen.

Ein durchaus beabsichtigter Nebeneffekt jeder Verurteilung ist deren Wirkung auf die übrige Gesellschaft. Die Sanktionierung einer sozial unerwünschten Tat bedeutet für die anderen eine mehr oder weniger intensive Abschreckung, führt also in deren Köpfen zur Bildung von zusätzlichen Motiven oder verstärkt bereits vorhandene. Auch auf diese Weise wird bewirkt, dass sozial unerwünschte Handlungen unwahrscheinlicher werden. Neues und herkömmliches Recht wären also auch in diesem Punkt kaum unterschiedlich.

Zurück zum vorigen Gedankengang: Es ist das Recht der Gesellschaft, das Verhalten ihrer Mitglieder zu beurteilen und zu bewerten und durch Erziehungsmaßnahmen, Belohnungen und Sanktionen Entscheidungen und damit Handlungen so zu beeinflussen, dass gesellschaftlich unerwünschte Aktivitäten so weit wie möglich vermieden werden. Da kein Mensch anders entscheiden und handeln kann, als es seiner inneren Verfassung entspricht, folgt daraus meines Erachtens sogar eine Verpflichtung der Gesellschaft zur

Einflussnahme auf das Verhalten von Menschen, die regelwidrig agieren und gewissermaßen gefangen sind in ihrer inneren Zwangsläufigkeit, aus der sie selbst nicht heraus können.

Der neurobiologische Tatbestand der Determiniertheit allen menschlichen Entscheidens und Handelns bildet damit die eigentliche Begründung für Erziehung und Therapie, weil die innere Zwangsläufigkeit immer nur durch den *Anderen* durchbrochen werden kann. Diese Zwangsläufigkeit des psychischen Geschehens ist der »natürliche« Grund dafür, dass der Mensch zu seiner Weiterentwicklung des jeweils Anderen bedarf, der ihn aus seiner »psychischen Zwangslage« befreit. Unser Gehirn ist ganz offenkundig ein Organ, das auf die Anregung und Einwirkung durch andere angewiesen ist.

Aufgrund der Einsicht in das determinierte Verhalten des Menschen habe ich meinen Mitmenschen gegenüber immer weitgehend Verständnis und Nachsicht gezeigt. Seltsamerweise habe ich dieses Verständnis mir gegenüber ganz selten walten lassen. Wie oft habe ich mir im Nachhinein Vorwürfe gemacht, in bestimmten Situationen mich falsch, ungerecht oder unfair verhalten zu haben, obwohl mir doch klar sein sollte, dass auch ich mich zu keinem Zeitpunkt meines Lebens hätte anders verhalten können. MICHAEL SCHMIDT-SALOMON (*1967) hat in seinem 2009 erschienenen, sehr lesenswerten Buch »Jenseits von Gut und Böse« ganz betont darauf aufmerksam gemacht, dass es nur folgerichtig ist, wenn wir nicht nur anderen verzeihen, sondern auch uns selbst vergeben. Auf diese, uns von Selbstvorwürfen befreiende Erkenntnis verweist er, indem er von »der Kunst, sich selbst zu verzeihen« spricht. Damit ist nicht eine nachträgliche billige Entschuldigung für früheres Fehlverhalten gemeint, sondern eben an die Erkenntnis erinnert, dass meine damaligen Entscheidungen aufgrund meiner jeweiligen inneren Disposition und der jeweiligen äußeren Umstände einfach nicht anders ausfallen konnten. Dennoch kann und sollte ich aus meinem nachträglich bedauerten Verhalten lernen. Ich kann daraus lernen, wie ich mich zukünftig so verhalten sollte, dass ich mich später auch in der Rückschau zu meinem Tun bekennen kann.[27]

Das neue Recht, das man als ein Besserungs- beziehungsweise Schutzrecht bezeichnen könnte, kennt also das Schuldprinzip, das von der Existenz eines freien Willens ausging, nicht mehr. Nach Auffassung einer übergroßen Mehrheit der Hirnforscher ist eine durch einen Menschen getroffene Entscheidung eben determiniert durch die genetische Ausstattung, frühkindliche Prägungen, Erziehung (bzw. Nicht-Erziehung), kulturelle Einbindung, Erfahrungen und aktuelle Reize, zu denen auch Befehle, Wünsche und Begründungen anderer zählen können. Dabei spielen natürlich immer auch die individuell unterschiedlich entwickelten intellektuellen Fähigkeiten des Bewertens, Abwägens und Schlussfolgerns eine wichtige Rolle, die einer Entscheidung vorangehen. Alle im Kopf beteiligten Instanzen, Prozesse und Faktoren wirken zusammen und determinieren schließlich eine Entscheidung. Kommt auf diese Weise eine Entscheidung zustande, die eine gesellschaftlich nicht konforme Handlung auslöst, führt das in der Regel zu einer Verurteilung durch die Gesellschaft.

Da aber grundsätzlich jedem Menschen zunächst Lernfähigkeit unterstellt wird, hofft die verurteilende Instanz – ob Richter, Lehrer, Eltern oder Mitmensch – dass die verordnete Resozialisierungs- bzw. Erziehungsmaßnahme oder gesellschaftliche Sanktion zu einer Einsicht beziehungsweise einem weiteren Motiv führt. Dieses Motiv soll dafür sorgen, dass zukünftig – zusammen mit den anderen bereits vorhandenen Entscheidungsfaktoren wie Genetik, Prägung oder Erziehung, also durch das, was durch Belehrung oder eigene Einsicht erkannt worden ist – in einer vergleichbaren Situation eine andere, eine den mitmenschlichen beziehungsweise gesellschaftlichen Normen entsprechende Entscheidung zustande kommt. Erst wenn nach wiederholten Verurteilungen keine ausreichende Verhaltensänderung eintritt, wird bei schweren und schwersten Verstößen schließlich eine Einweisung in eine geschlossene Anstalt oder Sicherungsverwahrung erforderlich.

So betrachtet scheint die aktuelle juristische Praxis längst von der Determiniertheit menschlicher Entscheidungen auszugehen. Tatsächlich ist es aber so, dass in Gerichtsverfahren immer noch zwischen völlig freien, bedingt freien und völlig unfreien Entscheidungen oder schuldfähig, vermindert schuldfähig und schuldunfähig unterschieden wird. In diesen Fällen haben dann Gerichtspsychiater die Aufgabe, durch Gutachten dem Gericht plausibel zu machen, in welcher Situation sich der jeweilige Delinquent zur Tatzeit befand. Diese Aufgabe ist aber nach allem bisher Gesagten nicht lösbar und führt deswegen zwangsläufig zu willkürlichen und sich widersprechenden gutachterlichen Aussagen, weil eben schon die Prämisse nicht stimmt. Es gibt eben keine etwas freieren oder völlig freien Entscheidungen. Willensentscheidungen sind grundsätzlich determiniert, also unfrei.

WOLF SINGER nennt ein Beispiel, das diese Differenzierungsproblematik sehr schön verdeutlicht:

> »Eine Person begeht eine Tat, offenbar bei klarem Bewusstsein, und wird für voll verantwortlich erklärt. Zufällig entdeckt man aber einen Tumor in Strukturen des Frontalhirns, die benötigt werden, um erlernte soziale Regeln abzurufen und für Entscheidungsprozesse verfügbar zu machen. Der Person würde Nachsicht zuteil. Der gleiche ›Defekt‹ kann aber auch unsichtbare neuronale Ursachen haben. Genetische Dispositionen können Verschaltungen hervorgebracht haben, die das Speichern oder Abrufen sozialer Regeln erschweren, oder die sozialen Regeln wurden nicht recht-

zeitig oder tief genug eingeprägt, oder es wurden von der Norm abweichende Regeln erlernt, oder die Fähigkeit zur rationalen Abwägung wurde wegen fehlgeleiteter Prägung ungenügend ausdifferenziert. Diese Liste ließe sich nahezu beliebig verlängern. Keiner kann anders als er ist.«

SINGER fährt dann fort und formuliert eine entschieden verständnisvoll-nachsichtige Moral:

»Diese Einsicht könnte zu einer humaneren, weniger diskriminierenden Beurteilung von Mitmenschen führen, die das Pech hatten, mit einem Organ volljährig geworden zu sein, dessen funktionelle Architektur ihnen kein angepasstes Verhalten erlaubt. Menschen mit problematischen Verhaltensdispositionen als schlecht oder böse abzuurteilen, bedeutet nichts anderes als das Ergebnis einer schicksalshaften Entwicklung des Organs, das unser Wesen ausmacht, zu bewerten.«[28]

Aber wenn auch mein Handeln die Folge eines determinierten Entscheidungsprozesses ist, so ist das Verletzen der gesellschaftlichen Spielregeln nicht hinnehmbar. Die Gesellschaft hat ihren Willen auf Schutz vor Beschädigung der Gesundheit und Missachtung des Wohlergehens ihrer Mitglieder in Form von Rechten und Pflichten – vergleichbar einem Vertrag – festgelegt. Deshalb gilt: Auch wenn mein Wille unfrei ist, so ist es doch *mein* Wille, er äußert sich über *meine* Handlung. Wenn ich auch bei einer sozialschädlichen Tat im herkömmlichen Sinne nicht schuldig geworden bin für mein Tun, so bleibt es doch *mein* Tun. Ich bin und bleibe – wenn auch unverschuldet – Ursache für das durch mich ausgelöste Geschehen. (Dabei gilt selbstverständlich, dass die in mir liegenden Ursachen wiederum Ursachen haben, die zum Teil außerhalb meiner Person liegen.) Nur durch Einwirkung auf meine Person in Form einer Resozialisierungsmaßnahme kann erreicht werden, dass ich zukünftig die gesellschaftlich geforderten Spielregeln einhalten werde. Die in meiner Person liegende Ursache und die daraus folgende Notwendigkeit der resozialisierenden Einwirkung auf meine Person rechtfertigen, dass mich die Gesellschaft verantwortlich *macht.* Dieses Verantwortlichmachen von handelnden Personen ist also insofern begründet, als nur so Veränderungen in Richtung des geforderten sozialverträglichen Verhaltens ermöglicht werden. Es handelt sich hierbei also um einen – gewissermaßen definitorischen – Akt der Gesellschaft, der dafür sorgen soll, dass über das – als notwendig erklärte – Prinzip Verantwortung ihre Normen eingehalten werden.

So wie ich mir eine gesellschaftlich erwünschte oder geachtete Leistung, zum Beispiel ein Kunstwerk oder die Rettung eines Menschenlebens, persönlich zuschreibe, so werden mir auch eine gesellschaftlich unerwünschte oder gar geächtete Tat, zum Beispiel ein Diebstahl oder die Tötung eines Menschen, und die daraus folgenden Konsequenzen zugerechnet.[29]

Ein mit einem lebensgefährlichen Virus infizierter Mensch zum Beispiel wird zum Schutz der übrigen Bevölkerung isoliert, also vorübergehend seiner Freiheit beraubt, ohne dass ihm »schuldhaftes« Verhalten vorgeworfen wird. Da er aber in seiner Person Ursache für nicht hinzunehmende lebensgefährdende Ansteckung anderer Menschen sein könnte, hat er die Konsequenzen seines Soseins zu tragen. Es handelt sich also um eine Maßnahme aufgrund seiner persönlichen Konstellation, das heißt hier im Beispiel, aufgrund der Erkrankung seines Körpers infolge von Einflüssen aus der Umwelt, die ebenso zwangsläufig erfolgten, wie alle anderen in ihm ablaufenden Prozesse. Sein unverschuldetes Sosein ist ein Ergebnis natürlicher Prozesse, ist in diesem Sinne sein Schicksal.

Solche »schicksalhaften« Abläufe in mir sind zwar zwangsläufig, ihr Ablauf kann und muss aber gegebenenfalls durch *andere* verhindert oder nachträglich sanktioniert und behandelt werden, wenn solche Handlungen als gesellschaftsschädigend erkannt werden. Die Befürchtung, der Abschied von der Willensfreiheit öffne der Willkür des Einzelnen Tür und Tor, ist also unbegründet. Die Gesellschaft *macht* aufgrund ihres legitimen Anspruchs auf Unversehrtheit und Schutz ihrer Mitglieder den Täter *verantwortlich* und zwingt ihn deshalb legitimerweise zu einer Resozialisierungsmaßnahme.

Die dem Sozialwesen Mensch »heiligen« Prinzipien Gleichheit und Gerechtigkeit sind der Natur fremd. Nur der erkennende und mitfühlende Mensch kann durch Verständnis und Mitleid dem durch Natur und Schicksal Benachteiligten Ausgleich und die Chance zu Lebensglück verschaffen. Wer an das so genannte Böse glaubt und es durch die dem Menschen angeblich gegebene Willensfreiheit meint erklären zu können, wird sich mit Verständnis und Mitleid schwer tun und den Täter verachten. Umgekehrt werden Menschen, die nicht von einem freien Willen des Täters ausgehen, ihnen zugefügtes Unrecht leichter verarbeiten können. Die Tat ist verwerflich, der Täter ist es nicht! Das angeblich dem freien Willen entspringende »Böse« ist ein von Menschen erdachtes Prinzip, um verurteilen und strafen zu können.

Ich bin davon überzeugt, dass der Abschied von der Idee der Willensfreiheit die Entwicklung zu einer humaneren Gesellschaft sehr befördern wird. Er eröffnet die Chance, ethische Konflikte rational zu lösen, statt sie auf dem Hintergrund einer willkürlich begründeten, die Natur des Menschen verkennenden Moral im Sinne der jeweils herrschenden, fast immer religiös fundierten Ideologie einfach zu entscheiden. Eine von der unseligen Hypothek der Willensfreiheit entlastete Betrachtungsweise sieht nicht nur das Leid des Opfers, sondern auch das oft verpfuschte Leben des Täters, der – obwohl oft Ursache für entsetzliches Leid – eben auch Opfer einer Natur ist, die ihn erbarmungslos so angelegt hat, und einer schicksalhaft zugeteilten Umwelt, die ihn schließlich so formte, dass er zum Täter wurde.

In den Tagen als ich dieses Kapitel verfasste, ereignete sich in Berlin-Zehlendorf ein schrecklicher Mord an einem siebenjährigen Jungen. Der Täter war schnell gefunden, es war ein 16-jähriger Jugendlicher aus dem Nachbarhaus, der bereits mehrmals durch Gewalttätigkeiten aufgefallen war und die Tat – wie er gestand – aus »Wut und Frust« begangen haben will. Erfährt man die Geschichte dieses jugendlichen Täters, dann wird man allerdings sehr nachdenklich. Der Vater, ein dunkelhäutiger US-Soldat, den der Sohn nie kennengelernt hat, ist inzwischen verstorben. Die Mutter gab ihr Kind sofort nach der Geburt an die Großeltern und wanderte nach den USA aus. Kontakt des Kindes zur Mutter bestand nie. Der Junge wuchs in einer nachbarschaftlichen und schulischen Umwelt auf, die ihn seine Hautfarbe und seine familiären Defizite spüren ließ. Die Hauptschule schaffte er gerade so, und um eine Lehrstelle bemühte er sich vergeblich. Der alkoholabhängige Großvater führte ein hartes Regiment, der Rottweiler wurde mehr geliebt als der Junge, wie eine Lokalzeitung schrieb. Man ahnt, welche seelische Entwicklung ein solcher Heranwachsender nimmt, der ohne elterliche Liebe, mit Schlägen und ständigen Kränkungen groß wird und der sich als ungeliebt, lästig, ja wertlos empfinden muss, und man kann sich vorstellen, welches soziale Wertesystem sich in ihm aufgebaut haben mag. Auch wenn die Tat aufs Schärfste zu verurteilen ist und der Täter zur Rechenschaft gezogen werden muss, ich empfinde auch mit dem Täter, den ein erbarmungsloses Schicksal auf diesen Weg geschickt hat, tiefes Mitleid. Anlage und Umwelt haben hier ein erschütternd tragisches Ergebnis zustande gebracht.

Mein Mitleid resultiert aus der rationalen Einsicht in die Ablauflogik des Geschehens. Wie aber ist den Eltern eines ermordeten Kindes zu Mute? Können sie dem Täter gegenüber diese rationale und einsichtige Haltung aufbringen? Vermutlich nicht, denn auch ich könnte schwerlich in einem solchen Fall eine neutrale, nur der Ratio verpflichtete Haltung einnehmen. Einerseits gibt es die vom Verstand diktierte Einsicht, dass im Täter aufgrund seiner Anlage und Sozialisation ein Handlungs»programm« ablief, das ihn blindlings steuerte, andererseits ein von menschlichen, speziell elterlichen Gefühlen beherrschter Zustand, der sie sogar verleiten könnte, unmittelbar Rache zu nehmen. Man muss sich hier wohl grundsätzlich immer wieder bewusst machen:

Wir sind Wesen, die sowohl vom Verstand – im Wesentlichen wohl im Cortex lokalisiert – wie von Gefühlen – zuständig hier im Wesentlichen wohl das limbisches System – bestimmt werden. Das heißt, ein nur rationales, nur von der sachlichen Einsicht geleitetes Denken und Handeln ist uns offenbar nicht möglich. Jede Entscheidung, jede Handlung, jedes erlebte Geschehen wird immer auch vom limbischen System aufgrund der bisher gemachten Erfahrungen darauf hin bewertet, ob das, was ich vorhabe oder was mir angetan wurde, mir »gut tut« oder »nicht gut tut«. Dieses Konzept ist ein Ergebnis der Evolution und bildet eine so fundamentale Struktur, dass wir ihr nicht entkommen können. Die Gesellschaft hat daher im Laufe ihrer Entwicklung aus guten Gründen die Bestrafung eines Täters einer neutralen Instanz, nämlich einem Gericht übergeben, und es nicht dem unmittelbar Betroffenen überlassen, der von seinen Gefühlen so weit beherrscht sein könnte, dass er zu keinem angemessenen Urteil mehr fähig wäre.

Die schon oben beschworene Schicksalshaftigkeit allen Geschehens trifft uns also in doppelter Weise: Zum einen ist es die Zwangsläufigkeit allen Geschehens und zum anderen ist es eine unentrinnbare Verkettung unseres Denkens mit den Gefühlen. Diese Verflechtung macht es vielen Menschen so schwer, das Konzept der Willensunfreiheit trotz verstandesmäßiger Einsicht im Alltag zu akzeptieren.[30]

Ich möchte dieses Kapitel mit einem Zitat des Juristen FRITZ BAUER abschließen:

> »Ein solches Recht [gemeint ist das neue Maßnahmenrecht, das das jetzige Strafrecht ablösen soll, U.L.] wird wissenschaftlich einwandfrei sein. Es steht im Einklang mit den Erfahrungswissenschaften und der Axiomatik des Grundgesetzes. Es sieht in jedem Menschen eine Spielart von Natur und Geschichte ... Dieses neue Recht weiß um die Unveränderlichkeit der Anlage des Menschen, aber auch um die Veränderlichkeit seiner Umwelt. Seine Mitwelt, seine Mitmenschen sind stets imstande, sein Verhalten zu ändern. Wenn das Tun und Lassen des Menschen ein Produkt aus Anlage und Umwelt (A mal U) ist, dann können wir Mitmenschen – wir sind das U der Multiplikation – mitmenschliche Geschichte machen. Ein sittlicher Schuldvorwurf kostet nichts als einen Affekt. Mitmenschliche Hilfe ist mehr. Nötig ist Wissen um den anderen, Verantwortung für den anderen, Sorge und Fürsorge für den anderen. Wir sollen unseres Bruders Hüter sein.«[31]

In einem Punkt erheben wir uns vielleicht über die Natur: Wir sind im Begriff, ihrer Erbarmungslosigkeit auszuweichen, indem wir ihre Gesetze erkennen und so zu Mitgestaltern im Sinne von mehr Menschlichkeit werden können. Die heimliche Sorge vor den Fortschritten der Hirnforschung, die so manchen Vertreter der Willensfreiheit umtreibt, stellt sich mir dar als Hoffnung auf mehr einfühlendes und helfendes Verstehen im mitmenschlichen Umgang.

V.

Nachdenken über Gott und Moral

Ich erinnere mich, dass bereits in jungen Jahren manchmal der Gedanke in mir aufkeimte, dass Gott vielleicht gar nicht existieren könnte. Mich packte dann das Gefühl, etwas beispiellos Ungeheuerliches gedacht zu haben, dem die Strafe alsbald folgen würde. Schon die sich mir aus der täglichen Beobachtung aufdrängende Erkenntnis, dass das Elend dieser Welt so gar nicht zu Gottes Güte und Barmherzigkeit passen will, ließ in mir ein Gefühl aufkommen, eigentlich etwas Respektloses, wenn nicht gar Verbotenes gedacht zu haben. Ich versuchte dann, mich vor mir und Gott damit zu rechtfertigen, dass ich doch nur meinen Verstand benutzt hätte, um die Dinge und Erscheinungen um mich herum zu verstehen und zu deuten. Ich versuchte, mich mit der Feststellung zu entschuldigen, dass ich gar nicht anders konnte, als so zu denken, ja, dass der mir gegebene Verstand mich geradezu zwang, diese Gedanken und Einsichten zu produzieren.

Die Gelassenheit, mit der ich heute über Gott nachdenken und philosophieren kann, stellte sich erst ganz allmählich ein. Ich kann heute über sein mir unverständliches Desinteresse an dieser Welt, über sein Schweigen angesichts des unermesslichen Leidens von Mensch und Tier, über seine Existenz, vor allem über seine Nichtexistenz nachdenken, ohne dabei ein mich beunruhigendes Gewissen zu haben.

Je mehr ich – schon in jungen Jahren – über diese Fragen nachdachte, in Büchern nach erhellender Erkenntnis suchte und mit anderen darüber diskutierte, um so mehr keimte in mir der Verdacht auf, möglicherweise in vorgedachten Bahnen zu denken, und der Wunsch wuchs, sich freizumachen von vielleicht unbewusst übernommenen Denkmustern und Antworten. In unserem Kulturkreis sind das vor allem christliche Vorstellungen von einem persönlichen Gott, den ihm zugeschriebenen alles überragenden Eigenschaften wie Allmacht und Allwissenheit und seinem vorgeblich planvollen und heilsamen Wirken. Dieser – zunächst noch ziemlich unbewusst wirkende – Wunsch nach Befreiung von kulturell geprägten Denkvorgaben war ein Ergebnis meines Willens nach unbedingter Ehrlichkeit zunächst einmal mir selbst gegenüber. Es war das sich ganz langsam entfaltende Verlangen, nichts einfach nur so hinnehmen zu wollen, was den Widerspruch des Verstandes provozierte. Es war schlicht – wenn man das etwas hochtrabende Wort akzeptieren mag – das Verlangen nach intellektueller Redlichkeit.

Zu solchen Provokationen des Verstandes gehören für mich zum Beispiel die angeblich grenzenlose Güte und Barmherzigkeit Gottes und das gleichzeitig zu beobachtende durch Mensch und Natur ausgelöste maßlose Leid auf dieser Welt. Dazu gehört die Behauptung, dass die von Gott kommende Botschaft eine Botschaft der erbarmenden Liebe sei, aber die Geschichte dieser Lehre ist durchzogen von einer blutigen Spur: Kreuzzüge, Ketzerverfolgungen, Inquisitionsgerichte, Hexenverbrennungen und Sklaverei mit Millionen dahingemetzelter, verbrannter oder sonstwie zu Tode gequälter Menschen. Und – um ein weiteres Beispiel zu nennen – Altes und Neues Testament als angebliches Gotteswort enthalten eine solche Fülle an grausamen, geradezu sadistisch zu nennenden göttlichen Bestrafungen und Strafandrohungen, dass entweder an der Menschenfreundlichkeit dieses Gottes oder an der behaupteten göttlichen Urheberschaft dieser Texte gezweifelt werden muss.

Ich kann mich mit solchen Widersprüchen nicht abfinden. Das wäre nur möglich, wenn mir diese Dinge gleichgültig wären. Sie sind es aber nicht, sie beschäftigen mich seit der Zeit des Konfirmandenunterrichts. Die Zweifel an der »frohen Botschaft« begleiten mich schon fast ein Leben lang und haben mich immer etwas in Distanz zu jenen Menschen gebracht, die in diesen Dingen so wunderbar mit sich im Reinen waren. Irritiert hat mich früher die große Zahl angeblich gläubiger Menschen. Wie kommt es, so habe ich mich immer wieder gefragt, dass trotz dieser – jedenfalls für mich – so offenkundigen Widersprüche und das Denken provozierenden Absurditäten so viele Menschen dennoch an diesen Gott, die Bibel und die christliche Botschaft glauben können? Ja, von bedeutenden Wissenschaftlern wurde und wird ebenfalls oft gesagt, dass sie gläubige Christen seien, mindestens jedoch an den Gott der Bibel glauben würden.

Meine Reaktion auf diese Widersprüche hängt mit der oben angesprochenen intellektuellen Redlichkeit zusammen. Ich vermisse sie bei sehr vielen so genannten Gläubigen. Von Unredlichkeit gekennzeichnet sind aber auch viele öffentliche Äußerungen in Glaubensangelegenheiten. Die Statistik sagt, dass in Deutschland nur noch knapp zwei Drittel der Bevölkerung sich zu den christlichen Kirchen bekennen würden, in Großstädten wie Berlin oder Hamburg sind es noch deutlich weniger.[1]

Die Zahl der Gläubigen wird identifziert mit der Zahl der formellen Kirchenmitglieder, was aber eine sehr problematische Gleichsetzung ist. Gemessen an der Zahl der sonntäglichen Kirchgänger und wirklich gläubigen Christen relativieren sich die genannten zwei Drittel hinsichtlich ihres tatsächlichen Bekenntnisses zu christlichen Glaubensinhalten ganz beträchtlich. (Wir werden im Folgenden noch detailliert zeigen, dass es in keiner Weise gerechtfertigt ist, aus der Prozentzahl der Kirchenmitglieder auf den Grad des Bekenntnisses der deutschen Bevölkerung zum christlichen Glauben zu schließen. Das verbietet u.a. schon die Zwangsmitgliedschaft in der Kirche bei kirchlichen Arbeitgebern aufgrund des kirchlichen Arbeitsrechtes; siehe dazu Kapitel VI, 5!) Dennoch leiten staatliche Instanzen aus der Anzahl an offiziellen Kirchenmitgliedern das Recht ab, in Glaubens- beziehungsweise Weltanschauungsfragen allein den christlichen Kirchen und jüdischen Gemeinden zu erlauben, Vertreter in die meinungssteuernden Rundfunk- und Fernsehräte zu entsenden. Das Heer der Konfessionslosen und erklärten Atheisten beträgt in Deutschland etwa 28 Millionen Menschen (Andersgläubige wie Muslime und Juden nicht mitgezählt!), sie sind aber in keinem der programmbeeinflussenden und programmkontrollierenden öffentlichen Gremien vertreten.[2]

Die Einseitigkeit der Berichterstattung beziehungsweise das kontinuierliche Verschweigen von Fakten, die den christlichen Kirchen unangenehm wären, findet ihre Entsprechung in den Berichten der täglich erscheinenden Zeitungen und Illustrierten. Nicht dass keine Kritik an den beiden großen Kirchen erlaubt wäre und stattfände. Sowohl Fernsehen, Rundfunk oder Tageszeitung lassen sehr wohl gelegentlich kritische Anmerkungen zu, zaghaft meist, manchmal deutlicher, fast nie allerdings Kritik von grundsätzlicher Natur. Eine Ausnahme bildete in jüngster Zeit die ausführliche und durchaus kritische Berichterstattung über die Missbrauchsfälle in der katholischen Kirche. Hier war offenbar selbst für einen kirchentreuen Zeitungsredakteur oft eine Grenze überschritten, zu der er nicht mehr schweigen wollte. Oder sollte es die Sorge der Zeitungsmacher gewesen sein, bei Verschweigen oder nur beiläufiger Berichterstattung an Glaubwürdigkeit beim Publikum zu verlieren? Wie meist in diesem Metier ist es wohl eine Mischung aus empfundenem Informationsauftrag, Nutzen von auflagensteigernden Sensationsmeldungen und Rücksichtnahme auf einflussreiche gesellschaftspolitische Kreise.

Stellungnahmen von Repräsentanten der beiden großen Kirchen zu Themen beliebiger Art finden immer wohlwollende und ausführliche Würdigung in Rundfunk und Fernsehen. Die wochenlange Fernseh-Berichterstattung anlässlich des Todes von PAPST JOHANNES PAUL II. im Jahr 2005 und der anschließenden Wahl des neuen PAPSTES BENEDIKT XVI. war in ihrem unkritischen Übereifer nur noch vergleichbar mit den servilen Huldigungen, die gewöhnlich Staatsoberhäupter in Diktaturen erfahren. Man konnte manchmal den Eindruck gewinnen, dass das deutsche Fernsehen eine Unterabteilung von Radio Vatikan geworden sei. Besonders auffällig war die Distanzlosigkeit der Berichterstattung der Nachrichtensender N24 und n-tv, die darin wohl in erster Linie eine Chance sahen, dieses Spektakel mediengerecht auszuwalzen.

Entscheidend jedoch ist, dass die nach Millionen zählende Zahl der sich zu keiner der beiden christlichen Kirchen bekennenden Menschen überhaupt keine Möglichkeit erhält, sich gleichberechtigt und regelmäßig in den meinungsbildenden Medien zu äußern, um auch für ihre Auffassungen zu werben. In Berlin sind nur noch 30 % der Bürger Mitglied in einer der beiden großen Kirchen, aber nur sie haben regelmäßig Sendungen in Rundfkunk und Fernsehen, die übrigen 70 % weltanschaulich anders orientierten Menschen werden in den Sendern ignoriert. Ich kann mich nicht erinnern, in den letzten Jahren in einer Talkshow über Fragen der Ethik, Sterbehilfe oder zum Beispiel Präimplantationsdiagnostik auch einmal ausführlicher die Ansichten eines betont nicht-christlichen oder gar atheistischen Vertreters gehört zu haben. In der Regel sitzen bei solchen Diskussionen vier oder fünf mit kirchlich-christlichen Positionen sympathisierende Vertreter einem Alibi-Atheisten gegenüber, der nur wenn er Glück hat, seine Auffassungen ohne Unterbrechung äußern kann. Wenn die Diskussion sich zu eindeutig zugunsten einer humanistisch-atheistischen Position entwickelt, schwenkt der Moderator zu einem anderen Thema um. Im Übrigen achtet der Moderator streng darauf, den Unterhaltungscharakter einer solchen Talkshow nicht zu gefährden.

Dieser in weltanschaulichen Dingen praktisch zum Schweigen gezwungene Anteil der deutschen Bürger wird als eigentlich nichtexistent betrachtet. Das ist zutiefst undemokratisch und unredlich, besonders in einem Land, das sich seiner Meinungsfreiheit so rühmt. Das hängt wohl auch damit zusammen, dass Konfessionslose, Agnostiker, Atheisten aufgrund ihrer »freigeistigen« Denkstrukturen überwiegend zu jenen Menschen gehören, die sich ungern durch Organisationen binden und vereinnahmen lassen. Die Folge davon ist, dass sie in der gesellschaftspolitischen Auseinandersetzung bisher keine durchsetzungsfähige Stimme haben und sich gegenüber den durchorganisierten kirchlichen Institutionen kaum Gehör verschaffen können. (Ein erster vielversprechender Versuch ist der Koordinierungsrat säkularer Organisationen, ein Bündnis von Interessenvertretungen konfessionsfreier Menschen in Deutschland: www.korso-deutschland.de.) Die Folge davon wiederum ist, dass praktisch allein die Kirchen aufgrund ihrer über die Jahrhunderte entwickelten, bis in die letzten gesellschaftlichen Verästelungen (wie Parteien, oberste Gerichte, Medien, Sozialverbände) reichenden Einflussmöglichkeiten das Sagen haben. Diese Verflechtung von Gesellschaft und Kirche sorgt dafür, dass die Kluft zwischen der öffentlich dargestellten und zelebrierten Gläubigkeit und der tatsächlich von einer großen Anzahl Menschen empfundenen und gelebten weltanschaulichen Überzeugung immer größer wird.

Die Situation im deutschen Fernsehen in Sachen Meinungsfreiheit bezogen auf weltanschauliche Fragen ist bisher nur vergleichbar mit dem Zustand des früheren DDR-Fernsehens. Der einzige Unterschied besteht darin, dass die Zuschauer des DDR-Fernsehens damals um die Einseitigkeit und Parteilichkeit der Berichterstattung wussten, heutigen deutschen Fernsehzuschauern ist diese Meinungssteuerung zugunsten der Kirchen in den meisten Fällen noch nicht einmal bewusst. Erst im Jahr 2007 zeigten sich in Rundfunk und Fernsehen erste zaghafte Versuche, religiöse Themen auch aus der Sicht erklärter Nichtchristen zu diskutieren. Es bleibt abzuwarten, ob diese ersten Lockerungen Bestand haben werden oder nur der erwarteten höheren Zuschauer- und Zuhörerquote geschuldet sind.

Diese Unredlichkeit beziehungsweise Widersprüchlichkeit zeigt sich aber noch eindeutiger im direkten persönlichen Gespräch. Diskutierte ich mit Freunden, Bekannten und Verwandten über religiöse Themen, wurde mir immer wieder klar, dass kaum eine der relevanten religiösen Fragen wirklich zu Ende gedacht worden war.

Fragte ich einen katholischen oder evangelischen Mitmenschen, ob er sich als Christ bezeichnen würde, dann bejahte er das in der Regel. In vielen Fällen wurde aber dieses Bekenntnis – die kritische Einstellung des Fragenden schon ahnend – mit einer mehr oder weniger deutlichen Distanzierung von der jeweiligen Amtskirche verbunden. Auf die Frage, worauf er sein christliches Bekenntnis begründe und was er für wichtig halte, wurden in der Regel die Zehn Gebote und die Bergpredigt genannt, der Glaube an Jesus Christus und natürlich an Gott.

Fragt man jetzt detaillierter weiter, dann wird nur in wenigen Fällen der Befragte ein klares, streng christliches Bekenntnis ablegen wollen, vielmehr wird deutlich werden, dass er über die meisten Fragen überhaupt noch nicht wirklich nachgedacht und keine eigene Entscheidung getroffen hat. Solche Fragen könnten die nach dem »persönlichen« Gott sein, also nach Gott als Person, nach dessen Ebenbild angeblich der Mensch geformt wurde, nach seiner ganz persönlichen Meinung zur so genannten Erbsünde, zur Sündenvergebung und Erlösung durch den Opfertod von Jesus Christus am Kreuz, nach dem Glauben an eine tatsächliche leibliche Auferstehung oder aber an die ewige Verdammnis in einer jenseitigen Hölle. Spätestens an dieser Stelle erwidern die meisten, dass sie sich darüber so genau noch keine Gedanken gemacht hätten oder das Ganze eher symbolisch verstünden oder eigentlich überhaupt als überholt, wenngleich aus moralischen Gründen als ganz nützlich erachteten, wenn nicht gar unverzichtbar für den gesellschaftlichen Zusammenhalt.

Der letzte Punkt spricht eine Auffassung an, die als geradezu dilemmatisch zu bezeichnen ist. Nicht wenige Menschen neigen inzwischen zu einer agnostischen, wenn nicht gar atheistischen Auffassung. Sobald sie aber mit Fragen der Moral konfrontiert werden, insbesondere der Frage der letztlichen Verankerung von Moral, verfallen sie in das übliche Denkschema und meinen, dass die Grundlage moralischen Handelns nur göttlicher Natur sein könne. Für viele – selbst der große Philosoph IMMANUEL KANT (1724-1804) war dieser Auffassung – stellt die behauptete Notwendigkeit eines absoluten moralischen Bezugspunktes einen Beweis für die geradezu notwendige Existenz und Anerkennung Gottes dar.

Ähnlich unentschieden und ausweichend – im Sinne der oben behaupteten Widersprüchlichkeit und Unredlichkeit – fallen die Antworten aus, fragt man zum Beispiel danach, wie man seinen Glauben an einen allmächtigen, allwissenden und allgütigen Gott mit dem erkennbaren Leid und Elend auf dieser Welt vereinbaren könne. Es stellt sich fast immer heraus, dass der mit dieser Frage Konfrontierte zugibt, diese logischen und empirischen Widersprüche so bisher noch nicht empfunden zu haben, und dass er im Moment dazu auch nichts sagen könne, oder er räumt ein, diese Widersprüche auch zu sehen, hebt aber nur etwas ratlos die Schultern und meint, dass er das auch nicht erklären könne. Dieser Mitmensch wird die Konfrontation mit diesen und ähnlichen Fragen, die ihn vorübergehend etwas betreten machten, schnell wieder vergessen und weiterhin einer von jenen Millionen Traditionschristen sein, die bei Taufe, Hochzeit und Beerdigung die dekorative Dienstleistung der Kirche mangels gedanklicher und praktischer Alternative in Anspruch nehmen. Mit den glaubensmäßigen Verpflichtungen dieser Institution können die meisten – so jedenfalls meine Erfahrung – dagegen eigentlich gar nichts anfangen. Wie üblich triumphiert auch hier Konformismus über Ehrlichkeit, also bequeme Anpassung an die herrschende Meinung. Womit wir wieder bei der Redlichkeit wären.

Ich kann eine solche Haltung verstehen und tolerieren, für mich akzeptieren kann ich sie nicht. Es ist eine Haltung, die es vermeidet oder gar ablehnt, die Dinge zu Ende zu denken, sei es aus Gleichgültigkeit, aus Bequemlichkeit, aus Gründen gesellschaftlicher Anpassung oder aus Angst, schließlich vor dem Nichts zu stehen. Solche Menschen halten schlicht an dem Bild fest, das sie aus der Kindheit und dem Religionsunterricht kennen – eine schöne, heile, vorgegaukelte Bibelwelt. Solange es gut geht, leben diese Menschen sorgloser und glücklicher als manch ein Grübler und Skeptiker. Hat sich aber erst einmal der Zweifel eingenistet, das intellektuelle Verlangen entfaltet, den Dingen auf den Grund zu gehen und Widersprüche zu klären, dann gibt es auch bei ihnen kein Halten mehr. Es kann auch ein existenzieller Schock sein, ausgelöst zum Beispiel durch den Tod eines geliebten Menschen, der wie ein Keulenschlag eine solche Glaubensgewissheit ins Wanken bringt. Dann fällt das Gebilde eines solchen naiv zurecht gelegten Gottesglaubens zusammen und hinterlässt erst einmal Ratlosigkeit und in nicht wenigen Fällen auch Orientierungs- und Trostlosigkeit.

Die bisherigen Überlegungen machen somit deutlich, dass Ehrlichkeit und konsequentes Zu-Ende-Denken einen hohen Preis fordern können, den möglichen Verlust nämlich von subjektiver Sicherheit, von Trost und Halt und Orientierung. Wendet man sich von dem tradierten Gottesbild ab, dann kann das viel Kraft, Mut und Selbstbewusstsein erfordern, besonders in einer betont christlich geprägten Umgebung.

Was ist der Gewinn einer solchen rationalen und kritischen Haltung? Zunächst wohl nicht mehr als das Gefühl, sich selbst treu geblieben zu sein. Einfach das zu denken, zu glauben, für wahr zu halten, was mir mein Gewissen sagt, mein Verstand mir als einzig überzeugende Denkmöglichkeit vorlegt. Das kann intellektuelle Befriedigung und Befreiung bedeuten. Es kann aber auch Bestürzung und Angst auslösen, weil mir klar wird, dass ich in einer existenziellen Krise ohne jenseitigen Trost bleibe, etwa bei unheilbarer Krankheit oder wenn schließlich das Leben sich seinem natürlichen Ende nähert. Aber wie oft im Leben – Verzweiflung und Not können neue Kräfte mobilisieren. Ein Blick auf Menschen, die diesen Weg gegangen sind, zeigt, dass sich auch ganz neue Horizonte auftun können.

Drei Fragenkomplexe, die jetzt angesprochen wurden, möchte ich in den folgenden Unterkapiteln näher betrachten. Zunächst die Frage aller Fragen: die nach der Existenz Gottes. Lässt sich auf eine solche philosophisch-religiöse Fragestellung überhaupt eine logisch befriedigende Antwort finden? Damit zusammenhängend die Suche nach logischer Rechtfertigung eines Gottes, dem Allmächtigkeit und Allwissenheit und immer wieder auch unendliche Liebe zugeschrieben werden. Sind diese drei Eigenschaften angesichts des täglich zu beobachtenden Leidens von Mensch und Tier wirklich widerspruchslos miteinander vereinbar? Schließlich soll die Frage thematisiert werden, ob eine Moral ohne Gott denkbar ist. Ist ein absoluter, jenseitiger Bezugspunkt zwingend oder lässt sich ein Moralsystem vorstellen, das ausschließlich weltimmanent, also ohne Bezug auf einen Gott, begründet ist?

1. Von den vergeblichen Versuchen, Gottes Existenz zu beweisen oder zu widerlegen

Menschen haben schon immer versucht, Erklärungen für das Unverständliche zu entwickeln. Es ist sicher ein dem Menschen innewohnendes Bedürfnis, Antworten zu suchen auf Fragen wie: Wer sorgt alltäglich für die aufgehende Sonne, wer lässt allabendlich den beeindruckenden Sternenhimmel erscheinen, wer schenkt alljährlich der frierenden Natur den lebens- und wärmespendenden Frühling? Wer hat das alles erschaffen und hält es in geordneter Bewegung?

Da die Natur darauf nicht antwortet, jedenfalls nicht unmittelbar, nahmen die Menschen der Frühzeit als Ursache für alles Geschehen Geister und Dämonen an. Sie vermuteten sie in den Wolken, auf Bergen und Vulkanen, in der Unzugänglichkeit der sie umgebenden Wälder und in den Tiefen des Meeres. Sie sprachen diesen personifizierten Wesen gewaltige, übermenschliche Kräfte zu, mussten aber feststellen, dass ihnen diese Mächte nicht unbedingt wohlgesonnen waren. Aus solchen die Natur deutenden Vorstellungen entwickelten sich im Laufe der Menschheitsgeschichte Religionen mit Göttern, die jeweils für bestimmte Bereiche wie Himmel, Erde, Meer und Unterwelt oder den Krieg, die schönen Künste, die Liebe, die Fruchtbarkeit und vieles andere mehr zuständig waren und auf ihre Weise in das tägliche Leben eingriffen. Man glaubte, sie durch Opfer und Gebete gnädig stimmen zu können. Die so genannten Hochreligionen kennen jeweils nur noch einen Gott und haben im Laufe der Jahrtausende ausgefeilte Glaubenssysteme entwickelt mit Dogmen und Riten, die dem Bedürfnis der Menschen nach Erklärung des Weltgeschehens, nach Schutz vor Krankheiten und den Unbilden der Natur und der Suche nach dem Sinn des Lebens entgegenkommen.

Erwähnenswert in diesem Zusammenhang ist, dass der Buddhismus in seiner ursprünglichen Form, der heute etwa eine halbe Milliarde Anhänger hat, den Glauben an einen Gott, der die Welt erschaffen habe, erhalte und regiere, nicht kennt. Diese »Gottlosigkeit« ist insofern von Bedeutung, als sie deutlich macht, dass der Glaube an einen Gott als Schöpfer der Welt offenbar keine natürliche, selbstverständliche Antwort auf die Fragen nach Ursprung und Sinn allen Seins darstellt. Andererseits muss man feststellen, dass die überwiegende Mehrheit der Menschen seit Menschengedenken offenbar an Gott oder Götter als schöpferische Ursache allen kosmischen und irdischen Geschehens glaubt, als eine Instanz, die das Schicksal der Menschen lenkt und den moralischen Bezugspunkt für sein Handeln bildet.

Die modernen Naturwissenschaften, allen voran die Physik und die Biologie, haben Gott inzwischen fast ganz aus dem Weltgeschehen verbannt.

Jahrhunderte lang musste Gott als Erklärung herhalten für Phänomene, die die Wissenschaft jeweils noch nicht entschlüsselt hatte. Schritt für Schritt wurde Gott jedoch in seiner Funktion als Platzhalter verdrängt. Inzwischen ist für einen Astrophysiker und – so möchte ich behaupten – die Mehrheit der naturwissenschaftlichen Forscher göttliches Wirken reduziert auf allenfalls noch einen einzigen Schöpfungsakt: den Anstoß zum so genannten Urknall. Und selbst hier sucht menschlicher Forscherdrang nach naturgesetzlicher Erklärung und versucht, Gott aus seiner letzten Nische zu vertreiben. Wissenschaftliche Kreativität bietet auch hierfür schon theoretische Modelle an, die keiner göttlichen Intervention mehr bedürfen. So ist für heutige Astrophysiker wie STEPHEN HAWKING oder STEVEN WEINBERG die Selbsterschaffung des Kosmos möglicherweise durch so genannte Quantenfluktuationen zu erklären. [3] Und falls das Universum schon ewig und immer existiert, wie manche kosmologische Gleichungen als Interpretation nahelegen, dann erübrigt sich überhaupt die Frage nach einem Schöpfer.

Für viele Philosophen, vor allem aber Naturwissenschaftler, ist die Frage nach der Existenz beziehungsweise Notwendigkeit Gottes inzwischen eine sehr theoretische Frage geworden, die mit formal-logischen Mitteln behandelt wird. Zum Beispiel in Form mathematischer Gleichungen, die auf der Quantentheorie basieren. Diese beschreibt das geradezu bizarre Verhalten von Elementarteilchen wie Elektronen oder Quarks. In dieser unserem Alltagsdenken nicht mehr zugänglichen Welt des Allerkleinsten gibt es Geisterteilchen, die offenbar ohne erkennbare Ursache aus dem Nichts entstehen und wieder verschwinden. Der schon erwähnte Physiker STEPHEN HAWKING und mancher seiner Kollegen wenden diese mikrokosmischen Erkenntnisse auf das Universum als Ganzes an. Sie kommen so zu einer physikalischen Theorie, die Gottes Existenz zwar nicht widerlegt, ihn aber für den Schöpfungsakt auch nicht mehr benötigt. Es handelt sich hier um eine Denk- und Argumentationsweise, die der Laie nur noch zur Kenntnis nehmen kann, nachvollziehen kann er sie nicht mehr. Sie einfach abzulehnen wäre aber auch voreilig, da die Grundlage zu diesen spekulativen Überlegungen die Quantentheorie ist, die auf vielen anderen Gebieten ihr Erklärungspotential – ähnlich der Relativitätstheorie – längst bewiesen hat (siehe z. B. Kapitel II oder III!).

Von gläubigen Menschen wird oft die Nüchternheit beklagt, manche sprechen gar von Respektlosigkeit, mit der Naturwissenschaftler und auch Philosophen über den »allmächtigen Schöpfer des Himmels und der Erden« wie über ein bloßes wissenschaftliches Objekt reden. Ich bin sicher, dass manche Wissenschaftler anfangs selbst – so wie ich es auch an mir erlebt habe – erschüttert waren ob ihrer »frevelhaften« Gedanken. Aber der unbedingte Wille nach Ehrlichkeit im Denken lässt ihnen nicht die Wahl, zwischen »gottgefälligen« und »frevelhaften« Erkenntnissen zu unterscheiden, sondern nur die Entscheidung zwischen Einsichten, die auf logisch stimmige und die Empirie nicht ignorierende Weise zustande kommen und solchen, die beim Nachdenken die Regeln nachweisbar erfolgreichen Denkens und Forschens missachten. Natürlich gibt es die kirchlich-päpstliche Überzeugung, dass auch der Glaube eine Quelle der Wahrheit sei: »Glaube und Vernunft sind die beiden Flügel, mit denen sich der menschliche Geist zur Betrachtung der Wahrheit erhebt«, so verkündete PAPST JOHANNES PAUL II. mit geradezu dichterischer Eleganz.[4] Wissenschaftliches und im oben gemeinten Sinne »intellektuell ehrliches« Denken sieht darin jedoch keinen Weg zu Erkenntnis und Welterklärung.

Einen strikt vernunftbasierten Weg, Gottes Dasein und Wirken zu reflektieren, gingen jene Theologen und Philosophen, die sich über so genannte Gottesbeweise Gewissheit über Gottes Existenz verschaffen wollten. Solche Überlegungen sind teilweise Jahrhunderte alt. Sie versuchen, mittels rational-logischer Beweisführung Aussagen über die Existenz Gottes zu gewinnen. Drei dieser Gottesbeweise möchte ich näher betrachten. Sie greifen Fragestellungen auf, die so mancher, der über Gott und die Welt nachgedacht hat, sich wohl schon selbst gestellt und versucht hat zu beantworten. Diese Gottesbeweise sind darüber hinaus insofern interessant und lehrreich als sie zeigen, dass jeder Versuch, mit logischen Argumenten Aussagen über den Bereich der Transzendenz, also über die Grenzen unserer diesseitigen Welt hinaus zu formulieren, uns auch die Grenzen unseres Denkens bewusst macht.[5]

Als erstes wollen wir uns den so genannten kausalen Gottesbeweis anschauen. Er heißt »kausal«, weil er die Kausalität als Beweisprinzip benutzt. Er lautet knapp formuliert so: Allem liegt eine Ursache zu Grunde. Der Donner beispielsweise wird durch den Blitz verursacht, dieser geht auf die Entladung von verschieden geladenen Wolken zurück, deren Ladungen wiederum eine Folge des Wettergeschehens sind usw. Jeder Mensch hat Eltern, diese hatten Eltern und jene wiederum auch usw. Das heißt, es gibt keine Wirkung, kein Geschehen ohne eine – zeitlich davorliegende – Ursache. Jedes Objekt kann seine Existenz auf ein anderes Objekt zurückführen. Da man aber die Kette der Ursachen nicht unendlich weit zurück fortsetzen könne, müsse eine erste Ursache angenommen werden. Diese erste Ursache, so zum Beispiel THOMAS VON AQUIN (1225-1274), sei Gott. Gott selbst ist unverursacht, er ist schon immer da.

An dieser Beweisführung kann Verschiedenes kritisiert werden. Zunächst kann man sich fragen, warum ein unverursachter Gott die erste Ursache sein sollte, warum nicht eine unverursachte Urkraft oder ein ungöttliches allgemeines Prinzip. Zudem kann man argumentieren, wenn Gott als ewig existierend angenommen wird, warum kann dann nicht auch das Universum als unverursacht, also ohne Grund ewig bestehen.[6] Hinzu kommt eine formallogische Kritik, die auf die Widersprüchlichkeit der Argumentationsform zielt. Wenn man eingangs formuliert (in der so genannten Prämisse), dass aufgrund des Kausalitätsprinzips alles eine Ursache habe, dann kann man nicht plötzlich argumentieren, für den ersten Verursacher, also für Gott, gelte dieses Kausalitätsprinzip nicht. Auch lässt sich einwenden, dass eine unendliche Kausalkette denkbar sei und das Universum von daher keine eigentliche anfängliche Ursache haben müsse. Moderne kosmologische Theorien lassen derartige Szenarien ohne weiteres zu. Die Frage nach dem Anfang verlöre sich dann in den unauslotbaren Tiefen der Unendlichkeit. Schließlich sind auch in sich geschlossene Kausalketten denkbar, also kosmologische Modelle etwa nach HAWKING, die für ein Universum ebenfalls weder einen räumlichen noch zeitlichen Anfang kennen (siehe z.B. Kapitel II, 4!).

Ganz allgemein muss man wohl feststellen, dass es höchst problematisch, ja eigentlich unzulässig ist, die Regeln unseres logischen Denkens über die zeitlich-räumlichen Grenzen unserer Existenz hinaus anzuwenden. Mit der Erschaffung des Universums ist vielleicht auch erst die uns vertraute Logik in die Welt gekommen. Ein Denken in Ursache und Wirkung macht von daher dann eigentlich keinen Sinn, wenn es auf eine gedachte Ursache verweist, die noch vor der Erschaffung dieses Universums und damit vor der Existenz und damit Gültigkeit dieser Ordnungsprinzipien liegt. Denn Kausalität gibt es nur, wenn es Zeit gibt, also ein zeitliches Nacheinander, und die uns bekannten logischen Prinzipien existieren. Wenn aber die Zeit und die logischen Prinzipien erst mit dem Universum entstanden sind, kann es dann ausgeschlossen werden, dass ein Ereignis wie die Entstehung des Universums auch unverursacht eingetreten sein könnte? Eine solche Infragestellung der Reichweite unseres Denkvermögens bedeutet natürlich, die Frage nach der Existenz beziehungsweise Nichtexistenz Gottes noch mehr in den Bereich des Unbestimmbaren zu verschieben.

Dass die uns vertrauten Regeln der alltäglichen Logik ihre Gültigkeit verlieren, je mehr wir die räumlich-zeitlichen Grenzen unserer sinnlich erfahrbaren Welt verlassen, haben wir schon am Beispiel des inneratomaren Geschehens erfahren (siehe Kapitel III, 2!). Dort tauchen Teilchen auf ohne erkennbare Ursache oder können entgegen allem bisherigen Wirklichkeitsverständnis gleichzeitig verschiedene Zustände einnehmen. Es dürfte wohl so sein, dass die Suche nach einer ersten Ursache eher der Art und Weise entspringt, wie wir gelernt haben, die Welt zu erkennen und die Dinge in ihr zu ordnen. Wie wir bereits in Kapitel I gesehen haben, fehlt uns das volle Verständnis für die Vorgänge im ganz Großen wie ganz Kleinen. Irgendwann werden wir vielleicht einmal erkennen, dass unsere Alltagslogik ein Spezialfall einer umfassenderen kosmischen Logik ist. Auch Newtons Himmelsmechanik, die sich bei irdischen Fragestellungen als hinreichend genau erwies, bei kosmischen aber versagte, entpuppte sich als Spezialfall einer allgemeineren Theorie, der Allgemeinen Relativitätstheorie nämlich, die allein in der Lage ist, unter kosmischen Bedingungen gültige Ergebnisse zu liefern.

Einen weiteren Versuch, mit Verstandesgründen und Ergebnissen heutiger Wissenschaft auf die Existenz Gottes zu schließen, unternimmt der so genannte kosmologische Gottesbeweis. Dieser Beweis verwendet das theistische anthropische Prinzip, das Erkenntnisse der modernen Kosmologie aufgreift. Danach wäre in unserem Universum kein Leben möglich, wenn eine ganze Reihe physikalischer Naturkonstanten nicht exakt den Wert besäßen, den sie tatsächlich haben. Das betrifft zum Beispiel die Größe der elektrischen Elementarladung, die Lichtgeschwindigkeit, die Gravitationskonstante oder das Plancksche Wirkungsquantum. Würden diese Werte nur äußerst geringfügig von ihrer jetzigen Größe abweichen, hätten sich keine Galaxien und in der Folge kein Leben entwickeln können, also auch keine Menschen und keine mit Bewusstsein ausgestattete Intelligenz. (Das Argument kam ja bereits in Kapitel III, 1 zur Sprache!) Diese Feinabstimmung einer solchen Vielzahl von Naturkonstanten auf genau diese, Galaxien und damit Leben ermöglichenden Werte könne aufgrund ihrer extremen Unwahrscheinlichkeit kein Zufall sein. Es sei so, als ob das Universum nur geschaffen wurde, um den Menschen in dieser Welt auftreten zu lassen. So jedenfalls wird von jenen Vertretern argumentiert, die darin eine steuernde Hand Gottes sehen.

Es gibt eine Reihe von Argumenten gegen diesen Beweis für das angebliche Wirken und damit die Existenz Gottes. Zum Beispiel ist es inzwischen unter Wissenschaftlern umstritten, dass nur exakt diese, jetzt existierende Konstellation von Werten der maßgeblichen Naturkonstanten Leben ermöglichen würden. Die Erfahrungsbasis – schließlich kennen wir nur ein Universum! – sei viel zu gering, um solche Behauptungen aufstellen zu können. Es ist doch wenigstens theoretisch vorstellbar, dass in anderen Universen auch andere Wertekombinationen Leben und Bewusstsein zulassen, auch wenn diese Lebensformen vermutlich völlig anderer Natur wären, als wir sie uns überhaupt nur vorstellen könnten.[7] Vielleicht ist man hier aber nur das Opfer einer falschen Sichtweise. So wie man die perfekt tarnende Anpassung einer Südsee-Muschelart an ihren felsigen Untergrund (siehe Kap. III, 3!) nicht als Ergebnis eines zielgerichteten, absichtsvollen Eingreifens eines planenden Schöpfers ansehen darf, sondern als Folge eines evolutionären Auslesevorgangs erklären kann, so benötigen wir auch hier vielleicht nur eine andere Sichtweise, einen Paradigmenwechsel, gewissermaßen einen »kosmischen

Darwin«, um das Vorhandensein dieser angeblich unwahrscheinlichen Wertekonstellation problemlos zu verstehen.

Von der Vielzahl der Gottesbeweise wollen wir noch einen letzten erwähnen, den so genannten moralischen Gottesbeweis. Er geht auf den Philosophen IMMANUEL KANT (1724-1804) zurück und stützt sich auf folgende Argumentation. Wenn es – so KANT – keinen Gott gäbe, dann gäbe es für uns Menschen letztlich keinen zwingenden Grund, uns sittlich und moralisch zu verhalten. Nur die Aussicht auf Belohnung oder Strafe in einer jenseitigen Welt hält uns an, uns auch dann moralisch zu verhalten, wenn wir daraus keine weltlichen Vorteile ziehen können, vielleicht sogar Nachteile haben. Dieser Gottesbeweis geht von der Überlegung aus, dass es aufgrund der vorhandenen Sitten und der vorhandenen Ordnung einen absoluten höchsten Willen geben muss. KANT schließt also aus dem Vorhandensein einer moralischen Ordnung in dieser Welt auf Gott als den einzig denkbaren Begründer und Garanten dieser Moral. Zwar sagt KANT, dass dies kein rationales Argument für die Existenz Gottes sei und damit auch kein Beweis im eigentlichen Sinne, dass seine Existenz aber als Bedingung für sittlich-moralisches Handeln geradezu gefordert werden müsse.

Diese Gleichsetzung der höchsten Moralinstanz mit Gott ist aber zugleich auch der Ansatzpunkt für eine Kritik an diesem Gottes»beweis«. Wenn Gott die Verkörperung der absoluten Moral darstellt und ihm zugleich Allmächtigkeit und Allwissenheit zugeschrieben werden, dann führt das zum so genannten Theodizee-Problem. Diese – im nächsten Unterkapitel ausführlich besprochene – Problematik beschäftigt die Menschheit seit alters her. Vergeblich versuchten Philosophen und Theologen bisher, eine befriedigende Antwort auf die Frage zu finden, wie das Leid und das Böse mit der Allmacht, Allwissenheit und Barmherzigkeit beziehungsweise moralischen Absolutheit Gottes in Einklang zu bringen sind.

Betrachtet man noch einmal die eben besprochenen Gottesbeweise, dann muss festgestellt werden, dass sie weder Gottes Existenz zu beweisen in der Lage sind noch dessen Nichtexistenz. Die beiden ersten Beweise sind gleichwohl insofern interessant, als sie uns auch die Grenzen logischen und empirischen Argumentierens aufzeigen. Auffällig ist, wie viel logische Anstrengung und gedankliche Phantasie Theologen über die Jahrhunderte in die Konstruktion solcher Gottesbeweise gesteckt haben, um »seine« Existenz zu belegen. Keinerlei Bemühung ist erkennbar, verständlich zu machen, wie dieser Gott selbst in die Welt gekommen sein sollte. Die bloße Behauptung seiner ewigen Existenz erscheint mir intellektuell etwas dürftig.

Schon KANT konnte schlüssig zeigen, dass es unzulässig ist, vom Begriff Gottes auf dessen Existenz zu schließen. Allgemein besteht heute, auch unter

Theologen, Einigkeit darüber, dass die Existenz Gottes rational-logisch weder bewiesen noch widerlegt werden kann. Die Frage nach Gott könnte sich allerdings auf eine ganz unspektakuläre Weise allmählich von allein erledigen. Wenn Kosmologie, Quantentheorie, Evolutionstheorie und Hirnforschung im Laufe der Jahrzehnte es immer selbstverständlicher werden lassen, dass zur Erklärung der Welt, des Lebens und des geistigen Geschehens keinerlei Rückgriff auf eine göttliche Macht erforderlich ist, ja diese eher als störender Faktor empfunden würde, dann bestünde immer weniger Anlass, noch an die biblische Schöpfungsgeschichte und an einen Schöpfer zu glauben. Das Ergebnis ist irgendwann der von nahezu allen Menschen akzeptierte Erkenntnisstand, dass Gott in der Wissenschaft, aber auch im alltäglichen Leben keine Rolle spielt, folglich auch nicht mehr benötigt oder vermisst wird. Das wäre zwar immer noch kein Beweis seiner Nichtexistenz, aber die Frage nach seiner Existenz würde mangels wissenschaftlicher und praktischer Bedeutung überhaupt nicht mehr gestellt, sie würde sich als Frage gewissermaßen auflösen. Die Frage nach der Existenz der alten ägyptischen, griechischen oder z.B. aztekischen Götter ist heute auch keinem Menschen mehr des Nachdenkens wert.

Von dem französischen Dichter und Kunstkritiker CHARLES BAUDELAIRE (1821-1867) stammt der bemerkenswerte Satz: »Gott ist das einzige Wesen, das, um zu herrschen, noch nicht einmal selbst zu existieren braucht.«

2. Theodizee – Gottes grenzenlose Liebe und das unendliche Leiden in der Welt

Wer möchte sich nicht gehalten wissen von einem Wesen mit unbegrenzter Macht und größter Barmherzigkeit? Wer sucht nicht nach einem Zufluchtsort und nach Sinnstiftung besonders in Zeiten schwerster seelischer Bedrängnis? Der Theologe DIETRICH BONHOEFFER (1906-1945) verfasste im Konzentrationslager die folgenden bewegenden Zeilen. Es handelt sich um die erste und die dritte Strophe eines längeren Gedichts, sie drücken augenscheinlich seine feste Hoffnung und Zuversicht aus, von einer höheren Macht gehalten zu werden:

> Von guten Mächten wunderbar geborgen,
> erwarten wir getrost, was kommen mag.
> Gott ist mit uns am Abend und am Morgen
> und ganz gewiss an jedem neuen Tag. …

> Und reichst Du uns den schweren Kelch, den bittern,
> des Leids, gefüllt bis an den höchsten Rand,
> so nehmen wir ihn dankbar ohne Zittern
> aus Deiner guten und geliebten Hand.

Wenige Wochen danach wurde er erbarmungslos am Galgen zu Tode gebracht. Schmählich getäuscht und verlassen von einem Gott, bei dem er sich geborgen glaubte? Auch wenn er von einem Kelch des Leids spricht, den er dankbar aus Gottes guter und geliebter Hand entgegennehmen will, liest man zwischen den Zeilen nicht doch den bangen Zweifel und die zugleich trotzige Hoffnung eines Menschen heraus, der die gott- und trostlose Alternative bedenkt, sie aber nicht wahr haben will? Ich maße es mir nicht an zu wissen, was er angesichts des erbarmungslosen Geschehens um ihn herum wirklich gedacht, gehofft und geglaubt hat, aber ich bewundere seinen Mut und seine vorgelebte Überzeugung.

Gott der Allmächtige liebt die Kinder, so habe ich es immer wieder von der Kanzel gehört. Doch in den Entwicklungsländern sterben laut UNICEF derzeit täglich(!) etwa 22 000 Kinder unter fünf Jahren an Krankheiten, das sind etwa 8 Millionen jährlich. Der Welthunger-Index 2010 gibt an, dass weltweit täglich(!) etwa 6 000 Kinder an Unterernährung sterben, das sind jährlich 2,2 Millionen.

Gott liebt die Kinder? Wo blieb seine Liebe, seine Fürsorge, als in Hamburg ein kleines Mädchen, es hieß Jessica, in einer verdunkelten Kammer jahrelang eingesperrt leben musste und nur soviel zu essen und zu trinken bekam, dass es nicht gleich verhungerte? Nach einem für menschliche Begriffe unfassbaren Martyrium aus grausamsten seelischen Misshandlungen und systematischer Vernachlässigung erlöste es schließlich ein gnädiger Tod von seinem für uns unvorstellbaren Leiden. In diesen Jahren der Dunkelhaft ist es von seinen Eltern zu einem körperlichen und seelischen Krüppel gemacht worden, dessen Menschenähnlichkeit schließlich, wie eine Zeitung damals schrieb, kaum noch zu erkennen war. Es starb siebenjährig an Isolation und Unterernährung. Wieso sieht Gott, der doch angeblich die Kinder so liebt, so etwas nicht? Was könnte ein Kind mit drei, vier Jahren an Schuld auf sich geladen haben, dass ihm solch ein Schicksal zuteil wird? Der Widerspruch zwischen kirchlicher Verkündigung und Wirklichkeit könnte nicht eklatanter sein. Man schrieb das Jahr 2005, als die Öffentlichkeit von dieser entsetzlichen Tragödie erfuhr.

ELIE WIESEL (*1928), US-amerikanischer Schriftsteller und Überlebender des Holocausts, Friedensnobelpreisträger 1986 und Professor für Literatur in Boston, erinnert sich in seinem autobiographischen Buch »Die Nacht zu begraben«:

»Wo ist Gott? Die SS schien besorgter, beunruhigter als gewöhnlich. Ein Kind vor Tausenden von Zuschauern zu hängen, war keine Kleinigkeit. Der Lagerchef verlas das Urteil. Alle Augen waren auf das Kind gerichtet. Es war aschfahl, aber fast ruhig und biss sich auf die Lippen. Der Schatten des Galgen bedeckte es ganz. Diesmal weigerte sich der Lagerkapo (Häftling, der für ›schmutzige Arbeit‹ Vergünstigungen erhielt), als Henker zu dienen. Drei SS-Männer traten an seine Stelle. Die drei Verurteilten stiegen zusammen auf ihre Stühle. Drei Hälse wurden zu gleicher Zeit in die Schlingen eingeführt. ›Es lebe die Freiheit!‹ riefen die beiden Erwachsenen. Das Kind schwieg. ›Wo ist Gott, wo ist er?‹ fragte jemand hinter mir. Auf ein Zeichen des Lagerchefs kippten die Stühle um. Absolutes Schweigen herrschte im ganzen Lager. Am Horizont ging dic Sonne unter. ›Mützen ab!‹ brüllte der Lagerchef. Seine Stimme klang heiser. Wir weinten. ›Mützen auf!‹ Dann begann der Vorbeimarsch. Die beiden Erwachsenen lebten nicht mehr. Ihre geschwollenen Zungen hingen bläulich heraus. Aber der dritte Strick hing nicht reglos: der leichte Knabe lebte noch ... Mehr als eine halbe Stunde hing er so und kämpfte vor unseren Augen zwischen Leben und Sterben seinen Todeskampf. Und wir mußten ihm ins Gesicht sehen. Er lebte noch, als ich an ihm vorüberschritt, seine Zunge war rot, seine Augen noch nicht erloschen. Hinter mir hörte ich denselben Mann fragen: ›Wo ist Gott?‹ Und ich hörte eine Stimme in mir antworten: ›Wo ist er? Dort – dort hängt er am Galgen ... .‹«[8]

Einen solchen Bericht kann man nur noch erschüttert zur Kenntnis nehmen. Nicht so sehr die großen Zahlen an Toten, Ermordeten und Gequälten sind es, die uns aufwühlen, es sind die Einzelschicksale, die uns konkret vor Augen führen, welch unerträgliches Leid dem Menschen durch den Menschen angetan werden kann.

Selbst der katholische Theologe HANS KÜNG (*1928), Autor vieler mit Gott und Christentum befasster Bücher, bekennt seine Ratlosigkeit, wenn er in seinem Buch »Credo« schreibt:

»... ich gestehe darüber hinaus, dass ich nach Auschwitz, dem Gulag und zwei Weltkriegen erst recht nicht mehr vollmundig von ›Gott, dem Allmächtigen‹ reden kann, der da als ›ab-soluter‹ Machthaber ›los-gelöst‹, unberührt von allem Leid, doch alles dirigiert, alles macht oder mindestens alles machen könnte, wenn er wollte, und der dann doch angesichts größter Naturkatastrophen und Menschheitsverbrechen nicht eingreift, sondern schweigt und schweigt und schweigt ... «[9]

Es ist aber nicht nur das verabscheuungswürdige Verhalten von Menschen, in viel größerem Maße ist es die Natur, die durch Krankheiten und Katastrophen die Ursache schlimmsten Elends darstellt. Lepra, Malaria, Pest und Krebs, um nur einige der verheerenden Krankheiten zu nennen, haben über die Jahrtausende Hunderte von Millionen Menschen erbärmlich dahinvegetieren lassen und um Lebensglück und Leben gebracht. Die Hilferufe nach oben zu Gott wendeten das Schicksal der Betroffenen nicht, erst moderne Wissenschaft und Medizin waren in der Lage, hier eine entscheidende, wenn auch noch keine vollständige Hilfe zu leisten.

Im Jahre 2005 jährte sich zum 250. Mal eine Naturkatastrophe, die wie keine andere das religiöse und naturwissenschaftliche Denken verändert hatte. Das schwere Erd- und Seebeben von Lissabon am 1. November 1755 veranlasste Philosophen, Naturwissenschaftler und Dichter wie KANT, VOLTAIRE oder GOETHE von der Vorstellung Abschied zu nehmen, dass solche Naturereignisse als Strafen Gottes anzusehen sind. Nach und nach setzte sich die Einsicht durch, dass Erdbeben, Vulkanausbrüche, Wirbelstürme und Flutwellen natürliche Vorgänge sind, die mit der physikalischen Natur einer unruhigen Erde erklärt werden können. KANT (1724-1804) zum Beispiel entwickelte eine auf naturwissenschaftlicher Basis begründete Theorie der Erdbeben. Sie war aus heutiger Sicht zwar falsch, aber sie stellte eine nachdrückliche Abkehr von der Auffassung dar, dass solche Menschen verschlingenden Naturkatastrophen eine Rache Gottes für sündhaftes Verhalten darstellten.

Das Beben von Lissabon hatte für das Denken der damaligen Zeit auch deswegen umwälzende Folgen, weil mit Lissabon eine katholisch geprägte Stadt am Morgen des Allerheiligentages mit voll gefüllten Kirchen und Kathedralen getroffen wurde. Das Erdbeben, die sieben Meter hohe Flutwelle und der anschließende Brand töteten wohl an die 30 000 Menschen, andere Berichte sprechen gar von 60 000 Toten. Die Verwirrung war vollkommen: Gott löschte eine katholische Metropole aus, zu damaliger Zeit die viertgrößte Stadt Europas, an einem heiligen Tag, an dem sich fast alle Menschen lobpreisend in den Häusern Gottes befanden. VOLTAIRE (1694-1778), unabhängiger und kritischer in seinem Denken als der Kirche lieb sein konnte, schrieb ein provokantes Gedicht über das Erdbeben (Poème sur la désastre de Lisbonne) und regte damit ebenfalls eine Diskussion an über die fragwürdige, Gott unterstellte Rolle bei Naturkatastrophen.

Von JOHANN WOLFGANG VON GOETHE (1749-1832) weiß man, dass ihn das Beben von Lissabon erheblich irritierte und seine vorsichtige Distanzierung von Kirche, Christentum und einem angeblich gerechten Gott einleitete. Der junge GOETHE schreibt anlässlich dieses Ereignisses in »Dichtung und Wahrheit«:

> »Der Knabe, der alles dieses wiederholt vernehmen musste [gemeint sind die vielen Berichte und religiösen und philosophischen Kommentare über das Erdbeben, U.L.], war nicht wenig betroffen. Gott, der Schöpfer und Erhalter Himmels und der Erden, den ihm die Erklärung des ersten Glaubensartikels so weise und gnädig vorstellte, hatte sich, indem er die Gerechten mit den Ungerechten gleichem Verderben preisgab, keineswegs väterlich bewiesen. Vergebens suchte das junge Gemüt sich gegen diese Eindrücke herzustellen, welches überhaupt um so weniger möglich war, als die Weisen und Schriftgelehrten selbst sich über die Art, wie man ein solches Phänomen anzusehen habe, sich nicht vereinigen konnten.«[10]

Schon damals war es denkenden und reflektierenden Menschen offenbar kaum oder gar nicht mehr möglich, die über Wort und Schrift behauptete Allmächtigkeit und Barmherzigkeit Gottes mit dem tatsächlichen Geschehen und dem damit verbundenen menschlichen Leiden in Übereinstimmung zu bringen. Zwei große Naturkatastrophen der jüngsten Zeit, der Tsunami in Südostasien im Jahre 2004 und das Erdbeben in Kaschmir im Jahre 2005, mit Hunderttausenden Toten, Millionen Verletzten und in Folge vielen noch heute unter erbärmlichen Bedingungen dahin vegetierenden Menschen, haben bei uns das Nachdenken über die Unvereinbarkeit der herkömmlichen Gottesvorstellung mit der beobachtbaren Wirklichkeit erneut aufleben lassen. In den Berichten war zu sehen, wie völlig verstörte kleine Kinder zwischen Trümmern und Leichen umherirrten. Ihre Eltern waren in der Flutwelle umgekommen, sie selbst konnten noch nicht einmal ihren eigenen Namen nennen. Wo ist der Gott, der angeblich die Kinder liebt? Interessiert er sich überhaupt für das Geschehen auf dieser Erde? Oder könnte es sein, dass wir die völlig falschen Fragen stellen?

Und in der Tat stellen sich Asiaten, sofern sie nicht Christen oder Moslems sind, sondern Anhänger des Hinduismus, des Buddhismus, des Konfuzianismus oder des Shintoismus solche Fragen nicht. Wer keinen anthropomorphen, persönlichen Gott verehrt, der gerecht und gütig ist, der straft und vergibt, der kann sich, wenn ihn das Schicksal heimsucht, auch nicht beschweren oder gar auflehnen. Einen Gott, der für das Geschehen im Leben verantwortlich zu machen ist oder der einem bei der Sinnsuche helfen könnte, gibt es bei ihnen nicht. Das Leiden wird als unvermeidliches Schicksal angesehen. Beim Buddhismus wird sogar Leben und Leiden gleichgesetzt, man kann dem Leiden zunächst nicht entfliehen. Aber man kann dem Leiden entgegentreten, indem man dessen Ursachen und Folgen bekämpft und dadurch positives Karma ansammelt. Durch genügend viel positives Karma, das man durch gute Werke erwirbt, besteht schließlich – so die Überzeugung – die Möglichkeit der Selbsterlösung aus diesem durch Wiedergeburten gekennzeichneten Leidenskreislauf. Der gläubige Moslem dagegen betrachtet sich als Allahs absoluten Untertan. Schicksalsschläge wie Erdbeben oder Krankheiten begreift er als obersten Willen, den es ähnlich christlicher Einstellung nicht in Frage zu stellen gilt.

Anlässlich der erwähnten Flutkatastrophe traten die damals höchsten Vertreter der beiden großen christlichen Kirchen Deutschlands, Kardinal Lehmann und Bischof Huber, am 9. Januar 2005 bei einem ökumenischen Gedenkgottesdienst im Berliner Dom auf. Beide rangen in ihren Predigten, rat- und hilfesuchend gen Himmel blickend, nach den hier noch möglichen Worten. Kardinal Lehmann verglich das Tsunami-Unglück mit der Sintflut der Bibel und erinnerte an frühere Naturkatastrophen, die Atombombenabwürfe, an Auschwitz und den Holocaust. »Es gibt eben unsägliches, durch und durch unverständliches Leid. Auch die Bibel kennt die Klage gegen Gott.« Als Christ finde er keine andere Antwort als den Blick auf das Kreuz Jesu. Und er fragte laut und vernehmlich: »Gott, wo warst Du?«

Die Hilflosigkeit und die Bedrückung, die aus den Worten des Kardinals sprachen, fielen mir auf. Sie hatten nichts mehr von jener selbstsicheren, ja manchmal selbstherrlichen Gottesgewissheit eines hohen kirchlichen Amtsträgers, der schon von Berufs wegen unbedingte Glaubenssicherheit ausstrahlen muss. Ich fand das menschlich und bewegend, weil es in seiner offen gezeigten Ratlosigkeit auf mich aufrichtig und wahrhaftig wirkte. Ein ähnlich bemerkenswertes Wort gibt es von PAPST JOHANNES PAUL II. anlässlich einer Generalaudienz im Jahr 2002:

> »Es gibt neben dem Schwert und dem Hunger eine noch größere Tragödie, nämlich die des Schweigens Gottes, der sich nicht mehr offenbart und sich scheinbar in seinem Himmel eingeschlossen hat, so als sei er des menschlichen Tuns überdrüssig.«[11]

Die Ausführungen der letzten fünf Seiten waren von der Frage bestimmt, wer das »Böse« und das Leiden in unserem Leben verursacht und wer die Verantwortung dafür trägt – der Mensch, die Natur oder gar Gott? Den Menschen als den eigentlichen Sünder hinzustellen, wäre etwas zu einfach. Selbst wenn man ihm einen freien Willen unterstellte – »es stirbt kein Sperling ohne Gottes Willen«, wie Jesus einst verkündete.[12] Mit dem freien Willen kommt eine anderer, kaum erklärlicher Widerspruch hinzu: Warum gibt uns der allgütige Gott einen freien Willen, wenn er doch in seiner Allwissenheit wissen muss, dass wir ihn missbrauchen werden? Und was ist mit einem kleinen Kind, das krebskrank oder durch die Trümmer eines erdbebengeschüttelten Hauses qualvoll zu Tode kommt? Hatte es überhaupt schon eine Gelegenheit, aufgrund seines freien Willens Böses zu tun? Oder will man gar mit dem absurden Argument daher kommen, dass es schon durch die Erbsünde belastet und damit von vornherein schuldig sei?

Wenn – wie es geschrieben steht und täglich gepredigt wird – Gott die Eigenschaften Allmächtigkeit, Allwissenheit und Allgüte (im Sinne allumfassender Güte oder Barmherzigkeit) besitzt, dann bleibt es unverständlich, warum er all dies geschehen lässt und gleichgültig »schweigt und schweigt und schweigt«. Im übrigen kommt der Mensch gegenüber Krankheiten und naturbedingten Katastrophen – wie oben schon festgestellt wurde – nur in weitaus geringerem Maß als Ursache für das Leiden in Frage. Krankheiten, Missbildungen, Seuchen und Naturkatastrophen bewirken ungleich mehr an Leid und Elend.

Aufgeklärtes, durch naturwissenschaftliche Erkenntnisse geprägtes Denken verdrängte Gott immer mehr aus der Rolle als Ursache und Mitgestalter des weltlichen Geschehens und damit auch des Leidens und des Elends. Sehr viel naheliegender ist daher der Gedanke, dass er nicht nur nicht der Verursacher oder teilnahmsloser Beobachter des diesseitigen Geschehens ist, sondern gar nicht existiert, nur eine gedankliche Konstruktion ist, lediglich eine Projektion der Menschheit von alters her aufgrund der Sehnsucht nach Schutz vor Krankheit und Tod, moralischer Orientierung und Welt-Erklärung.

Ein letztes Beispiel für das Nachdenken über Gott und seine angeblich unerforschlichen Wege möchte ich noch ansprechen. Es ist wegen seiner poetischen Gestaltung und des darin beschriebenen Konflikts des Menschen mit Gott ein Stück Weltliteratur geworden. Es thematisiert das Ringen des Menschen um Verstehen und Begreifen dessen, was ihm – angeblich – im Namen Gottes widerfährt. Gemeint ist das berühmt gewordene Buch Hiob, ein Text des Alten Testaments.[13]

Inhaltlich geht es um die Frage des Leidens und der Leidensbewältigung. Hiob, ein weiser und gottesfürchtiger Mann, ist mit allergrößtem Wohlstand und Glück gesegnet. Das gibt dem Satan Anlass zu der Frage, ob er auch dann noch gottesfürchtig bliebe, wenn es ihm schlecht erginge. Gott wettet, dass Hiob nicht vom Glauben an ihn abfällt, Satan hält dagegen. In der Folge wird Hiob von einer Kette schlimmster Unglücksschläge getroffen. Er verliert alles, Frau und Kinder, Haus und Hof, allen Besitz. Schließlich wird er auch noch mit Krankheit und schlimmsten seelischen und körperlichen Schmerzen gepeinigt. Hiob aber lässt sich nicht von Gott abbringen.

Nun wird das Leiden zum Gegenstand lehrhafter Erörterungen. Hiobs Freunde drängen ihn, eigene Schuld als einzige denkbare Ursache seines Leidens einzugestehen. Für sie ist ohne Zweifel Gott allmächtig, gerecht und gütig, also muss Hiob gesündigt haben und leidet somit zu Recht. Aber Hiob bestreitet, Gott irgendeinen Grund für dessen Strafen und Zürnen geliefert zu haben, er erwartet vielmehr von Gott eine Erklärung für sein Leiden. Auch der Erzähler dieser Geschichte lässt keinen Zweifel an der Gottesfürchtigkeit und Rechtschaffenheit Hiobs.

Als Gott endlich »aus dem Wetter« das Wort ergreift, klagt er Hiob keiner Sünde an. Selbst der Gerechteste und Barmherzigste – so Gott – sollte nicht glauben, dass er von Krankheit und Qual verschont bleibe. Der Mensch sei schließlich in seiner irdischen Erkenntnis begrenzt. Gott verweist Hiob auf die wunderbar geordnete, aber auch rätselhafte Schöpfung, die keineswegs am Menschen und seinen Bedürfnissen ausgerichtet sei. Da bekennt Hiob zermürbt seine Sündhaftigkeit, er habe ohne Einsicht geredet und widerruft »in Staub und Asche«. Er erkennt die überwältigende Schöpfermacht Gottes an, auch wenn er das alles nicht versteht. Glück und Wohlstand werden schließlich von Gott wieder hergestellt, Hiob bekommt wieder zehn Kinder, doppelten Reichtum und stirbt endlich »hochbetagt und satt an Lebenstagen«.[14]

Ich kann mit dieser Geschichte nichts anfangen. Zunächst erschreckt mich die Menschenverachtung, die in der Wette zwischen Gott und Satan zum Ausdruck kommt. Um Hiob auf die Probe zu stellen, wird Hiob der Willkür des Teufels ausgeliefert und seine Frau, seine sieben Söhne und drei Töchter werden einfach um ihr Leben gebracht, seine Sklaven werden erschlagen, Abertausende seiner Tiere werden ihm genommen. Was mich ebenso abstößt, ist die Absurdität der Moral dieser Geschichte. Selbst Gott bescheinigt Hiob seine Untadeligkeit, er stellt fest, »es ist nicht seinesgleichen im Lande«. Aber Hiob muss erfahren, dass selbst ein Mensch, der niemals Unrecht getan hat und der »des Blinden Auge und des Lahmen Fuß« war, nicht davor bewahrt wird, von schrecklichen Krankheiten befallen zu werden und unaussprechliche seelische und körperliche Qualen erleiden zu müssen. Die Geschichte dieses Mannes endet mit der Erkenntnis, dass es weder Gerechtigkeit noch irgendwelche vernünftigen und einsehbaren Gründe gibt, die Gottes Handeln an Hiob verständlich machen. Gott straft und belohnt nach eigener unbegreiflicher Machtvollkommenheit. Allein blinder Gehorsam, ehrfurchtsvolle Anbetung und demütige Hinnahme scheinen gefragt. Hiob wird nicht überzeugt, er ergibt sich. Der Schluss unterstreicht nur, wie absurd, mit Verstandesgründen nicht nachvollziehbar es nach dieser Geschichte auf der Welt zugeht.[15]

Generationen von Theologen haben sich die Zähne daran ausgebissen, dieser Geschichte eine den Verstand befriedigende Deutung zu geben. Es ist ihnen nicht gelungen. Ich weiß, dass man mir an dieser Stelle vorwerfen wird, ich hätte den Sinn überhaupt nicht begriffen. Aber ich bleibe dabei, ein der Vernunft zugänglicher Sinn ist nicht zu erkennen, so erschütternd in seiner Problematik, so poetisch erzählt dieses Drama auch sein mag, ja so treffend es millionenfach zu beklagende menschliche Schicksale beschreibt.

Die Gott zugeschriebenen Eigenschaften Allmächtigkeit, Allwissenheit, Güte und Gerechtigkeit sind angesichts des Zustands dieser Welt schlechthin nicht miteinander in Einklang zu bringen. Schon der griechische Philosoph EPIKUR (341-271 v. Chr.) hat diese allgemeine Gottes-Problematik logisch sehr klar strukturiert und wie folgt formuliert:

- Ist Gott willens, aber nicht fähig, das Übel zu verhindern? Dann ist er nicht allmächtig!
- Ist er fähig, aber nicht willens, das Übel zu verhindern? Dann ist er nicht allgütig!

- Ist er jedoch sowohl fähig als auch willens, das Übel zu verhindern? Woher kommt dann das Übel in der Welt?

Es handelt sich bei dieser, auf den letzten Seiten beschriebenen, in der theologischen Literatur ausführlich diskutierten Problematik um die so genannte Theodizee, was so viel heißt wie »Rechtfertigung Gottes«. Es gibt sie in verschiedenen Formulierungen, alle aber suchen eine Antwort auf die Frage, wie das moralisch Böse in der Welt und das durch Mensch und Natur verursachte Leid mit Gottes Allmacht, Allwissenheit und seiner angeblich grenzenlosen Barmherzigkeit in Einklang zu bringen sind. Dabei wird von einer Gottesvorstellung ausgegangen, die – anders als im asiatischen Raum – neben der ihr zugeschriebenen Allmacht und Allwissenheit als höchste moralische Instanz angesehen wird und die zugleich auch dem Menschen zugewandt sei. Im christlichen Verständnis ist Gott moralisch vollkommen, hasst das Leiden, liebt den Menschen, ist unendlich barmherzig.

Da aber physisches und moralisches Übel zweifellos in der Welt in für menschliche Maßstäbe unfassbarer Größe existieren, bleibt als logische Konsequenz nur anzunehmen, dass entweder Gott nicht allmächtig ist oder nicht allgütig oder sich für die Welt und ihre Menschen nicht interessiert, also nicht willens ist, das Übel und das Böse zu verhindern. Was Menschen im christlich-abendländischen Bereich früher kaum zu denken wagten, dürfte dennoch die logisch befriedigendste Lösungsvariante darstellen: dass es nämlich diesen von uns mit menschlichen Eigenschaften versehenen Gott gar nicht gibt. (Ein Argument gegen die Existenz eines Gottes überhaupt wären Leid und Elend in dieser Welt jedoch nicht!)

Bezeichnend scheint mir, wie ratlos und ausweichend selbst die amtlichen Vertreter der christlichen Lehre auf diese Frage reagieren. Der frühere BISCHOF WOLFGANG HUBER schreibt in seinem Buch »Der christliche Glaube«: »Die Passion Jesu und die Gestalt des Hiob sind die beiden wichtigsten biblischen Sinnbilder für den Umgang mit dem Leiden. … Die Frage nach der Rechtfertigung Gottes angesichts des Leidens – also die Theodizeefrage – wird dadurch beantwortet, dass Gott selbst das Leiden auf sich nimmt und sich mit dem Leidenden identifiziert.« An anderer Stelle sagt er: »Eine abschließende Antwort auf die Theodizeefrage kann es nicht geben. Die Präsenz des Übels bleibt das Rätsel jeder Gegenwart.« Der Bischof weiß also Trost: Gott leidet mit. Muss das nicht wie Hohn in den Ohren eines durch menschliche oder natürliche Gewalt elendig dahin siechenden Menschen klingen? Kardinal JOSEPH RATZINGER (heute Papst Benedikt XVI.) äußert sich in seiner »Einführung in das Christentum« ähnlich ausweichend: »Wenn heute nach den Schrecknissen der totalitären Regime … die Theodizeefrage mit brennender Gewalt sich auf uns alle legt, dann wird noch einmal sichtbar, wie wenig wir Gott definieren, gar durchschauen können. Die Antwort Gottes an Ijob erklärt ja nichts, sondern weist nur unseren Wahn, über alles urteilen und abschließend sprechen zu können, in die Schranken und erinnert uns an unsere Grenzen. Dem Geheimnis Gottes in seiner Unbegreiflichkeit zu trauen, ermahnt sie uns.« In Auschwitz, das er im Jahr 2006 als Papst besuchte, richtete er an Gott die Worte »Warum hast du geschwiegen? Warum konntest du dies alles dulden?« Eine Antwort darauf wusste er nicht und bestätigte damit indirekt das Scheitern der christlichen Theologie an dieser Grundfrage. Der »Katholische Katechismus«, verantwortlich zusammengestellt durch KARDINAL RATZINGER, stellt fest, dass es aus christlicher Sicht darauf keine direkte Antwort gebe. Stattdessen wird auf die göttliche Gnade und Weisheit verwiesen, die erst am Ende aller Tage offenbar würde.[16]

In Diskussionen wird im Zusammenhang mit der Theodizee deshalb gern eingewandt, dass man die Güte Gottes nicht nach menschlichen Kategorien beurteilen dürfe. Aber – so möchte ich einwenden – was wäre das für ein Gott, der nicht einmal die bescheidenen Formen von Zuwendung und Gerechtigkeit kennt, die wir als Basis ganz elementaren mitmenschlichen Handelns empfinden und die im Zentrum des allgemein akzeptierten menschlich-moralischen Verhaltens stehen. Als wesentlicher Einwand wird an dieser Stelle vorgebracht, dass Gottes Wesen alles menschliche Erkenntnisvermögen eben übersteige, deswegen sei es anmaßend und geradezu hochmütig, mit den eigenen bescheidenen Verstandesmitteln die im Rahmen der so genannten Theodizee aufgeworfene Problematik bewältigen zu wollen. Hier könne man eben nur glauben und vertrauen.

Ich kann dazu nur sagen, dass ich soweit als möglich meinen Verstand benutzen möchte. Unser aller Verstand mag sehr eingeschränkt sein und hat ganz sicher seine Grenzen, aber etwas anderes haben wir nicht, die Dinge in uns, um uns und über uns zu ordnen, zu werten und unsere Schlüsse daraus zu ziehen. Trotz aller Begrenztheit unseres Verstandes sind wir aber immer noch in der Lage, die Widersprüche zwischen den Verkündigungen der bibelgläubigen Gottesvertreter und der erlebten Wirklichkeit zu erkennen. Auch kann ich feststellen, dass Dichter und Denker, gerade auch solche, die weit mehr noch als ich über diese Fragen nachgedacht haben, zu ganz ähnlichen oder zu den gleichen Ergebnissen kommen. Auch in weltanschaulichen Dingen – wie in der Wissenschaft – gilt für mich das Prinzip der intellektuellen Redlichkeit und der absolute Wunsch, die aufgeworfenen Fragen soweit als möglich zu Ende zu denken.

Eine prinzipielle Antwort auf die nicht lösbare Fragestellung der Theodizee liefert uns die Geschichte der Wissenschaften, speziell die der Naturwissenschaften. Sie zeigt uns immer wieder, dass auf falsch gestellte Fragen grundsätzlich keine richtigen oder sinnvollen Anworten möglich sind. In der Physik der Lichtausbreitung gelang der Durchbruch erst, als man im 19. Jahrhundert das Konzept des Äthers aufgab. In der Biologie der Lebewesen führte die Annahme einer zielgerichteten, von Gott gewollten Entwicklung nicht weiter. Erst als man einen Paradigmenwechsel vornahm und das Entstehen von Leben in seiner Vielfalt nicht wie bisher von einem vermuteten Ziel der Entwicklung, sondern aus dessen Ursachen zu erklären suchte, gelang der wissenschaftliche Durchbruch in Form der Evolutionstheorie. Das jahrhundertealte Leib-Seele-Problem, das die Köpfe fast aller Philosophen zum Glühen brachte, dürfte sich ebenso als unlösbar herausstellen, weil auch dieser Problematik eine falsch gestellte Frage zu Grunde liegt. Leib und Seele beziehungsweise Körper und Geist sind eben nicht zwei unabhängig voneinander existierende Wesenheiten. Seele beziehungsweise Geist sind eine Funktion der hochkomplex organisierten Materie. Erst diese andere Sichtweise macht deutlich, dass dieses Problem prinzipiell nicht lösbar ist beziehungsweise nicht gelöst werden muss, weil real gar nicht existent.

Allerdings gilt auch dies: Die Logik mag den Verstand befriedigen, die Seele – oder sagen wir neutraler: die Psyche – kann dabei leicht in Trost- und Hoffnungslosigkeit gestürzt werden. Und so wagen es viele Menschen eben nicht, solche Gedanken zu Ende zu führen, weil sie das Ergebnis fürchten. Sie bleiben vorher stehen, um nicht in einen Abgrund von Leere schauen zu müssen. Sie wollen ihren Glauben aus Kindheitstagen nicht verlieren und versprechen sich in einer Mischung aus Erwartung, Sehnsucht und Unsicherheit »irgendwie« von der Bibel und der Kirche ein »glaubwürdiges« Angebot, das ihnen Trost und Sicherheit verheißt.[17]

3. Ist Moral ohne Gott möglich?

Wann immer sich die Gelegenheit ergibt, fordern Politiker, vornehmlich jene aus den großen Parteien, sich auf die christlichen Grundwerte zu besinnen. Mit dem Verweis auf den angeblichen oder tatsächlichen »Verfall der Werte« wird die so genannte »christliche Wertegemeinschaft« beschworen. Das Christentum sei die Grundlage allen ethischen Handelns, heißt es. Moral ohne Bezug auf Gott führe über die Beliebigkeit schließlich zur Unmoral, ein Volk ohne eine in Gott verankerte Moral habe keine Zukunft und was derlei mehr im Brustton der Überzeugung, aber in der Regel ohne tiefere Kenntnis der Bibel vorgebrachte Bekundungen sein mögen. Und die grenzenlose Amoral, die sich in der Geschichte des Christentums widerspiegelt, wird sowieso souverän ignoriert.

Nun möchte ich nicht bestreiten, dass eine Reihe christlicher Werte durchaus auch von mir als Kernbestand einer Moral angesehen wird. Welche Werte das sind und ob sie tatsächlich biblischen Ursprungs sind und nicht vielmehr Ergebnis einer kulturellen Entwicklung, wäre noch zu erörtern. Was ich bestreiten möchte ist, dass der so gern zitierte christliche Wertekanon göttlichen Ursprungs ist und dass es sich dabei insgesamt um eine Moral handelt, die des Befolgens würdig ist.

Die Zehn Gebote, auch Dekalog genannt, gehören gewiss zum essentiellen Bestand christlich fundierter Moral. Ich möchte sie daher zuerst betrachten. Allerdings nicht in der lutherischen Form, wie wir sie im Religions- und Konfirmandenunterricht kennengelernt haben, sondern wie sie im Alten Testament geschrieben stehen. LUTHER (1483-1546) hatte sich die Freiheit genommen, den Text zu verändern und – wie ich meine – etwas schönfärberisch zu interpretieren. Im 2. Buch Moses, dem Buch Exodus, heißt es in Kapitel 20, Vers 1-21 (in Klammern von mir davor gesetzt die uns allen geläufige Nummerierung der Gebote):

> »Dann sprach Gott alle diese Worte: Ich bin Jahwe, dein Gott, der dich aus Ägypten geführt hat, aus dem Sklavenhaus. (1) Du sollst neben mir keine anderen Götter haben. Du sollst Dir kein Gottesbild machen und keine Darstellung von irgendetwas am Himmel droben, auf der Erde unten oder im Wasser unter der Erde. Du sollst dich nicht vor anderen Göttern niederwerfen und dich nicht verpflichten, ihnen zu dienen. Denn ich, der Herr, dein Gott, bin ein eifersüchtiger Gott: Bei denen, die mir Feind sind, verfolge ich die Schuld der Väter an den Söhnen, an der dritten und vierten Generation; bei denen, die mich lieben und auf meine Gebote achten, erweise ich Tausenden meine Huld. (2) Du sollst den Namen des Herrn, deines Gottes, nicht missbrauchen; denn der Herr lässt den nicht ungestraft, der seinen Namen missbraucht.
>
> (3) Gedenke des Sabbats: Halte ihn heilig! Sechs Tage darfst du schaffen und jede Arbeit tun. Der siebte Tag ist ein Ruhetag, dem Herrn, deinem Gott, geweiht. An ihm darfst du keine Arbeit tun: du, dein Sohn und deine Tochter, dein Sklave und deine Sklavin, dein Vieh und der Fremde, der in deinen Stadtbereichen Wohnrecht hat. Denn in sechs Tagen hat der Herr Himmel, Erde und Meer gemacht und alles, was dazugehört; am siebten Tage ruhte er. Darum hat der Herr den Sabbattag gesegnet und ihn für heilig erklärt.
>
> (4) Ehre deinen Vater und deine Mutter, damit du lange lebst in dem Land, das der Herr, dein Gott, dir gibt.
>
> (5) Du sollst nicht morden.
>
> (6) Du sollst nicht die Ehe brechen.

(7) Du sollst nicht stehlen.

(8) Du sollst nicht falsch gegen deinen Nachbarn aussagen.

(9) Du sollst nicht nach dem Haus deines Nächsten verlangen.

(10) Du sollst nicht nach der Frau deines Nächsten verlangen, nach seinem Sklaven oder seiner Sklavin, seinem Rind oder seinem Esel oder nach irgendetwas, was deinem Nächsten gehört.

Das ganze Volk erlebte, wie es donnerte und blitzte, wie Hörner erklangen und der Berg rauchte. Da bekam das Volk Angst, es zitterte und hielt sich in der Ferne. Sie sagten zu Mose: Rede du mit uns, dann wollen wir hören. Gott soll nicht mit uns reden, sonst sterben wir. Da sagte Mose zum Volk: Fürchtet euch nicht! Gott ist gekommen, um euch auf die Probe zu stellen. Die Furcht vor ihm soll über euch kommen, damit ihr nicht sündigt. Das Volk hielt sich in der Ferne und Mose näherte sich der dunklen Wolke, in der Gott war.«[18]

Die ersten drei Gebote stellen keine moralischen Aussagen dar. Sie dienen – so sehe ich das jedenfalls und stimme dabei gewiss mit vielen kritischen Bibellesern überein – wohl eher einer machthungrigen Priesterschaft oder dahinter stehenden weltlichen Macht dazu, die eigene Herrschaft zu begründen und zu festigen. Das erste Gebot droht mit dem, was wir heute Sippenhaftung nennen würden und zurecht als amoralisch kennzeichnen. Die Sünden der Väter werden bis in die vierte Generation verfolgt, so unbeteiligt und unschuldig die betroffenen Kinder und Kindeskinder auch sein mögen. Auch das dritte Gebot dient unter anderem der Herrschaftssicherung. Diesen als heilig erklärten Sabbat hat eine machtorientierte Priesterschaft immer wieder auch dazu nutzen können, ihre auf Angst und Versprechen aufgebaute Herrschaft stets aufs Neue zu festigen. Dabei soll nicht übersehen werden, dass die Einführung des »Sonntags« einen sozialen Fortschritt darstellte, den die Menschheit bis dahin so wohl nicht kannte.

Die folgenden sieben Gebote stellen den Kern einer zu akzeptierenden Moral dar. Allerdings haben sich diese Forderungen weltweit so oder ähnlich praktisch in allen Gesellschaften herausgebildet, können also keine spezifisch biblische Originalität beanspruchen. Schon das viele Jahrhunderte vor dem Alten Testament existierende »Ägyptische Totenbuch« formulierte diese Forderungen. Erwähnenswert ist, dass das Tötungsverbot (5. Gebot) sich nur an die Mitglieder der eigenen Gruppe richtete. Das Töten von Menschen anderer Völker war selbstverständlich erlaubt, wie die vielen Kriegsberichte im Alten Testament und Aufforderungen Jahwes, sich die umliegenden Völker gewaltsam untertan zu machen, überdeutlich erkennen lassen.

Das 10. Gebot, das eng mit dem 6. und 7. zusammenhängt, ist insofern bemerkenswert, als es die Sklaverei als eine selbstverständliche, offenbar auch von Gott nicht in Frage gestellte Ausbeutung von Menschen durch Menschen hinnimmt. Überhaupt wird in diesem Gebot die Ehefrau Sklaven, Haustieren und Sachen gleichrangig nebeneinander gestellt und wie selbstverständlich als Besitz des Mannes bezeichnet. Dass das Sklaventum offenbar von Gott gebilligt wird und dass dies keine von mir willkürlich vorgenommene Deutung darstellt, geht zum Beispiel auch aus dem 2. Buch Moses (Exodus), Kapitel 21, Vers 2 bis 11 hervor. Auch dort wird ausführlich die offenbar gottgewollte Rolle des Sklaven als privates Eigentum des jeweiligen Herrn festgelegt. APOSTEL PAULUS argumentiert ebenfalls in diesem Sinne. Im 1. Korinther, Kapitel 7, Vers 21f drückt er sich sehr eindeutig und geradezu ermunternd für das geduldige Ertragen des Sklavendaseins aus. (Mehr dazu in Kapitel VI, 1 und 2!)

Bemerkenswert ist noch, dass die ersten drei Gebote und die Verkündigung der Gebote insgesamt sehr ausführlich beschrieben werden. Der eigentliche moralische Kern, gebildet durch die Gebote vier bis zehn, wird nur knapp, eher lapidar mitgeteilt. Das Ganze ist eingebettet in einschüchternde und angstmachende Drohungen für den Fall der Übertretung. Für mich stellen das weitere Hinweise dar, dass es wohl mehr um die Absicherung priesterlicher Herrschaft ging als um die Grundlegung eines moralischen Kodex.

Weitere Beispiele für die Fragwürdigkeit der im Alten Testament zum Ausdruck gebrachten moralischen Auffassungen sind zum Beispiel die Bestrafung von Hexen, Ehebrecherinnen, religiös Abtrünnigen und Homosexuellen oder das Geschehen im Zusammenhang mit der so genannten Sintflut.[19]

Ich zitiere aus dem 2. Buch Moses, Kapitel 22, Vers 17f:

> »Eine Hexe sollst du nicht am Leben lassen. Jeder, der mit einem Tier verkehrt, soll mit dem Tod bestraft werden. Wer einer Gottheit außer Jahwe Schlachtopfer darbringt, an dem soll die Vernichtungsweihe vollstreckt werden.«

Bemerkenswert ist, dass dieses Gebot nur zwei Kapitel nach dem 5. Gebot des Dekalogs folgt: Du sollst nicht morden! 3. Buch Moses, Kapitel 20, Vers 9-10:

> »Jeder, der seinen Vater oder seine Mutter verflucht, wird mit dem Tod bestraft. Da er seinen Vater oder seine Mutter verflucht hat, soll Blut auf ihn kommen. Ein Mann, der mit der Frau seines Nächsten die Ehe bricht, wird mit dem Tod bestraft, der Ehebrecher samt der Ehebrecherin.«

In Vers 13 heißt es:

> »Schläft einer mit einem Mann, wie man mit einer Frau schläft, dann haben sie eine Gräueltat begangen; beide werden mit dem Tod bestraft; ihr Blut soll auf sie kommen.«

Kapitel 21, Vers 9 droht:

> »Wenn sich die Tochter eines Priesters als Dirne entweiht, so entweiht sie ihren Vater; sie soll im Feuer verbrannt werden.«

Die Hinrichtung droht auch demjenigen, der am Sabbat Brennholz sammelt. 4. Buch Mose, Kapitel 15, Verse 32f:

> »Der Herr sprach zu Mose: Der Mann ist mit dem Tod zu bestrafen. Die ganze Gemeinde soll ihn draußen vor dem Lager steinigen. Da führte die ganze Gemeinde den Mann vor das Lager hinaus und steinigte ihn zu Tode, wie der Herr es Mose befohlen hatte.«

Die Reihe monströser Bedrohungen und Bestrafungen ließe sich weiter fortsetzen. Auch von Unterwerfungen ganzer Völker und dem Hinschlachten – wie es oft wörtlich heißt – sich nicht freiwillig Ergebender und Andersgläubiger ist an vielen Stellen die Rede. Vorbilder für unsere heutige Zeit? Selbst wenn man den zeitlichen Kontext berücksichtigt, in dem diese Gesetzgebung steht, was soll davon in »Gottes Namen« für uns noch von Bedeutung sein? Keine Spur von mitfühlendem Verstehen oder barmherziger Nachsicht. Nicht einmal im Kern kann doch solches Gedankengut als Richtschnur für moralisches Handeln taugen. Die Beispiele mögen willkürlich zusammengestellt sein, untypisch für das Denken des Alten Testaments sind sie keinesfalls, wie ich in Kapitel VI noch ausführlicher darlegen werde.

Ein weiteres Beispiel für die absolute Fragwürdigkeit der moralischen Autorität, die angeblich den Worten Gottes in der Bibel zukommt, ist die Sintflut. Im 1. Buch Moses (Genesis), Kapitel 6, Vers 5-8 heißt es:

> »Der Herr sah, dass auf der Erde die Schlechtigkeit des Menschen zunahm und dass alles Sinnen und Trachten seines Herzens böse war. Da reute es den Herrn, auf der Erde den Menschen gemacht zu haben, und es tat seinem Herzen weh. Der Herr sagte: Ich will den Menschen, den ich erschaffen habe, vom Erdboden vertilgen, mit ihm auch das Vieh, die Kriechtiere und die Vögel des Himmels, denn es reut mich, sie gemacht zu haben. Nur Noah fand Gnade in den Augen des Herrn.«

Weiter heißt es in Kapitel 7, Vers 21-23:

> »Da verendeten alle Wesen aus Fleisch, die sich auf der Erde geregt hatten, Vögel, Vieh und sonstige Tiere, alles, wovon die Erde gewimmelt hatte, und auch alle Menschen. Alles, was auf der Erde durch die Nase Lebensgeist atmete, kam um. Gott vertilgte also alle Wesen auf dem Erdboden, Menschen, Vieh, Kriechtiere und die Vögel des Himmels; sie alle wurden vom Erdboden vertilgt. Übrig blieb nur Noah und was mit ihm in der Arche war.«

Viele von uns kennen vermutlich aus Kindertagen phantasievolle Darstellungen der Sintflut, die neben viel Wasser ein großes hölzernes Schiff zeigten, aus dessen Luken vielerlei lustiges Getier schaute. Für uns Kinder – und das Bild haben wir in das Erwachsenenalter hinübergetragen – war die Sintflut eher ein spannendes Ereignis in urältester Zeit, völlig losgelöst von der ungeheuren Dramatik, die tatsächlich damit verbunden gewesen sein muss. Denn realistisch betrachtet ist Folgendes passiert: Gott stellt fest, dass sein Werk misslungen ist (was er bei seiner Allwissenheit eigentlich hätte voraussehen müssen!) und lässt seinen Zorn an den ja von ihm selbst geschaffenen Geschöpfen, also den Menschen, damit gewiss auch an völlig unschuldigen Kindern, und allen Tieren schonungslos aus. Konkret gesprochen: Er ließ einige Hunderttausende, wenn nicht Millionen Menschen, von den Tieren ganz zu schweigen, auf ganz erbärmliche Weise ertrinken, vergleichbar nur einem gigantischen Atombombenabwurf, der ebenso erbarmungs- und unterschiedslos jedes Leben auslöscht. Er »vertilgte« alles – ein bemerkenswert bezeichnender Ausdruck, der gleich mehrmals in diesem Bibeltext verwendet wird.

Sollte das der Gott sein, der uns als letzte Verankerung für das Gute, das Moralische schlechthin vorgestellt wird? Als höchster Richter, der unsere irdischen Taten dereinst nach moralischen Maßstäben beurteilen wird? Oder hat auch Gott sich im Laufe der Menschheitsgeschichte geändert und wird im Neuen Testament in absoluter moralischer Reinheit auftauchen? Ich glaube vielmehr, dass zutreffend ist, was MICHAEL SCHMIDT-SALOMON (*1967) in seinem Buch »Manifest des evolutionären Humanismus« dazu feststellt:

> »Als *ethisches Vorbild für unsere Zeit* taugt der Gott der Juden, Christen und Muslime gewiss nicht. Im Gegenteil. Wäre die Bibel tatsächlich ›Gottes Wort‹, müsste man den in ihr wirkenden göttlichen Tyrannen gleich mehrfach wegen *kolossaler Verbrechen gegen die Menschlichkeit* anklagen! *Kein noch so verkommenes Subjekt unserer Spezies hat jemals derartig weitreichende Verbrechen begangen, wie sie vom Gott der Bibel berichtet werden!* Man denke nur an die völlige Auslöschung von Sodom und Gomorra, den weltweiten Genozid an Menschen und Tieren im Zuge der sog. Sintflut oder aber an die für Christen und Muslime verbindliche Androhung ewiger Höllenqual, gegen die jede irdische und damit endliche Strafmaßnahme verblassen muss.« (Hervorhebungen im Original) [20]

Wenden wir uns jetzt dem Neuen Testament zu. Die so genannte Bergpredigt des Evangelisten Matthäus wird gern zum Inbegriff höchster und reinster Moral hochstilisiert und von den meisten Christen als der eigentliche Kern der biblischen Botschaft angesehen. Die Bibelforschung hat – nebenbei gesagt – allerdings herausgefunden, dass Jesus nie eine solche Predigt gehalten hat, dass vielmehr die Zusammenstellung wichtiger Aussagen Jesu zu einer Art Predigt von Matthäus vorgenommen wurde. Für unser Anliegen, die Worte Jesu näher zu betrachten, ist das freilich ohne Belang.

Ich zitiere einige mir wesentlich erscheinende und auch oft zitierte Passagen der Bergpredigt. Ich beginne mit Matthäus Kapitel 5, Vers 5-10:

»Selig, die keine Gewalt anwenden; denn sie werden das Land erben.

Selig, die hungern und dürsten nach der Gerechtigkeit, denn sie werden satt werden.

Selig die Barmherzigen, denn sie werden Erbarmen finden.

Selig, die ein reines Herz haben, denn sie werden Gott schauen.

Selig, die Frieden stiften, denn sie werden Söhne Gottes genannt werden.

Selig, die um der Gerechtigkeit willen verfolgt werden, denn ihnen gehört das Himmelreich.«

Gewaltlosigkeit, Gerechtigkeitsliebe, Barmherzigkeit, Reinheit des Herzens – im Sinne von Aufrichtigkeit und Ehrlichkeit – und Friedensliebe sowie – modern gesprochen – Zivilcourage sind in der Tat Tugenden, die dem gedeihlichen Zusammenleben der Menschen dienen. Zu Recht wohl gelten diese Passagen des Neuen Testaments, so unmodern sie in unseren Ohren heute klingen mögen, als eine zentrale, von jedem Menschen guten Willens zu beherzigende Botschaft. Ich möchte mich voll dazu bekennen und anerkenne, dass an dieser Stelle die Bibel einen Ankerpunkt moralischen Denkens und Handelns darstellt. Aber – und damit nehme ich nichts von meiner Zustimmung zurück – auch andere Gesellschaften haben solche Gebote entwickelt, auch ohne Bezug auf den christlichen Gott und seinen Sohn Jesus. Offenbar liegt diesen Geboten ein allen Menschen gemeinsames Bedürfnis nach einem harmonischen, Leid verhindernden Miteinander zu Grunde.

Eine kritische Frage muss ich allerdings anschließen: Wieweit hat sich Jesus mit diesen Forderungen eigentlich durchgesetzt, haben sie sich zu mehr als einem Lippenbekenntnis entwickelt? Die 2000-jährige Geschichte des Christentums jedenfalls, insbesondere das Verhalten ihrer maßgeblichen geistlichen Führer, müsste Jesus – lebte er noch – in die Verzweiflung treiben.

Matthäus Kapitel 5, Vers 21-22 schlägt schon andere Töne an:

»Ihr habt gehört, dass zu den Alten gesagt worden ist: *Du sollst nicht töten;* wer aber jemand tötet, soll dem Gericht verfallen sein. Ich aber sage euch: Jeder, der seinem Bruder auch nur zürnt, soll dem Gericht verfallen sein; und wer zu seinem Bruder sagt: Du Dummkopf!, soll dem Spruch des Hohen Rats verfallen sein; wer aber zu ihm sagt: Du (gottloser) Narr!, soll dem Feuer der Hölle verfallen sein.«

Man kann nur mit Kopfschütteln zur Kenntnis nehmen, wie unverhältnismäßig eine Beleidigung bestraft werden soll. Für den Vorwurf, den Bruder einen gottlosen Narren geheißen zu haben, dem Feuer überantwortet zu werden, ist blanker Terror. Welche Strafe würde ausgesprochen werden, wenn dem Bruder das lebensnotwendige Vieh gestohlen oder ihm nach dem Leben getrachtet wurde? Eine Steigerung in der Bestrafung ist ja gar nicht mehr möglich. Ein Normensystem, das keine Abstufung in den Sanktionen je nach Schwere der Tat kennt, ist der Problematik völlig unangemessen.

Matthäus Kapitel 5, Vers 27-30:

> »Ihr habt gehört, dass gesagt worden ist: *Du sollst nicht die Ehe brechen.* Ich aber sage euch: Wer eine Frau auch nur lüstern ansieht, hat in seinem Herzen mit ihr schon Ehebruch begangen. Wenn dich dein rechtes Auge zum Bösen verführt, dann reiß es aus und wirf es weg! Denn es ist besser für dich, dass eines deiner Glieder verloren geht, als dass dein ganzer Körper in die Hölle geworfen wird. Und wenn dich deine rechte Hand zum Bösen verführt, dann hau sie ab und wirf sie weg! Denn es ist besser für dich, dass eines deiner Glieder verloren geht, als dass dein ganzer Körper in die Hölle kommt.«

Auch hier muss man sagen, dass die moralische Keule, die hier geschwungen wird, maßlos und weltfremd ist. Allein den begehrlichen Blick auf eine schöne Frau, die durch ihr Aussehen naturgemäß erotische Gefühle auslöst, als eine schwerwiegende Straftat zu bezeichnen, ist unmenschlich, und zwar deswegen, weil erotische Gedanken sich unweigerlich aufgrund der Natur des Menschen einstellen. Wenn ein Mann sich danach besinnt und die Unzulässigkeit seines spontanen Begehrens erkennt und danach handelt, sollte das auch einem Übermenschen wie Jesus genügen. Und die Aufforderung zur Selbstverstümmelung ist schlicht absurd und wohl nur verständlich vor dem Hintergrund einer Einstellung, die das Diesseits als schon gänzlich bedeutungslos ansah und nur noch das Jenseits im Blick hatte.

Ein üblicher Einwand in diesem Zusammenhang lautet dann immer, diese Texte seien überwiegend symbolisch zu verstehen, man müsse die eigentliche, hinter den drastischen Worten stehende Botschaft erkennen. Ich akzeptiere diesen Einwand nicht. Die Bibel wurde immer und vom Kirchenvolk bis heute beim Wort genommen und auch so gedeutet. Moderne theologische Deutungen sind in meinen Augen der durchsichtige und unredliche Versuch, solche archaischen und inhumanen Anweisungen einem heutigen Publikum noch annehmbar zu machen.

Matthäus Kapitel 5, Vers 38-41:

> »Ihr habt gehört, dass gesagt worden ist: *Auge für Auge und Zahn für Zahn.* Ich aber sage euch: Leistet dem, der euch etwas Böses antut, keinen Widerstand, sondern wenn dich einer auf die rechte Wange schlägt, dann halt ihm auch die andere hin. Und wenn dich einer vor Gericht bringen will, um dir das Hemd wegzunehmen, dann lass ihm auch den Mantel. Und wenn dich einer zwingen will, eine Meile mit ihm zu gehen, dann geh zwei mit ihm. Wer dich bittet, dem gib, und wer von dir borgen will, den weise nicht ab.«

Den letzten Satz ordne ich der Forderung nach Barmherzigkeit zu, man kann dieser Forderung nur zustimmen. Sie entspricht den so genannten Seligpreisungen, die am Anfang der Bergpredigt stehen. Die übrigen Forderungen sind wieder völlig überzogen und unrealistisch. Die Ablehnung des alttestamentarischen »Auge für Auge, Zahn für Zahn« ist sicherlich ein Fortschritt im Sinne einer Deeskalation in der Auseinandersetzung zwischen verfeindeten Menschen. Aber darüber hinaus wird wieder etwas verlangt, was dem natürlichen Bedürfnis des Menschen nach Selbstachtung zuwiderläuft und daher wieder nicht befolgt wird.

Matthäus Kapitel 5, Vers 43-45:

> »Ihr habt gehört, dass gesagt worden ist: *Du sollst deinen Nächsten lieben* und deinen Feind hassen. Ich aber sage euch: Liebt eure Feinde und betet für die, die euch verfolgen, damit ihr Söhne eures Vaters im Himmel werdet; denn er lässt die Sonne aufgehen über Bösen und Guten, und er lässt regnen über Gerechte und Ungerechte.«

Dieser moralische Extremismus ist – betrachtet man die Geschichte des Christentums – schlicht gescheitert. Wie viele Menschen sind dem Gebot der Feindesliebe bisher tatsächlich gefolgt? Es dürften nur ganz wenige sein, und zwar deswegen, weil diese Forderung eine Überforderung darstellt. Einen Menschen lieben zu müssen, der einem Fürchterliches angetan hat, ist unmenschlich, verletzt die Selbstachtung und lässt eher Gewalt und Niedertracht triumphieren. Eine bedenkenswerte und noble Forderung an dieser Stelle wäre der Verzicht auf Rache gewesen, den Feind gar zu lieben, erscheint mir als Gebot jedoch der Vernunft zuwider laufend und lebensfremd. Besonders die amtlichen Verkünder der christlichen Botschaft haben so gut wie nie Toleranz, Nachsicht und Erbarmen ihren Kritikern und Feinden gegenüber gezeigt. Auch diese Forderung von Jesus ist wohl nur verständlich, wenn man sich kurz vor dem zeitlichen Ende der Welt wähnt und sich schon auf den erhofften Eintritt in das Himmelreich vorbereitet.

Kritische Zwischenfrage: Wieweit hat eigentlich Jesus seine gepredigte Feindesliebe selbst gelebt? Er wurde nicht müde, bei jeder Gelegenheit jenen ungläubigen Menschen die ewig währende Hölle zu wünschen, die seine Botschaft nicht hören wollten und ablehnten. In die Hölle verwünscht wurden auch Sünder, Pharisäer, ja ganze Städte wie Sodom und Gomorrha. Die Händler im Tempel wurden auf rabiate Weise vertrieben ohne den leisesten Versuch, sie von der Unrechtmäßigkeit ihres Tuns zu überzeugen. Jesus lockte mit dem Himmel und drohte mit der Hölle, wurde je an die Einsicht appelliert, um zu erwünschtem Verhalten zu motivieren. Offenbar war für ihn nur der blinde Glaube von Bedeutung.

Schließlich Matthäus Kapitel 7, Vers 12:

> »Alles, was ihr von anderen erwartet, das tut auch ihnen!«

Der Satz, in der Bibel als Goldene Regel bezeichnet, klingt vernünftig und ist beherzigenswert, auch wenn ich die jahrtausendalte, durch Erfahrung zustande gekommene Lebensregel weniger missverständlich finde: »Was du nicht willst, das man dir tu', das füg' auch keinem andern zu!«

Irritierend und kennzeichnend für die Widersprüchlichkeit der Moral in den Worten von Jesus ist der Text in Matthäus Kapitel 10, Vers 34-36:

> »Denkt nicht, ich sei gekommen, um Frieden auf die Erde zu bringen. Ich bin nicht gekommen, um Frieden zu bringen, sondern das Schwert. Denn ich bin gekommen, um den Sohn mit seinem Vater zu entzweien und die Tochter mit ihrer Mutter und die Schwiegertochter mit ihrer Schwiegermutter; und die Hausgenossen eines Menschen werden seine Feinde sein.«

Der EKD-Ratsvorsitzende Präses Nikolaus Schneider sagte dazu in einer Fernsehsendung: »Jesus wollte sagen, wer mir nachfolgt, muss damit rechnen, dass er Gewalt erleidet, nicht, dass er Gewalt ausübt.« Der Leser möge anhand des Textes selbst beurteilen, wieweit hier – wieder einmal – theologische Verdrehungskunst vorgeführt wird.[21] Millionen und Abermillionen Menschen lasen und lesen die Bibeltexte so, wie sie geschrieben stehen. Wenn diese – wie behauptet wird – Gottes Wort seien, dann sollten sie doch ohne die Interpretation selbsternannter Deuter zu verstehen sein. Warum sollte Gott eine verschlüsselte Botschaft verbreiten, die nur Eingeweihte verstehen können, aber eigentlich doch direkt an jeden Menschen gerichtet ist?

Die Lektüre der Bergpredigt als dem ethisch-moralischen Juwel der christlichen Botschaft hinterlässt also einen zwiespältigen Eindruck. Einerseits werden Tugenden wie Gewaltlosigkeit, Gerechtigkeit, Barmherzigkeit, Friedfertigkeit gefordert, denen man zustimmen muss, die aber auch einem allgemein verbreiteten und akzeptierten »Weltethos« entsprechen. Andererseits werden Anforderungen aufgestellt, die in ihrem Rigorismus unerfüllbar und daher »unmenschlich« erscheinen. Jesus aber geht es offenbar in erster Linie um das Seelenheil der Menschen, nicht um deren Zusammenleben in dieser Welt.

Nun wird man mir vielleicht vorwerfen, dass ich hier biblische Texte höchst einseitig betrachtet habe, einzelne fragwürdige Beispiele willkürlich herausgreife und den zeitlichen Kontext außer acht lasse. Eine systematische, der Bibel gerecht werdende Auseinandersetzung sei dies nicht. Die vielen Beispiele für moralisch positiv zu bewertendes Verhalten, die ebenfalls wortreich und gleichnishaft in der Bibel stünden, würde ich mit Ausnahme einzelner Passagen der Bergpredigt geflissentlich übersehen.

Ich sehe das nicht so. Ich würdige die als moralische Wegweiser gedachten Bibeltexte sehr wohl. Ganz sicher habe ich viele weitere positive Beispiele nicht erwähnt. Ich sehe aber auch die fast willkürlich anmutende Vielfalt von moralischen, unmoralischen und kaum erfüllbaren Normen. Sie bestärken mich erneut in der Überzeugung, dass die Bibel eben nicht Gottes Wort ist sondern menschliches Werk, also für mich allenfalls von geschichtlicher Bedeutung. Keinesfalls kann die Bibel in ihrer Gesamtheit als moralisches Leitbild für das rechte Verhalten im mitmenschlichen Zusammenleben fungieren. Zum Vergleich: Wie beurteilt man den moralischen Charakter eines Menschen, der zwar viel Gutes in seinem Leben getan hat, aber andererseits nicht davor zurückschreckte, andere Menschen erbarmungslos auch um Gesundheit und Leben zu bringen? Wir sähen in ihm keinesfalls ein moralisches Vorbild, an dem wir unser eigenes Verhalten ausrichten würden.

Wie wenig Wirkung zum Beispiel die in der Bergpredigt verkündeten moralischen Grundsätze auf die Menschen und ihre geistlichen Führer hatten, bezeugt in erschütternder Weise die Geschichte des Christentums. Ich habe oben schon die Kreuzzüge, Ketzerverfolgungen, Inquisitionsgerichte, Hexenverbrennungen und die Sklaverei erwähnt. Erinnert werden muss aber auch an die jahrhundertelange Verfolgung der Juden. Was wurde da nicht im Namen Gottes gemordet, gefoltert, geschändet und erniedrigt. Wie gleichgültig und selbstherrlich, wie offensichtlich ist die zentrale Botschaft »Liebe deinen Nächsten wie dich selbst, liebe deine Feinde« immer wieder missachtet worden – vor allem von den amtlichen Vertretern dieses Lehre.

Wenn denn nun schon Gott nicht eingriff, als über Jahrhunderte im Namen der christlichen Lehre die allerschlimmsten »Menschenrechtsverletzungen« begangen wurden, warum wirkten nicht wenigstens Päpste, Priester und Theologen, die diese Botschaft täglich verkünden, als moralisches Korrektiv? Das Gegenteil war meistens der Fall: Sie wirkten bei den Exzessen wider die Menschlichkeit im Namen des Herrn freudig mit und riefen oft genug »Mit Gott«, »Für Gott« oder »Weil Gott es so will«. MARTIN LUTHER (1483-1546), ein hoch angesehener Theologe und eindrucksvoller Denker, hat zum Beispiel ausdrücklich gefordert, die Juden, die für ihn Handlanger des Teufels waren, exzessiv zu verfolgen. Von Barmherzigkeit, Gerechtigkeit, Friedfertigkeit, gar Nächstenliebe auch bei ihm keine Spur. Er meinte, sich immerhin auf Moses- und Jesus-Worte berufen zu müssen.

So richtet zum Beispiel im Johannes Evangelium, Kapitel 8, Verse 44-47 Jesus die folgenden Worte an die Juden:

> »*Ihr habt den Teufel zum Vater und ihr wollt das tun, wonach es euren Vater verlangt. Er war ein Mörder von Anfang an.* Und er steht nicht in der Wahrheit; denn es ist keine Wahrheit in ihm. Wenn er lügt, sagt er das, was aus ihm selbst kommt; denn er ist ein Lügner und ist der Vater der Lüge. Mir aber glaubt ihr nicht, weil ich die Wahrheit sage. Wer von euch kann mir eine Sünde nachweisen? Wenn ich die Wahrheit sage, warum glaubt ihr mir nicht? *Wer aus Gott ist, hört die Worte Gottes; ihr hört sie deshalb nicht, weil ihr nicht aus Gott seid.*« (Hervorhebungen von mir)

Drei Jahre vor seinem Tod, also als gereifter und in seinem Urteil gefestigter Mann, schrieb LUTHER in seinem Buch »Von den Juden und ihren Lügen« in den Artikeln 298-310:

»... Was wollen wir Christen nun thun mit diesem verworfenen, verdammten Volk der Juden? Zu leiden ist's uns nicht, nachdem sie bei uns sind und wir solch Lügen, Lästern und Fluchen von ihnen wissen, damit wir uns nicht theilhaftig machen aller ihrer Lügen, Flüche und Lästerung. So können wir das unlöschliche Feuer göttliches Zorns ... nicht löschen, noch die Juden bekehren. ... Ich will meinen treuen Rath geben: Erstlich, daß man ihre Synagoge oder Schule mit Feuer anstecke, und was nicht verbrennen will, mit Erde überhäufe, und beschütte, daß kein Mensch einen Stein oder Schlacke davon sehe ewiglich. Und solches soll man thun unserem HErrn und der Christenheit zu Ehren, damit GOtt sehe, daß wir Christen seien, und solch öffentlich Lügen, Fluchen und Lästern seines Sohnes und seiner Christen wissentlich nicht geduldet noch gebilligt haben. ... Zum anderen, daß man auch ihre Häuser desgleichen zerbreche und zerstöre. Denn sie treiben eben dasselbige drinnen, das sie in ihren Schulen treiben. Dafür mag man sie etwa unter ein Dach oder Stall thun, wie die Zigeuner, auf daß sie wissen, sie seien nicht Herren in unserm Lande, wie sie rühmen ... Zum dritten, daß man ihnen nehme alle ihre Betbüchlein und Talmudisten, darin solche Abgötterei, Lügen, Fluch und Lästerung gelehrt wird. ... Zum vierten, daß man ihren Rabbinen bei Leib und Leben verbiete, hinfort zu lehren. Denn solch Amt haben sie mit allem Recht verloren. ... Zum fünften, daß man den Juden das Geleit und Straße ganz und gar aufhebe, denn sie haben nichts auf dem Lande zu schaffen, weil sie nicht Herren noch Amtleute noch Händeler, oder desgleichen sind; sie sollen daheim bleiben. ... Denn ihr sollt und könnt sie auch nicht schützen, ihr wollt denn vor GOtt alles ihres Greuels theilhaftig sein. ... Zum sechsten, daß man ihnen den Wucher verbiete, ... und nehme ihnen alle Baarschaft und Kleinod an Silber und Gold, und lege es beiseite zu verwahren. Und dies ist die Ursache: alles was sie haben (wie droben gesagt), haben sie uns gestohlen und geraubt durch ihren Wucher, weil sie sonst keine andere Nahrung haben. ... Zum siebenten, daß man den jungen starken Juden und Jüdinnen in die Hand gebe Flegel, Axt, Karst, Spaten, Rocken, Spindel und lasse sie ihr Brod verdienen im Schweiß der Nase, wie Adams Kindern aufgelegt ist. ...« (Originalschreibweise übernommen) [22]

Ich habe LUTHER hier ausführlicher zitiert, damit deutlich wird, dass es sich nicht um eine Nebenbemerkung handelt, vielleicht aus einer momentanen Verärgerung heraus entstanden, sondern um eine insgesamt sorgfältig ausgearbeitete, über 150 Seiten lange Schrift, versehen mit vielen Bezügen auf einschlägige Bibelstellen. Wenn man diese demagogischen Tiraden liest, mag man es kaum glauben. Man weiß schließlich, welchen Einfluss LUTHER als Theologe auf das Denken und Handeln der Menschen bis in jüngste Zeit hat. Antisemiten, nicht zuletzt die Nationalsozialisten, konnten sich auf ihn berufen. Die erkennbaren inhaltlichen Parallelen zur jüngsten Vergangenheit sind geradezu bestürzend.

LUTHER ist hier seiner Bibeltreue, um nicht zu sagen Bibelhörigkeit, zum Opfer gefallen: Wem das Wort von Gott kommt, der hinterfragt nicht mehr. Zugleich wird einem bewusst, wie gewissenlos die Kirche, hier die evangelische, im Verdrängen ist, wenn es um die Heroisierung dieses Mannes geht. Der ja auch gegenüber den aufrührerischen Bauern eine höchst fragwürdige, wenn nicht empörend zu nennende Haltung einnahm, die ihn damals schließlich seine Volkstümlichkeit kostete. Sicher mag er eine eindrucksvolle Persönlichkeit gewesen sein und der deutschen Sprache mit seiner Bibelübersetzung einen großen Dienst erwiesen haben, aber dass noch heute hunderte von Kirchen den Namen eines antisemitischen Hetzers tragen, das ist sehr erklärungsbedürftig. Erwähnt werden sollte auch noch, dass LUTHER empfahl, missgebildete und behinderte Kinder – wie es damals dem Geist der Zeit entsprach – zu töten, da es sich um Teufelsbrut handeln würde. Auch hing er dem mittelalterlichen und bibelkonformen Glauben an, dass Hexen und Zauberer Gehilfen des Teufels und folglich zu verbrennen seien.

Sich in Sachen Moral auf die Bibel und den darin beschriebenen Gott, insbesondere den des Alten Testaments, zu berufen, kann nur – um es ganz vorsichtig auszudrücken – als unlauter bezeichnet werden. Und die führenden Vertreter der Kirchen – man denke zum Beispiel auch an so manche mittelalterliche Päpste mit ihren nur als kriminell zu bezeichnenden Machenschaften – als moralische Vorbilder hinzustellen, wäre ebenfalls abwegig, wie noch ausführlich belegt werden wird.[23] Dass es dennoch viele bewundernswerte Menschen gab und gibt, die ohne Rücksicht auf ihr eigenes Leben sich für Menschlichkeit und Gerechtigkeit einsetzen und sich dabei auf Gott und Jesus Christus berufen, das ist zweifellos auch wahr. Ich wage allerdings die Behauptung, dass ihre mutige Einsatzbereitschaft und ihre praktizierte Nächstenliebe in ihrer starken und geradlinigen Persönlichkeit wurzeln, weniger den fragwürdigen moralischen Standards der Bibel und ihrer Botschaft zu verdanken sind. Solche vorbildhaften Persönlichkeiten finden wir weltweit und zu allen Zeiten, welche weltanschauliche Orientierung sie auch immer haben mögen.

Und auch dies muss festgehalten werden: Die Menschenrechte, also das Recht auf Leben und Freiheit oder zum Beispiel die Religionsfreiheit, die Meinungsfreiheit, das Recht auf freien Zugang zu Informationen oder die Gleichberechtigung zwischen Mann und Frau haben wir keinesfalls dem Christentum zu verdanken, wie man glauben könnte, wenn man unsere Politiker vom christlichen Wertekanon daherreden hört. Es sind die Werte der Aufklärung, wie MICHAEL SCHMIDT-SALOMON (*1967) zu Recht feststellt:

> »Es ist eine historisch unumstößliche Tatsache, dass die fundamentalen Rechte (insbesondere die Menschenrechte), die die Grundlage für eine moderne, offene Gesellschaft bilden, keineswegs den Religionen entstammen, sondern vielmehr in einem Jahrhunderte währenden säkularen Emanzipationskampf gegen die Machtansprüche dieser Religionen durchgesetzt werden mussten.«[24]

Ohne diese Aufklärung hätten wir heute noch keinen freien Zugang zu Informationen, die der Kirche missfallen, würden die Wissenschaften durch Vorgaben und Einschüchterung stranguliert, würden nach wie vor Inquisitionsgerichte wüten und möglicherweise Scheiterhaufen brennen. Wir hätten dann immer noch jene religionsbeherrschten Zustände, wie die fundamentalistischen Taliban in Teilen Afghanistans oder die durch Ayatollahs, Mullahs und Imame gesteuerten Politiker einiger Länder im Vorderen Orient uns täglich zeigen. In bestimmten islamischen Staaten wird bekanntlich das öffentliche Steinigen und Aufhängen Verurteilter noch heute praktiziert.[25]

Und noch etwas ist durch die Aufklärung deutlich geworden. Sie hat ganz offenbar ein dem Menschen innewohnendes moralisches Prinzip wieder freigelegt, das durch den Einfluss von Bibel und Kirche verschüttet worden ist: Mitfühlendes Verstehen. Dass bei uns heute Ehebrecherinnen oder männliche homosexuelle Beziehungen nicht mehr mit dem Tode bestraft werden, ist nicht den moralischen Grundsätzen der Bibel zu verdanken. Und über das Verdikt von Jesus, dass dem ewigen Feuer der Hölle verfallen sei, wer Gottes Wort ablehne oder wer seinen Bruder einen gottlosen Narren nenne, können wir heute nur noch den Kopf schütteln. Die Weiterentwicklung unseres Moralsystems zu mehr Verständnis für menschliches Verhalten und mehr Respekt vor der Eigenständigkeit des Anderen verdanken wir eben nicht in erster Linie den Aussagen der Bibel, auch nicht denen des Neuen Testaments, wie im Brustton der Überzeugung in christlich geprägten Kreisen gern verbreitet wird.

Der Gedanke der Nächstenliebe beispielsweise hat nur in Worten, in Taten keine das gesellschaftlich-moralische Denken wesentlich bestimmende Rolle gespielt. Dass wir im europäischen Kulturkreis die Todesstrafe geächtet haben, dass wir eine Vielzahl von göttlichen Handlungen und Befehlen insbesondere des Alten Testaments heute moralisch verwerfen, kam doch nur zustande, weil wir unsere Kriterien von »gut« und »böse« ganz wesentlich eben nicht aus der Bibel abgeleitet, sondern geradezu im Widerspruch zu diesem angeblichen Wort Gottes entwickelt haben. Die Grundlage unseres heutigen moralischen Verhaltens ist in ganz entscheidendem Maße offenbar das, was den heutigen Menschen gegenüber jenen aus biblischer Zeit auszeichnet: der Wille und die Fähigkeit, die Vernunft sprechen zu lassen, statt einem aus dem Glauben kommenden archaischen Sühne- und Vergeltungsdenken zu folgen. Darüber hinaus ist zu vermuten, dass die Fähigkeit des Menschen, sich in die Situation des Anderen hinein zu versetzen, hier eine ganz wichtige Rolle spielt. Die Soziobiologie ist derzeit dabei, dieses Phänomen der Empathie – Stichwort: Spiegelneuronen – in seiner Entwicklungsgeschichte genauer zu erforschen.[26]

Ich möchte an dieser Stelle noch den britischen Mathematiker, Philosophen und Schriftsteller BERTRAND RUSSELL (1872-1970) zitieren. Er ist für mich ein Vorbild an vorurteilslosem, klarem und mutigem Denken. In seinem Buch »Warum ich kein Christ bin« sagt er im Zusammenhang mit Überlegungen zur Moral und der Rolle der Kirche:

> »Es ergibt sich die seltsame Tatsache, daß die Grausamkeit um so größer und die allgemeine Lage um so schlimmer waren, je stärker die Religion einer Zeit und je fester der dogmatische Glaube war. In den so genannten Epochen des Glaubens, als die Menschen an die christliche Religion in ihrer vollen Ganzheit wirklich glaubten, gab es die Inquisition mit ihren Foltern, wurden Millionen unglückseliger Frauen als Hexen verbrannt und im Namen der Religion an unzähligen Menschen alle erdenklichen Grausamkeiten verübt. Wenn man sich auf der Welt umsieht, so muß man feststellen, daß jedes bißchen Fortschritt im humanen Empfinden, jede Verbesserung der Strafgesetze, jede Maßnahme zur Verminderung der Kriege, jeder Schritt zur besseren Behandlung der farbigen Rassen oder jede Milderung der Sklaverei und jeder moralische Fortschritt auf der Erde durchweg von den organisierten Kirchen der Welt bekämpft wurde. Ich sage mit vollster Überlegung, daß die in ihren Kirchen organisierte christliche Religion der Hauptfeind des moralischen Fortschritts in der Welt war und ist.«[27]

Wenn die Versuche, Gottes Wort, wie es in der Bibel niedergelegt wurde, als Basis für eine Moral des Zusammenlebens anzusehen, sich in keiner Weise als überzeugend, eigentlich als nicht tauglich erwiesen, was blieb den Menschen dann anderes übrig, als selbst zu versuchen, sich eine solche Moral zu schaffen. Solche Versuche gab es tatsächlich bereits im Altertum. Schon der griechische Philosoph PLATON (427-347 v. Chr.) forderte Klugheit, Mäßigung, Tapferkeit und Gerechtigkeit als Tugenden, die jeden Menschen auszeichnen sollten. IMMANUEL KANT (1724-1804) formulierte – in mehreren Varianten – ein moralisches Gesetz, das gewiss von jedermann, der er es mit seinen Mitmenschen gut und ehrlich meint, als Richtschnur angesehen werden kann: Handle so, dass die Maxime (Leitsatz) deines Willens jederzeit zugleich als Prinzip einer allgemeinen Gesetzgebung gelten könnte. Der Philosoph und Theologe WALTER KAUFMANN (1921-1980) formuliert in seinem Buch »Der Glaube eines Ketzers« unter Berücksichtigung historischer Versuche vier – wie er sie nennt – Kardinaltugenden. Sie lassen sich wie folgt formulieren: Demütiges Streben, verstehende Liebe, aufopfernder Mut und einfühlsame Ehrlichkeit.[28]

Bemerkenswert an diesen Versuchen ist, dass sie moralisches Verhalten nicht aus einem absoluten, einen nicht mehr hinterfragbaren göttlichen Willen ableiten, der sich angeblich über heilige Texte offenbart hat, sondern von den *gesellschaftlichen Konsequenzen* der aufgestellten Forderungen her begründen und bewerten. Nach diesem Denkansatz ist eine Forderung beziehungsweise Tugend erstrebenswert und Moral stiftend, wenn sie zu einem zwischenmenschlichen Verhalten führt oder dieses wenigstens begünstigt, das einer möglichst großen Zahl von Menschen gut tut und ihnen wünschenswert erscheint, das menschliches Leid möglichst verhindert und dem harmonischen Zusammenleben dient. Ein solchermaßen aufgestelltes Normensystem ist der rationalen Diskussion zugänglich und durch Erfahrung überprüfbar, somit gegebenenfalls auch revidierbar. Eine solche, sich an den konkreten Umständen entwickelnde und sich an den gesellschaftlichen Folgen orientierende Vorgehensweise entspricht einer Gesellschaft, die sich aufgeklärtem und rationalem Denken verpflichtet fühlt.

Anders als Bibel und Kirche uns weismachen wollen, sind moralische Prinzipien nicht von Gott dem Menschen in Form offenbarter Texte vorgeschrieben worden, sondern haben sich im Laufe der Menschheitsgeschichte auf evolutionärem Wege von selbst herausgebildet. Es haben sich in Jahrtausenden jene Regeln des Zusammenlebens herauskristallisiert, die das Überleben einer Gesellschaft am besten ermöglichten. Moral, also ein System von sittlichen Normen, das dem Mitmenschen und der Gesellschaft in ihrer Gesamtheit gut tut, hat sich auf diese Weise selbst konstituiert. Dass dem wohl so ist, dafür spricht die Tatsache, dass weltweit weitgehend dieselben Grundsätze gelten: Du sollst nicht töten, nicht lügen und betrügen, du sollst das Eigentum des Anderen respektieren, du sollst dem in Not Geratenen helfen und weitere, weltweit übereinstimmende Gebote. Dabei dürfte unbestritten sein, dass die behauptete Existenz eines höheren Wesens, das nach dem Tode angeblich gutes Verhalten belohnen und schlechtes bestrafen würde, solchen grundlegenden Normen zusätzlich höchste Autorität verlieh.

Bei der über Jahrtausende sich erstreckenden Herausbildung von Normen und Regeln des Zusammenlebens spielten natürlich die der jeweiligen Gesellschaft zur Verfügung stehenden Ressourcen eine große Rolle. Eine um ihre materielle Existenz kämpfende Gesellschaft hat es vermutlich als »moralisch« angesehen, schon bei Geburt erkennbar Lebensuntüchtige oder sehr alte und sehr kranke, nicht mehr arbeitsfähige Menschen sterben zu lassen; eine reiche Gesellschaft wird dies als »unmoralisch« empfunden haben, weil sie sich andere Moralprinzipien »leisten« konnte. Es werden sich die Regeln des Zusammenlebens herauskristallisiert haben, die der jeweiligen Gesellschaft unter Berücksichtigung der jeweils herrschenden Lebensumstände die besten Überlebenschancen boten. Andere Moralsysteme sind untergegangen, weil ihre Gesellschaften nicht überlebten. Die noch junge Soziobiologie kann anhand von Untersuchungen zeigen, dass in der Tat auch menschliches Verhalten einer natürlichen Auswahl unterliegt und dass die weltweiten Übereinstimmungen – zumindest im Kernbereich der Moral – sich mit der Evolutionstheorie erklären lassen.[29]

Um einem etablierten Normensystem noch mehr Autorität und Unantastbarkeit zu verleihen, wird einer solchen Moral deshalb dann nachträglich göttlicher Ursprung unterstellt. Denn die Vorstellung, dass sich moralische Grundsätze und Regeln im Zuge gesellschaftlicher und kultureller Entwicklungen von selbst herausgebildet haben könnten, erscheint einer Theologie, der das Konzept der Evolution unbekannt ist, geradezu als absurd. Bemerkenswert ist übrigens, dass die Evolution, die wir bisher immer nur als erbarmungs- und gnadenloses Ausleseprinzip kennengelernt haben, im Prozess der Moralbildung ein ganz anderes, geradezu »menschliches« Gesicht zeigt. Sie brachte Barmherzigkeit, Mitmenschlichkeit, Kooperation und andere – aus heutiger Sicht positiv bewertete – Verhaltensweisen hervor, allerdings nur, weil diese sich als Prinzipien erwiesen, die dem Individuum und damit der Gesellschaft eine größere Überlebenschance boten.

Eine in diesem Sinne »aufgeklärte Moral«, also eine in ihrem Entstehen durchschaute und als veränderbar erkannte Moral, skizziert der Philosoph MICHAEL SCHMIDT-SALOMON. Er unterscheidet allerdings zwischen den Begriffen Moral und Ethik, die selbst in der Philosophie vielfach synonym verwendet werden. In seinem Verständnis

> »geht es in der Moral um die subjektive Wertigkeit von Menschen vor dem Hintergrund vermeintlich vorgegebener metaphysischer Beurteilungskriterien (gut und böse), in der Ethik hingegen um die objektive Angemessenheit von Handlungen anhand intersubjektiv festgelegter und immer wieder neu festzulegender Spielregeln (fair oder unfair).«

> »Ein weiterer fundamentaler Unterschied von Ethik und Moral betrifft die jeweiligen Anwendungsgebiete. Ethische Argumentation zielt auf faire Lösung von Interessenkonflikten zwischen Personen … und ist insofern nur sinnvoll, wenn mindestens zwei Akteure mit widerstrebenden Interessen vorhanden sind. Daraus folgt, dass man sich selbst gegenüber sich nicht unethisch verhalten kann. … Demgegenüber behaupten Moralisten jedoch, dass man sich auch gegen sich selbst ›versündigen‹ könne, dass bestimmte Verhaltensweisen prinzipiell unmoralisch seien – selbst wenn niemand (außer vielleicht man selbst) Schaden nehme. … Am deutlichsten zeigt sich dies [die Differenz von ethischer und moralischer Argumentation, U.L.] vielleicht auf dem Gebiet der Sexualität: Aus ethischer Perspektive (Beurteilungskriterium: fair/unfair) ist es völlig irrelevant, ob ein Mensch homosexuelle Partnerschaften pflegt [oder] ob er masturbiert …, aus moralischer Perspektive jedoch (gut/ böse) werden diese Handlungen

häufig als ›besonders verwerflich‹ eingestuft und – sofern Moralisten die erforderliche Macht dazu haben – auch rigoros unterbunden … oder gar mit der Todesstrafe belegt.«[30]

Schon VOLTAIRE (1694-1778) hatte sich ganz in diesem Sinne geäußert. Auch für ihn existierte Moral nur in Bezug auf den Anderen. In einem Aufsatz, »Tugend« betitelt, sagte er Folgendes:

»Was ist Tugend? Wohltat gegen den Nächsten. Kann ich etwas anderes Tugend nennen, als was nur wohltut? Ich bin arm, du schenkst; ich bin in Gefahr, du hilfst; ich werde betrogen, du sagst mir die Wahrheit; man läßt mich allein, du spendest mir Trost; ich bin unwissend, du bildest mich; ich nenne dich ohne weiteres tugendhaft. … Was soll es mir, daß du enthaltsam bist? Du befolgst eine Regel der Gesundheit, befindest dich darum besser, und ich mache dir mein Kompliment. Du hast Glauben und Hoffnung, ich beglückwünsche dich noch mehr: beides wird dir gewiß das ewige Heil verschaffen. Deine theologischen Tugenden sind Himmelsgaben, deine Kardinaltugenden sind vorzügliche Eigenschaften und deiner Lebensführung dienlich; aber Tugenden gegenüber deinem Nächsten sind sie keinesfalls. Der Kluge tut sich selber Gutes, der Tugendhafte tut es an den Menschen. … Wie denn? Sollen nur jene Tugenden zählen, welche dem Nächsten nützlich sind? Nun wie könnte ich andere gelten lassen? Wir leben in Gesellschaft, also gibt es nichts wahrhaft Gutes für uns, als was der Gesellschaft nützt. Ein Einsiedler mag genügsam und gottesfürchtig sein und ein Büßerhemd tragen: nun gut, er ist heilig; aber tugendhaft werde ich ihn nur dort nennen, wo seine Tugend ihn tätig und für andere Menschen nützlich werden läßt. Solange er allein ist, tut er weder Gutes noch Böses; er bedeutet für uns nichts.«[31]

Bleibt noch die Frage zu klären, was uns zu tugendhaftem Verhalten antreibt? Welches Motiv liegt moralischem beziehungsweise ethischem Verhalten zu Grunde? Nun, der Mensch, der sein Handeln an einer göttlich gesetzten Moral ausrichtet, möchte letztlich Gott gefallen und damit ewiges Seelenheil erlangen. Wer die Zehn Gebote nicht befolgt, so droht die Bibel, den wird die Strafe Gottes ereilen. Er handelt also genau genommen selbstsüchtig, auch wenn er rein äußerlich nur einem Gottesgebot nachzukommen scheint. Was bewegt dagegen einen Menschen, der einem Anderen Gutes antut, sich dabei aber nicht an Gottes Geboten orientiert? Ist sein Verhalten selbstlos oder doch auch selbstsüchtig? Ich meine, dass auch er selbstsüchtig handelt. Er tut das aber eher unbewusst. Er hofft, in einer ähnlichen Situation von diesem Menschen oder anderen ebenso edelmütig behandelt zu werden. Er möchte anderen ein Vorbild sein, damit auch er später im Falle der Not von den so vorgelebten ethischen Standards profitieren kann. Sein altruistisches Handeln ist daher nur scheinbar uneigennützig, tatsächlich folgt auch er einem egoistischem Motiv.

Der Grund selbstlosen Verhaltens liegt jedoch tiefer. Wissenschaftliche Untersuchungen an Affen und Menschenkindern belegen, dass solches nach außen hin uneigennützig erscheinende Verhalten in uns bereits angelegt ist und offenbar nicht allein durch Sozialisation entwickelt wird. Diese Studien zeigen, dass Schimpansen und Kleinkinder ihnen unbekannten Artgenossen ohne unmittelbaren Eigennutz helfen, also auch dann, wenn ihnen keine Belohnung winkt. Der Primatenforscher Frans de Waal sucht schon seit langem nach außerreligiösen Erklärungen für moralisches Verhalten. So konnte er mit zahlreichen Studien nachweisen, dass zum Beispiel Schimpansen in Ansätzen moralisches Verhalten zeigen, das dem unseren gleicht. In Experimenten ließ er Schimpansen zusehen, wie Versuchspersonen zum Beispiel vergeblich versuchten, an einen Stock zu gelangen. Zu seiner Verblüffung beobachtete er, dass die Tiere in den meisten Fällen den Versuchspersonen behilflich waren, den Stock zu bekommen. Auch in diesem Fall taten sie es, ohne dafür belohnt zu werden. Auch einer Studie der Universität Bonn zufolge scheinen Selbstlosigkeit und Hilfsbereitschaft genetische Wurzeln zu haben. Offenbar hat es sich im Laufe der Evolution als vorteilhaft erwiesen, Artgenossen einfach zu helfen.[32]

Denn wer anderen niemals hilft, vielleicht sogar auf deren Kosten sich Vorteile verschafft, isoliert sich sozial, wird also längerfristig nur Nachteile von seinem Verhalten haben. Wer kooperiert und anderen aus einer Notlage hilft, erhöht seine und seiner Gruppe Chance, in ähnlichen Situationen ebenfalls Hilfe zu erhalten. Solche – wohl zunächst mutationsbedingt zufälligen – Verhaltensweisen stellten also einen Selektionsvorteil dar und sind deshalb auf evolutivem Weg erblicher Bestandteil unseres Verhaltens geworden. Hilfsbereitschaft ist also keinesfalls nur Ergebnis von Kultur und Erziehung, sie ist ganz offenbar als Disposition uns bereits mitgegeben. Selbstlosigkeit ist somit auch eine Spielart von Eigennutz, wenngleich in dieser Form geadelt durch die Attribute gegenseitiger Vorteilhaftigkeit und gesellschaftlicher Wertschätzung. Pointiert formuliert könnte man also sagen, dass Eigennutz Sozialverhalten hervorgebracht hat!

SCHMIDT-SALOMON plädiert dafür, aus diesen soziobiologischen und ähnlichen Fakten die Konsequenzen zu ziehen und anzuerkennen,

> »dass es sinnlos ist, den Eigennutz, das Grundprinzip des Lebens und damit auch die Quelle aller Kreativität, Freundschaft und Liebe, bekämpfen zu wollen. Deshalb konzentrieren sie [die evolutionären Humanisten] sich auf die gesellschaftlichen Spielregeln, die jenseits aller biologischen Verhaltenspräferenzen dafür verantwortlich sind, welche Gestalt der Eigennutz im sozialen Miteinander annimmt.«[33]

Zugegeben, der Gedanke, den Eigennutz nicht zu bekämpfen, sondern im Gegenteil dieses zentrale Motiv allen Lebens als Ausgangspunkt unseres Handelns nicht nur anzuerkennen, sondern darauf sogar eine Ethik aufzubauen, wirkt zunächst sehr befremdlich und ist in der Tat gewöhnungsbedürftig. Zu sehr wurde bisher der Eigennutz als verwerflich gebrandmarkt. Aber die Geschichte der Menschheit zeigt immer wieder, dass alle Vorschriften und Normen, die die menschliche Natur außer acht lassen, zum Scheitern verurteilt sind. Die Beurteilungskriterien »gut« und »böse«, die letztlich auf die metaphysisch begründeten Prinzipien »das Gute«, symbolisiert durch Gott, und »das Böse«, symbolisiert durch den Teufel, zurückgeführt werden, vergewaltigen die menschliche Natur in vielen Punkten und können nur mit angstmachenden Drohungen durchgesetzt werden.

Ein besonders markantes Beispiel einer moralischen Forderung, die an der menschlichen Natur gescheitert ist, ist die von Jesus verlangte Feindesliebe. Auch die vielfach beschriebenen, verzweifelten Kämpfe zum Beispiel von Mönchen und Nonnen, mit den »bösen« Trieben ihrer Körper fertig zu werden, sprechen eine beredte Sprache, von den nicht bewältigten Sehnsüchten so vieler hetero- oder homosexueller Priester ganz zu schweigen. Eine »naturalistische« Ethik dagegen akzeptiert die biologische Steuerung allen menschlichen Handelns zunächst einmal, versucht sie aber im Sinne eines intersubjektiven Interessenausgleichs nach den Kriterien »fair« und »unfair« zu zähmen und zu regulieren. Und dort, wo es nur um mich allein geht, ein anderer also überhaupt nicht betroffen ist, mischt sich eine solche Moral überhaupt nicht ein. Ich bin davon überzeugt, dass dies der einzig richtige und Erfolg versprechende Ansatz zur Begründung einer funktionierenden rationalen Moral oder – in der Terminologie von SCHMIDT-SALOMON formuliert – Ethik darstellt.

Kooperation und Mitgefühl – beide Prinzipien haben sich evolutionär herausgebildet – bilden die Keimzellen der Moral. Offenkundig haben Gesellschaften besser oder überhaupt nur überlebt, weil ihre Mitglieder zu dieser Form des Zusammenlebens bereit waren: Gemeinsame Nahrungsbeschaffung, Teilen in der Not, gemeinsame Abwehr von Feinden und barmherzige Hilfe aufgrund von Mitleid. Die Befolgung dieser Kernelemente der Moral beziehungsweise Ethik liegt im gegenseitigen Interesse der Beteiligten und bedarf daher zu ihrer Durchsetzung weder der Verheißung himmlicher Freuden noch der Drohung mit höllischer Bestrafung. Die typische Warnung von religiöser Seite »Ohne Gott ist alles erlaubt« entbehrt daher jeder Grundlage.

Die Ablösung einer religiös motivierten Moral und die Begründung einer Ethik in Übereinstimmung mit den Bedürfnissen der menschlichen Natur führt also keineswegs zu dem von christlich-kirchlicher Seite prophezeiten Zusammenbruch von Moral schlechthin. Im Gegenteil – eine Moral beziehungsweise Ethik, die die menschliche Natur zum Ausgangspunkt nimmt und damit rational begründbar ist, wird »lebbar« und damit von den Menschen auch ohne göttliche Strafandrohung akzeptiert. Hier hat sich auch der große IMMANUEL KANT eindeutig geirrt.

4. Was denken andere und was denke ich?

Ende September 1997 erschütterte ein schweres Erdbeben die mittelitalienische Region Umbrien und ließ am Wirkungsort des heiligen Franz von Assisi die Doppelkirche San Francesco des Franziskanerklosters einstürzen. Dabei wurden – wie die Tagespresse seinerzeit vermeldete – zwei betende Priester von der herabstürzenden Kirchendecke unerwartet und plötzlich ins Jenseits befördert. Ihre Frömmigkeit und ihr Beten halfen ihnen offenbar nichts, sie wurden ihnen vielmehr zum Verhängnis, vergleichbar dem Geschehen infolge des Erdbebens von Lissabon 1755, bei dem besonders viele Menschen während des Gottesdienstes in den städtischen Kirchen und Kathedralen ums Leben kamen. Hört Gott die Gebete nicht oder beeindrucken sie ihn nicht oder will er sich in seinem Handeln nicht von menschlichen Motiven beeinflussen lassen oder gibt es ihn vielleicht gar nicht?

Selbst Priester und Bischöfe verlassen sich, wenn sie zum Beispiel krank werden, nicht mehr nur auf das Beten, sondern konsultieren den Arzt und lassen sich von modernster medizinischer Wissenschaft kurieren. Ja sogar PAPST JOHANNES PAUL II. und »Stellvertreter Gottes auf Erden«, der im Frühjahr 2005 schwer erkrankte, nutzte bis zu seinem Ableben mehr medizinische Technik als ein normaler Sterblicher je zu sehen bekommt. Auf die weltweit und mit größter Inbrunst gesprochenen Gebete allein wollte man sich offenbar nicht verlassen. Und eine weitere ketzerische Frage kann ich in diesem Zusammenhang nicht unterdrücken: Wie groß ist eigentlich das immer wieder beschworene Gottvertrauen, wenn selbst der Papst als »Stellvertreter Gottes« im Panzerglas-geschützten Papamobil herumfährt und zum Beispiel jeder Kirchturm vorsichtshalber durch einen Blitzableiter geschützt wird?

Einem Gläubigen mögen diese letzten Zeilen gotteslästerlich und verletzend vorkommen. Aber es muss erlaubt sein, solche Feststellungen zu treffen. Ich frage mich ganz vorurteilsfrei und ohne jede kränkende Absicht: Wann ist je den Bedrängten durch Beten Hilfe von oben gekommen? Gebetet wurde und wird seit Menschengedenken in den Häusern mit Kranken und Sterbenden, auf den Schlachtfeldern der bis heute stattfindenden Kriege, in Luftschutzkellern mit zu Tode verängstigten Menschen, in den großen Vernichtungslagern der Nationalsozialisten und Kommunisten, unter den Trümmern der durch Erdbeben zerstörten Häuser. Wurden je die Schreie und Gebete in den Folterkellern der Inquisition und aus den brennenden Scheiterhaufen erhört?

Worauf gründen die Millionen Gläubigen ihre Hoffnung auf Erhören ihrer Gebete, wenn man doch weiß, dass trotz verzweifelten Hoffens und Flehens Millionen und Abermillionen Menschen durch Naturkatastrophen und

Seuchen ein viel zu frühes Ende finden mussten. Welchen Grund sollte ich haben, mit der Hilfe Gottes zu rechnen, wenn er offenbar unbeteiligt zusah, wie Millionen Juden in einen elenden Gastod geschickt wurden. Auch sie richteten ihre von Todesängsten gezeichneten Blicke nach oben. Hat Gott dem Leiden der Menschen nur interessiert zugeschaut? In Anbetracht seiner ihm zugeschriebenen Allmächtigkeit müsste man ihn eigentlich wegen unterlassener Hilfeleistung anklagen.

Bei nüchterner Betrachtung muss man feststellen – ich bin jedenfalls überzeugt davon – dass Hilfe, wenn sie denn eintrifft, auch ohne Beten kommt, und zwar von anderen Menschen oder durch Selbsthilfe oder aufgrund zufälligen Geschehens. Zwar wird der Gläubige den ihm zuteil gewordenen Beistand wieder als das Eingreifen Gottes deuten. Den Beweis für seine Behauptung wird er natürlich schuldig bleiben, so wie auch ich nicht beweisen könnte, dass Gott hier nicht seine Hand im Spiel gehabt hätte. Die Beweislast für seine Behauptung trägt allerdings der Gläubige. Denn ich kann das Geschehen auf natürliche Art erklären, der Andere sieht darin das Wirken Gottes, der sich lediglich der natürlichen Mittel bedienen würde. Das aber ist eine überflüssige, weil nichtssagende Deutung. Das bekannte, fast zynisch zu nennende Wort, »Hilf Dir selbst, dann hilft Dir Gott«, bringt jedenfalls die Lebenserfahrung zum Ausdruck, dass die scheinbar von Gott erhaltene Hilfe nichts anderes ist als das in der Not erfolgte selbsttätige Eingreifen. Dabei ist sicherlich richtig, dass intensives und glaubenserfülltes Beten Kräfte mobilisieren kann, die weit über das hinausgehen können, was man sich selbst zuvor zutraute. Was dem Gläubigen dann wie Gottes Hilfe erscheint, stellt für den Nichtgläubigen ein Phänomen dar, das sich schlicht psychologisch erklären lässt.

»Gott lässt die Sonne aufgehen über Bösen und Guten, und er lässt regnen über Gerechte und Ungerechte.« Man könnte dieses Bibelwort ergänzen und sagen, er lässt Hilfe zuteil werden den Betenden und den nicht Betenden. Was aber nichts anderes bedeuten würde, als dass mein Blick nach oben keinen Einfluss darauf hat, wie Gott zu mir steht. Ich kann in keiner Weise erkennen, ob meine Gebete erhört werden, ob mein Verhalten in irgendeiner Weise von Gott bewertet wird. Zurück bleibt also die alte Ratlosigkeit und Ungewissheit darüber, ob und wieweit Gott in unser Leben eingreift, ja ob er überhaupt existiert.

Wenn Gott über die Eigenschaft Allwissenheit verfügt, dann wüsste er, wie schwer so viele Menschen mit der Frage ringen, ob es ihn gibt und ob er sich für uns Menschen interessiert. Dann würde er erkennen, wie verzweifelt sie seine Antwort erflehen und wie sehr sie sich nach seiner beschützenden Hand sehnen. Da wir Gott offensichtlich in seiner Unerforschlichkeit und

Rätselhaftigkeit mit unserem Verstand nicht erfassen und schon gar nicht uns seiner Existenz vergewissern können, wäre es doch an ihm, sich uns zu offenbaren. Aber in einer verständlichen und eindeutigen Weise, nicht über offensichtlich von Menschen niedergeschriebene Texte wie die Bibel, den Koran, die Thora oder zum Beispiel die indischen Veden. Diese angeblich göttlichen Offenbarungen haben alle ihre eigenen, miteinander nicht verträglichen Auffassungen von Gott und der Welt, haben bis heute zu erbitterten religiösen Auseinandersetzungen und dem gegenseitigen Abschlachten im Namen ihres jeweiligen Gottes geführt. Jede dieser Weltreligionen beansprucht, den wahren Gott anzubeten.

Wenn Gott ein Gott der Liebe und der Barmherzigkeit ist, dann müsste es ihm doch sehnlichstes Anliegen sein, dem gegenseitigen Verfolgen und Umbringen des jeweils Andersgläubigen ein Ende zu bereiten. Gelungen ist dies bisher nur den Menschen selbst, und zwar den Gesellschaften, die sich durch Aufklärung von der Vorherrschaft der Religion befreien konnten. Gottes Wirken war dabei nicht zu erkennen.

Ist es denn zuviel erhofft, ist es kindlich naiv oder zeugt es von völligem Missverstehen des Wesens Gottes, eine eindeutige Botschaft von ihm zu erwarten? Wenn diesem Gott an den Menschen und an der Welt so viel liegt, wie es uns seine Vertreter hier auf Erden täglich verkünden, dann wäre eine Demonstration seiner Macht und seines Interesses an uns so unendlich hilfreich. Könnte er nicht ein wahres Wunder bewirken, also einen übernatürlichen, die Naturgesetze außer Kraft setzenden Eingriff in das Naturgeschehen vornehmen? Zum Beispiel könnte er in einer weltweit erkennbaren Schrift am Firmament in der Sprache eines jeden Menschen auf seine Existenz hinweisen oder allen technischen Unmöglichkeiten trotzend gleichzeitig auf allen Bildschirmen dieser Welt erscheinen. Früher nutzte Gott angeblich solche Wunder, um seine Macht und Herrlichkeit zu demonstrieren. Die Bibel berichtet von der spontanen Heilung Kranker und der Verwandlung von Wasser in Wein, von der Auferstehung Jesu nach seinem Kreuzestod und seiner späteren Himmelfahrt. Die katholische Kirche zum Beispiel ist noch heute von den übernatürlichen Erscheinungen Marias in Lourdes und Fátima überzeugt und sieht auch viele andere Wunder (im Sinne von »nicht natürlich erklärbar«) als erwiesen an. Auch die anderen großen monotheistischen Glaubenssysteme verweisen auf Wunder, um ihre Glaubwürdigkeit zu unterstreichen.

Ich sehe es allerdings schon vor mir: das mitleidige Lächeln von Gläubigen und Erleuchteten ob meiner Naivität und Einfalt. Sie werden mir sagen, dass Gott sich so nicht »herausfordern« ließe. Nur meine freiwillige Hinwendung zum Glauben könne Erfolg haben, nur wenn ich mich ganz öffne und hingebe, wird er sich mir offenbaren. Mit dem Offenbaren ist das allerdings so eine seltsame Sache. Die weltweit zu allen Zeiten aufgetretenen Seher, Erleuchteten und Propheten oder sonstwie durch den Besitz angeblich göttlicher Wahrheiten ausgezeichneten Menschen kamen – nicht zuletzt aufgrund ihrer unterschiedlichen kulturellen Prägungen – jeweils zu ganz anderen Einsichten und Vorstellungen von Gott. Sie begründeten völlig unterschiedliche Religionen, basierend auf sehr unterschiedlichen, durch Gott angeblich inspirierte Texte und bedingungslos zu glaubende heilige Sätze. Natürlich sahen sie in den anderen religiösen Überzeugungen regelmäßig den Teufel oder göttliche Widersacher am Werk. Die daraus entstandenen Auseinandersetzungen zwischen den Anhängern der jeweils »wahren« Religion und aus deren Sicht jeweils Ungläubigen halten in voller Intensität bis heute an. Selbst innerhalb des Christentums gibt es unzählige, sich gegenseitig nicht anerkennende Varianten über den rechten Weg zu Gott. Sollte der »wahre« Gott das so gewollt haben?

Die Tatsache, dass sich Gott so wenig eindeutig äußert und nur über fast beliebig interpretierbare Zeichen zu uns spricht und ansonsten »schweigt und schweigt und schweigt« (Küng), ist für mich ein besonders schwer wiegendes Argument gegen die Annahme eines Gottes, der die Welt angeblich liebt und an uns interessiert sei. Aber auch die Existenz so vieler verschiedener Religionen mit je einer anderen Gottesvorstellung, die daraus folgenden über Jahrtausende bis heute gegeneinander geführten Glaubenskriege und das gleichgültige Schweigen dieser Götter angesichts der in ihrem Namen begangenen, nicht mehr in Zahl und Maß fassbaren Verbrechen gegen die Menschlichkeit ist für mich eine eben so schwer wiegende Begründung, dass es den uns suggerierten »lieben Gott« oder »barmherzigen Gott« nicht geben kann. Er ist schlicht und einfach eine gedankliche Konstruktion, eine Wunschvorstellung, entstanden aus der tief empfundenen Sehnsucht der Menschen nach Schutz, Halt und Sinn, gefördert durch eine in der Regel den anderen intellektuell überlegene Priesterkaste, die darin seit Menschengedenken eine Möglichkeit für sich sah, Macht und Einfluss über andere Menschen zu gewinnen. Auch wenn es sicher sehr viele Priester, Pfarrer und gläubige Christen gibt – dasselbe gilt auch für andere Glaubensbekenntnisse – die aus voller Glaubensüberzeugung und mit allen ihren Kräften anderen Menschen in bewundernswerter Weise Nächstenliebe und Opferbereitschaft entgegenbringen, an der Tatsache, dass sie einer Illusion anhängen, ändert sich für mich dadurch nichts. Und dass Abermillionen Menschen aus dieser bloßen Wunschvorstellung Mut und Zuversicht gewinnen und ihnen Gott oft als letzte Rettung erscheint, bezweifele ich ebenfalls nicht. Dennoch gilt für mich: Diese Art von Gottesglauben und die Bilanz meines Nachdenkens über Gott und die Welt passen für mich nicht zusammen!

Zwei Menschen aus meiner Umgebung, denen ich von dem vorliegenden Buch erzählte, zeigten sich zunächst sehr interessiert am Inhalt. Als sie aber erfuhren, welche Gedanken ich hier ausbreite und versuche zu begründen, gaben sie unumwunden zu, dass sie Angst vor der Wahrheit hätten und dass sie fürchteten, ihren ohnehin nicht gefestigten Glauben ganz zu verlieren. Mein Eindruck ist, dass viele Menschen die Sache mit Gott und der Religion dadurch lösen, dass sie diese Fragen in der Schwebe lassen, das heißt, sie vermeiden es, über diese Dinge wahrhaftig und gründlich nachzudenken. So geraten sie nicht in das Dilemma, sich entscheiden zu müssen – nicht vor sich, nicht vor den anderen und nicht vor ihrem Gott. Sie haben dann das Gefühl, sich alle Optionen offen gehalten zu haben, vermeiden Gewissenskonflikte und leben möglicherweise wesentlich unbeschwerter als so mancher Skeptiker oder um Einsicht ringende Atheist.

In Diskussionen über Kirche und Glaube wird immer wieder betont, dass viele Wissenschaftler gläubig seien. Mitunter wird sogar behauptet, dass insbesondere im Zuge der Erkenntnisse der modernen Kosmologie und Biologie viele Wissenschaftler den Weg zurück zum Glauben gefunden hätten. Ich halte das für Wunschdenken von Menschen, die sich – weil sie die Ergebnisse der heutigen Naturwissenschaften oft nicht mehr verstehen – intellektuelle und moralische Rückendeckung durch gesellschaftlich anerkannte Autoritäten erhoffen. In den allermeisten Fällen würden sie enttäuscht werden. Wenn Naturwissenschaftler sich als gläubig bezeichnen, dann ist es zumeist ein allgemeiner Gottesglaube, der sich als Glauben an eine nicht näher bestimmte umfassende göttliche Idee, an einen kosmischen Geist von Ordnung und Harmonie, an eine Macht als Urgrund und Ursache alles Seienden darstellt. Die wenigsten Naturwissenschaftler glauben an einen persönlichen Gott, so wie er in der Bibel beschrieben wird, der in die individuellen Geschicke eingreift, der durch Beten gnädig gestimmt werden kann und der auch ein Leben nach dem Tod verheißt.

Die Elite der US-amerikanischen Naturwissenschaftler ist Mitglied in der National Academy of Science, die etwa 1800 Mitglieder zählt. Unter ihnen gelten besonders die Biologen als die größten Zweifler; 95 Prozent von ihnen geben an, Atheisten oder Agnostiker zu sein.[34]

Der Religionssoziologe DETLEF POLLACK, Universität Münster, kommt in einer jüngst veröffentlichten Studie aufgrund repräsentativ erhobener Daten zu dem Ergebnis, dass Konfessionslosigkeit überdurchschnittlich oft zusammen mit den Merkmalen männlich, hochgebildet, Stadtbewohner, Besserverdiener auftritt. Mancher mag diesen Befund etwas pikiert aufnehmen, aber er lässt die Deutung zu, dass von diesen Befragten ein Gegensatz empfunden wird zwischen Glauben und Wissen. Von diesen Konfessionslosen stimmten drei von fünf der Aussage zu: »Ich glaube nicht, dass es einen persönlichen Gott, irgendein höheres Wesen oder eine geistige Macht gibt«.[35]

ALBERT EINSTEIN (1879-1955) schrieb 1926 in einem Brief an den Physiker Max Born:

> »Die Theorie liefert viel, aber dem Geheimnis des Alten bringt sie uns doch nicht näher. Jedenfalls bin ich überzeugt davon, dass der nicht würfelt.«.

EINSTEIN wollte mit dieser Formulierung seine Ablehnung der Quantentheorie untermauern. Aus diesen locker dahin geworfenen Worten wurde in der Öffentlichkeit der berühmte Ausspruch »Gott würfelt nicht«, der gern als Zitat verwendet wird, um zu belegen, dass er an Gott geglaubt habe. EINSTEIN bestreitet in einem 1954 geschriebenen Brief diese Auffassung:

> »Es ist natürlich eine Lüge, was Sie über meine religiöse Überzeugung lesen, eine Lüge, die systematisch wiederholt wird. Ich glaube nicht an einen persönlichen Gott und habe dies nie verhehlt, sondern habe es klar zum Ausdruck gebracht. Wenn es etwas in mir gibt, das religiös genannt werden kann, dann ist es die grenzenlose Bewunderung für die Struktur der Welt, so weit sie (jedenfalls) die Wissenschaft erkennen kann.«[36]

Auch aus EINSTEINs Schriften geht eindeutig hervor, dass ihm die Vorstellung eines persönlichen Gottes völlig fremd war, auch wenn so manche Äußerung Interpretationen offen ließen. In einem erst kürzlich aufgefundenen Brief an den Religionsphilosophen ERICH GUTKIND distanziert sich EINSTEIN allerdings sehr klar von der Vorstellung eines Gottes:

> »Das Wort Gott ist für mich nichts als Ausdruck und Produkt menschlicher Schwächen, die Bibel eine Sammlung ehrwürdiger, aber doch reichlich primitiver Legenden.«[37]

Dennoch hat sich EINSTEIN nie als Atheisten bezeichnet, er lehnte diese Bezeichnung offenbar ab und meinte, dass diese Problematik ihrer Unfassbarkeit wegen unseren begrenzten Verstand einfach übersteige. Der Begriff Pantheist, für den Gott und Natur eins sind, dürfte eher auf ihn zutreffen.

Ich weiß von einem einzigen bekannteren Naturwissenschaftler (mit Sicherheit gibt es mehr!), der sich ganz ausdrücklich zum christlichen Gott bekennt. Der amerikanische Astrophysiker und Jesuit GEORGE V. COYNE, einst Leiter der Vatikanischen Sternwarte, sagte in einem »Spiegel«-Artikel:

> »Ich glaube aufrichtig, dass Gott eine Person ist und sich uns – seinem auserwählten Volk und durch sein auserwähltes Volk uns allen – persönlich offenbart hat. Und wenn Gott uns doch etwas über sich selber sagen will, dann tut er das durch seine Schöp-

fung. Darum versuche ich als Wissenschaftler und als religiöser Gläubiger, mit Hilfe der Wissenschaft zu sehen, was sie über den Gott zu sagen hat, an den ich glaube.«[38]

Geisteswissenschaftler sind in ihren Glaubensvorstellungen sehr viel heterogener. Unter ihnen gibt es sicherlich viele, die sich in ihrer Gottesvorstellung sehr viel näher an der christlichen Auffassung sehen als das bei der Mehrzahl der Naturwissenschaftler der Fall sein wird. Ich bin aber sicher, dass hier wieder zu beobachten wäre, was ich in der Einleitung zu diesem Kapitel V schon ausgeführt habe. Wohl nicht sehr viele sahen sich bisher veranlasst, im Detail und in aller Konsequenz über ihren Glauben und den damit verbundenen Geboten, Dogmen und jenseitigen Vorstellungen nachzudenken. Ich behaupte – ohne das im Einzelnen belegen zu können, aber eine Reihe von Indizien spricht schon für meine Vermutung – dass die meisten von ihnen, wenn sie sich als Gläubige bezeichnen würden, die oben schon erwähnten Traditionschristen sind. Sie nutzen die rituellen und dekorativen Elemente der Kirche, betonen die christlichen Wurzeln unserer abendländischen Kultur und bemühen sich nach ihren eigenen Worten »im moralischen Sinne gute Christen« zu sein, den Kern der christlichen Lehre dagegen haben sie wohl kaum verinnerlicht, auch der Vorstellung eines persönlichen Gottes als Ebenbild des Menschen stehen sie wahrscheinlich mehr als skeptisch gegenüber.

Von KANT (1724-1804) wissen wir, dass nach seiner Überzeugung Gott weder bewiesen noch widerlegt werden könne. Insofern hatte er vielleicht Probleme, explizit an Gott zu glauben. Allerdings forderte er dessen Existenz, um – wie wir oben schon im Rahmen des so genannten moralischen Gottesbeweises gesehen haben – eine weltliche Moral im Absoluten verankern zu können. SCHOPENHAUER (1788-1860) dagegen lehnte den Glauben an einen persönlichen Schöpfergott strikt ab. DARWIN (1809-1882), Theologe und Naturforscher, hielt den Glauben an Gott für ein Ergebnis erzieherischer Indoktrination und bezeichnete sich selbst als Agnostiker, der »das Geheimnis des Anfangs aller Dinge für unlösbar« hielt. Vom Christentum hatte er sich allerdings entschieden abgewandt. Von NIETZSCHE (1844-1900) kennen wir den berühmten, aber unterschiedlich interpretierten Satz »Gott ist tot«.

Von überragender Bedeutung für die Religionskritik war wohl der Philosoph LUDWIG FEUERBACH (1804-1872). Er verwarf den christlichen Unsterblichkeitsgedanken und den Glauben an einen persönlichen Gott. Das Ergebnis seiner Überlegungen lautete, dass Religion eines denkenden Menschen unwürdig sei. In seinem berühmt gewordenen Hauptwerk »Das Wesen des Christentums« arbeitete er den anthropologischen, den menschengemachten Gehalt des christlichen Glaubens heraus. Nach FEUERBACH spiegelt sich der

Mensch in der Religion. Die religiösen Inhalte geben Aufschluss über das Wesen des Menschen selbst. Gott sei nichts anderes als die Projektionsfläche der tiefsten Sehnsüchte und idealisierten Vorstellungen des Menschen. Gott ist das, was der Mensch sein möchte, aber nicht erreicht. "Der Mensch schuf Gott nach seinem Bild" – so steht es heute auf dem Feuerbach-Denkmal in Nürnberg zu lesen.[39] Man kann es auch so sagen: Mit dem Verschwinden des Menschen von dieser Erde, gäbe es auch diesen Gott nicht mehr.

Die Liste der Philosophen mit kritischer bis ablehnender Einstellung zu einem als weltzugewandten Weltenlenker und persönlichen »Dialogpartner« propagierten Gott fortzusetzen, würde ein ganzes Buch füllen. Ebenso wäre es möglich, prominente und gewiss auch beachtenswerte Stimmen zu zitieren, die uns Gott als Realität und Lebensnotwendigkeit nahe bringen möchten. Die Anzahl prominenter wissenschaftsorientierter Vertreter eines dezidierten Gottesglaubens wird allerdings, je mehr wir uns der Gegenwart nähern, immer kleiner.

In der modernen Philosophie hat Gott keinen guten Stand mehr. Der entschiedene Kirchenkritiker und Atheist BERTRAND RUSSELL (1872-1970) wurde schon erwähnt. Besonders die weitgehend atheistisch geprägte Existenzphilosophie hatte von den 40er Jahren des letzten Jahrhunderts an einen nicht unerheblichen Einfluss auf das Denken der letzten Jahrzehnte. Prominente Vertreter dieser Denkrichtung, die ich im Philosophieunterricht der Oberschule kennenlernte, waren JEAN PAUL SARTRE (1905-1980) und ALBERT CAMUS (1913-1960). Danach ist der zur Freiheit verurteilte Mensch das, wozu er sich macht. Gott als orientierender Normgeber existiert nicht mehr.

Für die religionskritische Szene im Nachkriegsdeutschland nenne ich stellvertretend für eine ganze Reihe bedeutender Religionskritiker GERHARD SZCZESNY (1918-2002), Gründer der »Humanistischen Union« und Autor des wegweisenden Buches »Die Zukunft des Unglaubens« (Näheres dazu im nächsten Kapitel!) und KARLHEINZ DESCHNER (*1924), der wohl bekannteste und erfolgreichste Kirchenkritiker mit seinen beiden herausragenden Werken »Abermals krähte der Hahn« und der zehnbändigen »Kriminalgeschichte des Christentums«. Ich ergänze diese – subjektive – Auswahl noch durch zwei mir wichtige Namen: Den britischen Evolutionsbiologen und Autor wissenschaftlicher und populärwissenschaftlicher Literatur RICHARD DAWKINS (*1941) und den deutschen Autor und Philosophen religions- und kirchenkritischer Literatur MICHAEL SCHMIDT-SALOMON (*1967).

DAWKINS und SCHMIDT-SALOMON sind Vertreter eines sich neu formierten Atheismus. DAWKINS ist vor allem durch sein Buch »Der Gotteswahn« und seine öffentlichkeitswirksamen Auftritte als bekennender Atheist weltweit bekannt geworden. SCHMIDT-SALOMON machte zunächst durch sein kleines, aber gehaltvolles Werk »Manifest des evolutionären Humanismus« auf sich aufmerksam. Er ist heute Sprecher der humanistischen Giordano Bruno Stiftung und gilt als sachkundiger, exzellent argumentierender und daher von kirchlicher Seite gefürchteter Teilnehmer an Talkshows zu Fragen des Glaubens und der Kirche. Beiden Autoren wird von theologischer und kirchlicher Seite aggressives und polemisches Auftreten unterstellt. Tatsächlich sind es wohl deren wissenschaftlich fundierte und daher selten zu widerlegende, zugegeben manchmal sehr pointiert formulierte Ausführungen. Häufig ist es auch die Aufdeckung geheimer kirchlicher Vorgänge, die dann kirchlicherseits Gereiztheit und Empörung auslöst. Da religiösen und kirchlichen Vertretern oft entkräftende Argumente fehlen, unterstellen sie der Gegenseite stattdessen aggressive Polemik und lehnen dann jede weitere Diskussion ab. Die unbestreitbare Leistung und der Grund des Erfolgs dieser beiden religionskritischen Vertreter besteht darin, dass sie Religions- und Kirchenkritik aus dem meist unzugänglichen und unverständlichen Milieu akademischer Kreise herausgeholt und sich in Sprache und Argumentation auf das angemessene Niveau an der Sache interessierter, aber nicht philosophisch und theologisch einschlägig ausgebildeter Menschen begeben haben.

Auch die Theologie blieb, besonders in den letzten zehn, zwanzig Jahren nicht ungeschoren. So mancher Theologe bezweifelt inzwischen erheblich, ob der Gegenstand seines Nachdenkens und Forschens überhaupt existiert. Spöttische Kritiker setzen Theologie mit Literaturkritik gleich: Gegenstand der Theologie sei nicht mehr Gott an sich, sondern dessen episoden- und berichthafte Darstellung in überlieferten Texten fragwürdigen Ursprungs. Nicht wenige Theologen an der Universität mutierten so langsam zu glaubensneutralen Religionswissenschaftlern, und nicht wenige büßten daraufhin ihre universitären Theologie-Lehrstühle ein, die bekanntlich der Kirche unterstehen. Viele andere Theologie-Professoren dagegen sehen aus nachvollziehbaren Gründen davon ab, sich über ihre innere Wandlung mehr als nötig zu äußern. Zu konstatieren ist jedenfalls, dass eine wachsende Diskrepanz besteht zwischen den durch kritisch-historische Forschung gewonnenen theologischen Erkenntnissen und der über die Kanzeln nach wie vor verbreiteten biblischen Lehre. (Darauf wird im nächsten Kapitel noch näher einzugehen sein.)

Ich gestehe freimütig, dass ich von Philosophie und Theologie viel zu wenig weiß, um aus der Fülle des bisher in diesen Disziplinen Gedachten und Geschriebenen jene Ideen oder Anregungen zu schöpfen, die auf meine existenziellen Fragen vielleicht anregende Antworten geben könnten. Ich kann umfassend darauf nicht zurück greifen, weil ich heute und in meiner jetzigen Situation Antworten haben möchte. Jeder – der philosophisch und theologisch Kundige genauso wie der in dieser Hinsicht »Ungebildete« – spürt wohl irgendwann das Bedürfnis nach Klärung und Deutung seines Lebens. Beide empfinden in ihrer jeweiligen physisch-psychischen Situation ein »von ganz innen« kommendes Verlangen nach »letzten Antworten«. Ich möchte deshalb zurückkehren zu meinen eigenen Erfahrungen, Empfindungen und Einsichten und der Frage, was ich derzeit denke und was ich als meine ganz persönliche Wahrheit empfinde. Dabei flossen in mein Denken natürlich auch Auffassungen von Menschen ein, die ich im Laufe meines Lebens als wegweisend empfand und die schließlich meine persönlichen Ansichten mit formten. Ich will einige von ihnen im Folgenden auch noch zu Wort kommen lassen.

Diese ganz persönliche »Wahrheit« gilt zunächst nur für mich. Ich darf aber vermuten, dass ich mit anderen, vielleicht sogar sehr vielen anderen Menschen Übereinstimmungen entdecken würde. Ich hätte dann – ganz im Sinne von HABERMAS, der Wahrheit als Übereinstimmung frei miteinander kommunizierender Menschen auffasst – mich einer zwar gewiss nicht objektiven, aber vielleicht doch intersubjektiven Wahrheit angenähert. Kann es in Glaubens- und Weltanschauungsfragen überhaupt andere als subjektive beziehungsweise intersubjektive Wahrheiten geben?

Die folgenden Äußerungen sehr verschiedener Menschen bringen zum Ausdruck, was ich ganz ähnlich sehe und empfinde. Sie drücken insofern auch meine Auffassungen aus. Meine eigenen Ansichten zu Gott und Glauben werde ich im nächsten Kapitel noch ausführlicher darlegen.

Der weltweit bekannte US-amerikanische Professor für Physik und Astronomie und Nobelpreisträger STEVEN WEINBERG (*1933) äußerte sich in einem Beitrag in »Bild der Wissenschaft«:

> »Es wäre ein überzeugenderer Hinweis auf einen gütigen Schöpfer, wenn das Leben besser wäre, als wir es erwarten können. Mein Leben war bemerkenswert glücklich und liegt wahrscheinlich bei 99,99 in einer 100er-Skala menschlichen Glücks. Doch ich mußte zuschauen, wie meine Mutter unter Schmerzen an Krebs starb, die Persönlichkeit meines Vaters durch die Alzheimer-Krankheit zerfiel und zahlreiche entferntere Verwandte im Holocaust ermordet wurden. Die Anzeichen eines gütigen Schöpfers sind ziemlich gut versteckt. Das Böse und das Leid haben schon immer jene beschäftigt, die an einen gütigen und allmächtigen Gott glauben. Manchmal wird Gott durch die Notwendigkeit des freien Willens der Menschen entschuldigt. Aber es erscheint für meine Verwandten etwas unfair, ermordet zu werden, damit Deutsche eine Gelegenheit für ihren freien Willen hatten. Davon abgesehen: Wie erklärt der freie Wille den Krebs? Braucht ein Tumor ebenfalls einen Spielraum für seinen freien Willen?«

An anderer Stelle heißt es bei ihm:

> »Religion hat manches Gute in der Welt bewirkt, aber insgesamt sind ihre Folgen furchtbar. Meine persönliche Ansicht ist: Mit oder ohne Religion werden sich gute

Menschen gut verhalten und schlechte Menschen werden Böses tun. Doch der Beitrag der Religion in der Geschichte war, es guten Menschen zu erlauben, Böses zu tun. Eine der größten Errungenschaften der Wissenschaft ist nicht, es intelligenten Leuten unmöglich zu machen, religiös zu sein, sondern es ihnen zumindest zu ermöglichen, nicht religiös zu sein. Dahinter sollten wir nicht zurückfallen.«[40]

Der jüdische Schriftsteller GÜNTHER ANDERS (1902-1992), aufgrund nationalsozialistischer Verfolgung nach Frankreich, später dann weiter in die USA emigriert, sagte es so:

»Nach Auschwitz besteht mein Atheismus nicht mehr einfach in der Bestreitung ›seines‹ Daseins. Sondern in meiner Empörung über die Würdelosigkeit derer, die einem, der *dies* zugelassen hat, im Gebet nahen.«[41] (Hervorhebungen im Original)

Zu welchen theologischen Konstruktionen die Bedrückung über Gottes Gleichgültigkeit gegenüber dem Leiden der Juden in der Zeit des Nationalsozialismus führen kann, demonstriert uns der deutsch-amerikanische Philosoph und Religionswissenschaftler HANS JONAS (1903-1993). In seiner Schrift »Der Gottesbegriff nach Auschwitz«, die hier nur kurz erwähnt werden soll, hat er die These aufgestellt, dass Gott mit der Erschaffung des Menschen seine Macht selbst begrenzt habe. So sei er zwar allmächtig, habe aber, damit die Menschen nicht nur Marionetten seien, zugelassen, dass sie auch gegen ihn denken und handeln.

Ich sehe in dieser These nur den verzweifelten Versuch, die Existenz eines Gottes zu verteidigen, der menschlicher Logik und menschlicher Erfahrung immer mehr widerspricht. Eine solche Auffassung scheint mir unvereinbar zu sein mit der sonst verbreiteten Vorstellung von Gott als eines Wesens von reinster Moral und größter Barmherzigkeit. Kann man es wagen, einem Überlebenden des Holocaust, der Eltern und Geschwister auf grausamste Weise verloren hat, eine solche Erklärung anzubieten, die nur erfunden wurde, um das Unbegreifliche logisch erscheinen zu lassen?[42]

Die Dichterin CLAIRE GOLL (1891-1977) formulierte in ihrem Buch »Ich verzeihe keinem« mit großer Deutlichkeit, was eigentlich jeden auf das Heftigste irritieren muss:

»Gott ist die aufs lächerlichste vermenschlichte Erfindung der ganzen Menschheit. In den Jahrmilliarden, die unsere Erde alt ist, sollte sich Gott erst vor viertausend Jahren den Juden und vor knapp zweitausend Jahren den Christen offenbart haben, mit deutlicher Bevorzugung der weißen Rasse unter Vernachlässigung der Schwarzen, der Gelben und der Rothäute? Auf solche Märchen kann ich mühelos verzichten.«[43]

Zum Schluss schließlich ein Zitat aus dem Buch »Die Frage nach Gott« des Philosophen NORBERT HOERSTER (*1937). Er zitiert dort den französischen

Philosophen PAUL-HENRY D'HOLBACH (1723-1789), der schon vor über 200 Jahren schrieb:

> »Wenn ein Gott existierte und wenn dieser Gott ein von Gerechtigkeit, Vernunft und Güte erfülltes Wesen wäre, was hätte ein tugendhafter Atheist dann zu fürchten, der im Moment seines Todes – in der Annahme, für immer zu entschlafen – einem Gott gegenüberstände, den er Zeit seines Lebens verkannt und ignoriert hat? ›O Gott, der du dich unsichtbar gemacht hast‹, würde er sagen, ›unbegreifliches Wesen, das ich zu entdecken nicht fähig war, verzeih mir, daß der beschränkte Verstand, den du mir gabst, dich nicht hat erkennen können. War es mir denn möglich, dein geistiges Wesen mit Hilfe meiner Sinne zu erfassen? Mein Geist vermochte sich nicht der Autorität einiger Menschen zu beugen, die über dich so wenig wissen konnten wie ich und die allein darin übereinstimmten, mich lauthals zum Opfern jener Vernunft aufzufordern, die du mir geschenkt hattest.‹«[44]

Was bin ich nun? Bin ich ein Atheist, der Gottes Existenz strikt leugnet? Bin ich vielleicht doch eher ein Agnostiker, also einer, der das Göttliche für unerkennbar hält, aber dessen Existenz nicht unbedingt verneint? Als ein – hoffentlich – mit Vernunft begabtes Wesen sehe ich mich jedenfalls nicht in der Lage, an den mir über unsere Kultur vermittelten »lieben Gott« zu glauben. Von daher kann ich auch nicht die Vorstellung haben, von dieser göttlichen Instanz dereinst erlöst zu werden. Wer einmal »vom Baum der Erkenntnis« gegessen hat, für den gibt es kein Zurück. Zu viele Widersprüche zwischen verkündeter Botschaft und erlebter Wirklichkeit tun meinem Verstand weh. Aber auch das weiß ich: Mein und unser aller Verstand ist begrenzt, vieles können wir nicht sehen, vieles nicht denken und begreifen, noch viel mehr nicht wissen, und wer weiß, wie viel wir nicht einmal erahnen?

So halte ich denn meinen Geist und meine Seele – so ich denn eine hätte – offen für Einsichten, die mir vielleicht bisher verborgen geblieben sind. Der Christ und der Muslim freuen sich auf den Himmel, der ihnen dereinst unendliche Freuden bescheren wird. Ich bin da bescheidener und freue mich darüber, ein wenn auch winziger Teil des Universums zu sein, der sich vorübergehend als ein »Ich« empfinden und sich dieses unbegreiflichen Universums bewusst werden konnte. Vielleicht – so denke ich manchmal – hat ja das Universum uns Menschen hervorgebracht – aber das ist nun wirklich nur naives Phantasieren jenseits aller wissenschaftlichen Logik und Erkenntnis! – nur um sich durch uns seiner selbst bewusst zu werden.

VI.

Endgültiger Abschied von Christentum und Kirche

Es war GERHARD SZCZESNY (1918-2002) mit seinem Buch »Die Zukunft des Unglaubens«, der im Sommer 1959 mein damals mehr gefühltes denn argumentativ ausformuliertes Unbehagen an Christentum und Kirche systematisch und in fundierter Weise zum Ausdruck brachte. Frei von polemischen und aggressiven Attacken, in geschliffener Sprache und gestützt auf ein umfangreiches philosophisches, theologisches und kulturgeschichtliches Wissen entwickelte SZCZESNY seine Position als Nichtchrist. Er sprach in aller Klarheit aus, was ich bisher nur in Ansätzen gedacht hatte, und führte mich über eine lückenlose Kette von Argumenten und Überlegungen zu der Überzeugung, dass die christliche Religion und die Kirche mir nie und nimmer eine »Glaubensheimat« würden bedeuten können. Er befreite mich von der unterschwellig anerzogenen Vorstellung, dass ein »nicht-christlicher« Mensch ein Bürger minderen Ranges sei, dessen »nicht-christliche« Einstellung letztlich die Gesellschaft dem Nihilismus und damit dem Zerfall ausliefern würde. So eng waren damals selbst in meinem durchaus schon argwöhnisch-zweifelnden Denken die Begriffe »christlich« noch mit »moralisch« und »nicht-christlich« oder gar »un-christlich« noch mit »un-moralisch« assoziiert.[1]

Ich erinnere mich noch an die erste »akustische Begegnung« mit GERHARD SZCZESNY. Es war im schon erwähnten Sommer 1959. Ich hatte Semesterferien und war zu dieser Zeit in Oldenburg bei meinen Eltern. Die Rundfunkzeitung kündigte einen Vortrag von SZCZESNY über »Die Zukunft des Unglaubens« an. Und so saßen wir denn – mein Vater, meine Mutter und ich – an einem Sonnabend- oder Sonntagnachmittag am Rundfunkgerät und lauschten den ketzerischen Worten eines erklärten Nichtchristen. Der Vortrag beeindruckte mich so sehr, dass ich mir umgehend sein gleichnamiges

Buch kaufte und es mir wie ein Fachbuch Seite für Seite und Zeile für Zeile erarbeitete. Bei der jüngst noch einmal vorgenommenen Lektüre konnte ich feststellen, dass es weitgehend dieselben Stellen sind, die mich damals wie heute besonders überzeugten, und die ich mir schon seinerzeit durch Anstreichen hervorhob.

Im August 1961 wurde in München auf Initiative von GERHARD SZCZESNY die »Humanistische Union« gegründet. Sie setzte sich damals die »Befreiung des Menschen aus den Fesseln obrigkeitsstaatlicher und klerikaler Bindungen« zum Ziel. Es ging dieser Vereinigung aus mehrheitlich linksliberalen Persönlichkeiten um die Abwehr der geistigen Bevormundung durch Staat und Kirche. Selbstverantwortung und Selbstbestimmung des einzelnen Bürgers sollten gegenüber dem dominierenden Einfluss des Staates und der hinter ihm stehenden, ihn in wesentlichen Fragen steuernden Kirche gestärkt werden. Die – leider bis heute nicht realisierte – strikte Trennung von Staat und Kirche war folglich eine ihrer wichtigsten Forderungen. Später kamen andere Forderungen hinzu, wie etwa die nach Liberalisierung des Strafrechts und dessen Befreiung von christlich-religiösen Vorgaben.[2]

Die Humanistische Union thematisierte zum Beispiel die ihrer Ansicht nach nicht zu rechtfertigende Strafbarkeit gleichgeschlechtlicher Beziehungen und forderte daher die Abschaffung des berüchtigten Paragraphen 175 des Strafgesetzbuches. Für viele war das damals ein ungeheuerliches, absolut amoralisches Ansinnen. Schließlich fordert die Bibel für Homosexualität unter Männern die Todesstrafe. (Vgl. das 3. Buch Mose, Kap. 20, Vers 13, dort heißt es: »Schläft einer mit einem Mann, wie man mit einer Frau schläft, dann haben sie eine Gräueltat begangen; beide werden mit dem Tod bestraft ...«. Siehe z.B. auch Brief des Paulus an die Römer; Kap. 1, Vers 26-32, wo es heißt: »Männer trieben mit Männern Unzucht und erhielten den ihnen gebührenden Lohn für ihre Verwirrung. … Wer so handelt, verdient den Tod.«). Heute sind homosexuelle Partnerschaften eine in Westeuropa rechtlich anerkannte, zumindest geduldete Lebensform.[3]

Die Ziele der Humanistischen Union hatten mich damals, nicht zuletzt wegen ihres eindrucksvollen, von mir damals bewunderten Vorsitzenden, so überzeugt, dass ich dieser Vereinigung beitrat und eines ihrer ersten Mitglieder wurde. SZCZESNY gründete in dieser Zeit zum Zwecke der Verbreitung seiner Ideen auch einen eigenen Verlag und brachte unter anderem die Sammelbandreihe »Club Voltaire – Jahrbuch für kritische Aufklärung« heraus. Die Bände erwarb ich sämtlich, und die in ihnen enthaltenen Beiträge trugen wesentlich zur Ausbildung meiner heutigen »Weltanschauung« bei.

Gegen Ende der 60er Jahre entwickelte sich die Humanistische Union zu einer Gruppierung, die ihre ursprünglichen Zielsetzungen in Richtung allgemeinerer politischer Pläne erweiterte. Dies führte zu erheblichen Konflikten innerhalb des Vereins. Die Auseinandersetzungen wurden vielfach von jenen Kräften geführt, die in der so genannten 68er-Bewegung aktiv tätig waren. Sie traten ein für mehr Beteiligung des Bürgers, demokratischere Verhältnisse auf allen Ebenen des gesellschaftlichen Lebens und ehrliche Aufarbeitung der NS-Zeit. Und dies durchaus mit Erfolg. Was diese Bewegung aber für immer mit einem Makel belasten wird, war der verächtliche Umgang mit jenen Werten, die sie spöttisch die »bürgerlichen« oder »Sekundär-Tugenden« nannte. Zu diesen Tugenden gehörte aufgrund leidvoller jüngster geschichtlicher Erfahrungen eigentlich auch der faire Umgang mit dem Andersdenkenden. Doch in den damals mit aller Härte geführten Meinungskämpfen wurde getrickst, manipuliert und mit aller psychischer und physischer Gewalt die eigene Position durchgedrückt. Das, wofür diese politische Bewegung eintrat, nämlich mehr innergesellschaftliche Demokratie, wurde von dieser »außerparlamentarischen Opposition« im Umgang mit ihren gesellschaftspolitischen Gegnern, selbst mit denen in ihren eigenen Reihen, weitgehend ignoriert. Insbesondere die Universitäten waren damals Orte, an denen politisch mehr mit der Faust als mit dem Kopf argumentiert wurde.

Der damalige Vorsitzende der Humanistischen Union resignierte schließlich und trat aus der von ihm selbst gegründeten Vereinigung aus. Ich schloss mich diesem Austritt damals aus den gleichen Gründen an. Dennoch bleibt festzuhalten, dass die Humanistische Union bis heute engagiert – von konservativer Seite argwöhnisch beobachtet – Einfluss auf die gesellschaftliche Entwicklung nimmt, insbesondere was das Nachdenken über die Rolle des Christentums und ganz allgemein der Religion in einer sich säkularisierenden Gesellschaft und das Verhältnis von Staat und Kirche anbelangt.

Ich weiß heute nicht mehr genau, was schließlich den letzten Anstoß gab, aber im Sommer 1965 trat ich innerlich gedrängt und mit – wie ich damals schon empfand – wohlüberlegten Gründen aus der evangelischen Kirche aus. Es war dies ein Entschluss, den ich auch im Nachhinein zu keinem Zeitpunkt in Frage stellte. Im Gegenteil – ich wurde im Laufe der Jahre immer fester in meiner Überzeugung, eine ehrliche und folgerichtige, durch keinerlei unerwünschte äußere Einwirkungen zustande gekommene, nur durch Vernunft- und Gewissensgründe herbeigeführte Entscheidung getroffen zu haben. Die Befreiung von der Kirchensteuer – das kann ich wirklich ehrlichen Herzens sagen – war nie ein Argument für mich. Die Kirchensteuer spielte allenfalls in dem Sinne eine Rolle, als ich keine Institution finanziell begünstigen wollte, deren Ziele und Aktivitäten ich ablehnte.

Welche Gründe sind es, die mich schon als Jugendlicher auf Distanz zu Kirche und Christentum gehen ließen und mich heute zur dezidierten Ablehnung dieses religiösen und institutionellen Systems geführt haben? Eines Systems, das nach meiner Überzeugung durch und durch unglaubwürdig ist und die Menschen seelisch deformiert. Ich gebe zu, dass diese einleitende Feststellung in den Ohren eines gläubigen Christen verletzend wirken mag. Ich hoffe daher, in den folgenden Ausführungen den Leser von den Gründen überzeugen zu können, die mich zu meiner heutigen Auffassung gebracht haben.

Zunächst war meine Kritik im Wesentlichen systemimmanent, grundsätzlich wagte ich eigentlich noch nicht, das Christentum als Religion in Frage zu stellen. Wohl aber irritierten und provozierten mich schon damals eine Reihe von Glaubensartikeln und Aussagen kirchlicher Verkündigung, wie sie uns damals über Religionsunterricht und Predigt nahe gebracht wurden. So widersprach es zum Beispiel meinem Gerechtigkeitsgefühl, dass schon Neugeborene mit einer Erbsünde »befleckt« sein sollten. Mit welcher Berechtigung – so fragte ich mich – übertrug Gott die Schuld, die angeblich die ersten Menschen auf sich geladen hatten, in einem fortdauernden Prozess auf alle nachfolgenden Menschen? Auch die durch die Erbsünde angeblich notwendig gewordene Jungfrauengeburt von Jesus wirkte auf mich gekünstelt und führte im Biologieunterricht der Oberstufe bei dem Versuch, diesen Tatbestand naturwissenschaftlich zu erklären, zu lächerlichen theoretischen Verrenkungen unseres damaligen sehr gläubigen Biologielehrers.

Dass wir ob unserer Sündhaftigkeit der Erlösung durch Gottes Sohn bedürfen, habe ich damals so hingenommen. Mir fehlten seinerzeit Sachverstand und Überblick, diesen Glaubenssatz in seiner Aussage richtig zu begreifen oder gar zu hinterfragen. Dass dazu aber eine barbarische Hinrichtung am Kreuz erforderlich wäre, leuchtete mir schon damals nicht ein. Warum konnte Gott in seiner Allmacht und alle menschliche Vorstellungskraft übersteigenden Überlegenheit keinen anderen, seiner Größe und Würde angemesseneren Weg finden, um sich mit uns zu versöhnen? Dieser Opfertod erinnerte mich immer an die Opferriten der Azteken, bei denen in besonders dramatischen Situationen der älteste Sohn des Herrschers den Göttern zwecks Besänftigung bei lebendigem Leib blutig geopfert wurde. Dieses Ritual kannte ich aus einem Jugendbuch, das ich seiner Grausamkeit wegen und Abscheulichkeit väterlichen Vertrauensbruchs am eigenen Kind nur mit Schaudern lesen konnte.

So wie ich in dem archaisch-barbarischen Opferritus der Azteken einen zutiefst inhumanen Akt sehe, der seine Entsprechung in der inhumanen Moral des angebeteten Gottes findet, so sah ich schon damals auch im Opfertod Jesu eine zutiefst fragwürdige, um nicht zu sagen abstoßende und göttlicher Größe unangemessene Form der Aufrechnung von Schuld und Sühne. Aus heutiger Sicht würde ich ergänzend fragen, warum Gott trotz seiner Allwissenheit nicht voraussah, dass der von ihm geschaffene Mensch sündigen wird. Der Opfertod seines Sohnes erscheint so gesehen eher als eine unfreiwillig notwendig gewordene nachträgliche Rettungsmaßnahme.

Den Widerspruch zwischen der angeblich unendlichen Liebe und vergebenden Barmherzigkeit Gottes und den in der Offenbarung des Johannes dargestellten, nur sadistisch zu nennenden Bestrafungs- und Vernichtungsorgien, die den Ungläubigen dereinst mal ereilen werden, konnte mir damals auch niemand »wegerklären«. Mich irritierte schon damals die große Kluft zwischen dem Bild eines allmächtigen, barmherzigen und alles gerecht ordnenden Gottes, wie es uns im Neuen Testament, in den Sonntagspredigten, in den naiv-sentimentalen Kirchenliedern und im Religionsunterricht gezeichnet wurde, und dem weltweit tatsächlich zu beobachtenden Leid und der allerorts existierenden Ungerechtigkeit. Die offen geäußerte Ablehnung blieb aber zu diesem Zeitpunkt noch aus, da ich glaubte, entscheidende Aussagen des christlichen Glaubens bloß noch nicht zu verstehen.

Ich hatte mir auf Vorschlag meines damaligen Pfarrers zur Konfirmation folgenden Spruch ausgewählt: »Rufe mich an in der Not, so will ich dich erretten, so sollst du mich preisen.« (Psalmen 50, Vers 15) [4] Ich bemerkte erst viel später, dass dieser Spruch eigentlich Gottes unwürdig ist. Ich fand die Moral höchst befremdlich, die sich hinter diesem Geleitwort verbarg. Ein Schöpfer, der sein ihm ausgeliefertes Geschöpf ins Unglück laufen lässt, es jedenfalls trotz seiner Allmacht nicht davor bewahrt, sein Geschöpf dann auf dessen Flehen hin aus der Not errettet, dieser Gott verlangt anschließend, dass er für diese doch durch ihn selbst notwendig gewordene Rettungstat auch noch gepriesen wird.

Der Mensch ist in allen seinen Fasern, in allen guten und schlechten Eigenschaften, in seinen Stärken und Schwächen nach christlicher Auffassung ein Geschöpf Gottes. Und da nichts ohne den Willen Gottes geschieht beziehungsweise geschehen soll – denn heißt es nicht auch im Vaterunser: Dein Wille geschehe, wie im Himmel so auf Erden? – ist ein Mensch dem Willen Gottes ausgeliefert, er kann eigentlich nur das tun, was ihm Gottes Vorgaben erlauben. (Dass nach kirchlicher Lehre andererseits der Mensch über einen freien Willen verfügt, der ihm die grundsätzliche Möglichkeit verleiht, sich gegen oder für Gott zu entscheiden, ist nur ein Beispiel für so viele Widersprüche innerhalb des christlichen Glaubens.)

Ein solcher Spruch ist also von sehr zweifelhafter Moral. Er passt in seiner von Gott oder – was ja viel naheliegender ist – von den priesterlichen Verfassern dieses Wortes erwarteten Unterwürfigkeit allenfalls zu einem sklavischen Wesen, das seiner Würde und Identität völlig beraubt wurde. Die mir von einem Gläubigen gegebene Antwort, dass ich aufgrund meiner, in freier Selbstbestimmung zustande gekommenen Entscheidungen immer auch selbst die Ursache meiner Not wäre, leuchtete mir schon damals nicht ein. Schließlich können mich Krankheiten und Unglücksfälle ereilen, denen ich ohne jedes eigene Zutun oder Schuld hilflos ausgeliefert bin.

Bei aller Kritik war ich aber damals immer noch der Auffassung, dass die christliche Botschaft einen glaub- und verkündigungswürdigen Kern enthielte. So wie heute sehr oft noch zu hören ist, war auch ich seinerzeit der naiven Meinung, die christliche Botschaft sei rein und edel, nur ihre amtlichen Verkünder hätten sie verraten. Was Jesus gepredigt hätte, das sei Gottes Wort, was die Kirche und ihre Anhänger jedoch daraus gemacht hätten, sei das Werk fehlgeleiteter, machtsüchtiger, ja vielleicht von Gottes Widersacher, dem Teufel, verführter Menschen. Es gelte jedoch – so war und ist immer wieder zu hören – die wahre Botschaft zu erkennen und danach zu leben.

Nach und nach wurde mir aber klar – und die Lektüre moderner theologischer und religionswissenschaftlicher Werke ließ es zur Gewissheit werden – dass nämlich weder die Bibel Gottes Wort sein kann noch Jesus Gottes Sohn. Das Alte Testament ist über Jahrhunderte entstanden und enthält Texte und Vorstellungen, die sich schon in alten babylonischen Schriften nachweisen lassen. Darüber hinaus stammen manche Bibeltexte aus Quellen – auch nicht-religiösen – der Nachbarvölker, mit denen das damalige israelische Nomadenvolk Kontakt hatte. Dass die Bibel direkt auf Gott zurückzuführen sei, klingt also nicht sehr überzeugend. Es handelt sich wohl eher um eine Behauptung, die zum Zwecke höchster Legitimation dieses Textes in die Welt gesetzt wurde.

»Die Bibel ist Gottes Wort«, so habe ich das jedoch aus dem Schul- und Konfirmandenunterricht noch im Ohr. Ich habe das damals aber mehr im übertragenen Sinne verstanden und so gedeutet, dass das Prädikat »Gottes Wort« lediglich die herausgehobene religiöse Bedeutung dieses Buches unterstreichen sollte. Tatsächlich aber sind die beiden großen Kirchen, die katholische und die evangelische, der festen Überzeugung, dass durch die Bibel, also durch das Alte und Neue Testament, Gott sich wörtlich und direkt an den Menschen gewandt hat. So heißt es im Vorwort zum Alten Testament der 1980 von den deutschsprachigen katholischen und evangelischen Kirchen gemeinsam herausgegebenen Einheitsbibel:

> »Die Bücher des Alten Testaments stammen von Verfassern, durch die Gott zu den Menschen spricht und durch die das Volk Israel seinen Glauben an die Heilstaten und Verheißungen Gottes bekennt. Juden und Christen glauben an die Inspiration (Eingebung) dieser Bücher durch den Geist Gottes. ... Die Lehrer Israels haben das so empfangene Wort Gottes betend durchdacht, erläutert und erweitert. Schließlich fanden sich Männer, die der so weitergegebenen Überlieferung jene endgültige

schriftliche Form gaben, die Jesus und die Urkirche als Heilige Schrift anerkannten und der Kirche anvertrauten.«

Und im Vorwort zum Neuen Testament der Einheitsbibel heißt es:

»Die im Neuen Testament ... enthaltenen urchristlichen Schriften wurden von der Kirche des 2. Jahrhunderts gesammelt, weil sie den Glauben der apostolischen und nachapostolischen Zeit auf zuverlässige Weise bezeugen. Nach Auffassung der Kirche sind sie unter dem Beistand des Heiligen Geistes abgefasst worden.«[5]

Die katholische Kirche ist in ihrem neuesten, unter der Leitung des damaligen KARDINALS JOSEPH RATZINGER (*1927) (heute PAPST BENEDIKT XVI.) zusammengestellten und von PAPST JOHANNES PAUL II. 1992 herausgegebenen Katechismus noch deutlicher. Dort heißt es:

»Die *Heilige Schrift* ist Gottes Rede, insofern sie unter dem Anhauch des Heiligen Geistes schriftlich aufgezeichnet worden ist.« (S. 60) An anderer Stelle heißt es (S. 65): »*Gott hat die menschlichen Verfasser (Autoren) der Heiligen Schrift inspiriert.*« Weiter: »*Die inspirierten Bücher lehren die Wahrheit.* Da also all das, was die inspirierten Verfasser ... aussagen, als vom Heiligen Geist ausgesagt gelten muß, ist von den Büchern der Schrift zu bekennen, daß sie sicher, getreu und ohne Irrtum die Wahrheit lehren, die Gott um unseres Heiles willen in heiligen Schriften aufgezeichnet haben wollte.« (Kursivdruck im Original!)[6]

Festzuhalten bleibt also, dass nach Überzeugung insbesondere der katholischen Kirche die Bibel, und das meint nicht nur Neues sondern ebenso Altes Testament, vom Heiligen Geist inspiriert ist und somit Gottes Wort darstellt und ohne Irrtum(!) die Wahrheit lehrt. Betonen möchte ich, dass es sich bei dem erwähnten Katechismus um eine Schrift handelt, die von höchster Stelle herausgegeben wurde und der für alle katholischen Gläubigen verbindliche aktuelle Leitfaden der christlichen Glaubenslehre ist.

Schauen wir uns an – natürlich nur ausschnittsweise – ob die Bibel in ihren Texten den Eindruck vermittelt, Gottes Wort zu sein. Zuvor allerdings noch ein kurzer Blick auf Geschichte und Entstehung der Bibel.

Die alttestamentlichen Schriften, die als hebräische Bibel auch die Heilige Schrift der Juden ist, wurden innerhalb der jüdischen Gemeinde vom 5. bis zum 2. Jahrhundert v. Chr. zusammengestellt. Einzelne Teile des Alten Testaments entstanden noch sehr viel früher. So konnte mittels sprachanalytischer Methoden herausgefunden werden, dass die ältesten Teile aus dem 10. Jahrhundert v. Chr. stammen. Die Sintflutgeschichte zum Beispiel geht offenbar auf das Gilgamesch-Epos (Entstehungszeit ca. 21.-12. Jahrhundert v. Chr.) zurück, in dem bereits vom Bau einer Arche berichtet wird, um die »große Flut« zu überleben. Auch lässt sich zeigen, dass – um nur noch ein weiteres Beispiel zu nennen – die mosaischen Gesetze mitsamt ihren zehn

Geboten große Ähnlichkeit mit dem rund 1000 Jahre älteren babylonischen Codex Hammurabi haben; auch hier ist die Rede davon, dass diese Gesetze dem babylonischen König Hammurabi von Gott übergeben worden sein sollen. Das viele Jahrhunderte vor dem Alten Testament existierende Ägyptische Totenbuch formulierte ebenfalls ganz ähnliche moralische Forderungen.

Ursprünglich meinte der Begriff Bibel soviel wie Büchersammlung oder Bibliothek und brachte damit zum Ausdruck, dass es sich um eine Vielzahl von verschiedenartigen Schriften handelt mit Berichten, Erzählungen, Legenden, Prophezeiungen und Lebensregeln.

Das Neue Testament ist zum großen Teil im 1. Jahrhundert nach Jesus Christus entstanden, wobei seine Worte erst Jahrzehnte nach seinem Ableben aufgezeichnet wurden. Es folgten Berichte über das Leiden Jesu und über Ereignisse nach seinem Tod. Von Paulus, dessen Bekehrungserlebnis in Damaskus um 32 n. Chr. stattfand,, stammen wohl die ältesten Texte, sie entstanden angeblich zwischen 50 und 55 n. Chr. Um etwa 70 n. Chr., eventuell schon etwas früher, wurde als erstes das Markus-Evangelium verfasst. Matthäus und Lukas folgten später und benutzten teilweise Markus als Quelle. Markus, Matthäus und Lukas werden als die so genannten Synoptiker bezeichnet, weil sie sich in Inhalt und Aufbau ihrer Texte ähneln. Das jüngste, etwa um 95 n. Chr. entstandene Evangelium ist das des Johannes. Wichtig zu betonen ist, dass keines der vier Evangelien von einem der Jünger Jesu verfasst wurde, obwohl zwei der Evangelientitel das suggerieren. Die Autoren sind überhaupt nicht bekannt, und kein Autor des neuen Testaments, mit Ausnahme vielleicht des Petrus, dürfte Jesus tatsächlich gekannt haben. Macht man sich bewusst, dass Jesus aramäisch sprach, einen hebräischen Dialekt, die Evangelien aber nach den mündlichen Berichten zweisprachiger Judenchristen erst nach Jahrzehnten in griechischer Sprache verfasst wurden, dann ahnt man, welche Entstellungen und eigenwilligen Sichten sich hier eingeschlichen haben mögen.

Über Jesus weiß man historisch gesehen so gut wie nichts. Die Forschung konnte nicht einmal Geburts- und Todesjahr eindeutig fixieren. Die Theologin UTA RANKE-HEINEMANN schreibt:

> »In Wirklichkeit haben wir keine einzige sichere biographische Notiz über Jesu Geburtsjahr. ... So ist Jesus, was die konkreten Daten seiner Geburt betrifft, nahezu wie ein Phantom in die Geschichte eingetreten und, da wir auch sein Todesjahr nicht kennen, in der gleichen Undeutlichkeit wieder aus der Geschichte herausgegangen.«[7]

Die Texte der vier Evangelisten im Neuen Testament gehen – anders als die Namen Matthäus und Johannes vermuten lassen könnten – also nicht auf die Apostel von Jesus als Augenzeugen zurück, sondern sind später verfasste, phantasievolle Erzählungen, fast ohne jede konkrete nachweisbare geschichtliche Basis. Sie entstanden erst in den Jahren 50 bis etwa 100 unserer Zeitrechnung, können also kaum als Tatsachenberichte gewertet werden. Sie sind als literarische Produkte zum Zwecke der Verbreitung einer religiösen Lehre zu bezeichnen mit inhaltlichen Aussagen, denen teilweise wenigstens moralische Qualität nicht abzusprechen ist. Insgesamt gesehen jedoch handelt es sich um einen Text von höchst fragwürdiger Moral, wie noch ausführlich zu zeigen sein wird.

Es folgten weitere Schriften, u.a. die Apostelgeschichte, Briefe des Petrus und anderer führender Männer der damaligen Kirche und schließlich die Offenbarung des Johannes. Ende des 2. Jahrhunderts war das Neue Testament in seinem Bestand im Wesentlichen abgeschlossen. Das erste so genannte Kanonverzeichnis der Kirchen, das alle Bücher der christlichen Kirche enthält, wurde im 4. Jahrhundert erstellt. Es ist in dieser Zusammenstellung von der lateinischen Kirche und der Ostkirche einheitlich anerkannt und übernommen worden. Auf dem Konzil von Trient ist dieses Verzeichnis 1546 bestätigt worden. Auf diesem – nach (katholisch-)kirchlicher Auffassung unfehlbaren(!) – Konzil wurden alle Bücher der christlichen Bibel verbindlich festgelegt und fortan als »Heilige Schrift« bezeichnet. Gleichzeitig wurden bestimmte, als nicht authentisch angesehene Schriften, die so genannten Apokryphen, aus dem Kanon ausgeschlossen. Trotz allen Beistands durch den Heiligen Geist und trotz angeblicher Unfehlbarkeit eines Konzilbeschlusses hielt das die historische und theologische Forschung nicht davon ab, beim Neuen Testament eine Vielzahl von eindeutigen Fälschungen und nachträglichen Einschüben nachzuweisen.[8]

Bedenkt man die teilweise bis in die Anfänge der aufgezeichneten Menschheitsgeschichte zurückreichenden Ursprünge der biblischen Texte, die Einflüsse der verschiedenen religiösen Kulturen, die seinerzeit, als die biblischen Texte entstanden, aufeinanderwirkten, die zwangsläufig entstehenden Ungenauigkeiten und auch sinnentstellenden Fehler bei der zunächst nur mündlich und in unterschiedlichen Sprachen erfolgenden Weitergabe von Berichten und Erzählungen, bedenkt man ferner die Zufälligkeiten bei der Zusammensetzung der maßgebenden Konzile, die später unter anderem. über die als verpflichtend geltenden Texte entschieden hatten, auch die oft nur bruchstückhaft lesbaren verwitterten Papyrusrollen, dann kann man schon seine Zweifel haben, dass auf diese Weise ein durchdachter und zuverlässiger göttlicher Text zustande gekommen sein soll. Eindeutig ist dieser Text jedenfalls nicht, sonst gäbe es nicht seit Beginn des Christentums eine so tiefgehende Uneinigkeit in seiner Interpretation und daraus folgend eine solche Vielzahl sich gegenseitig die Berechtigung absprechender Kirchen und Konfessionen.

Letzteres spricht übrigens dafür, dass der Heilige Geist seine Tätigkeit nach Fertigstellung des Neuen Testaments eingestellt hat. Aber den Heiligen Geist bei seiner inspirierenden und lenkenden Tätigkeit mit weltlichen Maßstäben beurteilen zu wollen, ist sicherlich unangemessen. Er entzieht sich ob seines überirdischen Ranges souverän solcher Art Bewertung. Naheliegender ist es freilich, auf seine Rolle als göttlicher Einflüsterer überhaupt zu verzichten und hier die üblichen, von Machtinteressen und historischen Zufälligkeiten bestimmten Prozesse bei der Entstehung dessen, was die Kirche heute die Heilige Schrift nennt, zu unterstellen. Dass die kirchlichen und politischen Akteure dabei die große menschliche Sehnsucht nach Trost und Erlösung aus irdischem Leid und Elend geschickt zu nutzen wussten, ist in der Weltgeschichte bis heute so geblieben.

Folgt man den Erkenntnissen der modernen Bibelkritik, so wie sie zum Beispiel einer ihrer derzeit markantesten Vertreter, der Göttinger evangelische Theologe GERD LÜDEMANN (*1946), publiziert, dann handelt es sich bei der Bibel größtenteils um Fälschungen. Bezogen auf das Alte Testament heißt es zum Beispiel, dass Abraham gar nicht gelebt habe, dass es einen Auszug aus Ägypten nie gegeben habe und dass Mose eine erfundene Figur sei. Über das Neue Testament urteilt er noch drastischer, indem er unter anderem aufzeigt, dass entscheidende Worte von Jesus ihm nachträglich in den Mund gelegt wurden und dass praktisch alle Lehren von Jesus, angefangen vom Liebesgebot bis hin zu den Gleichnissen, schon in den jüdischen Schriften nachzuweisen sind. Das Christentum – so LÜDEMANN – ist im Großen und Ganzen nichts weiter als ein Sammelsurium »heiliger Lügen«. Konsequenterweise lautet der Titel eines seiner Bücher auch »Der große Betrug – Und was Jesus wirklich sagte und tat«. Dabei muss festgehalten werden, dass LÜDEMANN keinesfalls ein Einzelgänger ist, er spricht für eine Vielzahl moderner Theologen und Religionshistoriker. Allerdings gehört LÜDEMANN zu den ganz wenigen Professoren (zu deutsch: Bekenner!), die es trotz ihrer Abhängigkeit von der Kirche wagten, ihre Forschungsergebnisse und die daraus gezogenen Konsequenzen auch öffentlich zu bekunden.[9]

Noch pointierter und im Ton schärfer bringt der wohl bekannteste Kirchenkritiker KARLHEINZ DESCHNER (*1924) in seinem Buch »Der gefälschte Glaube – Eine kritische Betrachtung kirchlicher Lehren und ihrer historischen Hintergründe« (siehe Anmerkung 8!) seine glaubenskritische Auffassung zum Ausdruck. Er geht davon aus, dass die Kirche die Glaubensinhalte selbst festgelegt hat, den Gläubigen aber als geoffenbarte göttliche Wahrheit präsentiert und aufgezwungen hat. Tatsächlich seien alle wichtigen Glaubenselemente und religiösen Rituale wie die Vergöttlichung Jesu, die Dreifaltigkeit, Taufe, Abendmahl, Beichte, Buße und vieles mehr dem Judentum, altorientalischen Vorstellungen sowie griechischem Gedankengut entnommen worden. Für DESCHNER ist der christliche Glaube – wie für viele bibelkritische Theologen inzwischen auch – ein Konglomerat von übernommenen, bloß erdachten und behaupteten, aber als Gottes Wort präsentierter Aussagen.

Da meines Erachtens nicht ernsthaft daran gezweifelt werden kann, dass die Bibel reines Menschenwerk ist und nachweislich an vielen Stellen die Unwahrheit sagt und bloß Erdachtes als angeblich Gottes Wort verbreitet, läge es nahe, sich eine Auseinandersetzung mit diesem in kulturgeschichtlicher Hinsicht gewiss einzigartigen, aber inzwischen nur noch als Literatur und nicht als Gotteswort anzusehenden Text überhaupt zu ersparen. Ich möchte aber dennoch die Auseinandersetzung mit dem biblischen Text suchen. Einen überzeugten Gläubigen würde ich mit dem Hinweis auf die in ihren Grundaussagen mehr oder weniger erfundenen Bibelworte nicht umstimmen können, dazu verschließt ihm wahrscheinlich seine Gläubigkeit zu sehr den Zugang zu wissenschaftlichen Erkenntnissen, jedenfalls in diesen religiösen Fragen. Zudem würde er wahrscheinlich argumentieren, dass es ihm weniger um die historische Authentizität der Bibel ginge, insbesondere des Neuen Testaments, als vielmehr um die im Text enthaltene Botschaft.

Aber auch mir erscheint eine bloße Ablehnung der Bibel mit dem Argument, dass sie überwiegend ein Produkt literarischer Phantasie sei, eine zu einfache Begründung. Dazu ist dieses »Buch der Bücher« religiös, kulturell und politisch einfach zu prägend geworden, zu tief greifen ihre Texte auch heute noch in Lebenslauf und Schicksal von Millionen Menschen ein. Ich möchte daher gewissermaßen »von innen« argumentieren, mich inhaltlich mit der Bibel und der darauf aufbauenden Lehre auseinandersetzen. Ich möchte anhand ihrer Aussagen zeigen, dass meines Erachtens die Worte der Bibel das Prädikat »heilig« nicht verdienen und dass die christliche Lehre in weiten Teilen keinesfalls als »christlich« – im Sinne von moralisch gut und human – zu bezeichnen ist. Ich möchte darlegen, dass es die Aussagen der Bibel und ihr moralischer Gehalt sind, die die biblische Botschaft so fragwürdig, so unglaubwürdig und in weiten Teilen so verurteilungswürdig machen.

Es muss vielmehr Folgendes festgehalten werden: Was wir über Schule, Konfirmandenunterricht und Predigt an Bibeltexten kennengelernt haben, stellte eine hochselektive Auswahl dar und vermittelte jenes verklärende, gläubig stimmende Bibelbild, das viele von uns als vermeintlichen geistlichen Schatz mit sich herumtragen. Viele andere, uns unbekannt gebliebene Textstellen sprechen eine andere Sprache: Die Bibel – nicht die auf ihr beruhenden beschönigenden und mitunter geradezu willkürlichen zeitgeistigen Textinterpretationen durch sich weltoffen gerierende Fernsehpastoren – ist in vielen Teilen, insbesondere im Alten Testament, von Berichten voller Gewalt und

Grausamkeiten gekennzeichnet, von einer für uns heute absolut nicht hinnehmbaren Moral durchzogen und in weiten Strecken nicht mit dem gängigen Bild eines liebenden und sich der Menschheit erbarmenden Gottes vereinbar.[10]

Im folgenden ersten Unterkapitel möchte ich mich mit ausgewählten Bibel-Texten befassen und mir die Frage stellen, mit welchem Recht der vor allem im Alten Testaments beschriebene gewalttätige, erbarmungslose, parteiische Gott von den Christen als höchste moralische Instanz und als gnädiger Retter aus irdischer Not und Pein angebetet wird. Meine diesbezüglichen Überlegungen werde ich auf eine Vielzahl von Bibelstellen stützen, aber auch Ergebnisse heutiger theologischer beziehungsweise religionswissenschaftlicher Forschung heranziehen.

Im zweiten Unterkapitel werde ich mich mit der Frage nach der weltweiten Wirkung der christlichen Botschaft beschäftigen. Einerseits ist festzustellen, dass über die Jahrhunderte und bis heute Millionen und Abermillionen Menschen tröstenden Zuspruch und moralischen Halt durch Bibel und Kirche erfahren haben. Auch die unermesslichen, teilweise lebenslangen Mühen und großen Opfer, die Menschen auf sich genommen haben, um durch Gotteshäuser unübertroffener Größe, Gestalt und Schönheit ihre Gottergebenheit zu bekunden, zeugen von der Kraft dieses Glaubens. Und auch die kirchenmusikalischen Werke eines Bach, Mozart oder beispielsweise Mendelssohn Bartholdy mit ihrer Fähigkeit, den zuhörenden Gläubigen in eine überirdisch anmutende Welt zu entführen, können als Zeugnis eines »Geist und Seele in höchste Gefilde« tragenden Glaubens gedeutet werden.

Andererseits hat diese kraftvolle, unsere Welt prägende Glaubenslehre Unheil und Unglück in ebenso unfassbarer Dimension über die Menschen gebracht: Kreuzzüge, Glaubenskriege, Inquisition, Hexenverbrennungen, Verfolgung Andersgläubiger und Zwangsmissionierungen. Aber auch die seelischen Deformationen von ungezählten Menschen durch die permanente Drohung mit Hölle und ewiger Verdammnis, sollte denn das gottgefällige Leben verfehlt werden, gehen auf ihr Konto. Auch der derzeit immense geldwerte Grundbesitz der Kirchen und seine Herkunft sowie die weltweiten, teilweise dubiosen Finanzgeschäfte des Vatikan wären einer näheren Betrachtung wert, besonders unter dem Aspekt der von Jesus gepredigten Armut.

Was diese Institution in den letzten zwei Jahrtausenden aufgrund ihrer Macht Millionen von Menschen an Leib und Seele angetan hat, ist von solch erschütternder und deprimierender Ungeheuerlichkeit, dass selbst eine absolut reine, edle und göttliche Lehre dieses niemals rechtfertigen könnte. Der schon erwähnte Kirchenhistoriker und Kirchenkritiker KARLHEINZ DESCHNER betitelt sein 10-bändiges Werk zur Geschichte des Christentums von seinen Anfängen bis heute bezeichnenderweise mit »Kriminalgeschichte des Christentums«.[11] Markante Stationen dieser Geschichte und ihre bewertende Einordnung in das System des christlichen Glaubens werden somit Thema des zweiten Unterkapitels sein. In diesem Zusammenhang werden auch die seltsamen, eigentlich grundgesetzwidrigen Verflechtungen zwischen Kirche und Staat angesprochen. Ansonsten aber werden Fragen der Verquickung von kirchlicher und weltlicher Macht, der unbekannte finanzielle Reichtum der Kirche und die immensen verdeckten Zahlungen an die Kirche – so interessant sie auch wären – im Rahmen meiner Erörterungen jedoch nicht behandelt, allenfalls gelegentlich angedeutet.

Das dritte und vierte Unterkapitel befassen sich mit der Frage, was denn im Kern die christliche Botschaft meint und was aus der Sicht eines Menschen, der im Geist des 20. und 21. Jahrhundert groß geworden ist, dazu zu sagen ist. Kann ich an einen persönlichen Gott (also an Gott als Person!) glauben, an die Unsterblichkeit des Menschen, an die Gottessohnschaft Jesu und dessen leibliche Himmelfahrt, an die Notwendigkeit der Versöhnung des Menschen mit Gott durch den Opfertod Jesu, an die Bibel als Wort Gottes, dessen irdische Verfasser angeblich durch den Heiligen Geist inspiriert wurden? Es geht mir schlicht und einfach um die Frage, wieweit der christliche Glaube mit einem durch Aufklärung und Naturwissenschaft geprägten Weltbild noch verträglich ist. Und da wird deutlich, dass der auf uralte mythische Vorstellungen zurückgehende und durch behauptete Offenbarungen dogmatisch weitgehend festgelegte christliche Glaube mir so anachronistisch erscheint, dass die Kluft zu heutigem Denken und Empfinden, zu einem durch Rationalität und Naturwissenschaft geformten Weltverständnis praktisch unüberbrückbar ist.

Schließlich thematisiere ich im fünften Unterkapitel die schon erstaunliche Tatsache, dass trotz aller Aufklärung, naturwissenschaftlicher Erkenntnis und geradezu mit Händen zu greifender Widersprüche zwischen Dogma und Wissen, zwischen Botschaft und Lebenswirklichkeit, zwischen kirchlichem Anspruch und geschichtlichem Versagen soviele Menschen, nicht zuletzt auch Wissenschaftler, sich trotzdem zum christlichen Glauben bekennen. Entwickeln diese sich bekennenden Menschen dennoch abweichende, vielleicht sogar ketzerische Gedanken, dann behalten sie sie allerdings vorsichtshalber für sich. Ich möchte zeigen, dass die Menschen in ihrer übergroßen Mehrheit offenbar anpassungsorientierter und angstbesetzter sind, als es unserem angeblich aufgeklärten Zeitalter entspricht und auch fast jeder von uns sich eingestehen mag. Und ich möchte darlegen, dass es den meisten Gläubigen offenbar problemlos möglich ist, mit zwei nicht miteinander zu vereinbarenden Weltbildern zu leben. Einem Weltbild, das aus einer Zeit stammt, als man der Gottheit noch Tier- und Menschenopfer darbrachte, die Welt von Dämonen beherrscht sah und die Hölle als einen ewig brennenden Bestimmungsort für Ungläubige erfand. Und einem Weltbild, dessen philosophische, naturwissenschaftliche, medizinische und technische Früchte sie selbstverständlich in Anspruch nehmen, das aber nur entstehen konnte, weil man die alte Weltanschauung überwand. Beides passt nicht zusammen, aber man kann gut damit leben, wenn man das Nachdenken an dieser Stelle einstellt.

Die Auszüge aus der Bibel, an denen die ganze Fragwürdigkeit der angeblich göttlichen Offenbarung dieser Texte deutlich werden soll, habe ich der schon erwähnten, von den deutschsprachigen Kirchen gemeinsam herausgegebenen Einheitsübersetzung entnommen. Ich habe eine vergleichsweise große Zahl an Bibelstellen aufgeführt und diese teilweise sehr ausführlich zitiert. Ich will damit dem Vorwurf zuvor kommen, ich würde meine Kritik an nur wenigen und zudem aus dem Zusammenhang gerissenen und untypischen Beispielen entwickeln. Ich möchte dagegen aufzeigen, dass es sich bei den im Folgenden zitierten Stellen gerade nicht um untypische Ausnahmen, sondern um durchaus repräsentative, den Tenor weiter Teile der Bibel treffende Passagen handelt.

1. Die Bibel – Gottes Wort? Was wäre das für ein Gott!

Eine archaische Moral, die noch das Opfern von Menschen praktizierte, begegnet uns bereits im 1. Buch Mose, Genesis, Kap. 22, 1-13. Ich meine die berühmt-berüchtigte Geschichte von Abraham und seinem Sohn Isaak:

> »Nach diesen Ereignissen stellt Gott Abraham auf die Probe. Er sprach zu ihm: Abraham! Er antwortete: Hier bin ich. Gott sprach: Nimm deinen Sohn, deinen einzigen, den du liebst, Isaak, geh in das Land Morija und bring ihn dort auf einem der Berge, den ich dir nenne, als Brandopfer dar. Frühmorgens stand Abraham auf, sattelte seinen Esel, holte seine beiden Jungknechte und seinen Sohn Isaak, spaltete Holz zum Opfer und machte sich auf den Weg zu dem Ort, den ihm Gott genannt hatte. … Abraham nahm das Holz für das Brandopfer und lud es seinem Sohn Isaak auf. Er selbst nahm das Feuer und das Messer in die Hand. So gingen beide miteinander. Nach einer Weile sagte Isaak zu seinem Vater Abraham: Vater! Er antwortete: Ja, mein Sohn! Dann sagte Isaak: Hier ist Feuer und Holz. Wo aber ist das Lamm für das Brandopfer? Abraham entgegnete: Gott wird sich das Opferlamm aussuchen, mein Sohn. … Als sie an den Ort kamen, den ihm Gott genannt hatte, baute Abraham den Altar, schichtete Holz auf, fesselte seinen Sohn Isaak und legte ihn auf den Altar oben auf das Holz. Schon streckte Abraham seine Hand aus und nahm das Messer, um seinen Sohn zu schlachten. Da rief ihm der Engel des Herrn vom Himmel her zu: Abraham, Abraham! Er antwortete: Hier bin ich. Jener sprach: Streck deine Hand nicht

gegen den Knaben aus und tu ihm nichts zuleide! Denn jetzt weiß ich, dass du Gott fürchtest; du hast mir deinen einzigen Sohn nicht vorenthalten.«

Für viele Gläubige ist diese Geschichte ein unübertreffliches Beispiel für Gottergebenheit und Gehorsam im unbedingten Vertrauen auf Gott. Für mich ist sie in ihrer Moral abstoßend und ein Beispiel erschütternden Vertrauensbruchs. Kann ein solcher Vater seinem Sohn anschließend noch in die Augen schauen? Mir wird gesagt, dass diese in die Weltliteratur eingegangene Geschichte nur symbolisch zu verstehen sei. Symbolisch? Abgesehen davon, dass die meisten Menschen die Bibel so wörtlich nehmen, wie sie geschrieben wurde, wofür soll dieser furchtbare Text dann stehen? Meine Antwort darauf: Er steht allenfalls für das, was wir heute Kadavergehorsam nennen, blinde und willenlose Gefolgschaft. In unserer jüngsten Vergangenheit gibt es dafür leider eine Vielzahl schrecklicher Beispiele.

Ein vergleichbarer, kaum bekannter Fall, jedoch mit grausamen Ausgang, ist das so genannte Brandopfer der einzigen Tochter des Heerführers Jiftach. Der Fall wird im Buch der Richter, Kap. 11, 30-35 beschrieben. Hier bewahrt kein angeblich gnädiger Gott das Opfer vor einem sinnlosen Tod.

»Jiftach legte dem Herrn ein Gelübde ab und sagte: Wenn du die Ammoniter wirklich in meine Gewalt gibst und wenn ich wohlbehalten von den Ammonitern zurückkehre, dann soll, was immer mir (als Erstes) aus der Tür meines Hauses entgegenkommt, dem Herrn gehören und ich will es ihm als Brandopfer darbringen. Darauf zog Jiftach gegen die Ammoniter in den Kampf und der Herr gab sie in seine Gewalt. Er schlug sie im ganzen Gebiet zwischen Aroër und Minnit bis hin nach Abel-Keramim vernichtend und nahm zwanzig Städte ein. So wurden die Ammoniter vor den Augen der Israeliten gedemütigt. Als Jiftach nun nach Mizpa zu seinem Haus zurückkehrte, da kam ihm seine Tochter entgegen; sie tanzte zur Pauke. Sie war sein einziges Kind; er hatte weder einen Sohn noch eine andere Tochter. Als er sie sah, zerriss er seine Kleider und sagte: Weh, meine Tochter! Du machst mich niedergeschlagen und stürzt mich ins Unglück. Ich habe dem Herrn mit eigenem Mund etwas versprochen und kann nun nicht mehr zurück.«

Einen ersten makabren Höhepunkt an göttlicher Amoral bietet das zweite Buch Mose, das Buch Exodus. Es beschreibt u.a. die Befreiung Israels aus der ägyptischen Gefangenschaft durch Gottes Hilfe. Jahwe, Gott der Herr, verheißt seinem(!) auserwählten Volk ein Land, in dem »Milch und Honig fließen« (Exodus, Kap. 3, Vers 7-8), ein Land allerdings, das erst durch erbarmungslose Vernichtung der dort bereits Lebenden frei gemacht werden muss (siehe z.B. Josua 6!). Um den Pharao zur Freigabe der Israeliten zu bewegen, wird dieser und sein Volk mit fürchterlichen Plagen überzogen. Der Herr verwandelt das Nilwasser in Blut, überschwemmt Ägypten mit unbändigen Massen von Fröschen, Stechmücken, Heuschrecken, die Mensch und Tier erkranken und sterben lassen, schwerer Hagel verwüstet die Felder und erschlägt die Menschen, Finsternis befällt das Land (Exodus, Kap. 7, 8, 9 und 10). Als alle diese Strafen den Pharao nicht erweichen können, dem Auszug der Israeliten aus Ägypten zuzustimmen, greift Gott schließlich zum letzten Mittel und tötet alle Erstgeburten:

> Exodus 12, 29-31: »Es war Mitternacht, als der Herr alle Erstgeborenen in Ägypten erschlug, vom Erstgeborenen des Pharao, der auf dem Thron saß, bis zum Erstgeborenen des Gefangenen im Kerker, und jede Erstgeburt beim Vieh. Da standen der Pharao, alle seine Diener und alle Ägypter noch in der Nacht auf und großes Wehgeschrei erhob sich bei den Ägyptern; denn es gab kein Haus, in dem nicht ein Toter war. Der Pharao ließ Mose und Aaron noch in der Nacht rufen und sagte: Auf, verlasst mein Volk, ihr beide und die Israeliten! Geht und verehrt Jahwe, wie ihr gesagt habt.« (Vgl. auch Kap. 11, 4-8!)

Die Israeliten blieben von den Plagen verschont und auch von der Tötung der Erstgeburten blieben sie ausgenommen, »da sie ihre Häuser mit Blut kennzeichneten, das Jahwe ein Zeichen war, an ihnen vorüberzugehen und sie nicht mit dem Unheil zu treffen, wenn er in Ägypten dreinschlägt«. (Kap. 12, 12-13) Es ist bemerkenswert, dass Gott trotz seiner Allwissenheit dieser Kennzeichnung »seines« Volkes bedurfte.

Gott Jahwe begegnet uns im Alten Testament oft als grausamer, mitleidsloser und parteiischer Kriegsherr, der weder vor Völkermord noch dem Hinschlachten von Kindern und Wehrlosen zurückschreckt. Seine Strafaktionen gegen andersgläubige Völker können nur als maßlos und erbarmungslos bezeichnet werden. Beispielhaft seien aus der Fülle solcher Texte folgende Bibelstellen zitiert:

> Numeri 21, 1-3: »Als der kanaanitische König von Arad, der im Negeb saß, hörte, dass Israel auf dem Weg von Atarim heranzog, griff er die Israeliten an und machte einige Gefangene. Da gelobte Israel dem Herrn: Wenn du mir dieses Volk in meine Gewalt gibst, dann weihe ich ihre Städte dem Untergang. Der Herr hörte auf Israel und gab ihm die Kanaaniter in seine Gewalt. Israel weihte sie und ihre Städte dem Untergang.«

> Numeri 25, 1-5: »Als sich Israel in Schittim aufhielt, begann das Volk mit den Moabiterinnen Unzucht zu treiben. Sie luden das Volk zu ihren Opferfesten ihrer Götter ein, das Volk aß mit ihnen und fiel vor ihren Göttern nieder. So ließ sich Israel mit Baal-Pegor ein. Da entbrannte der Zorn des Herrn gegen Israel und der Herr sprach zu Mose: Nimm alle Anführer des Volkes und spieße sie für den Herrn im Angesicht der Sonne auf Pfähle, damit sich der glühende Zorn des Herrn von Israel abwende. Da sagte Mose zu den Richtern Israels: Jeder soll die von seinen Leuten töten, die sich mit Baal-Pegor eingelassen haben.«

> Deuteronomium 3, 1-7: »Dann wendeten wir uns dem Weg zum Baschan zu und zogen hinauf. Og, der König des Baschan, rückte mit seinem ganzen Volk gegen uns aus, um bei Edrei zu kämpfen. Der Herr sagte zu mir: Fürchte dich nicht, denn ich gebe ihn, sein ganzes Volk und sein Land in deine Gewalt. Tu mit ihm, was du mit Sihon getan hast, dem König der Amoriter, der in Heschbon seinen Sitz hatte. Und

der Herr, unser Gott, gab auch Og, den König des Baschan, und sein ganzes Volk in unsere Gewalt. Wir schlugen ihn und ließen keinen überleben. Damals eroberten wir alle seine Städte. Es gab keine befestigte Stadt, die wir ihnen nicht genommen hätten: sechzig Städte, den ganzen Bezirk von Argob, das Königreich des Og in Baschan. ... Wir weihten sie der Vernichtung, wie wir es mit Sihon, dem König von Heschbon, getan hatten. Wir weihten die ganze männliche Bevölkerung und die Frauen, Kinder und Greise der Vernichtung. Alles Vieh und das, was wir in den Städten geplündert hatten, behielten wir als Beute.«

Deuteronomium 7; 16, 20-24: »Du wirst alle Völker verzehren, die der Herr, dein Gott für dich bestimmt. Du sollst in dir kein Mitleid mit ihnen aufsteigen lassen. ... Außerdem wird der Herr, dein Gott, Panik unter ihnen ausbrechen lassen, so lange, bis auch die ausgetilgt sind, die überleben konnten und sich vor dir versteckt haben. Du sollst nicht erschreckt zurückweichen, wenn sie angreifen; denn der Herr, dein Gott, ist als großer und Furcht erregender Gott in deiner Mitte. Doch der Herr, dein Gott, wird diese Völker dir nur nach und nach aus dem Weg räumen. Du kannst sie nicht rasch ausmerzen, weil sonst die wilden Tiere überhand nehmen und dir schaden. Doch wird der Herr, dein Gott, dir diese Völker ausliefern. Er wird sie in ausweglose Verwirrung stürzen, bis sie vernichtet sind. Er wird ihre Könige in deine Gewalt geben. Du wirst ihren Namen unter dem Himmel austilgen. Keiner wird deinem Angriff standhalten können, bis du sie schließlich vernichtet hast.«

Deuteronomium 9, 1-3: »Höre Israel! Heute wirst du den Jordan überschreiten, um in das Land von Völkern, die größer und mächtiger sind als du, hineinzuziehen und ihren Besitz zu übernehmen. Du wirst in große Städte mit himmelhohen Mauern kommen, zu einem hoch gewachsenen Volk ... Heute wirst du erkennen, dass der Herr, dein Gott, wie ein verzehrendes Feuer selbst vor dir hinüberzieht. Er wird sie vernichten und er wird sie dir unterwerfen, sodass du sie unverzüglich vertreiben und austilgen kannst, wie es der Herr dir zugesagt hat.«

Deuteronomium 20, 10-17: »Wenn du vor eine Stadt ziehst, um sie anzugreifen, dann sollst du ihr zunächst eine friedliche Einigung vorschlagen. Nimmt sie die friedliche Einigung an und öffnet dir die Tore, dann soll die gesamte Bevölkerung, die du dort vorfindest, zum Frondienst verpflichtet und dir untertan sein. Lehnt sie eine friedliche Einigung mit dir ab und will sich mit dir im Kampf messen, dann darfst du sie belagern. Wenn der Herr, dein Gott, sie in deine Gewalt gibt, sollst du alle männlichen Personen mit scharfem Schwert erschlagen. Die Frauen aber, die Kinder und Greise, das Vieh und alles, was sich sonst in der Stadt befindet, alles, was sich darin plündern lässt, darfst du dir als Beute nehmen. Was du bei deinen Feinden geplündert hast, darfst du verzehren, denn der Herr, dein Gott, hat es dir geschenkt. So sollst du mit allen Städten verfahren, die sehr weit von dir entfernt liegen und nicht zu den Städten dieser Völker hier gehören. Aus den Städten dieser Völker jedoch, die der Herr, dein Gott, dir als Erbbesitz gibt, darfst du nichts, was Atem hat, am Leben lassen. Vielmehr sollst du die Hetiter und Amoriter, Kanaaniter und Perisiter, Hiwiter und Jebusiter der Vernichtung weihen, so wie es der Herr, dein Gott, dir zur Pflicht gemacht hat, ...«

Gott selbst ist es offenbar, der sich gern zum Kriegsherrn erklärt und Eroberungskriege führt, die meist mit der Aufforderung verbunden sind, die Besiegten »ohne aufsteigendes Mitleid« zu töten, zu Sklaven zu machen oder wenigstens auszuplündern. Diese Form der Landnahme hat mit Sicherheit späteren Jahrhunderten – man denke nur an die Spanier oder die Portugiesen – als von höchster Stelle legitimiertes Vorbild gedient. Die Bibel bietet hier zudem Formulierungen, die als Gottes Wort in ungezählten Kriegen der letzten Jahrhunderte als segnender Schlachtruf anfeuernde und gewissensberuhigende Verwendung fanden:

> Deuteronomium 3, 22: »Ihr sollt sie nicht fürchten; denn der Herr, euer Gott, ist es, der für euch kämpft. Numeri 24, 2: Ja, Gott hat ihn aus Ägypten geführt. Er hat Hörner wie ein Wildstier. Er frißt die Völker, die ihm Feind sind, er zermalmt ihre Knochen und zerbricht ihre Pfeile. Deuteronomium 32, 42: Meine Pfeile mache ich trunken von Blut, während mein Schwert sich ins Fleisch frisst -, trunken vom Blut Erschlagener und Gefangener, ins Fleisch des höchsten feindlichen Fürsten.«
>
> Deuteronomium 31, 1-6: »Mose trat vor ganz Israel hin und sprach diese Worte. Er sagte zu ihnen: Ich bin jetzt hundertzwanzig Jahre alt. Ich kann nicht mehr in den Kampf ziehen. Auch hat der Herr zu mir gesagt: Du wirst den Jordan hier nicht überschreiten. Der Herr, dein Gott, zieht selbst vor dir hinüber, er selbst vernichtet diese Völker bei deinem Angriff, sodass du ihren Besitz übernehmen kannst. Josua zieht vor dir hinüber, wie es der Herr zugesagt hat. Der Herr wird an ihnen tun, was er an Sihon und Og, den Amoriterkönigen, die er vernichtete, und an ihrem Land getan hat. Der Herr wird sie euch ausliefern: Dann sollt ihr an ihnen genau nach dem Gebot handeln, auf das ich euch verpflichtet habe. Empfangt Macht und Stärke: fürchtet euch nicht und weicht nicht erschreckt zurück, wenn sie angreifen; denn der Herr, dein Gott, zieht mit dir. Er lässt dich nicht fallen und verlässt dich nicht.«
>
> Numeri 31, 1-18: »Der Herr sprach zu Mose: Nimm für die Israeliten Rache an den Midianitern! Danach wirst du mit deinen Vorfahren vereint werden. Da redete Mose zum Volk und sagt: Rüstet einen Teil eurer Männer für den Heeresdienst! Sie sollen über Midian herfallen, um die Rache des Herrn an Midian zu vollstrecken. Aus jedem Stamm Israels sollt ihr tausend Mann zum Heer abstellen. … Sie zogen gegen Midian zu Feld, wie der Herr es Mose befohlen hatte und brachten alle männlichen Personen um. Als sie die Männer erschlagen hatten, brachten sie auch noch die Könige von Midian um: Ewi, Rekem, Zur, Hur und Reba, die fünf Könige von Midian. Auch Bileam, den Sohn Beors, brachten sie mit dem Schwert um. Die Frauen von Midian und deren kleine Kinder nahmen die Israeliten als Gefangene mit. Das ganze Vieh und der reiche Besitz der Midianiter wurden ihre Beute. Alle Städte im Siedlungsgebiet der Midianiter und ihre Zeltdörfer brannten sie nieder. Alle Menschen und das ganze Vieh, das sie erbeutet und geraubt hatten, nahmen sie mit. Sie brachten die Gefangenen und die geraubte Beute zu Mose, zum Priester Eleasar und zur Gemeinde der Israeliten in das Lager in den Steppen von Moab am Jordan bei Jericho. Mose, der Priester Eleasar und alle Anführer der Gemeinde gingen ihnen aus dem Lager entgegen. Mose aber geriet in Zorn über die Befehlshaber, die Hauptleute der Tausendschaften und die Hauptleute der Hundertschaften, die von dem Kriegszug zurückkamen. Er sagte zu ihnen: Warum habt ihr alle Frauen am Leben gelassen? Gerade sie haben auf den Rat Bileams hin die Israeliten dazu verführt, vom

Herrn abzufallen und dem Pegor zu dienen, sodass die Plage über die Gemeinde des Herrn kam. Nun bringt alle männlichen Kinder um und ebenso alle Frauen, die schon einen Mann erkannt und mit einem Mann geschlafen haben. Aber alle weiblichen Kinder und die Frauen, die noch nicht mit einem Mann geschlafen haben, lasst für euch am Leben!«

Bereits im 2. Buch Mose (Exodus Kap. 32) erlebt man einen ungemein grausamen Mose, der im Auftrage Gottes die Abtrünnigen bestraft, die während seiner Abwesenheit sich ein goldenes Kalb als Gottesbild geschaffen hatten. Es trifft den Nächsten, den Freund, sogar den Bruder:

Exodus 32, 26-29: »Mose trat an das Lagertor und sagte: Wer für den Herrn ist, her zu mir! Da sammelten sich alle Leviten um ihn. Er sagte zu ihnen: So spricht der Herr, der Gott Israels: Jeder lege sein Schwert an. Zieht durch das Lager von Tor zu Tor! Jeder erschlage seinen Bruder, seinen Freund, seinen Nächsten. Die Leviten taten, was Mose gesagt hatte. Vom Volk fielen an jenem Tag gegen dreitausend Mann. Dann sagte Mose: Füllt eure Hände mit Gaben für den Herrn! Denn jeder von euch ist heute gegen seinen Sohn und seinen Bruder vorgegangen und der Herr hat Segen auf euch gelegt.«

Von Mose heißt es übrigens in einem bewundernden Kommentar in der hier zitierten Einheitsübersetzung, dass er »einer der größten alttestamentarischen Gestalten« sei. Dass er ein gewöhnlicher Mörder war, tut seiner Wertschätzung offenbar keinen Abbruch. Im 2. Buch Mose (Exodus, Kap. 2, 11-14) wird berichtet, dass er einen Ägypter erschlug und verscharrte, weil dieser einen seiner Stammesbrüder geschlagen hatte. Mose wurde dieser Tat wegen angeklagt, entzog sich aber der Bestrafung durch Flucht.

Aber nicht nur in den fünf Büchern Moses finden sich ungezählte Bibelstellen, die die Gnadenlosigkeit Gottes bei seinen Bestrafungsaktionen von Abtrünnigen und Andersgläubigen dokumentieren. Im Buch Jesaia zum Beispiel, das ja im kirchlichen Leben eine herausgehobenere Rolle spielt, »vollstrecken Gottes hochgemute, jauchzende Helden seinen Zorn« (Jesaia 13, 3). Weiter heißt es dort:

Jesaia 13, 15-19: »Man sticht jeden nieder, dem man begegnet; wen man zu fassen bekommt, der fällt unter dem Schwert. Vor ihren Augen werden ihre Kinder zerschmettert, ihre Häuser geplündert, ihre Frauen geschändet. ... Ihre Bogen strecken die jungen Männer nieder; mit der Leibesfrucht haben sie kein Erbarmen, mit den Kindern kein Mitleid. Wie es Sodom und Gomorra erging, als Gott sie zerstörte, so wird es Babel gehen, dem Kleinod unter den Königreichen, dem Schmuckstück der stolzen Chaldäer.«

So wie ich mir am Beispiel der Sintflut (siehe Kapitel V!) konkret versuchte auszumalen, was diese die Wirklichkeit nur blass abbildenden Worte tatsächlich bedeuten, so versuche ich mir auch anhand dieser Bibelstellen vorzustellen, was Menschen anderen Menschen im Namen Gottes angetan haben. Es sind ungeheure Kriegsverbrechen, die hier durch Gott und sein auserwähltes Volk begangen werden. Wir nennen das heute schlicht und einfach Völkermord! Solche mit der Autorität eines Gottes ausgestatteten Texte sind in der Tat »Moral bildend«. Sie lassen eine Ahnung aufkommen, welche verheerende Wirkung sie im Laufe der Jahrhunderte in Bezug auf Rechtfertigung und Erbarmungslosigkeit religiös motivierter Kriege und innergesellschaftlicher Auseinandersetzungen um den rechten Glauben entfalteten.

Im Buch Jesaia steht übrigens der oft zitierte Spruch, der gern als Beispiel für die angeblich friedensstifenden Weisheiten der Bibel herausgestellt wird: »Dann schmieden sie Pflugscharen aus ihren Schwertern und Winzermesser aus ihren Lanzen.« Dass im Buch Joël, Kap. 4, Vers 10 das genaue Gegenteil steht, wird geflissentlich verschwiegen, wenn man es denn überhaupt weiß oder wissen will: »Schmiedet Schwerter aus euren Pflugscharen/ und Lanzen aus euren Winzermessern!«

Auch die kirchlich so geschätzten Psalmen offenbaren an vielen Stellen eine brutale und erbarmungslose Moral. Gewalt, Rache, Bestrafung stehen neben ständigen Ergebenheitsadressen und peinlich berührenden Lobreden. Im Vorwort der Einheitsbibel wird dieser Teil der Bibel als eines der bedeutendsten biblischen Bücher, ja sogar der Weltliteratur bezeichnet (S. 613). Dies mag aus Sicht der Kirche so zu sehen sein, ich kann mich diesem Urteil nicht anschließen. Einige Beispiele seien angeführt, die den Vorwurf der Gewaltverherrlichung und einer nur archaisch-inhuman zu nennenden Moral wenigstens exemplarisch begründen:[12]

> Psalm 2, 7-11: »Den Beschluss des Herrn will ich kundtun. Er sprach zu mir: ›Mein Sohn bist du. Heute habe ich dich gezeugt. Fordre von mir und ich gebe dir die Völker zum Erbe, die Enden der Erde zum Eigentum. Du wirst sie zerschlagen mit eiserner Keule, wie Krüge aus Ton wirst du sie zertrümmern.‹ ... Dient dem Herrn in Furcht und küsst ihm mit Beben die Füße, damit er nicht zürnt und euer Weg nicht in den Abgrund führt.«

> Psalm 3, 8-9: »Herr, erhebe dich, mein Gott, bring mir Hilfe! Denn all meinen Feinden hast du den Kiefer zerschmettert, hast den Frevlern die Zähne zerbrochen. Beim Herrn findet man Hilfe. Auf dein Volk komme dein Segen!«

> Psalm 18, 38-48: »Ich verfolge meine Feinde und hole sie ein, ich kehre nicht um, bis sie vernichtet sind. Ich schlage sie nieder; sie können sich nicht mehr erheben, sie fallen und liegen unter meinen Füßen. ... Meine Feinde hast du zur Flucht gezwungen; ich konnte die vernichten, die mich hassen. Sie schreien, doch hilft ihnen niemand, sie schreien zum Herrn, doch er gibt keine Antwort. Ich zermalme sie zu Staub vor dem Wind, schütte sie auf die Straße wie Unrat. Du rettest mich vor zahllosem Kriegsvolk, du machst mich zum Haupt über ganze Völker. Stämme, die ich früher nicht kannte, sind mir nun untertan. ... denn Gott verschaffte mir Vergeltung und unterwarf mir die Völker.«

Psalm 44, 6: »Mit dir stoßen wir unsere Bedränger nieder, in deinem Namen zertreten wir unsere Gegner. Psalm 72, 8-9: Er herrsche von Meer zu Meer, vom Strom bis an die Enden der Erde. Vor ihm sollen seine Gegner sich beugen, Staub sollen lecken all seine Feinde. Psalm 82, 10-11: Mach es mit ihnen wie mit Midian und Sisera, wie mit Jabin am Bach Kischon, die du bei En-Dór vernichtet hast. Sie wurden zum Dung für die Äcker. Psalm 110, 5-6: Der Herr steht dir zur Seite; er zerschmettert Könige am Tage seines Zornes. Er hält Gericht unter den Völkern, er häuft die Toten, die Häupter zerschmettert er weithin auf Erden. Psalm 137, 8-9: Tochter Babel, du Zerstörerin! Wohl dem, der dir heimzahlt, was du uns getan hast! Wohl dem, der deine Kinder packt und sie am Felsen zerschmettert!«

Psalm 58, 4-11: »Vom Mutterschoß an sind sie Frevler, von Geburt an irren sie vom Weg ab und lügen. Ihr Gift ist wie das Gift der Schlange, wie das Gift der tauben Natter, die ihr Gehör verschließt, die nicht auf die Stimme des Beschwörers hört, der sich auf Zaubersprüche versteht.- O Gott, zerbrich ihnen die Zähne im Mund! Zerschlage, Herr, das Gebiss der Löwen! Sie sollen vergehen wie verrinnendes Wasser, wie Gras, das verwelkt auf dem Weg, wie die Schnecke, die sich auflöst im Schleim; wie eine Fehlgeburt sollen sie die Sonne nicht schauen. ... Wenn er die Vergeltung sieht, freut sich der Gerechte; er badet seine Füße im Blut des Frevlers.«

Das alles soll Gottes Wort sein? Was wäre das für ein Gott! Tatsächlich durchziehen die so geschätzten Psalmen in weiten Teilen ein primitives Hass- und Rachedenken. Dass der Andersgläubige, ja auch der Feind ein Mensch ist, lässt dieser Gott an keiner Stelle erkennen. Den Frevler gilt es zu töten, »als Unrat auf die Straße zu werfen und zum Dung für die Äcker werden zu lassen«.

Um nochmals dem möglichen Einwand der Einseitigkeit der Zitate zu begegnen: kaum einem Gläubigen sind diese Textstellen bekannt! Sie stehen im scharfen Kontrast zu der immer wieder wie selbstverständlich angenommenen Reinheit, Erhabenheit und Heiligkeit der Psalmen (und der Bibel insgesamt). Was nicht verwundert, wenn man sich an die selektive Zitierpraxis in Unterricht und Predigt erinnert. Aber schon in diesen – wenigen und nur ausschnittweise wiedergegebenen – obigen Passagen kommt eine menschenverachtende Denkweise und Moral zum Vorschein, die weit unter jedem heutigen Standard liegt und die zeigt, dass die von Politikern gern aufgestellte Behauptung von der norm- und moralstiftenden Rolle der Bibel (und des auf ihr basierenden Christentums) ohne wirkliche Kenntnis dieses Buches hinausposaunt wird. Dabei muss angemerkt werden, das die hier zugrunde gelegte Einheitsübersetzung wesentlich entschärfter ist und nicht so brutal formuliert, wie es zum Beispiel LUTHER in seiner Übersetzung noch getan hat.

Dieser archaisch-inhumane biblische Gott soll eine ethisch-moralische Instanz sein? Sich nur auf die moralisch einwandfreien und weihnachtliche Stimmung verbreitenden Psalmen-Verse zu beschränken, kann nicht statthaft sein und wäre auch unredlich angesichts der behaupteten Heiligkeit und göttlichen Autorenschaft des gesamten biblischen Textes. Übrigens: Wer vor gewaltverherrlichenden Filmen und brutalen Computerspielen zu Recht warnt, sollte die Bibel – besonders wegen ihres zwar ungerechtfertigten, aber faktisch hohen Ansehens – nicht vergessen zu erwähnen.

Dass die Sippenhaftung (1.mosaisches Gebot!) zum Arsenal göttlicher Sanktionen gehört, wissen wir bereits aus dem letzten Kapitel. Dass auch die Denunziation zu den Mitteln gehört, derer sich Gott bedient, um seine Anhänger bei der Stange zu halten, ist nicht weniger erschreckend. Es untermauert mein absolut negatives Urteil über diesen alttestamentarischen Gott beziehungsweise seine angeblich von ihm stammenden Worte. Es macht mir ein weiteres Mal klar, dass zumindest der Gott der Bibel nach dem Bilde des Menschen erschaffen wurde und dass sich in den Worten dieser alles andere als heiligen Schrift vor allem eine über die Jahrhunderte entwickelte, machthungrige und misstrauische Priesterschaft zu Wort meldet:

> Deuteronomium 13, 7-11: »Wenn dein Bruder, der dieselbe Mutter hat wie du, oder dein Sohn oder deine Tochter oder deine Frau, mit der du schläfst, oder dein Freund, den du liebst wie dich selbst, dich heimlich verführen will und sagt: Gehen wir hin und dienen wir anderen Göttern, die du und deine Vorfahren noch nicht kannten, ... dann sollst du nicht nachgeben und nicht auf ihn hören. Du sollst in dir kein Mitleid mit ihm aufsteigen lassen, sollst keine Nachsicht für ihn kennen und die Sache nicht vertuschen. Sondern du sollst ihn anzeigen. Wenn er hingerichtet wird, sollst du als Erster deine Hand gegen ihn erheben, dann erst das ganze Volk. Du sollst ihn steinigen und er soll sterben; denn er hat versucht, dich vom Herrn, deinen Gott, abzubringen, der dich aus Ägypten geführt hat, aus dem Sklavenhaus.«

Dass solche Texte den Zwecken einer machtorientierten Priesterschaft bzw. der ihnen übergeordneten weltlichen Macht dienten und tatsächlich von ihnen stammten, konnten historische Untersuchungen inzwischen bestätigen. Der katholische Alttestamentler OTHMAR KEEL führt dazu Folgendes aus:

> »Die Forschung hat in letzter Zeit immer deutlicher gezeigt, dass dieser beunruhigende Text teilweise wörtlich assyrische Texte kopiert – nicht religiöse, sondern politische. Das im nördlichen Irak beheimatete, expansive Assyrerreich hat die von ihm unterworfenen Könige eidlich verpflichtet, nur dem assyrischen Großkönig zu dienen und jeden und jede unverzüglich zu denunzieren, die sie dazu überreden wollten, vom Großkönig von Assur abzufallen. Solche Vasallitätsverpflichtungen mussten eine Zeitlang auch die judäischen Könige in Jerusalem übernehmen.«[13]

Wieso – so könnte man sich doch fragen – bedarf Gott, der angeblich in jedes Herz schauen kann, solcher Zuträger? Ich möchte den Pfarrer oder gar Bischof sehen, der diese Bibelworte als Gotteswort verkündet, ohne dabei rot zu werden. Mir war die Denunziation selbst engster Angehöriger bisher nur als Scheußlichkeit der nationalsozialistischen Gestapo und des Staatssicherheitsdienstes der DDR bekannt. Dass das »heilige« und »vom heiligen

Geist inspirierte« Buch der Kirche die Denunziation als Instrument der Überwachung fordert – die Kirche hat diese später hunderttausendfach eingesetzt, man denke nur an die Inquisition – hat selbst mich sprachlos gemacht.

Einen weiteren Höhepunkt an Menschenverachtung stellt Deuteronomium 28, Verse 15-68 dar, besonders 53 und 63, deren Wortlaut wir hier nur wegen ihrer Länge nicht zitieren. (Es handelt sich ebenfalls um einen ursprünglich politischen Zwecken dienenden assyrischen Text. Siehe dazu noch einmal Anm. 13!) Aber wir werden noch sehen, dass – entgegen aller landläufigen Meinung – das Neue Testament sich in dieser Hinsicht noch steigert!

Im Umkreis des oben zitierten Kapitels 13 fiel mir folgende, moralisch ebenfalls höchst fragwürdige Bibelstelle auf:

> Deuteronomium, Kap. 14, 21a: »Ihr dürft keinerlei Aas essen. Du sollst es dem Fremden, der in euren Stadtbereichen Wohnrecht hat, zum Essen überlassen oder es einem Ausländer verkaufen. Denn du bist ein Volk, das dem Herrn, deinem Gott, heilig ist.«

Nach Auffassung dieses hier waltenden Gottes waren Ausländer, also Andersstämmige, und Sklaven sowieso eben Menschen minderen Ranges.

Der Kirche sind diese und eine Unzahl anderer Bibelstellen inzwischen höchst peinlich, sie kann sich hier nur durch schweigendes Ignorieren solcher Stellen aus der Argumentationsnot retten. Die Todesstrafe für homosexuelles Verhalten zwischen Männern, wie sie die Bibel (Levitikus 20, 13) fordert, kam bereits in Kapitel V und auch zu Anfang dieses Kapitels zur Sprache. Bezeichnend für das Dilemma, oder soll man sagen für die nicht eingestandene Unredlichkeit der Kirche, sind in diesem Zusammenhang die Ausführungen im neuesten (katholischen) Katechismus von 1993 zur Homosexualität. Dort wird unter dem Stichwort Homosexualität um Verständnis für diese Veranlagung geworben (siehe an!), zugleich aber auch darauf verwiesen, dass es sich nach Auffassung der Heiligen Schrift um eine »Abirrung« handelt. Dazu wird fast verschämt in Kleinstdruck auf vier Bibelstellen verwiesen (nicht zitiert!), in denen die Verwerflichkeit homosexueller Handlungen thematisiert wird. Bezeichnenderweise erfolgt weder direkt durch Angabe von Levitikus 20, 13 noch indirekt durch Umschreibungen irgendein Hinweis auf die in der Bibel geforderte Todesstrafe für dieses Verhalten.[14] Dieses scheinheilige Verschweigen ist nicht nur unredlich, das ist verlogen und verwerflich angesichts der ungezählten, gewiss in die Hunderttausende gehenden Menschenleben, die dieser Bibelpassus über die Jahrtausende gekostet hat. Und das psychische Leid, das jene zu ertragen hatten, die ihre Veranlagung verschweigen konnten, deshalb zwar nicht bestraft oder gar hingerichtet wurden, aber in ständiger physischer Bedrohung und psychischer Not leben mussten, ist überhaupt nicht zu ermessen.

Die Kirche passt sich notgedrungen dem Zeitgeist an, will sie nicht noch mehr von den gebildeteren Schichten verlieren, die zwar formal oft in der Kirche bleiben, deren Distanz zum eigentlichen Glauben – nicht den traditionellen äußeren Formen! – aber immer mehr zunimmt. Allerdings gerät die Kirche mit ihrer verbalen Anpassung in immer größeren Widerspruch zu sich selbst, zu eindeutigen Aussagen im Alten und Neuen Testament. Das gilt zum Beispiel für das Thema der menschenausbeutenden Sklaverei, das gilt für das Verhalten gegenüber Missgeborenen und Geisteskranken oder zum Beispiel für die Stellung der Frau gegenüber Mann und Gesellschaft. Heutige kirchliche – als angeblich schon immer gültige Lehrmeinungen verkaufte – Aussagen stehen im krassen Gegensatz zu früheren Äußerungen und zu diesbezüglich eindeutigen und klaren Bibelworten. Zum Beispiel:

Levitikus 25, 1, 44-46: »Der Herr sprach zu Mose auf dem Berg Sinai: ... Die Sklaven und Sklavinnen, die euch gehören sollen, kauft von den Völkern, die rings um euch wohnen; von ihnen könnt ihr Sklaven und Sklavinnen erwerben. Auch von den Kindern der Halbbürger, die bei euch leben, aus ihren Sippen, die mit euch leben, von den Kindern, die sie in eurem Land gezeugt haben, könnt ihr Sklaven erwerben. Sie sollen euer Eigentum sein und ihr dürft sie euren Söhnen vererben, damit diese sie als dauerndes Eigentum besitzen; ihr sollt sie als Sklaven haben.«

Exodus 21, 2-11 (hier zitiert 2-7): »Wenn du einen hebräischen Sklaven kaufst, soll er sechs Jahre Sklave bleiben, im siebten Jahr soll er ohne Entgelt als freier Mann entlassen werden. Ist er allein gekommen, soll er allein gehen. War er verheiratet, soll seine Frau mitgehen. Hat ihm sein Herr eine Frau gegeben und hat sie ihm Söhne oder Töchter geboren, dann gehören Frau und Kinder ihrem Herrn und er muss allein gehen. Erklärt aber der Sklave: Ich liebe meinen Herrn, meine Frau und meine Kinder und will nicht als freier Mann fortgehen, dann soll ihn sein Herr vor Gott bringen, er soll ihn an die Tür oder an den Torpfosten bringen und ihm das Ohr mit einem Pfriem durchbohren; dann bleibt er für immer sein Sklave.«

Buch Jesus Sirach 33, 25-30: »Futter, Stock und Last für den Esel, Brot, Schläge und Arbeit für den Sklaven! Gib deinem Sklaven Arbeit, sonst sucht er das Nichtstun. Trägt er den Kopf hoch, wird er dir untreu. Joch und Strick beugen den Nacken, dem schlechten Sklaven gehören Block und Folter. Gib deinem Sklaven Arbeit, damit er sich nicht auflehnt, denn einem Müßigen fällt viel Schlechtigkeit ein. Befiehl ihn zur Arbeit, wie es ihm gebührt; gehorcht er nicht, leg ihn in schwere Ketten!«

1. Korinther 7, 21-24: »Wenn du als Sklave berufen wurdest, soll dich das nicht bedrücken; auch wenn du frei werden kannst, lebe lieber als Sklave weiter. Denn wer im Herrn als Sklave berufen wurde, ist Freigelassener des Herrn. Ebenso ist einer, der als Freier berufen wurde, Sklave Christi. Um einen teuren Preis seid ihr erkauft worden. Macht euch nicht zu Sklaven des Menschen! Brüder, jeder soll vor Gott in dem Stand bleiben, in dem ihn der Ruf Gottes getroffen hat.«

1. Petrusbrief 2, 18-20: »Ihr Sklaven ordnet euch in aller Ehrfurcht euren Herren unter, nicht nur den guten und freundlichen, sondern auch den launenhaften. Denn es

> ist eine Gnade, wenn jemand deswegen Kränkungen erträgt und zu Unrecht leidet, weil er sich in seinem Gewissen nach Gott richtet. Ist es vielleicht etwas Besonderes, wenn ihr wegen einer Verfehlung Schläge erduldet? Wenn ihr aber recht handelt und trotzdem Leiden erduldet, das ist eine Gnade in den Augen Gottes.«

Viele weitere Bibelstellen sowohl des Alten wie des Neuen Testaments, die die Sklaverei als natürlichste Sache der Welt beschreiben, könnten hier noch angefügt werden. Auch in den Zehn Geboten und den oben zitierten alttestamentarischen Berichten über die von Gott unterstützten Kriegszüge wird mit großer Selbstverständlichkeit von der Existenz von Sklaven gesprochen (in der Einheitsübersetzung oft schönfärberisch Diener genannt!), ja Gott als Kriegsherr fordert die Sieger ganz ausdrücklich dazu auf, die Besiegten zu Frondiensten, was ja nichts anderes als Sklaverei bedeutet, heranzuziehen.

Die Bibel also als Grundlage der Moral und der Menschenrechte? Selbst Jesus spricht verächtlich über den Sklavenstand. Auch wenn er mit dem folgenden Vergleich etwas anderes ausdrücken möchte, kommt dennoch gleichzeitig die auch von ihm als selbstverständlich, ohne jeden kritischen Unterton hingenommene Zweitrangigkeit beziehungsweise Minderwertigkeit eines Menschen, der »nur« Sklave ist, zum Ausdruck:

> Lukas 17, 7-10: »Wenn einer von euch einen Sklaven hat, der pflügt oder das Vieh hütet, wird er etwa zu ihm, wenn er vom Feld kommt, sagen: Nimm gleich Platz zum Essen? Wird er nicht vielmehr zu ihm sagen: Mach mir etwas zu essen, gürte dich und bediene mich; wenn ich gegessen und getrunken habe, kannst auch du essen und trinken. Bedankt er sich etwa bei dem Sklaven, weil er getan hat, was ihm befohlen wurde? So soll es auch bei euch sein: Wenn ihr alles getan habt, was euch befohlen wurde, sollt ihr sagen: Wir sind unnütze Sklaven; wir haben nur unsere Schuldigkeit getan.«

Man ahnt, warum in den teilweise fundamentalistisch-christlich geprägten USA des 18. und 19. Jahrhunderts die Versklavung der Schwarzen eine so selbstverständliche Praxis war.

Erschreckend auch wie der Gott des Alten Testaments Kranke und Missgebildete sieht. Er betrachtet sie ganz offenbar als Beleidigung seiner Würde. Wäre er tatsächlich der allwissende Gott, der hier in der Bibel spricht, wüsste er doch, dass es sich um Mängel handelt, die die Natur und damit letztlich er selbst diesen unschuldigen Menschen zugefügt hat:

> Levitikus 21, 16-24: »Der Herr sprach zu Mose: Sag zu Aaron: Keiner deiner Nachkommen, auch in den kommenden Generationen, der ein Gebrechen hat, darf herantreten, um die Speise seines Gottes darzubringen. Denn keiner mit einem Gebrechen darf herantreten: kein Blinder oder Lahmer, kein im Gesicht oder Körper Entstellter, kein Mann, der einen gebrochenen Fuß oder eine gebrochene Hand hat, keiner mit Buckel, Muskelschwund, Augenstar, Krätze, Flechte oder Hodenquetschung. Keiner der Nachkommen Aarons, des Priesters, darf herantreten, um die Feueropfer des Herrn darzubringen, wenn er ein Gebrechen hat. Er hat ein Gebrechen, er darf nicht herantre-

ten, um die Speise seines Gottes darzubringen. Doch darf er von der Speise seines Gottes, von den hochheiligen und heiligen Dingen, essen, aber nicht zum Vorhang kommen und sich nicht dem Altar nähern; denn er hat ein Gebrechen und darf meine heiligen Gegenstände nicht entweihen; denn ich bin der Herr, der sie geheiligt hat.«

Unwillkürlich fällt einem PAPST JOHANNES PAUL II. ein, der trotz seiner Parkinsonkrankheit, gestützt und mit modernster Medizin gerade noch am Leben gehalten, bis zum Schluss predigte und segnete. Eigentlich eine bewundernswerte Leistung, aber obige Bibelworte besagen, dass er sich versündigt und den Altar entweiht hat. Von Jesus dagegen wird im Neuen Testament ein ganz anderes Bild gezeichnet. Er geht zu den Kranken und Gezeichneten und feiert das Abendmahl mit den Armen und Ausgestoßenen. Was gilt denn nun? Es ist doch angeblich der gleiche Gott, der hier spricht! Übrigens der noch heute in höchstem Ansehen stehende MARTIN LUTHER empfahl – in Übereinstimmung mit damaliger kirchlicher Auffassung – geistig und körperlich behinderte Kinder, die er als teuflische Wesen betrachtete, gleich nach der Geburt zu ertränken oder auf andere Weise zu töten.

Die Gleichwertigkeit und Gleichberechtigung der Frau wird – bis auf Ausnahmen, siehe Unmöglichkeit der Priesterweihe von Frauen in der katholischen Kirche – heute auch von der Kirche anerkannt. Feministische Theologinnen versuchen – meines Erachtens absolut vergeblich – diese Gleichberechtigung auch durch Bibelzitate zu belegen. Die Bibel hat in ihren wesentlichen Äußerungen die Rolle der Frau stets anders gesehen. Die Bibel ist – vergleiche die erläuternden Ausführungen zu Anfang der Einheitsübersetzung! – ohne Irrtum und sagt die Wahrheit! Welche Wahrheit gilt denn nun? Tatsache ist wohl, dass die Bibel hier nur festschreibt, was weltweit fast überall die Regel war, dass nämlich Männer gegenüber Frauen privilegiert waren und das heute weitgehend immer noch sind. So wurde zum Beispiel auch der Wert des männlichen Erstgeborenen in den verschiedensten Kulturkreisen immer höher eingeschätzt, denn nur er wurde notfalls der Gottheit als Opfer dargebracht. (Die Erstgeborene wäre wahrscheinlich von den Göttern entrüstet zurückgewiesen worden.) Schauen wir uns beispielhaft einige der wenigen das Thema Frau ansprechende Bibelstellen an, aus denen aber die Nachrangigkeit und gewollte Unterordnung der Frau unter den Mann, ihre Rolle als verfügbares Objekt des Mannes klar hervorgeht:

Deuteronomium 21, 10-14: »Wenn du zum Kampf gegen deine Feinde ausziehst und der Herr, dein Gott, sie alle in deine Gewalt gibt, wenn du dabei Gefangene machst und unter den Gefangenen eine Frau von schöner Gestalt erblickst, wenn sie dein Herz gewinnt und du sie heiraten möchtest, dann sollst du sie in dein Haus bringen und sie soll sich den Kopf scheren, die Nägel kürzen und die Gefangenenkleidung ablegen. Sie soll in deinem Haus wohnen und einen Monat ihren Vater und ihre Mutter beweinen. Danach darfst du mit ihr Verkehr haben, du darfst ihr Mann werden und sie deine Frau. Wenn sie dir aber nicht mehr gefällt, darfst du sie entlassen, und sie darf tun, was sie will. Auf keinen Fall darfst du sie für Silber verkaufen. Auch darfst du sie nicht als Sklavin kennzeichnen. Denn du hast sie dir gefügig gemacht.«

Buch Kohelet (Prediger) 7, 26: »Immer wieder finde ich die Ansicht, stärker als der Tod sei die Frau. Denn: Sie ist ein Ring von Belagerungstürmen und ihr Herz ist ein Fangnetz, Fesseln sind ihre Arme. Wem Gott wohlwill, der kann sich vor ihr retten, wessen Leben verfehlt ist, wird von ihr eingefangen.« Buch der Sprichwörter 11, 22: »Ein goldener Ring im Rüssel eines Schweins ist ein Weib, schön, aber sittenlos.«

Noch drastischer kommt die Wertlosigkeit einer Frau als Mensch in folgendem Text zum Ausdruck. Ein Levit (Geistlicher) reist mit seiner Nebenfrau (Geliebten) durch Gibea und findet nächtlichen Unterschlupf bei einem gastfreundlichen alten Mann. Sie nehmen gemeinsam das Abendessen ein:

Buch der Richter, Kap. 19, 22-26: »Während sie sich's nun wohl sein ließen, umringten plötzlich einige Männer aus der Stadt, übles Gesindel, das Haus, schlugen an die Tür und sagten zu dem alten Mann, dem Besitzer des Hauses: Bring den Mann heraus, der in dein Haus gekommen ist; wir wollen unseren Mutwillen mit ihm treiben. Der Besitzer des Hauses ging zu ihnen hinaus und sagte zu ihnen: Nein, meine Brüder, so etwas Schlimmes dürft ihr nicht tun. Dieser Mann ist als Gast in mein Haus gekommen; darum dürft ihr keine solche Schandtat begehen. Da ist meine jungfräuliche Tochter und seine Nebenfrau. Sie will ich zu euch hinausbringen; ihr könnt sie euch gefügig machen und mit ihnen tun, was euch gefällt. Aber an diesem Mann dürft ihr keine solche Schandtat begehen. Doch die Männer wollten nicht auf ihn hören. Da ergriff der Levit seine Nebenfrau und brachte sie zu ihnen auf die Straße hinaus. Sie missbrauchten sie und trieben die ganze Nacht hindurch bis zum Morgen ihren Mutwillen mit ihr. Sie ließen sie erst gehen, als die Morgenröte heraufzog.«

Das Drama endet mit dem Tod der jungen Frau. Welch groteske Moral kommt hier (zum wiederholten Male) zum Vorschein: Der Gast, ein Mann, genießt allen Schutz, eine Frau hat als Objekt zur Verfügung zu stehen und ist offenbar absolut rechtlos. Im Text findet sich kein bedauernder Kommentar zu der frauenverachtenden Haltung der beiden Männer, in deren Obhut die Frauen sich befanden. Die Botschaft ist hier so eindeutig wie das im 10. Gebot auch zum Ausdruck kommt: »Weib, Sklave, Rind oder Esel und jeglicher Besitz« sind eben Sachen. Die Bibel als moralisches Vorbild, gar Fundament unserer Werteordnung? Welche Zumutung steckt in dieser Vorstellung!

Das Neue Testament zeichnet auch kein Bild der Gleichberechtigung oder gar wertschätzenden Gleichrangigkeit. Unter den zwölf Aposteln ist bekanntlich keine Frau, aber immerhin umgab sich Jesus mit Frauen, was wohl damals eher ungewöhnlich war; allerdings – wie es heißt – mit wohlhabenden. Ansonsten wird die Frauenrolle in den Texten des Neuen Testaments nur vergleichsweise selten thematisiert.

1. Korinther 11, 8-9: »Denn der Mann stammt nicht von der Frau, sondern die Frau vom Mann. Der Mann wurde auch nicht für die Frau geschaffen, sondern die Frau für den Mann.« Kapitel 14, 33-36: »Wie es in allen Gemeinden der Heiligen üblich ist, sollen die Frauen in der Versammlung schweigen; es ist ihnen nicht gestattet zu reden. Sie sollen sich unterordnen, wie auch das Gesetz es fordert. Wenn sie etwas wissen wollen, dann sollen sie zu Hause ihre Männer fragen; denn es gehört sich nicht für eine Frau, vor der Gemeinde zu reden. Ist etwa das Gotteswort von euch ausgegangen?«

1. Timotheus 2, 11-15: »Eine Frau soll sich still und in aller Unterordnung belehren lassen. Dass eine Frau lehrt, erlaube ich nicht, auch nicht, dass sie über ihren Mann herrscht; sie soll sich still verhalten. Denn zuerst wurde Adam erschaffen, danach Eva. Und nicht Adam wurde verführt, sondern die Frau ließ sich verführen und übertrat das Gebot. Sie wird aber dadurch gerettet werden, dass sie Kinder zur Welt bringt, wenn sie in Glaube, Liebe und Heiligkeit ein besonnenes Leben führt.«

Titus 2, 3-5: »Ebenso seien die älteren Frauen würdevoll in ihrem Verhalten, nicht verleumderisch und nicht trunksüchtig; sie müssen fähig sein, das Gute zu lehren, damit sie die jungen Frauen dazu anhalten können, ihre Männer und Kinder zu lieben, besonnen zu sein, ehrbar, häuslich, gütig und ihren Männern gehorsam, damit das Wort Gottes nicht in Verruf kommt.« 1. Petrus 3, 1: »Ebenso sollt ihr Frauen euch euren Männern unterordnen, damit auch sie, falls sie dem Wort (des Evangeliums) nicht gehorchen, durch das Leben ihrer Frauen ohne Worte gewonnen werden, wenn sie sehen, wie ehrfürchtig und rein ihr lebt.«

Nun sagt man mir, dass solche Texte heute so nicht mehr gelesen werden dürften, sie seien aus der damaligen Kultur heraus zu verstehen, sie bedürften der Übertragung in die heutige Zeit. Ich will gern einräumen, dass so manches Wort, so manches Bild und so manche Passage der alten biblischen Texte eine neuzeitliche Interpretation erlauben, ohne dass der Kern ihrer Aussage verloren geht. Die biblischen Texte zur Rolle der Frau aber müssten in ihrer Aussage in das glatte Gegenteil verbogen werden, wenn sie aufgeklärtem Denken genügen sollten. Eine solche Form der Interpretation aber wäre nichts anderes als Verdrehung und Verfälschung. Wer sich erlaubt, diese biblischen Texte so großzügig zu deuten, wird einfach unehrlich und unglaubwürdig. Selbst das Berücksichtigen der damaligen zeitlichen beziehungsweise kulturellen Umstände bei der Deutung der biblischen Texte zur Rolle der Frau kann redlicherweise nicht zu einer vollständigen Umkehrung der ursprünglich sehr eindeutigen Aussage führen. (Ganz ähnlich doppelzüngig gehen heutige Verteidiger des Islam vor, wenn sie zum Beispiel die nach dem Koran zugelassene Gewalt gegen die eigene Ehefrau »anpassen und modern umdeuten«!)

Nicht zuletzt hat der bibelkundige und bibeltreue MARTIN LUTHER (1483-1546) in Predigten und Tischreden zum Ausdruck gebracht, welche

Rolle der Frau aus theologischer Sicht zugedacht sei. Zwei viel zitierte Äußerungen seien hier wiedergegeben:

> »Der Tod im Kindbett ist nichts weiter als ein Sterben im edlen Werk und Gehorsam Gottes. Ob die Frauen sich aber auch müde und zuletzt tot tragen, das schadet nichts. Lass sie nur tot tragen, sie sind darum da.« / »Die größte Ehre, die das Weib hat, ist allzumal, dass die Männer durch sie geboren werden.«

Und verbirgt sich hinter den Begriffen »Unbefleckte Empfängnis« und »Jungfrauengeburt« indirekt nicht auch eine Abwertung der weiblichen Sexualität, so als ob Liebesakt und Geburt etwas Unanständiges, gar Schmutziges seien? Nur die Jungfrau gilt als rein, die »normale« Frau ist es offenbar nicht. Vom Mann gibt es übrigens keine einschränkenden Attribute, die ihn abwerten könnten. Er gilt der Bibel offenbar als vollkommener Mensch.

Nicht nur die Rolle der Frau ist über die Jahrhunderte durch die Bibel sehr negativ beeinflusst worden. Auch die biblischen Normen der Erziehung von Jungen und Mädchen sind in erschütternder Weise bis in die jüngste Vergangenheit wirksam gewesen.

> 5. Buch Mose, Kap. 21, 18-21: »Wenn ein Mann einen störrischen Sohn hat, der nicht auf die Stimme seines Vaters und seiner Mutter hört, und wenn sie ihn züchtigen und er trotzdem nicht auf sie hört, dann sollen Vater und Mutter ihn packen, vor die Ältesten der Stadt und die Torversammlung des Ortes führen und zu den Ältesten der Stadt sagen: Unser Sohn ist störrisch und widerspenstig, er hört nicht auf unsere Stimme, er ist ein Verschwender und Trinker. Dann sollen alle Männer der Stadt ihn steinigen und er soll sterben. Du sollst das Böse aus deiner Mitte wegschaffen. …«

> Buch der Sprichwörter (Sprüche Salomons), Kap. 13, 24: »Wer die Rute spart, hasst seinen Sohn,/ wer ihn liebt, nimmt ihn früh in Zucht.« Kap. 19, 18: »Züchtige deinen Sohn, solange noch Hoffnung ist,/ doch lass dich nicht hinreißen, ihn zu töten.«

> Brief an die Hebräer, Kap. 12, 4-11 (überschrieben: Die Züchtigung als Zeichen väterlicher Liebe): *»Mein Sohn, verachte nicht die Zucht des Herrn,/ verzage nicht, wenn er dich zurecht weist. Denn wen der Herr liebt, den züchtigt er;/ er schlägt mit der Rute jeden Sohn, den er gern hat.* Haltet aus, wenn ihr gezüchtigt werdet. Gott behandelt euch wie Söhne. Denn wo ist ein Sohn, den sein Vater nicht züchtigt? Würdet ihr nicht gezüchtigt, wie es doch allen bisher ergangen ist, dann wäret ihr nicht wirklich seine Kinder, ihr wäret nicht seine Söhne. Ferner: An unseren leiblichen Vätern hatten wir harte Erzieher und wir achteten sie. Sollen wir uns dann nicht erst recht dem Vater der Geister unterwerfen und so das Leben haben? Jene haben uns für kurze Zeit nach ihrem Gutdünken in Zucht genommen; er aber tut es zu unserem Besten, damit wir Anteil an seiner Heiligkeit gewinnen. Jede Züchtigung scheint zwar für den Augenblick nicht Freude zu bringen, sondern Schmerz; später aber schenkt sie denen, die durch diese Schule gegangen sind, als Frucht den Frieden und die Gerechtigkeit.« (Hervorhebungen im Original)

Ich selbst habe noch in meiner Schulzeit bis in die frühe Nachkriegszeit solche prügelnden Erzieher erlebt, und nicht selten wurden diese Züchtigungsaktionen mit einer solchen sadistischen Lust ausgeführt, dass die Rohrstöcke zerbrachen. In dem Film »Das weiße Band« (2009) des Regisseurs Michael Haneke wird geschildert, wie norddeutsche Kinder in der Zeit um 1913/14 aufwuchsen. Der Film beschreibt ein Klima, das von Einschüchterung, Gewalt und Schuldgefühlen gekennzeichnet war, besonders geprägt durch die bestimmende Rolle des sittenstrengen Pastors. Über Jahrhunderte rechtfertigten, ja bekräftigten die oben zitierten Bibelworte das gewalttätige Erziehungsverhalten von Eltern, Pfarrern, Lehrern und Vorgesetzten. Obige Auszüge fügen sich nahtlos ein in den Geist von Gewalt, Über- und Unterordnung und gnadenloser Bestrafung bei Verletzung der angeblich göttlichen Normen, den die Bibel in weiten Teilen durchzieht. In welchem erschreckenden Ausmaß körperliche und seelische Gewalt noch im Nachkriegsdeutschland gegenüber Kindern und Jugendlichen ausgeübt wurde, kam jüngst im Zusammenhang mit der so genannten Heimkinderproblematik ans Tageslicht. Bezeichnend ist auch hier, dass etwa zwei Drittel der Heime unter kirchlicher Verantwortung standen. Letztlich ging es immer darum, den Willen junger Menschen zu brechen, um sie im Sinne der jeweils herrschenden, meist kirchlich-staatlichen Ideologie gefügig zu machen.

Wenden wir uns abschließend den nur als maßlos zu bezeichnenden Strafandrohungen und den ebenso nur zügellos und barbarisch zu nennenden Gewaltdarstellungen zu, wie sie im Neuen Testament, dem eigentlich als ethisch höher stehend empfundenen Teil der Bibel, zum Ausdruck kommen. Der Vorwurf maßloser, geradezu ungeheuerlicher Strafandrohung ist Jesus zu machen. Immer wieder spricht er davon, dass dem Ungläubigen ewige Verdammnis und ewige Höllenstrafen drohen. Was er damit meint, sagt zum Beispiel das Markus-Evangelium sehr deutlich:

> Markus 9, 43 und 47: »Wenn dich deine Hand zum Bösen verführt, dann hau sie ab; es ist besser für dich, verstümmelt in das Leben zu gelangen, als mit zwei Händen in die Hölle zu kommen, in das nie erlöschende Feuer. ... Und wenn dich dein Auge zum Bösen verführt, dann reiß es aus; es ist besser für dich, einäugig in das Reich Gottes zu kommen, als mit zwei Augen in die Hölle geworfen zu werden, *wo ihr Wurm nicht stirbt und das Feuer nicht erlischt.*« (Hervorhebung so im Originaltext der Einheitsübersetzung!)

Viele von uns haben sich im Laufe ihres Lebens daran gewöhnt, die Begriffe »ewige Verdammnis« und »ewige Hölle« mehr oder weniger als abstrakte Drohungen wahrzunehmen. Über Jahrhunderte und für unzählige Menschen bis heute werden diese Strafandrohungen aber so wörtlich genommen, wie sie in den Evangelien auch gemeint sind. Die psychologische Wirkung auf vor allem Kinder war und ist von einem verheerendem Ausmaß. Aber auch erwachsene Menschen, die sich instinktiv gegen einen solchen Angst verbreitenden Glauben wenden, deren Kraft und Mut aber nicht ausreicht, dem massiven psychologischen und gesellschaftlichen Druck durch Schule, Kirche und Tradition zu widerstehen, drohen, daran seelisch zu zerbrechen. In Mittel- und Nordeuropa mögen sich wohl schon die meisten Menschen von der Vorstellung einer brennenden Hölle als Ort ewiger Verdammung befreit haben, in sehr vielen anderen, christlich dominierten Regionen dieser Welt hat diese biblische Drohung noch nichts von ihrer Wirkung eingebüßt.[15]

Alles was Menschen an Grausamkeiten angetan werden kann von Folter über Verstümmelung und Verbrennen bei lebendigem Leib verblasst gegen diese göttliche Strafe. Alles was Menschen an Schlimmstem je erleiden mussten, endete schließlich mit einem gnädigen Tod. Jesus dagegen droht mit nie endenden, ewig andauernden extremen Feuerqualen. Schon SCHOPENHAUER soll empört gewesen sein über die absolute Unverhältnismäßigkeit der Bestrafung eines Vergehens in einem kurzen Leben mit ewigem Feuer. In der Offenbarung des Johannes ist die Rede davon, dass Menschen angesichts der ungeheuren zu erleidenden Qualen sich den Tod wünschten, aber – so lautet die zynische Antwort – sie können nicht sterben, sie müssen alles ewiglich ertragen. Die darstellende Kunst tat ein übriges, diese Höllenqualen so anschaulich und drastisch wie möglich den Menschen als stete Mahnung vor Augen zu führen.

Auch hier ist wieder auf die Unehrlichkeit der Kirchen zu verweisen. Evangelische Pfarrer winden sich und vermeiden es möglichst, diese Thematik konkret zu erörtern. Bei hartnäckigem Nachfragen wird die Hölle eher als Ort größtmöglicher Ferne von Gott gedeutet. Der aktuelle Katechismus der katholischen Kirche spricht ebenfalls absolut verharmlosend von der Hölle als einem »Zustand der endgültigen Selbstausschließung aus der Gemeinschaft mit Gott und den Seligen ... Die schlimmste Pein der Hölle besteht in der ewigen Trennung von Gott, in dem allein der Mensch das Leben und das Glück finden kann ...«[16] Dagegen äußert sich Jesus ganz unmissverständlich – und Millionen und Abermillionen Menschen sind über zwei Jahrtausende an dieser drohenden Botschaft seelisch fast zugrunde gegangen. Er hat es eben nicht metaphorisch, sondern ganz realistisch gemeint, zum Beispiel in

> Matthäus 13, 41-42: »Der Menschensohn wird seine Engel aussenden und sie werden aus seinem Reich alle zusammenholen, die andere verführt und Gottes Gesetz übertreten haben, und werden sie in den Ofen werfen, in dem das Feuer brennt. Dort werden sie heulen und mit den Zähnen knirschen.« Matthäus 25, 40-41: »Darauf wird der König ihnen antworten: Amen, ich sage euch: Was ihr für einen meiner geringsten Brüder getan habt, das habt ihr mir getan. Dann wird er sich auch an die auf der

linken Seite wenden und zu ihnen sagen: Weg von mir, ihr Verfluchten, in das ewige Feuer, das für den Teufel und seine Engel bestimmt ist.«

Lukas 16, 22-24: »... Auch der Reiche starb und wurde begraben. In der Unterwelt, wo er qualvolle Schmerzen litt, blickte er auf und sah von weitem Abraham, und Lazarus in seinem Schoß. Da rief er: Vater Abraham, hab Erbarmen mit mir und schick Lazarus zu mir; er soll wenigstens die Spitze seines Fingers ins Wasser tauchen und mir die Zunge kühlen, denn ich leide große Qualen in diesem Feuer.«

Bemerkenswert auch hier, dass die Einheitsübersetzung oft verharmlosend von Unterwelt spricht, wo es in der weit verbreiteten Luther-Bibel noch Hölle heißt. Wer die Botschaft von Jesus nicht annehmen will, dem wird mit Verdammnis und Hölle gedroht. Er sagt zu seinen Jüngern:

Matthäus 10, 14-15: »Wenn man euch aber in einem Haus oder in einer Stadt nicht aufnimmt und eure Worte nicht hören will, dann geht weg und schüttelt den Staub von euren Füßen. Amen, das sage ich euch: Dem Gebiet von Sodom und Gomorra wird es am Tag des Gerichts nicht so schlimm ergehen wie dieser Stadt.«

Die Schriftgelehrten und Pharisäer warnt er nachdrücklich:

Matthäus 23, 32-33: »Macht nur das Maß eurer Väter voll! Ihr Nattern und Schlangenbrut! Wie wollt ihr dem Strafgericht der Hölle entrinnen?«

Diese göttlichen Strafen werden an vielen Stellen des Evangeliums angedroht. Selbst in der ihrer vermeintlichen Ethik wegen so geschätzten Bergpredigt werden für vergleichsweise geringfügige Vergehen wie das Beschimpfen des Bruders als »(gottlosen) Narren« oder das »lüsterne Ansehen einer Frau« das »Feuer der Hölle« als adäquate Strafe angesehen (Matth. 5, 21-30). An diese Unverhältnismäßigkeit und Maßlosigkeit der Bestrafung durch einen »liebenden und gnädigen Gott« haben wir uns offenbar so gewöhnt, dass sie uns überhaupt nicht mehr auffallen. Im täglichen Leben würden wir uns aufbäumen und in unbändigem Zorn gegen eine solche Justiz anrennen. Offensichtlich ist dieses Moralsystem zu einem Zeitpunkt in uns eingepflanzt worden, als das gläubige Vertrauen in die Vorgaben von Eltern und Pfarrern noch grenzenlos war und die intellektuelle Möglichkeit zu geistigem Widerstand noch fehlte. Inzwischen ist diese religiöse Moral den meisten zu einem nicht mehr hinterfragten, unbewussten, aber nach wie vor wirksamen geistigen Besitz geworden.

Den Höhepunkt an sadistischen Vergeltungsaktionen und Strafandrohungen für den Fall ungläubigen und gottlosen Verhaltens stellt zweifellos die Offenbarung des Johannes dar. Die dort ausgebreiteten Bestrafungsorgien dürften in der Weltliteratur einmalig sein, lediglich im Koran habe ich ähnliche Stellen gefunden. Für die Kirchen stellt noch heute diese prophetische Schrift des Neuen Testaments »das große Trost- und Mahnbuch« dar und

»Zeugnis des unerschütterlichen Glaubens an den Sieg Christi und seiner Getreuen« (Kommentar zur Einheitsbibel).

Bevor ich die folgenden Zeilen schrieb, hatte ich den Text der Offenbarung noch einmal gelesen. Mein bisher schon bestehender Eindruck, dass es sich – ich sage es ganz vorsichtig und neutral – um eine schwer verständliche und von der Aussage her beklemmende Schrift handelt, wurde erneut bestätigt. Angemerkt sei auch hier, dass es mir nicht so sehr um eine Gesamtbewertung des Textes geht, sondern um die »Moral«, die sich in dem Text zeigt. Dies wiederum vor dem Hintergrund der Frage, ob es sich um eine Schrift handeln könnte, die vom Heiligen Geist inspiriert Gottes Wort darstellt. Schauen wir uns also anhand von Textausschnitten an, wie »glaubwürdig« der Anspruch ist, dass es sich auch hier um ein göttlich-heiliges Dokument handelt.

Das gnädige Vergeben, »so wie auch wir vergeben unseren Schuldigern«, scheint nicht die Sache dieses hier auftretenden Gottes zu sein. Im Gegenteil – der Wunsch nach Rache und Vergeltung wird selbstverständlich akzeptiert, wenn auch wie im folgenden Beispiel kurzfristig noch verschoben:

> Offenbarung 6, 9-11: »Als das Lamm das fünfte Siegel öffnete, sah ich unter dem Altar die Seelen aller, die hingeschlachtet worden waren wegen des Wortes Gottes und wegen des Zeugnisses, das sie abgelegt hatten. Sie riefen mit lauter Stimme: *Wie lange* zögerst du noch, Herr, du Heiliger und Wahrhaftiger, *Gericht zu halten und unser Blut* an den Bewohnern der Erde *zu rächen?* Da wurde jedem von ihnen ein weißes Gewand gegeben; und ihnen wurde gesagt, sie sollten noch kurze Zeit warten, bis die volle Zahl erreicht sei durch den Tod ihrer Mitknechte und Brüder, die noch sterben müssten.« (Hervorhebungen in der Einheitsübersetzung)

Bemerkenswert ist hier, ganz nebenbei gesagt, die göttliche Planung, die die Zahl der Märtyrer vorab schon festgelegt hat. Wie sich das logisch mit der freien Willensentscheidung des Einzelnen verträgt, bleibt hier – wie an so vielen Stellen der Bibel – das Geheimnis Gottes oder der Autoren.

> Offenbarung 8, 7-11: »Der erste Engel blies eine Posaune. Da fielen Hagel und Feuer, die mit Blut vermischt waren, auf das Land. Es verbrannte ein Drittel des Landes, ein Drittel der Bäume und alles grüne Gras. Der zweite Engel blies seine Posaune. Da wurde etwas, das einem großen *brennenden Berg* glich, ins Meer geworfen. Ein Drittel des Meeres wurde zu *Blut.* Und ein Drittel der Geschöpfe, die im Meer leben, kam um und ein Drittel der Schiffe wurde vernichtet. Der dritte Engel blies seine Posaune. Da fiel ein großer Stern vom Himmel; er loderte wie eine Fackel und fiel auf ein Drittel der Flüsse und auf die Quellen. Der Name des Sterns ist ›Wermut‹. Ein Drittel des Wassers wurde bitter und viele Menschen starben durch das Wasser, weil es bitter geworden war.« (Hervorhebung im Original!)

> Offenbarung 9, 3-6: »Aus dem Rauch kamen Heuschrecken über die Erde und ihnen wurde Kraft gegeben, wie sie Skorpione auf der Erde haben. Es wurde ihnen gesagt,

sie sollten dem Gras auf der Erde, den grünen Pflanzen und den Bäumen keinen Schaden zufügen, sondern nur den Menschen, die das Siegel Gottes nicht auf der Stirn haben. Es wurde ihnen befohlen, die Menschen nicht zu töten, sondern nur zu quälen, fünf Monate lang. Und der Schmerz, den sie zufügen, ist so stark, wie wenn ein Skorpion einen Menschen sticht. In jenen Tagen werden die Menschen den Tod suchen, aber nicht finden; sie werden sterben wollen, aber der Tod wird vor ihnen fliehen.« (Hervorhebungen im Original!)

Offenbarung 9, 15-18: »Da wurden die vier Engel losgebunden, die auf Jahr und Monat, auf Tag und Stunde bereitstanden, um ein Drittel der Menschheit zu töten. Und die Zahl der Reiter dieses Heeres war vieltausendmal tausend; diese Zahl hörte ich. Und so sahen die Pferde und die Reiter in der Vision aus: Sie trugen feuerrote, rauchblaue und schwefelgelbe Panzer. Die Köpfe der Pferde glichen Löwenköpfen und aus ihren Mäulern schlug Feuer, Rauch und Schwefel. Ein Drittel der Menschen wurde durch diese Plagen getötet, durch Feuer, Rauch und Schwefel, die aus ihren Mäulern kamen.«

Offenbarung 14, 9-11: »Ein anderer Engel, ein dritter, folgte ihnen und rief mit lauter Stimme: Wer das Tier und sein Standbild anbetet und wer das Kennzeichen auf seiner Stirn oder seiner Hand annimmt, der muss *den Wein des Zornes* Gottes trinken, der unverdünnt *im Becher seines Zorns gemischt ist.* Und er wird mit *Feuer und Schwefel* gequält vor den Augen der heiligen Engel und des Lammes. *Der Rauch* von ihrer Peinigung *steigt auf in alle Ewigkeit* und alle, die das Tier und das Standbild anbeten und die seinen Namen als Kennzeichen annehmen, werden bei Tag und Nacht keine Ruhe haben.« (Hervorhebungen im Original!)

Offenbarung 16, 3-10: »Der zweite Engel goss seine Schale über das Meer. Da *wurde es zu Blut*, das aussah wie das Blut eines Toten; und alle Lebewesen im Meer *starben.* Der dritte goss seine Schale über die *Flüsse* und Quellen. *Da wurde* alles *zu Blut.* Und ich hörte den Engel, der die Macht über das Wasser hat, sagen: *Gerecht bist du*, der du bist und der du warst, du *Heiliger*, denn damit hast du ein gerechtes Urteil gefällt. *Sie haben das Blut* von Heiligen und Propheten *vergossen*; deshalb hast du ihnen *Blut zu trinken* gegeben, so haben sie es verdient. Und ich hörte eine Stimme vom Brandopferaltar her sagen: Ja, Herr, Gott und Herrscher über die ganze Schöpfung. *Wahr und gerecht sind deine Gerichtsurteile.* Der vierte Engel goss seine Schale über die Sonne. Da wurde ihr Macht gegeben, mit ihrem Feuer die Menschen zu verbrennen. Und die Menschen verbrannten in der großen Hitze. Dennoch verfluchten sie den Namen Gottes, der die Macht über diese Plagen hat. Sie bekehrten sich nicht dazu, ihm die Ehre zu geben. Der fünfte Engel goss seine Schale über den Thron des Tieres. *Da kam Finsternis* über das Reich des Tieres und die Menschen zerbissen sich vor Angst die Zunge. Dennoch verfluchten sie den Gott des Himmels wegen ihrer Schmerzen und ihrer Geschwüre; und sie ließen nicht ab von ihrem Treiben.« (Die willkürlich erscheinenden Hervorhebungen so im Original!)

Offenbarung 19, 17-21: »Dann sah ich einen Engel, der in der Sonne stand. Er rief mit lauter Stimme allen Vögeln zu, die hoch am Himmel flogen: Kommt her! *Versammelt euch zum großen Mahl* Gottes! *Fresst Fleisch* von Königen, von Heerführern und *von Helden*, Fleisch *von Pferden* und ihren *Reitern*, Fleisch von allen, von Freien und Sklaven, von Großen und Kleinen! Dann sah ich das Tier und die *Könige der Erde* und ihre Heere versammelt, um mit dem Reiter und seinem Heer Krieg zu führen. Aber das Tier wurde gepackt und mit ihm der falsche Prophet; er hatte vor seinen Augen Zeichen getan und dadurch alle verführt, die das Kennzeichen des Tieres angenommen und sein Standbild angebetet hatten. Bei lebendigem Leib wurden beide in den See von brennendem Schwefel geworfen. Die Übrigen wurden getötet mit dem Schwert, das aus dem Mund des Reiters kam; und *alle Vögel fraßen sich satt an* ihrem *Fleisch.*« (Alle Hervorhebungen so im Original!)

Selbst wenn Johannes – wie der Kommentar zur Einleitung der Offenbarung (Einheitsübersetzung, S. 1384) meint – hier vor allem Bilder, Symbole und allegorische Szenen verwendet, dann bleibt trotz aller Metaphorik festzuhalten, dass hier eine nicht mehr zu steigernde Menschenverachtung zu Tage tritt, die selbst in unserer jüngsten Geschichte ihresgleichen sucht. Schon Jesus prophezeite in dem oben schon zitierten Matthäus Kapitel 25, Vers 31-46, insbesondere 41, ein »endzeitliches Ausschwitz«, wo an einer himmlischen Rampe die Menschen nach gut und böse, gläubig und ungläubig selektiert und in den meisten Fällen (»nur wenige sind ausersehen«) für das ewige Feuer bestimmt werden. Eigentlich doch ungeheuerlich, was hier in Gottes Namen gesagt und verkündet wird.

Fürwahr, die Offenbarung ist ein bemerkenswertes »Trostbuch«. Natürlich – so werde ich umgehend belehrt – trifft dieses Inferno nur die Ungläubigen. Wahrhaft gerecht! Da können die Gläubigen aber froh sein, dass sie dereinst nicht »mit Feuer und Schwefel vor den Augen der heiligen Engel ... gequält werden« (Offenbarung 14, 10!). Früher hätte man gesagt, »Gott bewahre uns« vor einer solchen gewalttätigen Macht. Heute kann ich dazu nur sagen, an eine so wirre und abstruse Prophezeihung und an einen solchen blutrünstigen und mitleidslosen Gott zu glauben, verbietet mir mein Verstand.[17]

Mir ist es unbegreiflich, wie man an die Bibel als Buch, das an so vielen Stellen von einer solch inhumanen Denkweise geprägt ist, als von göttlicher Autorität inspiriert und als Grundlage moralischen Verhaltens bezeichnen kann. Wer in Kenntnis dieser und vieler anderer vergleichbarer, aus bloßem Platzmangel hier nicht wiedergegebener Stellen diese Texte nach wie vor als Gottes Wort ansieht, ist in meinen Augen entweder ein Zyniker oder ihm fehlt es an Mut und Verstand zu begreifen, was hier an prägender Unmoral seit Jahrtausenden und in Millionen und Abermillionen Buchexemplaren verbreitet wurde.

Auch wenn so manches in der Bibel Dargestellte auf Ereignisse zurückgehen mag, die sich tatsächlich so oder ähnlich abgespielt haben, heißt das doch noch lange nicht, dass *alles* wahr sein muss und dass vor allem der rein religiös-glaubensmäßige Anteil Wahrheitsgehalt beanspruchen kann. Selbst die unbestreitbare Tatsache, dass die Aussagen bestimmter Teile dieses Buches unzähligen Menschen in Not und Verzweiflung hilfreiche Tröstung geboten haben, stellt keinen Wahrheitsbeweis dar. Der Vorwurf, ich hätte einfach nicht verstanden, welch unermesslicher Schatz an göttlicher Weisheit und auch mich erlösender Botschaft in dieser Schrift enthalten sei, beeindruckt mich nicht. Ich werde mich im übernächsten Unterkapitel noch einmal mit dieser Frage befassen.

Der mögliche Einwand, hier eine einseitige Auswahl biblischer Texte getroffen zu haben – er kam schon wiederholt zur Sprache – kann in mehrfacher Hinsicht widerlegt werden. Zunächst ließe sich diese Sammlung angeblich offenbarter Gottesworte fragwürdigen Inhalts fast beliebig fortsetzen, was lediglich aus Platz- und Zumutbarkeitsgründen nicht erfolgt. Daher sei im Falle dieses Vorwurfs empfohlen, sich der Lektüre der Bibel selbst zu widmen, vor allem das Alte Testament und die Offenbarung des Johannes bieten genügend weitere Beispiele, obige Sammlung selbst zu ergänzen! Auf jeden Fall trifft diese nur ausschnitthafte Zitierung den Tenor weiter Teile vor allem des Alten Testaments. Aber selbst die zitierten Stellen genügen meines Erachtens für sich allein schon, den Anspruch der Bibel, als moralischer Leitfaden und normgebende Instanz zu gelten, zurückzuweisen.

Selbstverständlich enthält die Bibel auch Aussagen, die anerkennenswert in ihrer Absicht sind, menschliches Verhalten moralisch so zu beeinflussen, dass wir uns auch heute damit identifizieren können. Worte wie »Wer ohne Schuld ist, der hebe den ersten Stein« oder »Die Rache ist mein, spricht der Herr« oder die Ablehnung des alttestamentarischen Vergeltungsdenkens »Auge um Auge, Zahn um Zahn« durch Jesus zeugen in ihrer zu Frieden und Verständigung aufrufenden Ermahnung davon, dass die Bibel ein Buch ist, das aufgrund seiner Jahrtausende währenden Entstehungszeit auch kulturelle Schätze bedeutender Art enthält. Diese zweifellos ebenfalls vorhandenen Bibelstellen, denen ein auch unseren heutigen Moralvorstellungen entsprechender Rang nicht abzusprechen ist, können die archaisch-inhumanen und fragwürdigen Teile innerhalb dieser »unheiligen Schrift« jedoch in keiner Weise aufwiegen. Es macht doch auch einen Raubmörder nicht zu einem Heiligen, wenn man erfährt, dass er mit einem Teil des erbeuteten Geldes ein Waisenhaus finanziert. Soll sagen, dass es die Qualität bestimmter Aussagen oder Taten nicht zulässt, durch andere relativiert oder gar aufgehoben zu werden.

Das Nebeneinander von Aussagen unterschiedlichster moralischer Qualität erhärtet die für mich schon lange bestehende Überzeugung, dass die Bibel reines Menschenwerk ist, verfasst von Menschen unterschiedlichster moralischer Natur und Absicht. Was schließlich die selektive Vorgehensweise bei der hier getroffenen Auswahl betrifft, so kopiert sie lediglich die in Schule, Konfirmandenunterricht und Predigt seit jeher übliche Methode, allerdings mit umgekehrten Vorzeichen und verhält sich damit in legitimer Weise kompensatorisch. Ich habe während meines bisherigen Lebens keine der hier von mir zitierten fragwürdigen Bibelstellen zu Gehör bekommen, lediglich die Geschichte von Abraham und seinem Sohn Isaak war mir vorher schon bekannt. Selbst wenn vieles des in der Bibel Stehenden nicht wörtlich genommen würde, am Geist dieser Texte, an der Moral dieses überkommenen, vorzeitlichen Weltbildes, das in den Kategorien von blindem Gehorsam und würdeloser Unterwürfigkeit, von gnadenloser Trennung von Gläubigen und Ungläubigen, von gewalttätiger Rache und ewiger Vergeltung denkt, würde sich dennoch nichts ändern.

Nicht Hochmut des heute Lebenden, der wie selbstverständlich die Früchte der Aufklärung genießt, spricht aus diesen meinen Worten. Es ist die Empörung über jene, die meinen, uns eine solche überkommene, steinzeitliche Moral als Quelle und Basis unseres Wertesystems verkaufen zu können. Empörend finde ich auch die Doppelzüngigkeit der heutigen Theologie. Die historisch-kritische Bibelwissenschaft hat längst herausgefunden, dass nur Bruchteile des Alten und des Neuen Testaments auf geschichtlichen Fakten beruhen, dass insbesondere das neue Testament nachweislich eine Fülle von Fälschungen enthält und dass von Jesus praktisch keine belastbaren geschichtlichen Spuren existieren, von Belegen seiner Wiederauferstehung und Himmelfahrt ganz zu schweigen. Dennoch wird von den Kanzeln wider besseren Wissens ungerührt behauptet, dass die Bibel Gottes Wort sei und die Wahrheit und nichts als die Wahrheit verkünde.

Mag sein, dass die Bibel insgesamt ein differenzierteres Urteil verdient, als ich es hier formuliere. An meiner grundsätzlichen Ablehnung dieses Konglomerats von Mythen, Kriegsberichten, Phantasien, Ausschweifungen, Strafandrohungen, Vergeltungsaktionen, Verboten, Ergebenheitsadressen, durchsetzt von Lebensweisheiten und Verhaltensvorschriften als angebliches Wort Gottes, würde sich mit Sicherheit nichts ändern.

An dieser Stelle höre ich dann oft das Argument, dass man die Bibel eben nicht so buchstabenfixiert lesen dürfe, vielmehr sei zu berücksichtigen, dass in ihr vielfach in Bildern und Allegorien im Verständnis der damaligen Zeit gesprochen werde und dass manches einfach als interpretationsbedürftige Dichtung zu verstehen sei. Solche Auffassung – so würde ich darauf antworten – mag moderner Theologensicht entsprechen. Über fast zwei Jahrtausende jedoch haben die Menschen das so geglaubt, wie es geschrieben steht (beziehungsweise ihnen vorgelesen wurde) und auch wörtlich gemeint war. Und die meisten Menschen verstehen die Bibel – wenn sie denn in ihr lesen – auch heute noch so. Deswegen ist meines Erachtens nicht maßgebend, was moderne Textdeutung heute hineininterpretiert, sondern allein das, was Menschen ohne diese Interpretationsmuster diesem Text unmittelbar entnehmen. Denn Lehre, Praxis und Macht des Christentums wurden und werden durch den Originaltext der Bibel bestimmt und geformt und nicht durch das, was moderne Theologen an Interpretationen entwickelt haben oder an zeitgeistiger Deutung uns anbieten.

Auch heißt es oft, man dürfe die Aussagen der Bibel nicht mit heutigen Maßstäben beurteilen, man müsse vielmehr den geschichtlichen Rahmen dieser Zeit berücksichtigen. Die Menschenrechte, die wir als Leitbild immer vor Augen hätten, seien schließlich ein Ergebnis erst der jüngeren Zeit, deshalb sei es unangebracht, an die Texte der Bibel mit diesen heutigen Kriterien heranzugehen. Das ist gewiss richtig. Dennoch war bestimmt auch damals schon das von Gott befohlene Pfählen von Andersgläubigen (Num 25, 1-5) ein Akt schlimmster Barbarei und das Zerschmettern unschuldiger Kinder an Felsen (Psalmen 137, 8-9) nichts anderes als elender Mord. Und im Übrigen: Gott als angeblicher Autor der biblischen Worte hätte es in seiner Allwissenheit und Zeitlosigkeit auch damals schon besser wissen können!

Die Bibel ist eben ein Produkt einer Zeit, in der ein Menschenleben noch keinen besonders hohen Stellenwert hatte und die Menschenrechte eine Thematik war, die außerhalb des damaligen Denkens lag. Die Menschenrechte, wie wir sie heute verstehen, wurden vielmehr erst in den Zeiten der Aufklärung aufgrund des eklatant inhumanen Verhaltens der Kirche in einem verzweifelten Ringen gegen die Modelle des Christentums und gegen die Machtansprüche eben dieser Kirche nach und nach formuliert und durchgesetzt. Genau aber aus diesem historischen Grund kann und darf die Bibel nicht Norm und Grundlage einer heute gültigen Moral sein.

Die katholische Kirche hat die Menschenrechte als »unselige Ideen der Moderne« noch im 19. Jahrhundert bekämpft. Erst auf dem Zweiten Vatikanischen Konzil (1962-1965) rang sich die katholische Kirche zur Anerkennung eines ganz zentralen Menschenrechts durch, nämlich der Religionsfreiheit, einschließlich der damit verbundenen Gedanken- und Gewissensfreiheit. Dieser Meinungswechsel erfolgte gewiss nicht freiwillig, er war dem Druck der Entwicklung geschuldet, wollte die Kirche nicht noch weiter hinter den inzwischen anerkannten ethisch-moralischen Maßstäben der westlichen Welt zurückbleiben. Der Münchener protestantische Theologe FRIEDRICH WILHELM GRAF (*1948) äußerte vor kurzem in der Süddeutschen Zeitung: »Der moderne Verfassungsstaat, und speziell der Rechtsstaat in Deutschland, ist weithin *gegen die Kirchen* durchgesetzt worden. So wurde etwa noch weit bis in die fünziger Jahre in den Diskursen beider großen Kirchen der Begriff ›Menschenrechte‹ eher kritisch gesehen als liberalistische Verirrung des modernen Menschen.«[18]

Ich möchte mit einem Zitat schließen, das ich dem Buch von FRANZ BUGGLE (*1933): »Denn sie wissen nicht, was sie glauben – Oder warum man redlicherweise nicht mehr Christ sein kann« entnommen habe. Wesentlich ausführlicher als ich es hier konnte und wollte, befasst er sich als Professor für Psychologie mit den Leitvorstellungen und Normen, die die Kirche ihren Gläubigen als Gottes Wort verkündet. Seine sehr differenzierte und zugleich sehr sachliche Analyse kommt zu einem vernichtenden Urteil:

> »Einen Gott, der Eroberungskriege inklusive der ausdrücklich angeordneten Hinschlachtung von Kindern, Frauen und Greisen befiehlt, der eine inhuman grausame Blutjustiz immer wieder eindringlich fordert und die extrem grausame Hinrichtung seines eigenen Sohnes als Sühneopfer ausdrücklich wünscht, der Teilgruppen und Minderheiten wie etwa Frauen und Sklaven diskriminiert, der die Ausrottung Andersgläubiger befiehlt, Geisteskrankheit auf Besessenheit zurückführt oder ewige(!) Höllenqualen androht, einen solchen Gott, auch wenn er, extrem widersprüchlich, an anderer Stelle Nächstenliebe, ja sogar Wehrlosigkeit fordert, als höchstes absolutes Vorbild und Verhaltensmodell zu propagieren, scheint (mir) schwer zu rechtfertigen: Die Geschichte hat ja gezeigt, wie sehr der Mensch dann auch darin zum Ebenbild Gottes wurde.«[19]

Am Ende seines Buches kommt BUGGLE zu dem Schluss, dass der Gott der Bibel als Vorbild und Verhaltensmodell in keiner Weise zu rechtfertigen ist. Ich füge hinzu: Dieser Gott und sein Moralsystem sind aus der Perspektive der inzwischen erreichten Humanitätsstandards – wie sie zum Beispiel in der Europäischen Menschenrechtskonvention niedergelegt sind – als das zu bezeichnen, was sie nur sein können: Eine Etappe in der an Stationen und Umwegen reichen Geschichte der Menschheit zu einem wahrhaft menschlichen gesellschaftlichen Miteinander. Denn nicht Gott oder ein heiliger Geist hat die biblischen Texte verfasst, sondern Menschen, die in einem mühsamen, opfervollen und von Rückschlägen gekennzeichneten Prozess sich dem ganz langsam nähern, was dereinst einmal menschliches und faires (= Interessen ausgleichendes) Miteinanderumgehen sein könnte. Das meint, in dem Anderen einen Menschen zu sehen, der im Prinzip die gleichen Wünsche und Bedürfnisse hat wie ich. Den Wunsch nämlich, ein in seinem Sinne erfülltes und geglücktes Leben führen zu können und das Bedürfnis, in der Not nicht allein gelassen zu werden. Und dies immer in dem Wissen, dass der jeweils Andere, wenn auch auf seine Weise, glücklich werden möchte. Dieses zutiefst menschliche und eigentliche Ziel allen gesellschaftlichen Strebens kann ich in der Bibel nicht erkennen. Ihre Ziele sind – vor allem im Neuen Testament – in ihrem ganzen Trachten auf ein erhofftes jenseitiges Glück gerichtet und missachten, dass der Mensch zunächst einmal ein irdisches Wesen ist, mit irdischen Bedürfnissen und irdischen Sehnsüchten.

Eine weitere höchst informative Auseinandersetzung mit der Bibel war mir das Buch von GERD LÜDEMANN: »Das Unheilige in der heiligen Schrift – Die dunkle Seite der Bibel«.[20] Der Autor war bis 1998 Professor für Neues Testament an der Universität Göttingen und wurde – wie bereits erwähnt – einer breiteren Öffentlichkeit durch seine bis heute andauernden schweren Differenzen und mutig ausgetragenen Konflikte mit der evangelischen Amtskirche bekannt. (Siehe auch noch einmal Anmerkung 9!)

2. Die erschütternde Bilanz von 2000 Jahren Christentum

»An ihren Früchten sollt ihr sie erkennen« – ein schöner und vielzitierter Spruch, der im Matthäus-Evangelium steht. Ich möchte das Gleichnis, das diesem inzwischen geflügelten Wort zu Grunde liegt, vollständig zitieren (Luther-Übersetzung):

> Matthäus, Kapitel 7, Vers 16-20: »An ihren Früchten sollt ihr sie erkennen. Kann man auch Trauben lesen von den Dornen oder Feigen von den Disteln? Also ein jeglicher guter Baum bringt gute Früchte; aber ein fauler Baum bringt arge Früchte. Ein guter Baum kann nicht arge Früchte bringen, und ein fauler Baum kann nicht gute Früchte bringen. Ein jeglicher Baum, der nicht gute Früchte bringt, wird abgehauen und ins Feuer geworfen. Darum an ihren Früchten sollt ihr sie erkennen.«

Wenden wir dieses Gleichnis auf das Christentum beziehungsweise die Christen an! Welche Früchte hat der »Baum der christlichen Botschaft« getragen? Nach den Worten von Jesus bringt ein guter Baum gute Früchte hervor, ein schlechter Baum aber schlechte. Und er sagt es noch ausschließlicher: Ein guter Baum kann keine schlechten Früchte hervorbringen und ein schlechter Baum keine guten! Ein Blick auf die Früchte der zweitausendjährigen Geschichte des Christentums müsste Jesus heute wohl veranlassen, diesen Baum abzuhauen und dem Feuer zu übergeben.

Die Scheußlichkeiten des Alten Testaments könnte man im Zweifel noch als Literatur abtun, sie haben sich vielleicht in der Mehrzahl der Fälle doch nur in den Köpfen der Verfasser abgespielt. Die Verbrechen der Kreuzzüge, der Inquisition, der Missionierung Lateinamerikas, der päpstlichen Sklavenhalterei, die jahrhundertelange meist grausame Verfolgung Andersdenkender und Andersgläubiger sind tatsächlich geschehen und mit unfassbaren Leiden von Menschen verbunden, die nur eins wollten: nach ihrer Vorstellung zu leben.

Die unbestreitbare Tatsache, dass die christliche Botschaft bis heute ungezählten Millionen Menschen Trost und Halt bedeutet, kann keine Rechtfertigung sein für die Millionen Opfer, die diese Lehre andererseits im Gefolge hatte. Begründet werden diese Opfer mit der Verpflichtung zur Verteidigung und zum Erhalt der reinen göttlichen Lehre, gefährdet durch Ungläubige und Abtrünnige, verteidigt durch Papst und die heilige Kirche. Das Bewahren der reinen Lehre erkauft durch das Leiden ungezählter entrechteter, gequälter und ermordeter Menschen, das nun mal leider als »Kollateralschaden« unvermeidlich sei? Das an dieser Stelle schnell vorgebrachte Argument, dass nicht Kirche und Christentum hier versagt haben, sondern fehlgeleitete Menschen, die die wahre Botschaft missinterpretiert und verraten hätten, ist im besten Fall als naiv zu bezeichnen und wird noch mehrmals zur Sprache kommen.

Bei aller kritischen Betrachtung soll dabei nicht übersehen werden, welche großartigen und bedeutenden, ja geradezu himmelweisenden kulturellen Leistungen parallel zu dieser Chronik von nicht wieder gut zu machenden, ja im wahrsten Sinne himmelschreienden Verbrechen entstanden sind. Eine moralische Entlastung oder gar Rechtfertigung können die eindrucksvollen Bauten und Skulpturen, wunderschönen Malereien und erhabenen Musikwerke für die ungeheuren Verfehlungen der Kirche jedoch niemals darstellen. Es wäre auf Grund dieser gewiss einmaligen Schöpfungen noch nicht einmal im Ansatz erlaubt, die namens dieses Christengottes begangenen Untaten in einem milderen Licht erscheinen zu lassen.

Nicht genug, dass die Kirche über Jahrhunderte schwere Schuld auf sich geladen hat, sie hat auch dafür gesorgt, dass ihre Verantwortung möglichst vertuscht, bagatellisiert oder durch Geschichtsklitterung anderen in die Schuhe geschoben wurde. Ihr zugefügtes Unrecht dagegen wurde übertrieben und dramatisiert. Denken wir an die Frühzeit des Christentums, dann fällt uns sofort die Christenverfolgung zur Zeit der Römer ein. Spektakuläre Filme wie »Ben Hur« oder »Quo vadis?« haben uns anschaulich vor Augen geführt, welchen barbarischen Verfolgungen die ersten Christen ausgesetzt gewesen sein mochten. Die Kirche und ihre Apologeten haben auf vielerlei Weise dafür gesorgt, dass solch mutiges Bekennertum, das es ganz sicher gegeben hat, uns möglichst oft bewusst gemacht wurde als Beweis für die Kraft dieses Glaubens. Das tatsächliche Ausmaß und die Behauptung, jeder Christ habe zur damaligen Zeit sein Bekenntnis grundsätzlich mit seinem Leben bezahlt, werden in der kirchlichen Geschichtsschreibung aus offenbar propagandistischen Gründen aber stark übertrieben. Unabhängigere geschichtliche Quellen sehen das durchaus anders.[21]

Die Verfolgung der Christen hörte schließlich unter Kaiser Konstantin (er regierte 306-337 n. Chr.) ganz auf. Was die Kirche dagegen beharrlich zu verschweigen oder wenigstens zu verharmlosen versucht, kirchlich nicht gebundene Historiker wie KARLHEINZ DESCHNER (*1924) und andere aber ausführlich dokumentieren, ist die Tatsache, dass nach dem Ende der Christenverfolgung umgekehrt allen Andersgläubigen, vor allem den Juden, bis in die Neuzeit gnadenlos der Kampf angesagt wurde. Die Berichte lassen erkennen, dass diese Verfolgungen an Grausamkeit und Erbarmungslosigkeit tatsächlich ihresgleichen suchen. Zudem dürfte die Zahl dieser Opfer im Bereich des Tausend- bis Zehntausendfachen dessen liegen, was die ersten Christen an Menschenleben zu beklagen hatten.[22] Verbrechen waren diese Verfolgungen – von welcher Seite auch begangen – jedoch allemal. Auch aus damaliger Sicht kann man das Töten eines bloß Andersgläubigen nur als Mord bezeichnen, gleichgültig, ob im Namen eines römischen Kaisers oder im Namen des Christengottes begangen.

Im ganz großen Stil wurde die Abschlachtung – anders kann man es nicht nennen – Andersgläubiger im Rahmen der so genannten Kreuzzüge vollzogen. Das Ziel war, die »entehrten und entweihten heiligen Stätten« von Un- und Andersgläubigen zu befreien. Leitmotive der päpstlichen Kreuzzugspropaganda waren zwei alttestamentarische Bibelstellen, das 1. Buch Samuel, Kapitel 15 und Psalm 79:

> 1. Buch Samuel, Kap. 15, 3: »Darum zieh jetzt in den Kampf und schlag Amalek! Weihe alles, was ihm gehört, dem Untergang! Schone es nicht, sondern töte Männer und Frauen, Kinder und Säuglinge, Rinder und Schafe, Kamele und Esel.« Psalm 79, 5-6: »Wie lange noch, Herr? Willst du auf ewig zürnen?/ Wie lange noch wird dein Eifer lodern wie Feuer? Gieß deinen Zorn aus über die Heiden,/ die dich nicht kennen,/ über jedes Reich, das deinen Namen nicht anruft.«

Was sich im Zuge dieser Kreuzzugsbewegung im Zeitraum vom 11. bis zum Ende des 13. Jahrhunderts abspielte, war hinsichtlich Intensität und Ausmaß ein schrecklicher Höhepunkt an Gewalt in der Chronik der an Kriegen und Eroberungsfeldzügen schon bis dahin gewiss nicht armen Menschheitsgeschichte. Die gewaltkritischen Äußerungen im Neuen Testament hatten offenbar keine Auswirkungen auf das Handeln der Päpste und kirchlich gesteuerten Heerführer der Kreuzzüge.

Offiziell als Befreiung der heiligen Stätten von den Ungläubigen und Feinden Gottes bezeichnet, nämlich von Moslems und Juden, waren es doch in vielen, wenn nicht meisten Fällen religiös verschleierte Eroberungskriege.

DESCHNER schreibt in seiner Kirchengeschichte:

> »Im Tempel Salomons nahm das Heilsgeschehen ein solches Ausmaß an, ›daß die Unsrigen bis zu den Knöcheln im Blut wateten‹. Ja, nach einem weiteren Augenzeugen stieg das Sarazenenblut ›bis an die Knie der Pferde‹. Laut Kaplan Fulcher von Chartres köpfte man allein in der Al-Aksa-Moschee etwa zehntausend Menschen. Und die Juden wurden in ihre Hauptsynagoge gestopft, bis sie übervoll war, und lebendigen

> Leibes verbrannt – der ›Weg des Kreuzes‹. Die ganze jüdische Gemeinde Jerusalems, von den Ägyptern wohlgelitten, kam so im Feuer um – ›ein gerechtes Gottesurteil‹: Erzbischof Wilhelm. Man schonte weder Frauen noch Greise noch Kranke, man trat Säuglinge mit dem Schuh kaputt, knallte sie gegen die Mauern, man zerbrach den Opfern das Genick, man säbelte nieder, stach ab, zerhackte, erschlug, stürzte zu Tod. Die ›Ritter Christi‹ – ›... fand dieser ritterliche Geist seine schönste Entfaltung‹ – troffen ›vom Scheitel bis zur Sohle von Blut‹. Dazwischen plünderte man Bürgerhäuser, Moscheen, raffte Preziosen, Raritäten an sich, schnüffelte, wühlte, schlitzte noch die Bäuche Ermordeter auf, um aus deren Därmen vielleicht verschluckte Goldstücke zu ziehn ... ›Dann, glücklich und vor Freude weinend, gingen die Unsrigen hin, um das Grab Unseres Erlösers zu verehren ...‹ ›Jeder Plünderer‹, schreibt der Erzbischof von Tyrus, ›erklärte das Haus, das er gerade betreten hatte, mit seinem ganzen Inhalt für sein eigen bis in alle Ewigkeit. Denn vor der Einnahme der Stadt hatten die Pilger ausgemacht, daß nach ihrer gewaltsamen Eroberung dasjenige, was jeder von ihnen in Besitz nehmen würde, auf Grund des Besitzrechtes unangefochten für immer sein bleiben sollte. Folgerichtigerweise(!) gingen die Pilger höchst sorgfältig(!) vor und töteten dreist jeden Einwohner.‹ Jerusalem wurde entleert von allen Moslems und Juden.«[23]

Ähnliche Berichte zitiert KAUFMANN:

> »In seinem Buch ›Europe and the Jews‹ erinnert Malcom Hay, ein katholischer Historiker, an den ersten Kreuzzug (1096), der mit ›einem Blutbad begann und endete.‹ ›Die Männer, die das Kreuz nahmen‹ – schrieb Lord Acton, ein anderer namhafter katholischer Historiker – ›weihten, nachdem sie gebetet und die heilige Kommunion empfangen hatten, den Tag in aller Demut der Ausrottung der Juden. Sie töteten etwa zehntausend von ihnen. Als Gottfried von Bouillon im Sommer 1099 nach heldenhaftem Kampf die Mauern von Jerusalem erstürmt und die Stadt eingenommen hatte, verbrachte er die ganze erste Woche damit, ihre Bewohner abzuschlachten. Die Juden wurden in die Synagoge gesperrt, die sodann angezündet wurde. Falls ihr zu wissen begehrt, was mit dem Feind, den wir in Jerusalem vorfanden, geschah – schrieb Gottfried an den Papst – so wisset, dass unser Kriegsvolk im Vorhof und im Innern des Tempels Salomons bis zu den Knien der Rosse im unreinen Blut der Sarazenen watete‹.«[24]

Das Lexikon der Völkermorde gibt an, dass in den zwei Jahrhunderten von 1096 bis 1291 800 000 bis 900 000 Araber und Juden getötet wurden. Allein der 1. Kreuzzug brachte nach der Erstürmung Jerusalems zwischen 50 000 und 60 000 Arabern und Juden den Tod. Im gleichen Zeitraum fand ein Kreuzzug in Richtung Nordosteuropa statt, bei dem zwischen 100 000 und 200 000 Nichtchristen, die sich gegen die Missionierung wehrten, umgebracht wurden.[25] Über den dort tätigen Deutschritterorden schreibt der katholische Historiker HANS KÜHNER, dass er

> »nominell ein geistlicher Orden zur Missionierung heidnischer Ostprovinzen war, während es sich in Wirklichkeit um eine großkapitalistisch organisierte barbarische Militärdiktatur größten Stiles, einen Staat im Staate handelte, dessen Hauptbeschäf-

tigung Völkermord an Heiden war. Man kann sich das nicht deutlich genug vergegenwärtigen.«[26]

Wie ist eigentlich dieses erschütternde Fehlen an Menschlichkeit und Mitgefühl zu erklären? Die christliche Botschaft mit ihrem Liebesgebot, ihrer Aufforderung zum Gewaltverzicht und zur Feindesliebe war diesen Kreuzrittern ja nicht nur bekannt, sondern sollte und wollte doch gerade von ihnen verteidigt und verbreitet werden! Die Erklärung dürfte ganz einfach sein: Der Andersgläubige wurde nicht als Mitglied der menschlichen Gemeinschaft angesehen, er war vielmehr Werkzeug des Teufels und als solches zu vernichten; er war schlicht kein Mensch, er war ein Un-Mensch! Die Bibel liefert hierfür eine Vielzahl willkommener Argumente. So spricht zum Beispiel Jesus im Johannes-Evangelium, Kapitel 8, insbesondere in den Versen 44-47 ein vernichtendes Urteil über die Juden (»... ihr habt den Teufel zum Vater ...«). Oder dienten die Jesus-Worte im Lukas-Evangelium, Kapitel 19, Vers 27 als Aufforderung, indem er, Jesus, ebenfalls als König angesehen werden soll, dem man sich bei Strafe des Todes zu unterwerfen habe? (»Doch jene meine Feinde, die nicht wollten, dass ich über sie herrschen sollte, bringet her und erwürget sie vor mir.« Luther-Übersetzung) An vielen anderen Stellen prophezeit Jesus den Ungläubigen ewige Verdammnis und nie endendes Höllenfeuer; einen Höhepunkt in dieser Hinsicht stellt – wie wir oben gesehen haben – die Offenbarung des Johannes dar.

Insofern haben sich die Kreuzritter nur als im göttlichen Auftrag tätige Vollstrecker längst gefällter Urteile gefühlt. Für sie war wichtig, um des eigenen Seelenheils willen das Wohlwollen Gottes zu erlangen. Hinzu kommt, dass die Bibel im Alten wie im Neuen Testament selbst vorgibt, wie radikal und unnachsichtig mit Ungläubigen zu verfahren sei. »Du sollst in dir kein Mitleid aufsteigen lassen«, fordert selbst Gott (Deut 7, 16). Wie man sieht, kann man sich auf die Bibel auf Grund ihres breiten Angebots widersprüchlichster Aussagen stets zuverlässig berufen; schließlich ist ihr für jede Situation immer eine geeignete Rechtfertigung zu entnehmen. An dieser selektiven Zitierpraxis hat sich bis heute nichts geändert. Die Kampfbereitschaft erhöhte sich und der Märtyrertod ließ sich zudem noch leichter ertragen, wenn sich anschließend – wie versprochen – das Tor zum ewigen Paradies öffnet. Und nicht zuletzt fiel bei dem Unternehmen materiell noch einiges ab, was den Eifer für die »gute Sache« zusätzlich beflügelte.

Aber wenn man glaubt, dass die Barbarei der Kreuzzüge in ihrer Verachtung des angeblich gottverdammten Un-Menschens und in ihrer Gleichgültigkeit gegenüber dem ihm zugefügten Leiden später nicht mehr zu steigern gewesen wäre, der wird durch die Geschehnisse während der Zeit der Inquisition eines Besseren belehrt. Über 500 Jahre wütete die Inquisition (lateinisch: gerichtliche Untersuchung bzw. Erforschung), »eine der grausigsten Terrormaschinen, die die Erde je gesehen hat« (Joachim Kahl).[27] Nach Berechnungen heutiger Historiker schwanken die Opferzahlen zwischen mehreren Hunderttausend und einigen Millionen Menschen europaweit. Menschen, das heißt Männer, Frauen, Kinder(!), einfache und gelehrte Menschen, die durch die Inquisition zu Tode gebracht wurden; entweder nach qualvollsten Folterungen bei lebendigem Leib verbrannt oder in unmenschlichster Kerkerhaft bewusst elendem Siechtum und Tod ausgeliefert.

Die Kirche, einschließlich der in dieser Hinsicht ebenso hasserfüllten Reformer LUTHER und CALVIN, begründete ihr Vorgehen mit der Notwendigkeit, den rechten Glauben gegen Ketzerei, Zauberei und Aberglauben verteidigen zu müssen. Und sie konnten sich auf eine Vielzahl von auffordernden wie rechtfertigenden Bibelstellen berufen. So heißt es zum Beispiel im 2. Buch Mose Exodus, Kap. 22, Vers 17: »Die Zauberinnen sollst du nicht leben lassen«; statt Zauberinnen heißt es in anderen Bibel-Übersetzungen auch Hexen oder Zauberer. Aber es war wohl in erster Linie dieser Alleinvertretungsanspruch auf die Wahrheit, auf den wahren Glauben, der in jedem Andersgläubigen und Ungläubigen einen Unmenschen sah, den es – natürlich im Namen Gottes – zu vernichten galt.

Die Anklage des Inquisitionsgerichts stützte sich auf Anzeigen und anonyme Hinweise, die ausdrücklich auch von den Eltern über ihre Kinder, von den Kindern über ihre Eltern und gegenseitig von den Eheleuten gefordert wurden. Das 5. Buch Mose Deuteronomium, Kap. 13, Vers 7 bis 11 verlangt – wie wir im letzten Unterkapitel schon gesehen haben – mitleidlos die Denunziation selbst engster Angehöriger und lieferte damit Gericht und Helfershelfern eine weitere allerhöchste Legitimation für ihr Tun. Der 1. Brief des Paulus an die Korinther, Kap. 5, Vers 5 rechtfertigt die Verbrennung auf dem Scheiterhaufen als ein vorweggenommenes Höllenfeuer, denn es ist für einen Todsünder besser, »dem Satan übergeben [zu werden] zum Verderben seines Fleisches, damit sein Geist am Tag des Herrn gerettet wird.« Offenbar war man der Meinung, den armen Sündern mit ihrer Verbrennung letztlich noch Gutes anzutun! Denn durch die bestrafende Verbrennung des Körpers konnte vielleicht die Seele gerettet werden.

Das Ziel der Inquisition definierte der französische Dominikaner BERNARD GUIDONIS (1261-1331) in seiner Lehrschrift so:

> »Zweck der Inquisition ist die Zerstörung der Ketzerei; die Ketzerei kann aber nicht zerstört werden, außer durch Vernichtung der Ketzer; ... Auf zweierlei Art werden aber die Ketzer vernichtet; erstens, indem sie sich von der Ketzerei zur katholischen Reli-

gion zurückwenden, zweitens, indem sie, dem weltlichen Gericht überliefert, körperlich verbrannt werden.«[28]

Der Schweizer Theologe und Kirchenhistoriker WALTER NIGG (1903-1988) hat aus Gerichtsprotokollen und anderen Zeugnissen aus damaliger Zeit eine Schilderung der unfassbaren Geschehnisse angefertigt, die hier auszugsweise wiedergegeben werden soll:

»Der Prozeß begann mit der Verhaftung des Ketzers, welche zugleich die Vermögenssperre und die völlige Abschließung von der Außenwelt in sich schloß. Der Angeklagte galt zum voraus als schuldig; er wurde in den Kerker geworfen, wo er während der ganzen Zeit in Ketten gelegt und ihm die Sakramente vorenthalten wurden. Um den Ketzer verurteilen zu können, bedurfte der Inquisitor der Beweise. Wenn möglich, sollte der Angeklagte ein Geständnis ablegen. Bequemte er sich nicht zu einem freiwilligen Schuldbekenntnis, entspann sich ein förmlicher Zweikampf zwischen Richter und Angeklagten. Der Vorsitzende lud zunächst Zeugen ein, deren Aussagen Beweiskraft zugebilligt wurde, auch wenn es sich um die harmlosesten Klatschereien handelte. Ebenso wurden anonyme Zuschriften ausgebeutet und die Bevölkerung zur Denunziation aufgefordert. ... Von der Zeugenaussage war niemand entbunden, auch nicht die nächsten Angehörigen. Die Mutter hatte ihre Tochter, der Sohn den Vater, die Ehegatten sich gegenseitig anzugeben. ...

Führten die Zeugenaussagen nicht zu den gewünschten Geständnissen, wurde die Folter angewandt. ... Man schleppte den Ketzer in die Folterkammer, wo ihm alle furchtbaren Marterwerkzeuge anschaulich vor Augen geführt wurden. Legte er angesichts dieser schauderhaften Geräte auch dann immer noch nicht das erforderliche Geständnis ab, wurde mit der Prozedur begonnen, langsam und stufenweise. ... Aus der Fülle der Folterwerkzeuge kam gewöhnlich zuerst der Daumenstock in Anwendung, wobei die Finger in Schrauben gebracht wurden, bis das Blut herausspritzte und die Glieder zerquetscht waren. Der Angeklagte konnte auch auf den eisernen Marterstuhl gesetzt werden, der mit spitzen Nägeln übersät war und von unten glühend geheizt wurde. Oft traten auch die Beinstöcke in Funktion, welche die Schienbeine zerdrückten. Beliebt war ferner das Ausrenken der Glieder, das auf der Leiter mit dem gespickten Hasen oder durch den spanischen Stiefel bewerkstelligt wurde, der aus einer Wippe bestand, an der man den Ketzer mit zusammengebundenen Händen und Füßen auf und nieder zog, während man den Körper mit Steinen beschwerte, die oft über einen Zentner schwer waren.

Damit die Folterknechte nicht durch das wahnsinnige Schreien der Gemarterten irritiert wurden, stopfte man dem Opfer ein Tuch in den Mund. Mit solchen Mitteln folterte man die Ketzer stundenlang, bis der Körper eine einzige geschundene, zerquetschte, zerbrochene und blutende Masse war. Von Zeit zu Zeit fragte man den Gemarterten wieder, ob er endlich bekennen wolle. Die meisten Ketzer gestanden nun, übermannt von unsäglichen Schmerzen, halb irrsinnig vor Qualen, alle beliebigen Auskünfte, welche die Inquisitoren nur zu hören begehrten, einzig und allein um endlich von der Folter frei zu werden. ... Nach erfolgtem Geständnis wurde das Urteil gesprochen. Dasselbe fiel je nach Schwere der Ketzerei verschieden aus. Maßgebend war auch, ob Rückfälligkeit vorlag oder nicht. ... Die Sünde der Ketzerei galt als das schwerste Verbrechen, das durch keine Reue gesühnt werden konnte. Einzig aufrichtige Buße konnte die Seele des Ketzers vor der Hölle bewahren, verschonte ihn aber nicht vor den zeitlichen Strafen, deren es viel gab. ...

Bei der Strafe der Einkerkerung unterschied man eine mildere und härtere Form. Die mildere Art bestand in einer Gefangenschaft, bei der gelegentliche Besuche der nächsten Verwandtschaft gestattet waren. Die härtere Form nannte man das lebendige Grab. Alle diese Strafen wurden nur gegenüber reuigen Ketzern ausgesprochen, die sich der Gnade würdig gezeigt hatten. ... Bei verstockten und rückfälligen Ketzern gab es nur eine Strafe, und die lautete auf Tod durch Verbrennung bei lebendigem Leibe. ... Die Ketzerverbrennung wurde mit dem Wort aus dem Johannes-Evangelium begründet: ›Wer nicht in mir bleibt, der wird weggeworfen wie eine Rebe und verdorrt, und man sammelt sie und wirft sie in das Feuer, und sie muß brennen.‹

Den Verbrennungsakt organisierte die Kirche stets in Form einer großen Veranstaltung. Das Autodafé [= feierliche Vollstreckung eines Inquisitionsurteils nach einem Gottesdienst, U.L.] bestand aus zwei Teilen, aus der unmittelbar bei der Kirche gehaltenen Predigt und aus der Exekution, während der sich die Priester zurückzogen. Oft zwackte man den Ketzer auf dem Wege zur Richtstätte noch mit glühenden Zangen, oder es wurde ihm vor der Hinrichtung die rechte Hand abgehauen. Angetan mit einem Büßerhemd und manchmal mit einer papierenen Mütze, die mit Teufelsfratzen bemalt war. Nur ausnahmsweise erwürgte man den Schuldigen vorher. Meistens wurde der Ketzer lebendig an einen Pfahl gebunden, der hoch genug über den Haufen Brennmaterialien hinausragte, um auf diese Weise den zahlreich versammelten Gläubigen zu ermöglichen, jeden Akt der grausamen Tragödie bis zum Ende genau zu verfolgen. Mit Stroh vermischte Reisigbündel wurden bis zu einem Meter hoch um das Opfer aufgeschichtet.

Den Verurteilten selbst zwang man zum Schweigen, um nicht bei dem Volke Gefühle des teilnehmenden Mitleids zu erwecken und dadurch schlimme Auftritte hervorzurufen. ... Alsobald prasselten die Flammen empor, und nun hing es von der jeweiligen Windrichtung ab, ob der Luftstrom den Rauchqualm dem Opfer ins Gesicht blies, so daß es erstickte, oder von ihm hinwegtrieb, welch letzteres zur Folge hatte, daß er alle Stadien des langsamen Verbrennens bis zur Neige durchmachen mußte. Manche Ketzer besaßen seelische und körperliche Kraft genug, in heldenmütiger Standhaftigkeit lautlos den letzten Schlag des Herzens abzuwarten; andere wiederum, deren Nervensystem durch die Tortur bereits zerrüttet war, brachen vor Schmerzen überwältigt in ein tierisches Gebrüll aus. Meistens stimmten die umstehenden Gläubigen das Lied an: Großer Gott, wir loben dich!«[29]

Man kann sich gut vorstellen, was solche grauenhaften Schauspiele zur Verrohung und De-Moralisierung der Menschen beigetragen haben.

Karlheinz Deschner beschreibt in seiner »Kriminalgeschichte des Christentums« die Zustände in den Gefängnissen der damaligen Zeit:

»Die übliche Strafe für ›Ketzer‹ wurde die Einkerkerung, oft lebenslänglich. ... Die Inquisitionsgefängnisse waren Orte nicht ausdenkbaren Grauens, nach päpstlicher Anweisung eng und dunkel; gewöhnlich ohne jede Beleuchtung und Ventilation, aber voller Unrat, Gestank. Und in diesen durch den Klerus vollgestopften Stätten, die bald zu klein wurden, weshalb Gregor IX. den Bau weiterer befahl und dazu beisteuernden Christen reichlich Ablässe verlieh, verbüßten Menschen eine Strafe, die noch weit schlimmer war als der rasche Tod auf dem Scheiterhaufen, schmachteten Frauen und Männer oft viele Jahre, ohne verurteilt oder freigesprochen zu sein. ...

Es versteht sich von selbst, daß die wenigsten Häftlinge eine solche Zeit lebend durchstanden. Der überaus sanfte, bescheidene, liebenswürdige Franziskaner Gerhard von Borgo San Donnino kam im 13. Jahrhundert wegen unorthodoxer Trinitätsspekulationen aus purer ›Gnade‹ 18 Jahre in den Kerker, bei Wasser und Brot, in Ketten, bis zu seinem Tod; ebenso die beiden Mönche Leonardo und Piero de'Nubili. Im frühen 14. Jahrhundert wurde der Franziskanerspirituale Pontius Bautugati für seine Weigerung, einige der verbotenen Traktate des Petrus Johannis Olivi, eines führenden Spiritualen (gest. 1298), zur Verbrennung auszuliefern, eng an die Mauer eines feuchten, dreckstarrenden Verlieses gekettet, wo er, bei wenig Wasser und Brot, im Schmutz zu Tode faulte; als man ihn eiligst verscharrte, war sein Fleisch schon von Würmern angefressen. ...

Auf engstem Raum hat man die Opfer oft haufenweise in modrigen stinkenden Löchern zusammengepfercht. Zum Beispiel, wird überliefert, vierzig Personen in einem 40 Fuß langen und 15 Fuß breiten Gelaß. In der Mitte eine Senkung zum Harnen, dazu ein großer Fäkalientrog, der zweimal in der Woche geleert worden ist. ›Aus dem Frauenkerker, der über uns lag, sickerte der Urin durch die Decke in unseren Kerker‹. Diese Höllen waren häufig unterirdisch, ohne frische Luft, ohne Licht. Die Opfer von Kirche und Staat, nicht selten an die Mauer geschmiedet, vegetierten bei spärlicher Nahrung oft jahre- und lebenslang dahin, verzehrten sich, bis sie im Irrsinn, durch Selbstmord endeten, durch einen sogenannten natürlichen Tod oder eines Tages auf der Folter oder in den Flammen der Scheiterhaufen.«[30]

Über die Vorschriften zur Altersgrenze der zu Folternden schreibt Karlheinz Deschner:

»Nach oben war sie selbstverständlich offen. Für Jugendliche setzten Konzilien von Toulouse, Béziers und Albi vierzehn Jahre für das männliche, zwölf für das weibliche Geschlecht fest. Doch gab es auch kirchliche Autoritäten, die das Alter bis auf sieben Jahre reduzierten. Das ›Sacro Arsenale‹ des Dominikanerinquisitors Thomas Menghini erlaubte auch das Geißeln unmündiger Kinder.«[31]

Erwähnt werden sollte auch noch, dass das oft beträchtliche Vermögen eines durch die Inquisition Verurteilten grundsätzlich eingezogen wurde. Inquisitionsgericht und Staat teilten sich die Beute. Man ahnt langsam, aus wievielen Quellen sich der heute bestehende Reichtum, insbesondere der katholischen Kirche, speiste.

Karlheinz Deschner notiert:

»Es gibt vermutlich nichts im Christentum, das mit soviel Furcht und Abscheu erduldet wurde wie die Inquisition, und wohl wenig, das mit solcher Intensität und Erbarmungslosigkeit betrieben worden ist. ›Selbst die Menschenquäler der KZs‹,

> schreibt Hans Wollschläger mit allem Recht, ›haben so zu quälen nicht verstanden.‹«[32]

Die umfangreiche Literatur zur mittelalterlichen Inquisition beschreibt, mit welchen ausgeklügelten Methoden und mit welcher sadistischen Lust im Namen des christlichen Gottes Menschen gequält wurden. Eine Recherche im Internet unter den Stichworten »Kirche und Folter« vermittelt eine Ahnung, wozu Menschen fähig sind, denen durch eine Ideologie systematisch der Verstand genommen und menschliche Gefühle abgetötet wurden. JOACHIM KAHL (*1941) vermerkt bitter:

> »Während die Nationalsozialisten ihre Opfer vergasten, bevor sie sie verbrannten, gaben die Inquisitoren sie lebendig dem Feuer preis.«[33]

Jeder KZ-Scherge und seine Auftraggeber sind – sofern man ihrer habhaft wurde – zu Recht nachträglich verurteilt worden, ihre Taten wurden aufs Schärfste geächtet. Die Folterknechte der Inquisition und ihre kirchlichen Auftraggeber wurden nie zur Rechenschaft gezogen, bis heute wurde dafür niemand wenigstens nachträglich und symbolisch verurteilt. PAPST JOHANNES PAUL hat unter der Überschrift »Bekenntnis der Schuld im Dienste der Wahrheit« formuliert: »In manchen Zeiten der Geschichte haben die Christen bisweilen Methoden der Intoleranz zugelassen.« Dabei übergeht er souverän, dass diese »Methoden der Intoleranz« aus den Kreuzzügen, der Inquisition und der Hexenverfolgung bestanden und nicht »bisweilen zugelassen« wurden, sondern vom 13. bis 18. Jahrhundert dauerten. JOSEPH RATZINGER, damals noch Kardinal, wurde nach Freigabe der Inquisitionsakten gefragt, wie die Kirche heute die damaligen Vorgängen beurteile. Im ARD-Magazin »Kontraste« sagte er am 3. März 2005: »… Aber man muss doch sagen, dass Inquisition ein Fortschritt war, dass nichts mehr verurteilt werden durfte ohne ›inquisitio‹, das heißt, dass Untersuchungen stattfinden mussten.« Diese zynische Kaltschnäuzigkeit, die in diesen, das damalige Geschehen grotesk verharmlosenden Worten zweier höchster kirchlicher Repräsentanten zum Ausdruck kommt, scheint mir kaum noch steigerungsfähig. (S. a. Anm. 48!)

Man müsse – so höre ich – dieses Geschehen aus dem Geist der Zeit verstehen. Richtig! Der Geist der Zeit war im Wesentlichen geprägt durch die christliche Lehre und ihre Interpreten, vor allem auch von so hoch gerühmten Kirchenlehrern wie zum Beispiel AURELIUS AUGUSTINUS oder THOMAS VON AQUIN, die keinen Hehl daraus machten, was mit Abtrünnigen oder solchen, die man dafür hielt, zu geschehen hat. Auch MARTIN LUTHER befürwortete unerbittlich Ketzer- und Hexenverbrennungen. Und letztlich geschah das alles auf Veranlassung des jeweils herrschenden und die eigentliche Verantwortung tragenden Papstes, der sich als Stellvertreter Gottes betrachtete und seine Vollmachten aus dem Neuen Testament ableitete. Sie alle beriefen sich auf die Bibel, auf das angebliche Wort Gottes. Die noch heute als heilig bezeichnete Bibel und ihre noch heute verehrten Verkünder, seien sie Päpste, Bischöfe oder Kirchenlehrer gewesen, prägten den Un-Geist dieser Zeit.

Ein weiterer Gipfel der Perversion – oder sollte man mit JOACHIM KAHL sagen: Eskalation – der christlichen Lehre, deren zentrale Botschaft angeblich die Liebe ist, stellte der ebenfalls etwa 500 Jahre wütende Hexenwahn dar. Die Hexe galt als Mensch gewordener Teufel. Historiker schätzen, dass diesem Wahn europaweit zwischen einigen Hunderttausend bis zu einer Million Menschen zum Opfer fielen, hauptsächlich Frauen, seltener Männer, aber auch Kinder und Geisteskranke.[34] Besonders schlimm wütete die Hexenjagd in Deutschland. Im Jahr 1487 erschien der von dem Dominikaner HEINRICH INSTITORIS verfasste berüchtigte »Hexenhammer«, eine von beispielloser Frauenverachtung erfüllte Schrift, die die Grundlage für die Gerichtspraxis darstellte und die Denunziation anstelle der Anklage und die Anwendung der Folter und der Hexenprobe (das sog. Gottesurteil) einführte. Das Vermögen der Angeklagten wurde eingezogen und ging an Kirche und Gericht. Wohlhabende und Adlige konnten sich von der Anklage freikaufen gegen hohe Geldsummen direkt in die Kassen der Kirche.

Die Praktiken der Folterungen waren von ebenso unbeschreiblicher Grausamkeit, wie sie oben schon geschildert wurden. Die Verfahren endeten – anders als im Falle der oben beschriebenen Ketzerverfolgungen – grundsätzlich mit dem Todesurteil. Bei der Folter ging es nur noch darum, weitere Namen von angeblich Besessenen und mit teuflischen Kräften Versehenen heraus zu pressen. Eine Vielzahl von Kirchenhistorikern, neben KARLHEINZ DESCHNER und WALTER NIGG zum Beispiel, auch der (aus der Kirche ausgetretene) Theologe, Kirchenhistoriker und Religionssoziologe HORST HERRMANN (*1940), beschreiben ausführlich die grausamen Verbrechen, die Christen im Namen Gottes über zweitausend Jahre begingen. Letzterer thematisiert vor allem auch die sexuellen Motive, die den Folterungen im Zusammenhang mit den Hexenprozessen zu Grunde lagen.[35]

Auch bei der Hexenverfolgung konnte man sich auf mehrere Stellen der Heiligen Schrift berufen. Das bekannteste Bibelwort in diesem Zusammenhang wurde bereits erwähnt: Eine Hexe sollst du nicht am Leben lassen (2. Mose, Kap. 22, Vers 28). In der Bischofsstadt Bamberg beispielsweise wurden um 1630 in kurzer Zeit 900 Hexen und Zauberer verbrannt, in Würzburg ließ der dortige Bischof in der gleichen Zeit 1200 Hexen und Hexer, also als angeblich vom Teufel beherrschte Wesen, auf den Scheiterhaufen befördern.

Hierzu passt sicherlich auch der Hinweis, dass PAPST PIUS XII. (1876-1958) versucht hat, per Exorzismus Hitler, den er vom Teufel besessen hielt, diesen auszutreiben. (Exorzismus laut Duden-Fremdwörterbuch: Beschwörung von Dämonen und Geistern bzw. des Teufels durch Wort und Geste). Mindestens zwei Fern-Teufelsaustreibungen soll er – nach beeideten Zeugenaussagen – versucht haben. Offenbar muss der Teufel davon ganz unbeeindruckt geblieben sein, denn die erhoffte Wirkung stellte sich – für ihn als Papst und Stellvertreter Gottes vermutlich äußerst irritierend – nicht ein. PAPST JOHANNES PAUL II. hat im Jahre 1999 ein offizielles Buch der Kirche über die Praktiken der Teufelsaustreibung aus dem Jahre 1614 neu herausgegeben und hat während seiner Amtszeit im Jahr 1984 und 2000 auch persönlich Teufelsaustreibungen vorgenommen.[36]

Liest man in den Berichten über die planmäßigen und mit eigens konstruierten Geräten noch entsetzlicher gemachten Folter-Praktiken der Inquisition und Hexenprozesse, dann braucht man Tage, um sich psychisch zu erholen und gedanklich zu befreien von der dort geschilderten, eigentlich nicht in Worte fassbaren, kirchlich-staatlich verordneten und geradezu systematisch betriebenen Vernichtung von Menschen, die nicht in das vorgegebene Schema passten. Was für ein grauenhafter und erbärmlicher Gott, in dessen Namen so etwas geschieht und der so etwas in seinem Namen geschehen lässt! »Die katholische Inquisition als Vorläufer von Gestapo, KGB und Stasi«, schrieb »Der Spiegel« anlässlich der Freigabe der Inquisitionsakten im Jahre 1998.[37]

Erwähnt werden müssen in diesem Zusammenhang auch die Gräuel der katholisch-christlichen Spanier während der Zeit, als sie ihre Kolonien in Amerika (»Westindien«) begründeten und bei dieser Gelegenheit die dortige Bevölkerung zu missionieren suchten. Die Verbrechen jener Zeit stehen an Grausamkeit und Menschenverachtung denen der Inquisition nicht im Geringsten nach, im Gegenteil, man dachte sich neue Formen entsetzlichster Menschenquälerei für Ungläubige und Bekehrungsunwillige aus, und die Zahl der zu Tode Gemarterten dürfte noch weitaus höher liegen. Die verschiedentlich genannten Zahlen liegen im zweistelligen(!) Millionenbereich.[38]

Bekannt geworden ist der »Bericht von der Verwüstung der Westindischen Länder« des Missionars LAS CASAS (1474-1566), in dem er als Zeit- und teilweise Augenzeuge die unfassbar grausame Behandlung der Indianer schilderte.[39] LAS CASAS war wohl einer der ganz wenigen seiner Zeit, der sich mit seiner ganzen Kraft und Autorität als Dominikanermönch gegen diese Unmenschlichkeiten wandte, letztlich jedoch ohne jeden bleibenden Erfolg. Es heißt an einer typischen Stelle seines Berichts (S. 15f):

> »Die Spanier ..., welche zu Pferde und mit Schwertern und Lanzen bewaffnet waren, richteten ein greuliches Gemetzel und Blutbad unter ihnen an. Sie drangen unter das Volk, schonten weder Kind noch Greis, weder Schwangere noch Entbundene,

rissen ihnen die Leiber auf, hieben alles in Stücken, nicht anders, als überfielen sie eine Herde Schafe, die in den Hürden eingesperrt wäre. Sie wetteten miteinander, wer unter ihnen einen Menschen auf einen Schwertstreich mitten von einander hauen, ihm mit der Pike den Kopf spalten, oder das Eingeweide aus dem Leib reißen könne. Neugeborene Geschöpfchen rissen sie bei den Füßen von den Brüsten ihrer Mütter, und schleuderten sie mit den Köpfen wider die Felsen. Andere schleppten sie bei den Schultern durch die Straßen, lachten und scherzten dazu, warfen sie endlich ins Wasser und sagten: da zapple nun, du kleiner schurkischer Körper! Andere ließen Mutter und Kind zugleich über die Klippe springen und stießen sie mit den Füßen vor sich hin.

Sie machten auch breite Galgen, so, dass die Füße beinahe die Erde berührten, hingen zu Ehren und zur Verherrlichung des Erlösers, und der zwölf Apostel je dreizehn und dreizehn Indianer an jedem derselben, legten dann Holz und Feuer darunter, und verbrannten sie alle lebendig. Andern banden, oder wickelten sie dürres Stroh um den Körper, zündeten es an, und verbrannten sie. Andern, die sie bloß deswegen am Leben ließen, hieben sie beide Hände ab, banden sie ihnen an, jagten sie sodann fort, und sagten: gehet hin (wohl zu merken) mit diesem Sendschreiben, und bringt euern Landsleuten, die sich ins Gebirge geflüchtet haben, etwas Neues! Große und Edle brachten sie gewöhnlich folgendermaßen um: sie machten Roste von Stäben, die sie auf Galgen legten, darauf banden sie die Unglücklichen fest, und machten ein gelindes Feuer darunter, bis sie nach und nach ein jämmerliches Geschrei erhoben, und unter unsäglichen Schmerzen den Geist aufgaben.«

Der ganze Bericht ist voller Darstellungen dieser Art mit Grausamkeiten und Hinrichtungsarten bisher unbekannter Art sowie von ihm zusammengestellter Zahlenangaben, wieviele Menschen auf den verschiedenen Inseln zu Tode gebracht wurden. An anderer Stelle schreibt er (S. 12):

»Wir können hier als eine gewisse und wahrhafte Tatsache anführen, daß in obgedachten vierzig Jahren durch das erwähnte tyrannische und teuflische Verfahren der Christen mehr als zwölf Millionen Männer, Weiber und Kinder auf die ruchloseste und grausamste Art zur Schlachtbank geführt wurden, und wir würden in der Tat nicht irren, wenn wir die Anzahl derselben auf fünfzehn Millionen angäben. ... Die einzige und wahre Grundursache, warum die Christen eine so ungeheure Menge schuldloser Menschen ermordeten und zugrunde richteten, war bloß diese, daß sie ihr Gold in ihre Gewalt zu bekommen suchten.«

Im Jahre 2007 besuchte PAPST BENEDIKT XVI. Brasilien. Er behauptete dort, dass den Ureinwohnern seinerzeit durch die Verkündung des Evangeliums keine fremde Kultur aufgezwungen worden sei. Die Indianer hätten die Christianisierung vielmehr »im Stillen herbeigewünscht«. Angesichts der Ermordung und Versklavung von Millionen Ureinwohnern und der Zerstörung ihrer Kultur kann das nur als blanker Zynismus und Verhöhnung der Opfer bezeichnet werden. Der oberste Repräsentant dieser Kirche hat damit ein weiteres Mal gezeigt, dass diese sich nach wie vor als Zentrum einer weltumspannenden Ideologie begreift, die scheinheilig von Liebe, Erbarmen und Hoffnung spricht, tatsächlich aber vor allem in den Kategorien von Einfluss, Macht und Unterwerfung zu denken bereit ist. Ihre jahrhundertelange Zusammenarbeit mit den dortigen ausbeuterischen Diktaturen ist bezeichnend.

Ein besonderes Kapitel, gerade für uns Deutsche, stellt die blutige Verfolgung der Juden dar. Die Opfer in den zwei Jahrtausenden von Beginn des Christentums addieren sich zu einer zweistelligen Millionenzahl. Sie wurden erschlagen, ertränkt, verbrannt, erschossen, vergast oder sonstwie zu Tode gebracht, fast immer aus christlich-religiösen Motiven; die Nationalsozialisten gaben rassische Gründe an. Besonders über die Massenvernichtung unter Hitler ist in tausenden Büchern und zehntausenden Aufsätzen ausführlichst und kompetent berichtet und über Ursachen nachgedacht worden. Es erscheint daher entbehrlich, dass auch ich mich hier dazu äußere. Aber ich möchte einen wesentlichen Aspekt beleuchten, der so in Schule und politischer Aufklärung nie zur Sprache kam und bis heute in der öffentlichen Diskussion tabuisiert wird.

In den wenigen Geschichtsstunden in meiner Schulzeit zu diesem Thema, hauptsächlich jedoch bei der Zeitungslektüre über Prozesse gegen KZ-Kommandanten fragte ich mich immer wieder, wie es möglich war, in der relativen Kürze der nationalsozialistischen Herrschaft ein solches Vernichtungsprogramm umzusetzen. Es muss – so meine damals unterschwellige Vermutung – schon eine breite antisemitische, mindestens jedoch gleichgültige Haltung in der Bevölkerung vorhanden gewesen sein, denn ohne diese wäre die rassisch-ideologische Begründung dieser Vernichtungsmaßnahmen nicht von so vielen Mithelfern und Mitwissern so einfach hingenommen worden.

Der Hinweis auf die – tatsächlich ja begründete – Angst der Menschen vor eigener Verfolgung, wenn Widerspruch offen geäußert oder gar Widerstand geleistet worden wäre, erklärt dieses Phänomen in keiner Weise. Selbst hohe Kirchenvertreter, denen Amt und gesellschaftliche Stellung genügend Schutz vor unmittelbarer Bedrohung geboten hätten, verurteilten diese Verfolgungen, von rühmlichen Ausnahmen abgesehen, nicht. Ich kann mir das nur mit einer latent schon vorhandenen antijüdischen, und zwar europaweit verbreiteten, Grundhaltung weiter Bevölkerungskreise und -schichten erklären. Und blickt man zurück in die Geschichte, dann stellt man schnell fest, dass es tatsächlich schon seit Jahrhunderten furchtbare Pogrome und Vernichtungsaktionen gegen die Juden gegeben hat. Der Antisemitismus ist also keine Erfindung der Nationalsozialisten, wie uns durch Schule und Nachkriegsaufklärung suggeriert werden sollte, sondern hat viel tiefer und viel weiter zurück liegende Ursachen. Die Wurzeln dieses Antisemitismus gründen – und diese Erkenntnis war auch für mich zunächst unglaublich – praktisch ausschließlich in der christlichen Lehre und der sich auf sie berufenden Kirche!

Diese für viele gutgläubige Christen sicherlich schwer zu ertragende Behauptung wird inzwischen von vielen Religionswissenschaftlern, ja selbst von evangelischen Theologen, zum Beispiel von GERD LÜDEMANN, und katholischen, zum Beispiel UTA RANKE-HEINEMANN, ausführlich begründet und vertreten. RANKE-HEINEMANN formuliert: »Die 2000-jährige Geschichte des Christentums ist eine Geschichte 2000-jähriger Judenverfolgung.« Der aus der Kirche ausgetretene Theologe JOACHIM KAHL führt in seinem Bestseller »Das Elend des Christentums« unter anderem aus:

> »[Die Evangelien bemühen sich,] die Schuld am Tode Jesu von den römischen Behörden (Pilatus) ganz auf die Juden abzuwälzen. Schon bei Markus, dem ältesten Evangelium, sträubt Pilatus sich, Jesus zu verurteilen (15, 10: ›Denn er erkannte, daß ihn die Hohenpriester aus Neid überliefert hatten‹). Noch eindringlicher läßt Lukas den Pilatus die Unschuld Jesu beteuern (23, 4: ›Pilatus aber sagte zu den Hohenpriestern und der Volksmenge: Ich finde keine Schuld an diesem Menschen‹, vgl. 23, Verse 14, 20, 22, 25). Matthäus vollends fügte die bekannte Szene ein, wo Pilatus sich die Hände wäscht und beteuert: ›Ich bin unschuldig am Blute dieses Gerechten; sehet ihr zu‹ (27, 24). Dann folgt jener berüchtigte Vers, der sich in den folgenden Jahrhunderten schauerlich erfüllen sollte: ›Und alles Volk antwortete und sprach: Sein Blut komme über uns und unsere Kinder!‹ Diese Selbstverfluchung, die Matthäus infam erfand – wie die historisch-kritische Forschung längst nachgewiesen hat –, halst dem jüdischen Volk als Ganzem die Schuld am Tode des Gottessohnes auf.«[40]

Was wäre aus der christlichen Lehre geworden, wenn den Juden nicht diese Schuld aufgeladen worden wäre, wenn Judas Jesus nicht verraten hätte? Wäre Jesus verhaftet und gekreuzigt worden, wäre er wie beschrieben auferstanden? Wäre Jesus dann zu jenem göttlichen Erlöser geworden?

KAHL fährt auf derselben Seite fort:

> »Der antisemitisch zugespitzte Vorwurf des Christusmordes findet sich auch bei Paulus, der im ersten Thessalonicherbrief schreibt: ›Sie haben den Herrn Jesus und die Propheten getötet und haben uns verfolgt und gefallen Gott nicht und sind gegen alle Menschen feindselig. Sie hindern uns, den Heiden zu ihrem Heil zu predigen, damit sie das Maß ihrer Sünden jederzeit voll machen. Doch das Zornesgericht ist endgültig über sie gekommen‹ (2, 15f).« ... »Den unüberbietbaren Gipfel neutestamentlichen Antisemitismus stellt das Johannesevangelium dar, an dem sich besonders deutlich ablesen läßt, daß jede christliche Theologie notwendig ihren Juden, die mythische Projektion des absoluten Außenfeindes, braucht. Klarer als alle anderen Schriften durchzieht das vierte Evangelium ein strenger Dualismus, der mit den Begriffen: Licht und Finsternis, Wahrheit und Lüge, oben und unten, himmlisch und irdisch, Gott und Teufel, Freiheit und Knechtschaft, Leben und Tod operiert. Dem Licht gehört an, wer dem Offenbarer glaubt, der da sagt: ›Ich bin der Weg und die Wahrheit und das Leben; niemand kommt zum Vater außer durch mich‹ (Joh 14, 6) Der Finsternis und der Lüge ist verfallen, wer den himmlischen Gesandten abweist,

> ja, wer nur nach seiner Legitimation fragt. Der entscheidende Begriff, der den Ungläubigen beigelegt wird, ist der der ›Welt‹ – oder der der ›Juden‹. Beides wird durchgängig austauschbar gebraucht. Die Juden stammen weder von Gott noch von Abraham ab, sondern vom Teufel (Joh 8,44). Als Kinder des Teufels, des Vaters der Lüge und des Menschenmörders von Anfang an, trachten sie Jesus notwendigerweise nach dem Leben.«

Des weiteren führt KAHL aus, dass Kirchenlehrer und Kirchenväter auf der Basis dieser und weiterer Bibelstellen bereits in den ersten Jahrhunderten in ihren Schriften die Juden als Mörder von Christus, als Fälscher der Heiligen Schrift, als geldgierig und verbrecherisch, ihre Synagogen als Satansburgen (Offenbarung des Johannes, Kap. 3, Vers 9!) brandmarkten. Unter Kaiser Konstantin (4. Jahrhundert) und seinen Söhnen wurde der Übertritt zum Judentum mit schweren Strafen belegt und Mischehen zwischen Juden und Christen mit dem Tode bestraft. Unter Kaiser Theodosius II. (5. Jahrhundert) wurden die Juden von allen öffentlichen Ämtern und Würden ausgeschlossen. Das IV. Laterankonzil (1215) legte eine besondere Judentracht fest: Ein gelber Fleck im Obergewand und eine gehörnte Kappe. KAHL verweist darauf, dass unzählige Mysterien-, Passions- und Fastnachtsspiele, Traktate und Heiligenlegenden die Juden verhöhnen und verleumden. Viele mittelalterliche Bilder stellen den Teufel mit einer gebogenen Nase (Judennase) dar. In vielen alten, gelegentlich noch heute zu hörenden Sprichwörtern und Redewendungen steht das biblisch bezogene »Jüdische« als Synonym für das Böse und Negative schlechthin.

Diese wenigen, hier nur angedeuteten Beispiele ließen sich fast beliebig vermehren. Sie lassen unzweideutig erkennen, dass durch die gesamte Kirchengeschichte, und zwar von Anfang an, die Juden als teuflische Elemente angesehen und für alle Übel dieser Welt verantwortlich gemacht wurden, beispielsweise auch für die verheerende, Millionen Menschen dahinraffende Pestepidemie von 1347-1349. Muss man sich da noch wundern, dass sich auf diese Weise eine tiefsitzende Abneigung, ja geradezu Hass – so bar jeder rationalen Begründung auch immer – in allen Bevölkerungsschichten breit gemacht und tief verankert hat? Wenn dann noch eine so sprachgewaltige Autorität wie Martin Luther mit seinem weitreichenden, bis in unsere Zeit wirksamen Einfluss seine wohlüberlegten Hetztiraden gegen die Juden loslässt (siehe Kap. V, 3), dann kann ich nicht anders, als von einer systemimmanenten, das heißt, dieser christlichen Lehre als Wesensbestandteil innewohnenden Ungeheuerlichkeit zu sprechen. Nur in seltenen Fällen widersprachen Päpste und Bischöfe diesen Verleumdungen und Verfolgungen.

Wer an den Begriffen »Wesensbestandteil« und »Ungeheuerlichkeit« Anstoß nimmt, überlege sich, was alles aus dem Neuen Testament gestrichen werden müsste, welche Konsequenzen das für die Leidensgeschichte Jesu und die darin tragende Rolle der Juden hätte und welchen Verlauf die moralische und zivilisatorische Entwicklung in Europa genommen hätte, wenn den Juden nicht diese infame Rolle zugewiesen worden wäre. »Judas der Verräter« und »die Juden als Gottesmörder« sind begriffliche Etiketten, die ihre diffamierende Wirkung bis heute entfalten.

Wer diese Zeilen nur mit abwehrendem Kopfschütteln lesen und nicht akzeptieren mag, nehme wenigstens die Seiten 42-52 in JOACHIM KAHL: »Das Elend des Christentums« zur Kenntnis oder in KARLHEINZ DESCHNER »Abermals krähte der Hahn« die Seiten 442-464. Wer sich umfassender informieren möchte, lese – wie oben schon erwähnt – »Das Unheilige in der heiligen Schrift« des evangelischen Theologen GERD LÜDEMANN oder »Nein und Amen – Mein Abschied vom traditionellen Christentum« der katholischen Theologin UTA RANKE-HEINEMANN. In seinem jüngst erschienenen Buch »Gesichter des Antisemitismus« beschreibt der international als Wissenschaftler und Autor zahlreicher historischer Werke ausgewiesene Antisemitismusforscher WALTER LAQUEUR, welche Formen des Hasses den Juden schon in der Antike entgegenschlugen. Neben der üblichen, in allen Kulturen anzutreffenden Fremdenfeindlichkeit war es hier vor allem die christlich-religiöse Begründung. Laqueur stellt fest (S. 14): »Aus historischer Sicht bedeutsam ist die Tatsache, dass sich das von den christlichen … Theologen geschaffene Stereotyp des Juden über Jahrhunderte hinweg hielt und bis heute weiterwirkt«. Er verweist auf einschlägige antijüdische Stellen im Matthäus-, Lukas- und Johannes-Evangelium (S. 60f). Als besonders feindselig gegenüber den Juden erwähnt er die Kirchenmänner Justin der Märtyrer, Origines, Bischof von Alexandria, und Johannes Chrysostomos, Erzbischof von Konstantinopel, sowie den bis heute hoch geschätzten Kirchenvater Aurelius Augustinus (S. 62f).[41]

Die immer wieder aufgestellte Behauptung von der moralischen Bastion des Christentums beruht auf absoluter Unkenntnis oder dem Nichtwahrhaben-Wollen der in weiten Strecken blutrünstigen Geschichte dieser Religion und der auf ihr errichteten Kirche.

Um aber auch das ganz deutlich zu sagen: Die für mich zur Tatsache gewordene These von den christlichen und kirchlichen Wurzeln des Antisemitismus relativiert die exorbitanten Verbrechen der Nationalsozialisten an den Juden nicht um einen Hauch. Sie macht mir aber den vergleichsweise geringen Grad an Widerstand auch führender gesellschaftlicher und politischer Kräfte im In- und Ausland gegen diese staatlichen Massenmorde verständlicher. Die ob ihres selbstlosen Mutes und ihrer menschlichen Solidarität moralisch nicht hoch genug einzuschätzenden Aktivitäten einzelner Helfer der Verfolgten und in kleinen, auch christlichen beziehungsweise kirchlichen, Gruppen organisierten Widerstandskämpfer, die sich gegen diese Mordmaschinerie auflehnten, konnten leider am Ergebnis nicht viel ändern, auch wenn jedes einzelne gerettete Menschenleben unendlich schwer wiegt.

Bekannt ist das offenbar gleichgültige, manche Historiker sprechen sogar von einem stillschweigend zustimmenden Schweigen von PAPST PIUS XII. (1876-1958) während der nationalsozialistischen Herrschaft zu den Verbrechen, für die Auschwitz als Symbol steht. Welche Rolle spielte der 1933 zwischen dem Vatikan und der Hitlerregierung geschlossene, noch heute(!) gültige Vertrag, das so genannte Reichskonkordat? Ob die darin der katholischen Kirche großzügig eingeräumten Zugeständnisse den Vatikan veranlassten, in quasi neutraler Haltung über die Geschehnisse im Zusammenhang mit der Verfolgung der jüdischen Bevölkerung hinwegzusehen?

Kaum bekannt ist, dass die evangelischen Landesbischöfe und Landeskirchenpräsidenten von Sachsen, Hessen-Nassau, Mecklenburg, Schleswig-Holstein, Anhalt, Thüringen und Lübeck am 17.12.1941 sich mit folgender Erklärung eindeutig hinter das nationalsozialistische Programm der Judenverfolgung stellten:

> »Die nationalsozialistische deutsche Führung hat mit zahlreichen Dokumenten unwiderleglich bewiesen, daß dieser Krieg in seinen weltweiten Ausmaßen von den Juden angezettelt ist. Als Glieder der deutschen Volksgemeinschaft stehen die unterzeichneten deutschen Evangelischen Landeskirchen und Kirchenleiter in der Front dieses historischen Abwehrkampfes, der unter anderem die Reichspolizeiverordnung über die Kennzeichnung der Juden als der geborenen Welt- und Reichsfeinde notwendig gemacht hat. Schon Dr. Martin Luther erhob nach bitteren Erfahrungen die Forderung, schärfste Maßnahmen gegen die Juden zu ergreifen und sie aus deutschen Landen auszuweisen. Von der Kreuzigung Christi bis zum heutigen Tage haben die Juden das Christentum bekämpft oder zur Erreichung ihrer eigennützigen Ziele missbraucht oder verfälscht. Durch die christliche Taufe wird an der rassischen Eigenart des Juden, seiner Volkszugehörigkeit und seinem biologischen Sein nichts geändert. Eine deutsche evangelische Kirche hat das religiöse Leben deutscher Volksgenossen zu pflegen und zu fördern. Rassejüdische Christen haben in ihr keinen Raum und kein Recht. Die unterzeichneten deutschen Evangelischen Kirchen und Kirchenleiter haben deshalb jegliche Gemeinschaft mit Judenchristen aufgehoben. Sie sind entschlossen, keinerlei Einflüsse jüdischen Geistes auf das deutsche religiöse und kirchliche Leben zu dulden.«[42]

Die Verbeugung dieser Kirchenoberen vor den damaligen Machthabern folgt einer klaren Aufforderung der Bibel. Im Brief des Paulus an die Römer, Kapitel 13, Vers 1 und 2 fordert der erste Theologe der Christenheit:

> »Jeder leiste den Trägern der staatlichen Gewalt den schuldigen Gehorsam. Denn es gibt keine staatliche Gewalt, die nicht von Gott stammt; jede ist von Gott eingesetzt.

Wer sich daher der staatlichen Gewalt widersetzt, stellt sich gegen die Ordnung Gottes, und wer sich ihm entgegenstellt, wird dem Gericht verfallen.«

Von einem offiziellen Bedauern oder gar einer Rücknahme dieses unseligen Papiers habe ich nie gehört oder gelesen. Wo blieb der Aufschrei und der Protest der Kirchen, als in der Reichspogrom-Nacht von 1938 die Synagogen brannten? Einzelne mutige Pfarrer protestierten, die Kirchenleitungen schwiegen! Der evangelische Landesbischof von Thüringen MARTIN SASSE schrieb 1938 im Vorwort zu seiner Schrift »Martin Luther über die Juden – Weg mit ihnen!« sogar zustimmend:

»Am 10. November 1938, an Luthers Geburtstag, brennen in Deutschland die Synagogen. Vom deutschen Volk wird zur Sühne für die Ermordung des Gesandtschaftsrates vom Rath durch Judenhand die Macht der Juden auf wirtschaftlichem Gebiet im neuen Deutschland endgültig gebrochen und damit der gottgesegnete Kampf des Führers zur völligen Befreiung unseres Volkes gekrönt. ... In dieser Stunde muss die Stimme des Mannes gehört werden, der als der Deutschen Prophet im 16. Jahrhundert aus Unkenntnis einst als Freund der Juden begann, der, getrieben von seinem Gewissen, getrieben von den Erfahrungen und der Wirklichkeit, der größte Antisemit seiner Zeit geworden ist, der Warner seines Volkes wider die Juden.«[43]

Gewiss wäre es falsch und ungerecht, zu verallgemeinern und evangelische Christen insgesamt zu verurteilen. Aber immerhin handelte es sich bei den Autoren der beiden Dokumente um führende Repräsentanten einer Institution, die von sich behauptet, Interpretin und Hüterin göttlich gestifteter Moral zu sein. Mit welchem Recht wirft man dem einfachen Bürger vor, seinerzeit nicht Widerstand geleistet zu haben, wenn gut informierte, maßgebliche und meinungsbildende Köpfe die Verfolgung der Juden ideologisch rechtfertigten!

Es gab in der Tat Protest und Widerstand. MARTIN NIEMÖLLER (1892-1984) u.a. gründeten den Pfarrernotbund, der sich dagegen wehrte, »nichtarische« Christen aus der evangelischen Kirche auszuschließen. Ihm gehörten tausende evangelische Pfarrer an, sie halfen vielen verfolgten Juden in verschiedenster Weise. Aus dem Pfarrernotbund ging die »Bekennende Kirche« hervor. Sie stellte zwar nur eine Minderheit der deutschen Protestanten dar, wandte sich aber entschieden gegen die regimetreue Haltung großer Teile der offiziellen evangelischen Kirche. Ihre Wirkung zu Gunsten der Juden blieb aber begrenzt. Zum einen, weil viele ihrer Mitglieder verhaftet wurden, zum andern, weil erhebliche Teile dieser Bewegung zum Völkermord an den Juden – vermutlich aus verständlicher Angst – schwiegen.

Wer sich anhand von Originalzitaten in überschaubarer Zeit über die tatsächliche Haltung wesentlicher Repräsentanten der beiden deutschen Kirchen in der Zeit des Nationalsozialismus informieren möchte, sei auf eine Zusammenstellung verwiesen, die WOLFGANG KLOSTERHALFEN (*1945), der geniale Autor der »Reimbibel«, zusammengestellt und über das Internet zugänglich gemacht hat. Wer danach immer noch der Meinung ist, dass die Kirchen ein Bollwerk des Widerstands gegen die Barbarei des Nationalsozialismus gewesen seien, dem ist nicht zu helfen, der will es offenbar auch nicht wahrhaben, dass hochrangige Vertreter der Kirchen das Regime Adolf Hitlers unterstützt haben.[44]

PAPST JOHANNES XXIII. (1881-1963) zeigt sich in einem zwar sehr allgemein gehaltenen Gebet, das er 1963 kurz vor seinem Tod verfasste, offenbar aber einsichtig und reumütig, wenn auch für die Opfer zu spät:

> »Wir erkennen heute, daß viele Jahrhunderte der Blindheit unsere Augen verhüllt haben, so daß wir die Schönheit Deines auserwählten Volkes nicht mehr sehen und in seinem Gesicht nicht mehr die Züge unseres erstgeborenen Bruders wiedererkennen. Wir erkennen, daß ein Kainsmal auf unserer Stirn steht. Im Laufe der Jahrhunderte hat unser Bruder Abel in dem Blute gelegen, das wir vergossen, und er hat Tränen geweint, die wir verursacht haben, weil wir Deine Liebe vergaßen. Vergib uns den Fluch, den wir zu unrecht an den Namen der Juden hefteten. Vergib uns, daß wir Dich in ihrem Fleische zum zweitenmal ans Kreuz schlugen. Denn wir wußten nicht, was wir taten.«[45]

Da ich keine kirchengeschichtliche Abhandlung liefern möchte, sondern mir nur endgültig klar werden möchte, aus welchen auch geschichtlichen Gründen ich Christentum und Kirche ablehne und der Kirche unter anderem wegen ihrer über Jahrhunderte bis in die Neuzeit praktizierten Haltung den Juden gegenüber jedes Recht abspreche, als Garant der Moral aufzutreten, möchte ich im Folgenden nur noch andeuten, welche weiteren unverzeihlichen Verbrechen auf das Konto der Kirche gehen.

Da ist vor allem noch an die Sklaverei zu erinnern, die wie oben schon dargelegt, in der Bibel und in der Kirche bis ins 19. Jahrhundert als gottgegebene Einrichtung angesehen wurde, ja sie wurde geradezu zum Modell des Verhältnisses Gott zu Mensch verklärt. Christen aller Zeiten hatten daher überhaupt keine Skrupel noch Zweifel an der Rechtmäßigkeit, einen anderen Menschen als persönliches Eigentum zu betrachten und zulasten dessen Lebensglücks auszubeuten. Päpste, Bischöfe und Klöster verfügten im Mittelalter über Tausende von Sklaven, die deren riesige Güter bearbeiten mussten. Zu Sklaven wurden beispielsweise Kriegsgefangene, Bauern, die ihre Steuern nicht aufbringen konnten, Kinder von Priestern. Ab etwa 1500 wurden vor allem Schwarzafrikaner mit ausdrücklicher päpstlicher Billigung(!) millionenfach verschleppt und als lebende Arbeitsmaschinen bis zu ihrem Tod ausgebeutet, wenn sie nicht schon auf den mörderischen Transporten umkamen. Erst unter dem Einfluss der Aufklärung und gegen den Willen der Kirche wurde die Sklaverei nach und nach abgeschafft und verboten. Wieviel millionenfaches Leid und Sterben mit der Sklaverei verbunden war, kann kein Mensch mehr ermessen. Und wie verträgt sich die elende und verachtende Behandlung der Schwarzen in den USA bis fast zum heutigen Tag mit der Botschaft der Liebe und Barmherzigkeit? Übrigens: Der Vatikan schaffte als einer der letzten Staaten Europas erst im Jahre 1838 die Sklaverei ab.

Desweiteren ist das riesige Geld-, Gold-, Immobilien- und Landvermögen insbesondere der katholischen Kirche zu thematisieren. Bei dem unschätzbaren Reichtum der Kirche, der von vielen Gläubigen unbewusst als Zeichen der Größe und Kraft dieses Glaubens gedeutet wird, sollte niemals vergessen werden, auf welche Weise er zustande kam. Die frühe und auch spätere Kirche war durch ihre mächtigen Päpste direkt und indirekt an vielen Eroberungsfeldzügen beteiligt. Im Mittelalter waren es Leibeigene und Tausende von Sklaven, die für die Kirche kostenlos arbeiten mussten und dadurch deren Besitz vermehrten. Für das Versprechen des Sündenerlasses und der Verkürzung des Aufenthalts im Fegefeuer wurden im Rahmen des so genannten, nur als betrügerisch zu bezeichnenden Ablasshandels riesige Geldmengen in die Kassen von Papst, Kirchen und Klöster gespült (verwendet zum Beispiel für den Bau des Petersdoms in Rom!).

Die Kirche profitierte ferner in erheblichem Maße von den Goldschätzen, die die Missionare durch Raub und Mord von den Ureinwohnern Lateinamerikas erbeuteten. Den nach Millionen zählenden Opfern von Inquisition und Hexenverbrennung wurde stets ihr gesamtes Vermögen (Geld und Land) genommen, das sich Staat und Kirche dann teilten. Bei der meist engen Verflechtung von staatlichen und kirchlichen Interessen wusste die Kirche das oft genug zu ihrem doppelten Vorteil zu nutzen. In vielen Fällen, zum Beispiel beim Freikauf von einer Inquisitionsanklage oder beim Erwerb des Anspruchs auf bevorzugte Behandlung dermaleinst im Himmel, wurden Geld und Landbesitz direkt oder per Testament der Kirche zugeführt. Auch durch den so genannten Zehnt vereinnahmte die Kirche ungeheure Geldmengen. Konnte er nicht aufgebracht werden, drohten grausame Strafen und Versklavung.

Im Laufe der letzten Jahrhunderte verwandelte sich auf wunderbare Weise Erbeutetes und Erpresstes zu selbstverständlichem und nicht mehr hinterfragtem Besitz und kündete von der Herrlichkeit Gottes. Jeder anderen Institution würde man bei diesem – sehr unvollständigen und hier sehr summarisch dargestellten, aber belegbaren! – Register an Untaten heute das Attribut »kriminelle Vereinigung« zuschreiben müssen. Und bis heute lässt sich – zumindest in Deutschland – die Kirche durch den Staat in erheblichem Ausmaß – verdeckt und dem Geiste nach eigentlich grundgesetzwidrig – durch allgemeine Steuermittel, also durch das Geld eines Großteils den christlichen Kirchen nicht angehörender Bürger in Milliardenhöhe subventionieren.[46,47]

Nochmal sei es gesagt: Meine Absicht ist es nicht, eine lückenlose Aufzählung von Verbrechen und Vergehen der Kirche über die Jahrhunderte zu erstellen. Meine Absicht ist es, mich soweit der Verworfenheit dieser Institution zu vergewissern, dass ich guten Gewissens sagen kann – nein, dass ich aus Gründen der Redlichkeit sagen muss, einer Organisation mit einer solchen Vergangenheit kann ich nur mit Abscheu und Empörung den Rücken kehren. Zwar darf man den Menschen, die heute dieser Kirche dienen, diese Untaten nicht mehr zur Last legen. Aber müssten sie nicht eigentlich im höchsten Maße irritiert sein bei dem Gedanken, welcher Organisation – mit unfassbarer Schuld beladen – sie mit Überzeugung angehören?

Insbesondere von kirchlicher oder ihr nahestehender Seite heißt es oft, die Berichte über die Gräuel der Kreuzzüge, der Inquisition und der Hexenprozesse beispielsweise seien übertrieben, in Wirklichkeit hätte sich die schützende Hand der Kirche über so manchen Sünder gelegt. »Der Behauptung, dass es nicht so schlimm gewesen sei, muß« – so der Kirchenhistoriker WALTER NIGG – »geantwortet werden: Doch, es war schlimm, so schlimm, daß es schlimmer nicht hätte sein können!« Aber selbst wenn nur Teile davon wahr wären, wäre es ungeheuerlich genug und disqualifizierte diese Kirche und die von ihr verbreitete Lehre für alle Zeiten.

Im März 2000 hat PAPST JOHANNES PAUL II. (1920-2005) – offenbar vom schlechten Gewissen seiner Institution getrieben – in einem öffentlichen Schuldbekenntnis (»Mea Culpa – Tag der Vergebung«) die geschichtliche Verantwortung seiner Kirche u.a. für die Gräueltaten der Inquisition, der Kreuzzüge und der Missionierung Lateinamerikas sowie die über Jahrhunderte erfolgten Judenpogrome übernommen und sich dafür – in verklausulierter Form und in langen Texten fast versteckt – entschuldigt. Gleichzeitig wird aber in dieser Schrift unverändert daran festgehalten, dass die Kirche eine heilige Institution sei und dass die Sünden der Vergangenheit nicht die Unfehlbarkeit des Papstes in den Angelegenheiten des Glaubens und der Moral in Frage stellten! Man fragt sich verwundert: Die Päpste als oberste »Dienstherren« verantwortlich für das damalige amoralische Geschehen aber gleichzeitig unfehlbar? Auf solche in sich total widersprüchlichen »Schuldbekenntnisse« kann man getrost verzichten, sie stellen nur Augenwischerei dar und einen weiteren Versuch, die Öffentlichkeit für dumm zu verkaufen.[48]

Bleibt nur noch daran zu erinnern, dass die Kirche weltweit, besonders die katholische, in letzter Zeit durch sehr viele Fälle von Kindesmissbrauch sich ein weiteres Mal bloßgestellt hat. Ihre damit einhergehende systematische Vertuschungspraxis, ihr Anspruch auf rechtliche Autonomie und ihre Weigerung bislang, allen, in die Zehntausende gehenden Opfern eine angemessene, wenigstens materielle Entschädigung zu gewähren, hat wieder einmal ihren wahren Charakter gezeigt. Diese klerikale Selbstherrlichkeit und moralische Heuchelei gehört bis heute zu ihren wesentlichen Charakterzügen und ist der Grund für einen schleichenden Vertrauensverlust, selbst bei jenen, die ihr bisher noch wohl gesonnen waren. Denn bei den Missbrauchsfällen handelt es sich offensichtlich um ein strukturelles Problem der Kirche, speziell der katholischen, für das die kirchlichen Repräsentanten sich bisher weigern, die Konsequenzen zu ziehen. Stattdessen wird auf die Verfehlung einzelner Priester verwiesen, tatsächlich liegt die wesentliche Ursache in der widernatürlichen Sexualmoral der Kirche begründet, einer Sexualmoral, die vor allem im Erziehungswesen ihre verheerende Wirkung entfaltete.

Mit den sexuellen Verfehlungen ihrer Vertreter, von den untersten Rängen bis hinauf zum bischöflichen Stand, ist die Kirche moralisch noch mehr in die Defensive geraten, und zwar deswegen, weil es zum Selbstverständnis gerade dieser Religion gehört, sich als Quelle und Garant von Moral zu begreifen. Aus diesem Grund zählt ihr Versagen ungleich schwerer als das jeder anderen Institution, die sich ähnlicher Verbrechen schuldig gemacht hat. Anonym durchgeführte Umfragen ergaben, dass fast die Hälfte der Priester sexuelle Beziehungen unterhalten und etwa ein Drittel mindestens ein Kind gezeugt hat. Die Kluft zwischen Anspruch und Wirklichkeit kann kaum noch größer sein. Die Menschen stimmen inzwischen mit den Füßen ab und kehren in Scharen den selbsternannten Moralaposteln den Rücken. Jedenfalls in Mitteleuropa, in den wissensdefizitären und bildungsfernen Regionen Afrikas, Asiens und Lateinamerikas hat die Kirche Zulauf. Für denkende und nachdenkende Menschen dagegen wird eine solche Glaubensinstitution immer weniger attraktiv. Je gebildeter ein Volk, desto weniger schätzt es offenbar die Entmündigung.

Was ist das Fazit dieses Unterkapitels? Worüber wollte ich mir Klarheit verschaffen? Was wollte ich eigentlich zum Ausdruck bringen?

Ich wollte anhand bezeichnender Ereignisse in der Geschichte des Christentums und der auf dieser Religion gründenden Kirche feststellen, wieweit diese Lehre und die sich darauf berufende Institution ihrem eigenen Anliegen gerecht geworden ist. Es geht um eine Lehre, die von sich behauptet, dass sie dem Menschen Liebe, Frieden und die frohe Botschaft eines sich der Menschheit erbarmenden Gottes bringt. Es geht um eine Institution, die sich als Quelle und Garant der Moral versteht und doch in eklatanter Weise versagt hat. Sie hat sich immer wieder mit autoritären Mächten verbündet und damit massiv gegen die Interessen der ihr ausgelieferten Menschen gehandelt. Und sie hat in den letzten Jahrzehnten am Beispiel der Heimkinder und der katholisch-priesterlichen Verfehlungen gezeigt, dass vor allem sie selbst ihren eigenen Moralansprüchen nicht gerecht wird.

Selbst eine nur flüchtige Betrachtung der Kirchengeschichte zeigt, dass die Bilanz nur als katastrophal bezeichnet werden kann. Gibt es auf dieser Erde eine Religion, die anderen Menschen so viel Leid, Verzweiflung und Schmerzen gebracht hat? Gibt es auf dieser Erde eine Religion, die ihr eigenes Anliegen so sehr verraten hat? Gibt es auf dieser Erde eine religiöse Institution, die nach einer solchen desaströsen Bilanz es immer noch wagen würde, weltweit als Verkünderin und Hüterin göttlicher Moral aufzutreten?

Mir wird geantwortet, die Millionen und Abermillionen Menschen, die in dieser Religion Trost, Halt, Hoffnung, zumindest die aufrichtende Gemeinschaft mit anderen fanden und finden, widerlegten mich in meiner angeblich einseitigen und herabwürdigenden Kritik. Ich antworte darauf, dass den allermeisten gläubigen Menschen die schreckliche Vergangenheit und die Unredlichkeit der amtlichen Repräsentanten dieser Institution aufgrund fehlender Bildung einerseits und kirchlicher Indoktrination andererseits überhaupt nicht bekannt und bewusst sind. Ich füge hinzu, dass sie es in den meisten Fällen auch nicht wissen wollen. Es ist dies vielleicht damit zu erklären, dass man sein eigenes bescheidenes Glück nicht noch durch das Gedenken an das Unglück anderer trüben möchte. Und mir wird weiter geantwortet, dass man die sehr bedauerlichen Verfehlungen, die Menschen – zugegeben und leider – begangen hätten, nicht der an sich reinen Lehre anlasten dürfe. Ich antworte darauf zweierlei:

Erstens: Diese Lehre ist nicht »rein«, womit ja wohl gemeint sein sollte, dass sie hehre Grundsätze verkündet, dem menschlichen Miteinander dienlich ist und dem Menschen Trost und Hoffnung bietet. Ich habe oben zu zeigen versucht, dass diese Lehre – niedergelegt in der Bibel und durch die Kirche in ihrem Sinne interpretiert – viele Beispiele gottbefohlener Grausamkeiten enthält, den Glauben an Gott nur durch Androhung schwerster und ewig währender Strafen glaubt erzwingen zu können und selbst in der berühmten Bergpredigt völlig unverhältnismäßige und weltfremde Anforderungen stellt. Sie enthält vor allem eine Fülle von Behauptungen, die einfach unwahr sind. Zwei Beispiele unter beliebig vielen (Einheitsübersetzung):

> Psalm 23, Verse 1-4: »Der Herr ist mein Hirte,/ nichts wird mir fehlen. Er lässt mich lagern auf grünen Auen/ und führt mich zum Ruheplatz am Wasser. Er stillt mein Verlangen;/ er leitet mich auf rechten Pfaden, treu seinem Namen. Muss ich auch wandern in finsterer Schlucht,/ ich fürchte kein Unheil; denn du bist bei mir,/ dein Stock und dein Stab geben mir Zuversicht.«

> Matthäus 7, Kapitel 7-11: »Bittet, dann wird euch gegeben; sucht, dann werdet ihr finden; klopft an, dann wird euch geöffnet. Denn wer bittet, der empfängt; wer sucht, der findet; und wer anklopft, dem wird geöffnet. Oder ist einer unter euch, der seinem Sohn einen Stein gibt, wenn er um Brot bittet, oder eine Schlange, wenn er um einen

> Fisch bittet? Wenn nun schon ihr, die ihr böse seid, euren Kindern gebt, was gut ist, wie viel mehr wird euer Vater im Himmel denen Gutes geben, die ihn bitten.«

Ich verstehe diese Texte so, wie sie hier wörtlich formuliert wurden. Die Bedeutung der Worte ist klar und eindeutig. Somit ist für mich auch zweifelsfrei erkennbar, dass es sich um Aussagen handelt, die mit der Wirklichkeit nicht übereinstimmen. Wer das glaubt, wird schlicht getäuscht. Die Bibel verspricht an vielen Stellen, dass Gott mich erhören wird, wenn ich in Not bin, dass er mich erhält mit allem, was ich brauche, dass er mich sicher führen wird in aller Bedrängnis. Hat er sich der Millionen Menschen erbarmt, die auf Folterbänken, auf Scheiterhaufen, in Gaskammern, auf den Schlachtfeldern der unzähligen Kriege, als Opfer von Zwangsmissionierungen, unter den Trümmern von erdbebengeschüttelten Häusern, durch Flutkatastrophen, durch Pestepidemien oder Hungersnöte zu Tode kamen? Ich verbitte mir, naiv genannt zu werden, ich erlaube mir nur, die Bibel beim Wort, soll heißen: so wörtlich wie täglich verkündet, zu nehmen.

Zweitens: Diese Glaubenslehre hatte das Denken und Verhalten der Menschen in fataler Weise geprägt. Sie wähnten sich im Besitz der absoluten Wahrheit, und deshalb bedeutete für sie die Vernichtung Andersdenkender und Andersgläubiger die Verteidigung dieser Wahrheit. Diese Glaubenslehre hatte ihnen das sichere Gefühl vermittelt, dass die Kreuzzüge zur Befreiung der heiligen Stätten Gottes Willen entsprachen. Die Inquisitoren waren damals aufgrund dieser Lehre fest davon überzeugt, dass sie die Menschheit von Ketzern befreien müssen. Das Verbrennen von Hexen entsprach dem Gebot der Bibel, wonach diese nicht am Leben bleiben dürfen. Und das Töten von Juden war aufgrund des biblisch geprägten Denkens der damals lebenden Menschen nur der Vollzug eines von Gott längst gefällten Urteils. Die Bibel bot stets für alle diese Taten Rechtfertigungsargumente.

Erst als die Christenheit unter dem Druck der Aufklärung allmählich zur Besinnung kam, merkte man, was man angerichtet hatte. Man sprach peinlich berührt von Irrtum, Verfehlung, Missbrauch, fehlgeleiteten, ja wahrscheinlich vom Teufel verführter Menschen. Selbst wenn man immer noch glaubt, dass die christliche Lehre von Grund auf gut ist und es wert ist, allen Menschen gepredigt zu werden, sollte man nicht doch langsam darüber nachdenken, was eine Glaubenslehre taugt, die von Menschen über tausende von Jahren angeblich immer wieder missverstanden und so oft missbraucht werden konnte, obwohl sie doch in ihrem Kern gut und edel sei? Mit welcher Begründung kann man eine Religion, die als moralische Leitlinie so weitgehend versagt hat, eher in Ausnahmefällen als moralisches Korrektiv wirkte, die über die

Menschen ein solches Maß an Unglück gebracht hat, noch heute den Menschen als Gottes Wort verkünden?

Aber – so wird mir entgegengehalten – die ungezählten Beispiele von barmherzigen, hilfreichen und opferbereiten Menschen, die in ihrem Verhalten anderen gegenüber nun doch wirklich als »christlich« zu bezeichnen wären, sind sie denn nicht ein Beleg für die wahre Natur dieses Glaubens?

Gewiss werden viele Menschen durch die biblische Botschaft auch daran erinnert, im Mitmenschen den Nächsten zu sehen, dem es in der Not zu helfen gilt. Aber wieviele tun es denn wirklich? Es ist immer nur eine sehr kleine Zahl von Menschen, die diese Gebote der Bergpredigt beherzigen. Ich behaupte, dass die Menschen, die sich tatsächlich für den Nächsten einsetzen, in erster Linie ihrer inneren Stimme folgen und das tun, was mitfühlende und mitdenkende Menschen weltweit schon immer getan haben – unabhängig davon, ob ihnen ein biblisches Gebot das vorgab oder nicht. Statute der Mitmenschlichkeit hat im Übrigen weltweit jede Gesellschaft hervorgebracht, ein Faktum, das die Evolutionstheorie sehr gut erklären kann, wie in vorangegangenen Kapiteln schon gezeigt wurde.

Ein Aspekt verdient im Zusammenhang mit der immer wieder gerühmten sozialen Komponente des Christentums, die sich in vielerlei Form der menschlichen Not angenommen hat und dies ja immer noch tut, noch kritisch angemerkt zu werden. So sehr eine Reihe biblischer Gebote und Gleichnisse eine begrüßenswerte Aufforderung zu selbstloser Hilfe am Nächsten darstellen und beispielgebend für eine Vielzahl von Aktivitäten christlicher Nächstenliebe waren und sind, sie haben den Blick abgelenkt von den Ursachen von Krankheit und Not. So bewundernswert und anerkennenswert das Eintreten für den im Augenblick hilfsbedürftigen Mitmenschen ist, ebenso wichtig und langfristig noch wichtiger wäre ein Nachdenken über das, was Not und Elend hervorbringt. An dieser Stelle hat die Kirche über die Jahrtausende ebenso versagt, über Ursachen und Abhilfe hat sie sich nie Gedanken machen wollen. Es wäre wohl auch mit den Grundlagen des Glaubens nicht vereinbar gewesen. Not durch Krankheit, Hunger und Naturkatastrophen verweist auf Gottes Wirken überall um uns herum, und ein Nachdenken darüber hätte ein weiteres Mal die Güte und Allmacht Gottes in Frage gestellt. Bekämpfen von Krankheit und Hunger gelingt nicht durch Handauflegen und durch übernatürliche Vermehrung von Brot, erfordert vielmehr rationales und wissenschaftliches Denken. Das aber hätte gleichzeitig ein aus archaischen Zeiten stammendes Weltbild noch mehr in Bedrängnis gebracht. Und verweisen die Worte von Jesus nicht immer wieder auf das eigentliche Leben jenseits dieser Wirklichkeit? Wozu Grundlegendes auf dieser Welt ändern, wenn es doch letztlich nur um das Hinüberretten der Seele ins Jenseits geht? (Erst gegen

Ende des 19. Jahrhunderts begannen die katholische Soziallehre und die evangelische Sozialethik aufgrund der durch die Industrialisierung ausgelösten Verelendung der Arbeiterschaft explizit soziale Fragen zu thematisieren.)

Das überstrapazierte Argument, dass man Denken und Handeln in ihrer historischen Bedingtheit sehen müsse, drückt eigentlich nur eine banale Einsicht aus. Denken, Handeln und geschichtliche Rahmenbedingungen bilden immer ein Ganzes. Die historische Bedingtheit kann aber dennoch nicht einfach als Entschuldigung für begangene Untaten herhalten. Ob man mit dem gleichen Argument in vielleicht 500 Jahren versuchen wird, auch die Verbrechen der Nationalsozialisten mit den geschichtlichen Rahmenbedingungen entschuldigen zu wollen? Es gibt aller historischen Bedingtheit zum Trotz unverrückbare Grundsätze für das, was Staat und Kirche, Gesellschaft und Individuum in dem anderen Menschen zu allererst zu sehen haben. Diese Grundsätze wurzeln in dem jedem Menschen innewohnenden Willen nach einem eigenen, selbstbestimmten Leben, in dem in jedem Menschen sich entfalten wollenden Streben nach Lebensglück und in der jedem Menschen mitgegebenen Empfindung für körperlichen und seelischen Schmerz. Für diese Einsicht brauche ich weder biblisches Wort noch kirchliche Belehrung, sie ist Ergebnis meines täglichen Erlebens als fühlender und denkender Mensch.

Und noch einmal sei es gesagt: Die Abermillionen Gläubigen sind kein Beweis für die Wahrheit und Göttlichkeit dieses Glaubens. Sie sind höchstens ein Beweis für die Gutgläubigkeit und Verführbarkeit, aber auch Orientierungsbedürftigkeit von Menschen, die nie die Gelegenheit hatten, ein alternatives Denk- und Lebensmodell kennen zu lernen, aufgrund von frühkindlicher Indoktrination und mangelnder Bildung vielleicht noch nicht einmal die Chance, über ihren eigenen Glauben zu reflektieren, ja, oft genug Opfer agitatorischer Prediger und Schriften wurden.

Ein aktuelles Beispiel für argumentative Unredlichkeit liefert der Theologe und Psychiater MANFRED LÜTZ mit seinem Bestseller »Gott – Eine kleine Geschichte des Größten«. Der Philosoph und Bioethiker EDGAR DAHL hat in einer Rezension dieses Buches dem Autor zehn Kunstgriffe – deutlicher gesagt: Tricks – nachgewiesen, mit denen er den Leser auf unlautere Art und Weise systematisch manipuliert. So glaubt der Autor zu punkten, wenn er Behauptungen widerlegt, die kein Religionskritiker je aufgestellt hat oder sich auf hochgradig spezielle naturwissenschaftliche Erkenntnisse beruft (z.B. der Quantenphysik), die er höchst eigenwillig interpretiert, wohl wissend, dass ihm die Leser aus fachlicher Unkenntnis hier gar nicht widersprechen können. Auch diskreditiert er moralisch Atheisten, damit auch viele Humanisten, indem er sie bedenkenlos gleichsetzt mit Faschisten und Kommunisten und ihren Verbrechen.[49]

3. Die Botschaft hör' ich wohl ... und das soll ich glauben?

Mit dem Ende des Mittelalters, also Ende des 15., Anfang des 16. Jahrhunderts, beginnt sich die Welt des Wissens langsam von der Welt des Glaubens zu trennen. Die Wissenschaft erkennt, dass die Erde nicht im Mittelpunkt der Welt, sondern an einem in keiner Weise ausgezeichneten Ort des kosmischen Geschehens steht. Sie ahnt, dass der Mensch nicht aus einem Erdenkloß geformt wurde, sondern entdeckt, dass Mensch und Tier Gemeinsamkeiten in Aufbau und Funktion aufweisen und gleichen biologischen Gesetzmäßigkeiten unterliegen. Sie findet immer mehr Anhaltspunkte für die aufkeimende Einsicht, dass beispielsweise Vulkanausbrüche und Erdbeben nicht auf göttlichen Zorn zurückzuführen sind, sondern mit der im Umbruch befindlichen Erdkruste unseres Planeten zusammenhängen dürften. Heute wissen wir, dass die Welt nicht in sechs Tagen geschaffen wurde, sondern in einem Jahrmilliarden währenden Prozess entstand; dass sich der Mensch in einem evolutionären Entwicklungsprozess aus der Tierwelt heraus entwickelte und dass dieser sich selbst steuernde evolutionäre Prozess noch immer anhält; dass die Deutung verheerender Naturerscheinungen oder alles dahin raffender Seuchen als göttliche Strafen nicht nur entbehrlich ist, sondern nur zusätzliche unlösbare theologische Fragen aufwirft.

Heute lebt ein aufrichtig Gläubiger, also jemand, für den der Wortlaut der Bibel und die kirchliche Verkündigung tragende Pfeiler seines Bekenntnisses darstellen, in zwei verschiedenen Welten, die nicht mehr in Übereinstimmung zu bringen sind. Einerseits lebt er in einer altertümlichen, dogmatisch festgelegten, nicht mehr weiterentwickelten, allenfalls mühsam neuzeitlich interpretierten Glaubenswelt und andererseits in einer der Logik und der kritisch reflektierten Erfahrung verpflichteten, sich ständig weiterentwickelnden, sich erforderlichenfalls auch korrigierenden(!) Wissenswelt. Glaube und Vernunft geraten daher immer wieder aneinander, schließen sich in ihren Folgerungen meist aus und führen zu einer Spaltung des Weltbildes. Auch wenn ein »aufgeklärter« Christ die beiden Schöpfungsgeschichten heute nicht mehr als naturwissenschaftliche Darstellungen auffasst und den beiden Beschreibungen heute nur noch die allgemeine Botschaft entnimmt, dass die Welt und der Mensch letztlich von Gott erschaffen wurden, so hält er – wenn er denn »gläubig« ist – nach wie vor daran fest, dass der Mensch nicht oder nicht nur Ergebnis natürlicher Entwicklung ist, sondern der von Gott bewusst in die Welt gesetzte, mit einer unsterblichen Seele ausgestattete Partner und sein Ebenbild (vgl. z. B. Einheitsübersetzung, S. 6 unten!). Im Zweifel steht für ihn der Glaube über aller Wissenschaft und Vernunft.

Schon MARTIN LUTHER (1483-1546) sah das Dilemma und nannte konsequenterweise die Vernunft »des Teufels Braut«, eine »schöne Metze« und »Gottes ärgste Feindin«; an anderer Stelle sagt er: »Auf Erden (ist) unter allen Gefährlichkeiten kein gefährlicher Ding denn eine hochreiche sinnige Vernunft.« Und: »Vernunft muß geblendet sein« und »der Glaube (muß) alle Vernunft, Sinne und Verstand mit Füßen treten.«[50] Da für LUTHER allein der Glaube maßgebend war, gab es für ihn kein Schwanken zwischen Glauben und Vernunft. Allein das Heil seiner Seele, die Erlösung von dieser Welt war das, worauf es ihm ankam.

Kann diese Entscheidung, verbunden mit einer solchen Verachtung für Denken und Verstand, für einen heutigen Menschen noch in Frage kommen? Nach LUTHERS Auffassung muss der natürliche Wille des Menschen nach Erkenntnis der Wahrheit aufgegeben, man könnte auch sagen: gebrochen werden, zugunsten des Glaubens und damit seines Seelenheils. Dieser Glaube sei mehr als nur Meinen und Fürwahrhalten, er bedeute, von Gott überzeugt zu sein und sich ihm unter Zurückstellung aller Bedenken radikal anzuvertrauen.

Was aber, wenn in mir doch immer wieder der Zweifel nagt, das Bedürfnis nach »Hinterfragen« der Dinge nicht mehr zu unterdrücken ist, wenn Einsicht und Verstand sich gegen die dogmatischen Zumutungen des Glaubens geradezu aufbäumen? Spätestens an dieser Stelle wird mir entgegengehalten, dass LUTHER wohl ein kluger Mann gewesen sei, aber in seiner Zeitgebundenheit habe er noch nicht erkennen können, dass sich Glaube und Vernunft gar nicht ausschlössen. Die modernen Wissenschaften, besonders die Quantenphysik, aber auch bestimmte Entwicklungen in der Kosmologie, zeigten vielmehr – so die Argumentation an dieser Stelle – dass beide »Erkenntnisflügel, nämlich Glaube und Verstand« – so PAPST JOHANNES PAUL II. – aufeinander angewiesen seien. Schließlich gäbe es immer mehr – so die Behauptung – aufgeschlossene Wissenschaftler, die zum Glauben zurückfänden.

Versuchen wir anhand grundlegender Glaubensinhalte zu prüfen, wieweit heutiges, wesentlich durch wissenschaftliche Erkenntnisse geprägtes Denken dem verkündeten christlich-kirchlichen Glauben noch folgen kann. Dazu zunächst ein zusammenfassender Blick auf die wichtigsten Aussagen des christlichen Glaubenssystems.

Die »Wahrheiten« der christlichen Lehre sind in Dogmen und Glaubenssätzen festgelegt, die im Laufe der Jahrhunderte durch Kirchenlehrer und Konzile immer wieder neu interpretiert und geformt wurden, letztlich aber alle auf das Evangelium zurückgehen. Nach der so genannten Dreieinigkeitslehre besteht Gott aus Gottvater, seinem Sohn Jesus und dem Heiligen Geist, die eigentlich aber eine Einheit bilden (sog. Dreieinigkeit oder Dreifaltigkeit). Gott wendet sich in Liebe den Menschen zu trotz seiner Enttäuschung über ihr frevelhaftes Verhalten. Er sendet ihnen seinen Sohn, um sie von den Sünden zu erlösen, derer sie sich schuldig gemacht haben und von denen sie sich aus eigener Kraft nicht mehr befreien können. Nur durch den Opfertod seines eigenen Sohnes kann der Zorn Gottes über die Sündhaftigkeit der Menschen besänftigt werden. Diese stellvertretend übernommene Tilgung der Schuld wiederum ist notwendig für ein späteres ewiges Leben im Himmel. Die Jungfrau Maria bringt, nachdem sie durch den Heiligen Geist geschwängert wurde, zu Weihnachten diesen Sohn zur Welt. Nach einer vergleichsweise kurzen Zeit des Predigens und des Wunderwirkens, die in den Berichten des Neuen Testaments dargestellt und gedeutet werden, stirbt Jesus am Karfreitag am Kreuz und erfüllt damit seinen Opferauftrag. Nach drei Tagen steht er Ostern von den Toten auf, zeigt sich seinen erstaunten Jüngern und fährt gen Himmel (heutiger Himmelfahrtstag). Schließlich werden Jünger und engste Gefolgsleute von Jesus zu Pfingsten vom Heiligen Geist erleuchtet und begründen die christliche Kirche. Nur wer den Glauben annimmt, dass der Mensch erlösungsbedürftig ist und dass Jesus die Schuld für die Sünden der Menschheit übernommen hat, kann ins Paradies aufgenommen werden, andernfalls droht ewige Verdammnis in der Hölle. Taufe und Abendmahl als die wohl wichtigsten Sakramente (heilige kirchliche Handlungen) begründen und festigen diesen Glaubensbund. Soweit die knappe – möglicherweise subjektiv eingefärbte – Charakterisierung der christlichen Religion.

Beginnen wir unsere kritische Betrachtung mit dem so genannten Apostolischen Glaubensbekenntnis, das die Kernaussagen auf seine Weise zusammenfasst. Es wird in dieser Form – mit gewissen sprachlichen Varianten – heute in den katholischen, evangelischen und anglikanischen Kirchen gesprochen.

> Ich glaube an Gott den Vater,
> den Allmächtigen, Schöpfer Himmels und der Erden.
> Und an Jesus Christus,
> Gottes eingebornen Sohn, unsern Herrn,
> der empfangen ist vom Heiligen Geist,
> geboren von der Jungfrau Maria,
> gelitten unter Pontius Pilatus,
> gekreuziget, gestorben und begraben,
> niedergefahren zur Hölle,
> am dritten Tage auferstanden von den Toten,
> aufgefahren gen Himmel,
> sitzend zur Rechten Gottes,
> des allmächtigen Vaters,
> von dannen er kommen wird,
> zu richten die Lebendigen und die Toten.

Ich glaube an den Heiligen Geist,
eine heilige katholische/christliche Kirche,
die Gemeinde der Heiligen,
Vergebung der Sünden,
Auferstehung des Leibes und das ewige Leben.
Amen.

Greifen wir einige Aussagen heraus, die selbst innerhalb der Kirche nicht mehr von allen Gläubigen unwidersprochen hingenommen werden. Entweder werden diese als symbolisch gemeint aufgefasst – wobei offen bleibt, wofür diese Worte dann stehen – oder überhaupt als Legende abgelehnt: empfangen vom Heiligen Geist, geboren von der Jungfrau Maria, niedergefahren zur Hölle, auferstanden von den Toten, aufgefahren gen Himmel.

Die Zeugung durch den Heiligen Geist sollte bekanntlich sicherstellen, dass Jesus nicht mit der Erbsünde belastet ist. Denn die Erbsünde wäre durch einen menschlichen Vater an Jesus weiter gegeben worden. Die Jungfrau Maria wiederum war durch die so genannte »Unbefleckte Empfängnis« seit Beginn ihrer Existenz im Leib ihrer Mutter Anna durch göttliches Einwirken vom Makel der Erbsünde bewahrt. »Unbefleckte Empfängnis« und »Jungfrauengeburt« sind nach katholischer Lehre strikt zu unterscheiden. Die Künstlichkeit und Konstruiertheit dieser Dogmen führt jedoch dazu, dass sie von den meisten Gläubigen überhaupt nicht verstanden werden und meist gleichgesetzt werden. Diese Lehre gilt übrigens in der evangelischen Kirche als unwesentlich und spielt dort daher eine untergeordnete Rolle.[51]

Eine andere Argumentationslinie bezweifelt die Jungfräulichkeit Marias, denn die Bibel ist in ihren Aussagen in dieser Hinsicht seltsam uneinheitlich und lässt die üblichen nachträglichen manipulativen Einschübe vermuten. Bei Markus, dem ältesten Evangelisten, ist von einer Jungfrau Maria überhaupt nicht die Rede, bei Matthäus kündet ein Engel dem Joseph im Traum die göttlich veranlasste Geburt an, bei Lukas erscheint der verkündende Engel leibhaftig, bei Johannes ist Jesus schon vor der Empfängnis von göttlicher Natur. Paulus wiederum weiß von einer Jungfrauengeburt nichts. In den Berichten des Neuen Testaments ist zudem von vier Brüdern und mehreren Schwestern von Jesus die Rede (Matth. 13, Vers 55-56; Markus 6, Vers 3-4), so dass die Jungfräulichkeit der Maria und die ihr auch später lebenslang unterstellte Keuschheit auch aus diesem Grund nicht sehr überzeugend wirkt. Manche Theologen, zum Beispiel UTA RANKE-HEINEMANN, verweisen darauf, dass die entsprechenden Bibelstellen statt »Jungfrau« auch die schlichte Übersetzung »junge Frau« zuließen.

Die behauptete Jungfräulichkeit Marias, die – wie schon erwähnt – erst später zusätzlich noch zu lebenslanger Keuschheit hochstilisiert wurde, scheint mir ein bezeichnendes Beispiel für die von der (katholischen) Kirche vorgenommene Legendenbildung zu sein, um glaubensbindende Symbole und Identifikationsfiguren zu schaffen. Es dürfte tatsächlich wohl so sein, dass die Jungfrauengeburt eine Erfindung der Kirche ist, die durch Bezug auf angebliche Weissagungen im Alten Testament (Jesaja Kap. 7, Vers 14), nachträgliche Einfügungen ins Neue Testament und das spätere Inabredestellen des Vorhandenseins von Geschwistern bewiesen werden sollte. Ein Blick in die Religionsgeschichte zeigt jedoch, dass die jungfräuliche Geburt eines Erlösers keine ursprünglich christliche Vorstellung ist, sondern auch in anderen Religionen und Mythen vorkommt und die Funktion hat, dem so auf die Welt gekommenen Erretter zwecks Glorifizierung und Verherrlichung besondere Reinheit zukommen zu lassen. Eine These, um die auch JOSEPH RATZINGER, der derzeitige Papst, in seiner »Einführung in das Christentum« nicht herum kommt, wobei er aber sogleich durch kaum nachvollziehbare philosophisch-theologische Winkelzüge nachzuweisen versucht, dass die biblische Maria in keiner Weise mit jenen anderen religionsgeschichtlich erwähnten Jungfrauen verglichen werden dürfe.[52]

Die Hölle – ein weiterer wichtiger Begriff im Glaubensbekenntnis – spielt im Christentum eine zentrale Rolle und ist zugleich die grausamste und niederträchtigste gedankliche Konstruktion, die sich das Christentum und die Kirche ausgedacht beziehungsweise von anderen Religionen übernommen haben. Über eine Zeit von fast zweitausend(!) Jahren wurde den Menschen, die im Herrschaftsbereich der Kirche leben mussten, mit ewig andauernden entsetzlichsten Qualen für den Fall ungläubigen Verhaltens gedroht. Wie steht es eigentlich um die Überzeugungskraft einer Botschaft, die sich solcher brutaler Einschüchterungen bedienen muss? Jesus selbst, auf den diese über alle Maßen erbarmungslose Strafandrohung zurückgeht, kann nicht besonders überzeugt von der Wirksamkeit seines Predigens und Handelns gewesen sein. Denn er wird nicht müde und findet viele Gelegenheiten, auf die Konsequenzen der Ablehnung seiner Botschaft hinzuweisen und schildert uns die dann zu erwartende Hölle als Ort ewig brennenden Feuers.

Angeblich erwartet Gott das freiwillige Ja zu ihm. Wie kann aber von einer freien Entscheidung die Rede sein, wenn die Alternativen so extrem ungleichwertig sind. Wie kann man von einer freiwilligen und überzeugten Hinwendung zum Glauben sprechen, wenn als Alternative nur die denkbar größte persönliche Katastrophe droht? Wie kann Gott uns Willensfreiheit geben und gleichzeitig verlangen, dass wir uns für ihn entscheiden?

Dass das Feuer in der Hölle nicht etwa nur bildlich oder im übertragenen Sinn gemeint war, sondern als tatsächlich existierende und drohende Höllenglut zu verstehen ist, geht aus vielen kirchlichen Lehrbüchern oder theologischen Lexika hervor. Die Kichengeschichte kennt nicht wenige Gläubige, die die Hölle als Gottes unwürdig, als Schandmal der christlichen Lehre ansahen und ihre Existenz daher leugneten. Sie mussten für ihre ketzerischen Ansichten prompt schon mal mit einem irdischen Höllenfeuer büßen. Nach Meinung des Kirchenlehrers AUGUSTINUS (354-430) bekamen ungetaufte Kinder das Höllenfeuer zu spüren, »wenn auch in weniger schmerzhafter Weise als alle, die persönliche Schuld auf sich geladen haben«. Später wurde daraus eine Vorhölle, wo ihnen ein von Qualen freier Aufenthaltsort zugewiesen würde. Päpste und Kirchenlehrer bauten im Laufe der Zeit die »Theorie« der Vorhölle, des Fegefeuers, eine Art läuternder und der Überprüfung dienender Zwischenstation, und der eigentlichen Hölle immer weiter aus und legten selbstherrlich fest, wer sicher, wer vielleicht, aus welchen Gründen, wie lange in das Fegefeuer oder für immer in die Hölle kommt und dort mit welcher Intensität gequält wird.

Eine solche ausgeklügelte Form von Sadismus kann eigentlich nur kranken oder durch eine Irrlehre deformierten Hirnen entsprungen sein. Dieses Einschüchtern und Drohen mit entsetzlichsten Konsequenzen für das Abweichen vom Glaubenspfad führte dazu – wie UTA RANKE-HEINEMANN sarkastisch vermerkt – dass »der Christ sich mehr vor der Hölle fürchtet, als er sich auf den Himmel freut«.[53] Nach neuester theologischer Erkenntnis, ermittelt durch eine vatikanische Kommission, gibt es auf einmal keine Vorhölle mehr. Ich frage mich, ist diesen selbstherrlichen und weltfremden alten Herren im Vatikan eigentlich bewusst, welche Anmaßung, Dreistigkeit und Einfalt in ihren phantasierten Festlegungen über Vorhölle, Hölle und Fegefeuer steckt?

Somit hat Jesus der Menschheit nicht nur die Botschaft der Liebe und des Friedens gebracht, sondern auch die schlimmste aller denkbaren Drohungen, denen die Menschheit je ausgesetzt war. Abermillionen von Menschen litten und leiden bis heute unter dieser unsäglichen göttlichen Warnung vor ewiger Vergeltung. Gemessen an dem Elend, das diese Drohung in den Psychen nicht mehr zu zählender Menschen ausgelöst hat, verblasst die – selbst von Kritikern der christlichen Lehre – Jesus immer noch zugeschriebene einzigartige und vorbildartige moralische Rolle. Zudem mussten ungezählte Menschen lebendigen Leibes den Feuertod erleiden, weil man seinerzeit bibeltreu glaubte, nur auf diese Weise ihre Seelen möglicherweise vor ewiger Höllenpein retten zu können. So betrachtet ist die Person Jesus (bzw. die ihm zugesprochenen Worte) – man wagt es kaum auszusprechen, aber die Logik erzwingt es – Initiator für das größte Unheil, das der Menschheit – zumindest im Einzugsbereich des christlichen Glaubens – je zugefügt wurde. Selbst wenn man einräumt, dass ebenso viele, vielleicht sogar noch mehr Menschen

Trost und Hilfe in dieser Lehre fanden – welch ungeheurer Preis musste dafür bezahlt werden!

Nun kommt das Überraschende: Der derzeit gültige katholische Katechismus kennt auf einmal die Hölle als Ort ewig quälenden Feuers nicht mehr! Kein Wort über diese Jahrtausende alte, finsterste Androhung, die über unzählige Predigten, Schriften und Bilder in den Psychen wehrloser Menschen verankert wurde und stets genutzt werden konnte, Schafe und aufmuckende Böcke bei der Stange zu halten. Welche Erkenntnisse sind denn in den letzten zwanzig, dreißig Jahren gewonnen worden, dass es nun plötzlich absolut verharmlosend heißt, die Hölle sei ein »Zustand der endgültigen Selbstausschließung aus der Gemeinschaft mit Gott und den Seligen«, an anderer Stelle: »Die schlimmste Pein der Hölle besteht in der ewigen Trennung von Gott ...«[54] Kein Wort mehr von jenen in der Bibel und später von der Kirche drastisch ausgemalten ewigen und entsetzlichsten Feuerqualen.

Dieses schweigende, kommentarlose, geradezu skrupellose Fallenlassen einer über zwei Jahrtausende geübten Erpressungspraxis ist von größter Unredlichkeit und Schäbigkeit, vor allem, wenn man sich bewusst macht, welcher unermessliche psychische und physische Schaden in und an Millionen und Abermillionen Menschen über die Jahrhunderte angerichtet wurde und dass sich unter anderem auch auf Grund dieser von den Menschen bitterernst genommenen Androhung die zahlenmäßige Größe der Kirche erklärt.

Dieser bemerkenswerte – aus der Sicht eines Christen eigentlich erfreuliche – Sinneswandel der Kirche ist nun nicht auf Mitleid mit den Ungläubigen oder auf die Wiederentdeckung des in der Bergpredigt geforderten barmherzigen Miteinanderumgehens zurückzuführen, sondern beruht allein auf der Einsicht, dass man sich mit dieser mittelalterlichen Drohkulisse heute nur noch lächerlich macht. Stillschweigend wird also ein mächtiges und bewährtes Erpressungsmittel gestrichen. Man sieht, die kirchlichen Machtinstrumente greifen aufgrund der wachsenden Aufgeklärtheit der Menschen immer weniger. Und auch was vom dogmatischen Gebälk noch stehen geblieben ist, das ächzt und kracht in allen Fugen.

»Niedergefahren zur Hölle, am dritten Tage auferstanden von den Toten, aufgefahren gen Himmel« so heißt es im Glaubensbekenntnis. Aber wer glaubt das so noch? Diesen Worten und diesem Bild liegt offenbar eine Vorstellung von der Welt zugrunde, die eingeteilt ist in die Stockwerke Hölle, Erde und Himmel. Und mit dem Wiederauferstehen eines definitiv Toten haben wir ebenso unsere Probleme, wenn wir den gesamten Vorgang nicht überhaupt als einen sich außerhalb der Naturgesetze abspielenden auffassen wollen. Dazu allerdings dürften immer weniger Menschen bereit sein.

Nicht wenige Theologen, der bekannteste unter ihnen war wohl RUDOLF BULTMANN (1884-1976), haben daher versucht, Bibel und Glaubensbekenntnis zu »entmythologisieren«, das heißt, die eigentliche Aussage von den mythischen Vorstellungen und Sprachformen der damaligen Zeit zu befreien und den Text so zu deuten, dass auch ein heutiger Mensch die darin angeblich enthaltene »eigentliche« Botschaft verstehen und annehmen kann. Für Himmel und Hölle mag man ja noch zeitgemäßere Deutungen finden, aber was soll an dem Bild von der »Auferstehung von den Toten« entmythologisiert werden? Sie wird von Paulus, dem ersten und wichtigsten Theologen des Christentums, ganz wörtlich verstanden und zum alles entscheidenden Kriterium für die Wahrheit dieses Glaubens gemacht: »Ist aber Christus nicht auferweckt worden, dann ist unsere Verkündigung leer und euer Glaube sinnlos.« (1. Brief an die Korinther, Kapitel 15, Verse 12-19)

Es handelt sich – geht man nach dem Wortlaut der Bibel – um eine ganz zentrale und eben nicht symbolisch gemeinte Aussage. Und der aktuelle katholische Katechismus stellt ebenso eindeutig klar: »Angesichts dieser Zeugnisse [gemeint sind die vielen im Neuen Testament genannten Personen, die Jesus als Wiederauferstandenen gesehen haben wollen. U.L.] ist es unmöglich, die Auferstehung als etwas zu interpretieren, das nicht der physischen Ordnung angehört, und sie nicht als ein geschichtliches Faktum anzuerkennen.« Was dort etwas umständlich formuliert wurde, heißt im Klartext: Wir, die katholische Kirche, sind im Sinne eines im Prinzip nachprüfbaren geschichtlichen Ereignisses davon überzeugt, dass entgegen aller menschlichen Erfahrung und entgegen allen Gesetzen der Biologie Jesus tatsächlich und leibhaftig, obwohl bereits tot, wieder erweckt wurde und als lebendiger Mensch unter seinen Jüngern weilte. Zur Himmelfahrt heißt es im katholischen Katechismus vielsagend, dass »es ein geschichtliches und zugleich transzendentes Ereignis« sei; ansonsten sind die Ausführungen, was das konkrete Geschehen der so genannten Himmelfahrt betrifft, von einer bemerkenswerten Unbestimmtheit.[55]

So ganz nebenbei bemerkt: Wenn die Auferstehung und das anschließende Erscheinen unter seinen Jüngern von so zentraler Bedeutung für die christliche Botschaft sind, warum zeigte sich der Auferstandene nicht auch Pontius Pilatus und den Hohenpriestern? Das wäre wahrlich ein erstrangiges und vor allem geschichtlich dokumentiertes Zeugnis seiner göttlichen Herkunft und Macht gewesen.

Vielleicht aber sollte man einfach mal wieder mit den Mitteln des Verstandes an die Dinge herangehen und sich ernsthaft fragen, welcher Beweiswert Berichten über Hölle, Auferstehung und Himmelfahrt zukommt, die aus einer Zeit stammen, in der zahllose Wanderprediger, Weisheitslehrer, Wunderheiler und Wahrsager durch die Lande zogen und offenbar stets ein geneigtes und gläubiges Publikum fanden. Es sind verschiedensprachige Berichte über noch nie Gesehenes und noch nie Gehörtes, mehrere Jahrzehnte nach dem Tod von Jesus niedergeschrieben aufgrund von überlieferten Erzählungen bei Textabfassung ebenfalls schon Verstorbener, die ihrerseits Vieles nur vom Hörensagen kannten und wohl in den seltensten Fällen, wenn überhaupt, Augenzeugen gewesen sein dürften. Die Texte des schließlich in griechischer Sprache geschriebenen Neuen Testaments sprechen davon, dass für Jesus die Hölle ein selbstverständlicher Teil seiner gedachten göttlichen Ordnung war und dass er sie in beredten Worten als ein furchtbares, feuriges Strafgericht ausgemalt habe. Ist es so abwegig zu vermuten, dass die Jahrzehnte später verfassten Berichte über die damaligen Geschehnisse im Interesse der Verkündigung ausgestaltet wurden, in der Überzeugung wiedergegeben, dass sie eine bedeutende Botschaft enthielten und deshalb – wie es damals weitverbreitet und üblich war! – zur Bekräftigung durch außergewöhnliche, aber erfundene Ereignisse, wie seine Auferstehung, seine Himmelfahrt oder seine Wundertaten, ergänzt wurden?

Noch naheliegender erscheint es mir, davon auszugehen, dass Jesus einer der damals üblichen altertümlichen, aber für uns heute indiskutablen Vorstellungen über Himmel, Hölle und einer alles regierenden Gottheit anhing, weil er es in seiner Zeitgebundenheit einfach auch nicht besser wissen konnte. So wie er sich ja auch eindeutig irrte, als er seine Überzeugung äußerte, dass das Weltenende unmittelbar bevorstehe (siehe z. B. Markus 9, Vers 1!). Dieses Nichteintreffen seiner Prophezeiung hat bekanntlich die frühe Christenheit in ärgste Verlegenheit gebracht. Aber – so wird mir an dieser Stelle unverzüglich und unbeirrt entgegengehalten – wer an die Botschaft glauben wolle, den vermag der zweifelnde Verstand nicht zu irritieren, der Zweifel wird vielmehr als Versuchung des Teufels gedeutet, der es tapfer und glaubensstark zu widerstehen gelte. Dass man dabei einem einfältigen Zirkelschluss erliegt, verdrängt man in diesem Fall gern.

Nochmals sei es deshalb gesagt: Wieso soll ich einem Menschen glauben, der zwar von sich sagt: »Ich bin das Licht«, »Ich bin die Wahrheit«, »Niemand kommt zum Vater denn durch mich«, den ich aber nur über höchst fragwürdige Berichte kenne, über erzählte und wiedererzählte, unter nur bedingt geklärten Umständen verfassten und später fehlerhaft abgeschriebenen Texte, von denen man zudem durch Forschung sicher weiß, dass sie an vielen entscheidenden Stellen im Sinne der Botschaft ge- und verfälscht wurden. Es sind Berichte über Geschehnisse, die zweitausend Jahre zurück liegen und von einem Menschen künden, der Gottes Sohn sein soll, über den aber so gut wie überhaupt keine nachprüfbaren geschichtlichen Fakten vorliegen. Anspruch und Versprechen, Behauptungen und Belege dieser Berichte stehen in einem so krassen Gegensatz zueinander, dass es mir nur gelänge, ihnen Glauben zu schenken, wenn ich meinen Verstand vollständig ausschalten würde. Insofern besteht – für mich – ein unüberbrückbarer Gegensatz zwischen diesem Glauben und dem einem denkenden Menschen gegebenen Verstand. Und nun kommt die eigentliche Pointe: Von der Annahme dieser absolut unsicheren und in Teilen auch nachweisbar gefälschten Berichte, gegen die sich mein nun mal nicht Ruhe gebender Verstand aufbäumt, soll mein Seelenheil abhängen? Was für eine groteske Lehre! Kein Wunder, dass die Kirche mit der Hölle drohen musste, um die ihnen ausgelieferten Untertanen zu Gläubigen zu machen.

Nun könnte ein Gläubiger mit einem gewissen Recht argumentieren, dass er als aufgeklärter Mensch auf solche Glaubenselemente wie Jungfrauengeburt, Hölle, Wiederauferstehung und Himmelfahrt, da sie ihm nicht glaubensnotwendig erscheinen, durchaus verzichten könnte, ohne den eigentlichen Kern der christlichen Botschaft in Frage zu stellen. Dieser bestünde darin, anzuerkennen, dass Jesus Gottes Sohn ist und durch seinen Tod stellvertretend die Sünden der Menschheit übernommen hat, um diese mit Gott wieder zu versöhnen. Da er – so dieser Gläubige – durch seine Taufe die Zugehörigkeit zur Kirche dokumentiere und durch Teilnahme am Abendmahl dieses Bündnis immer wieder festige und ansonsten ein christlich-kirchlich orientiertes und bußfertiges Leben führe, erfülle er alle wichtigen Bedingungen, die für einen wahren Christen erforderlich seien.

Lassen wir es dahin gestellt sein, welche Glaubenselemente die Kirche als unerlässlich für das Heil und die Erlösung ansieht. Was mich interessiert und zeitlebens beschäftigt hat, ist die Frage, was dieser Opfertod eigentlich bedeutet und was sich hinter der Zeremonie des Abendmahls verbirgt. Sind diese nun wirklich zentralen Glaubensbestandteile in ihrer eigentlichen Bedeutung einem heutigen Menschen noch vermittelbar? Worauf zieht sich ein »aufgeklärter« Christ tatsächlich zurück, der – wie eben dargestellt – meint, seinen Glauben auf diese zentralen Aussagen reduzieren zu können? Sind diese Kernaussagen wenigstens glaubhafter und vor allem eines aufgeklärten Menschen würdig? Ich meine, das Gegenteil ist der Fall und die Vorstellungen, die hinter Opfertod und Abendmahl stehen, sind – wie ich jetzt erläutern möchte – für mich geradezu abstoßend.

Der Tod von Jesus am Kreuz ist nach christlicher Auffassung als Sühneopfer zu verstehen, um den durch die Sünden der Menschheit erzürnten Gott zu versöhnen. Von Urzeiten her hatte solches Opfern die Funktion, mit der Gottheit Kontakt aufzunehmen, um ihr Unterwerfung und Verehrung kund zu tun und sie gnädig zu stimmen. Man gab ihr etwas sehr Wertvolles hin und erwartete meist eine entsprechende Gegenleistung. Geopfert wurden zum Beispiel der Erstgeborene, Jungfrauen, besonders schöne und wertvolle Tiere, kostbare Speisen oder es erfolgte ein Verzicht auf eigene Lebensentfaltung. Dabei stellte das Opfern des eigenen Sohnes ein ganz besonders großes und schweres Opfer dar. Der Opfernde erwartete seinerseits eigenes Wohlergehen, Hilfe in Notfällen, Kindersegen, Kriegserfolg oder zum Beispiel Versöhnung nach göttlicher Bestrafung wegen vorangegangenen sündigen Verhaltens.

Gewisse Opferriten dieser Art sind heute noch üblich zum Beispiel bei afrikanischen oder ozeanischen Naturvölkern, deren Weltverständnis etwa den Vorstellungen entspricht, die zu biblischen Zeiten das Denken der Menschen beherrschten und – so muss man ergänzen – offenbar auch noch dem Weltbild eines überzeugten Christen entspricht. Denn wenn man den Kreuzestod als Opfer versteht und so akzeptiert, dann übernimmt man notwendigerweise auch das altesttamentarische archaisch-inhumane Gottesbild und das damit zusammenhängende Denken aus dieser biblischen Zeit! Opfer dieser Art stellten Unterwerfungsgesten von Menschen dar, die sich dem Zorn Gottes in Form von Naturgewalten oder Krankheiten schutzlos ausgeliefert sahen und in der Gottheit eine Macht anbeteten, die dieses Ungemach von ihnen abwenden konnte. Wo ist der prinzipielle Unterschied zu den von uns belächelten Praktiken von Ureinwohnern in Afrika und Neuguinea oder gar jenen mit Abscheu betrachteten Opferriten der Azteken, die meinten, mit lebenden Menschen als Opfergabe die Götter besänftigen zu können?

Zwar ist davon auszugehen, dass Jesus vom Hohen Rat wegen Gotteslästerung und von Pilatus aus Sicherheitsgründen verurteilt worden ist, die Deutung von Jesus Tod als Opfer zur Versöhnung Gottes mit uns Menschen ist sicher später erfunden worden. Aber gehen wir einmal von dem christlichen Opfergedanken aus. Der Opfertod von Jesus erscheint mir insofern besonders abwegig, als Gott sich ja selbst das Opfer bringt, um sich mit der Menschheit zu versöhnen. Zudem ist Jesus zwar Mensch, aber eben auch Gottessohn und damit gemäß der Dreieinigkeitslehre mit Gott identisch. (Credo, quia absurdum – weil es absurd ist, kann ich es nur glauben!) Außerdem kann ich über die geradezu krämerseelenhafte Verrechnung von Sünde und Sühne nur den Kopf schütteln. Fühlt sich Gott gar einem noch über ihm stehenden Gesetz verpflichtet, das diesen Ausgleich fordert?

Fällt einer allmächtigen, allwissenden und uns so unendlich überlegen scheinenden Gottheit nichts anderes ein als eine Hinrichtung grausamster Art, um diesen angeblich notwendigen Ausgleich zwecks Besänftigung des eigenen Zorns und Erlösung der Menschheit herbeizuführen? Wir sind offenbar durch frühkindliche Indoktrination – was man wohl noch deutlicher als geistige Vergewaltigung bezeichnen sollte – und durch die sich ständig wiederholende Beschäftigung mit diesem damaligen Geschehen blind und unempfänglich geworden für das, was sich da eigentlich zugetragen hat (bzw. zugetragen haben soll!). Die Opferung des eigenen Lebens als einzig mögliche Gegenleistung und der am Kreuz hängende tote Jesus erscheinen uns so normal und selbstverständlich, dass wir überhaupt nicht mehr auf den Gedanken kommen, uns die Absurdität dieses Geschehens und die damit verbundene verstandesmäßige Zumutung bewusst zu machen.

Ich stelle mir manchmal vor, Jesus wäre nicht durch Kreuzigung hingerichtet worden sondern vielleicht durch Verbrennen auf dem Scheiterhaufen, Vierteilen mit dem Schwert oder durch Erhängen am Galgen. Welches Hinrichtungssymbol schmückte dann die Kirchen, Kirchturmspitzen oder Schulen oder würde von frommen Frauen als Halsschmuck getragen? Vielleicht wird durch diese nur gedanklich vorgenommene Variation der Hinrichtungsart deutlich, welches makabre Schauspiel uns da jeden Sonntag in Erinnerung gerufen wird, ohne dass wir uns dessen noch bewusst werden.

Schauen wir uns an, was der durch PAPST JOHANNES PAUL II. und KARDINAL JOSEPH RATZINGER (heute PAPST BENEDIKT XVI.) gemeinsam verantwortete Katechismus sagt und – für mich – als modernes Zeugnis archaischen, alttestamentarischen und unmenschlichen Denkens festhält:

> »Die Rechtfertigung [d.h. Reinwaschung von unseren Sünden, U.L.] wurde uns durch das Leiden Christi verdient, der sich am Kreuz als lebendige, heilige, *Gott wohlgefällige Opfergabe dargestellt hat und dessen Blut zum Werkzeug der Sühne* für die Sünden aller Menschen geworden ist.«

An anderer Stelle heißt es:

> »Auch die selige Jungfrau ging den Pilgerweg des Glaubens. Ihre Vereinigung mit dem Sohn hielt sie in Treue bis zum Kreuz, wo sie nicht ohne göttliche Absicht stand, heftig mit ihrem Eingeborenen litt und sich mit seinem Opfer in mütterlichem Geist verband, *indem sie der Darbringung des Schlachtopfers, das sie geboren hatte, liebevoll zustimmte.*« (Hervorhebungen von mir) [56]

Diesen letzten, hervorgehobenen Halbsatz muss man zweimal lesen, um ihn in seiner Abartigkeit voll zu erfassen – oder sind meine Maßstäbe so völlig »verrückt«, dass ich nicht in der Lage bin, die Erhabenheit dieser Worte zu begreifen? Modern gesprochen könnte man sagen: Gott funktionalisiert seinen Sohn. Er zeugt ihn, lässt ihn ein Paar Jahre seine Botschaft verkünden und der Versöhnung mit der Menschheit wegen später foltern und »abschlachten« (ein Begriff, den der katholische Katechismus ausdrücklich verwendet!). Danach lässt Gott entgegen seiner Liebeslehre mit viel Gewalt aber nur relativem Erfolg unter Verwendung des Bildes des hingerichteten

Sohnes die Botschaft von seiner himmlischen Existenz in der Welt verbreiten. Grotesker und abartiger geht es nach meinem Empfinden nicht mehr.

Ich weiß, dass ich mit solchen Kommentierungen so manchen überzeugten Christen vor den Kopf stoße, insofern bitte ich ehrlich um Nachsicht. Ich schreibe solche Worte aber nicht aus Lust an der Provokation. Ich wäre einfach unehrlich, wenn ich an dieser Stelle nicht sagen würde, was ich empfinde und wie man den Sachverhalt aus der Sicht eines neutralen Beobachters darstellen könnte, ich würde sagen: darstellen muss.

Die Theologin UTA RANKE-HEINEMANN (*1927) notiert fast zynisch:

> »Das Christentum ist die Religion der Verherrlichung einer konkreten historischen Hinrichtung, der Hinrichtung Jesu, denn die Kirche sieht in ihr eine Erlösung durch Blut. Für die Christen ist damit die Todesstrafe die Voraussetzung ihrer Erlösung. Die Todesstrafe ist sozusagen geheiligt als Mittel dieser Erlösung. Gott ist der oberste Anwalt der Todesstrafe, da er seinen Sohn zum Tode verurteilte und die Kreuzigung gewollt hat.«

Etwas weiter heißt es:

> »Der Mensch stand immer, wenn es ihm diente, auf Tod und Blut. Immer hat er im Töten ein Mittel gesehen, Übel zu beseitigen, durch Todesstrafe, Kriege und durch die Vernichtung von Bösem. Blut hat für die Menschen eine erlösende Funktion.«[57]

Dass es so ist, wie die letzten Sätze feststellen, ist nicht verwunderlich: Der Gott der Bibel hat es uns vorgemacht und den Maßstab gesetzt! Erlösung durch Vollzug der Todesstrafe an einem an sich Unschuldigen! Gottes Zorn ist offenbar so grenzenlos, dass er nur durch das Blut seines eigenen Sohnes besänftigt werden kann. Dabei ist nach der Dreieinigkeitslehre dieser Sohn ein Teil von ihm selbst, er bringt also einen Teil seiner Selbst sich selbst als Opfer. Sollte Gott geradezu blind vor Zorn gewesen sein oder entzieht sich auch das wieder meinem Verständnis?

Zutreffender dürfte wohl die Erklärung sein, dass hier ein typisch menschliches Verhalten, nämlich für das eigene Versagen einen »Sündenbock« zu benennen, in ein religiöses Muster umgeformt wurde. Das »Lamm Gottes« (Johannes, Kap. 1, Vers 29), das für andere büßt, ist der Sündenbock, der alle unsere Schuld auf sich nehmen muss. Wie bequem und zugleich schäbig und daher zu Recht geächtet ist es, andere stellvertretend für eigene Untaten büßen zu lassen. Durch religiöse Verklärung wird daraus ein göttliches Geschenk, durch das in buchhalterischer Art und Weise Schuld und Sühne angeblich verrechnet werden. Mit einem solchen Versprechen lassen sich erfolgreich Seelen einfangen.

Eine aufschlussreiche Anmerkung in diesem Zusammenhang: Die katholische Kirche hält nach wie vor an der Todesstrafe als letztem Strafmittel fest, wie man dem aktuellen Katechismus von 1993 entnehmen kann. Sie muss es auch, da sie sonst im Nachhinein die von Gott gewollte Todesstrafe am Kreuz diskreditieren würde.

> Katholischer Katechismus von 1993, Kurztext 2266: »Der Schutz des Gemeinwohls der Gesellschaft erfordert, daß der Angreifer außerstande gesetzt wird zu schaden. Aus diesem Grund hat die überlieferte Lehre der Kirche die Rechtmäßigkeit des Rechtes und der Pflicht der gesetzmäßigen öffentlichen Gewalt anerkannt, der Schwere des Verbrechens angemessene Strafen zu verhängen, ohne in schwerwiegendsten Fällen die Todesstrafe auszuschließen.«

Im engen Zusammenhang mit dem Opfertod am Kreuz steht das Abendmahl, in der katholischen Kirche Eucharistie genannt. Es gehört mit der Taufe zu den wichtigsten gottesdienstlichen Handlungen. Das Abendmahl dient dem Gedenken an das letzte gemeinsame Mahl, das Jesus mit seinen Jüngern einnahm, und an sein dem Heilsplan gemäßen Sterben, das dem Gläubigen Vergebung der Sünden und ein ewiges Leben verheißt. Für die katholische Kirche ist Jesus beim kirchlichen Abendmahl real gegenwärtig, zwar nicht nach seiner äußeren Form, aber seinem Wesen nach. Unter den Worten des Priesters verwandeln sich Brot und Wein unter Beibehaltung ihres äußeren materiellen Zustands in Leib und Blut Jesu, wodurch er zwar unsichtbar, aber leibhaftig anwesend ist (Lehre von der Transsubstantiation). Auch LUTHER ging von der wirklichen Gegenwart des Leibes und des Blutes Jesu beim Abendmahl aus. Andere christliche Glaubensrichtungen wie zum Beispiel die evangelisch-reformierte Kirche lehnen diese Deutung ab, sondern sprechen davon, dass Jesus beim Abendmahl nur symbolisch anwesend sei. (Dieser dogmatische Gegensatz ist ein Grund für die Schwierigkeit des wieder Aufeinanderzugehens der christlichen Kirchen.)

Das Neue Testament weist mehrere Textstellen auf, die die Einsetzung des Abendmahls beschreiben und dessen Bedeutung erklären. Es geht um die Bekräftigung der Botschaft von der Vergebung der Sünden und des Versprechens eines ewigen Lebens. So heißt es bei Matthäus, Kapitel 26, Verse 26-28:

> »Während des Mahls nahm Jesus das Brot und sprach den Lobpreis; dann brach er das Brot, reichte es den Jüngern und sagte: Nehmt und esst; das ist mein Leib. Dann nahm er den Kelch, sprach das Dankgebet und reichte ihn den Jüngern mit den Worten: Trinkt alle daraus; das ist mein Blut, das Blut des Bundes, das für viele vergossen wird zur Vergebung der Sünden.«

Johannes geht noch weiter und sagt in Kapitel 6, Verse 48-56:

> »Ich bin das Brot des Lebens. Eure Väter haben in der Wüste das Manna gegessen und sind gestorben. So ist es aber mit dem Brot, das vom Himmel herabkommt: Wenn jemand davon isst, wird er nicht sterben. Ich bin das lebendige Brot, das vom Himmel herabgekommen ist. Wer von diesem Brot isst, wird in Ewigkeit leben. Das

> Brot, das ich geben werde, ist mein Fleisch, (ich gebe es hin) für das Leben der Welt. ... Jesus sagte zu ihnen: Amen, amen, das sage ich euch: Wenn ihr das Fleisch des Menschensohns nicht esst und sein Blut nicht trinkt, habt ihr das Leben nicht in euch. Wer mein Fleisch isst und mein Blut trinkt, hat das ewige Leben und ich werde ihn auferwecken am Letzten Tag. Denn mein Fleisch ist wirklich eine Speise und mein Blut ist wirklich ein Trank. Wer mein Fleisch isst und mein Blut trinkt, der bleibt in mir und ich bleibe in ihm.«

Dieser letzte Text gilt der kritischen Bibelwissenschaft jedoch als nachträglich eingefügt, also als nicht zum Kern des Johannes-Evangeliums gehörig.

Sehr aufschlussreich in diesem Zusammenhang ist auch hier wieder ein Blick in die Religionsgeschichte. Kultische Mahlzeiten als Ausdruck der Gemeinschaft des Menschen mit Gott und der Menschen untereinander gibt es in vielen Religionen. Sinn eines solchen Mahles ist eine Opferung, die der Verbindung zu Gott dient und dem ein Teil des Opfers übergeben wird. Andere Mahlkulte gehen von der Vorstellung aus, dass die Opfernden sich göttliche Kraft aneignen, wenn sie die Gottheit verspeisen. Solche Kultmahlzeiten waren in den griechischen und hellenistischen Geheimkulten weit verbreitet. Der wesentlich ältere iranisch-vorindische Mithraskult beispielsweise kannte nicht nur eine Taufe sondern auch eine Art Abendmahl, das in Erinnerung an die letzte Mahlzeit des Gottes Mithras, bevor er in den Himmel zurückkehrte, festlich begangen wurde.[58] (Der Mithraskult stellt somit ein höchst bemerkenswertes Vorbild dar!) Man darf davon ausgehen, dass in ganz früher Zeit solche Kultmahle kannibalische Mahle waren, bei denen Menschenopfer verspeist wurden.

Kann man nach diesen Ausführungen über Opfertod und Abendmahl noch der Auffassung sein, dass diese Kernelemente christlichen Glaubens geringere Akzeptanzprobleme heraufbeschwören als die Jungfrauengeburt, die Existenz der Hölle, die Wiederauferstehung Jesu und dessen Himmelfahrt? Die schon mehrmals zitierte katholische Theologin UTA RANKE-HEINEMANN äußert in bemerkenswerter Offenheit, was ich bisher allenfalls zu denken wagte. Sie spricht in Bezug auf das Abendmahl vom »christlichen Kannibalismus des Menschenblut-Trinkens«.[59] Kann man seinen Abscheu vor einer seit Jahrhunderten mit größter Selbstverständlichkeit und Überzeugung geübten kirchlichen Praxis noch drastischer ausdrücken? In der Tat erinnern solche Riten an Praktiken, wie sie uns aus steinzeitlichen Menschheitsperioden oder von primitiven Völkern berichtet werden. Auch wenn manche Kirchen nur noch von einer symbolischen Anwesenheit Jesu beim Abendmahl sprechen, so ändert das nichts an den schon höchst fragwürdigen Worten Jesu zur Einsetzung dieses Ritus und an dem dahinter stehenden, uralten Mythen entsprungenen und für mich einfach abwegigen Gedanken der Verbindung zu Gott durch dessen Verspeisung. Gesteigert wird das Gefühl der Abartigkeit, wenn man sich vorstellt, dass das gereichte Brot und der Wein im Mund tatsächlich zu Fleisch und Blut verwandelt würden.

In einem Beitrag »Das unbekannte Christentum« zitiert der an der Universität Frankfurt am Main lehrende Ethnologe KARL-HEINZ KOHL den Philosophen und Gelehrten PORPHYRIUS (233 bis ca. 304 n. Chr.) und verweist auf dessen vehement ablehnende Auffassung vom christlichen Abendmahl:

> »Ist denn dies nicht tierisch und widersinnig, ja vielmehr widersinniger als aller Widersinn und tierischer als tierische Rohheit, dass ein Mensch Menschenfleisch essen und seines Stammesgenossen und Verwandten Blut trinken und dafür das ewige Leben bekommen soll? ... Welch ein Verbrechen werdet ihr [gemeint sind die Christen, U.L.] noch aufbringen, das fluchbeladener wäre als diese ekelhafte Ruchlosigkeit?«[60]

Bemerkenswert an diesen Äußerungen aus der Anfangszeit des Christentums erscheint mir, dass hier offenbar ein unvoreingenommener Verstand spricht, dessen Blick noch nicht durch frühkindliche religiöse Einübung und jahrhundertlange kulturelle Prägung verstellt ist, der noch fähig ist, eine solche religiöse rituelle Handlung als das zu erkennen, was sie ist: ein bizarrer kannibalischer Kult aus überkommener Zeit. Ich frage mich, wie man einem Menschen des 21. Jahrhunderts eine solche, mich an Voodoo-Kulte oder dergleichen gemahnende Magie als heilsbringende Handlung anbieten kann.

Wie sehr es innerhalb der christlichen Theologie bereits brodelt und die Grundlagen des herkömmlichen christlichen Glaubens in Frage gestellt werden, bis hin zur Aufgabe des Gottesglaubens, zeigt eine Veröffentlichung mit bekannten und führenden Theologen: »Baustelle Christentum – Glaube und Theologie auf dem Prüfstand«. Noch ausdrücklicher verabschiedet sich insbesondere von Opfermythos und damit Abendmahl der Theologe KLAUS-PETER JÖRNS mit seinem Buch »Notwendige Abschiede – Auf dem Weg zu einem glaubwürdigen Christentum«. Seine darin entwickelte Auffassung gipfelt in der Aussage, dass Jesus die unbedingte Liebe Gottes gelehrt habe, wodurch der Opfergedanke »nicht nur überflüssig sondern widersinnig« sei.[61]

Resümierend möchte ich feststellen, dass für mich der christliche Glaube nichts anderes ist als eine – zugegeben eindrucksvoll ausgefeilte – gedankliche Konstruktion, die sich aus älteren religiösen Vorbildern und uralten Mythen im Laufe der Jahrhunderte entwickelt hat, dabei zugleich immer auch ein Instrument machtpolitischen Agierens war. Es handelt sich für mich um ein Gedankengebäude, das aus dem Bedürfnis nach Überwindung von Not, Krankheit und Tod als Wunschvorstellung entstand, dessen Bezugspunkt im Jenseits nur in den Köpfen der Gläubigen existiert und dem im Diesseits jede glaubwürdige Begründung fehlt. Dass dieser Glaube für unzählige Menschen dennoch von großer Anziehungskraft ist, zumal ohnehin die allermeisten in diesen hinein geboren wurden, erklärt sich aus Angst und Verzweiflung und der daraus entstandenen Hoffnung auf Erlösung aus irdischem Leid, auf Wiedergeburt und ausgleichende Gerechtigkeit dermaleinst im Jenseits.

Bedingt durch eine zweitausendjährige »Bauzeit« ist zweifellos ein Gebäude von geradezu überwältigender Größe entstanden, sowohl in seiner äußeren Erscheinung wie in seinen geistigen, sprich theologischen Dimensionen. Da erscheint es ruchlos und vermessen und die eigene Größe maßlos überschätzend, sicherlich auch viele Gläubige und ehrlich und uneigennützig engagierte Priester, Pfarrer und Pfarrerinnen vor den Kopf stoßend, wenn man dieses Glaubensgebäude, das Trost und Hilfe nicht nur verspricht, sondern in ungezählten Fällen auch spendete und spendet, als bloße Projektion unserer sehnlichsten Wünsche bezeichnet, als ein Gebäude, das allenfalls im Diesseits seinen Grund hat.

Und der Petersdom in seiner majestätischen Größe, das einmalige kirchenmusikalische Schaffen eines Johann Sebastian Bach oder das opfervolle Leben so vieler Menschen, die sich ausschließlich ihrem Gott und ihrem Glauben hingaben – alles das soll letztlich nur einer Einbildung geschuldet sein? Es fällt nicht leicht, darauf mit einem betonten »Ja« zu antworten. Aber haben wir Skrupel, dasselbe über Menschen auszusprechen, die einem anderen Glauben anhängen, über die Azteken oder Assyrer etwa, die seinerzeit im Rahmen ihrer Glaubenssysteme ihre Götter auch mit größter Inbrunst und Überzeugung verehrten, oder über Moslems oder Hindus, die ihren Gott beziehungsweise ihre Götter ebenfalls als real existierend betrachten?

Ich kann weder an einen persönlichen Gott glauben, also an Gott als Person, noch existiert für mich das, was die Theologen Willensfreiheit nennen, die Freiheit, mich für oder gegen diesen Gott zu entscheiden. Die Willensfreiheit musste um des christlichen Glaubens willen erfunden werden, sie ist ebenso eine Illusion.[62] Und auch die versprochene Unsterblichkeit des Menschen ist für mich nichts anderes als das gedankliche Ergebnis inbrünstigen Erhoffens. Diese drei »Grundpfeiler der westlichen Metaphysik« (Szczesny), also auch der christlichen Religion, haben sich für mich als eine Fiktion entpuppt, die mir deshalb keinen Glauben begründen können. Insofern ist auch der Opfertod von Jesus für mich ohne Bedeutung. »Für mich muss niemand sterben«, wie es ein Freund von mir einmal ausdrückte.

Auf jedem noch so verstiegenen oder einfachen, abartigen oder auch vernünftigen Gedanken, wenn er denn nur ein irgendwie manipulierbares und ausbeutbares menschliches Bedürfnis anspricht, lässt sich offenbar ein komplexes Glaubensgebäude errichten. Mit theologischer Hilfe ist ein solches Gebäude nach einer gewissen Zeit fertig gestellt und bietet einer verunsicherten Psyche eine willkommene Gelegenheit, sich hinein zu flüchten. Die christliche

Lehre ist für mich ein Beispiel für eine solche gedankliche Konstruktion. Die ursprüngliche Idee, der Traum von einem Weiterleben im Jenseits, ist in den Rang einer subjektiven Wahrheit, einer nicht mehr in Frage gestellten Wirklichkeit gerückt. Wievielen Menschen christlichen Glaubens ist eigentlich diese irrationale Wandlung von einem bloßen Wunsch zu einer festen Überzeugung bewusst? Und wenn sie ihnen bewusst ist, wollen sie sie wahrhaben? Dennoch ist nicht zu leugnen, dass der christliche Glaube auch heute noch Abermillionen Menschen Trost und Hilfe bedeutet. Aber ebenso wenig sind die intellektuellen Zumutungen und nicht wieder gut zu machenden Verfehlungen und Untaten zu ignorieren, die aus dieser Glaubensidee erwuchsen.

Denn was für eine absurde Konstruktion! Eine Erbsünde, die jedem Gerechtigkeitsempfinden zuwider läuft, verbunden mit der Behauptung der dadurch bedingten absoluten Sündigkeit des Menschen. Es heißt, dass er seiner Verderbtheit wegen der Erlösung durch ein schaurig-blutiges Menschenopfer bedürfte. Nur der unbedingte Glaube an diese Botschaft führt ins Paradies und zu ewigem Leben, andernfalls droht entsetzliche Apokalypse und ewige Höllenpein. Zur frohen Botschaft des Heilsversprechens gesellt sich als ständiger Begleiter die unterschwellige Angst vor der Rache Gottes. Der Auftrag, die Nachricht von dem versprochenen Heil in alle Welt zu tragen, wurde mit gnadenloser Unduldsamkeit ausgeführt und verlangte der übrigen Menschheit millionenfach Opfer ab. Man sehe es mir nach, wenn ich zu dieser obskuren Kopfgeburt ein entschiedenes »Nein, danke!« sage.

Welch ein Kontrast zwischen dieser Glaubensbeschreibung und der fröhlichen Frömmigkeit eines überzeugten Kirchgängers oder dem hoffnungsgeladenen Beten eines Wallfahrers. Was fehlt mir, dass ich mich einer solchen heilsgewissen Gläubigkeit verweigere?

Ich möchte meine Ausführungen und Überlegungen im Rahmen dieses Unterkapitels mit einem Zitat abschließen, das an Deutlichkeit nicht zu übertreffen ist. Ich habe lange gezögert, diesen Text seiner respektlosen Ausdrucksweise wegen hier wiederzugeben. Inzwischen muss ich sagen, dass er genau das ausdrückt, was auch ich denke, ich würde es lediglich konzilianter formulieren. Der folgende Interview-Text, der auf mich wirkt wie die leicht amüsierte Beschreibung eines extraterristischen Forschers über eine ihm besonders merkwürdig erscheinende irdische Glaubenslehre, stammt von MICHAEL SCHMIDT-SALOMON, dem Autor des höchst lesenswerten, schon mehrfach in diesem Buch zitierten »Manifest des evolutionären Humanismus«.

> »Christen glauben nicht nur trotz Hitler, Hunger, Haarausfall an die Allgegenwart eines allmächtigen, allgütigen Gottes. Ihr Gott leidet zudem auch noch an einer höchst seltsamen multiplen Persönlichkeitsstörung (Dreifaltigkeit), was sich u.a. darin ausdrückt, dass er nach einem ärgerlichen Streit mit seinen Geschöpfen (Sünden-

fall) zunächst 99,99 Prozent allen Lebens vernichtet (Sintflut), dann einen Teil seiner selbst (Gottsohn) von einer antiken Besatzungsmacht (den Römern) hinrichten lässt, um mit sich selbst und seiner Schöpfung wieder im Reinen zu sein (Erlösung). Im Andenken an diese hochgradig psychopathologische Erlösungstat feiern die Christen Woche für Woche ein merkwürdiges Ritual, in dem eigens dazu ausgebildete Zeremonienmeister geheimnisvolle Zaubersprüche sprechen. Hierdurch werden profane Teig-Oblaten in den sich anscheinend milliardenfach replizierenden Leib des hingerichteten Erlösers verwandelt, der dann von den Gläubigen sogleich verspeist wird. Der Zweck dieses rituell-kannibalischen Aktes ist ebenso obskur wie der Akt selbst: Angeblich soll er die christlichen Jesu-Leib-Vertilger vor Todsünden und dem Einfluss Luzifers bewahren und verhindern, dass die Gläubigen nach ihrem Tod in dem ewigen Flammenmeer einer imaginären Hölle darben müssen … Ich meine, die in vielerlei Hinsicht intellektuell gefährdete Gattung Homo sapiens hat sicherlich einiges an Unsinn fabriziert, die christliche Erlösungssaga aber setzt dem schier unerschöpflichen Arsenal hominiden Schwachsinns zweifellos die Krone auf.«[63]

4. Was folgt für mich aus meinem Nichtglauben?

Empfängnis durch den Heiligen Geist, Jungfrauengeburt, das Sehendmachen von Blinden oder die wundersame Vermehrung von Brot und Wein, Auferstehung von den Toten, Himmelfahrt – alle diese biblischen Wunder sollen die göttliche Sendung von Jesus und seine überirdischen Fähigkeiten glaubhaft machen. Sie sollen Zeugnis ablegen von der Macht dieses angeblich Gottgesandten. Offensichtlich reicht die Verkündung des Wortes allein nicht aus, die Menschen zu überzeugen. Verwunderlich ist das bei der behaupteten Allmacht und alles menschliche Maß übersteigenden Weisheit Gottes schon.

> »Im Anfang war das Wort, … und das Wort war Gott. ... Alles ist durch das Wort geworden, und ohne das Wort wurde nichts, was geworden ist«,

so heißt es zu Beginn des Johannes-Evangeliums (Joh 1, 1-3). Die Erschaffung der Welt durch das Wort gelang Gott, die Menschen allein durch das Wort für sich zu gewinnen, gelang ihm offenbar nicht. Jesus bedurfte trotz seiner göttlich-väterlichen Botschaft offenbar dieser spektakulären Wunder, oder waren es – was viel wahrscheinlicher ist – seine biblischen Berichterstatter, die Jesus um seiner Glaubwürdigkeit willen mit der Fähigkeit ausstatteten, über den Gesetzen der Natur zu stehen? Und warum muss Jesus immer wieder mit der Hölle drohen, warum gelingt es ihm trotz seiner göttlichen Herkunft nicht, die Menschen allein durch seine Worte zu überzeugen?

Festzuhalten bleibt, dass immer weniger Menschen diesem Glauben etwas abgewinnen können, ihn vielmehr einer überkommenen Zeit zuordnen. (Mit der scheinbar wieder zunehmenden Zahl von Gläubigen werde ich mich im nächsten Unterkapitel befassen!) Auch die so ganz menschlichem, schlichtem Vorstellungsvermögen entsprechende himmlische Machtordnung gehört für mich in den Bereich naiv-kindlicher Erklärungsmuster für das Unbekannte und Angebetete. Danach thront die Person Gottvater in der Mitte, zur Rechten und Linken befinden sich Jesus und Maria, vor ihm zu seiner Verherrlichung und ihm zu Diensten schwebt die Heerschar der Engel, irgendwo ganz unten lauert der abgefallene Engel, Teufel genannt. Dieses Bild stammt aus vergangener, vorwissenschaftlicher Zeit, als Bibel und Kirche das Denken der Menschen noch vollständig bestimmten; der neueste (von Papst Johannes Paul II. und dem damaligen Kardinal Joseph Ratzinger herausgegebene) katholische Katechismus aus dem Jahre 1993 verbreitet es heute noch! [64]

Naiv-kindlich, geradezu anrührend, wirkte auf mich auch die Inschrift auf einem Grabstein, die ich vor Jahren ganz hinten links im Kellergewölbe der Barock-Kirche St. Michaelis in Hamburg entdeckte. Dort stand zu lesen, dass man ihn, den an dieser Stelle Begrabenen, am Tag des Jüngsten Gerichts, wenn es denn so weit sei, keinesfalls vergessen solle; leider habe er aus geldlichen Gründen sich nur eine Grabstätte ganz abseits leisten können, und er fürchte, die Wiederauferstehung im allgemeinen Trubel dann zu verpassen. So sehr wir heute über solche Einfalt lächeln mögen, über Jahrtausende und bis zum heutigen Tag wird dieses biblische Versprechen und dessen kirchliche Ausdeutung ernst und ganz wörtlich genommen. Schließlich ist ja die persönliche Wiederauferstehung und das dann ewige Leben Ziel und Trachten allen christlichen Glaubens.

Versuchen wir mal einen Moment darüber nachzudenken, was an jenem bewussten Tag passieren soll. Milliarden bisher gelebter Menschen müssten sich aus ihren inzwischen weit verstreuten, teilweise schon wieder in anderen Lebewesen wirkenden molekularen und atomaren Bestandteilen neu zusammenfügen. Männer, Frauen, Kinder, so wie sie damals aussahen – in der Blütezeit ihres Lebens oder an dessen Ende? Wie auferstehen behindert oder verkrüppelt geborene Menschen, müssen sie ihr Schicksal weitertragen, und wollten sie überhaupt in jenem bedauernswerten Zustand ewig weiterleben? Wenn sie aber in vollkommener Form auferstehen, sind sie dann noch jene Menschen, die seinerzeit lebten, dachten, fühlten und litten? Würden mir auch alle bösartigen und verbrecherischen Menschen wieder begegnen? Der Einwand, dass sie dann geläutert und frei von ihren unseligen Charakterzügen wären, ist ausweichend, sie wären dann ja nicht mehr diese einst auf Erden wandelnden Menschen! Ich höre, dass nach neuerer Lesart nur die

Seelen wiederauferstehen werden. Was ist dann aber mit meinen Erinnerungen an Erlebtes, Erlittenes, Gedachtes und Erhofftes, mit all dem, was meine innere und äußere Individualität ausmacht?

Jedes weitere Nachdenken über das biblische Versprechen meiner personalen Unsterblichkeit führt nur zu immer mehr unbeantworteten Fragen und zweifelhafteren Folgerungen. Der Einwand, dass Gottes Allmacht menschliche Fassungskraft bei weitem übersteige und dass es daher nicht erlaubt noch möglich sei, sich die »Wiederauferstehung des Fleisches« so konkret vorzustellen, gehört wieder in die Rubrik jener Ausflüchte, die immer dann herhalten müssen, wenn ein Gläubiger es wagt, einfach einmal nachzudenken oder eigentlich nur nachfragt. Das Dogma der Unsterblichkeit besagt jedoch ganz unmissverständlich, dass der Mensch, wenn er sich denn als würdig erweist, dereinst wieder auferstehen wird, und zwar als jene Person, wie sie seinerzeit auf der Erde lebte und die schließlich mit der tief eingebrannten Sehnsucht im Herzen nach Wiederauferstehung und Wiedersehen aller einst geliebten Menschen verstarb. Genau so, nicht symbolisch und nicht als »irgendwie anders« gemeintes Geschehen wird dieses Versprechen verkündet und von den Gläubigen auch verstanden. Wird dieses Heilsversprechen zu Ende gedacht, dann zeigt sich mir die ganze Unglaubwürdigkeit, ja Absurdität dieser Verheißung, und der zentrale Glaubenssatz, der Kern der christlichen Botschaft, das eigentliche Ziel gottgefälligen Lebens, löst sich in Nichts auf.

Was bleibt als Bilanz festzuhalten: Ratlosigkeit? Verzweiflung? Oder Aufbegehren gegen jene, die solche zweifelhaften Versprechungen in die Welt setzen, die die Angst der Menschen vor dem Tode ausnutzen, um sie sich über ein Glaubenssystem gefügig zu machen? Natürlich gewinnt eine Religion an beispielloser Attraktivität, die eine solche Verheißung auf ihre Glaubensfahnen schreibt. Und der gläubige Christ wird dabei auf die Allmacht Gottes verweisen, die eine Form der Wiederauferstehung vorsieht, die jenseits aller menschlichen Denkmöglichkeit liege. Wieviel weniger Tröstliches und Hoffnungsvolles hat bislang hier eine nichtchristliche oder atheistische Auffassung dagegen zu setzen. Man sollte jedoch die Kraft aufbringen, sich einzugestehen, dass die tief im Menschen verankerte Sehnsucht nach Weiterbestehen der eigenen Existenz der Vater des Gedankens ist.

Interessant ist, dass die Juden des Alten Testaments eine Auferstehung der Toten nicht kannten. Erst sehr spät entwickelten sich solche Vorstellungen. Erste Gedanken dieser Art finden sich im Buch Daniel (Kapitel 12, Vers 1-3), das nach den Erkenntnissen der Religionswissenschaft erst um das 2. Jahrhundert v. Chr. verfasst wurde.

> »Unsterblichkeit der Seele? Auferstehung des Fleisches? Davon halte ich gar nichts. Derartiges ist in meiner Gedankenwelt nicht vorhanden. Ich bin in dieser Hinsicht

auch unbelehrbar. Ich sprach einmal mit Walter Jens darüber, ob er die Seele für unsterblich halte. Er zitierte Ernst Bloch, der auf diese Frage nur geantwortet habe: Wer weiß? Ich fügte hinzu: Gott sei für mich keine Realität, sondern eine literarische Figur wie Hamlet oder Odysseus. Darauf Jens: Kann es eine größere Realität geben als die von Hamlet oder Odysseus? Das hat mir gefallen. Was die Unendlichkeit angeht, glaube ich an eines: Es gibt gewisse Melodien von Mozart oder Beethoven, die währen ewig – solange es Menschen gibt, die sie hören können.«

So der bekannte Literaturpapst MARCEL REICH-RANICKI (*1920) in einem »Spiegel«-Interview.[65] Was mag ein durch heutige Philosophie und Naturwissenschaft »aufgeklärter« Christ denken? Ob er mehr als nur ein vage Hoffnung auf eine jenseitige Weiterexistenz hegt?

Die Vorstellung, dass das eigene Ende endgültig ist, dass das eigene Ich nie wieder die Möglichkeit haben wird, sich seiner und dieser Welt bewusst zu werden, dass ein Wiedersehen von geliebten Menschen nie mehr möglich sein wird, hat etwas sehr traurig Stimmendes an sich. Aber ist der Gedanke wirklich so unerträglich, dass man aus dem Nichts kommt, für einen kosmischen Augenblick dieser Welt gewahr wird und wieder im Nichts verschwindet? Ist es nicht vielmehr als etwas Unbegreifliches, ja Unfassbares zu betrachten, dass die Prinzipien dieses Kosmos aus dessen Bausteinen etwas zusammengefügt haben, das ein Bewusstsein von sich und dieser Welt entwickelt und das sich als ein individuelles Ich erlebt? Unendlich viele andere Ichs sind denkbar, die aber nie die Gelegenheit hatten, in die Wirklichkeit einzutreten. Wir, die wir jetzt über unsere Endlichkeit nachdenken, hatten diese Chance und sind zu einmaligen Ichs geworden, die über ihre Sinne und ihren Verstand etwas von der Existenz dieser Welt erfahren haben.

So wie mein gedachtes »Ich« sich offenbar bereits vor meiner Geburt eine Ewigkeit im Zustand des Nicht-Seins befand, so wird es nach meinem Tod wiederum sein. Der Zustand vor meiner Zeugung und meiner Geburt entspricht dem nach meinem Tod und der Rückgabe meiner Bestandteile an die Natur. Ich verbinde diese eigentlich ja nur in meiner Vorstellung bestehenden Phasen meines »Vor-Lebens« und »Nach-Lebens« mit keinerlei mich bewegenden Gefühlen. Der Tod als das Ende aller meiner Tage ängstigt mich heute kaum noch, wohl aber fürchte ich einen zu frühen Tod oder ein schmerzvolles und quälend langes Sterben. Aber für diesen letztgenannten Fall haben humanistische Kreise gegen den erbitterten Widerstand der Kirchen inzwischen den Weg zu einem menschenwürdigen Lebensende freimachen können.

Zunehmende Bildung und der Mut zu schrittweise eigenem Denken führten dazu, dass die durch die Bibel vermittelte Botschaft immer mehr in Frage gestellt und für das tägliche Leben bedeutungslos wurde. Nicht nur die Jesus zugeschriebenen Wundertaten und die »die physische Ordnung« (katholischer

Katechismus) sprengenden Ereignisse wie Auferstehung und Himmelfahrt, auch die aller naturwissenschaftlichen Erkenntnis zuwider laufende biblische Beschreibung von der Erschaffung der Welt und des Menschen ließen die Zweifel an der Zuverlässigkeit und Wahrheit des in der so genannten Heiligen Schrift Verkündeten wachsen. Vor allem moderne Kosmologie, Evolutionstheorie, Biologie und Medizin sorgten dafür, dass die angeblich lenkende Hand Gottes immer weniger für die Erklärung des Weltgeschehens erforderlich war. Die von der Wissenschaft erkannte Potenz des Kosmos und der irdischen Natur zur Selbststeuerung und Selbstentwicklung verdrängte Gott nicht nur immer mehr aus seiner Rolle als Beweggrund allen weltlichen Geschehens, sondern ließ den Menschen zunehmend erkennen, dass er auf sich allein gestellt ist und daher für sein irdisches Wohlergehen selbst die Verantwortung übernehmen muss.

Der Mut, sich seines eigenen Verstandes zu bedienen, bezieht sich daher nicht nur auf die biblischen Berichte und glaubensmäßigen Verheißungen, mit denen sich heutiges, rational-logisch geprägtes Denken schon sehr schwer tut. Mit der Ablehnung eines archaischen Zeiten entstammenden Weltbildes werden auch Fragen nach Ziel, Sinn und Deutung des menschlichen Lebens neu gestellt. Bedürfen wir der Erlösung durch den Opfertod eines Gottessohnes, weil wir angeblich der Sünde verfallen sind und uns selbst aus deren Verstrickung nicht mehr befreien können? Welchen Sinn gebe ich meinem Leben, wenn ich an die christliche Botschaft nicht mehr glauben kann? Wie verträgt sich ein Weltbild, das auf jahrtausendealten Legenden beruht, mit unseren heutigen wissenschaftlichen Einsichten und dem damit einhergehenden – angestrebten, wenn auch oft nicht erreichten – rationalen Verhalten, das heißt, einem auf Logik und Widerspruchsfreiheit, Nachvollziehbarkeit und Plausibilität bedachten Verstehen, Gestalten und Deuten unseres Daseins?

Zu erinnern ist aber bei alledem, dass die Wissenschaften, insbesondere die Naturwissenschaften, trotz ihrer höchst beeindruckenden Erfolge und der noch zu erwartenden und uns sicher auch noch sehr überraschenden Einsichten nicht in der Lage sind, auf bestimmte Fragen eine Antwort zu geben. Die Wissenschaft wird uns auf die Frage nach dem Sinn des Lebens eine Antwort schuldig bleiben. Auch die Frage, was ein erfülltes Leben sein könnte, »versteht« die Wissenschaft nicht. Ebenso sind Probleme der Ethik keine Themen, die wie wissenschaftliche zu behandeln wären. Kein Experiment könnte uns Auskunft geben, ob etwas »gut« oder »böse« ist. Das Ergebnis fordert uns allenfalls heraus, aus ethischer Perspektive zu beurteilen, ob wir es wünschenswert oder ablehnenswert finden.

Die Frage, ob es barmherzig oder verwerflich ist, einem Kind, dessen Schwerstbehinderung bereits vor seiner Geburt erkannt wird, durch einen gnädigen Tod von Menschenhand Freudlosigkeit und Schmerzen und ein auf elementare Körperfunktionen reduziertes Lebens zu ersparen, ist mit den Erkenntnissen der Wissenschaft nicht zu beantworten. Die Wissenschaft, hier die Medizin, kann zwar Informationen liefern über das zu erwartende Leben eines schwerstbehinderten Menschen, seine Hilflosigkeit, seine ihn vielleicht quälenden Schmerzen, auch über seine Unfähigkeit, diese Welt überhaupt wahrzunehmen. Die Entscheidung über Leben und Tod jedoch erfolgt auf der Basis eines unbewusst oder mit Bedacht zu Grunde gelegten Wertesystems. Ein solches Werte- und Normensystem kann die Wissenschaft nicht liefern. Auf solche »meta-physischen«, also »jenseits der Physik«, jenseits von Beobachten und Messen und jenseits wissenschaftlicher Erkenntnismöglichkeit liegende Fragen hat bisher die Philosophie und vor allem die Religion, in unserem Kulturkreis die Kirche, das Antwortmonopol beansprucht (und tut es im öffentlichen Raum faktisch immer noch!). Die Kirche beantwortet solche Fragen aus der Sicht ihrer Auffassung vom Menschen als eines Ebenbildes Gottes.

In Deutschland wird von etwa einem Drittel der Bevölkerung die Kirche als Instanz für Fragen religiöser, insbesondere moralischer Art, nicht mehr als maßgebend akzeptiert.[66] Aufgrund der vielfach unbewusst vorgenommenen Gleichsetzung von Christentum und Religion ist Religion – im Sinne des Befassens mit Fragen, die über uns hinausweisen – diskreditiert worden als eines modernen, aufgeklärten Menschen nicht mehr gemäß. Diese Gleichsetzung von Christentum und Religion ist jedoch falsch. Das Christentum ist zwar eine Religion, eine unter vielen weltweit, aber nicht mit Religion allgemein gleichzusetzen. Fragen, die man mit aller Vorsicht religiöse oder vielleicht angemessener spirituelle nennen könnte, können sich auch einem Menschen stellen, der ein wissenschaftlich orientiertes Weltbild hat. Es sind Fragen, die unser heutiges und vielleicht auch zukünftiges Wissen überschreiten. Sie hängen zusammen mit dem Nachdenken über Werden und Vergehen unseres Universums und über den Urgrund allen Seins überhaupt. Solche Fragen entführen unser gedankliches Suchen und Tasten in Bereiche, wo wir keine klärenden Worte mehr haben, mehr unseren Gefühlen und unserer Intuition folgen. Abschließend wird die Wissenschaft Fragen dieser Art vielleicht nie beantworten können.

Selbstverständlich gibt es – wie WILLIAM SHAKESPEARE (1564-1616) es damals schon formulierte – »Dinge, von denen sich unsere Schulweisheit nichts träumen lässt«, Dinge, die heute noch oder womöglich für immer außerhalb des für uns Erfahrbaren und Begreifbaren liegen, Dinge, die sich soweit jenseits des uns sprachlich-begrifflich Fassbaren bewegen, dass sie nicht einmal in den Horizont unseres Erahnens geraten. Eine Welt, die nur aus dem unmittelbar Erfahrbaren und Erkennbaren bestünde, wäre sicherlich um wesentliche Dimensionen verkürzt.

Die Wirklichkeit geht mit Sicherheit über das uns – wenigstens heute noch – als denkende und fühlende Menschen Zugängliche hinaus. Fragen, die man – wie erwähnt – als spirituelle bezeichnen könnte, die unseren Alltag transzendieren, die auf etwas verweisen, das sich unserem Erkenntnisstreben verschließt, sind so legitim wie Fragen des täglichen Lebens. Aber gegen die Antworten der christlichen Religion auf solche uns bewegenden Fragen wehre ich mich vehement. Was ich vor allem nicht hinnehmen will, ist, dass die Antworten auf das uns Unbegreifliche unseren Erfahrungen, Erkenntnissen und bewährten Denkmustern diametral entgegengesetzt sein sollten, dass sie als um so tiefsinniger und glaubwürdiger gelten sollten, je mehr sie unserem Verstand widersprechen. »Credo, quia absurdum – ich glaube, weil es widervernünftig ist«, wie es in dem schon erwähnten theologischen Diktum heißt.

GERHARD SZCZESNY sagt deshalb meines Erachtens völlig zu Recht:

> »... es gibt für uns schlechterdings keinen Grund, die Metaphysik notwendig für eine Antiphysik zu halten und anzunehmen, daß ein Glaubenssatz allen prüfbaren Erfahrungen und vernünftigen Überlegungen widersprechen muß, um für wahr zu gelten.«[67]

Der Naturwissenschaft wird von seiten der Kirche gern vorgeworfen, dass sie in ihrem Erklärungsanspruch anmaßend und überheblich sei. Ist es aber nicht gerade umgekehrt, dass die dogmatisch definierte Unfehlbarkeit des Papstes in Fragen der Lehre, die das 1. Vatikanische Konzil 1870 beschloss, anmaßend und überheblich ist?

Wie überraschend ist hier die Position des derzeitigen DALAI-LAMA (*1935), des geistlichen und früher auch politischen Oberhaupts des tibetischen Volkes. Im Vorwort seines Buches »Die Welt in einem einzigen Atom« formuliert er folgende erstaunliche Auffassung:

> »Das Vertrauen, das ich in diesen Dialog [mit den Naturwissenschaften, U.L.] setze, beruht auf meiner grundlegenden Überzeugung, wonach das Verständnis der Wirklichkeit in den Naturwissenschaften – genau wie im Buddhismus – durch kritische Untersuchungen gewonnen wird. Sollte die Wissenschaft abschließend nachweisen können, dass gewisse Behauptungen des Buddhismus falsch sind, müssen wir die Erkenntnisse der Wissenschaft annehmen und überholte Anschauungen revidieren.«[68]

Solche Offenheit und Flexibilität eines Religionsführers – mit dem DALAI-LAMA würde mich ansonsten weltanschaulich wenig verbinden – ist der Kirche unbekannt. Wer seinerzeit erkannte, dass die Erde nicht im Mittelpunkt der Welt steht und wagte, dieses Wissen auch öffentlich kund zu tun, wurde – wenn er der Kirche unterstand – verbrannt. Wer als Mediziner darauf verwies, dass ein Mann keineswegs eine Rippe weniger hat, jene nämlich, aus der Eva geschaffen worden sein sollte, hatte ebenfalls sein Leben verwirkt. Die DARWINsche Evolutionstheorie war in den Augen der Kirche Teufelswerk, wurde schließlich aber im Jahr 1996 von der katholischen Kirche als wissenschaftliche Erklärung für die Entwicklung der Arten und letztlich des Menschen anerkannt. Diese Anerkennung erfolgte allerdings nur unter der Bedingung, dass Gott die Entwicklung auf den Menschen als Ziel gelenkt und ihm im Gegensatz zum Tier eine unsterbliche Seele verliehen habe. Zwischenfrage: Ab wann eigentlich verfügte der aus dem Tierreich sich entwickelnde »ebenbildliche« Mensch über eine Seele? Schon vor 100 000 Jahren, schon als inzwischen ausgestorbener Neandertaler oder erst sehr viel später?

Rückblickend betrachtet hat die Kirche in ihren Auseinandersetzungen mit der Wissenschaft ein Rückzugsgefecht nach dem anderen angetreten und stets endgültig verloren. PAPST BENEDIKT XVI. (*1927) ist vorsichtiger geworden. In einer Rede im September 2006 in der Universität Regensburg über Glauben und Vernunft beanspruchte er für Gott nur noch die Rolle als Erstbeweger und Sinnstifter.

Wenn PAPST BENEDIKT XVI. meint, dass die Welt letztlich ohne Gott nicht erklärt werden kann, kann man das zunächst so stehen lassen. Schließlich bezieht sich diese seine Äußerung nur noch auf den Anfang aller Dinge. Und da überschreiten auch die modernen kosmologischen Modelle und Theorien die Grenzen des uns begrifflich noch zugänglichen Denkens. An den Rändern unserer wissenschaftlichen Erkenntnisse fehlen uns die sprachlichen Mittel, die uns in die Lage versetzen würden, sich miteinander über die damit aufgeworfenen physikalischen und philosophischen Fragen klar und unmissverständlich auszutauschen. Die einzige Sprache, die uns aus diesen Bereichen noch Informationen liefert, ist die Mathematik. Sie ist aber ein Werkzeug, das blind gegenüber den philosophischen und uns emotional bewegenden Problemen ist, wenn wir über die »letzten Dinge« nachdenken.

Die Frage nach dem ersten Weltbeweger kann vorerst offen bleiben, aber alles, was danach geschehen ist, ist inzwischen wissenschaftlichem Forschen zugänglich und hat Punkt für Punkt die christliche Lehre von der Erschaffung der Welt und des Menschen und Gottes angeblich steuernde Rolle widerlegt, zumindest jedoch überflüssig gemacht. Warten wir in Ruhe ab, wann es der Wissenschaft gelingt, auch den ersten Anstoß aus sich selbst heraus zu erklären (siehe z. B. Kap. III, 1!). Vermutlich aber verlässt diese letzte und alles erklärende kosmische Theorie endgültig den Rahmen der uns vertrauten Logik und bliebe damit dem Verstand – mindestens unserem heutigen – nicht mehr zugänglich. Eine solche »überlogische« Theorie eröffnete damit gleichzeitig auch wieder die Möglichkeit zu erneutem spekulativen Denken. Ganz in diesem Sinne äußert sich PAPST BENEDIKT XVI. in dem oben erwähnten Vortrag, wenn er »Mut zur Weite der Vernunft« fordert und verlangt, dass der Begriff der Vernunft aus seiner angeblichen Selbstbeschränkung und Verengung durch Naturwissenschaft und Technik befreit werden müsse.[69]

Ich meine, dass dann der Begriff der Vernunft nicht befreit, sondern verunklart würde, damit er unbemerkt an die Kette des Glaubens gelegt werden kann. Man mache sich immer wieder bewusst, dass der christliche Glaube aus angeblich offenbarten, der Vernunft nicht zugänglichen, weil nicht begründbaren »Wahrheiten« und aus dogmatischen, nicht mehr hinterfragbaren Festlegungen besteht, die uns aus einer verborgenen transzendenten Wirklichkeit übermittelt worden sein sollen.

Im gleichen Vortrag sagte der Papst auch, dass das Leben ohne Glauben – er meint natürlich den christlichen Glauben – sinnlos sei. Was für ein Unsinn, Herr Dr. Ratzinger, und welche Anmaßung zugleich! Die Kirche traut den Menschen eine selbstständige Lebensplanung und Sinngebung nicht zu und will sie auch nicht zulassen, weil sie als Kirche dann Einfluss und Macht über die »Seelen« verlieren würde. Warum sollte es mir denn nicht möglich sein, meinem Leben einen eigenen Sinn zu geben? Wenn ich weiß, dass mein Leben begrenzt ist und ein ewiges Leben im Jenseits nicht zu erwarten ist, dann werde ich versuchen, dieses Leben hier wesentlich bewusster als bisher üblich zu gestalten, um das zu erreichen, was ich als ein mich erfüllendes und glücklich machendes Leben ansehen würde. Der menschliche Geist wird – befreit von religiöser Bevormundung – seine schöpferische Phantasie entfalten und viele Möglichkeiten der Sinngebung und Daseinsgestaltung entwickeln. Er muss es auch selbst tun, denn wenn wir in die Tiefen des Kosmos schauen, werden wir keinen Sinn erkennen, und auch das Innere eines Atoms offenbart nichts, was wir als Sinn allen Seins deuten könnten.

Hinter dem Begriff des Sinns verbirgt sich unser Denken in den Kategorien von Anfang und Ende, Zielsetzung und Erfolg, und unsere Sehnsucht nach Bedeutung und Erfüllung, vielleicht auch nach Anerkennung und Würdigung. Das sind allesamt Kategorien, die der Natur, dem Kosmos, dem Sein fremd sind. Die Welt ist einfach da, frei von jedem Sinn, sie ist in diesem Verständnis in der Tat »Sinn-leer«. Der Mensch ist folglich aufgerufen, den Sinn seines Lebens aus sich selbst zu schöpfen.

Wie eine solche auf das Diesseits gerichtete individuelle Lebensphilosophie konkret aussehen könnte und wie diese das Glück und die Vorstellungen des jeweils Nächsten immer mit zu bedenken hätte, darüber hat die Menschheit bisher viel zu wenig nachgedacht. Religionen mit ihrer Orientierung auf ein verheißungsvolles Jenseits werteten solche Bemühungen meist als verfehlt und der Seele schadend ab. Diese Geringschätzung des irdischen Glücks und die Ablehnung einer diesseitigen Sinngebung kennzeichnen ganz besonders die christliche Religion.

Es ist für mich zu einer nicht mehr in Frage gestellten Gewissheit geworden, dass das christlich-religiöse Weltbild, so wie es zum Beispiel im aktuellen katholischen Katechismus ausformuliert wird, mit einer modernen wissenschaftlichen, insbesondere naturwissenschaftlich fundierten Einstellung absolut unvereinbar ist. Was soll ich mit Erbsünde, Engeln, Jungfrauengeburt, Erlösung durch Opfertod, Hölle, Teufel, Teufelsaustreibung (bis heute als offizielle katholisch-kirchliche Dienstleistung angeboten!), Himmelfahrt oder Abendmahl anfangen? Sie lassen sich nicht in unser heutiges Weltbild einordnen. Folglich haben die aufgezählten Elemente für meine Anschauung von der Welt und einem möglichen Sinn meines Lebens keinerlei Bedeutung. Der Unterschied zwischen katholischer und evangelischer Kirche ist dabei für mich ohne wesentliche Bedeutung.

Ich bin ebenso davon überzeugt – und die ersten drei Unterkapitel sollten das aufzeigen – dass die moralische Substanz der Bibel und das, was uns die Kirche über die Jahrhunderte bis in die jüngste Zeit vorgelebt hat, weit unter heutigen humanistischen Maßstäben liegt und insofern alles andere als ein zu akzeptierendes normatives Fundament für unsere Gesellschaft darstellt. Wer das nach wie vor behauptet – wie viele unserer Politiker das tun – kennt schlicht und einfach die Bibel und die Geschichte der Kirche nicht oder ist ein Schwätzer und Falschmünzer. (Die moralische Qualität des Korans in seiner Gesamtheit ist in dieser Hinsicht wohl kaum anders als die der Bibel einzuschätzen; man denke nur an den Umgang mit Ungläubigen, besonders in jenen Staaten, in denen der Islam faktisch Staatsreligion ist.)

Um die Härte dieses Urteils verständlicher zu machen, sei noch einmal daran erinnert, dass die Menschenrechte kein Ergebnis der christlichen Glaubenslehre sind, auch wenn bedeutende Persönlichkeiten christlicher Prägung durchaus am Ruf nach ihnen beteiligt gewesen sind. Die Menschenrechte sind in aller erster Linie der Aufklärung zu verdanken und wurden gegen die Macht der Kirche und ihrer fast immer rückwärtsgewandten Vertreter mühsamst erkämpft. (Ich erinnere daran, dass die katholische Kirche nach wie vor an der Todesstrafe festhält! Auch die Europäische Menschenrechtskonvention hat der Vatikan bis heute nicht unterzeichnet!)

Wodurch ist eigentlich die zu allen Zeiten zu beobachtende moralische Wirkungslosigkeit der christlichen Lehre zu erklären? In keinem Kulturkreis sind wohl so viele erbarmungslose Kriege von Menschen geführt worden, die alle dem gleichen Gott beziehungsweise Gottessohn huldigten. Für mich ist der seit Jahrzehnten schwelende und immer wieder aufbrechende Konflikt in Nordirland zwischen den Protestanten und Katholiken ein Musterbeispiel für das Versagen des christlichen Glaubens, eines Glaubens, der sich unter anderem der Botschaft der Nächsten- und Feindesliebe rühmt. Auch wenn diesen Auseinandersetzungen politische und wirtschaftliche Motive zugrunde liegen mögen, wer hinderte die beteiligten Menschen daran, insbesondere ihre geistlichen Führer, diese Konflikte im Geiste ihres gemeinsamen Religionsstifters auszutragen? Aber diese Lehre erreicht offenkundig nicht die Herzen der Menschen. Der zweite Weltkrieg mit seinen an die 60 Millionen Toten wurde hauptsächlich zwischen Christen beziehungsweise christlich geprägten Kulturen geführt. Der angeblich die Menschheit so liebende Gott hat es in seiner Allmacht und Allwissenheit offenbar nicht vermocht, seine Lehre so überzeugend zu formulieren und zu vermitteln, dass sie in die Köpfe und Seelen der Menschen eindrang und ihnen nicht nur den richtigen Weg wies, sondern ihnen auch ein freudig erfülltes Herzensanliegen wurde.

Auch wenn es hochmütig klingt: Nach allem bisher Gesagten ist es für mich nicht mehr des Nachdenkens wert, ob die Bibel göttlich inspiriertes Wort ist. Sie stammt schlicht aus der Feder von Menschen, die jeweils ihre eigenen Absichten damit verfolgten. Der im Alten Testament beschriebene Gott ist erbarmungslos, gewalttätig, er erschlägt zu Tausenden Erstgeborene und lässt aus Zorn zwischendurch mal die gesamte Menschheit untergehen. Was soll an diesem Gott verehrungs- und anbetungswürdig sein? Jesus war sicher auch nicht Gottessohn, sondern vermutlich einer jener vielen Wanderprediger, die damals durch die Lande zogen. Möglicherweise war er eine charismatische Erscheinung und von beeindruckender Wortmächtigkeit, dessen bild- und gleichnishafte Sprache die Menschen in seinen Bann zog und sie veranlasste, seine in mancher Hinsicht unerhörten und hörenswerten Gedanken weiterzugeben. Der Tod am Kreuz als Opfer, um die Menschheit ihrer Sündhaftigkeit wegen mit Gott zu versöhnen, ist später erfunden worden und stellt »eine heidnische Menschenopferreligion nach religiösem Steinzeitmuster« dar (Ranke-Heinemann). Ich kann damit nichts, aber auch gar nichts anfangen.

Und noch etwas ist von großer Merkwürdigkeit: Wenn Gott uns wirklich etwas zu sagen hat, warum sagt er es uns nicht selbst? Ganz direkt und unmittelbar und nicht durch selbsternannte Vertreter vermittelt. Warum bedarf es einer Priesterkaste, die über die Jahrhunderte oft genug gezeigt hat, wie sie die – teilweise durchaus beherzigens- und bedenkenswerten – Forderungen der Bergpredigt wie Barmherzigkeit, Nächstenliebe oder Verzicht auf nicht lebensnotwendigen Reichtum verraten hat und statt dessen eher am Ausbau ihrer Macht interessiert war. Wenn Gott wirklich auf unserer Seite steht, warum zeigt er uns das nicht so unmissverständlich, dass es nicht der Interpretationshilfe sich in so vielfacher Weise widersprechender »Zwischenhändler« bedarf? In seiner Allmacht und Weisheit dürfte es ihm nicht schwerfallen, Mittel und Wege zu finden, uns unmittelbar und glaubhaft anzusprechen. Eine solche direkte göttliche Ansprache würde wohl jeden Menschen überzeugen und machte dann die riesigen kirchlichen Verkündigungsbetriebe und die Heerscharen von Vertretern, die Gottes Wort glauben erklären zu müssen, überflüssig. Würde Gott in seiner angeblichen Fürsorge sich klar und eindeutig offenbaren, dann wären so zahllose mörderische Auseinandersetzungen zwischen seinen Anhängern unterblieben, weil sie ihn dann nicht alle unterschiedlich verstanden hätten; dann wäre so unermesslich viel menschliches Leid entfallen, weil sein aufklärendes Wort den gnadenlosen Verfolgungen in seinem Namen dann Einhalt geboten hätte. Warum äußert er sich in seiner angeblich unendlichen Liebe zu uns nicht deutlich und verständlich? Warum »schweigt und schweigt und schweigt er«? (Hans Küng) Und wenn er angeblich spricht, warum sind dann seine Worte so vieldeutig, dass sie der Interpretation seiner Propagandisten bedürfen, die dann mit vielen und sich widersprechenden Stimmen sprechen? So viele ungezählte, in den Himmel empor gestreckte, um Hilfe flehende Arme wären nicht ohne hörbare Antwort geblieben, wenn er wirklich für uns da wäre.

Deswegen nein und nochmal nein zu einer solchen meinen – ich betone ausdrücklich: meinen – Verstand beleidigenden Religion! Sie ist ein Produkt der Verzweiflung, der Hoffnung, der Phantasie, geschaffen von Menschen, die es damals nicht besser wissen konnten, die in ihrer irdischen Not, aus der sie nicht herausfanden, die Vorstellung einer besseren Welt im Jenseits entwarfen. Inzwischen haben immer mehr Menschen ihr Schicksal selbst in die Hand genommen. Sie konnten sich über die Wissenschaften, speziell die Naturwissenschaften, vom Glauben an Geister, Dämonen und opfergierigen Göttern frei machen und entdeckten, dass sie ihr Leben auch selbst bestimmen können. Die Menschen fingen an, sich über immer weiter entwickelte landwirtschaftliche Techniken vom Hunger zu befreien, und dank moderner Medizin verlieren Krankheiten und Schmerzen allmählich – wenn auch sehr langsam – ihre Schrecken. Hilfe kommt nicht vom Jenseits, der Mensch kann sich nur selbst helfen. Die christliche Religion hat ihn viel zu lang davon abgehalten, sich seiner Möglichkeiten und Kräfte bewusst zu werden. Diese Form von Glauben hat daher für sehr viele Menschen ihre lebenspraktische Bedeutung im Alltag inzwischen weitgehend verloren.

Es ist doch bezeichnend, dass bekannte große Dichter, Philosophen und Naturwissenschaftler, die in Schulbüchern und Festreden so gern als Größen des Geistes und außergewöhnliche Menschen gefeiert werden, sich nie explizit zu Kirche und Christentum bekannten. Wenn sie sich nicht sogar als Agnostiker oder Atheisten bezeichneten, vertraten sie allenfalls einen sehr allgemein gehaltenen Glauben an ein göttliches Wesen. Ich denke an die Dichter J. W. v. GOETHE, F. SCHILLER oder G. E. LESSING. GOETHE und SCHILLER ließen kaum Zweifel daran aufkommen, dass sie die Kirche ablehnten, LESSING sprach der Kirche ebenfalls das Recht ab, als allein selig machend zu gelten. Die Philosophen VOLTAIRE oder A. SCHOPENHAUER konnten dem christlichen Glauben, um es ganz zurückhaltend zu formulieren, ebenfalls nichts abgewinnen, Gleiches gilt für L. FEUERBACH und F. NIETZSCHE. Von den beiden nur als genial zu bezeichnenden Naturwissenschaftlern C. DARWIN und A. EINSTEIN – beide haben unser Weltbild im wahrsten Sinne des Wortes revolutioniert – war der Biologe DARWIN Agnostiker, auch wenn in seinen Schriften die Begriffe Schöpfer und Schöpfung Verwendung finden, der Physiker EINSTEIN zwar kein erklärter Atheist, aber an einen persönlichen Gott glaubte er keinesfalls, wie er in seinen Briefen ausdrücklich betonte.

Keiner der aufgezählten großen Denker ließ sich vor den Karren der Kirche spannen, im Gegenteil, sie sparten nicht mit mehr oder weniger scharfer Kritik an dieser Institution, die den Menschen die Freiheit des Denkens, auch über ihren eigenen Glauben, nehmen würde. Unter den heute lebenden bedeutenden Dichtern, Philosophen und Naturwissenschaftlern kenne ich keinen, der sich explizit als bekennenden Christen bezeichnet, mit einem Glauben an einen persönlichen Gott, an die Erlösung durch den Opfertod von Jesus Christus, an die Existenz von Hölle und Teufel.

Ziemlich verblüfft, aber in meiner subjektiv-intuitiven Einschätzung der religiösen Situation eben doch bestätigt, hat mich eine religionssoziologische Umfrage, die der Theologe und Religionssoziologe an der Humboldt-Universität Berlin Professor KLAUS-PETER JÖRNS (*1939) ausgewertet hat. Dabei kam unter anderem heraus, wie wenig selbst die amtlichen Verkünder der »frohen Botschaft«, in diesem Fall evangelische Pfarrerinnen und Pfarrer aus Berlin-Brandenburg, diese noch für wahr halten. Danach glauben noch knapp 90 % an einen persönlichen Gott, nur noch 76 % an ein Weiterleben nach dem Tod, erkennen nur noch ca. 66 % Jesus Christus das Gottesprädikat zu (was dann auch die Verneinung der Dreieinigkeitslehre zur Folge hätte!), nur ca. 43 % glauben noch an die Allmacht Gottes (was zugleich eine Antwort auf die Theodizee-Problematik wäre), nur noch ca. 35 % halten die Heilige Schrift für heilig, nur noch ca. 35 % rechnen mit einem jüngsten Gericht, ca. 13 % glauben noch an die Existenz der Hölle und nur ca. 13 % glauben noch an die Erbsünde (einem zentralen biblisch-theologischen Glaubenselement!).[70]

Diese Umfrage macht deutlich, wieweit sich viele Pfarrerinnen und Pfarrer von wesentlichen Glaubenssätzen bereits entfernt haben. Viele verstehen sich daher, ohne das laut zu sagen, in erster Linie nur noch als Seelsorger und Sozialarbeiter (wobei sie in vielen Fällen Anerkennenswertes leisten!).

Wie es im Innern vieler praktizierender, aber von Zweifeln längst erschütterter Pfarrer aussehen mag, schildert in für mich eindrucksvoller Weise UWE SCHMIDT (*1941) in seinem Buch »Widerstand gegen die Zumutungen des Glaubens – Ein Gemeindepfarrer und seine ganz persönliche Geschichte«. Darin beschreibt er die Reflexionen eines Menschen, der von Kindheit an um die Glaubensdinge rang und sich doch erst im Alter vom Glauben trennen konnte.[71]

Obige Umfrage ist nur bedingt repräsentativ für ganz Deutschland und spiegelt nicht die Situation der katholischen Pfarrer wider. Man kann aber wohl davon ausgehen, dass in der Tendenz kein wesentlicher Unterschied bestehen wird. Dies um so mehr, als der seinerzeit höchste Repräsentant der deutschen Katholiken, KARDINAL KARL LEHMANN (*1936), in einer öffentlichen und im Fernsehen ausgestrahlten Diskussionsrunde wörtlich äußerte: »Ich glaube nicht an die Kirche und nicht an das Christentum, ich glaube nur an Gott.« Auf die Nachfrage der erkennbar verblüfften Moderatorin wiederholte er diesen Satz und ergänzte später: »Die Kirche wird eines Tages aufhören.« Es handelte sich bei dieser Äußerung um keine theologische Spitzfindigkeit, sie war so gemeint und wurde auch von den Mitdiskutanten und von mir als Zuschauer so verstanden. Das Fernsehen und die Presse ignorierten – offenbar geschockt und um Vertuschen bemüht – dieses ketzerische Bekenntnis vollständig, lediglich der Humanistische Pressedienst verbreitete dieses beispiellose Eingeständnis. Innerhalb eines Teils der katholischen Kirche sorgte dieser Diskussionsbeitrag allerdings für erheblichen Wirbel.[72]

Was den Glauben an einen persönlichen Gott angeht, so gibt eine seriöse und repräsentative Umfrage aus dem Jahr 2002 ebenfalls eine höchst bemerkenswerte Auskunft. Danach glauben an einen persönlichen Gott, also an Gott als eine Person, nur noch 36 % der Mitglieder der katholischen Kirche und 23 % der Mitglieder der evangelischen Kirche.[73] Für die meisten noch gläubigen Menschen hat sich offenbar das Bild, das sie sich von Gott machen, zu einer Macht über uns gewandelt, die nicht mehr vorstellbar noch irgendwie näher bestimmbar ist. An der biblischen Auffassung von Gott als Schöpfer und Lenker dieser Welt halten sie jedoch noch fest.

Die Bibel als Quelle des Glaubens hat erst recht für Menschen, die einer naturwissenschaftlich und rational bestimmten Weltsicht den Vorrang geben, ihre göttliche Autorität eingebüßt und ist ein Buch mit Geschichten geworden, deren Inhalt in Predigt und täglichem Leben die Menschen in immer geringerem Ausmaß erreicht. Für sie ist die Bibel Literatur geworden, die noch Sinnsprüche bereit hält und Vorlagen liefert für weihnachtliche Krippenspiele oder österliche Musikaufführungen, aber als moderne Menschen erkennen sie sich mit ihren existenziellen Fragen dort nicht wieder. Zwar genießt die Bibel noch einen gewissen Respekt, ihren Worten und Gleichnissen wird in vielen Teilen ein kulturell gewachsener, tieferer Sinn nicht abgesprochen, viele Bibelworte lassen sich als Lebensweisheiten deuten. Aber die eigentliche Botschaft wird von den meisten Menschen, selbst wenn sie noch Mitglied der Kirche sind, kaum noch wahrgenommen. Ich habe in Predigten, die ich mir auch heute noch immer mal wieder anhöre, oft den Eindruck, dass Bibel und christliche Lehre Antworten auf Fragen geben, die der moderne Mensch so gar nicht mehr stellt. Zu beobachten ist, dass die Aufmerksamkeit des Kirchgängers zunimmt, wenn der Pfarrer nicht von Gott und dem Evangelium spricht, sondern sich alltäglichen und menschlichen Problemen zuwendet und Lebenserfahrungen und allgemein gültige Lebensweisheiten weitergibt.

Für andere, mehr aus dem Gefühl heraus lebende Menschen, denen ebenfalls die Botschaft nicht mehr so ganz zeitgemäß erscheint, die aber keinen Anlass sehen, darüber ernsthaft nachzudenken, gewinnt das Ritual an Bedeutung. Das geheimnisvolle Wirken des herausgehoben gekleideten Gottesdieners am Altar und die insgesamt feierliche Stimmung, die durch Orgelspiel und Gemeindegesang noch eine besondere Eindringlichkeit erfährt, wird von diesen Menschen bewusst in den Mittelpunkt des sonntäglichen Erlebens gestellt. Die in den letzten Jahren erfolgten Änderungen der evangelischen und teilweise auch der katholischen Liturgie kommen diesem Bedürfnis nach Ritualisierung ganz offenbar entgegen.

Für Touristen sind solche an historisch bedeutsamen Orten stattfindenden sakralen Veranstaltungen besonders beliebte Ziele. Es spielt dabei überhaupt keine Rolle mehr, ob man selbst noch eine Beziehung zu dem beobachteten Kult hat, allein das Schauspiel interessiert, es wird als gefilmter Erlebnisbericht mit nach Hause genommen. Die Dome in Berlin und Köln, in Mailand und Rom sind für sehr viele Menschen nur noch als ästhetisches Kulturobjekt von Interesse, so wie wir das beispielsweise bei einem Tempel aus altägyptischer oder babylonischer Zeit schon immer empfunden haben. Der Glaube an das Göttliche spielt hier keine oder kaum noch eine Rolle, stattdessen stellen sich eher Bewunderung, allenfalls eine gewisse Nachdenklichkeit ein. Für nicht mehr kirchlich gebundene Menschen ist das Christentum in seiner rituellen, baulichen und musikalischen Ausprägung Kultur geworden, deren religiöser Ursprung oftmals nur noch als ergänzende Information wahrgenommen wird.

Sollte man nun redlicherweise als erklärter Nichtchrist alles Christliche aus seinem Alltag und Jahresablauf verbannen? Wie steht man als Nichtchrist zu kirchlicher Trauung und kirchlicher Beerdigung? Lebensstationen, denen die Kirche ihren eigenen Stempel aufgedrückt hat, für die sie einen würdevollen Rahmen bietet, der selbst von Kirchenfernen mangels gleichwertiger Alternative oft genug noch in Anspruch genommen wird. Auch die dem Jahreszyklus Abwechslung und Farbe verleihenden Zeiten wie Ostern, Pfingsten, Advent und Weihnachten sind christlich geprägte Tage im Jahr, auch wenn zum Beispiel Ostern ursprünglich ein heidnisches Frühlingsfest war und Weihnachten auf die germanische Sonnenwendfeier beziehungsweise auf das am gleichen Tag begangene römische Staatsfest der Geburt des Sonnengottes zurückgeht, also ebenfalls nicht-christlichen Ursprungs ist.

Ich denke, dass es falsch und unhistorisch gedacht wäre, den ganzen einmaligen Reichtum an Traditionen, Musik, Malerei und Architektur ablehnen, gar verachten zu wollen, der im Laufe der Jahrhunderte entstand und der Phantasie und der Schöpferkraft gläubiger Menschen zu verdanken ist. Es käme einer Bilderstürmerei von talibanischer Gesinnung gleich und würde die Zeitlosigkeit von Kunst verkennen, wollte man sich dieses kulturellen Erbes nur deswegen entledigen, weil der Grund seines Vorhandenseins – jedenfalls für mich und jene, für die der christliche Glaube seine ursprüngliche Bedeutung verloren hat – eine gedankliche Konstruktion war.

Man kann ohne Verlust an ideeller und materieller Kultur die europäische, ganz wesentlich durch das Christentum geprägte Geschichte nicht einfach zurückdrehen und an einem selbst definierten Punkt neu beginnen lassen. Die überwältigend großen, auch die Vielzahl weniger mächtiger, dennoch einfach schöner Kirchenbauten, die phantasiereichen und vielfach unerreichten Malereien und Skulpturen als Zeugnis christlicher Frömmigkeit und Ergebenheit, vor allem die von Menschen selbst unterschiedlichster religiöser oder weltanschaulicher Auffassung fast wie ein himmlisches Geschenk empfundene geistliche Musik eines Bach, Händel, Mozart, Bruckner oder beispielsweise die unvergleichlich schönen gregorianischen Gesänge stellen einen unschätzbaren Wert schon für sich allein dar. Eine Vielzahl solcher Werke ist Bestandteil meiner Musik-CD-Sammlung. Sie abzulehnen, nur weil der Grund ihres Erschaffenwerdens für viele Menschen nicht mehr existiert, würde den Eigenwert von Kunst ignorieren. Die Verzweiflung und die Hoffnung, die Trauer und die Freude, die menschliche Sehnsucht nach Halt und Trost, die eine Messe oder Kantate zum Ausdruck bringt, kann auch ohne ihren Bezug zur christlichen Verkündigung erlebt und verstanden werden. Kirchliche Kunst kann auch in einem nicht-gläubigen Menschen das Gefühl aufkommen lassen, dass es Fragen gibt, die über uns hinausweisen, auf die jeder seine eigenen Antworten finden muss, dass es etwas gibt, das uns im Innern bewegt, unser Verstand aber kaum in Worte fassen kann.

Ich räume freimütig ein, dass sich anlässlich eines sonntäglichen Kirchenbesuchs in einer hoch aufstrebenden gotischen Kathedrale sehr wohl Gefühle des Ergriffenseins einstellen können, besonders dann, wenn Orgel, Chor und Ritual abgestimmt zusammenwirken, und es sich vielleicht sogar um einen herausgehobenen Tag im Jahr handelt, an dem besonders viele Gläubige zusammen gekommen sind. Die Gedanken verlassen dann die alltäglichen Bahnen und im Bewusstsein tauchen manchmal Vorstellungen und Einsichten auf, die jenseits des Vertrauten und Geklärten liegen. Dann stellt sich manchmal eine vorsichtige Bereitschaft ein, sich dem bisher Abgelehnten zu öffnen und Bedenken kommen auf, ob die eigene Sicht der Dinge wirklich so überzeugend ist. Schnell wird diese Offenheit aber wieder durch Ernüchterung und stillen Protest abgelöst, wenn Verstand und Lebenserfahrung sich konfrontiert sehen mit den Worten des Predigers und Texten und Gebeten aus überlieferter Zeit. Dann zeigt sich, dass der Verstand sich wieder als der natürliche Feind eines solchen Glaubens erweist und sich nicht durch das feierliche Spiel von Formen und Ritualen und auch nicht durch die geradezu Ehrfurcht einflößende Größe und Erhabenheit eines solchen Gotteshauses vereinnahmen lässt. Was bleibt ist ein gewisses Maß an Bewunderung.

Denn auch ein gläubiger Christ erfreut sich ja an griechischer, an ägyptischer oder vielleicht alter mittelamerikanischer religiöser Kunst und bewundert sie, unabhängig davon, dass er die damit seinerzeit verehrten Götter heute als Phantasiegebilde betrachtet. Diese Werke haben sich für ihn als Betrachter losgelöst von ihrem jeweiligen konkreten religiösen Motiv. Sie stellen für ihn und mich inzwischen ganz allgemein Zeugnisse dar für das verzweifelte Bemühen der Menschen, den sie vermeintlich beherrschenden, aber unsichtbaren Mächten ein Gesicht zu geben, dem Ausgeliefertsein in dieser Welt Ausdruck zu verleihen, ihrem Leben eine mögliche Deutung abzuringen. Wollte man solchen Werken ihren Rang absprechen, nur weil sie für uns ihre ursprüngliche religiöse Begründung verloren haben, müsste man beispielsweise auch die einzigartigen Schönheiten von Venedig, insbesondere die sakralen, ablehnen zu bewundern, denn sie kamen überwiegend durch Raubzüge und Sklavenarbeit zustande. Das Ulmer Münster zum Beispiel fasste nach seiner Fertigstellung mehr Menschen als die Stadt überhaupt Bürger hatte. Sollen wir der einzigartigen Architektur und Größe dieser Kirche gewissermaßen aus Protest die Anerkennung verweigern, weil die Bürger, die sie damals erbauten, selbst in bitterster Armut leben mussten und ihre Stadt gleichzeitig im Morast versank?

Diese Menschen schafften unter großen Opfern an Leben und Gesundheit etwas, das sie und ihre Zeit überdauerte und dafür gebührt ihnen Bewunderung und große Anerkennung. Diese Kunst diente der Verehrung eines gedachten Gottes, aber inzwischen ist das ästhetisch-formvollendet zum Ausdruck kommende menschliche Sehnen nach religiöser Orientierung neben den in ihnen verborgenen menschlichen Opfern für mich der Grund ihrer Wertschätzung und Würdigung. Sie haben dieser Kunst inzwischen eine in ihr selbst ruhende Begründung verliehen.

Wir leben seit Jahrzehnten in einer sich intensivierenden weltanschaulichen Umbruchphase, die noch viele Jahrzehnte andauern wird. In dieser Zeit der Neuorientierung werden die alten Traditionen christlicher Prägung zunächst in ihrer formalen Attraktivität und Schönheit weiter ausgeübt und gepflegt werden, auch wenn mehr und mehr ihr eigentlicher Sinn vergessen und verloren gehen wird. Die kirchliche Trauung oder das Weihnachtsfest mögen stellvertretend für solche Ereignisse noch einmal erwähnt werden. Die kirchliche Trauung wird selbst von jenen, die übers Jahr so gut wie nie eine Kirche von innen sehen und die auch sonst dieser Institution gleichgültig gegenüber stehen, gern als dekoratives Element für einen wichtigen Tag in ihrem Leben genutzt. Ich hatte stets intellektuelle und moralische Skrupel, so einen kirchlichen Dienst anzunehmen, so dass ich bei meinen beiden Hochzeiten auf diese Form der feierlichen Umrahmung bewusst verzichtete. Wegen der Allgegenwart der Kirche hat sich der nichtchristliche Teil der Gesellschaft bisher zu wenig mit eigenen schmückenden und das Gemüt ansprechenden Formen für Anlässe dieser Art durchsetzen können. Und Weihnachten als Fest des familiären und politischen Friedens, der Besinnung und des gegenseitigen Erfreuens durch ein mit Bedacht ausgewähltes Geschenk – warum sollten es nicht erhaltenswerte festliche Tage im Ablauf eines Jahres sein, zwar auf Tradition fußend, aber mit neuen Inhalten ausgestattet? Für mich ist Weihnachten inzwischen ein säkulares Fest der Familie, und wenn es von den Kindern gewünscht wird, auch gern mit einem geschmückten und leuchtenden Weihnachtsbaum, der ohnehin kein christliches Symbol ist.

Was dieser Form eines wieder verweltlichten Weihnachtsfestes fehlen würde, ist eine das Gefühl ansprechende, gemeinschaftlich erlebte Feierlichkeit. Dass sich zu Weihnachten regelmäßig die Kirchen füllen, ist für mich weniger Zeichen einer jährlich einmal aufflackernden Frömmigkeit, sondern vielmehr der unbewusst sich äußernde Wunsch nach einer gefühlsmäßigen Überhöhung eines solchen Tages, die in uns eine Ahnung aufsteigen lässt, dass das Leben aus mehr besteht als aus der rationalen Bewältigung des täglichen Lebens, dass es Fragen gibt, die unser Wissen über die Welt und uns übersteigen, die sich der Beantwortung entziehen und doch als Fragen immer da sind. Es fehlt eine Form von Feierlichkeit, die das Gemüt – oder wenn man es lieber so ausdrücken möchte: die Seele – anspricht, ohne den Verstand zu kränken.

Deswegen sei noch einmal betont: Die Ablehnung der christlichen Religion bedeutet für mich keinesfalls auch Ablehnung einer Art religiöser oder besser gesagt: spiritueller Dimension, einer Dimension also, die »jenseits« unserer Erkenntnis und Erfahrung liegt, unsere Alltagslogik übersteigt und damit über die uns rational zugängliche Welt hinausweist. Gemeint ist eine geistige Haltung, die auch Gefühle, Gedanken und Sehnsüchte zulässt, die sich nicht gleich in ein rationales Schema einfügen und beantworten lassen. Ob diese »jenseitige Welt« uns immer verschlossen bleiben wird, weil unseren Verstand prinzipiell übersteigend oder ob wir sie über wissenschaftliches Erforschen zunehmend zum Diesseits machen können, ist für mich derzeit nicht entscheidbar. Das Zulassen einer unsere erkenn- und erlebbare Wirklichkeit möglicherweise transzendierenden Dimension bedeutet aber andererseits keinesfalls auch Zustimmung zu den nur noch historisch zu begreifenden naiven Vorstellungen von einem Himmel, einer Hölle und einem richtenden Gott, der zu Paradies oder ewiger Verdammnis verurteilt.

Für viele Menschen ist jedoch die Bibel immer noch ein Buch, das ihr Gefühl beziehungsweise ihren Glauben in Worte fasst, dass es eine Wirklichkeit gibt, die jenseits unserer Einsicht liegt. Die Bibel oder genauer gesagt, das was sie aufgrund selektiver Zitierpraxis als Bibel ansehen – ohnehin fast nur die bekannten Passagen aus dem neuen Testament! – mag daher unsicheren Menschen eine Hilfe bei der Suche nach metaphysischer Orientierung sein.[74] Deswegen möchte ich auch sagen: Wer sich als eigentlich mündiger Mensch überfordert fühlt und sich nicht traut, auf seinen Verstand zu bauen, sich stattdessen nach einer Autorität sehnt, die ihm sagt, was er zu tun hat, der mag mit seinem christlichen Glauben, wie er sich ihn auch zurecht gelegt haben mag, besser fahren. Ich begegne dem berühmten »alten gläubigen Mütterchen« mit Verständnis und Respekt. Und würde ich gefragt, ob es sich vor der Hölle fürchten müsste, würde ich zu einer frommen Lüge greifen und sagen, dass Gott jeden Menschen, der sich ehrlich bemüht hat, ein guter Mensch zu sein, bestimmt zu sich aufnehmen würde. Warum einen Menschen mit der eigenen Überzeugung »beglücken«, wenn man ihn dadurch in Unsicherheit oder gar Verzweiflung stürzen würde.

Wir Menschen sehnen uns nach Sicherheit. Es scheint so zu sein, dass manche Menschen besser mit Lebenskrisen wie Tod und schwerer Krankheit umgehen können, wenn sie ein starker Glaube erfüllt. Viele Menschen fühlen sich daher vom Christentum, vom jüdischen oder muslimischen Glauben oder anderen Glaubenssystemen angezogen, die auf jede Lebenssituation scheinbar eine Antwort haben. Diese Menschen finden es beruhigend, wenn aus einer als heilig angesehenen Schrift immer eine passende Weisheit zitiert werden kann, die als Lebenshilfe deutbar ist. Je einfacher diese Vorschriften, um so besser; sie machen einfaches Denken und Handeln in einer unüberschaubar gewordenen Welt möglich. Diese Menschen lieben Lebensregeln, die Tag und Jahr strukturieren, und unterwerfen sich gern verpflichtenden, Demut zeigenden Riten. Es ist dies die Sehnsucht nach Halt, Orientierung und Geborgenheit und die Hoffnung auf Belohnung, die aus einer jenseitigen Welt versprochen wird. Und offenbar gibt es bei zahllosen Menschen ein starkes Bedürfnis nach einer weltlichen Leitfigur, nach Gurus und anderen Stellvertretern Gottes, die dem Göttlichen näher zu sein scheinen als man selbst.

Wieder andere Menschen wollen gar nicht so genau über ihren Glauben nachdenken, sie wollen sich lieber einer mystisch erfühlten Vorstellung von einer anderen, hier im Diesseits nicht zu findenden Wirklichkeit hingeben, die sie mit der halb bewusst, halb unbewusst empfundenen Erwartung verbinden, dass »irgendwie dort« in einer jenseitigen Welt die Lösung für das in diesem Leben nicht zu Erkennende und nicht zu Erreichende verborgen liegt. Diese in einer Art religiöser Versenkung empfundene »jenseitige Wirklichkeit« wird gern als das »Eigentliche« angesehen, gegen das das Irdische banal und bedeutungslos erscheint, für das es sich daher auch nicht lohnt, es sich mit dem Verstand verstehbar zu machen. Nicht selten gipfeln solche religiösen Verinnerlichungen in bewegenden Erlebnissen wie gehörten Stimmen oder gar visuellen oder gefühlten Gotteserscheinungen, die dann als bedeutsame Anweisungen für das eigene Leben gedeutet werden.

Wenn man dann vorsichtig darauf verweist, dass solche Erlebnisse auch das Ergebnis unkontrollierter Gehirnfunktionen oder dass zum Beispiel das so genannte Damaskus-Erlebnis des biblischen Paulus eine Begleiterscheinung seiner epileptischen Anfälle gewesen sein könnten, dann ist die Gefahr groß, dass der Gesprächspartner solche Mutmaßungen als Beleidigung auffasst. Hirnforscher und Psychiater können jedoch zeigen, dass es sich hierbei wohl um Halluzinationen handelt. Unter einer Halluzination versteht man in der Psychologie eine Sinnestäuschung ohne reales Wahrnehmungsobjekt und ohne äußere Reizung eines Sinnesorgans. Halluzinationen treten im Rahmen von Psychosen auf oder zum Beispiel bei epileptischen Anfällen, sie können aber im Rahmen neurobiologischer Versuche auch durch Stimulation der Scheitellappenregion des Gehirns ausgelöst werden. Der Halluzinierende hört Stimmen oder sieht Objekte, die physikalisch nicht nachweisbar sind, für ihn aber Realitätscharakter haben.

Die meisten solcher angeblich göttlichen Zeichen dürften auf diese Weise erklärbar sein, auf natürlichem Geschehen basieren sie auf jeden Fall. Wo liegt die Grenze zwischen ehrfurchtsvoll hingenommener religiöser Überzeugung und einer behandlungsbedürftigen Psychose? Ganz nebenbei gesagt sind Halluzinationen ein schönes Beispiel dafür, dass die Psyche es entgegen aller Logik offenbar gelegentlich schafft, sich erfolgreich »am eigenen Schopf« aus dem psychotischen Sumpf heraus oder in diesen hinein zu ziehen.

Der intellektuelle Widerspruch zwischen Glauben und Wissen ist für diese Menschen, wenn sie ihn denn überhaupt wahrnehmen, eher der Beleg dafür, dass die »eigentliche Wahrheit« jenseits unseres Wissens verborgen liege und dass das Nachdenken über die diesseitige Welt daher vergeblich und unnütz sei. Von daher erklärt sich wohl auch bei vielen von ihnen die kritische, wenn nicht gar ablehnende Haltung gegenüber naturwissenschaftlichen Erkenntnissen. Diese Ablehnung kann allerdings auch aus der Befürchtung folgen, das Zustandekommen und die Ergebnisse moderner Naturwissenschaften nicht zu verstehen oder eben nicht ohne Glaubensverlust akzeptieren zu können.

An dieser Stelle sei mir ein gesellschafts-politischer Exkurs gestattet. Die Religions- und Kirchenkritik, die ich in diesem Buch geübt habe, kann ich offen und ohne Besorgnis veröffentlichen, weil ich in einem Land lebe, das bisher das Recht auf Meinungsfreiheit grundsätzlich noch hoch hält. Ich würdige ausdrücklich die Tatsache, dass ich eine andere weltanschauliche Auffassung haben darf und sie auch äußern kann, ohne unmittelbar um mein Leben fürchten zu müssen. Ob diese verbriefte Freiheit noch lange bestehen wird, ist jedoch angesichts der Feigheit vieler maßgeblicher politischer und intellektueller Köpfe, sich für diese nicht hoch genug einzuschätzende historische Errungenschaft öffentlich einzusetzen, keinesfalls mehr sicher. Viele Vorfälle der letzten Jahre – der berühmt gewordene Karikaturenstreit im Jahre 2006 ist hier ein symbolhaftes Beispiel – zeigen, dass Wegsehen, Beschwichtigen und vorauseilende Unterwerfung stattfinden, wo eigentlich eine entschlossene Verteidigung erkämpfter aber gefährdeter Rechte angesagt wäre. Wir bauen die bestehenden Freiheitsrechte in unserer Gesellschaft durch prinzipienlose Gerichtsurteile und »politisch korrekte«, das heißt verharmlosende, anbiedernde oder gar verfälschende mediale Berichterstattung immer mehr selbst ab und kommen den überholten religiösen Ansprüchen und Verhaltensweisen von unbelehrbaren Fanatikern und bestimmten Zuwanderern, die ihrerseits die Grundwerte unserer Verfassung nicht akzeptieren, immer weiter entgegen. Dieses erbärmliche Zurückweichen halte ich für unsere freiheitlich orientierte Gesellschaft für äußerst bedrohlich, schon deswegen auch, weil es einer Mentalität des Sichabfindens mit der Intoleranz Vorschub leistet. Tolerant darf doch nicht mit prinzipienlos und gleichgültig verwechselt werden! Wir sind es nicht zuletzt den Menschen der Aufklärung schuldig, die einst ihr Leben für unsere heutigen Freiheiten einsetzten, diesem Abbau von Grundrechten entschiedenen Widerstand entgegen zu setzen.

Heute gegen rechtsextremistische Umtriebe zu protestieren und zu demonstrieren ist ungefährlich. Rückwirkend den Menschen unter der Hitler-Diktatur vorzuwerfen, sie hätten dem nationalsozialistischen Terror keinen Widerstand entgegengesetzt, ist billig. Den heutigen, vom politischen Islam ausgehenden Bedrohungen der Menschenrechte entgegenzutreten, das wäre nicht nur dringend notwendig, sondern erfordert inzwischen wirklich Mut. Hier gehen unsere Politiker und viele Intellektuelle, die sonst so eloquent und detailkundig unsere jüngste Geschichte analysieren und uns ständig auffordern, daraus zu lernen, elegant in Deckung. Wer half den mutigen Filmemachern, Rechtsanwälten, Künstlern und Exmuslimen, die es wagten, den Abbau von Meinungsfreiheit zu thematisieren und sich gegen religiös motivierte sexuelle Unterdrückung einzusetzen? Sie verloren ihr Leben, gaben aus Angst ihren Beruf auf, leben unter ständigem Polizeischutz und mussten sich noch den Vorwurf gefallen lassen, bewusst provoziert zu haben. Stattdessen werden von Leitartiklern und Feuilletonisten sogar renommierter Blätter spitzfindige Überlegungen angestellt, dass auch Menschenrechte wie Meinungsfreiheit, sexuelle Selbstbestimmung oder Schutz vor ehelicher Gewalt gelegentlich vor religiös-kulturellen Eigenarten zurückzustehen hätten. Hier bestünde wirklich Anlass, aus der Geschichte zu lernen, aber die Bedrohungen werden offensichtlich bagatellisiert. Wegsehen und Beschwichtigen ist ungefährlich und billig, auf die Dauer aber tödlich, wie uns die Vergangenheit gelehrt hat.

Eine der wenigen erfreulichen Ausnahmen unter den sonst so vornehm sich zurückhaltenden Intellektuellen ist der Journalist HENRYK M. BRODER (*1946). Sein Buch »Hurra, wir kapitulieren! Von der Lust am Einknicken« klagt diese unehrlichen und feigen Moralisten an, die vorgeben, sich stets für die Bewahrung der Menschenrechte einzusetzen, wenn es aber zum Schwur kommt, geschmeidig abtauchen. BRODER gehört zu den Wenigen, die offen und ungeschützt die beim Namen nennen, die unsere Kultur zerstören wollen, und auch die, die in ihrer politischen Funktion hier versagen. BRODER geht dabei mutig das Risiko ein, eines der nächsten Opfer zu werden. Ähnlich bekennermutig und insofern bewundernswert ist der Publizist und Schriftsteller RALPH GIORDANO (*1923), ein Überlebender des Holocaust, der noch nicht vergessen hat, was uns die jüngste Geschichte gelehrt haben sollte. Auch er scheut in der Auseinandersetzung mit dem politischen Islam ein klares Wort nicht. Seine Argumentation ist faktenreich, differenziert und nicht im Geringsten ausländerfeindlich, wie ihm gern unterstellt wird.

Für mich ist die Gefahr mit Händen zu greifen, dass unsere Gesellschaft einer neuen religiösen Bedrohung ausgesetzt ist, diesmal hauptsächlich vom politisch agierenden Islam ausgehend, wobei die christlichen Kirchen trotz Aufklärung und Grundgesetz keineswegs geschlossen und eindeutig zu den

Verfechtern von Meinungs- und Religionsfreiheit gezählt werden können. Schließlich verbindet sie mit diesem System eine in bestimmten Teilen gemeinsame religionsgeschichtliche und ideologische Basis. Bezeichnend ist doch das Schweigen der Kirchen und unserer sich so christlich gebenden Politiker zu den erschütternden Vorgängen zum Beispiel im Iran, wo man wegen angeblichen Ehebruchs gefoltert und gesteinigt wird und wo homosexuelle Jugendliche öffentlich an Baukränen gehenkt werden. Es ist nicht nur die Mischung aus politischer Rücksichtnahme und »political correctness«, die dieses beschämende Schweigen motiviert, es ist auch die Sorge, dass eine offen geäußerte Kritik an dieser mittelalterlichen Religion auch auf wesentliche Elemente des Christentums und der Kirche angewendet werden könnte.

Im Übrigen wehre ich mich gegen die leider verbreitete Auffassung, dass Islamkritik, selbst sachlich vorgetragene, ausländerfeindlich sei. Der unbedingte Respekt vor dem anderen Menschen – auch gläubigen, gleichgültig aus welchem Land er kommt – schließt Kritik an dessen Meinung und Religion für mich keinesfalls aus. Respekt meint, dass ich den anderen so behandele, wie ich behandelt werden möchte, und dass ich seine Position als legitime Meinung toleriere. Tolerieren in diesem Sinne heißt, formal zu akzeptieren, dass er das Recht auf einen eigenen, von dem meinen abweichenden Standpunkt hat. Toleranz setzt allerdings Gegenseitigkeit voraus. Denn Toleranz und Respekt kann nur erwarten, wer selbst dieses Verhalten zeigt, andernfalls verliert eine faire Auseinandersetzung ihre Basis. Inhaltlich jedoch erlaube ich mir, die Meinung des anderen mit Gründen zu kritisieren, gegebenenfalls sogar entschieden abzulehnen. Dennoch: Sofern sie keinen Alleinvertretungsanspruch haben, müssen in einem demokratischen Gemeinwesen unterschiedliche Lebenskonzepte nebeneinander bestehen dürfen. Daraus entstehende Konflikte sind im Geiste unseres Grundgesetzes auszutragen.

Eine in der Breite der Gesellschaft und durchaus offensiv (nicht aggressiv!) geführte Wertedebatte und ein erneutes Sichbewusstwerden der gesellschaftlichen Errungenschaften der Aufklärung ist längst überfällig. Das in diesem Zusammenhang vorgebrachte Argument, dass unsere Gesellschaft ganz wesentlich auf religiösen Werten, besonders des Christentums, fußt, ist sicherlich richtig. Das heißt aber doch nicht, dass eine »nachchristliche« beziehungsweise »nichtchristliche« Gesellschaft ohne verbindliche Werte dastünde. Jede gesellschaftliche und kulturelle Entwicklung geht zunächst von dem Erbe aus, das sie vorfindet, baut dieses aber weiter aus, verändert, fügt hinzu und gelangt so allmählich zu neuen Konzepten. Schließlich hat sich auch das Christentum mit seinem Wertesystem unter anderem aus jüdischen, griechischen und römischen Traditionen und Auffassungen heraus entwickelt und ist nicht einfach vom Himmel gefallen.

5. Warum »bekennen« sich trotzdem so viele Menschen zum Christentum?

»Die Menschen werden wieder gläubiger« oder »Kirche wieder im Aufwind« – so oder so ähnlich titelte so manche Zeitung in den Tagen der Wahl von PAPST BENEDIKT XVI. im Jahr 2005 und anlässlich des katholischen Weltjugendtags in Köln im selben Jahr. Das Fernsehen, insbesondere die beiden deutschen Fernseh-Nachrichtensender N24 und n-tv, bauschten diese Ereignisse zu medialen Spektakeln ersten Ranges auf. Allerdings nicht so sehr, was sich inhaltlich abspielte, war besonders diesen beiden genannten Fernsehsendern wichtig, sondern das breit ausgespielte, bildlich dargestellte Geschehen war die Botschaft. Kein kritisches Wort zur »ideologischen Geschäftsgrundlage« solcher Veranstaltungen, keine Silbe zu dem über Tage zelebrierten päpstlichen Personenkult gerade von jenen Moderatoren und Reportern, die sonst so stolz sind auf ihr »kritisches Hinterfragen«. Das Motto dieser Art Hofberichterstattung lautete wohl: Nicht daran rühren und nicht darüber nachdenken! Wer riskiert schon Ärger bei den Vorgesetzten in den Redaktionen oder wollte gar seine Karriere gefährden.[75] Und immer wieder schwenkten die Kameras auf jubelnde und begeisterte Massen. Selbst als Fernsehzuschauer, der dieser distanzlosen Berichterstattung wehrlos ausgeliefert war, hatte man das Gefühl, auch noch zu dieser Huldigungskulisse gezählt zu werden. Die Berliner Tageszeitung »taz« wenigstens verfiel diesem reflexionsreduzierten Taumel nicht und kommentierte das allgemeine Jubilieren und Frohlocken auf dem katholischen Weltjugendtag mit der süffisanten Titelschlagzeile »Wenn Gott das noch erlebt hätte«.[76]

Dass Jugendliche auf Grund von Zukunftsängsten nach Orientierung, glaubwürdigen Vorbildern und Lebensentwürfen suchen, ist nachvollziehbar. Auch das Gemeinschaftsgefühl und die Aussicht auf erlebnisreiche Begegnungen mit Menschen, die der eigene Lebenskreis nicht zu bieten hat, lockt junge Menschen zum Mitmachen. Insofern mögen Kirchentage für Jugendliche, die die Nähe ihresgleichen suchen, unbestreitbar Anziehungskraft haben. Aber hat das schon etwas mit einer Wiederbelebung des Glaubens zu tun? Doch wohl genau so wenig wie die Pilgerschaft von Tausenden von Schaulustigen, die anlässlich des Todes von PAPST JOHANNES PAUL II. und der anschließenden Wahl von PAPST BENEDIKT XVI. in Rom zusammenströmten. Ist es nicht viel eher das außergewöhnliche Ereignis in einem als ereignisarm empfundenen Leben, das lockt? »Es zieht das Amt, es zieht die Person, es zieht das Event – zieht auch die Botschaft?« hieß es in einem resümierenden Kommentar.

Entscheidend ist doch wohl, was nach einem solchen, das Gemüt gewiss bewegenden Erlebnis geschieht. Hat es den Teilnehmern jene dauerhaft wirkenden Impulse verliehen, die ihnen einen Glauben wieder näher brachten, der in ihrem Alltag keine oder kaum noch eine Rolle spielte? Oder spielen noch andere Motive eine Rolle? Besonders Menschen mit einem weniger ausgeprägten Selbstbewusstsein betonen nicht ohne einen gewissen Stolz, bei solchen von den Medien hochgespielten Ereignissen dabei gewesen zu sein. Sie hoffen, dass von dem medial erzeugten Glanz und der suggerierten Bedeutung des Ereignisses ein wenig auf sie abstrahlt.

Eine verlässlichere Basis als diese medial erzeugte Scheinwirklichkeit, um zu beurteilen, wie es in Deutschland um Kirche und Glauben steht, bieten repräsentative Umfragen und statistische Erhebungen. Laut »Forschungsgruppe Weltanschauungen« sind derzeit nur noch knapp zwei Drittel der Bevölkerung Mitglied in einer der christlichen Kirchen. Der Zuzug nichtchristlicher, meist muslimischer Ausländer senkt den relativen Anteil der Christen an der deutschen Bevölkerung weiter. Etwa ein Drittel der Menschen in Deutschland gehört keiner Religionsgemeinschaft mehr an, sie bezeichnen sich als Konfessionslose oder Atheisten. Aufgrund des kontinuierlichen Mitgliederschwunds – durch erklärten Austritt oder Tod – rechnen selbst kirchliche Fachleute damit, dass etwa um 2025 die Mehrheit der Bevölkerung in Deutschland keiner der beiden großen Kirchen mehr angehören wird.

Insgesamt verloren die Kirchen in Deutschland im Jahr 2008 an Mitgliedern etwa 290 000; die Zahlen für 2009 und 2010 liegen derzeit noch nicht vor, aufgrund der Missbrauchsfälle und anderer Skandale werden es sicher noch deutlich mehr sein.[77] Dabei muss dem Argument der Kirchen widersprochen werden, dass der Hauptgrund für den Kirchenaustritt die Steuerersparnis sei. Tatsächlich wird es wohl so sein, dass die Bindung zu Glauben und Kirche längst verloren gegangen ist, und die Aussicht auf ein paar mehr Euro in der Geldbörse nur den letzten Anstoß zum Kirchenaustritt darstellt. (Die Kirche wird Zulauf wie bisher vor allem in den Ländern mit einem hohen Anteil bildungsferner Schichten haben: in Südamerika, in bestimmten Teilen Asiens, zukünftig in Afrika; in Europa, insbesondere in Mittel-, West- und Nordeuropa verliert sie dagegen ganz offenbar langsam ihre Basis.)

Nun sagt eine bloße Mitgliedschaft, speziell in einer Kirche, der man von Geburt und aus Tradition angehört, über die tatsächliche Einstellung zum Glauben wenig aus. Es ist daher sehr aufschlussreich, welche Befunde die letzte der alle zehn Jahre durchgeführten »EKD-Erhebung zur Lage der Evangelischen Kirchen in Deutschland« erbracht hat. Danach beträgt der Anteil der Mitglieder, die sich mit ihrer Kirche ziemlich bis stark verbunden fühlen, weniger als 50%, und etwa 40% können sich vorstellen, aus der Kirche auszutreten. Überraschend hoch ist die Bereitschaft, die eigenen Kinder taufen zu lassen, sie liegt bei über 90%. Die Begründung dazu lautet bei den meisten allerdings, dass dies aus Familientradition und allgemeiner Konvention erfolge. Christsein wird vor allem unter ethischen Aspekten definiert, nämlich als Bemühen um ein anständiges und sittlich einwandfreies Leben, kaum im Sinne der eigentlichen christlichen Glaubensinhalte. Nur 33% der Mitglieder sehen im Gottesdienstbesuch oder der Teilnahme am Abendmahl ein Wesensmerkmal ihres Evangelischseins, nur 10% der Kirchenmitglieder nehmen überhaupt regelmäßig am sonntäglichen Gottesdienst teil. (Wobei gerade der regelmäßige Kirchgang ein signifikantes Zeichen innerer Verbundenheit zu Kirche und Glauben darstellen sollte.) Etwa 50% der Kirchenmitglieder geben als Grund für ihre Mitgliedschaft an, dass sie nicht auf die kirchliche Trauung und Beerdigung verzichten wollten.[78] Diese Zahlen beziehungsweise Auskünfte machen überdeutlich, dass die bloße Kirchenmitgliedschaft inzwischen von geringer Aussagekraft bezüglich Bindung an Kirche und Glauben ist. Die Situation der katholischen Kirche in Deutschland dürfte jener der evangelischen im Prinzip gleichen, auch wenn im Detail und im Tempo der Abnahme von Mitgliedern sicherlich Unterschiede bestehen werden.

Oben genannte Prozentwerte sind nur Durchschnittswerte. Die Situation stellt sich für die Kirchen in den ländlichen Bereichen derzeit noch etwas günstiger dar, in den neuen Bundesländern und Großstädten wie Berlin dagegen sieht es bereits weitaus dramatischer aus. So bekennt sich in Berlin nur noch knapp jeder dritte (30,7%) der insgesamt 3,42 Millionen Einwohner zu einer der beiden Großkirchen, nur jeder dritte Berliner Schüler nimmt am christlichen Religionsunterricht teil, nur noch jedes vierte Berliner Kind wird getauft.[79] Von einer »Rückkehr der Religionen« – wie manche Theologen und Religionssoziologen beobachten wollen – profitieren die beiden großen Kirchen jedenfalls nicht, die Statistiken zeigen für Westeuropa eine kontinuierliche Abnahme an Mitgliedern und Gottesdienstbesuchern. Was allerdings stattfindet ist, eine gewisse Hinwendung meist jüngerer Menschen zu fundamentalistischen religiösen Bewegungen einerseits, wie zum Beispiel zu der evangelikalen ProChrist-Bewegung – unterstützt durch Bundespräsident Wulff –, oder zu esoterisch angehauchten Zirkeln und Sekten andererseits, die sich ihren Glauben aus verschiedenen – bevorzugt fernöstlichen – Lehren nach Gutdünken zusammensetzen.[80]

So eindeutig dieser statistische Befund den kontinuierlichen Bedeutungsverlust der Kirche im Bewusstsein des einzelnen Bürgers – vor allem in den großen Städten und Bildungszentren – belegt, so ganz anders das öffentliche Erscheinungsbild und die der Kirche im öffentlichen Bewusstsein zugebilligte Rolle. Kein gesellschaftlicher oder politischer Vorgang von grundsätzlicher Bedeutung, der nicht von den obersten katholischen oder evangelischen Kirchenvertretern kommentiert wird. Ihre durch Konkordate und vielerlei Verträge abgesicherte Machtstellung sorgt dafür, dass sie stets und wie selbstverständlich in Fernsehen, Rundfunk oder Tageszeitung zu Wort kommen. Keine Gesprächsrunde im Fernsehen über die Ethik tangierende Fragen, wie etwa Stammzellforschung, Sterbehilfe oder Präimplantationsdiagnostik, wo nicht Kirchenvertreter als quasi letzte ethische Instanz befragt werden. In einem seltsamen Kontrast zu der sonst kritischen Einstellung zur Kirche wird von einer großen Mehrheit der Bevölkerung die Kirche wie selbstverständlich als Institution angesehen, die für ethisch-moralische Fragen zuständig sei. Erst im Zusammenhang mit den bekannt gewordenen und immer noch nicht aufgearbeiteten Missbrauchsfällen hat vor allem die katholische Kirche erheblich an Vertrauen in ihre moralische Kompetenz verloren.

Jahrhundertelange kirchliche Indoktrination und fast ebenso langes philosophisches Wirken von Dichtern und Denkern ließen es offenbar als selbstverständlich erscheinen, dass ethische Prinzipien letztlich nur im Göttlichen verankert sein könnten und dass von daher die Kirche der natürliche und maßgebliche Lehrmeister in Sachen Ethik sei. Dass weder die Bibel noch die Geschichte des Christentums die Kirche als ethisch-moralische Instanz legitimieren, ist nur jenen Menschen bewusst, die sich kritisch sowohl mit den biblischen Schriften als auch mit der höchst beklemmenden Vergangenheit dieser Institution befasst haben. Es kann deshalb nicht oft genug darauf hingewiesen werden, dass so grundlegende und heute selbstverständliche Prinzipien des Zusammenlebens wie das Recht auf Leben und Freiheit, auf Informations- und Meinungsfreiheit, auf Religionsfreiheit, auf Gleichheit vor dem Gesetz, auf Gleichheit der Geschlechter, auf sexuelle Selbstbestimmung (Abschaffung der Ächtung von Homosexualität!), um nur einige wenige Beispiele zu nennen, keinesfalls der Kirche zu verdanken sind. Der maßgebliche Einfluss der Aufklärung mit ihrer Kritik an Religion und Kirche wurde schon wiederholt erwähnt. Zudem sind Grundsätze des Zusammenlebens und der Moral wie der Kern der Zehn Gebote oder die Aufforderung zur Barmherzigkeit auch in anderen Kulturen unabhängig vom Christentum entwickelt worden. Und dass ethische Normen und Prinzipien auch innerweltlich, also ohne Bezug auf eine behauptete jenseitige Macht, begründet werden können, konnte auch längst überzeugend nachgewiesen werden. (Siehe Kapitel V, 3!)

Die ethischen Standards und Vorbilder, die uns aus Bibel und Kirchengeschichte überliefert sind, liegen – mit wenigen Ausnahmen – jedenfalls weit unterhalb jener heute in allen Demokratien im Prinzip anerkannten, wenn auch leider noch immer nicht überall praktizierten Bürger- beziehungsweise

Menschenrechten. Die Kirche maßt sich lediglich die Rolle als Begründerin und Hüterin von Moral und Menschenrechten an. Und auch das muss noch einmal ganz deutlich gesagt werden, und es kann von jedermann, der es wissen will, nachgeprüft werden: Die angeblichen sozialen Leistungen der Kirche, wie zum Beispiel die als kirchlich ausgewiesenen Krankenhäuser, Kindergärten oder Sozialstationen, beruhen auf einer bewussten Irreführung durch die Kirchen! Die Kirche gibt ihre eingenommenen Steuern im Wesentlichen für die Gehälter ihrer Bediensteten (unterhalb von Bischof und Kardinal, letztere werden vom Staat bezahlt!) und den Erhalt ihrer Gebäude aus. Die vielfältigen sozialen Leistungen, die ungerechtfertigterweise der Kirche zugeschrieben werden, werden fast vollständig (zwischen 90 und 98%) aus allgemeinen Steuermitteln, die die Kirche vom Staat dafür erhält, und aus den Sozialkassen finanziert![81]

Unbeschadet der Tatsache, dass die kirchlichen Sozialleistungen weitgehend nicht-kirchlich finanziert sind, ist die menschliche Leistung, die hier in Krankenhäusern und Sozialstationen erbracht wird, anerkennenswert und muss ausdrücklich gewürdigt werden. Im Gegensatz zu den zahlreichen schweren Verfehlungen und Menschenrechtsverletzungen, die in den 50er und 60er Jahren in den zu Zweidritteln in kirchlicher Trägerschaft befindlichen Kinderheimen vorgekommen sind und erst jetzt langsam gegen den Widerstand der Kirchen aufgearbeitet werden.

Wir kommen damit zu einer ersten ganz wesentlichen Begründung für die nach wie vor breite Akzeptanz von christlichem Glauben und kirchlichem Anspruch. Es ist die geradezu grenzenlos zu nennende Unkenntnis der meisten Gläubigen über das, was in der Bibel tatsächlich steht, über das, was christlicher Glaube von einem Gläubigen zu glauben eigentlich verlangt, über das, was die Kirche über fast zwei Jahrtausende an nicht wieder gut zu machendem Leid verursacht und zu verantworten hat, über die angemaßte Rolle der Kirche in unserer Gesellschaft. Wem schon ist die Brutalität und Grausamkeit Gottes im Alten Testament bekannt, welcher Gläubige hat sich schon klargemacht, welche Unmenschlichkeit in der permanenten Drohung mit ewiger Höllenqual steckt, wem ist eigentlich die Steinzeitlichkeit der christlichen Opfertheologie schon einmal zur Frage geworden, wer hat je sich die Millionen und Abermillionen Menschen, die die Kirche auf allergrausamste Weise direkt und indirekt hat zu Tode bringen lassen, vor Augen geführt und mit der angeblichen Botschaft der Liebe konfrontiert, wer ist über die vielfältigen, aus allgemeinen Steuermitteln bestehenden und meist verdeckt fließenden Finanzströme zugunsten der Kirchen informiert? Der Theologe und Philosoph JOACHIM KAHL erklärt: Wer sich über das Christentum nicht empört, kennt es nicht.

Manchmal habe ich allerdings das Gefühl, dass die meisten Menschen das alles gar nicht wissen wollen. Ein solches Wissen erfordert Anstrengung, es sich zu erwerben, nötigt unbequeme persönliche Entscheidungen ab und beunruhigt nur, vor allem beschleicht offenbar so manchen die Sorge, dass der persönlich zurecht gelegte Glaube, in dem man sich so behaglich eingerichtet hat, einer solchen kritischen Bewertung nicht standhalten würde. Im Zusammenhang mit den Missbrauchsfällen ist auch offenbar geworden, dass man die vielen Signale, die von den missbrauchten Kindern kamen, die aber auch bei näherem Hinsehen von staatlichen Stellen und anderen Verantwortlichen hätten registriert werden müssen, nicht sehen wollte. Und schlimmer: Bis in jüngste Zeit haben kirchliche Behörden solche Verbrechen an Kindern wissentlich gedeckt und vor rechtsstaatlicher Verfolgung geschützt. Es durfte einfach nicht sein, dass die als moralische Trutzburg betrachtete Kirche und ihre als erhaben angesehene Lehre und ihre Lehrer mit »solchem Schmutz« in Verbindung gebracht würden. Dabei ist die sexuelle Not sehr vieler hetero- und homosexueller Priester sowohl der Kirche selbst wie vielen Außenstehenden schon immer bekannt. So zahlt zum Beispiel die katholische Kirche seit Jahr und Tag ohne viel Aufhebens Alimente für die unehelichen Kinder ihrer zur Enthaltsamkeit verpflichteten Verkündigungsmannschaft.

Andererseits ist es einfach so: Wer von Kindheit an mit dem christlichen Glauben aufwuchs, durch Großmutter und Mutter zu gläubigem Verhalten angehalten wurde, regelmäßig sonntags zur Kirche ging, gefirmt beziehungsweise konfirmiert und dabei reichlich beschenkt wurde und vielleicht auch noch einen guten persönlichen Draht zu seinem Pfarrer hat, sieht meist wenig Anlass, seinen Glauben zum Gegenstand zweifelnden Nachdenkens zu machen. Ein solcher Glaube setzt sich zusammen aus idyllischer Kindheitserfahrung und traditioneller Religionsausübung. Hinzu kam in Predigt und Religionsunterricht das sehr ausgewählte Angebot biblischer Texte, das den Eindruck einer moralisch herausragenden und für das Leben maßgebenden Schrift vermittelte. Der eigentliche theologische Kern des christlichen Glaubens, nämlich Erlösung der Menschheit durch einen barbarischen Opfertod nach archaischem Muster, wurde wohl selten Gegenstand bewussten Reflektierens.

Punktuelle Wahrnehmung der Bibel und die Oberflächlichkeit des Bewusstmachens des eigentlichen Glaubens, vor allem aber die schmückende Ästhetik der über die Jahrhunderte entwickelten Rituale anlässlich wichtiger Ereignisse wie Erstkommunion beziehungsweise Konfirmation, Hochzeit oder Beerdigung oder Feste wie Ostern und Weihnachten machen aus einem solchen Glauben einen nur noch äußerlichen Handlungsvollzug, der seinen eigentlichen Inhalt verdrängt und vergessen gemacht hat. »Denn sie wissen nicht, was sie glauben«, heißt denn auch treffend der Buchtitel einer religiösen Streitschrift.[82] Man darf wohl davon ausgehen, dass dieser Typus von Gläubigen einen Großteil der Kirchenmitglieder darstellt.

Nun soll selbstverständlich nicht verkannt werden, dass ein ganz beträchtlicher Teil der Kirchenmitglieder mit Überzeugung ihrem Glauben anhängt. Neben naivem, geradezu kindlichem Fürwahrhalten des von der Kanzel Gepredigten und unreflektiertem Hinnehmen dessen, was man schon immer geglaubt und mitgemacht hat, gibt es ganz sicher viele Menschen, die ehrlichen Herzens glauben und dafür auch Gründe nennen können. Diese Gründe mögen für Außenstehende nicht plausibel erscheinen, für diese Menschen haben sie überzeugende Gültigkeit. Ich kenne viele solche Menschen und habe immer wieder versucht, ihre Beweggründe zu verstehen und diese in Beziehung zu ihren Persönlichkeitsmerkmalen zu setzen. Meine Erklärung mag falsch sein, ich will sie hier trotzdem äußern.

Es ist zunächst einmal die suggestive Wirkung, die von einem System ausgeht, das bis in Einzelheiten durchdacht scheint, klare Regeln kennt und eine überirdische Macht verehrt, die die Wahrheiten der verkündeten Aussagen garantiert, die zugleich aber mit drastischen Strafen bei Übertreten der Gebote droht. Dieses Glaubenssystem erfüllt die Sehnsucht nach Orientierung, Aufgehobensein, göttlicher Zuwendung und nach Gemeinschaft mit Gleichgesinnten, was zugleich Sicherheit bedeutet. Das Versprechen auf Wiederauferstehung und ausgleichende Gerechtigkeit dermaleinst tröstet, und es vermittelt Zuversicht und Hoffnung besonders in schweren Zeiten. Gelegentlich sich meldende Vernunftgründe, die gegen die Glaubensgrundsätze sprechen, werden mit dem Argument auf die überirdische Weisheit Gottes verdrängt, vielmehr als Geheimnis des Glaubens gedeutet.

Hinzu kommen – so meine vorsichtig geäußerte These – bestimmte Persönlichkeitseigenschaften, die der freiwilligen Ausrichtung auf eine Leitfigur und auf kodifizierte verbindliche Verhaltensvorschriften, die Tag und Jahr zuverlässig strukturieren, entgegenkommen. Vor allem die Ausrichtung auf eine Leitfigur, die die Richtung vorgibt, ist vielleicht ein Erbe der Evolution, das noch ganz tief in uns steckt. In früheren Zeiten stellte der unbedingte Gehorsam gegenüber den Anordnungen des Stammesältesten, des »Führers«, der zugleich das Stammeswissen verkörperte, am ehesten das Überleben sicher. Autoritätsorientiertes und gläubiges Denken und Handeln könnten somit das in das Erwachsenenalter übernommene Verhalten sein, das ein ängstliches Kind noch zeigt, das sich instinktiv und blind vertrauend an die Befehle der Eltern hält. Liegt in diesem Erbe der Evolution die Wurzel für Autoritätsgläubigkeit, die das eigene Denken hintanstellt und ergeben dem »Übervater« folgt, gleichgültig was der eigene Verstand zu sagen hätte?

Nach diesem Exkurs zurück zur Ausgangsfrage, welche weiteren Gründe Menschen bewegen könnten, trotz vielleicht vorhandener Zweifel am Glauben, der Kirche verbunden zu bleiben. Ein weiteres Motiv, Kirchenmitglied zu bleiben, liegt in der Sorge, mit einem Austritt aus der Kirche möglicherweise eine fatal falsche Entscheidung bezüglich des eigenen Seelenheils zu treffen. Schließlich »könnte ja doch was Wahres dran sein« und »was Millionen Menschen glauben, kann doch nicht falsch sein«. Diese Form des Zauderns und Abwägens entspringt typisch menschlichem Sicherheitsdenken, indem es durch eine Art Doppelstrategie versucht, den möglichen Schaden gering zu halten oder ganz zu vermeiden. Man bleibt also aus purer Angst, mindestens jedoch vorsichtshalber in der Kirche.

In der Philosophie ist dieses ängstliche und abwägende Verhalten eines Gläubigen als Pascalsche Wette bekannt geworden. BLAISE PASCAL (1623-1662) argumentierte, dass es vorteilhafter sei an Gott zu glauben, weil der Erwartungswert des möglicherweise erreichbaren Gewinns größer sei als der Erwartungswert im Falle des Unglaubens. Denn – so seine Überlegung – wenn Gott existiert und man hat an ihn geglaubt, gewinnt man alles, wenn er nicht existiert und man hat an ihn geglaubt, hat man nichts verloren. Zumindest unbewusst ist dieses Verhaltensmuster in vielen Köpfen wirksam und führt im Alltag in der Regel auch zum Erfolg. Ob die Übertragung eines solchen Denkens in die jenseitige Welt zulässig ist und ob Gott einen solchen, ja wohl eher vorgetäuschten Glauben schätzen würde, möge jeder für sich entscheiden. Selbst Jesus soll diesen Typus von Mitmensch nicht gerade gemocht haben: »Euer Ja sei ein Ja, euer Nein ein Nein; alles andere stammt vom Bösen« (Matth 5, 37). Es ist also weniger die Überzeugung, die diesen Typ von Gläubigen an die christliche Lehre bindet, als vielmehr die Furcht vor einer falschen Entscheidung. Aber auch er wird zu der großen Gemeinschaft der Gläubigen gezählt.

Was mich sehr überrascht, nein verwundert hat, dass auch ein so leidenschaftlich glaubender Mensch wie der bekannte Tübinger Theologe HANS KÜNG (*1928) die Wette von PASCAL angenommen hat. In seinem lesenswerten, wenn auch Widerspruch auslösenden Buch »Der Anfang aller Dinge – Naturwissenschaft und Religion« sagt er auf der vorletzten Seite:

> »Des bleibenden Risikos dieser Wette auf unbedingtes Vertrauen hin bin ich mir selbstverständlich bewußt, aber ich bin der Überzeugung: Selbst wenn ich die Wette im Tod verlöre, hätte ich für mein Leben nichts verloren, nein, ich hätte in jedem Fall besser, froher, sinnvoller gelebt, als wenn ich keine Hoffnung gehabt hätte.«

Genau das meint ja PASCAL, dass aber auch ein angeblich zutiefst von seinem Glauben überzeugter Christ so denkt und einen möglichen Selbstbetrug von vornherein verteidigt, finde ich schon bemerkenswert.[83]

Ein dritter Grund zumindest äußerlich am Glauben festzuhalten trotz innerer Abkehr, ist das psychische Unbehagen vieler Menschen, den eigenen Standpunkt in einer Umgebung mit deutlich anderer Auffassung vertreten zu müssen. Viele Menschen fühlen sich offenbar unwohl, wenn sie sich nicht eins fühlen mit der sie umgebenden Mehrheit. Gerade in kleineren Gemeinden, wo jeder jeden kennt, möchte man sich nicht gern ausschließen und »macht halt mit«. Vom Wahlverhalten unentschlossener Wähler ist bekannt, dass sie im letzten Moment zu jener Partei umschwenken, von der es in der allerletzten Prognose heißt, dass sie mit ziemlicher Sicherheit die Mehrheit gewinnen würde. Es handelt sich um eine Spielart jenes berühmt-berüchtigten Mitläufertums, das wir in allen Bereichen der Gesellschaft antreffen können, natürlich besonders im politischen Sektor, weil dort die damit verbundenen Vor- und Nachteile besonders hoch eingeschätzt werden. »Religion bezieht ihre Legitimation aus Millionen von Mitläufern« stellt KAREN DUVE in einem Spiegel-Essay resumierend fest.[84]

So mancher, dem der christliche Glaube längst gleichgültig geworden ist, wagt es also nicht, dieses öffentlich zu bekunden; sei es der Auseinandersetzung mit der Verwandtschaft wegen, der schulischen Entwicklung der Kinder, der beruflichen Karriere oder gar einer vertraglichen Verpflichtung am Arbeitsplatz wegen.

Bezüglich einer vertraglichen Verpflichtung am Arbeitsplatz muss man wissen, dass die Kirchen als zweitgrößter Arbeitgeber nach dem Staat (ca. 1,4 Mill. Mitarbeiter) oder zum Beispiel der Caritasverband (ca. 0,52 Mill. Mitarbeiter) und die Diakonischen Werke (ca. 0,43 Mill. Mitarbeiter) ein eigenes Arbeitsrecht haben. Dieses kirchliche Arbeitsrecht kennt kein Streikrecht und keinen von den Arbeitnehmern gewählten Betriebsrat und verpflichtet die Arbeitnehmer auf den christlichen Glauben. Wird gegen Glaubensgrundsätze verstoßen, zum Beispiel durch Ehescheidung, Homosexualität oder Austritt aus der Kirche, erfolgt in der Regel sofortige Kündigung und Entlassung. Deutsche Arbeitsgerichte sind aufgrund gesetzlicher Regelungen und der Rechtssprechung des kirchlich gesinnten Bundesverfassungsgerichts nicht gewillt, solchen Kündigungen per Gerichtsurteil zu widersprechen. Rücknahmen von Kündigungen erfolgten bisher nur ausnahmsweise auf dem Umweg über den Straßburger Menschenrechtsgerichtshof. Allgemeines und kirchliches Arbeitsrecht kennen also Menschen mit unterschiedlichen Grundrechten.

Für mich liegen hier klare Verfassungsverstöße gegen Grundrechte in mindestens zwei Fällen vor: Verletzung des Gleichheitsgrundsatzes und damit des Verbots der Benachteiligung aufgrund des Glaubens (Artikel 3, Absatz 3) sowie Verstoß gegen das Recht auf gewerkschaftliche Organisation, wonach Abreden, die dieses Recht einschränken oder behindern, nichtig sind (Artikel

9, Absatz 3). Andererseits lässt das Grundgesetz mit Verweis auf Artikel 137, Absatz 3 der Weimarer Verfassung (unterhalb des Artikels 140 des Grundgesetzes der Bundesrepublik) die Differenzierung nach Religionszugehörigkeit für kirchliche Arbeitgeber zu und räumt den Kirchen erhebliche Sonderrechte ein. Allerdings handelt es sich dabei um Übergangsbestimmungen aus dem Jahre 1919(!), die der deutsche Gesetzgeber – laut Auftrag des Grundgesetzes! – längst hätte anpassen sollen. Dass Ausnahmen bei Tätigkeiten in so genannten »verkündigungsnahen Bereichen« Sinn machen (z. B. beim Pressesprecher einer Glaubensgemeinschaft), ist nachvollziehbar, sie stellen aber von der Größenordnung keine relevanten Zahlen dar. Es handelt sich dabei um spezielle Kompetenzen, wie wir sie als Engagement für eine Idee oder Überzeugung auch von einem Vereinsvorsitzenden oder etwa einem Gewerkschaftsfunktionär erwarten. Für die überwiegende Mehrheit der Mitarbeiter in den Verwaltungen, in den rein handwerklichen Tätigkeitsbereichen oder beim Reinigungsdienst dagegen spielen Glaubensfragen überhaupt keine Rolle. Solche Einstellungskriterien stellen daher ein reines Erpressungsmittel dar, Arbeitnehmer in die Kirchenmitgliedschaft zu zwingen.[85]

Arbeitgeber im oben gemeinten Sinne sind neben kirchlichen Verwaltungsstellen unter anderem die konfessionellen Krankenhäuser und Kindertagesstätten, konfessionell-karitative Einrichtungen oder konfessionelle Schulen. Die Anwendung des kirchlichen Arbeitsrechtes auf diese Arbeitsstätten mit Millionen Arbeitnehmern ist um so empörender, als diese weitestgehend mit Mitteln des Staates und der Sozialkassen finanziert werden.

Wer somit Arbeitnehmer in einer der oben aufgeführten Arbeitsstätten ist, muss Mitglied einer der Kirchen sein, völlig unabhängig davon, ob er dies mit innerer Zustimmung zu dieser Institution tatsächlich ist. Arbeitssuchende, die keiner Kirche angehören oder gegen Glaubensgrundsätze verstoßen (z. B. homosexuelle Orientierung, uneheliches Kind, als Katholik Zusammenleben mit einem geschiedenen Partner), haben keine Chance auf Einstellung (wobei die evangelische Kirche etwas großzügiger in der Beurteilung von Verstößen gegen Glaubensgrundsätze verfährt). Wozu Toleranz, Nächstenliebe und ähnliche sonst von Kirchenvertretern beschworene Werte in der Praxis zeigen, wenn es offenbar genügt, diese in sonntäglichen Kanzelpredigten von anderen zu verlangen? Diese Form der Diskriminierung und Erpressung wird von der Politik, besonders von den Parteien, die das »hohe C« offen oder verdeckt vor sich her tragen, vor allem von CDU und SPD, und den Arbeitsgerichten ignoriert. Diese Situation ist nur vergleichbar mit der, in der sich Menschen in den nationalsozialistischen oder kommunistischen Diktaturen befanden, in der sie ohne Parteimitgliedschaft wenig oder keine Chancen auf höherwertige Arbeitsplätze hatten, oft genug überhaupt keine Arbeit bekamen.

Aus den dargestellten Gründen ist festzuhalten, dass die Mitgliedschaft in einer Kirche bei einem Arbeitnehmer in einer kirchenabhängigen Arbeitsstelle keinen Rückschluss auf die tatsächliche Einstellung zu Glauben und Kirche zulässt. Redlich sind die oben aufgeführten Gründe, die das Verbleiben in der Kirche motivieren, also nicht zu nennen, dennoch verständlich in ihrem Zustandekommen und in ihrer lebenspraktischen Bedeutung. Da diese Menschen aber in der kirchlichen Statistik auftauchen, beruft sich die Kirche auch auf sie als gläubige Mitglieder.

Aber auch in harmloserer Form können wir das Phänomen der Diskrepanz von innerer Einstellung und äußerer Bekundung oft genug beobachten. Wer trotz seiner Glaubensferne zum Beispiel in einem Kirchenchor mitsingt, tut dies, weil er vielleicht ganz einfach die Geselligkeit und diese Musik liebt oder weil vielleicht sein Interesse einer ganz bestimmten Person in diesem Chor gilt oder weil er vielleicht einfach nur von der Qualität des Chores und seines Leiters begeistert ist. Die sonntägliche musikalische Umrahmung des Gottesdienstes ist für ihn ein mit Freude erbrachter künstlerischer Beitrag, losgelöst allerdings von dessen eigentlichem Anlass. Der christliche Glaube ist ihm eventuell schon ganz bedeutungslos geworden. Um andere nicht zu kränken und um sich nur Unruhe stiftende Diskussionen zu ersparen, würde er seine abweichende Einstellung allerdings nicht laut aussprechen. Nach außen hin aber – schließlich singt er im Kirchenchor – würde auch er zum Heer der angeblich Gläubigen zählen.

Auch die ehrenamtliche Mitwirkung in kirchlich-sozialen Einrichtungen findet oft genug statt ohne jeden ausdrücklichen Bezug auf eine christliche Position, vielfach sind es allgemein humanitäre Beweggründe, die solchem kirchlich-sozialen Engagement zugrunde liegen. Ein persönliches Bekenntnis zu Kirche und christlichem Glauben stellt eine solche Mitarbeit keinesfalls immer dar. Überhaupt dürfte die gesellschaftliche Funktion, die die Kirche vielerorts in Form von geselligen Zusammenkünften, Traditionspflege und Sozialdiensten übernimmt, für viele Menschen Anlass genug sein, sich ihr zugehörig zu fühlen.

So haben sich denn viele behaglich eingerichtet in der Vertrautheit der eigenen Gemeinde, die man mitunter schon aus Kindheitstagen kennt, wo man vielleicht den Pfarrer oder die Pfarrerin als weltzugewandten und lebensklugen Menschen schätzt, die Gemeinschaft mit vertrauten Menschen genießt, die auch in schweren Tagen Trost und Hilfe bedeuten kann, und erlebt übers Jahr die Tradition kirchlicher Feste als Bereicherung des Alltags. Es ist dies eine ganz pragmatische Haltung, für die ich sogar Verständnis aufbringen kann. Ein solcher Glaube besteht nach meiner Erfahrung meist nur in einer allgemeinen Gottgläubigkeit und dem wenigstens angestrebten Ziel, ein im christlichen Sinne »guter Mensch« sein zu wollen. Die Kerngedanken der eigentlichen christlichen Lehre spielen im Denken dieser Menschen – so möchte ich behaupten – keine bestimmende Rolle mehr.

Es gibt allerdings eine Form von intellektueller Unredlichkeit in Glaubensfragen, mit der ich große Probleme habe. Ich meine jene Brüche im logischen Denken und Unterschiedlichkeit in den angelegten Maßstäben, wie ich sie leider selbst bei renommierten Wissenschaftlern beobachten musste. Auch konnte ich bei manchen meiner Professoren-Kollegen an der Universität feststellen, dass sie bei Fragestellungen, die die christliche Religion betrafen – weniger die Kirche als Institution – eine bemerkenswerte Kritiklosigkeit, ja Verharmlosung an den Tag legten, wo sie sonst mit aller intellektuellen Schärfe und erbarmungsloser Unnachsichtigkeit gegen unklares und widersprüchliches Denken oder unethisches und menschenverachtendes Verhalten vorgehen. Dabei ging es um Fragen wie der nach der moralischen Glaubwürdigkeit der christlichen Lehre mit ihren Millionen an Opfern aufgrund von Inquisition, Hexenverbrennungen und Zwangsmissionierungen, um die nachgewiesene Unterstützung Hitlers durch weite Teile der evangelischen Kirche, um Kernaussagen der christlichen Lehre wie der von der Erlösung durch einen Opfertod oder der nach der leiblichen Wiederauferstehung nach dem Tode oder nach der heutigem gesellschaftlichen Konsens widersprechenden Auffassung von Bibel und katholischer Kirche zur männlichen Homosexualität – um nur ein Paar Beispiele zu nennen.

Es war und ist für mich immer noch schwer erträglich, wenn Menschen, die gewiss überdurchschnittlich intelligent sind, umfassend gebildet und bei anderer Gelegenheit nicht ohne eine gewisse Eitelkeit ihr »kritisches Bewusstsein« anklingen lassen, in ihren Antworten auf solche Fragen Widersprüche verdrängen, ihre sonstigen Maßstäbe vergessen, die Prinzipien logischen und redlichen Denkens – so sehe ich das jedenfalls – fallen lassen, ja eigentlich verraten. Ich möchte dieses Phänomen an einem Buch eines namhaften Autors näher erläutern und zu klären versuchen, wie es zu einem solchen Verhalten kommen könnte.

Der Titel des 1981 erschienenen und jetzt von mir auszugsweise zitierten Buches lautet: »Wir sind nicht nur von dieser Welt«. Es befasst sich mit Fragen der Religion, speziell der christlichen Lehre, und ihres Verhältnisses zu heutigen wissenschaftlichen, speziell naturwissenschaftlichen Erkenntnissen. Ein wesentlicher Teil des Buches ist ferner der Frage gewidmet, wie Erkenntnis zustande kommt und welche temporären und vermutlich grundsätzlichen Grenzen uns gesetzt sind, die Welt und ihren Ursprung zu verstehen. Der Autor ist HOIMAR V. DITFURTH (1921-1989), ein von mir außerordentlich geschätzter Wissenschaftspublizist.[86] Es gibt wohl kein Buch von ihm, das ich nicht mit Begeisterung und großem Erkenntnisgewinn gelesen habe.

Die meisten Bücher von ihm befassen sich mit der Entstehung des Kosmos und des sich in ihm in so vielen Facetten entfaltenden Lebens und den Geheimnissen des Organs, welches uns erlaubt, über eben jene Welt und ihren behaupteten Schöpfer nachzudenken. Sie verfolgen allesamt die Absicht, den Leser mit dem derzeitigen naturwissenschaftlichen Erkenntnisstand vertraut zu machen. Seine Texte sind von hohem fachlichen Niveau und zeichnen sich dennoch durch Allgemeinverständlichkeit und große didaktische Geschicklichkeit aus. Es gelingt diesem Autor in eindrucksvoller Weise, den quälend langsamen, von religiöser Seite immer wieder torpedierten, letztlich aber nicht aufzuhaltenden Prozess der wissenschaftlichen Aufklärung von der Antike bis heute anschaulich nachzuzeichnen und sich mit den Gegnern einer wissenschaftlichen Weltanschauung mit scharfsinnigen Argumenten auseinanderzusetzen. Was seine Bücher so lesenswert macht, ist nicht zuletzt seine Fähigkeit, naturwissenschaftliche Erkenntnisse klärend und deutend in den größeren philosophischen, gesellschaftlichen und politischen Zusammenhang zu stellen.

Um so irritierter ist man, wenn man das hier in Frage stehende Buch in die Hand nimmt. Die Grundaussage lautet, dass christliche Religion und moderne Naturwissenschaft nicht nur keinen Gegensatz bilden, sondern sich geradezu ergänzen würden! Wie eine solche kühne Behauptung begründet und belegt werden kann, macht natürlich bei einem solch renommierten und persönlich geschätzten Autor in höchstem Maße neugierig. Im Vorwort stellt DITFURTH zunächst fest, dass die »Wahrheit unteilbar« sei und beklagt den Zustand, dass ein gläubiger Naturwissenschaftler in einer geistig gespaltenen Welt leben müsse, einerseits bestimmt durch eine christlich geprägte Religiosität, andererseits durch wissenschaftliche Erkenntnis und Denkweise.

> »In der einen Hälfte sollen wir glauben, was wir in der anderen Hälfte aus logischen Gründen zu verwerfen haben. Und angesichts der Unvollkommenheit der weltlichen Hälfte sollen wir uns an jener ganz anderen Wahrheit orientieren, die mit der Natur dieser Welt, wie uns versichert wird, rein gar nichts zu tun hat. ... Das alles ist mehr, als Menschen ertragen können. Daß uns diese Gewaltkonstruktion nicht so absurd erscheint, wie sie ist, läßt sich nur durch den Effekt langer Gewöhnung erklären.« (S. 12)

Im letzten Absatz des Vorworts heißt es dann aber vielversprechend:

> »In Kenntnis der im religiösen Lager bestehenden Berührungsängste sei … betont, daß niemand zu befürchten braucht, in einem der folgenden Kapitel werde von ihm verlangt, auch nur ein Quentchen seiner religiösen Überzeugung in Frage zu stellen. Die Einbeziehung des von den Naturwissenschaften zutage geförderten Materials

über die Welt und den Menschen kann die Stabilität des Gebäudes der Theologie nicht gefährden, sondern nur festigen.« (S. 15)

Man ist gespannt, wie dieses Versprechen, dieses »Angebot an die Kirchen« – wie es an anderer Stelle heißt – eingelöst werden soll – und ist dann doch enttäuscht, weil man die üblichen Muster wiedererkennt: 1. Die sonst stets angelegten hohen ethisch-moralischen Maßstäbe gelten für Geschichte und Lehre des Christentums offenbar nicht. 2. Es erfolgt eine – wie an anderer Stelle von mir schon kritisiert – unzulässige Gleichsetzung von Religion allgemein und biblisch-christlicher Religion. 3. Zentrale theologische Fragen werden auf einer so hohen Abstraktionsebene diskutiert und »gelöst«, dass sie keine wirklichen Antworten mehr auf die fundamentalen menschlichen Fragen darstellen.[87] Ich werde meine Vorwürfe zu 1. und 2. im Folgenden mit einigen Zitaten belegen.

Bei aller Kritik an den Lösungsvorschlägen des Autors, ja Ablehnung seiner Therapie zur »Wiedervereinigung« von Glauben und Wissen, bleibt festzuhalten, dass es sich bei diesem Buch dennoch um ein außerordentlich lesenswertes Werk handelt. Es bietet eine kurzgefasste und gut verständliche Einführung in die (biologische) Evolutionslehre und eine sehr lesenswerte Hinführung zu einer wissenschaftlich fundierten Erkenntnistheorie und präzisiert damit Möglichkeiten und Grenzen unseres Erkenntnis- und Denkorgans. Und es entwirft ein meines Erachtens modernem wissenschaftlichen Denken standhaltendes Konzept eines »diesseitigen Jenseits«.[88] DITFURTH arbeitet in sorgfältiger und anschaulicher Weise genau jene Fragen heraus, die das ungeklärte Verhältnis zwischen Glauben und Vernunft – oder wenn man so will – Christentum und (noch immer stattfindender) Aufklärung auf den Punkt bringen.

Zurück zu meiner Kritik. Das folgende ausführlichere Zitat zeigt meines Erachtens, wie unkritisch DITFURTH seine sonst angelegten Maßstäbe ethisch-moralischen Verhaltens handhabt und wie verharmlosend er – so stellt es sich mir dar – in der Analyse der Gründe für katastrophale Fehlentwicklungen innerhalb der Kirche sein kann. Wo er sonst mit analytischem Scharfsinn die Ursachen für verurteilenswerte Entwicklungen bloßlegt – hier will er sie offenbar einfach nicht sehen. Auf S. 117f des oben genannten Buches heißt es:

»Eine ... Parallele stellt das Grauen der mittelalterlichen Hexenverfolgung dar. In ihrem Verlauf wurden in Westeuropa Hunderttausende Frauen und Mädchen auf bestialische Weise gefoltert und umgebracht, weil sie auf irgendeine Weise, meist durch anonyme Denunziation, in den Verdacht geraten waren, mit dem Teufel im Bunde zu stehen. Das Motiv der Verfolgung war also religiöser Natur. ... Zwar unterstand die Durchführung von Prozeß und Hinrichtung der weltlichen Macht. Der ›Hexenhammer‹ aber, der die Verfahrensregeln festlegte (und in dem unter anderem die ›endlose Folter‹ bis zum Geständnis empfohlen wurde), stammte von zwei Dominikanermönchen, legitimiert durch eine päpstliche Bulle aus dem Jahre 1484. In dieser hatte Papst Innozenz VIII. das Hexenunwesen mit feierlichem Nachdruck als eine real existierende und zu bekämpfende Gefahr verkündet. ...

Ähnliches gilt für die Ketzerverfolgung, der allein in den Niederlanden während der Regierungszeit Karls V. mehr als 50 000 Menschen zum Opfer gefallen sein sollen. Auch hier – und in allen übrigen Ländern, in denen die Inquisition jahrhundertelang wütete – oblagen Prozeß, Folter und Hinrichtung weltlichen Rechtspflegern. Die aktive Aufspürung der Verdächtigen jedoch war Sache der Kirche. Schon 1215 hatte ein Konzil sie zu einer der wichtigsten bischhöflichen Aufgaben erklärt, eine Anordnung, die erst im vergangenen Jahrhundert wieder aufgehoben wurde. ...

Ganz abgesehen davon, daß die von unserer eigenen Epoche zu verantwortenden Greuel uns das Recht nehmen, uns über diese historischen Fakten moralisch zu entrüsten, würde doch nur ein Übelwollender auf den Gedanken kommen, von diesen entsetzlichen Verirrungen auf das Wesen des Christentums selbst zu schließen. Das wäre nicht einmal dann zulässig, wenn feststünde, daß alle Beteiligten an einem Inquisitionsprozeß stets ausschließlich aus religiösen Motiven gehandelt hätten. Es ist sicher vorgekommen, daß Richter und vielleicht auch Henker nicht nur ehrlich überzeugt waren, einer kirchlich auferlegten Pflicht zu genügen, sondern sogar in dem Glauben handelten, das Beste auch für den Delinquenten zu tun, indem sie von dem vermeintlich einzigen Mittel Gebrauch machten, mit dem eine Seele vor ewiger Verdammnis bewahrt werden konnte. ...

Auch dann, wenn alle sich unter Berufung auf ihre christliche Überzeugung legitimiert oder sogar verpflichtet gefühlt haben sollten, würden wir ihre Haltung nicht als legitimen Ausdruck christlicher Religiosität ansehen. Auch dann bliebe sie für uns die Folge einer entsetzlichen Fehlinterpretation, einer Perversion dessen, was christliche Religiosität wirklich meint. Daran ändert selbst die Tatsache nichts, daß diese pervertierte Interpretation lange Zeit hindurch auch von kirchlichen Würdenträgern, einschließlich mehrerer Päpste, aus voller Überzeugung für die richtige gehalten worden ist.«

Ich kann nicht anders als DITFURTH, dessen überragender Intellekt und unbestechliche Moralauffassung in anderen Bereichen für mich über jeden Zweifel erhaben sind, in diesen Ausführungen eine gedankliche Fehlleistung ersten Ranges zu attestieren. Zunächst einmal widerspreche ich ihm, ohne das hier näher begründen zu wollen, dass die von den Nationalsozialisten begangenen Untaten unserer Generation das Recht nehmen würden, sich über die Gräuel der Kirche zu entrüsten. Geradezu grotesk empfinde ich seine Auffassung, dass »nur ein Übelwollender auf den Gedanken kommen würde, von diesen entsetzlichen Verirrungen auf das Wesen des Christentums selbst zu schließen«. Nein, nicht ein Übelwollender, sondern ein durch die historischen Fakten zutiefst Empörter wird die wahre Ursache für diese Verfehlungen in der Lehre des Christentums entdecken. Der Kern dieser

Lehre beziehungsweise Ideologie ist in der Bibel niedergelegt und wurde durch Kirchenlehrer und Konzile interpretiert und stetig weiterentwickelt. Diese Lehre besteht eben nicht nur aus moralischen Appellen und Heilsversprechen sondern auch aus einer Vielzahl von unverhältnismäßigen Sanktionen bei Verstößen gegen den Glauben und angeblich göttliche Gebote.

So ist in der Bibel für jedermann wörtlich nachzulesen, dass eine Hexe zu töten ist (2. Buch Mose, Kap. 22, Vers 17) und dass ein Ungläubiger zu ewiger Verdammnis verurteilt ist (immer wieder geäußerte Worte von Jesus an vielen Stellen der Evangelien). Die Ketzerverbrennung wurde mit Kapitel 15, Vers 6 aus dem Johannes-Evangelium begründet: »Wer nicht in mir bleibt, wird wie die Rebe weggeworfen und er verdorrt. Man sammelt die Reben, wirft sie ins Feuer und sie verbrennen.« Auch das Jesus-Wort aus dem Lukas-Evangelium, Kapitel 19, Vers 27 (Luther-Übersetzung) eignet sich hervorragend als Begründung der Vernichtung Andersdenkender: »Doch jene meine Feinde, die nicht wollten, daß ich über sie herrschen sollte, bringet her und erwürget sie vor mir.« Auch wenn dieses Wort sich auf den König bezieht, von dem Jesus berichtet, so kann man es doch auch als Aufforderung deuten, sich bei Strafe des Todes auch Jesus als König zu unterwerfen. Auch Markus Kapitel 16, Vers 16 lässt sich nutzen: »Wer glaubt und sich taufen lässt, wird gerettet, wer aber nicht glaubt, wird verdammt werden.« Vielleicht noch deutlicher spricht Matthäus in Kapitel 12, Vers 32 sein Verdammungsurteil aus: »... wer aber etwas gegen den Heiligen Geist sagt, dem wird nicht vergeben, weder in dieser noch in der zukünftigen Welt.«

Diese und viele vergleichbare Verdikte gehen also direkt auf Gott Jahwe und Jesus selbst zurück, stellten daher damals für kirchliche Amtspersonen, Richter und Henker Befehle quasi von höchster Stelle dar. Die christliche Lehre wurde nicht wie DITFURTH meint »pervertiert interpretiert«, sie wurde im Gegenteil in ihrer menschenverachtenden Gesinnung, in ihrer brutalen Abartigkeit – so wie sie sich jedenfalls an vielen Stellen der Bibel äußert – beim Wort genommen und genau umgesetzt.

Mit vergleichbarer Begründung handelten die nationalsozialistischen KZ-Kommandanten und Schergen, die aufgrund einer infamen Rassenideologie überzeugt waren, dass jüdische Menschen kein Lebensrecht hätten. Es ist mir unverständlich, dass der Analytiker und Moralist DITFURTH nicht einmal den Versuch unternimmt, mögliche in der Lehre selbst liegende Gründe für die »entsetzliche Fehlinterpretation« der christlichen Lehre wenigstens in Erwägung zu ziehen. Könnte es sein, dass er als gläubiger Christ – wozu er sich allerdings in keinem seiner Bücher offen bekennt – oder als dem christlichen Glauben wenigstens nahestehender Wissenschaftler – was man auf

Grund des hier angesprochenen Buches mindestens annehmen muss – einfach nicht wahrhaben will, was nicht wahr sein darf?

Ein weiterer Aspekt der von mir kritisierten intellektuellen Unredlichkeit ist die in Glaubensfragen oft anzutreffende gedankenlos oder bewusst vorgenommene Gleichsetzung von Religion allgemein und speziell christlich-biblischer Lehre. Religiöse Themen – oder wie auch immer sie bezeichnet werden mögen – sind solche, die sich mit Fragen befassen, die über die uns erkennbare und erfahrbare Welt hinausweisen und die damit von der Existenz einer jenseitigen Wirklichkeit ausgehen, sei diese nun Himmel, Jenseits oder Transzendenz genannt. Dabei mag offen bleiben, ob diese jenseitige Wirklichkeit uns nur aufgrund derzeit beschränkter Erkenntnis- und Erfahrungsmöglichkeiten unzugänglich ist, also mit fortschreitender Entwicklung unserer Erkenntnismöglichkeiten immer mehr zum Diesseits würde, oder ob dieser Bereich uns Menschen prinzipiell verschlossen bleibt.

Solche sehr generell gehaltenen Fragen wie die nach dem Urgrund alles Seins, nach dem Woher und Wohin unserer Existenz, nach einem Weiterleben einer – behaupteten – Seele über den körperlichen Tod hinaus, nach einer möglichen außerweltlichen Orientierung unseres Denkens und Handelns bilden wohl den Ursprung aller Religionen. Menschen stellten sich solche, den Horizont ihrer Alltagswelt überschreitende Fragen seit jeher, unabhängig zunächst von irgendeinem spezifischen religiösen System. Auch ein Mensch mit einer naturalistisch ausgerichteten Weltsicht wird solchen Fragen nicht von vornherein die Berechtigung absprechen und sie als sinnlos bezeichnen. Seine möglichen Antworten würden allerdings so ausfallen, dass sie logischen Kriterien und empirischer Erfahrung nicht widersprechen, Merkmale also, die auf wesentliche Aussagen des biblisch-christlichen Glaubenssystems schwerlich zutreffen.

Was daher an DITFURTHS Ausführungen so irritiert, ist die undifferenzierte Gleichsetzung von allgemeinen religiösen Fragestellungen und möglichen Antworten, die selbst ein streng wissenschaftlich orientierter Mensch noch akzeptieren könnte, mit solchen spezifisch biblisch-christlichen Aussagen, wie zum Beispiel der Wiederauferstehung nach dem Tode, der leiblichen Himmelfahrt von Jesus, der himmlischen Existenz von Engeln, der Tatsache der nach wie vor praktizierten Teufelsaustreibungen, der (tatsächlichen, nicht symbolisch gemeinten!) Verwandlung von Brot und Wein in Leib und Blut von Jesus beim (katholischen) Abendmahl und anderes mehr.[89]

Zwar thematisiert DITFURTH Bestandteile des christlichen Glaubens wie eben aufgezählt nicht explizit, er wird aber nicht müde zu betonen, dass er keinen Gegensatz zwischen Naturwissenschaft und christlicher(!) Religion sieht. So sagt er auf S. 15:

»Die Ansicht, daß naturwissenschaftliche Erkenntnisse notwendig im Widerspruch zu religiösen Aussagen ständen, hat sich endgültig als Vorurteil herausgestellt. ... So ist dieses Buch als ein *Angebot an die Kirchen* zu verstehen.«

Auf S. 16 heißt es dann, wie oben schon einmal zitiert:

»Die Einbeziehung des von den Naturwissenschaften zutage geförderten Materials über die Welt und den Menschen kann die *Stabilität des Gebäudes der Theologie nicht gefährden, sondern nur festigen.*« (Hervorhebungen von mir)

Es mag zutreffen, dass sich manche alte religiöse Aussage im Lichte moderner Wissenschaft neu deuten und erklären lässt, bezogen auf spezifisch biblisch-christliche Aussagen kann ich das – auch nach gründlicher Lektüre des Buches von DITFURTH – nicht einmal ansatzweise erkennen. Schließlich sagt er selbst, allerdings in den Anmerkungen auf S. 329 fast versteckt:

»Als Aberglaube muß eine Überzeugung angesehen werden, die nachweislich unhaltbare Behauptungen einschließt (indem sie z.B. konkret vorliegenden oder nachprüfbaren Erfahrungen widerspricht).«

Ich habe hier die Einstellung von HOIMAR V. DITFURTH ausführlicher dargestellt, nicht so sehr, um mich mit seinem Buch auseinander zu setzen, sondern weil er mir typisch zu sein scheint in seiner Haltung gegenüber Christentum und Kirche für eine ganze Klasse von Intellektuellen. Er repräsentiert jene nicht gerade kleine Schar Intellektueller, die in souveräner Manier und ganz allgemein für christlich-religiöse Positionen eintritt, im konkreten Fall jedoch Festlegungen und klare Aussagen vermeidet, stattdessen in Gesprächen dann gern auf die Zeitgebundenheit biblischer Texte verweist, auf die symbolisch gemeinte Bedeutung von sakralen Handlungen, auf die gesellschaftliche Notwendigkeit einer jenseitigen absoluten moralischen Instanz, überhaupt auf die kulturellen Leistungen des Christentums. Ganz allgemein wird der Eindruck vermittelt, dass christliche Lehre und moderne Wissenschaft sehr wohl vereinbar seien, obwohl man insgeheim, wenn man ehrlich zu sich selbst ist, die Unvereinbarkeit allenthalben mindestens ahnen müsste. Um diese auf christlich-religiösem Gebiet (und nur da!) durch eine eigenartige Widersprüchlichkeit, Kritiklosigkeit und Wunschdenken gekennzeichnete Haltung, die aber nach außen als Bekenntnis zu Christentum und Kirche erscheint, zu verstehen, muss man wohl psychologische Erklärungsmuster heranziehen.

Der Entwicklungspsychologe FRANZ BUGGLE (*1933) führt in seinem schon erwähnten Buch »Denn sie wissen nicht, was sie glauben« als Erklärung für dieses Phänomen intellektueller Unredlichkeit »frühkindliche religiöse Indoktrination«, bei DITFURTH möglicherweise »eine pietistisch geprägte Kindheitserziehung« und – wie DITFURTH in seinem Buch sogar selbst argwöhnt – den »Effekt langer Gewöhnung« an.

> »Zeigt sich hier letztlich nicht doch immer wieder die alte Misere unserer einmal christlich erzogenen (oder indoktrinierten) Intellektuellen (vor allem mit entsprechend frommen Müttern): Es gelingt offenbar nur wenigen, das einmal in der Kindheit als wertvoll und verehrungswürdig Vermittelte auch in seinen Kernaussagen und nicht nur in Randphänomenen (z.B. sprachlich und institutionelle Einkleidung) trotz klar vorliegender Sachverhalte kritisch zu sehen oder aufzugeben, der alten biblischen Botschaft ... nicht mit ›Respekt und Ehrfurcht‹ zu begegnen.« (Buggle, S. 355).

Aus guten Gründen hat die Kirche immer darauf gedrungen, die Kinder so früh wie möglich ihrer Obhut zu übergeben. Im frühen Kindesalter werden offenbar besonders leicht Einstellungen geprägt und so tief im Unterbewusstsein verankert, dass sie später so gut wie nicht mehr einer rationalen Analyse zugänglich sind. Die Psychoanalyse hat ja auch längst herausgefunden, dass wir wesentlich stärker von unseren frühkindlichen Erlebnissen und Assoziationen geprägt werden als von denen im späteren Alter. Und eine Überzeugung, die im Wesentlichen durch Gefühle und nicht durch Argumente zustande kam, lässt sich später offenbar kaum durch Argumente erschüttern.

Der Freiburger Psychoanalytiker TILMAN MOSER (*1938) hat 1976 in einer vielbeachteten Veröffentlichung mit dem Titel »Gottesvergiftung« sich gegen den Missbrauch kindlicher Gefühle durch die Religion gewandt (er selbst spricht von einer »wuterfüllten Auseinandersetzung mit der religiösen Erziehung«) und gezeigt, wie ein durch religiöse Beeinflussung entstandenes übermächtiges Gottesbild seelisch deformieren kann. Auch der bekannte Theologe und Psychotherapeut EUGEN DREWERMANN (*1940) thematisiert in seinen Büchern, welche psychischen Schäden die rigorose Moral der katholischen Kirche anzurichten in der Lage ist. BUGGLE, S. 358:

> »Am Beispiel Hoimar v. Ditfurths wird noch einmal deutlich, welche Macht kirchliche Indoktrination gerade im Kindesalter ausüben kann, mit welchen tiefverwurzelten Widerständen eine Christentumskritik heute immer noch zu kämpfen hat.«[90]

Liest man den auch einem breiteren Publikum bekannt gewordenen evangelischen Theologen HEINZ ZAHRNT (1915-2003), dann ahnt man, mit welchen fast unüberwindlichen Schranken ein auf Logik und Vernunft bauender Diskurs über christlichen Glauben rechnen muss:

> »Bleibt mir, um der Ehrlichkeit willen, nur noch hinzuzufügen: Wenn die historisch-kritische Forschung mit der ihr eigenen an Sicherheit grenzenden Wahrscheinlichkeit den Nachweis erbrächte, daß Jesus von Nazareth nicht gelebt hat, dann habe ich mich im Verdacht, daß ich trotzdem nicht von ihm lassen würde. So überzeugend ist für mich der Eindruck, den Jesu Gestalt und Botschaft auf mich machen.«[91]

Ich habe damit in diesem letzten Unterkapitel fünf mir wesentlich erscheinende Beweggründe versucht zu erläutern, weshalb trotz aller von jedermann nachvollziehbarer logischer, sachlicher und moralischer Argumente gegen Kirche und Christentum, immer noch eine scheinbar so breite Zustimmung zu christlichen Positionen zu beobachten ist, warum immer noch so viele Mitbürger statistisch und dem Augenschein nach als Christen gezählt werden, die es tatsächlich längst nicht mehr sind. Es sind zusammengefasst die folgenden Motivkomplexe: 1. Unkenntnis oder Nichtwissenwollen wesentlicher Fakten zu Geschichte und Lehre des Christentums. 2. Angst vor göttlichem Zorn und Verdammnis im Falle einer Abwendung vom Glauben. 3. Anpassung und Mitläufertum auf Grund gesellschaftlichen und beruflichen Drucks ohne tatsächliche eigene Überzeugung. 4. Kulturelles oder soziales Engagement im Rahmen der Kirche trotz mehr oder weniger großer innerer Distanz zu Kirche und Glauben. Schließlich und ganz besonders 5. Unterbewusst wirkende, durch frühkindliche Indoktrination erzeugte und damit der rationalen Diskussion schwer zugängliche Beharrungskräfte.

Ich bin überzeugt, dass die hier charakterisierten Gruppen von »statistischen« Christen zu einem ganz großen Teil zum Lager der Nichtchristen zählten, wenn es möglich wäre, in einer sachlich fundierten und rational geführten Diskussion die Motive für das jeweilige Verhalten bloßzulegen. Eine solche Diskussion führen zu können, ist aber natürlich eine Illusion, weil jede menschliche Entscheidung mindestens gleichzeitig, wenn nicht überhaupt nur von Ängsten, Hoffnungen, Erwartungen und Gefühlen vielerlei Art und – wie dargestellt – von frühkindlichen Prägungen bestimmt ist. Es sind letztlich nicht die Fakten, die meine Entscheidung bestimmen sondern ihre emotionale Bewertung.[92] Daher ist allenfalls ganz langfristig als Ergebnis von angstfreier Erziehung, wissenschaftlich fundierter Bildung und philosophisch-religiöser Aufklärung eine kritische Auseinandersetzung mit den archaisch-inhumanen Elementen der christlichen Lehre (wie sie in den vorangegangenen Unterkapiteln dargelegt wurden) zu erwarten.

Diese nur langfristig zu erreichende Veränderung wird dann auch dazu führen, dass die derzeit praktizierte Missachtung und Unterdrückung nichtchristlicher Auffassungen, die einer Zensur in Weltanschauungsfragen gleichkommt, nicht mehr funktioniert. Diese faktische Zensur, anders kann ich das nicht nennen, wird – von wenigen Ausnahmen abgesehen – ausgeübt durch die politischen Parteien, durch Fernsehen und Rundfunk, durch die Presse und natürlich die Kirche selbst.[93] Zur Zeit kommen die inzwischen etwa 28 Millionen deutschen Konfessionslosen, dezidierten Nichtchristen und Atheisten mit ihren betont nichtchristlichen Auffassungen zu gesellschaftlichen und tagespolitischen Fragen öffentlich so gut wie nie zu Wort, sie werden als angebliche Außenseiter und zu vernachlässigende Randgruppe bewusst ignoriert. Zwar scheint in die Programme von Fernsehen und Rundfunk inzwischen etwas Bewegung gekommen zu sein. Kirchen- und glaubenskritische Diskussionsrunden und Wortbeiträge tauchen in letzter Zeit, vermutlich aufgrund des Erscheinens einer Reihe sehr beachteter religionskritischer Bücher, deutlich öfter auf. Ob dieser Trend anhält oder ob die »Reaktion« sich alsbald formiert, bleibt erst einmal abzuwarten.

In Groß- und Universitätsstädten bilden die dem christlichen Glauben mindestens Fernstehenden inzwischen eine beachtliche Größenordnung, in Berlin zum Beispiel die große Mehrheit. Eine öffentlichkeitswirksame Vertretung ihrer Ansichten und gesellschaftspolitischen Vorstellungen – man denke zum Beispiel an die Themen Stammzellforschung, Sterbehilfe oder Präimplantationsdiagnostik oder etwa an religionsfreie ethische Erziehung – wird ihnen in den Medien und in der Politik fast wie in einer Diktatur jedoch weitgehend verwehrt, allenfalls aus ganz aktuellem Anlass mal zugestanden. Wann hat ein Vertreter einer betont nicht-christlichen oder gar atheistischen Auffassung im Bundestag oder im Fernsehen Gelegenheit oder wagt es, seine Ansichten so selbstbewusst und ausführlich, wie andere das auch tun, vorzutragen? In den Medien wird diese Meinungsunterdrückung über die Wahl der Rundfunk- und Fernsehräte »geregelt«, wo zwar die großen Kirchen und eine nur in Promillestärke existierende jüdische Gemeinde Sitz und Stimme haben, aber etwa ein Drittel nicht den Kirchen oder anderen Konfessionen zuzurechnenden Bürgern (in Groß- und Universitätsstädten sind das wesentlich mehr, in Berlin z.B. etwa zwei Drittel!) wird die alltägliche und selbstverständliche Vertretung ihrer weltanschaulichen Positionen mit fadenscheinigen juristischen Argumenten verweigert. Religionsfreiheit existiert zwar für andere Religionen, Nichtglaube oder Atheismus werden offiziell offenbar nicht als eine einer Religion formal-juristisch gleichwertige Weltanschauung angesehen.

In der Politik – Liberale und Sozialisten, einst engagierte Vorkämpfer für Geistesfreiheit, hierin in großer Zahl eingeschlossen – und in der Presse – mit wenigen Ausnahmen in einigen Feuilletons für das »intellektuelle« Publikum – funktioniert diese faktische Meinungsmanipulation auch dadurch, dass unbewusst von der überwiegenden Mehrheit »un-christlich« immer noch mit »un-moralisch« und »nicht-christlich« mit »un-menschlich« beziehungsweise »in-human« assoziiert wird. Diese unwidersprochen hingenommene, weil gar nicht bewusst wahrgenommene begriffliche Gleichsetzung führt zu der ebenso unbewusst gezogenen Schlussfolgerung, dass eine Abkehr vom Christentum mit einem Niedergang von Moral und Humanität einherginge. Kein derzeit aktiver Bundes- oder Landespolitiker würde es riskieren, sich dem Verdacht der Unmoral auszusetzen, also wagt er es nicht, seine möglicherweise alternative Weltanschauung auch laut zu äußern.

Jeder auf seine weltanschauliche Position angesprochene Politiker beeilt sich um seines Rufes willen, seine christliche, gegebenenfalls auch jüdische oder muslimische, Werteorientierung zu bekunden. Ein Bekenntnis oder auch nur eine Diskussion unterschiedlicher weltanschaulicher Positionen, die auch – Gott steh' uns bei! – nichtchristliche, humanistische oder gar atheistische Standpunkte thematisieren würde, wird in der Öffentlichkeit systematisch vermieden, wenn nicht unterbunden. Religionsfreiheit heute in Deutschland in Anspruch zu nehmen, kostet zwar nicht mehr das Leben, diese Macht haben die Kirchen nicht mehr. Da heute aber nur eine veröffentlichte Meinung von relevantem gesellschaftlich-politischen Einfluss ist, genügt es zu verhindern, missliebige Meinungen über Rundfunk und Fernsehen öffentlichkeitswirksam werden zu lassen. Das ist zwar zutiefst undemokratisch, aber es sichert den meinungsbestimmenden Kräften in unserer Gesellschaft noch eine Weile ihre Vorherrschaft.

Die Stärke und Überlebensfähigkeit unserer westlichen Gesellschaft wird angesichts der Bedrohungen durch einen mittelalterlich geprägten Islam aber keinesfalls in einer Wiederbelebung und Stärkung des christlichen Glaubenssystems bestehen. Nur die inzwischen wieder ins Blickfeld gerückten Intentionen der Aufklärung und eine konsequente Wissenschaftsorientierung in der Bildung werden uns die Chance erhalten, als freie Gesellschaft zu überleben. Solange aber fast jeder Versuch, die Prinzipien freier Meinungsbildung auch in weltanschaulichen Fragen in der Öffentlichkeit umzusetzen – und das sind in ihrer Breitenwirkung trotz Internet in erster Linie Rundfunk und Fernsehen – immer noch in den unterschiedlichsten Formen eingeschränkt und behindert wird, verspielen wir das, was die eigentliche Überlegenheit unseres westlichen Gesellschaftssystems darstellt: Gewaltfreier und fairer Austausch unterschiedlicher politischer und weltanschaulicher Standpunkte mit dem Ziel, die beste der möglichen Antworten auf die drängenden Fragen der Zeit zu finden, und um des friedlichen Miteinanderlebens willen die auch institutionell abgesicherte Respektierung weltanschaulich Andersdenkender, insbesondere solcher, die nicht die jeweilige Mehrheit darstellen.

6. Ein abschließendes Wort zu Vernunft und Glauben

Mit diesem Kapitel VI erhebe ich keinesfalls den Anspruch, den schier nicht überschaubaren Problemkomplex Christentum und Kirche erschöpfend behandelt zu haben. Dies wollte ich und konnte ich auch nicht leisten. Mein Ziel war vielmehr, mir selbst soweit Klarheit über Lehre und Praxis des christlichen Glaubens zu verschaffen, dass ich meine schon von Schulzeiten an bestehende kritische bis ablehnende Haltung dieser Religion gegenüber nunmehr auch hinreichend detailliert vor mir und anderen begründen kann. Dennoch weiß ich, dass es sehr viele Menschen gibt, die ich mit meinen Argumenten nicht erreichen kann. Aber es besteht eben – so sehe ich das jedenfalls – ein unüberbrückbarer Gegensatz zwischen dem christlichen Glauben und der Vernunft, der weder durch »vernünftige« Gründe noch gar durch glaubensmäßige Behauptungen aufhebbar ist. Und der feinsinnige, aber konstruierte Unterschied, den Gläubige zwischen Glaubenssicherheit und Glaubensgewissheit machen, wo sie allenfalls von Hoffnung sprechen dürften, hilft mir auch nicht weiter.

Das an dieser Stelle gern vorgebrachte Argument, dass hier eben »punktgleich religiöser Glaube gegen wissenschaftlichen Glauben« stehe, überzeugt mich nicht. Religiöser, hier christlicher Glaube, baut im Kern auf Dogmen auf, also auf angeblich offenbarten oder nur behaupteten Aussagen, die für alle Zeiten Gültigkeit beanspruchen, also in ihrer Grundaussage unrevidierbar sind, weil angeblich ja auf göttliches Wort und göttlichen Willen zurückgehend. Wissenschaft »glaubt« nicht, sie setzt auf Logik, das heißt auf Folgerichtigkeit, Widerspruchsfreiheit und Nachvollziehbarkeit, und Wissenschaft setzt auf Beobachtung beziehungsweise Empirie, das heißt auf Bewährung ihrer Theorien und Behauptungen in der Erfahrungswirklichkeit.

Dabei ist anzumerken, dass die Trennung von Glaube und Vernunft sich erst im Laufe der Menschheitsgeschichte als Ergebnis reflektierenden Denkens herausbildete. Ursprünglich unterschied menschliches Nachdenken noch nicht zwischen religiösem Empfinden und vernunftgeleitetem Denken. Religiöser Glaube wurde in frühesten Zeiten ganz wesentlich durch das bestimmt, was man sinnlich erlebte und gefühlsmäßig empfand. Dabei standen im Zweifel die »Wahrheiten« des Glaubens stets über aller Vernunft. Päpstliche Lehre möchte diesen »unschuldigen« Zustand wieder herstellen und argumentiert, dass die Erkenntnisse der Naturwissenschaften in eine »höhere Wahrheit« eingebettet seien, zu der nur der Glaube Zugang hätte.

Papst Johannes Paul II. hat sich anlässlich einer Ansprache vor Wissenschaftlern und Studenten 1980 im Kölner Dom so geäußert:

»Denn zwischen einer Vernunft, welche durch ihre gottgegebene Natur auf Wahrheit angelegt und zur Erkenntnis der Wahrheit befähigt ist, und dem Glauben, der sich der gleichen göttlichen Quelle aller Wahrheit verdankt, kann es keinen grundsätzlichen Konflikt geben.«

Das klingt fast nach einer respektvollen Anerkennung der Vernunft durch den Glauben. Zwei Sätze später wird die Katze aus dem Sack gelassen:

»Damit zeigt sich zugleich, daß Glaube und Wissenschaft verschiedenen Erkenntnisordnungen zugehören, die nicht ineinander überführbar sind.«

Mit anderen Worten: Die Wissenschaft mag herausfinden, was sie will, der Glaube wird sich davon prinzipiell nicht und niemals beeinflussen lassen. Wenige Absätze später hört es sich zunächst ähnlich aufgeklärt an:

»Es [das kirchliche Lehramt unter Berufung auf das II. Vaticanum, U.L.] hat ausdrücklich die Unterschiedlichkeit der Erkenntnisordnungen von Glaube und Vernunft ausgesprochen, es hat die Autonomie und Freiheit der Wissenschaften anerkannt und ist für die Freiheit der Forschung eingetreten. Wir fürchten nicht, ja, wir halten es für ausgeschlossen, daß eine Wissenschaft, die sich auf Vernunftgründe stützt und methodisch gesichert fortschreitet, zu Erkenntnissen gelangt, die in Konflikt mit der Glaubenswahrheit kommen.«

Dies klingt wieder überraschend einsichtig. Doch die Rücknahme folgt auf dem Fuß:

»Dies kann nur dort der Fall sein, wo die Unterschiedlichkeit der Erkenntnisordnungen übersehen oder verleugnet wird.«

Zum Ende seiner Ausführungen spricht der Papst offen aus, was er wirklich meint:

»Die Vernunft des Menschen ist ein großartiges Instrument für die Erkenntnis und Gestaltung der Welt. Sie bedarf aber, um die ganze Fülle der menschlichen Möglichkeiten zur Verwirklichung zu bringen, einer Öffnung für das Wort der ewigen Wahrheit, das in Christus Mensch geworden ist.«[94]

Ähnlich kühn und nur behauptend äußert sich der Theologe und frühere BISCHOF WOLFGANG HUBER in seinem Buch »Der christliche Glaube«:

»Zur christlichen Freiheit gehört auch die Freiheit, sich seines Verstandes zu bedienen. Aber zu dieser Freiheit gehört auch die Einsicht, dass die menschliche Vernunft endlich ist, und dass es sich beim Kult der Vernunft um eine Form des Götzendienstes handelt. Es dient der christlich verstandenen Freiheit, wenn die Vernunft dem Glauben nachfolgt und in seinen Dienst eintritt.« … »Eine nicht durch den Glauben aufgeklärte Vernunft bleibt unerfahren und unaufgeklärt, weil sie sich keine Rechenschaft über ihre Grenzen ablegt. Sie verkennt ihren Charakter als endliche Vernunft, dem Menschen anvertraut, damit er mit seiner endlichen Freiheit umzugehen lerne.«

Dann immerhin einschränkend:

> »Ein nicht durch die Vernunft aufgehellter Glaube aber trägt die Gefahr in sich, barbarisch und gewalttätig zu werden. Stattdessen ist es nötig, die wechselseitige Verwiesenheit von Vernunft und Glauben immer wieder neu zu entfalten.«[95]

Begriffe wie »Kult der Vernunft« und »Götzendienst« zeigen sehr deutlich, welche nachgeordnete Rolle HUBER wie PAPST JOHANNES PAUL II der Vernunft zuweisen. Gründe werden nicht genannt, lediglich theologisch verschleierte Behauptungen aufgestellt. Früher hatte die Philosophie als Magd der Theologie zu dienen, eine Funktion, die nach der selbstherrlichen Definition oberster Glaubensvertreter heute die Vernunft gegenüber dem Glauben einzunehmen hat.

Die verzweifelten Versuche der Theologen und Religionsvertreter, die Vernunft an die Kette des Glaubens zu legen, machen eines deutlich: Ihr Gegner ist eigentlich nicht der Nicht-Glaube oder gar der Atheismus sondern die Bildung, insbesondere die naturwissenschaftliche Bildung und die ihr zugrundeliegende rationale, an der Wirklichkeit orientierte und entwickelte Denkweise. Naturwissenschaft ist Wirklichkeitswissenschaft, Theologie dagegen Einbildungs- bzw. Imaginationswissenschaft. Die Naturwissenschaften haben als Wahrheitskriterium die Wirklichkeit, ein solches ihre Theorien korrigierendes Korrektiv haben die Theologen nicht. Zwar versuchen sie, ihre theologischen Konstruktionen mit Hilfe der Logik in sich widerspruchsfrei zu halten, aber das bedeutet nicht, dass diese Gedankengebilde irgendeine reale Basis in der Wirklichkeit haben müssen. Und wie soll auch der Wahrheitserweis für etwas objektiv Unprüfbares erbracht werden? Wie man sieht, kann jedoch ein in sich – wenigstens im Großen und Ganzen – logisch stimmiges System von Annahmen und Schlussfolgerungen in einer gedanklichen Welt und auf Papier die Jahrhunderte überdauern. Es ist ja, da nur gedanklich-begrifflich existierend, auch empirisch nicht widerlegbar.

Da von seiten der Theologie den Argumenten von Religionskritikern und Atheisten so schwer oder nicht beizukommen ist, besteht heute die Strategie darin, diesen Gegnern Niveaulosigkeit, ein reduktionistisches Gottesbild, fehlende theologische Sachkenntnis, unterkomplexe, plakative Antworten oder ganz allgemein Aggressivität in der Diskussionsweise vorzuwerfen. Die theologischen Erwiderungen andererseits sind mitunter von einer solchen Unverständlichkeit und Verschwommenheit, dass der Verdacht sich einstellt, hier soll die eigene Unsicherheit und Argumentlosigkeit nur verdeckt werden. Ein schönes, aber nicht untypisches Beispiel für theologisches Kauderwelsch, das zugleich erhellt, in welches gedankliche und begriffliche Dilemma die glaubenstreue Theologie als Fach sich verrannt hat, ist folgendes.

Wir haben es dem aktuellen Lehrbuch von KLAUS VON STOSCH »Einführung in die Systematische Theologie« entnommen; es befasst sich mit der so genannten Zwei-Naturen-Lehre, also der Frage, wie Jesus sowohl Gott als auch Mensch sein könne:

> »Der innertrinitarische Logos geht in seinem Personsein ganz und gar darin auf, vom Vater her und auf den Vater hin zu sein und ist gerade so (mit dem Vater zusammen) der Ausgang für den Heiligen Geist. Gerade durch sein Vom-Vater-her- und Auf-den-Vater-hin-Sein ist er also die Ermöglichung von einer Gemeinschaft, die gerade durch Andersheit konstituiert ist. Wenn ein Mensch seine Freiheit so lebt, dass er ganz darin aufgeht, vom Vater her und auf den Vater hin zu sein und gerade dadurch Gemeinschaft ermöglicht, die die Andersheit des Anderen anerkennt, stimmt die Freiheit dieses Menschen in struktureller Hinsicht mit dem Wesensvollzug des innertrinitarischen Logos überein.«[96] (Zur Erklärung: Trinität meint die Dreieinigkeit bzw. Dreifaltigkeit von Gottvater, Sohn Jesus und Heiligem Geist. U.L.)

Im Gegensatz zum Glauben ist sich heutige Wissenschaft des grundsätzlich hypothetischen Charakters ihrer Erkenntnisse bewusst und ist immer bereit, neuen Einsichten, wenn sie denn die Wirklichkeit treffender beschreiben und erklären, Platz zu machen. Wissenschaft nähert sich auf diese Weise in kleinen Schritten, ganz langsam und auch nur asymptotisch der Wahrheit an; sie bekennt aber, sich auch irren zu können. In der Regel wird der erkannte Irrtum dann durch eine Einsicht ersetzt, die ein Stück näher an der Wahrheit liegt. Glaube dagegen, vor allem christlicher Glaube, behauptet nur, im Besitz ewiger, nicht zu bezweifelnder Wahrheiten zu sein, die zudem über aller Vernunft stünden. Ja, mitunter ist zu hören, dass der Wunsch nach Versöhnung von Glauben und Vernunft ein typisch intellektuelles Verlangen sei, das der allumfassenden und für uns eigentlich unbegreiflichen Weisheit des (christlichen) Glaubens nicht gerecht werde. PAPST BENEDIKT XVI. spricht in diesem Zusammenhang gern bedeutungsvoll vom »Geheimnis des Glaubens«.

Dieser Wunsch nach Ausschalten letztlich der Vernunft und damit auch aller Zweifel speist sich offenbar aus der Sehnsucht nach bedingungsloser Hingabe an eine uns unendlich überlegene mystische Macht, die uns sichere Obhut gewährt und unsere irdischen Probleme bedeutungslos werden lässt, vielleicht aber auch aus der schlichten Sorge, der Überzeugungskraft der Vernunft nicht standzuhalten. Diese Einstellung geht bei vielen Menschen soweit, dass sie Glauben und Vernunft als zwei unabhängige Möglichkeiten betrachten, unser Dasein zu begreifen und zu gestalten, als zwei Bereiche, die am besten nichts miteinander zu tun haben.

Eine Form von Einstellungen zum Glauben betrifft unmittelbar die Anwendbarkeit von Logik und Vernunft auf Fragen des Glaubens. So ist mir gegenüber immer wieder die Meinung vertreten worden, dass Fragen, die sich auf den Glauben und das so genannte Jenseits beziehen, nicht mit den Mitteln des Verstandes und der Logik völlig zu klären seien. Vernunft und Logik seien für das Diesseits zuständig, das Jenseits habe seine eigenen, für uns unergründlichen Gesetze, hier könne man eben nur glauben und der Offenbarung vertrauen. So kann auch der Gynäkologe und gläubige Christ an die Jungfrauengeburt glauben, weil Gott eben die Naturgesetze auch außer Kraft setzen kann, und der »aufgeklärte« Christ akzeptiert, dass der Mensch ein Produkt der Evolution sei, weil Gott sich der Evolution bedient habe, um sich als Ebenbild zu reproduzieren. Jeder Einwand wird mit dem Joker-Argument pariert, dass eben bei Gott alles möglich sei. Mir erzählte ein indischer Pilot, dass nach seinem Glauben die Erde eine Scheibe sei. Auf meine erstaunte Gegenfrage, ob das nicht im Widerspruch zu seiner ureigensten Erfahrung als Pilot stünde, lächelte er milde und meinte, dass eine habe mit dem anderen nichts zu tun. Dieser großzügige Umgang mit Logik, Widersprüchen und Plausibilitäten erlaubt dieses Nebeneinander von eigentlich sich ausschließenden oder kaum plausiblen Annahmen.

Die oft zu hörende Behauptung, dass der gläubige Christ nicht logisch denken *könne*, kennzeichnet daher meines Erachtens oben skizzierte Situation nicht treffend. Vielmehr ist es so, dass er nicht in aller Konsequenz logisch denken *will*, um so den Widersprüchen von Glauben und Vernunft, Glauben und wissenschaftlichen Erkenntnissen zu entgehen. Dies scheint insbesondere für jene zuzutreffen, die sich ihres Glaubens nicht mehr sicher sind, aber nach einem bequemen Ausweg suchen, sich der Konsequenz ihres Zweifels zu entziehen. Der Wunsch nach einem in sich widerspruchsfreien Weltbild mag den wissenschaftlich, speziell naturwissenschaftlich geprägten Menschen kennzeichnen, manch ein Gläubiger sieht es geradezu als Merkmal seines festen Glaubens an, solche »Widersprüche auszuhalten«.

Theologen und viele Gläubige akzeptieren heute meist die Erkenntnisse der Naturwissenschaften, wenn man von den Fundamentalisten in Gestalt der Kreationisten einmal absieht, auch die Aussagen der Evolutionstheorie werden anerkannt. Wohl deswegen, weil sie ihnen nichts Plausibles entgegen zu setzen haben. Sie übernehmen aber für sich nicht die rationale und systematische Denkweise, die diese Ergebnisse hervorgebracht hat. Vor allem die aus den wissenschaftlichen Erkenntnissen der Kosmologie und Evolutionstheorie sich logisch ergebenden philosophisch-theologischen Konsequenzen werden nicht akzeptiert. Das heißt, ihre Zustimmung zu wesentlichen Teilen der modernen Wissenschaft erfolgt nur vordergründig. Sie verbleiben auf einem die erkenntnistheoretisch-philosophische Entwicklung ignorierenden Standpunkt. Sie geben sich naturwissenschaftlich informiert, sind aber in einer früheren Zeit stehen geblieben. Es wiederholt sich heute, was zum Beispiel KEPLER und GALILEI zu ihrer Zeit erleben mussten: Wenn Bibel und Wirklichkeit nicht übereinstimmen, dann muss sich die Wirklichkeit in Form der Wissenschaft irren, nicht eine Tausende Jahre alte Hirtenlegende, deren Gehalt trotz aller theologischer Interpretations- und Auslegungskünste eben nicht beliebig anpassbar ist. Zu behaupten, Gott habe das Weltgeschehen nach seinem Plan gelenkt, ist keine Erklärung sondern eben eine bloße Behauptung. Eigentlich das Eingeständnis eigener Unwissenheit, denn der Begriff »Gott« ist eine bloße Leerformel, weil undefiniert, alles oder nichts bedeutend, nicht eindeutig mitteilbar, meint selbst nach theologischem Verständnis etwas Unbegreifliches.

Ist es nicht eigentlich bemerkenswert, dass bei der zentralen Rolle, die Gott in dieser Welt zugedacht wird, er in keiner der fundamentalen Gleichungen der Physik auch nur ansatzweise auftaucht? Wenn HEISENBERG oder auch andere religiös orientierte Naturwissenschaftler das Göttliche beschwören und als Urgrund allen Seins betonen, warum enthält keine ihrer Formeln auch nur eine Andeutung in dieser Richtung? Wenn das Göttliche von so einzigartiger Bedeutung für Ursprung und Sein dieser Welt ist, müsste es doch in irgendeiner Weise in den fundamentalen Gleichungen, die unsere Welt andererseits so treffend beschreiben, aufscheinen. Es dürfte aber wohl eher so sein, dass ihre »göttlichen Hinweise« mehr auf ihr eigenes noch bestehendes Nicht-Wissen hindeuten als auf eine die Welt auf unbegreifliche Weise lenkende Wesenheit.

Die Vergeblichkeit des Versuchs einer rationalen Diskussion mit einem tief Gläubigen kommt für mich in folgender Antwort, die ich so oder ähnlich wiederholt hörte, in bemerkenswerter Einfalt zum Ausdruck: »Du hast ja Recht mit Deiner Feststellung, dass die biblische Schöpfungsgeschichte über die Entstehung der Welt und des Menschen heute so nicht mehr gültig sein kann, auch stimme ich Deinen Aussagen zu über die Amoral göttlichen Handelns und Redens im Alten Testament, über die erschütternde Bilanz von fast zweitausend Jahren christlicher Intoleranz und über die Fragwürdigkeiten der Kernaussagen der christlichen Lehre – trotzdem, ich lasse mir meinen Glauben an Gott, an Jesus Christus und seine Bedeutung für mich nicht nehmen.« »Es wäre« – wie es der Schriftsteller SIEGMAR FAUST mir gegenüber einmal formulierte – »zum Verrücktwerden bei dem Gedanken, dass hinter all dem Geschehen im Kosmos und aller Evolution kein göttlicher Sinn verborgen wäre.«

Ähnlich widersprüchlich fiel die Reaktion einer Bekannten aus – eine voll im Leben stehende und beruflich erfolgreiche Akademikerin – die mir mit Blick auf die Geschichte der Kirche wörtlich sagte, »ich will von all dem

Schlimmen und Kritischen gar nichts wissen, ich *möchte* einfach daran glauben«. Ich höre dann von anrührenden Aufführungen der Weihnachtsgeschichte durch ihre Kinder und den musikalisch einmalig schönen Osterpassionen, die erleben zu können, wir dem Glauben zu verdanken hätten. Dabei wird dann deutlich, dass offenbar nur noch das theatralische oder musikalische Schauspiel in seinen vielfältigen Ausschmückungen gesehen und dieses als Botschaft verstanden wird. Der uns angeblich erlösende Opfertod von Jesus wird nicht mehr als die zentrale Aussage wahrgenommen. Dass es sich um eine fragwürdige Lehre, gar um ein frommes Märchen handeln könnte, liegt offenbar außerhalb jedes klärenden Interesses. Ritual und Tradition haben sich verselbstständigt und leben und wirken durch ihre eigene Ästhetik. »Du hast ja Recht, aber ich kann und will nicht anders« wurde mir gegenüber wiederholt eingestanden.

Wenn ich dann fragte, wie man als Mensch des 21. Jahrhunderts glauben könne, nur durch ein göttlich veranlasstes Menschenopfer gerettet zu werden, das vor seinem Tode gefoltert und dann auf die denkbar brutalste Art und Weise hingerichtet wurde, habe ich meistens nur in schweigende Gesichter geblickt. Allenfalls kam als hilflose, aber die christliche Lehre missinterpretierende Reaktion, »dass das alles nur symbolisch zu verstehen sei«.

Der Dialog mit anderen scheitert somit oft an völlig unterschiedlichen Mentalitäten und sich widersprechenden Formen geistiger Auseinandersetzung mit religiösen Fragen. Während ich darauf dringen würde, auch Probleme des Glaubens mit den Mitteln des Verstandes so weit wie möglich zu erörtern, verschiebt der andere das Gespräch auf eine Ebene, auf der von der Schönheit und Vertrautheit kirchlicher Traditionen die Rede ist, von Geborgenheit, Erlösung und Heilserwartung, und er spricht von einem »Leben in Gott und Jesus Christus«, was auch immer diese kryptische Formulierung besagen mag. Es gehe dabei letztlich – so wird mir von ihm bedeutet – um eine jenseitige Wirklichkeit, die frei sei von allen irdischen materiellen und ideellen Zwängen und der man sich nur im Glauben und Vertrauen auf Gott nähern könne. Er bietet mir immer neue Interpretationen zu bekannten und unbekannten Bibelworten, oft ohne jeglichen inhaltlichen Bezug und geradezu willkürlich in ihrer jeweiligen Deutung. Ich habe immer wieder mit Menschen diskutiert, die die Logik als verbindliche Richtschnur des Nachdenkens über die diesseitige Welt ablehnen, erst recht über die jenseitige, und allen intellektuellen Einwänden mit dem Hinweis auf unseren begrenzten Verstand und die zu erwartende Erleuchtung dermaleinst im Jenseits begegnen.

Wie kommt es zu solchen unterschiedlichen Geisteshaltungen, zu so gegensätzlichen Einstellungen bei existenziellen Fragen des Lebens? Ich denke, dass eine solche vernunftkritische, um nicht zu sagen vernunftabwehrende Einstellung vor allem auf das Fehlen einer zeitgemäßen naturwissenschaftlichen, besser gesagt: wirklichkeitswissenschaftlichen Bildung und damit auf das Fehlen einer daraus resultierenden rationalen, vernunftgeleiteten Denkweise zurückzuführen ist. Es wird meines Erachtens noch nicht einmal der Versuch gemacht, mit klaren Begriffen die Dinge begründet zu erörtern und konsequent soweit wie möglich zu Ende zu denken. Vielleicht kommt eine psychische Disposition hinzu, sich gern dem Unerklärlichen und Verheißungsvollen zuzuwenden, begünstigt möglicherweise noch durch eine frühkindliche religiöse Erziehung.

Hier stehen sich jedenfalls zwei Positionen gegenüber, die kaum eine gemeinsame Gesprächsgrundlage finden werden. Ich meine, dass eine Denkweise, die mit Offenbarungen, Opfermythen und Dogmen operiert, zu einem mündigen und nachdenkenden, um Wahrhaftigkeit und Widerspruchsfreiheit bemühten Menschen einfach nicht mehr passt, auch wenn gleichzeitig einzuräumen ist, dass unserer Vernunft temporäre und vielleicht auch prinzipielle Grenzen gesetzt sind. Aber eine mögliche Begrenzung der Vernunft rechtfertigt keine willkürlichen Behauptungen und keine bloßen Versprechungen aus überkommener Zeit. Auch hier gilt wohl sinngemäß, was einst der Physiker MAX PLANCK (1858-1947) zur Anerkennung neuer physikalischer Theorien und Sichtweisen gesagt hat:

> »Eine neue wissenschaftliche Wahrheit pflegt sich nicht in der Weise durchzusetzen, daß ihre Gegner überzeugt werden und sich als belehrt erklären, sondern dadurch, daß die Gegner allmählich aussterben und daß die heranwachsende Generation von vornherein mit der Wahrheit vertraut gemacht ist.«[97]

Der Tag wird kommen, an dem die Menschen in Geschichtsbüchern und Museen mit amüsiertem Interesse zur Kenntnis nehmen werden, was einmal als unerschütterliche Wahrheit verkündet wurde, und sie werden feststellen, dass das selbst auf Ideen zutrifft, die einst über zwei Jahrtausende Geltung beanspruchten. Ich fürchte jedoch, dass der Tag, an dem das Interesse an Kirche und Christentum nur noch ein rein geschichtliches sein wird, noch sehr lange auf sich warten lassen wird. Zu gering ist die Bereitschaft unter den Menschen verbreitet, sich mit historischen Fakten und wissenschaftlichen Erkenntnissen auseinander zu setzen und diese Einsichten als maßgebend für ihr Weltbild zu betrachten.

Im Gegenteil – derzeit ist eher eine Zunahme an betont antiwissenschaftlich orientierten und fundamentalistisch auftretenden religiösen Bewegungen zu beobachten. Ich vermute, dass das nur langfristig zu erwartende, allmähliche Verschwinden irrationaler Heilslehren weniger dem direkten Einfluss von Vernunft und Wissenschaft zu verdanken sein wird als vielmehr der Abnahme der praktischen Bedeutung von Religion und Glaube für das alltägliche Leben in einer mehr und mehr wissenschaftlich geprägten und technisch gestalteten Welt.

Je weniger Not und Ungerechtigkeit, je weniger Krankheiten und frühzeitiger Tod die Menschen bedrängen und je mehr es gelingt, den Frieden zwischen den Völkern zu sichern, um so weniger – so meine Hoffnung – werden überkommene Glaubenssysteme noch Zuspruch finden. Die verbleibenden »letzten Fragen«, die unser heutiges und vielleicht auch zukünftiges Wissen über die Welt übersteigen, werden – so langfristig gesehen mein Vertrauen in die Lernbereitschaft der Menschheit – hoffentlich nicht wieder mit angeblichen Offenbarungen und apodiktischen Behauptungen, die aller Vernunft und menschlicher Erfahrung widersprechen, »beantwortet« werden.

Oder sollte alles ganz anders kommen? Werden die kleinen Inseln der Vernunft, die aus dem riesigen Meer der Irrationalitäten aufgetaucht sind, einst wieder »Land unter« melden? Wird der nur mühsam gebändigte Drang des Menschen, sich der Fesseln der Logik und Rationalität zu entledigen, sich wieder Bahn brechen, und werden die Menschen in ihrer übergroßen Mehrheit sich mit dem Unbedachten und nicht zu Ende Gedachten zufrieden geben und weiter dem tradierten Gefühl folgen, dass das Unerklärliche und das Verheißene die eigentliche Wirklichkeit darstellen? Sollten die Menschen in ihrer Mehrheit nicht ohne die Vorstellung leben können, dass in dem Unbegreifbaren und jenseits aller Vernunft die Hoffnung verborgen liegt?

Ich will und kann das nicht glauben, weil ich den Menschen – langfristig jedenfalls – zutraue, dass sie sich bei lebensbestimmenden Fragen zunehmend von ihrem Verstand und wissenschaftlich begründeten Einsichten leiten lassen. Schon jetzt ist zu beobachten, dass immer mehr Menschen Positionen vertreten, die denen entsprechen, die ich im vorliegenden Buch dargelegt habe. Es gibt – neben den bekannten Vertretern des »Neuen Atheismus«, wie R. DAWKINS, S. HARRIS oder CH. HITCHENS, in Deutschland etwa N. HOERSTER oder M. SCHMIDT-SALOMON – inzwischen auch eine bisher kaum thematisierte Atheismus-Bewegung »von unten«, einen »Basis-Atheismus«, wie ich ihn nennen möchte.

Über die Jahrhunderte offenbarten nur ketzerische Theologen und unabhängig denkende Philosophen ihre kirchen- und religionskritischen Auffassungen. Inzwischen entdecken offenbar immer mehr Menschen unterschiedlichster gesellschaftlicher Stellung und beruflicher Orientierung nicht nur den Widerspruch zwischen christlichem Glauben und Vernunft, zwischen biblischer Lehre und eigener Lebenserfahrung, sondern bekunden ihre Gründe für die Abkehr von Religion und Glauben in Wort und Schrift. Das geschieht in Form einer bisher nicht gekannten Vielzahl publizierter religions- und kirchenkritischer Bücher aus der Feder von »Laien« (siehe z. B. unter

»Religions- und Kirchenkritik« bei einem der großen Internet-Buchversendern!), in Form einer Fülle von privat betreuten Internetseiten, die sich der Kritik an Religion und Kirche im weitesten Sinn widmen, in Form von Filmen und Videoclips (siehe z.B. das Internet-Videoportal YouTube), spätabendlichen Dokumentationen und Diskussionsrunden in Rundfunk und Fernsehen mit Ergebnissen, die der Kirche nicht immer angenehm sind. Auch viele Kabarettisten greifen solche Themen inzwischen publikumswirksam auf, denn die Weltferne, Heuchelei und Anmaßung vieler offizieller Vertreter dieser Institution liefern ihnen treffliche Vorlagen für entlarvende Pointen.

Während es früher nur so genannte »gelehrte« Menschen wagten, ihre Kritik am hergebrachten Glauben und Religion überhaupt zu artikulieren, bekennen heute immer mehr Menschen »wie du und ich« ihre Entschlossenheit, auch in Glaubensfragen ihren Verstand mit sprechen zu lassen. Sie besuchen schon lange nicht mehr den sonntäglichen Gottesdienst, treten aus der Kirche aus oder entscheiden sich bewusst für ein alternatives, zum Beispiel humanistisches Lebensmodell. Das kontinuierliche Anwachsen der Zahl der Konfessionsfreien spricht eine deutliche Sprache, konterkariert allerdings zur Zeit durch das vernunftfeindliche Treiben religiöser Fundamentalisten, die leider sogar in meinungsbildenden und politikbestimmenden Schichten unserer Gesellschaft – siehe zum Beispiel die religiösen Ansichten von Bundespräsident Christian Wulff – zu finden sind.

VII.

Überlegungen zu einem alternativen Welt- und Menschenbild

In den Kapiteln I bis IV habe ich den Versuch unternommen, wesentliche Erkenntnisse heutiger Naturwissenschaft zusammenzutragen; jedenfalls solche, die mir für ein Weltbild bedeutsam erschienen und dem heutigen Wissensstand gerecht werden. Vor allem die Einsichten der Astrophysik, der Mikrophysik, der Synthetischen Evolutionstheorie, der Hirnforschung sowie der modernen Soziobiologie sind es, die mein Bild von Mensch und Welt zeichnen. Diese Einsichten bilden die Basis einer – wie man sagt – naturalistischen Weltanschauung. Die Grundaussage des Naturalismus lautet, dass die Naturwissenschaft alles, was für uns erkennbar existiert, also alles Materielle, auch alles Geistige und Moralische, nach Struktur und Funktion im Prinzip erklären kann. Insbesondere auch Geist und Bewusstsein seien Teil der materiellen Natur, somit auch der naturwissenschaftlichen Erforschung zugänglich. Naturwissenschaft ihrerseits gründet auf Logik und Empirie, genauer: Beobachtung, Hypothesenbildung, Experiment und Theoriebildung.

Nach naturalistischer Auffassung bedarf es zur Erklärung der für uns sicht- und erfahrbaren Welt prinzipiell keiner übernatürlichen Phänomene, vor allem gibt es keine Wunder und keine unkörperlichen Wesenheiten. Auch angeblich aus einer jenseitigen Welt empfangene Einsichten und Erleuchtungen gelten als irrelevant, weil nicht überprüfbar und somit als erkenntnisfrei. Ob es über die für uns erfahrbare Welt hinaus noch etwas gibt, was wir möglicherweise prinzipiell nicht erfassen und begreifen können, ist für mich dagegen eine offene Frage. Dass es Dinge »zwischen Himmel und Erde« gibt, die wir derzeit wissenschaftlich nicht erklären und einordnen können, das allerdings steht ohne Zweifel fest.

Betrachtet man die Summe an Erkenntnissen, die die Naturwissenschaften in den letzten hundert Jahren zusammengetragen haben, dann kann man ungeachtet aller bestehender, teilweise sogar gravierender Wissenslücken ohne Überheblichkeit feststellen, dass sich naturwissenschaftliche Methoden zur Erklärung der Welt philosophischen und geisteswissenschaftlichen Methoden gegenüber als überlegen erwiesen haben – trotz der hypothetischen Natur aller Erkenntnis. Und in erster Linie sind es heute die Naturwissenschaften und die aus ihnen hervorgehenden Technologien, die uns mit Fragen gesellschaftlich relevanter Zielsetzungen, des Sinns und der Ethik herausfordern, und nicht die Philosophie und auch nicht die Geisteswissenschaften.

Meine weltanschauliche Position, wie ich sie in den Kapiteln I bis IV eingenommen habe, ist ganz wesentlich von diesen eben skizzierten naturalistischen Grundaussagen bestimmt. In den Kapiteln V und VI habe ich meine Ablehnung des herkömmlichen Gottesbildes und speziell der christlichen Lehre versucht zu begründen. Im vorliegenden Kapitel VII soll gewissermaßen nach vorn geschaut und skizziert werden, was für mich an die Stelle der von mir als überholt und untauglich angesehenen christlichen Lehre treten soll. Überholt ist für mich die aus vor- und frühgeschichtlichen Zeiten stammende Vorstellung eines bestrafenden und belohnenden Gottes und der sich um dieses Gottesbild rankende Opfermythos. Untauglich ist diese Lehre für eine durch Naturwissenschaft und Technik geprägte Welt, die sich unter anderem von einer Vielzahl völlig neuartiger ethisch-moralischer Fragen herausgefordert sieht. Gentechnologie, Reproduktionsmedizin und Hirnforschung seien hier stellvertretend für moderne naturwissenschaftliche Forschungsgebiete genannt, die ethisch-moralisches Neuland betreten. Diese Forschungen werfen Fragen auf, die mit den herkömmlichen, dem christlichen Menschenbild verhafteten Normen meines Erachtens nicht problemangemessen beantwortet werden können. Problemangemessen soll hier heißen: den Bedürfnissen des Menschen gerecht werdend.

Die Frage, ob eine bestimmte gentechnische oder medizinische Aktivität, die unsere derzeitigen christlich-religiös geprägten Auffassungen von Mensch und Leben berührt, zulässig sei – als Beispiel sei etwa die Forschung an menschlichen Embryonen oder die Präimplantationsdiagnostik genannt – wird heute sehr oft mit bloßer Ablehnung beantwortet und mit der fast zur Leerformel gewordenen so genannten Menschenwürde begründet. Hinter dieser Ablehnung verbirgt sich oft uneingestandene Unsicherheit, inwieweit und ob mit dem herkömmlichen Normensystem das infrage stehende Problem überhaupt angemessen erfasst und beurteilt werden kann. Aus Gründen der politischen Opportunität entscheidet man sich dann meist für das Festhalten an herkömmlichen, also meist negierenden Positionen, ohne in der

Regel dafür vernünftige, das heißt abwägende und nachvollziehbare Gründe angeben zu können. Dass eine solche Einstellung den Erkenntnisfortschritt blockiert – ohne ihn langfristig aufhalten zu können! – und mögliche, der Gesundheit und Lebensqualität dienliche Entwicklungen erst einmal verhindert, liegt auf der Hand. Die Frage lautet somit, welches Normen- bzw. Wertesystem kann hier ein auf naturalistischer Basis gründendes Menschen- und Weltbild anbieten.

Eng mit den Grundaussagen eines Menschen- und Weltbildes hängt die Frage nach dem Sinn des Lebens zusammen, insbesondere die Frage, welches Bestreben und welche Bedeutung man dem eigenen Dasein zuschreibt. Der gläubige und sein Leben bewusst im Sinne der christlichen Lehre gestaltende Mensch wird den Sinn seines Lebens in einem nach Gott ausgerichteten und Gott wohlgefälligen Lebenswandel sehen. Er sieht sein Leben als Gottesgeschenk an, unabhängig davon, dass die Wissenschaft den Akt der Menschwerdung durch einen evolutionären Prozess erklären und begründen kann. Das irdische Dasein ist für ihn die Vorbereitung auf ein diesseitiges Leid ausgleichendes und ewiges Leben dereinstmal im Jenseits. All sein Tun und Trachten hier auf Erden ist letztlich an diesem obersten Ziel orientiert. Die meisten Menschen allerdings – das dürfte eine sicher nicht willkürliche Behauptung sein – machen sich in dieser Hinsicht wenig oder keine Gedanken – bis zu dem Zeitpunkt, an dem ein schwerer Schicksalsschlag, wie eine lebensverkürzende Krankheit oder der Tod eines sehr nahe stehenden Menschen, ein Nachdenken über sich und das bloße tägliche Funktionieren auslöst.

Wer die Welt aus naturalistischer Sicht betrachtet und wem das christliche Menschenbild keine akzeptable Sinnperspektive mehr bietet, braucht neue und andere Antworten auf zwei wesensverschiedene Fragen, wenn er denn überhaupt an einer diesbezüglichen Orientierung interessiert ist. Erstens: Was *ist* der Mensch aus der Sicht der heutigen Wissenschaft, speziell der Biologie, Hirnforschung und Soziobiologie? Damit befasst sich die Anthropologie, die Lehre von den Eigenschaften und Verhaltensweisen des Menschen. Während früher fast ausschließlich die Philosophie sich dieser Thematik annahm, kommen heute die entscheidenden Einsichten aus den Naturwissenschaften und aus einer naturwissenschaftlich orientierten Psychologie und Soziologie. Die Frage ist, ob der Mensch in seinem Wesen mehr ist, als man empirisch an ihm feststellen kann. Gibt es ihn kennzeichnende Wesensmerkmale, die er nur sich selbst zuschreibt? Zweitens: Welche Werte und Normen *sollen* für den Menschen heute und zukünftig gelten, wenn herkömmliche, christlich-religiös begründete Maßstäbe für das, was »gut« und »böse« sei – Stichwort Embryonenforschung oder Sterbehilfe –

nicht mehr allgemein akzeptiert werden? Für diese Fragen ist die Ethik zuständig, die Lehre vom richtigen und verantwortungsbewussten Handeln. Auch die Ethik war ursprünglich eine Thematik, die in den Zuständigkeitsbereich der Philosophie fiel, später meldete die Theologie hier ihre Ansprüche an. Inzwischen schickt sich die Soziobiologie an, moralisches Verhalten von Menschen und Gesellschaften als Ergebnis der Evolution zu erklären. Damit ist in jüngster Zeit eine naturwissenschaftlich orientierte Disziplin aufgetreten, die dem Anspruch von Kirche und Religion widerspricht, in Fragen der Moral beziehungsweise Ethik allein als urteilende Erst- und Letztinstanz legitimiert zu sein. Die Soziobiologie widerlegt mit ihren Erkenntnissen die Jahrtausende alte Vorstellung, dass nur Gott als Ursprung aller Moral und Sittlichkeit gelten könne.

Was die erste Frage betrifft, so ist in Kapitel III dargelegt worden, wie Physik und Biologie heute das Entstehen von Welt und Mensch beschreiben und erklären. Welt und Mensch sind – so desillusionierend, ja erschütternd das auch empfunden werden mag – absichtslos entstanden, sie sind das Ergebnis blinder Selbstorganisationsprozesse der Materie, die im Verlauf der Entwicklung zu immer komplexeren Ausformungen führten. Der Mensch als Wesen ist das, was die Evolution als zufälliges Ergebnis hervorgebracht hat, er war weder geplant noch von irgendeiner Instanz »gewollt«. Aber nicht nur das körperliche Werden des Menschen ist in seinem Entstehen entzaubert worden. Die Hirnforschung ist längst dabei, auch den Geist des Menschen als ein erklärbares Phänomen zu betrachten. Das unlösbar erscheinende Leib-Seele-Problem erweist sich zunehmend als Scheinproblem. Die Doppelnatur des Menschen – sowohl ein körperliches wie ein geistiges Wesen zu sein – existiert nur als philosophisch-theologisches Konstrukt. Die Deutung des Menschen als beseeltes Geschöpf Gottes und sein Ebenbild bleibt allenfalls ein poetischer, ein die nur gedachte Seele erwärmender Gedanke.

Die naturwissenschaftlichen, speziell die evolutions- und soziobiologischen Befunde sind immer noch geeignet, bei vielen Menschen größtes Unbehagen, Kränkung oder gar Verzweiflung auszulösen. Aber kann es richtig sein, die Augen vor den Tatsachen zu verschließen und nach dem Motto zu handeln, dass nicht sein kann, was nicht sein darf? Neugierde befriedigendes Erkenntnisstreben, das Verlangen, die Dinge furcht- und kompromisslos bis zu Ende zu durchdenken und intellektuelle Redlichkeit haben ihren emotionalen Preis. Die für viele erschütternde Einsicht, dass wir eigentlich »Bioautomaten« sind, ohne göttlichen Halt und ohne Hoffnung auf dauerhaften Bestand unserer Existenz, verleitet zur Rückkehr in gewohnte und vertraute Denk- und Glaubensmuster und lässt die Sehnsucht nach jenseitiger Verankerung wieder zunehmen. Aber können die tradierten Glaubenssysteme nach allem, was wir inzwischen wissen, noch Orientierung, Sinn und Trost bieten? Besteht die gefühlsmäßig befriedigende Konsequenz wirklich nur in einem resignativen Rückzug in die alten metaphysischen Gedankengebäude, in die Geborgenheit einer nur geglaubten Transzendenz? Sollte es wirklich so sein, dass der Mensch nicht ohne Illusionen leben möchte, vielleicht weil er die Wahrheit nur schwer ertragen kann?

In den folgenden Unterkapiteln möchte ich versuchen, diese Fragen zu beantworten und meine Alternativen aufzuzeigen. Ich werde zunächst für mich klären, was der Sinn des Lebens und speziell der meines Lebens sein könnte. Dabei werde ich sehr wohl registrieren, welche Gedanken andere Menschen dazu äußern und in meine Überlegungen mit einbeziehen. Davon ausgehend werde ich dann die Ideen eines sich neu formierenden Humanismus aufgreifen und jedenfalls den Versuch unternehmen, für mich ein Lebens- und Verhaltenskonzept zu skizzieren, das meinen persönlichen Vorstellungen entsprechen und das Gegenstand einer weiterführenden Diskussion sein könnte. An zwei Beispielen, der Selbstbestimmung am Lebensende und der Präimplantationsdiagnostik, möchte ich mein humanistisches Lebenskonzept punktuell konkretisieren. Das letzte Unterkapitel schließlich wagt unter dem Stichwort Transhumanismus die physische, psychische und soziale Weiterentwicklung des Menschen zu thematisieren und die phantastischen aber auch außerordentlich problematischen Möglichkeiten anzusprechen, die in der geplanten Fortführung der Evolution durch den Menschen selbst liegen könnten.

1. Was ist der Sinn des Lebens?

Die Frage nach dem Sinn allen Seins, nach dem Sinn dieses unseres Kosmos oder nach dem Sinn unseres individuellen Lebens hier auf Erden stellte sich im Rahmen der Überlegungen, die bisher in diesem Buch angestellt wurden, bereits wiederholt. Das so genannte anthropische Prinzip formuliert die These, der Sinn des Universums sei es letztlich, den Menschen als Gott erkennendes Wesen hervorzubringen. Im Rahmen der Evolution stellte sich in ähnlicher Weise die Frage, ob diese ein vorgegebenes Ziel anstrebe und dieser seit Urzeiten währenden Entwicklung mit dem Erscheinen des Menschen einen krönenden Abschluss verleihe. Auch begegneten uns immer wieder die Fragen nach dem Woher und Wohin und dem Warum und Wozu unserer Existenz. Steht also hinter allem kosmischen und irdischen Geschehen eine dem Ganzen Sinn und Bedeutung gebende Instanz, von uns Gott genannt, oder projizieren wir in naiver und unbedachter Weise nur unsere traditionellen Denkmuster auf das Ganze, weil wir gewohnt sind, so zu denken?

Ich meine, dass wir uns eingestehen müssen, dass das Universum nicht teilnimmt an unserem Denken in den Kategorien von Sinn, Bedeutung, Absicht oder Ziel. Es sind Denkmuster, die wir entwickelt haben, um die uns umgebende Welt und die in ihr ablaufenden Prozesse ordnen, uns verständlich machen und deuten zu können. Besonders Vorgängen und Ereignissen, die wir nicht verstehen, versuchen wir eine Bedeutung, einen Sinn zu geben. Das Netz dieser deutenden Begriffe, mit denen wir unsere Welt strukturieren und vor allem interpretieren, existiert in unserem Kopf und nur dort. Diesen Begriffen entsprechen keine in der uns umgebenden Natur objektiv feststellbaren Eigenschaften oder Erscheinungen.

Wenn also die gott- und jenseitsorientierten Deutungsmuster der Religionen uns nicht mehr überzeugen können und wir andererseits vergeblich im Kosmos oder in der uns umgebenden Natur nach einem objektiven Sinn des Seins und unserer irdischen Existenz Ausschau halten, wer oder was hindert uns daran, unserem Leben selbst Sinn und Bedeutung zu geben? Denn wenn ein objektiver Sinn nicht gegeben oder nicht erkennbar ist, so kann ich doch für mich selbst auf vielerlei und individuelle Weise mein Leben einrichten und gestalten, so dass es mich erfüllt, mich zufrieden und vielleicht sogar glücklich macht und mir daher lebenswert erscheint. Dies eventuell in einer so unbekümmerten Art und Weise, dass die Frage nach dem Sinn des Lebens sich gar nicht mehr stellt. So gesehen definierte sich der Sinn des Lebens von allein als das Leben selbst!

Aber vielleicht erscheint eine solche Sinngebung noch zu vordergründig, als dass sie überzeugend und beispielhaft wirken könnte. Ich möchte deshalb zunächst einmal darüber nachdenken, welche Sinngebungen ganz allgemein in Frage kommen könnten.

Ich denke, dass die meisten Menschen von dem Wunsch nach einer als erfüllt empfundenen Lebenspartnerschaft und dem Verlangen nach Nachkommenschaft geleitet werden. Dieses Bestreben hat insofern eine objektive Grundlage, als es unmittelbar aus der biologischen Natur des Menschen folgt. So gesehen besteht der Sinn des Lebens zunächst einmal darin, das Leben weiter zu geben. Über diesen »grundlegenden« biologischen Sinn des Lebens hinaus kann man wohl allgemein sagen, dass Lebenssinn-Begründungen einmal in dem Wunsch nach Entfaltung der eigenen Person, zum andern in der Hinwendung zu anderen Menschen liegen können, aber auch in einem diese Welt hinter sich lassenden Denken und Glauben gesehen werden können.

Geht es einem Menschen mehr um die eigene Person, können zum Beispiel Geld und Besitz, politische Macht oder gesellschaftliches Ansehen das

Ziel sein und damit zu Sinn und Inhalt des Lebens werden, konkretisiert zum Beispiel im Beruf als Unternehmer, Politiker, Wissenschaftler oder etwa als Künstler. Eine andere Ausrichtung des Lebens kann in der unmittelbaren Hinwendung zu anderen Menschen liegen. Das kann die Familie sein, besonders die eigenen Kinder, in denen man sich selbst finden und weiter entwickelt sehen möchte. Das kann sich beispielsweise in dem Anliegen ausdrücken, eigenes Wissen und Können weniger entwickelten Regionen dieser Welt zur Verfügung zu stellen oder zum Beispiel in dem Wunsch, mit medizinischem Wissen Krankheiten in Ländern mit mangelhafter ärztlicher Versorgung zu bekämpfen. Gerade ein medizinisches Studium kann vor allem von dem Willen getragen sein, zukünftig physisches und psychisches Leid lindern zu helfen. Diese Menschen empfinden ihr Leben als erfüllt und sinnhaltig, wenn es ihnen gelingt, ihr Leben leidmildernd in den Dienst anderer Menschen zu stellen.

Eine ganz andere Antwort nach dem Sinn des Lebens suchen jene Menschen, die sich zum Beispiel in die Schriften großer Denker vertiefen und von dem Wunsch beseelt sind, für sich einen gedanklichen oder meditativen Weg zum Ursprung allen Seins zu finden, in dem aller Sinn verborgen sei. Eine über uns hinausweisende Antwort auf die Frage nach dem Sinn des Lebens suchen auch die Menschen, die in einem theologischen Studium oder in einer Religionsgemeinschaft auf Erkenntnis oder Erleuchtung hoffen. Sie glauben die Antwort, die ihrem Leben Sinn und Erfüllung gibt, nur aus einer jenseitigen Welt zu erhalten.

Man erkennt an diesen beispielhaft aufgezählten Fällen, dass es nicht den Sinn des Lebens »an sich« gibt, dass er sich vielmehr in sehr unterschiedlicher Weise realisieren kann: Im sich selbst genügenden praktischen Lebensvollzug, in der Konzentration auf die Entwicklung der eigenen Person, in anderen Fällen vielleicht in einem selbstlosen Einsatz für andere Menschen oder in einem der Welt und ihren Verlockungen entsagenden Vertiefen in philosophisches oder religiöses Denken. Auch wird es oft so sein, dass sich die Vorstellungen von einem mit Sinn und Bedeutung erfüllten Leben mit zunehmenden Alter wandeln. Steht am Anfang eines Lebens die Entfaltung der eigenen Person im Vordergrund, verschiebt sich in späteren Lebensphasen aufgrund von Erfahrung oder gewachsener Einsicht oft der Schwerpunkt hin zu mehr Anteilnahme an anderen Menschen. Alle diese Wege sind legitim, jeder Mensch hat das Recht, sein Leben so zu gestalten, dass er sich in möglichst großer Übereinstimmung mit seinen naturgegebenen Anlagen, seinen Erfahrungen, Wünschen und Hoffnungen erleben kann, vorausgesetzt, dass er dabei die gleichberechtigten Interessen anderer respektiert.

Dabei nehmen selbstverständlich persönliches und kulturelles Umfeld in vielerlei Form auf die individuelle Lebensplanung Einfluss, nicht zuletzt auch deswegen, weil jeder Mensch auch nach Bestätigung in seinem Umfeld sucht. Die so genannte Glücksforschung kann in diesem Zusammenhang zeigen, dass Menschen, die nur nach Ruhm, Geld und Äußerlichkeiten streben, weniger glücklich sind als jene zum Beispiel, die ihrem Leben einen nicht-materiell orientierten Sinn zu geben verstehen.[1]

Illustrieren möchte ich diesen mehr allgemeinen Überblick durch einige ausgewählte Aussagen von Universitätskollegen, die von der Zeitschrift »Forschung und Lehre« in den Jahren 1997 bis 2005 im Rahmen eines biographischen Fragebogens mit der Frage konfrontiert wurden »Was ist der Sinn des Lebens?«. Die jeweils sehr kurzen Antworten lauteten:

> »Verantwortung übernehmen für Familie und Gesellschaft« (Prof. Dr. Detlef Müller-Böling, Centrum Hochschulentwicklung Gütersloh) – »Das Leben selbst« (Prof. Dr. Ina Kersten, Mathematik, Universität Göttingen) – »Es fortzusetzen« (Prof. Dr. Gerd Roellecke, Öffentliches Recht und Rechtsphilosophie, Universität Mannheim) – »Der, den wir ihm selbst geben« (Prof. Dr. Peter Janich, Systematische Philosophie, Universität Marburg) – »Mit den eigenen Talenten einen Mosaikstein für eine bessere Welt setzen« (Prof. Dr. Wolfgang A. Herrmann, Anorganische Chemie, Technische Universität München) – »Zu leben« (Prof. Dr. Walter Krämer, Wirtschafts- und Sozialstatistik, Universität Dortmund) – »Sterben zu können, ohne Versäumtes bereuen zu müssen« (Prof. Dr. Walther Ch. Zimmerli, Systematische Philosophie, Universität Marburg) – »Nach dem Sinn zu suchen« (Prof. Dr. Hans-Jürgen Quadbeck-Seeger, Leiter der Forschung der BASF) – »... die Entfaltung der eigenen Talente zum gemeinen und zum eigenen Wohl« (Prof. Dr. Gesine Schwan, Präsidentin der Europa-Universität Viadrina, Frankfurt/O.) – »Schönheit und Glück genießen, Leid ertragen und für Gerechtigkeit eintreten« (Prof. Dr. Bernd Rüthers, Zivilrecht und Rechtstheorie, Universität Konstanz) – »Diesen zu finden« (Prof. Dr. Harald Fritsch, Theoretische Physik, Ludwig-Maximilians-Universität München) – »Wahrheitssuche« (Prof. Dr. Bassam Tibi, Internationale Beziehungen, Universität Göttingen) – »Danach zu suchen« (Prof. Dr. Hans-Dieter Rinkens, Mathematik und ihre Didaktik, Universität-Gesamthochschule Paderborn) – »Gebraucht werden« (Prof. Dr. phil. Norbert Bolz, Philosophie, Universität Gesamthochschule Essen) – »Die eigene Vergänglichkeit akzeptierend sich für diese Welt zu engagieren« (Prof. Dr. Johanna Wanka, Ministerin für Wissenschaft, Forschung und Kultur des Landes Brandenburg).[2]

Die Befragten sind nach Anzahl und Auswahl nicht repräsentativ, ihre Antworten sind daher nur als persönliche zu werten und sollten nicht verallgemeinert werden. Auffällig ist, dass die hier sich Äußernden die Suche nach dem Lebenssinn und dessen konkrete Ausgestaltung dem Einzelnen überlassen, mehrheitlich aber anklingen lassen, dass helfendes Engagement für den anderen eine dem Sozialwesen Mensch natürlicherweise zukommende Möglichkeit darstellt, ein sinnerfülltes Leben zu führen. Denn als persönliche

Bereicherung empfinden es sicherlich die meisten Menschen, wenn sie das Gefühl haben, »gebraucht zu werden«. HEIKO ERNST, Chefredakteur der Zeitschrift »Psychologie Heute«, meint in einem Gespräch unter Bezug auf neuere wissenschaftliche Erkenntnisse,

> »... dass wir am glücklichsten sind, wenn wir im Einklang mit anderen leben, wenn wir Anerkennung und Respekt durch andere erfahren, wenn wir lieben können. Denken wir an Freuds Definition von geistiger Gesundheit: Lieben und arbeiten können. Zwischen diesen beiden Säulen, Selbstverwirklichung in der Arbeit, Zugewandtheit in der Liebe, eine Balance herzustellen, das ist die Grundlage guten menschlichen Lebens.«[3]

Ich identifiziere mich mit jenen oben zitierten Äußerungen, die den Sinn des Lebens im Leben selbst und dessen praktischen Vollzug suchen und das auch so ausdrücklich formulieren. Ich wehre mich gegen eine über Leben und Diesseits hinaus weisende Sinnzuschreibung. Sie erscheint mir aus schon genannten Gründen nur behauptet und daher willkürlich. Dabei bleibt zunächst offen, wie dieses Leben dann tatsächlich zu gestalten ist, damit es als sinnerfüllt erlebt werden kann. Dies wird letztlich vom Charakter des Einzelnen abhängen und insofern immer eine sehr individuelle Ausprägung erfahren. Dennoch setzt die biologische und soziale Natur des Menschen Bedingungen, die für jeden Menschen gültig sind und sein Verhalten bestimmen. Jeder Mensch strebt nach Lust und Freude und sucht nach Glück, wie immer es auch individuell ersehnt werden mag; und fast jeder Mensch hat ein ihm innewohnendes Bedürfnis, anderen nahe zu sein und ihnen in Not und Leid beizustehen, vorausgesetzt, dass er nicht durch eine den Andersdenkenden und Andersgläubigen verketzernde Religion indoktriniert oder durch ein totalitäres Erziehungssystem systematisch psychisch deformiert wurde. Egoismus und Selbstlosigkeit sind durch die Evolution in eine eindrucksvolle Balance gebracht worden, die zwar ständig gefährdet ist, die uns aber den Weg weist zu einer Gesellschaft, in der das eigene Glück und zugleich das des Anderen am besten gedeihen.

Im Folgenden möchte ich zwei Autoren zitieren, die sich humanistischen Idealen verpflichtet fühlen und die auch meine Einstellung zum Sinn des Lebens und wie dieses zu gestalten sei, eindrucksvoll und verständlich formulieren. Es sind der Schriftsteller und Philosoph MICHAEL SCHMIDT-SALOMON und der australische Philosoph und Bioethiker PETER SINGER. Beide betonen den engen Zusammenhang zwischen dem eigenen Glück und dem des Anderen.

MICHAEL SCHMIDT-SALOMON:

> »... (wir werden) den Sinn des Lebens nicht *außerhalb des Lebens selbst* finden können. ... Wer *nach dem Sinn sucht*, muss vor allem *in den Sinnen suchen*, denn *Sinn erwächst aus Sinnlichkeit*. Völlig zu Recht stellte schon Epikur fest: ›Ich weiß

nicht, was ich noch als Gutes ansehen soll, wenn ich die Freuden des Geschmacks, die Freuden der Liebe, die Freuden des Gehörs, schließlich die Erregungen beim Anblick einer schönen Gestalt abziehe.‹« Etwas später heißt es: »Schon vor mehr als 2300 Jahren machte Epikur auf den tiefen *Zusammenhang von Glückseligkeit und Gerechtigkeit* aufmerksam, indem er darauf hinwies, dass allein der ›gerechte Mensch ... sich des Seelenfriedens erfreut, während der ungerechte übervoll ist von Unfrieden‹. Epikur verstand unter Gerechtigkeit keine hohle, vorgegebene Tugend, sondern – ganz modern! – eine praktische ›Übereinkunft, die einen Nutzen im Auge hat, nämlich einander nicht zu schädigen‹. Als höchstes Gut pries Epikur die Vernunft, denn nur sie – so meinte er – könne uns lehren, ›dass man nicht freudvoll leben kann, ohne vernünftig, anständig und gerecht zu leben, aber auch nicht vernünftig, anständig und gerecht, ohne freudvoll zu leben‹.« (Hervorhebungen in der Zitat-Quelle)[4]

Diese im »lustvollen Genuss« zum Ausdruck kommende Lebenseinstellung wird in der Philosophie als »hedonistisch« bezeichnet. Der Hedonismus ist die philosophische Lehre, die die »Lust« (beziehungsweise die Vermeidung von Unlust) als entscheidende Triebkraft allen menschlichen Handelns und Verhaltens ansieht. Das klingt zunächst wenig edel, geradezu animalisch. Aber wenn man sich selbst einmal beobachtet, wird man schnell feststellen, dass man sich genau so verhält. Wir handeln stets so, dass unser Tun von möglichst vielen angenehmen Gefühlen begleitet wird. Wenn das nicht möglich ist, versuchen wir wenigstens zu erreichen, dass möglichst wenig Unlustgefühle entstehen. Selbst dann, wenn eine Tätigkeit keine Freude macht, geschieht das in der damit verbundenen Erwartung zukünftiger Freude oder dient wenigstens der Vermeidung noch größerer Unlust. Unser instinktives Bestreben ist, wann immer wir handeln oder mit anderen Menschen zu tun haben, jetzt oder in baldiger Zukunft in uns ein Maximum an Lust- beziehungsweise Glücksgefühlen zu erreichen. Dazu versuchen wir, uns unter den gegebenen Umständen stets so einzurichten, dass wir uns so wohl wie möglich fühlen können. Salopp und unbekümmert verdichten nicht wenige Menschen ihre Lebenseinstellung zu den bekannten Lebensregeln: »Das Beste daraus machen« und »Leben und leben lassen«.

Nun muss man einräumen, dass eine solche, hedonistisch genannte Lebensauffassung, die in erster Linie nach Lust und Genuss, Wohlbehagen und persönlichem Glück strebt, aus ethisch-moralischer Sicht zunächst fragwürdig erscheint und sehr egoistisch anmutet. Aber wie der eben zitierte griechische Philosoph EPIKUR (341-271 v. Chr.) ausdrücklich betonte, bedingen sich mein Glück und das meines Nachbarn. Es liegt also in meinem eigenen Interesse, dass es nicht nur mir, sondern auch meinen Mitmenschen gut geht, denn dann lebe auch ich in einer zufriedeneren Umgebung, was wiederum mein Wohlergehen begünstigt. Das heißt, ein so verstandenes hedonistisches Lebenskonzept verlangt geradezu die Mitwirkung am Glück und Wohlergehen meiner Mitmenschen und begründet – so paradox das klingen mag – Solidarität und Fürsorge. In diesem »aufgeklärten Egoismus« liegt übrigens eine rationale Begründung für die als Sozialhilfe gewährte Form der Unterstützung an bedürftige oder gestrauchelte, ja selbst an arbeits- und anstrengungsunwillige Menschen. Nicht nur Barmherzigkeit sondern auch wohlverstandenes Eigeninteresse der Gesellschaft ist ein Motiv.

Dass die Vorstellungen und Maßstäbe für das, was als zufriedenstellend angesehen wird, sehr weit auseinander klaffen, können wir täglich sehen. Das hängt unter anderem auch damit zusammen, dass Zufriedenheit und Glück bekanntlich keine absoluten Größen darstellen, sondern außerordentlich subjektiv erhofft und erlebt werden. Für den einen ist es die sehnlichst erwartete Geburt eines Kindes, für den anderen der lang erträumte Lebenspartner, für den dritten der mühsam erarbeitete Doktortitel, den er nun endlich tragen darf, für den vierten der Zustand der Gesundheit nach langer Krankheit oder einfach nur Schmerzfreiheit. Aber auch das tägliche »kleine Glück« kann es sein: das neue Auto, das vor der Tür steht, der Genuss eines außergewöhnlichen Weines, der Sieg der eigenen Fußballmannschaft zum Beispiel oder die Lektüre eines lange gesuchten Buches.

Ganz entscheidend für das empfundene Glück ist die Vorstellung von dem, was man überhaupt für möglich hält und die relative Größe der Verbesserung verglichen mit dem vorherigen Zustand. Aber auch der Vergleich mit den Menschen meiner Umgebung kann für mein Glücksempfinden eine wichtige Rolle spielen. Je kleiner oder größer der Abstand zu jenen, mit denen ich mich vergleiche, um so glücklicher beziehungsweise unglücklicher fühle ich mich möglicherweise.

Wenn eine praktische Philosophie wie der Hedonismus Zufriedenheit und Glück als Merkmale eines erfüllten Lebens ansieht, ist damit noch nicht erklärt, wie dieser Zustand erreicht werden kann. Was kann ich also tun, damit die Voraussetzungen für ein solches Leben geschaffen werden?

Eine selbstverständliche Basis für ein zufriedenes, möglichst glückserfülltes Leben besteht – so banal es auch klingen mag – in der Verfügbarkeit von Nahrung und Wohnung. Genau so elementar und wichtig, wenn nicht noch entscheidender, sind körperliche und seelische Gesundheit, zu der vor allem auch das Freisein von körperlichen und seelischen Schmerzen gehört. Nahrung, Wohnung und Gesundheit sind Güter, um die der Mensch sich zeitlebens bemühen, wenn nicht gar kämpfen muss.

Religionen haben den Menschen in Not und Verzweiflung vielleicht trösten können und in manchen Fällen heilende psychische Kräfte freigesetzt, dauerhafte Hilfe haben Menschen nur durch andere Menschen, vor allem durch die Wissenschaften erhalten. Insbesondere Medizin und Landwirtschaft haben aufgrund naturwissenschaftlicher Forschung in den letzten 150 Jahren Gesundheit und Lebensstandard der Menschen besonders im europäischen und nordamerikanischen Raum nachhaltig verbessert. Jeder Mensch, der durch seinen Einsatz anderen Menschen zu mehr lebensnotwendiger Nahrung, zu besseren Wohnverhältnissen und zu mehr Gesundheit und Schmerzfreiheit verholfen hat, hat zu dessen Lebensglück beigetragen und hat damit seinem eigenen Leben ein wenig mehr Bedeutung und Sinn gegeben. (Besonders Entwicklung und Einsatz von schmerzstillenden Medikamenten bei schweren Krankheiten und lebenserhaltenden Operationen sind in ihrer Leid vermeidenden und Lebensqualität und damit Lebensglück ermöglichenden Wirkung überhaupt nicht zu überschätzen!) Sind die Grundbedürfnisse befriedigt und kann sich der Mensch frei von Zwang entfalten, werden sich die individuellen Vorstellungen von einem erfüllten Leben weit auffächern und geben ihm dann vielerlei Gelegenheit, zum Lebensglück auch des Anderen beizutragen.

In einem Beitrag, den er kennzeichnenderweise mit der Überschrift versehen hat »Je mehr wir für andere leben, desto zufriedener leben wir« schreibt PETER SINGER (*1946):

> »... unser Leben und was wir damit anfangen, kann für andere einen großen Unterschied ausmachen, und weil das so ist, können wir unser Leben so gestalten, dass es zählt, dass es wirklich von Bedeutung ist. Um es ganz einfach auszudrücken: Es gibt Milliarden von lebenden und fühlenden Wesen. Für jedes von ihnen kann das Leben gut oder schlecht verlaufen. Sie können gezwungen sein, elende Qualen zu erleiden, oder sie können ein Leben führen, das angenehm, vielleicht sogar voller Freude ist. Obwohl Schmerz nicht immer nur etwas Negatives sein muss – weil Gutes daraus entstehen kann – sind Schmerz und Leiden in sich immer schlimm. ... Dies kann einfach nicht bestritten werden, wenn wir die Sache von einem allgemeinen Standpunkt aus betrachten. Wir alle wünschen, dass unsere Schmerzen aufhören, falls wir nicht hoffen, dass etwas Gutes daraus entsteht, das höher ist; es gibt jedoch keinen Grund dafür, dass – von einem universalen Standpunkt aus gesehen – unsere eigenen Schmerzen und Leiden wichtiger sein sollten als die Schmerzen und Leiden anderer. Infolgedessen kann unser Leben zumindest diesen Sinn haben: Wir können die Welt ein klein wenig besser hinterlassen, als sie es gewesen wäre, wenn wir nie existiert hätten. Wir können dies erreichen, indem wir die Schmerzen und Leiden der Geschöpfe in der Welt verringern; oder umgekehrt, indem wir ihnen zu mehr Glück und Freude verhelfen.«[5]

Die beiden Handlungsdimensionen »Schmerzen und Leiden verringern« und »zu mehr Glück und Freude verhelfen« spannen das ganze Spektrum an Möglichkeiten auf, im Interesse des Nächsten bewusst tätig zu werden – ob zum Beispiel als Arzt oder als Seelsorger, als Wissenschaftler oder als Künstler, als Politiker oder als Geschäftsmann, als Vorgesetzter oder als Nachbar.

Ein Idealfall dürfte vorliegen, wenn sich Beruf, sprich Broterwerb, und Lebensziel miteinander verbinden lassen. Etwas später im Text schreibt SINGER:

> »Wir alle können uns und unsere Bemühungen mit der langen Tradition von Menschenfreunden in Einklang bringen, die versucht haben, die Welt ein bisschen besser zu machen. Sobald wir dies einmal verstanden haben, brauchen wir uns keine Gedanken mehr über einen Mangel an Sinn in unserem Leben zu machen – auch werden wir kaum noch Zeit haben, darüber nachzudenken. Da ist einfach zu viel zu tun. Menschen, die gelangweilt sind, die unter einem Gefühl der Sinnlosigkeit leiden, die meinen, sie seien bedeutungslos, sind oft die Gefangenen ihrer eigenen selbstbezogenen Wünsche. Unsere eigenen Freuden sind nicht weniger wert als die von anderen, aber für diejenigen unter uns, die ein bequemes Leben in einer entwickelten Überflussgesellschaft haben, ist das Vergnügen, das sie aus selbstbezogenen Aktivitäten ziehen können, relativ unbedeutend im Vergleich zu dem, was sie für andere tun können. Diejenigen, denen ein Ziel in ihrem Leben fehlt, müssen begreifen, dass das, was sie mit ihrem Leben anfangen, einen wirklichen Unterschied ausmachen kann. Sie werden dann ein merkwürdiges Paradox entdecken, über das sich schon viele Schriftsteller geäußert haben: Je mehr man für andere tut, desto befriedigender wird das eigene Leben.«

Bemerkenswert erscheint mir, wie hier ein weltweit bekannter und beachteter, wenn auch von christlich-religiöser Seite heftig kritisierter Philosoph in ganz einfachen Worten etwas ausdrückt, was für mich überzeugender kaum gesagt werden kann und wofür große Denker der Antike oder Neuzeit oft umständlich und aufwändig formulierte Schriften erstellt haben. Es ist also einfach, ein »guter Mensch« zu sein. Man bemerkt in der Tat an sich selbst: Wer sich sozial engagiert und anderen hilft, fühlt sich wohler, weil er mit guten Gefühlen belohnt wird. Muss man dazu ein »Christ« sein?

Der Sinn des Lebens besteht somit für mich – so schlicht es sich auch anhören mag – in dem Bestreben, ein Leben zu führen, das ich als möglichst glücklich und erfüllt empfinde, und dabei stets bemüht zu sein, im Rahmen meiner Möglichkeiten auch anderen Menschen zu Glück und Freude zu verhelfen. Und dort, wo es nötig und mir möglich ist, möchte ich dazu beitragen, Leid und Schmerz anderer Menschen, wie überhaupt jedes empfindenden Wesens, zu mindern. Ein Beitrag in diesem Sinne mag zum Beispiel die Mitwirkung an einem gemeinnützigen Vorhaben sein, als Aktivität zusammen mit gleichgesinnten Menschen oder als Engagement als Einzelner, der nicht nur für sich leben, sondern sich auch um andere kümmern will. Sei es durch Hilfe für Kranke, für allein gelassene Opfer von Verbrechen oder für Menschen, die das »Schicksal« sehr benachteiligt hat, sei es als Einsatz für Menschen, die mit ihrem Leben nicht so gut zurecht kommen wie man selbst, oder vielleicht in Form der Unterstützung von Kindern, deren Lebensumstände wenig Freude und Glück aufkommen lassen.

Das Gefühl für andere wichtig zu sein und gebraucht zu werden, erfüllt viele Menschen mit Genugtuung. Wenn es nicht die eigene Familie ist, dann können es Menschen sein, die meiner Unterstützung bedürfen. Vielleicht ist es auch ein ganz persönlicher Beitrag gegenüber der Gesellschaft in Form eines irgendwie gearteten Werks, das anderen Menschen zu mehr Lebensfreude verhilft. Zwischen den beiden Polen »Glück mehren« und »Leid mindern« gibt es eine große Fülle von Möglichkeiten, sich »sinnvoll« zu betätigen, das heißt, dem eigenen Leben Bedeutung zu geben und dabei selbst Befriedigung zu empfinden.

Abschließend noch dies: Ich habe in diesem Buch mit grundsätzlicher Kritik an Kirche und Christentum nicht gespart und habe meine Ablehnung dieser Religion sehr deutlich zum Ausdruck gebracht. Was ich aber mit Respekt anerkenne, ist die praktische Hilfe, der tatsächlich »Leid mindernde und Glück mehrende« Dienst von ungezählten Pfarrerinnen, Pfarrern, Nonnen, Diakonissinnen und anderer Menschen, die aufgrund ihrer christlichen Einstellung Nächstenliebe praktizieren. Auch andere Religionsgemeinschaften könnten hier genannt werden. Die Motive unseres Handelns mögen mitunter ganz unterschiedliche sein, es zählt allein, was der Schriftsteller ERICH KÄSTNER (1899-1974) einst so formulierte: Es gibt nichts Gutes, außer man tut es. Die Geschichte vom barmherzigen Samariter – sie steht im Lukas-Evangelium in Kapitel 10, Vers 25-37 – ist hier ein schönes Beispiel für Nächstenliebe: Dem Andern selbstlos helfen, weil er leidet, gleichgültig von welcher Stammeszugehörigkeit oder religiösen Auffassung er ist. In einer solchen Praxis sehe ich eine bemerkenswerte Gemeinsamkeit auch mit einem mir ansonsten fernstehenden christlichen Glauben.

2. Bekenntnis zu einem humanistischen Lebenskonzept

Ich habe nicht die Vorstellung von einem Gott, der über mir steht und mir dereinst das ewige Leben schenken wird, sofern ich mich denn dieser Gnade überhaupt würdig erwiesen hätte. Ich habe die Erkenntnis meiner endgültigen Sterblichkeit akzeptiert und versuche beziehungsweise versuchte, dieses eine Leben so zu gestalten, dass ich es später rückblickend als zufriedenstellend, in manchen Lebensphasen vielleicht sogar als erfüllt im schönsten Sinne des Wortes betrachten kann. Wenn es mir darüber hinaus immer mal wieder gelungen sein sollte, anderen Menschen zur Verbesserung ihrer Lebenssituation und zu mehr Freude in ihrem Leben verholfen zu haben, dann hätte ich das Gefühl, im Rahmen der mir gegebenen Möglichkeiten ein Leben geführt zu haben, das eine gewisse Bedeutung gehabt hat.

Nun muss ich allerdings gestehen, dass ich nach einem Dreivierteljahrhundert gelebten Lebens in der Situation bin, inzwischen mehr zurück als nach vorn zu schauen. Insofern kann ich vieles von dem, was ich bisher über ein sinnvolles und erfülltes Leben gesagt habe, gar nicht mehr selbst umsetzen. Ich denke, dass dies der Tatsache geschuldet ist, in einer Zeit zu leben, in der die alten, wie selbstverständlich christlich-kirchlich bestimmten Lebenskonzepte noch wirken, während die neu aufkeimenden, sich davon emanzipierenden und durch wissenschaftliche Erkenntnisse geprägten Modelle noch nicht genügend entwickelt oder bekannt waren, um als Alternativen zur Verfügung zu stehen. Viel zu spät ist mir dieser Umstand klar geworden. Menschen der kommenden Generationen werden es leichter haben, sich der Aufgabe bewusst zu werden, dass sie selbst ihrem Leben Sinn geben und sich daher frei machen müssen von ungewollt übernommenen traditionellen Vorgaben. Mir bleibt nur übrig, mich in der verbleibenden Zeit nach einem Lebenskonzept auszurichten, das den oben und nachfolgend beschriebenen grundsätzlichen Einsichten so weit wie möglich gerecht wird.

Konkret sehe ich ein solches Lebenskonzept im Humanismus formuliert, der in seiner neuzeitlichen Form ein wissenschaftlich fundiertes Menschenbild mit einer diesseitig begründeten Ethik verbindet und dessen Leitprinzip die Selbstbestimmung ist. Der Humanismus der Aufklärung war philosophisch-geisteswissenschaftlich ausgerichtet und entwickelte sich in der Auseinandersetzung mit der christlichen Lehre. Der sich formierende neue Humanismus begründet seine Auffassungen über das menschliche »Sein und Sollen« weniger aus der Gegnerschaft zu Kirche, Christentum und Religion allgemein, sondern leitet zum einen seine Vorstellungen aus den Erkenntnissen der heutigen Naturwissenschaften, speziell der Kosmologie, Evolutionsbiologie, Genetik und Hirnforschung ab. Zum anderen liegen seinem Moral- bzw. Ethikkonzept nicht mehr die angeblich metaphysisch vorgegebenen Kategorien »gut«, »böse« oder »schuldig« zu Grunde, sondern solche, die unmittelbar an den realen, tatsächlichen Interessen und Bedürfnissen der Menschen orientiert sind.

Das in Kapitel V, 3 »Ist Moral ohne Gott möglich?« dargestellte Prinzip Fairness mit den Beurteilungskriterien »fair« beziehungsweise »unfair« bei der Lösung von Interessenkonflikten, die zwischen Menschen natürlicherweise bestehen, scheint mir ein sehr gelungener, dem Menschen gerecht werdender Ansatz zu sein. Im Zentrum meines humanistischen Konzepts steht jedenfalls für mich der Satz, der in den Ohren vieler Menschen wie eine Provokation klingen mag, dass der Mensch das Maß aller Dinge sei und nicht eine vermeintlich über uns stehende jenseitige Instanz. Dabei bin ich mir sehr wohl bewusst, welche Gefahr darin bestehen könnte, an die Stelle einer »göttlichen Autorität« den Menschen zu setzen. Aber nicht einzelne Menschen sollen hier über grundlegende Normen entscheiden sondern miteinander kommunizierende Menschen, die aufgrund von Sachverstand, Lebenserfahrung und Folgenabschätzung wägen und urteilen. Insofern hätten Ethik-Kommissionen, wie sie derzeit im gesellschaftspolitischen Raum existieren, ihre Berechtigung, wenn sie denn tatsächlich ein Spiegelbild wären der moralisch-ethischen bzw. weltanschaulichen Auffassungen der Bürger der Bundesrepublik Deutschland und nicht einseitig religiös dominiert wären.

Nun könnte man einwenden, dass das Fairness-Prinzip mit seinen Prinzipien »fair« und »unfair« und weitere damit zusammenhängende Normen ebenso willkürlich gesetzt seien wie das oben abgelehnte Schuldprinzip und weitere religiös motivierte Normen. Der Einwand ist berechtigt, tatsächlich sind auch diese Setzungen willkürlich erfolgt. Auch der Satz, dass der Mensch das Maß aller Dinge sei, ist lediglich die Spiegelung der Behauptung, dass ein göttliches Gesetz die oberste Richtschnur menschlichen Verhaltens sei. Es ist daher an dieser Stelle notwendig, sich darüber klar zu werden, wie menschliche Normen, Gesetze und Verhaltensregeln zu Stande kommen: Sie werden in der Tat gesetzt beziehungsweise gefordert oder aus übergeordneten, ebenfalls gesetzten Normen und Regeln abgeleitet. Sind sie deshalb willkürliche Setzungen? Ja und nein. Sie sind insofern willkürlich, als sie letztlich nicht logisch oder wissenschaftlich bewiesen oder widerlegt werden können wie zum Beispiel ein mathematischer Satz oder ein physikalisches Gesetz. Sie müssen dennoch nicht beliebig sein, weil sie mit dem Anspruch – ebenfalls eine Setzung! – verknüpft sein können, unmittelbar einsichtig und in ihren Konsequenzen zustimmungsfähig zu sein.

Wir können uns das am Beispiel der so genannten Menschenrechte verdeutlichen. Die »Allgemeine Erklärung der Menschenrechte« wurde 1948 von den Vereinten Nationen verkündet und ist damit Grundlage des heute gültigen Völkerrechts geworden. Der Grundgedanke dieser Erklärung kommt gleich in den ersten drei Artikeln zum Ausdruck, dass nämlich

> »alle Menschen frei und gleich an Würde und Rechten geboren sind« (Artikel 1),
>
> und zwar »ohne irgendeinen Unterschied, etwa nach Rasse, Hautfarbe, Geschlecht, Sprache, Religion, politischer oder sonstiger Überzeugung, nationaler oder sozialer Herkunft, Vermögen, Geburt oder sonstigem Stand« (Artikel 2),
>
> und »jeder hat das Recht auf Leben, Freiheit und Sicherheit der Person« (Artikel 3).

Allgemeine Menschenrechte wurden erstmals in der amerikanischen Unabhängigkeitserklärung von 1776 formuliert. Dort heißt es ebenso bestimmend:

»Wir halten diese Wahrheiten für ausgemacht, dass alle Menschen gleich erschaffen wurden, dass sie von ihrem Schöpfer mit gewissen unveräußerlichen Rechten begabt wurden, worunter Leben, Freiheit und das Streben nach Glückseligkeit sind.«[6]

Bemerkenswert erscheint mir, dass schon damals das »Streben nach Glückseligkeit« als ein selbstverständliches Menschenrecht angesehen wurde.

Betrachtet man diese beiden Menschenrechts-Erklärungen näher, so wird man feststellen, dass sie lediglich Forderungen und Bekenntnisse darstellen. Diese können nicht bewiesen, sie können nur verlangt oder behauptet werden. Trotzdem hat man das ausgeprägte und sichere Gefühl, dass man ihnen spontan zustimmen kann, ja zustimmen muss, so einleuchtend und so nachvollziehbar sind sie und so wünschenswert in ihren Konsequenzen. Ich sehe in diesem intuitiv erfolgenden Einverständnis einen Hinweis darauf, dass die Evolution in uns die elementare Veranlagung entwickelt hat, in dem anderen ein Wesen zu sehen, das mit den gleichen Bedürfnissen und Interessen auf der Welt ist wie ich selbst. (Die Tatsache einer moralischen Grundausstattung als Ergebnis der Evolution kam ja bereits in Kapitel V,3 zur Sprache!)

Die ethisch-moralische Komponente des Humanismus gründet ebenfalls auf Forderungen, die gesetzt wurden aufgrund unmittelbar einsichtiger Überlegungen und übrigens meist bitterer Lebenserfahrungen. Es sind gewissermaßen Letztbegründungen, die ihrerseits nicht weiter legitimiert werden können, sondern die Basis für Begründungen darstellen. Lediglich an ihren Folgerungen wird erkennbar, ob sie dem angestrebten Ziel eines menschengerechten Zusammenlebens dienlich sind. Dieses Ziel ist wiederum auch eine Setzung. Es rechtfertigt sich aber dadurch, dass es sich um ein in der Natur des Menschen angelegtes, ganz grundlegendes Verlangen handelt.

Da ethisch-moralische Forderungen nur gesetzt und letztlich nicht begründet, allenfalls einsichtig und zustimmungsfähig gemacht werden können, ist es aus Gründen der anzustrebenden Widerspruchsfreiheit und Übersichtlichkeit sinnvoll, möglichst grundlegende und möglichst wenige solcher Forderungen aufzustellen. Diesen Versuch hat zum Beispiel M. SCHMIDT-SALOMON unternommen und folgende – wie er sie nannte – Humanistische Basis-Setzung formuliert:

»Alle Menschen sind gleichberechtigt und frei in ihrem Streben, ihre individuellen Vorstellungen vom guten Leben im Diesseits zu verwirklichen, sofern dadurch nicht die gleichberechtigten Interessen anderer in Mitleidenschaft gezogen werden, und es ist die unaufkündbare Aufgabe eines jeden Menschen mit allen zur Verfügung stehenden Kräften dazu beizutragen, dass möglichst wenigen (im Idealfall: niemandem) die Inanspruchnahme dieses fundamentalen Rechts versagt bleibt.«[7]

Diesen Satz setzt er als »wahr« und universell gültig, er kann nicht bewiesen und soll auch nicht weiter zurückgeführt werden, er fungiert gewissermaßen als »moralisches Axiom« (Letztbegründung). Kommentierend fügt SCHMIDT-SALOMON hinzu:

> »Aus dem Recht, dem Anspruch auf die Möglichkeit der Verwirklichung individueller Lebenskonzepte, einem Recht, das für alle gilt, erwächst auch eine Pflicht, die für alle gelten muß: Der radikale Humanismus der Neomoderne verpflichtet den Menschen dazu, nicht nur Rücksicht auf die gleichberechtigten Ansprüche anderer zu nehmen, sondern auch nach Kräften verändernd tätig zu werden, wenn erkennbar ist, daß die Rechtsansprüche anderer ungerechtfertigt durch direkte, strukturelle oder kulturelle Gewalt bedroht werden.«

Zu betonen ist mit SCHMIDT-SALOMON zweierlei: 1. Eine solche Form humanistischer Ethik macht ihre Letztbegründung, auf der sie aufbaut, bewusst sichtbar, damit »einsehbar«, aber im Zweifel auch diskutier- und kritisierbar. 2. Ethik ist nichts Heiliges und Unantastbares mehr – im Gegensatz zur herkömmlichen Moral, die vermeintlich im als absolut gesetzten Göttlichen gründet und damit als heilig und unantastbar gilt – sondern wird zu einem Instrumentarium des ehrlichen und fairen Miteinanderumgehens, das unter veränderten Umständen erforderlichenfalls auch revidiert werden kann.

Der Mensch muss sich also seine ethischen Normen und Regeln selbst geben. Die »Amerikanische Unabhängigkeitserklärung« und die »Allgemeine Erklärung der Menschenrechte« haben gezeigt, dass das funktioniert und dass man dabei auf große allgemeine Zustimmung treffen kann. Die Missbilligung von kirchlicher Seite an der angeblichen Selbstherrlichkeit des Menschen lautet, dass »eine solche Ethik sich nur noch an den tatsächlichen oder mutmaßlichen Interessen orientiere, die ein Mensch habe«.[8] Von einem Humanisten würde das eher nicht als Kritik aufgefasst, sondern als Bestätigung des Grundsatzes, dass der Mensch – immer mit Blick auf die Verantwortung auch für den anderen – das Maß der Dinge sei und nicht eine behauptete, nicht erkennbare Instanz über uns.

Der hier skizzierte Humanismus versteht sich somit als eine weltliche Alternative zur Religion, als eine Weltanschauung, die ohne Priester und Propheten auskommt, kein angeblich von Gott diktiertes heiliges Buch kennt, ihr Wissen über die Welt und den Menschen aus den Naturwissenschaften gewinnt, sich von überkommenen, metaphysischen Moralvorstellungen löst, stattdessen ethische Normen an den fundamentalen Bedürfnissen und Interessen der Menschen orientiert. Wie schon öfter festgestellt, bezeichnet sich etwa ein Drittel(!) der Bundesbürger als konfessionslos. Sehr viele von ihnen praktizieren eine humanistische Lebensweise, in vielen Fällen jedoch lediglich aus Unkenntnis ohne ausdrücklichen Bezug auf humanistische Prinzipien der eben geschilderten Art. Gefragt danach würden sie sich vielleicht als Atheisten bezeichnen oder als Agnostiker, also als jemand, der die Frage nach Gott als nicht entscheidbar ansieht. Sie alle gehören zu jener großen Zahl von Menschen, die im öffentlichen Bewusstsein aufgrund der ungerechtfertigt dominierenden medialen Präsenz der Kirchen die Rolle einer angeblich zu vernachlässigenden Randgruppe spielen müssen, dennoch inzwischen in Wissenschaft, Literatur und nicht zuletzt im Kulturteil anspruchsvollerer Zeitungen höchst aktiv sind.

1993 wurde der »Humanistische Verband Deutschlands (HVD)« gegründet. Der HVD versteht sich als eine nicht-religiöse Alternative zu den christlichen Kirchen. Entsprechend dem anspruchsvoll gesetzten Ziel existiert ein umfangreiches und alle Lebensbereiche und Lebensstationen abdeckendes Angebot an Dienstleistungen, das von Kindertagesstätten über Sozialstationen, Beratungsstellen, betreutem Wohnen bis zur Sterbebegleitung reicht. Der HVD betreibt zwei Humanistische Akademien und andere wissenschaftspädagogische Einrichtungen und gibt die Vierteljahresschrift »diesseits – Zeitschrift für Humanismus und Aufklärung« heraus. Im Bundesland Berlin nehmen zur Zeit etwa 50 000 Schüler am Humanistischen Lebenskundeunterricht teil, der alternativ zum Religionsunterricht angeboten wird, weitere Bundesländer planen Vergleichbares. In Berlin und Bayern sind – analog zu den kirchlichen Schulen – »Humanistische Schulen« geplant.[9] Das Missfallen, das diese hier nur auszugsweise wiedergegebenen Aktivitäten in christlich-religiösen Kreisen auslöst, lässt sich an den politischen, juristischen und nicht zuletzt kirchlichen Widerständen und Schikanen ablesen, die besonders im süddeutschen Raum zu beobachten sind.

Neben dem HVD wären beispielsweise noch zu nennen der »Deutsche Freidenker-Verband (DFV)« und der »Internationale Bund der Konfessionslosen und Atheisten (IBKA)«; hinzu kommen noch eine Vielzahl weiterer, meist kleinerer Verbände, die ebenfalls der Religion und ihren Erscheinungs- und Lebensformen ablehnend gegenüber stehen. Die religionskritische »Giordano Bruno Stiftung«, der zahlreiche bekannte Wissenschaftler, Philosophen und Künstler angehören, ist nach ihren eigenen Worten »eine Denkfabrik für Humanismus und Aufklärung« und verfolgt das Ziel, »die Grundzüge eines naturalistischen Weltbildes sowie einer säkularen, evolutionär-humanistischen Ethik/Politik zu entwickeln und einer interessierten Öffentlichkeit zugänglich zu machen«. Die »Humanistische Union (HU)« – sie versteht sich allerdings mehr als Bürgerrechtsorganisation – nimmt sich u. a. des Themas Trennung von Staat und Kirche an und kritisiert in diesem Zusammenhang besonders die üppigen kirchlichen Privilegien und Subventionen sowie den kirchlichen Religionsunterricht an staatlichen Schulen.

Mehr als ein Drittel der deutschen Bevölkerung bezeichnet sich derzeit als konfessionsfrei (siehe Anmerkung 1 zu Kapitel 5!). Davon wiederum orientieren sich nach Umfragen mehr als drei Viertel an humanistischen Lebensvorstellungen. Diese etwa 34 bzw. etwa 25 Prozent der deutschen Bevölkerung haben aber keinerlei Interessenvertretung, weder in der Politik noch in den öffentlichen Medien, denn in weltanschaulichen Fragen beanspruchen allein die beiden großen Kirchen für die Bevölkerung zu sprechen. Um diesem undemokratischen Machtanspruch entgegen zu wirken, haben sich im November 2008 eine Reihe säkulärer Organisationen zum Dachverband KORSO (Koordinierungsrat säkularer Organisationen) zusammengeschlossen. Er versteht sich als Interessenvertretung der Konfessionsfreien in Deutschland und tritt ein für die Gleichstellung von Religions- und Weltanschauungsgemeinschaften und für die Trennung von Staat und Kirche. In einer Grundsatzerklärung fordert er u. a.: [10]

- die konsequente religiöse bzw. weltanschauliche Neutralität des Staates, dessen Aufgabe es ist, die gesellschaftliche Pluralität zu ermöglichen und die Trennung von Staat und Kirche zu vollenden
- die Verwirklichung des Gleichbehandlungsgrundsatzes für alle Religions- und Weltanschauungsgemeinschaften, die auf dem Boden der Verfassung stehen
- ein integratives Pflichtfach zur Wertevermittlung (wie in Berlin »Ethik« und in Brandenburg »LER«)
- eine Gleichbehandlung der Religions- und Weltanschauungsgemeinschaften beim Angebot von Religions-, Lebenskunde- und Weltanschauungsunterricht
- Förderung religiös bzw. weltanschaulich neutraler Sozial-, Kultur- und Bildungseinrichtungen
- Gleichbehandlung von Religions- und Weltanschauungsgemeinschaften als freie Träger von Sozial-, Kultur- und Bildungseinrichtungen
- Autonomie am Lebensende und die volle rechtliche Gültigkeit von Patientenverfügungen
- Reform der öffentlichen Erinnerungs-, Gedenk- und Trauerkultur, damit künftig religiös-weltanschauliche Pluralität geachtet und auch die Meinung und Trauer nichtreligiöser Menschen respektiert wird
- eigene und angemessene Vertretungen in Ethikräten, Rundfunkräten, Bundesprüfstellen u.a.m.
- Gleichbehandlung in den öffentlich-rechtlichen Medien, besonders bei Sendezeiten.

Der Bund für Geistesfreiheit (Ortsverband Augsburg), eine »Interessenvertretung der kirchenfreien Menschen mit freigeistiger, agnostischer, weltlich-humanistischer oder atheistischer Anschauung«, beschreibt sein Selbstverständnis, beruhend auf der Lebensauffassung des weltlichen Humanismus, wie folgt. Seinen Auffassungen dürften wohl die meisten Menschen mit humanistischer Einstellung zustimmen: [11]

1. Der weltliche Humanismus ist ein diesseitsorientiertes, ethisch begründetes Lebenskonzept. Danach haben alle Menschen das Recht und die Verantwortung, ihr individuelles Leben selbst zu bestimmen.

2. Ausgehend von der humanistischen Lebensauffassung fördert der Bund für Geistesfreiheit den konstruktiven und friedlichen Austausch von Ideen. Er kritisiert jeden Dogmatismus und vertritt keine absoluten Wahrheiten.
3. Die Wissenschaften sind für den Humanismus ein unverzichtbares Hilfsmittel. Sie beruhen auf menschlichen Erfahrungen, auf der Überprüfbarkeit ihrer Aussagen und auf der kritischen Beurteilung ihrer praktischen Konsequenzen. Da Wissenschaft selten wertfrei und ohne Eigeninteresse benutzt wird, müssen die Forschung und die Anwendung wissenschaftlicher Erkenntnisse an ethische Kriterien geknüpft werden.
4. Humanist(inn)en gehen davon aus, daß in der Natur eine »göttliche« Kraft nicht wissenschaftlich nachweisbar ist.
5. Menschen sind Teil der Natur und müssen daher Verantwortung für die Erhaltung der Arten und für die Bewahrung der ökologischen Lebensgrundlagen übernehmen, die z.B. durch die Bevölkerungsexplosion bedroht sind.
6. Die Menschen haben die Freiheit, zwischen verschiedenen Lebensauffassungen zu wählen. Humanismus setzt die Fähigkeit zu selbstbestimmter ethischer und moralischer Entscheidung voraus. Selbstbestimmung bedeutet die Entfaltung persönlicher Freiheit in sozialer Verantwortung. Zur Selbstbestimmung gehört ebenso das Bewußtsein der Grenzen menschlicher Erkenntnis.
7. Selbstverantwortung und Solidarität der Menschen untereinander machen die Verwirklichung der Menschenrechte zu einem Schwerpunkt humanistischer Praxis.
8. Humanist(inn)en erfahren die Vielfalt der menschlichen Lebensformen als Bereicherung. Deshalb wenden sie sich gegen jede Diskriminierung auf Grund von ethnischer Abstammung, Geschlechtszugehörigkeit, nationaler oder sozialer Herkunft sowie auf Grund religiös-weltanschaulicher Bindungen oder des sexuellen Verhaltens. Diese Vielfalt und die Toleranz ist Ausdruck von Freiheit in einer Gesellschaft.
9. Krieg, Produktion von Massenvernichtungsmitteln und Waffenhandel sind Ausdruck inhumaner und irrationaler Verhaltensweisen. Dauerhafter Frieden ist dagegen ein zentrales Ziel des Humanismus. Eine ideologisch-religiöse Hilfestellung für Armeen, etwa durch Militärseelsorge, steht im Widerspruch zu humanistischen Ideen.
10. Die humanistische Lebensauffassung begründet die Gleichberechtigung der Geschlechter und die Emanzipation von Frauen und Männern in allen Lebensbereichen. Die fortdauernde Herrschaft der Männer über die Frauen läßt sich mit einer humanistischen Weltanschauung nicht verbinden.
11. Sterben und Tod sind Teilaspekte des Lebens, die weder zu verdrängen noch zu idealisieren sind. Wir treten ein für das Selbstbestimmungsrecht des Individuums auch in der letzten Lebensphase, was das Recht auf den eigenen Tod einschließt.
12. Die Bereitschaft zur Verständigung ist die Grundlage, das Miteinander auf der Erde zu garantieren. Humanistische Lebensauffassung ist gekennzeichnet von Toleranz gegenüber allen Menschen, anderen Denk- und Lebensauffassungen und zu Religionen. Toleranz trifft ihrerseits auf Grenzen, wenn Menschenrechte verletzt bzw. wenn Positionen der Intoleranz vertreten werden.
13. Humanistische Vereinigungen arbeiten international an der Verwirklichung der Menschenrechte. Ihre Vorstellung eines Zusammenlebens auf unserem Planeten

> liegt in menschenwürdigen Lebensverhältnissen, demokratischen Freiheiten und in der uneingeschränkten Selbstbestimmung für alle Menschen.

Was alltäglich und ganz lebenspraktisch einem kirchlich-christlich bestimmten Leben entgegenzusetzen ist, hat MICHAEL SCHMIDT-SALOMON, ein sehr produktiver Autor und engagierter Anwalt des so genannten neuen Humanismus, in seinem Buch »Manifest des evolutionären Humanismus« niedergelegt. Am Ende dieser Schrift formuliert er »Die Zehn Angebote des evolutionären Humanismus«, von denen ich einige auszugsweise zitieren möchte, weil sie auch meine Auffassung wiedergeben und dies in lebensnaher und verständlicher Sprache.

> 1. *Diene weder fremden noch heimischen ›Göttern‹ ..., sondern dem großen Ideal der Ethik, das Leid in der Welt zu mindern!* Diejenigen, die behaupteten, besonders nah ihrem ›Gott‹ zu sein, waren meist jene, die dem Wohl und Wehe der realen Menschen besonders fern standen. Beteilige dich nicht an diesem Trauerspiel! *Wer Wissenschaft, Philosophie und Kunst hat, braucht keine Religion!*
>
> 2. *Verhalte dich fair gegenüber deinem Nächsten und deinem Fernsten!* Du ... solltest *respektieren*, dass *jeder* Mensch – auch der von dir ungeliebte! – das Recht hat, seine individuellen Vorstellungen von ›gutem Leben (und Sterben) im Diesseits‹ zu verwirklichen, sofern er dadurch nicht gegen die gleichberechtigten Interessen Anderer verstößt.
>
> 4. *Du sollst nicht lügen, betrügen, stehlen, töten – es sei denn, es gibt im Notfall keine anderen Möglichkeiten, die Ideale der Humanität durchzusetzen!* Wer in der Nazidiktatur nicht log, sondern der Gestapo treuherzig den Aufenthaltsort jüdischer Familien verriet, verhielt sich im höchsten Maße unethisch – im Gegensatz zu jenen, die Hitler durch Attentate beseitigen wollten, um Millionen von Menschenleben zu retten. Ethisches Handeln bedeutet keineswegs, blind irgendwelchen moralischen Geboten oder Verboten zu folgen, sondern in der jeweiligen Situation abzuwägen, mit welchen positiven oder negativen Konsequenzen eine Entscheidung verbunden wäre.
>
> 5. *Befreie dich von der Unart des Moralisierens!* Es gibt in der Welt nicht ›das Gute‹ und ›das Böse‹, sondern bloß Menschen mit unterschiedlichen Interessen, Bedürfnissen und Lernerfahrungen. Trage dazu bei, dass die katastrophalen Bedingungen aufgehoben werden, unter denen Menschen heute verkümmern, und du wirst erstaunt sein, von welch freundlicher, kreativer und liebenswerter Seite sich die vermeintliche ›Bestie‹ Homo sapiens zeigen kann.
>
> 9. *Genieße dein Leben, denn dir ist höchstwahrscheinlich nur dieses eine gegeben!* Sei dir deiner und unser aller Endlichkeit bewusst, verdränge sie nicht, sondern ›nutze den Tag‹ (Carpe diem)! Gerade die Endlichkeit des individuellen Lebens macht es so ungeheuer kostbar! Lass dir von niemandem einreden, es sei eine Schande, glücklich zu sein! Im Gegenteil: Indem du die Freiheiten genießt, die du heute besitzt, ehrst du jene, die in der Vergangenheit im Kampf für diese Freiheiten ihr Leben gelassen haben!

10. *Stelle dein Leben in den Dienst einer ›größeren Sache‹, werde Teil der Tradition derer, die die Welt zu einem besseren, lebenswerteren Ort machen woll(t)en!* Eine solche Haltung ist nicht nur ethisch vernünftig, sondern auch das beste Rezept für eine sinnerfüllte Existenz. (Betonungen durch Kursivdruck so im Original) [12]

SCHMIDT-SALOMON vertritt einen naturalistisch-atheistischen Humanismus, der in mancherlei Hinsicht mit der klassischen Philosophie bricht. Ein mehr den Anschluss an die Tradition suchendes Konzept von Humanismus stellt zum Beispiel JOACHIM KAHL (*1941) in seinem Buch »Weltlicher Humanismus – Eine Philosophie für unsere Zeit« vor. [13] Er hält den Kontakt zur klassischen Philosophie, verteidigt die Idee der Willensfreiheit und bleibt bei den konventionellen Begriffen »gut« und »böse«. Insofern stößt er vermutlich auf breitere Akzeptanz als mancher andere radikalere Ansatz. Eingebettet in erläuterndes philosophisches und literarisches Gedankengut beschreibt und begründet KAHL ein breit angelegtes, ebenfalls atheistisches Lebens- und Erziehungskonzept, und dies konkret, lebensnah, mit Beispielen veranschaulicht und sympathischem Mut, derzeit modischen Thesen auch zu widersprechen. Er zeigt auf, dass ein sinnerfülltes und geglücktes Leben auch ohne den christlichen Glauben möglich ist. KAHL spricht von einem wohldurchdachten Nein zur Religion:

»In einem Weltall ohne Ziel und Sinn ist es unsere ureigene Aufgabe, unserem flüchtigen Dasein selbst Ziel und Sinn zu verleihen. Das ist durchaus möglich, wenn wir keine übersteigerten spirituellen Erwartungen hegen, wie sie jahrtausendelang von den Religionen genährt worden sind. Wer dagegen weiterhin in den kosmischen Weiten die Handschrift eines weisen Gottes sucht und nach den gütigen Augen eines himmlischen Vaters Ausschau hält, der wird immer wieder aufs Neue vom Gefühl der Heimatlosigkeit und Gottverlassenheit beschlichen werden.« (S. 49) … »Ohne die Hypothese ›Gott‹ lässt sich die Welt in ihrem Dasein und Sosein viel schlüssiger, redlicher, klarer, einfacher erklären und deuten als mit ihr.« (S. 82)

Mit fast heiterer Gelassenheit formuliert er einige Seiten weiter:

»Menschliches Leben heißt: sich erträglich einrichten für ein kurzes Gastspiel auf einem Staubkorn im Weltall, tätig sein mit Sinn und Verstand, mit Anstand und Würde, mit Witz und Humor, schließlich Abschied nehmen von allem für immer – in der Gewissheit, dass niemand da oben zugeschaut hat und bald vergessen sein wird, was gewesen ist.« (S. 84)

Im Kapitel »Das Gentleman-Ideal« skizziert er ein humanistisches Persönlichkeitsideal, dessen Leitmotive Selbstbehauptung, Selbstbegrenzung, Fairness und gesunder Menschenverstand lauten. Es enthält ethische und ästhetische Elemente aus dem europäischen und asiatischen Raum und stützt sich damit auf große kulturelle Traditionen. Es ist unmittelbar umsetzbar und lebbar und – nicht zuletzt vor dem Hintergrund der Biographie des Autors – überzeugend.

So manche seiner Einsichten, Forderungen und Vorschläge muten altmodisch an und sind doch zeitgemäß und unverzichtbar. Verliert etwa ein Argument oder eine Forderung an Überzeugungskraft und Bedeutung, nur weil sie auch früher schon Elemente eines Lebens- und Erziehungskonzepts darstellten? Bei allem Wertewandel gilt, dass die biologische und soziale Natur des Menschen Vorgaben macht, die zu ignorieren ihm nur schaden können.

In diesem lesenswerten Buch, das sich nicht in philosophischer Unverbindlichkeit ergeht, sondern konkret und zupackend das Notwendige und Wünschenswerte beim Namen nennt – auch wenn man dem Autor nicht in jedem Punkt folgen mag – wird ein wohl begründetes und abgerundetes humanistisches Lebensmodell beschrieben. Im abschließenden autobiographischen Kapitel formuliert der Autor für sich eine Einsicht, die geradezu vorbildlich zu nennen ist, die er aber auch durch sein eigenes Leben glaubwürdig gemacht hat, und die für uns alle gelten sollte:

> »Die Treue zur Wahrheit steht dabei höher als die Treue zu mir selbst. Über der Geradlinigkeit steht die intellektuelle Redlichkeit, die ohne produktive Untreue zu sich selbst nicht möglich ist. Die Dialektik von Treue und Untreue, von Kontinuität und Diskontinuität, von Entfaltung und Bruch wird verkannt, wenn einseitig nur gelobt wird, jemand sei sich stets selbst treu geblieben und geradlinig seinen Weg gegangen. Demonstratives Festhalten an bisherigen Positionen kann auch von Selbstüberschätzung und Selbstgerechtigkeit zeugen. … Es gibt ein Recht auf Irrtum, aber kein Recht im Irrtum zu beharren. Vielmehr besteht die Pflicht zur Irrtumskorrektur, die im Verlauf eines Reifungsprozesses erkannt wird.« (S. 253)

Das Spektrum möglicher humanistischer Konzepte und Lebensentwürfe ist also sehr breit gefasst. Humanismus, wie ich ihn und viele andere mit mir verstehen, ist jedoch in jedem Fall ein diesseits-orientiertes und ethisch-basiertes Lebenskonzept. Danach hat jeder Mensch das Recht auf Selbstbestimmung in einem ganz umfassenden Sinn, auch am Ende seines Lebens. Selbstbestimmung verlangt aber immer auch die Berücksichtigung der gleichberechtigten Interessen der Mitmenschen, auch der weltanschaulich anders orientierten, sofern sie umgekehrt die gleiche tolerante Haltung aufbringen. Selbstbestimmung und Selbstverantwortung einerseits und Achtung vor den Interessen der Anderen und Solidarität mit den Anderen anderseits bilden die Rahmenbedingungen bei der Umsetzung der allgemein anerkannten Menschenrechte.

Dabei besteht ein ganz wesentliches Ziel des Humanismus darin, die Lebensverhältnisse hier im Diesseits zu humanisieren, insbesondere Leid zu vermindern. Die Wissenschaften spielen in diesem Zusammenhang eine entscheidende Rolle. Ihre Erkenntnisse gelten als unverzichtbarer Beitrag zur Verbesserung der heute vorgefundenen physischen und psychischen Situation der Menschen. Da wissenschaftliche Erkenntnisse Ergebnisse der logisch geordneten Erfahrung sind und nicht aus angeblich geoffenbarten, ewig gültigen Wahrheiten abgeleitet wurden, sind ihre Aussagen überprüfbar und ihre praktischen Konsequenzen kritisierbar, sie beanspruchen also nie absolute oder dogmatische Gültigkeit. Dabei bleiben die Erforschung und die Anwendung wissenschaftlicher Erkenntnisse immer an – ebenfalls wandelbare – ethische Normen gebunden; denn nicht alles, was logisch und technisch möglich ist, ist immer auch sinnvoll und wünschenswert.

Wir möchten abschließend die Idee einer humanistischen Partei ins Gespräch bringen und die oben erwähnte Zielsetzung des Dachverbands KORSO ausdrücklich unterstützen.

Es gibt in Deutschland keine Partei, die explizit die Interessen der Konfessionsfreien vertritt. CDU/CSU vertreten offen christliche Positionen, was demokratisch legitim ist, die übrigen Parteien unterstützen mehr oder weniger verdeckt ebenfalls christliches Gedankengut. Es ist daher naheliegend, dass gegensätzliche weltanschauliche Positionen nur von einer Partei vertreten werden können, die sich völlig neu konstituiert.

Nun ist der Gedanke einer Parteigründung nur bedingt originell und wegen der möglicherweise nur geringen Erfolgsaussichten auch wenig begeisterungsauslösend. Wir möchten dennoch ein paar Überlegungen dazu vortragen und zeigen, dass auch Formen der Parteiarbeit denkbar sind, die sich von herkömmlichen unterscheiden und von daher erfolgreich sein könnten.

Denkbar ist, dass eine humanistische Partei ein Grundsatzprogramm hat, das sich lediglich auf jene Positionen beschränkt, die von weltanschaulicher Bedeutung sind. Das beträfe z. B. generell alle Fragen des Verhältnisses von Staat und Kirche wie Finanzierungsfragen und solche etwa des kirchlichen Arbeitsrechts, die Fragwürdigkeit der staatlich finanzierten Theologenausbildung und Religion als benotetes und versetzungsrelevantes Unterrichtsfach, ferner alle Fragen der Gesetzgebung, die die Neutralität des Staates in religiöser bzw. weltanschaulicher Hinsicht berühren. Zu letzterem gehören Themen wie die Besetzung von Ethikkommisionen, von höchsten Richterämtern oder Fernseh- und Rundfunkräten, ferner z. B. Themen wie Sterbehilfe oder etwa die Präimplantationsdiagnostik, deren gesetzliche Regelungen stark vom christlichen Menschenbild bestimmt werden. Ein ganz wichtiger zu bearbeitender Bereich wäre die Bildungs- und Wissenschaftspolitik.

Dagegen würden Fragen der Außen- und Europapolitik, der Wirtschafts-, Landwirtschafts- und Verkehrspolitik oder etwa der Sozial- und Gesundheitspolitik im Grundsatzprogramm allenfalls dort erwähnt werden, wo aus weltanschaulichen Gründen eine bestimmte Position zu Einzelaspekten vertreten werden soll. Die genannten Bereiche werden mehr von Sachzwängen als von übergreifenden ideologischen Motiven bestimmt. Ansonsten sollte in diesen Fragen eine ganz pragmatische Haltung eingenommen werden, die jeweils nach einer Mitgliederbefragung über Internet von Fall zu Fall festgelegt wird. Eine solche Partei wäre inhaltlich flexibler als andere, weil ihre Mitglieder lediglich in weltanschaulichen Fragen festgelegt wären. Ihre Mitglieder wären auch wieder politikinteressierter, weil sie durch die technischen Möglichkeiten des Internets ihr Mitwirkungsrecht viel öfter und wirksamer ausüben könnten.

Eine humanistische Partei würde die bislang unerfüllte Forderung konfessionsfreier Bürger nach öffentlicher Darstellung betont nichtreligiöser Auffassungen und Mitbestimmung in weltanschaulich relevanten Fragen realisieren. Diese Bürger hätten dann endlich dort eine politische Stimme, wo die politischen Entscheidungen gefällt werden. Da die Zahl der hier angesprochenen Bürger potentiell in der Größenordnung von 25 bis 35 Prozent liegt, darf das Wählerpotential durchaus optimistisch eingeschätzt werden. Diese Partei wäre eine weltanschaulich auf den Neuen Humanismus verpflichtete Partei. Dieser Neue Humanismus besteht nach dem bisher Dargestellten aus drei Komponenten: Atheismus (bzw. Agnostizismus), ein säkulares Wertesystem und Naturalismus.

3. Das Recht auf Selbstbestimmung ist ein Menschenrecht

An zwei konkreten Beispielen möchte ich zeigen, inwiefern sich bei lebenspraktischen Fragen für mich humanistisches von christlich-religiösem Denken unterscheidet. Ich möchte das zunächst an der Problematik der leidenschaftlich diskutierten so genannten Sterbehilfe exemplarisch erörtern und für meine Person konkretisieren.

Die »Süddeutsche Zeitung« dokumentierte im Sommer 2008 ein erschütterndes Beispiel von Gleichgültigkeit und Verantwortungslosigkeit gegenüber dem Leiden eines sterbenskranken Menschen. Berichtet wird über den Fall einer hochbetagten Patientin, die nach zwei Schlaganfällen gelähmt, offenbar unter starken Schmerzen litt und immer wieder auch ohne Bewusstsein war. Die 91-Jährige wurde entgegen dem ausdrücklichen Wunsch des Sohnes, der sich seinerseits auf eindeutige diesbezügliche Äußerungen seiner Mutter berief, mit allen verfügbaren Mitteln künstlich am Leben erhalten und vegetierte auf diese Weise sechs Jahre lang an Schläuchen und Drähten. Durch Unachtsamkeit des Pflegepersonals brachen ihr beide Beine, doch eine Operation war wegen des kritischen Gesundheitszustands nicht mehr möglich. Die immer wieder erfolgten Versuche des Sohnes, das Leiden seiner Mutter durch einfaches Einstellen der künstlichen Ernährung über eine Magensonde, bei der es ebenfalls schon Komplikationen gab, zu beenden, scheiterten an den behandelnden Ärzten, den Leitungen der verschiedenen Krankenhäuser und Heime sowie an Vormundschaftsgericht und Landgericht. Die Gerichte ließen sich im Übrigen monatelang Zeit für ihre Entscheidungen. Die inzwischen 97-jährige Frau wurde schließlich durch eine Fieberattacke von diesem gnadenlosen, menschengemachten Martyrium erlöst.[14]

Jeder der hier Beteiligten berief sich auf juristische, ärztliche oder christlich-religöse Prinzipien und rechtfertigte so sein Handeln. Dass alle dabei gegen ein elementares ethisches Prinzip verstießen, der anvertrauten Patientin nämlich unnötiges Leiden zu ersparen, indem sie sie einem natürlichen Tod überließen, kam ihnen offensichtlich nicht in den Sinn. Die beteiligte Anwältin sprach denn auch von dem »geballten Unverstand, der bei vielen Richtern und Ärzten beim Thema Sterben herrscht«. Überkommenes, von christlich-kirchlicher Seite bestimmtes Denken, Leben um jeden Preis, und sei er noch so inhuman hoch, zu erhalten, und eine nicht eindeutige Rechtslage waren hierfür verantwortlich. Hinzu kommt vor allem, dass die durch Technik und Pharmazie drastisch erweiterte heutige Medizin den sterbenskranken, oft auch schon lebensunwilligen und oft genug auch ohne Bewusstsein dahin existierenden Menschen regelrecht daran hindern kann, ein natürliches Ende zu finden.

Nun soll nicht verkannt werden, dass sich hinter dem geschilderten Geschehen oft eine sehr schwierige juristische, ärztliche und menschliche Problematik verbirgt. Die juristische Unterscheidung zwischen aktiver, passiver und indirekter Sterbehilfe lässt ahnen, welche Situationen hier auftreten können und sehr genau zu unterscheiden sind. Unter aktiver Sterbehilfe versteht man lebensbeendende Maßnahmen aufgrund des direkt oder zum Beispiel in einer Patientenverfügung geäußerten oder begründet vermuteten Wunsches eines inzwischen sterbenskranken Menschens. Passive Sterbehilfe ist das Unterlassen lebenserhaltender Maßnahmen aufgrund medizinischer oder humanitärer Gründe. Medizinische Gründe liegen dann vor, wenn keinerlei Aussicht mehr besteht, durch ärztliche Maßnahmen ein menschenwürdiges Weiterleben zu ermöglichen; humanitäre Gründe sind solche, die verhindern sollen, dass der sterbende Mensch nur noch unnötigen Qualen ausgeliefert ist. Statt von passiver Sterbehilfe spräche man besser und eindeutiger von begleitetem Sterbenlassen, ein Tun (bzw. Lassen), das dem oben geschilderten Fall angemessen gewesen wäre. Indirekte Sterbehilfe kann in der Gabe von starken Medikamenten zur Schmerzbekämpfung bestehen, die als Nebenwirkung einen vorzeitigen Tod herbeiführen können.

Eine weitere hier aufzuführende Situation, neben den drei genannten, ist die Beihilfe zur Selbsttötung. Die Beihilfe kann zum Beispiel darin bestehen, dass dem Sterbewilligen ein tödlich wirkendes Medikament zugänglich gemacht wird, das er dann ohne weitere fremde Hilfe selbstständig und freiwillig einnimmt.

Unbestritten ist, dass sich hinter dieser nüchternen Beschreibung von Formen der Sterbehilfe die ganze Dramatik des Sterbens eines Menschen verbirgt. Solche Situationen gesetzlich und ethisch-moralisch eindeutig zu regeln, wird wohl nie ganz befriedigend gelingen, zu einmalig, zu persönlich und zu überlagert von weltanschaulichen beziehungsweise religiösen Vorstellungen ist und bleibt dieses Geschehen. Dennoch gibt es für mich eine Determinante in diesem Spannungsfeld von Gesetz und Normen, ärztlichem Auftrag und Ethos, Weltanschauung und Religion, die für mich unverrückbar feststeht und die ich absolut respektiert wissen möchte: mein Recht auf Selbstbestimmung in allen Phasen meines Lebens. Dieser Wille hat auch dann zu gelten, wenn ich ihn selbst nicht mehr äußern kann, aber vorher zweifelsfrei schriftlich dokumentiert oder notfalls einem Bevollmächtigten erklärt habe. Selbstbestimmung ist daher auch das Hauptargument der Befürworter einer gesetzlich geregelten Freigabe der Sterbehilfe. Die »Deutsche Gesellschaft für Humanes Sterben« zum Beispiel formuliert in einem Positionspapier:

> »Es gibt Menschen, die ihr Würdeempfinden auch am Lebensende nicht anderen ausliefern möchten. Diese Menschen möchten das Recht er- und behalten, ohne Intervention und ohne moralisierende Bevormundung trotz denkbarer Risiken einen Sterbeprozess abzukürzen. Eine Tabuisierung von Sterbewünschen und des Sterbewillens Betroffener widerspricht dem Selbstbestimmungsrecht, das im Persönlichkeitsrecht als Grund- und Menschenrecht verankert bleibt. ... Der Absolutheitsanspruch weltanschaulicher und religiöser Institutionen auf Unverfügbarkeit des menschlichen Lebens widerspricht dem Ethos und Menschenrecht auf Gewissensfreiheit und bedeutet einen Rückfall in die Zeit vor der Aufklärung. Das Recht auf Leben beinhaltet keine Pflicht zu leben.«

Und an anderer Stelle heißt es:

> »Willensäußerungen und Willensverfügungen von Patienten ist höchste Präferenz einzuräumen, auch wenn sie bereits aus früheren, gesunden Tagen stammen. ... Jeder Bürger hat das Recht auf eine Sterbensverkürzung aus humanitären Gründen. Dieses Recht schließt auch die Verfügung über das eigene Leben und Sterben ein. Der Bürger kann die Hilfe Dritter, insbesondere eines Arztes in Anspruch nehmen. Maßgeblich ist die Gesetzeslage. Das menschliche Tötungsverlangen im letzten Lebensabschnitt, eine Selbsttötungsabsicht oder der bekundete Wille auch gegenüber Ärzten

> und Pflegepersonal auf ein humanes, baldiges Lebensende sind weder anstößig, ehrenrührig und verwerflich noch gegen die guten Sitten gerichtet.«[15]

Was diesem, in meinen Augen elementaren Recht auf Selbstbestimmung des eigenen Lebens und Sterbens entgegensteht, ist der fundamentale christliche Grundsatz, dass »das eigene Leben unverfügbar sei« und »als Geschenk Gottes unter keinen Umständen angetastet werden dürfe«. Abgesehen davon, dass der Grundsatz der Unverfügbarkeit und Unantastbarkeit des menschlichen Lebens von der Kirche über die Jahrhunderte mit größter Skrupellosigkeit missachtet wurde, wenn es um die Durchsetzung eigener Machtinteressen und die Verfolgung Andersdenkender ging und dass er von daher aus kirchlichem Mund wenig überzeugend klingt – ich akzeptiere diesen Grundsatz bei anderen Menschen und würde mich sogar dafür einsetzen, dass sie ihn für sich verwirklichen können.

Als erklärter Nichtchrist akzeptiere ich aber absolut nicht, dass gesellschaftliche Institutionen oder andere Menschen mir diesen Glaubenssatz aufzwingen. Ich meine, dass es in einem demokratischen Staat, der von sich behauptet (aber eben nur behauptet!), weltanschaulich neutral zu sein, möglich sein muss, unabhängig von religiöser Bevormundung zu leben und auch zu sterben. Immerhin haben inzwischen Gerichte bis hinauf zum Bundesgerichtshof das Selbstbestimmungsrecht am Lebensende immer wieder bestätigt, zuletzt im Jahr 2010. Der Gesetzgeber, also das Parlament, hat zu akzeptieren, dass in einer pluralistisch verfassten Gesellschaft Glaubens- und Gewissensfragen – und dazu gehört die Problematik der Patientenverfügung und der Sterbehilfe – nicht einseitig aus der Sicht christlicher Weltanschauung verbindlich beantwortet und geregelt werden dürfen. Er hat das inzwischen mit dem im September 2009 verabschiedeten Patientenverfügungsgesetz nach jahrelangen Diskussionen und Versuchen, dieses im letzten Moment noch zu verhindern, endlich auch getan.

Der Christ wie der Nichtchrist, der Gottgläubige wie der Atheist haben das Recht, ihr Leben so zu beenden, wie es ihrem persönlichen Gewissen und ihrer persönlichen Vorstellung von einem menschenwürdigen Leben entspricht. Wenn keine Aussicht mehr auf ein lebenswertes Leben besteht oder wenn die Schmerzen unerträglich werden, dann hat nach meiner Auffassung ein Mensch das Recht, sein Ende zu wollen, das Recht auf »Selbsterlösung«. Und wenn er in seiner Hilflosigkeit dann des Beistands eines human denkenden Arztes oder Mitleid empfindenden Mitmenschens bedarf, dann ist es ein Skandal, wenn einem uneigennützig handelnden Menschen Strafverfolgung droht. Der Philosoph und Religionswissenschaftler HANS JONAS sprach – ob in bewusst humanistischer Geisteshaltung oder nicht, das sei dahin gestellt – vom »Recht eines jeden Menschen auf seinen eigenen Tod«.

Kein Christ ist gezwungen, sich der liberaleren Auffassung eines Nichtchristen zur Sterbehilfe anzuschließen. Für einen wahren und überzeugten Christen müsste Sterbehilfe, aber auch die Rechtswidrigkeit des Schwangerschaftsabbruchs, der Stammzellforschung oder zum Beispiel der Präimplantationsdiagnostik überflüssig sein, denn es müsste ihm ja ein gern erfülltes Anliegen sein, Gottes Gebote, wie sie die Kirche für ihn festlegt, zu befolgen. Dass es dafür staatliche Gesetze gibt, die auch für den Nichtchristen gelten, der in diesen Glaubensfragen eventuell eine ganz andere, ebenso zu achtende Auffassung hat, ist dem immer noch und überall wirkenden kirchlichen Einfluss geschuldet. Dieser Einfluss manifestiert sich in gesellschaftlichen Strukturen (z.B. in der Rechtsprechung oder im Erziehungswesen), wirkt unbewusst als tradiertes Wertesystem noch in den Köpfen selbst Glaubensferner und zeigt sich zum Beispiel in einem kirchlich-staatlichen Machtdenken, das stets mehr durch Verbieten als durch Vorleben und Überzeugen gekennzeichnet war. Diese aus dem Glauben folgenden strafbewehrten Verbote lassen erkennen, dass die Kirche einerseits ihrer eigenen Klientel nicht traut, andererseits sich anmaßt, auch allen Nichtgläubigen auf dem Umweg über staatliche Gesetze ihre Glaubensauffassung aufzuzwingen.

Die beklagte »Geschäftemacherei« mit dem Lebensende konnte nur entstehen, weil Menschen in ihrem unerträglich gewordenen Schmerz und in ihrer Verzweiflung allein gelassen wurden. Selbst die immer wieder als Argument ins Gespräch gebrachte Palliativmedizin ist in etwa 5 bis 10 Prozent der Fälle nicht in der Lage, extreme Schmerzen erträglich zu machen. Wo bleibt in diesen Situationen die so oft beschworene christliche Barmherzigkeit gegenüber dem unsäglich leidenden Mitmenschen, der keinerlei Aussicht mehr hat auf ein lebenswürdiges Dasein? Einem todkranken, sich quälenden Tier gewähren wir diese Gnade. Natürlich wird es immer problematische Grenzfälle geben, wie im Leben immer und überall. Dass sie als Problemfall empfunden werden, ist aber auch der Tabuisierung dieser Thematik geschuldet. Diese Tabuisierung hatte es bisher erschwert, wenn nicht verhindert, dass sich im freien Dialog weltanschaulich unterschiedlicher Positionen gesellschaftlich akzeptiertes Handeln und gesetzlich formulierte Normen des Umgangs mit diesen tragischen Lebenssituationen herausbilden konnten.

Wie sehr politisch und kirchlich gewollte Vorstellungen und tatsächliche Einstellung der Menschen auseinander klaffen können, wurde an einer vom Institut für Demoskopie Allensbach im Juli 2008 durchgeführten repräsentativen Befragung zur Sterbehilfe deutlich. Danach sprachen sich 72% aller Befragten, also beinahe Dreiviertel(!), für passive Sterbehilfe aus; von den evangelischen waren 73% für passive Sterbehilfe, von den katholischen waren es 64%. 58% aller Befragten sprachen sich für aktive Sterbehilfe aus, von den evangelischen waren es 56%, von den katholischen 50%, die sich für aktive Sterbehilfe aussprachen. Die keineswegs suggestiv oder manipulativ wirkende Frage zum Beispiel zur passiven Sterbehilfe lautete:

> »Man spricht ja manchmal von passiver Sterbehilfe. Das bedeutet, dass der Arzt lebensverlängernde Maßnahmen einstellt, wenn der Patient ausdrücklich erklärt, dass er das wünscht. Sind Sie für oder gegen eine solche passive Sterbehilfe?«[16]

Der Unterschied zwischen der durch führende Politiker und Kirche vertretenen Auffassung und der tatsächlichen Einstellung der Menschen zu dieser Problematik ist schon sehr bemerkenswert. Die Kluft zwischen institutioneller und individueller Auffassung in dieser Frage wurde schon einmal vor anderthalb Jahrzehnten drastisch deutlich, als sich der Germanist und Rhetorikprofessor WALTER JENS und der katholische Theologe HANS KÜNG in ihrem Buch »Menschenwürdig Sterben – Ein Plädoyer für Selbstverantwortung« für aktive Sterbehilfe aussprachen.[17] Dass zwei dem christlichen Glauben nahestehende beziehungsweise verpflichtete Menschen sich zu einer solchen Einstellung bekannten, war schon beispiellos. Von Kirche und Politik jedoch ignoriert und von der übrigen Öffentlichkeit nur sehr reserviert wahrgenommen, spiegelte diese verlegene öffentliche Reaktion in bezeichnender Weise die Verdrängung dieses Themas wider. Der Politik gelang es erfolgreich, das Thema weiterhin zu tabuisieren. Erst in den letzten etwa zwei, drei Jahren wurde diese Problematik unter dem Stichwort Patientenverfügung dank der Initiative von Menschen, die sich dem ansonsten herrschenden christlich-kirchlichen Meinungsmonopol widersetzten, auch in einer breiteren Öffentlichkeit diskutiert. (Und endlich im Jahres 2009 in Form eines verbindlichen Gesetzes auch in einer akzeptablen Form gelöst.)

Diese hier ausgeführten Gedanken können nur eine grundsätzliche Positionsbestimmung darstellen. Was und wie man dann wirklich empfindet und wie kompliziert und widersprüchlich sich die tatsächliche Situation darstellen könnte, besonders dann, wenn geistiger Verfall keine Reflexion und Kommunikation mehr erlauben sollten, ist sicherlich schwer im Voraus zu klären. Aber lege ich nicht gerade deswegen meinen Willen so rechtzeitig fest, weil ich fürchte, ihn eventuell später nicht mehr klar ergründen oder artikulieren zu können? Der Gedanke, aus einem hoffnungslosen bewusstlosen Zustand oder aus einem Dahinleben in praktisch vollständig geistiger Verwirrung schon ein halbes oder ganzes Jahr früher in ein ewiges Nichts zu wechseln, stellt für mich nichts Bedrohliches, eher etwas Befreiendes dar.

Aber auch das kann eintreten: Was ich als Eingriff in mein Selbstbestimmungsrecht ansehe, ist vielleicht aus der Perspektive des mich dann betreuenden Menschen liebevolle Fürsorge und von dem Wunsch getragen, nichts falsch zu machen und keine voreilige Entscheidung zu treffen. Dennoch bleibe ich dabei und möchte ich, dass in Bezug auf mich ein vorher klar geäußerter oder auch ein nur mutmaßlicher Wille beachtet wird. Das Ignorieren meines Willens in einer Situation, in der ich mich nicht mehr wehren kann und in der kein bewusstes und würdevolles Leben mehr möglich ist, wäre für mich gleichbedeutend mit einer Missachtung meiner Person. Ich hoffe, dass ich mich in einer solchen, möglicherweise eintretenden Situation vertrauensvoll auf das Mitgefühl meiner Umgebung verlassen kann – und auf deren nüchterne und abwägende Vernunft.

Das Selbstbestimmungsrecht ist ein Menschenrecht und hat damit Verfassungsrang. Artikel 2, Absatz 1 in Verbindung mit Artikel 1, Absatz 1 des Grundgesetzes garantiert jedem Menschen das Recht auf die »freie Entfaltung seiner Persönlichkeit, soweit er nicht die Rechte anderer verletzt und nicht gegen die verfassungsmäßige Ordnung oder das Sittengesetz verstößt«. Jeder Mensch hat danach das Recht, unter Beachtung obiger Einschränkungen seine eigenen Angelegenheiten frei und ohne die Einmischung anderer oder staatlicher Stellen zu regeln. Selbstbestimmung bedeutet, unabhängig Entscheidungen für das eigene Leben zu treffen, aber dafür auch die Verantwortung zu übernehmen. Wird diese Selbstbestimmung untersagt, bedeutet das Fremdbestimmung durch andere, die sich anmaßen zu entscheiden, was für mein ganz persönliches Leben richtig sei. Unterstellt wird dabei offensichtlich, dass ich selbst nicht in der Lage sei, eine verantwortungsvolle Entscheidung für mich zu treffen. Ein bezeichnendes Beispiel für diese Form der Fremdbestimmung sind die Bestrebungen, die so genannte Präimplantationsdiagnostik zu reglementieren oder ganz zu verbieten.

Unter der Präimplantationsdiagnostik (kurz PID) versteht man die Untersuchung von Embryonen, die im Reagenzglas erzeugt wurden, auf erblich bedingte Schäden und Besonderheiten der Chromosomen vor ihrer Implantation (Einpflanzung) in die Gebärmutter. Eine künstliche Befruchtung im Reagenzglas erfolgt dann, wenn eine Schwangerschaft auf natürlichem Weg nicht zustande kommt. Vielfach handelt es sich dabei um Eltern, die sich sehnlichst ein Kind wünschen, aber das genetische Risiko in sich tragen, ein schwerstbehindertes Kind zu zeugen. Ihnen liefert die PID Auskunft darüber, ob ein Gendefekt (bei dem nur drei Tage alten Embryo im 4- bis 8-Zell-Stadium) vorliegt. Wird ein Gendefekt erkannt, der zu einer schweren Krankheit oder Behinderungen führen könnte (z. B. Mukoviszidose, hohes Brustkrebsrisiko), wird dieser Embryo dann nicht implantiert.

Kritiker der Präimplantationsdiagnostik, überwiegend aus dem christlich-religiösen Lager kommend, sehen in diesem Verfahren die Zerstörung von Leben, da in ihren Augen ein Embryo bereits die Anlage zu einem vollständigen Menschen in sich trage. Die »Heiligkeit des Lebens«, die »Ebenbildlichkeit des Menschen mit Gott« und die »Beseeltheit schon des Embryos« verbieten das Absterbenlassen von Embryonen, auch wenn sie schwere Erbschäden erkennen lassen. Es gäbe überhaupt »kein Recht auf ein gesundes Kind«. (Was im Umkehrschluss heißen könnte, dass es nach dieser Auffassung einen Zwang zum Austragen eines missgebildeten Kindes geben sollte. Um Missverständnissen vorzubeugen, soll hier angemerkt werden: Ist ein behindertes Kind erst einmal geboren, dann hat es allen Anspruch auf Fürsorge und Liebe durch jene, denen die Natur ein solches Schicksal erspart hat.) Desweiteren wird in der PID eine unzulässige Differenzierung zwischen lebenswertem und nicht lebenswertem Leben und damit indirekt auch eine Abwertung lebender Behinderter gesehen. Schließlich befürchtet man aufgrund der prinzipiellen Möglichkeiten der genetischen Diagnostik in Zukunft einen Trend zu so genannten Designerbabys, also Kindern mit nur ganz bestimmten gewünschten Eigenschaften.

Die Befürworter dagegen führen als Argument vor allem an, dass auf diese Weise Eltern und auch einem möglicherweise schwerstbehinderten Kind Leid und Schmerz erspart blieben, dass es geradezu unverantwortlich sei, Informationen, die schweres Leid vermeiden helfen, nicht zu nutzen. Sie verweisen auf die Unlogik der Wertung, dass es verboten sein soll, einen gendefekten Embryo von drei Tagen zu verwerfen, aber gestattet, einen missgebildeten Fötus bis kurz vor der Geburt abzutreiben. Auch einschränkende Bedingungen wären immer mit der Problematik der Willkürlichkeit behaftet. Da die PID in den meisten westeuropäischen Ländern erlaubt sei, würden deutsche Ehepaare daher dann ins Ausland ausweichen.

Ich plädiere hier für die vollständige Freigabe der Präimplantationsdiagnostik. Zunächst halte ich es für anmaßend und verfassungswidrig, nichtgläubigen Menschen, oft in verzweifelter Lebenssituation, aufgrund religiöser Dogmen (Heiligkeit des Lebens, Ebenbild Gottes) die Selbstbestimmung über sich und ihren Körper zu verwehren. (Umgekehrt wäre es einem weltanschaulich neutralen Staat verwehrt, Gläubigen eine Lösung aufzuzwingen, die ihren Werten widerspricht. Daher darf auch kein Zwang bestehen, die PID anzuwenden.) Desweiteren lehne ich das Argument ab, einem Embryo kämen bereits menschliche beziehungsweise personale Eigenschaften zu. Ein Embryo aus vier bis acht Zellen ist ein Zellgewebe, dem vernünftigerweise noch keinerlei Menschenrechte zugesprochen werden können. Ihm fehlt nach dem Philosophen und Bioethiker NORBERT HOERSTER (*1937), dem ich mich hier voll anschließe, das diese Grundrechte auslösende Überlebensinteresse. In diesem Zusammenhang von der Würde des Menschen zu sprechen, die angeblich verletzt werde, ist daher völlig unangebracht. Die

Menschenwürde besitze – so die zentrale These von HOERSTER – bei rechtsethischen Fragestellungen keine Begründungskraft, sondern erweise sich bei genauerer Betrachtung als reine Leerformel. Viel hilfreicher sei es, diesen Begriff durch den der Menschenrechte zu ersetzen. [18]

Wer sich angesichts des zu beobachtenden und sich beschleunigenden medizinischen Fortschritts, hier insbesondere der Diagnostik, auf ein Menschenbild beruft, das seine Wurzeln in den Jahrtausende alten Legenden eines einst in der Wüste lebenden Hirtenvolkes hat, wird in immer größere Abwehrkämpfe geraten und wird sein Heil letztlich immer nur in Verboten und mehr oder weniger willkürlichen Einschränkungen sehen. Was sich hier am Sonderfall PID abspielt, wird sich zukünftig in vielerlei Formen wiederholen.

Entscheidende Argumente in solchen Situationen sind für mich die Antworten auf die Leitfragen: Wem nützt es? Wem schadet es? Wie kann Wohlbefinden, Gesundheit, Glück vermehrt, wie kann Leid verhindert werden? Der entscheidende Maßstab ist für mich die Lebensqualität und der Mensch als Selbstzweck. Auf diese Weise würde sich eine christlich geprägte, letztlich im Irrationalen wurzelnde Moral nach und nach in eine an den menschlichen Bedürfnissen orientierte, rational nachvollziehbare Ethik wandeln. Um unerwünschte gesellschaftliche Folgen zu verhindern, wäre es jedenfalls höchst problematisch, das Selbstbestimmungsrecht zu beschneiden.

Ich bin nicht bereit hinzunehmen, dass die Vertreter illusionärer Weltbilder die Richtung des wissenschaftlichen und technologischen Fortschritts bestimmen und diesen in vielen Fällen verhindern. So wie die Kirche einst ein Weltbild aufgeben musste, dass die Erde als Zentrum der Welt ansah, so muss sie langsam begreifen, dass ihr Menschenbild den Fortschritt zwar verzögern, aber aufgrund von medizinischer Gentechnik, synthetischer Biologie (künstliches Leben) oder neurologischer Einsichten und Entwicklungen immer mehr an richtungsbestimmender Bedeutung verlieren wird. [19]

4. Paradies und Unsterblichkeit durch geplante Evolution?

Der so genannte Transhumanismus könnte in fernerer Zukunft von der Idee her das erreichen, was der christliche Glaube dem Menschen angesichts von Not und Tod als tröstende Verheißung nur versprechen kann. Der christliche Glaube verspricht ewiges Leben in einer von Leid und Entbehrungen freien transzendenten Welt. Der Transhumanismus strebt ein zumindest deutlich längeres Leben in einer von Leid und Entbehrungen weitestgehend befreiten

Welt an. Der Transhumanismus als eine philosophische Denk- und wissenschaftliche Forschungsrichtung hat sich zum Ziel gesetzt, die dem Menschen von Natur aus gesetzten Grenzen zu überwinden, ihn von Krankheiten zu befreien, seine körperlichen, intellektuellen und sozialen Möglichkeiten zu erweitern und seine Lebenszeit wenn möglich sogar zu ent»grenzen«. Die Grundidee ist, in den natürlichen Ablauf der bislang zufallsgesteuerten Evolution einzugreifen und die Evolution des Menschen zielorientiert und beschleunigt ablaufen zu lassen.

Schon in Kapitel I kam zur Sprache, dass der Mensch inzwischen in die bisher blindlings ablaufende Evolution bewusst und zielgerichtet eingreift. Möglich wurde dieses Eingreifen durch die mittlerweile vorhandenen Kenntnisse in der molekularen und angewandten Genetik. Derartige Aktivitäten haben bisher eher das Deaktivieren eines als schadhaft erkannten Gens zum Ziel, noch nicht dessen Reparatur oder gar die bewusste Weiterentwicklung der Genstrukturen. Ein vergleichsweise einfacher und inzwischen möglicher Eingriff ist das Abschalten eines Gens, um bestimmte Krankheiten, vor allem Krebsformen zu unterdrücken; eine Vorgehensweise, für die es im Jahre 2007 immerhin den Medizin-Nobelpreis gab. Umstritten und aus theologischer Sicht außerordentlich brisant dagegen ist die gezielte Weiterentwicklung des Menschen in Richtung gewünschter Eigenschaften durch planmäßiges Verändern der Erbanlagen und der sie steuernden Faktoren.

Der »neue Mensch« sollte – so die Vorstellung der Transhumanisten – frei sein von Krankheiten, die in den Erbanlagen und Schwächen des Körpers begründet liegen, er sollte über deutlich erweiterte physische und psychische Kapazitäten verfügen, ein sozialverträglicheres Verhalten zeigen und schließlich dem Prozess des biologischen Alterns nicht mehr so erbarmungslos wie heute ausgeliefert sein. Es ist das – ganz langfristige – Ziel des Transhumanismus, nicht nur die Lebensumstände des Menschen mittels moderner Technologien zu optimieren, sondern den Menschen selbst soweit neu zu formen, dass er letztendlich zu einem völlig neuartigen Wesen mutiert, das in seinen vorteilhaften Eigenschaften und Fähigkeiten in kaum noch vergleichbarer Weise über den heutigen Menschen hinausgewachsen ist.[20]

Spöttisch mag der auf seine klassische Bildung stolze Leser auf GOETHES »Faust« verweisen. Im 2. Akt schauen Faust und Mephisto dem Alchimisten Wagner zu, wie er in seinem Laboratorium einen Menschen zu erzeugen sucht. Dort heißt es in einer dem Dichter eigenen Sprache:

> »So muß der Mensch mit seinen großen Gaben
> Doch künftig höhern, höhern Ursprung haben.
> Es leuchtet! Seht! – Nun läßt sich wirklich hoffen,
> Daß, wenn wir aus viel hundert Stoffen

Durch Mischung – denn auf Mischung kommt es an –
Den Menschenstoff gemächlich komponieren,
In einen Kolben verlutieren
Und ihn gehörig kohobieren,
So ist das Werk im stillen abgetan.«

Die Vision vom planmäßig konstruierten Menschen mit geradezu gottähnlichen Eigenschaften, von einem Leben ohne Krankheit und körperlichen Verfall löst sicherlich bei manchen Lesern Unbehagen oder gar Ablehnung aus, bei anderen provoziert sie vielleicht ironisches Schmunzeln wegen des sich darin vermeintlich äußernden naiven Glaubens an das wissenschaftlich und technisch Machbare. Bevor wir aber den Stab brechen über Menschen, die das – aus ihrer Sicht – Wünschbare zu denken wagen, sollte ein Blick in die Geschichte der Medizin uns etwas vorsichtiger machen und uns daran hindern, vorschnell zu verurteilen, was in ferner Zukunft vielleicht einmal möglich sein mag und dann als Segen empfunden wird.

Versetzen wir uns einmal in die Zeit etwa des 16. bis 18. Jahrhunderts, als die modernen Naturwissenschaften aufkeimten und erste Erfolge vorweisen konnten. Der Pest, der Syphilis und anderen Infektionskrankheiten war man allerding noch machtlos ausgeliefert. Auch eine korrekte Diagnose von inneren Krankheiten war ausgeschlossen, und selbst wenn eine tödliche Nieren- oder Herzschwäche diagnostiziert worden wäre, Heilung durch Medikamente und Operation war nicht möglich. Wer in dieser Zeit die Vorstellung geäußert hätte, über medizinische Forschung, also durch Beobachten, Nachdenken und Experimentieren, sollten sich Mittel gegen tödliche Infektionen finden lassen, es sollten Methoden gesucht werden, unblutig in den menschlichen Körper hineinzuschauen, um festzustellen, woran der Mensch leide, wer gar die Vision gehabt hätte, in ferner Zukunft einmal kranke Nieren und Herzen durch gespendete oder künstliche Organe zu ersetzen, der wäre verlacht und verhöhnt, möglicherweise wäre er wegen Gotteslästerung auf der Stelle verbrannt worden. Besonders der Gedanke, mit einem fremden Herzen zu leben, das einst als Sitz der Seele galt, wäre den Menschen der damaligen Zeit ungeheuerlich vorgekommen.

Dank wissenschaftlicher Forschung sind diese und unzählige andere Heilungsmöglichkeiten Wirklichkeit geworden. Wir haben uns, ohne noch ethische oder religiöse Bedenken zu haben, gewöhnt an die Transfusion fremden Blutes, an künstliche Befruchtung, an Kontrollen auf Erbschäden bei einem heranwachsenden Kind im Mutterleib, Organtransplantationen oder Herzschrittmacher, die aus dem Träger dieser Geräte ein Mensch-Maschine-System machen, an Implantate für das Hören oder Prothesen für verloren gegangene Arme und Beine. Die Erfolgsgeschichte der Medizin und Medizintechnik sowie der Wissenschaft allgemein mahnt somit zur Zurückhaltung, wenn es um die vorschnelle, religiös motivierte Ablehnung von beabsichtigten Entwicklungen geht, die für die nächsten ein, zwei oder gar mehr Jahrhunderte in den Blick genommen werden. Es gibt zudem aufgrund des Prinzips der Evolution, Weiterentwicklungen durch Variation der Erbanlagen anzustoßen, keine biologisch zwingenden Gründe, die es unmöglich erscheinen lassen, die Evolution des Menschen so gezielt durch den Menschen selbst weiter zu treiben, dass die Vision eines posthumanen »übermenschlichen« Wesens irgendwann einmal Wirklichkeit werden könnte. Und die Erfahrung zeigt immer wieder, dass Entwicklungen aufgrund wissenschaftlichen Fortschritts von den Menschen trotz anfänglichen Widerstandes schließlich akzeptiert werden, wenn sie ihnen nützlich erscheinen, vor allem wenn sie ihnen Gesundheit versprechen oder gar ihr Weiterleben ermöglichen.

Lassen wir die derzeitigen erkenntnismäßigen und technischen Schwierigkeiten, die sicherlich erheblich sind, einmal außer acht, sie werden, wann auch immer, mit hoher Wahrscheinlichkeit überwunden werden. Welche Möglichkeiten eröffnet der Gedanke, die natürliche, zufallsgesteuerte Evolution, die sich über Hunderte von Jahrmillionen erstreckte, abzulösen durch geplante Eingriffe des Menschen in seinen »Bauplan«, um dadurch in überschaubarer Zeit zu den gewünschten Ergebnissen zu kommen? Die Vorsilbe »Trans« im Begriff Transhumanismus soll das Bestreben ausdrücken, über die von Natur aus begrenzten menschlichen Fähigkeiten und Möglichkeiten hinaus zu gehen. Neben der Gen- und Biotechnologie sind in diesem Zusammenhang die Neurologie zusammen mit der Informationstechnologie und der Kognitionswissenschaft von Bedeutung, ferner die Nanotechnologie, eine Technologie, die Systemkomponenten im molekularen Größenbereich nutzt und daher zum Beispiel zur Steuerung von biochemischen Prozessen im Körper eingesetzt werden kann.

Fragen wir uns einfach, was denn, auch und vor allem unter ethischen Gesichtspunkten, aus heutiger Sicht an verbesserten und neuartigen Eigenschaften am Menschen wünschenswert sein könnte?

Da ist zunächst an Krankheiten zu denken, die die Lebensqualität stark beeinträchtigen und die Lebenszeit verkürzen. Zwei Beispiele für viele seien genannt: Mukoviszidose, eine verbreitete erbliche Stoffwechselkrankheit mit vielfältigen, schwer belastenden Symptomen, und eine besonders tückische Form des weiblichen Brustkrebses, der in den betroffenen Familien bis zu 90% der Frauen schon in jungen Jahren sterben lässt. Wenn es gelingt, die verantwortlichen Gene beziehungsweise Schäden an diesen Genen an einem Embryo zu korrigieren oder ganz auszuschalten, oder Embryonen mit diesen unheilvollen Genen zu erkennen und sich nicht entwickeln zu lassen, dann sind für mich solche Eingriffe Maßnahmen von hoher ethischer Qualität. Im Prinzip gehören dazu auch alle Forschungsaktivitäten, die diese Eingriffe wissensmäßig und technisch ermöglichen. Deshalb ist in meinen Augen die Ächtung beziehungsweise das Verbot der Stammzell- und Embryonenforschung mit ihren vielversprechenden Therapieaussichten, zum Beispiel kranke oder zerstörte Organe nachwachsen zu lassen, unethisch. Begründet wird das Verbot mit der Menschenwürde, die schon einem Embryo zukäme und die dessen Tötung beziehungsweise Sterbenlassen verbiete.

Auch auf eine ganz andere Weise könnte vielleicht der gezielte Eingriff in die menschliche Genstruktur von kaum abschätzbarer Bedeutung für die Menschheit werden. Wenn es gelänge, die menschliche Aggressivität, verantwortlich für lebensvernichtende Gewalt, Krieg und Völkermord, durch gentechnische Modifikationen zu reduzieren, dann wäre auch dies ein Schritt von höchster ethischer Qualität. Der der Phantasterei gewiss unverdächtige Philosoph PETER SLOTERDIJK (*1947) hat in seiner bemerkenswerten Rede »Regeln für den Menschenpark« die These vertreten, dass das Erziehungsprogramm der Aufklärung und die Ideen des Humanismus gescheitert seien, weil sie den Menschen nicht friedlicher gemacht hätten und weil sie nicht verhindern konnten, dass zu Beginn des 20. Jahrhunderts die »ungezähmte Wildheit des Menschen« schlimmer hervorbrach als je zuvor. Er fragt in seiner Rede, ob die Gentechnologie mit ihren Möglichkeiten der gezielten Veränderung der genetischen Ausstattung des Menschen zukünftig in der Lage sein könnte, das biotechnisch zu erreichen, was erziehungsmäßig nicht gelungen sei. SLOTERDIJK skizziert die Idee eines »Menschenparks«, dessen Bewohner durch »Züchtung zahm« geworden seien und die ihre verbleibende Aggressivität in die kreative Lösung gewichtiger Probleme einbrächten und nicht mehr in das Unterwerfen und Töten von Menschen.[21]

Mit dem Verweis auf die – nicht unumstrittene – Rede SLOTERDIJKS möchte ich nur andeuten, dass nicht nur vermeintlich naive Utopisten die geradezu phantastischen Potentiale der Gentechnik und der menschengemachten Evolution thematisieren, sondern dass auch die seriöse Philosophie in der angedachten biologischen Veränderung des menschlichen Wesens eine zumindest diskutable Option sieht. Wenn SLOTERDIJK resignierend meint, dass Aufklärung und Humanismus ihr Erziehungsprogramm verfehlt hätten und eine mögliche Lösung im gezielten Umbau der biosozialen Natur des Menschen sieht, dann scheint mir das – nebenbei gesagt – aus philosophischem Munde eine bemerkenswerte »Biologisierung« des menschlichen Wesens zu sein. Schwer bestimmbar ist dennoch nach wie vor die Frage nach den Gewichten von Natur und Kultur beziehungsweise nach dem tatsächlichen Einfluss von Erbe und Umwelt bei der Entwicklung menschlichen Verhaltens.

Eine weitere, in ihren Konsequenzen überhaupt nicht einschätzbare Möglichkeit der Weiterentwicklung des Menschen durch gezielte gentechnische Eingriffe, aber auch durch technische informationsverarbeitende Erweiterungen (z.B. Gehirn-Computer-Kopplungen oder neuronale Implantate) wird in der Steigerung intellektueller Befähigungen gesehen. Dazu gehören etwa die Erweiterung der Bewusstseinskapazität, also der derzeit nur sehr begrenzt vorhandenen Möglichkeit, mehrere Gedanken gleichzeitig im Bewusstsein zu halten und miteinander zu verknüpfen, eine Steigerung unserer Gedächtnisleistung in Bezug auf Volumen und Sicherheit des Behaltens, höhere Abstraktionsleistungen und schnelleres Erkennen von Regelhaftigkeiten oder ganz allgemein die Steigerung der Fähigkeit zur Lösung von Problemen. Dabei ist davon auszugehen, dass die sich selbstverstärkende Wirkung größerer intellektueller Befähigungen die weitere Entwicklung noch beschleunigen wird. Das Ergebnis könnte eine quantitative und qualitative Steigerung des menschlichen Erkenntnis- und Denkvermögens sein, dessen Leistungen dann außerhalb der uns heute möglichen Vorstellung liegen würde.

Allgemeines Ziel jener transhumanistischen Philosophen und Wissenschaftler ist es also, die naturgegebenen Mängel des Menschen wie Behinderungen oder Krankheiten schon in ihrem Entstehen zu verhindern und die ihm derzeit gezogenen physischen und psychischen Grenzen zu überwinden. Sie sagen zu Recht, dass es erlaubt sein müsse, darüber nachzudenken, wie als bedrängend empfundene Mängel des menschlichen Körpers und der menschlichen Psyche aufgehoben oder wenigstens gemildert werden könnten. Ich wehre mich deshalb gegen den Vorwurf, naivem Fortschrittsglauben anzuhängen. Es ist vielmehr das vorsichtig tastende und prüfende Vorwärtsschreiten in wissenschaftlicher, technischer und auch ethischer Hinsicht mit dem Ziel der sich verbessernden physischen, psychischen und moralischen Situation des Menschen. Ein Blick zurück in die Geschichte zeigt, dass das in bestimmten Regionen der Welt gelungen ist, wenn es auch zwischendurch barbarische Rückfälle gegeben hat. Aber allein die heute erfolgende Verurteilung katastrophaler Fehlentwicklungen als »barbarische Rückfälle« zeigt, dass sich moralische Maßstäbe etabliert haben, die inzwischen von einer großen Zahl von Menschen geteilt werden. In der Bibel finden wir solche Verurteilungen von Völkermord und vielen anderen Menschenrechtsverletzungen nicht.

Als eine unüberwindbare Schranke, die von der Menschheit schon immer als Bedrohung und Fluch empfunden wurde, gelten Altern und Tod. Da bekommt die urmenschliche Hoffnung eine reale Basis, wenn nicht wenige Bioforscher inzwischen Lebenszeitverlängerung, also das deutliche Aufschieben von Altern und Tod, ja sogar biologische Unsterblichkeit prinzipiell für möglich halten. Die Erforschung der Prozesse des Alterns und die damit verbundene Hoffnung, Möglichkeiten der Lebenszeitverlängerung, ja irgendwann vielleicht so etwas wie prinzipielle Unsterblichkeit zu entdecken, lässt aber so manchen Betrachter erschrecken und diese Entwicklungen einerseits ersehnen, andererseits als geradezu gotteslästerlich erscheinen.

Aber ist es nicht so, dass unsere Ziel- und Wertvorstellungen einem stetigen Wandel ausgesetzt waren? Wissen wir heute, welche Vorstellungen vom »guten und richtigen Leben« spätere Generationen haben und welche Maßstäbe sie dereinst anlegen werden? Welche Gefühle und Wünsche sie mit den neuen physischen und psychischen Fähigkeiten entwickelt haben werden? Sie werden vermutlich auf uns zurückblicken, wie wir auf unsere Vergangenheit schauen, und ebenso feststellen, dass die Bedürfnisse, Interessen und Hoffnungen der Menschen wandelbar sind, weil sie ganz entscheidend auch durch die jeweils gegebenen wissenschaftlichen und technischen Möglichkeiten bestimmt werden.

Kann es unter den eben geschilderten Zielvorstellungen so verwerflich sein, in die natürliche Evolution einzugreifen, um sie zu beschleunigen und in eine gewünschte Richtung zu lenken? Was kann falsch daran sein, der bisher blindlings und ungerichtet ablaufenden Evolution ihre »darwinistische Erbarmungslosigkeit« zu nehmen und ihren weiteren Verlauf an ethisch wünschenswerten Zielsetzungen zu orientieren? Muss es nicht vielmehr als »ethischer Imperativ« gelten, sich um die Verbesserung der Lebensqualität des Menschen zu bemühen, ihn gesünder, langlebiger, intelligenter und verträglicher zu machen? Einem Christen ist dieses Denken und Handeln eigentlich verwehrt, bedeutet es doch, sich in frevelhafter Weise in Gottes Planung einzumischen. Für den Christen wurde der Mensch von Gott als sein Ebenbild erschaffen. Veränderte der Mensch diese Ebenbildlichkeit, maßte er sich in der Vorstellung eines Christen an, Gottes Werk, ja selbst Gott als Original als nicht zufriedenstellend anzusehen und eigenmächtig zu verbessern. Die Entwicklung wird jedoch mit großer Sicherheit über solche Bedenken hinweggehen. Ausschlaggebend für die Akzeptanz wird letztendlich der erkannte Nutzen für Gesundheit und Lebensqualität sein.

Die Frage, was konkret und tatsächlich an Veränderung und Weiterentwicklung nützlich und ethisch wünschenswert ist, ob eine solche Entwicklung überhaupt gewollt wird, kann nur in einem offenen und gleichberechtigt geführten gesellschaftlichen Dialog beantwortet werden. Dieser Dialog wird wie bisher äußerst mühsam, von religiösen und weltanschaulichen Vorgaben geprägt sein, und er wird immer wieder zu unbefriedigenden und umstrittenen Lösungen führen. Schließlich soll nicht verkannt werden, welche problematischen ethischen Fragen – Stichworte wie präventive Eugenik oder therapeutisches Klonen mögen stellvertretend dafür genannt werden – dahinter stehen können. Letztlich wird sich meines Erachtens aber doch der natürliche Wunsch nach einem gesunden und möglichst lange währenden Leben durchsetzen.

Seit die Menschen sich ihrer Sterblichkeit bewusst sind, gibt es den brennenden Wunsch nach Unsterblichkeit. Angst vor dem Tod, Hoffnung auf Wiedergeburt und ewiges Leben in einem leidfreien Jenseits sind Wurzeln der Religion. Der Mensch will nicht wahrhaben, dass der Tod das letzte Wort hat. Und Not, Mühsal und Ungerechtigkeit im täglichen Leben haben die Vorstellung von einem Paradies entstehen lassen. Erst als die Menschen erkannten, dass sie ihr Schicksal selbst in die Hand nehmen müssen, wuchsen ihnen die Einsichten und Kräfte zu, die es ermöglichen könnten, zukünftig einmal ein Leben ohne Krankheit, ohne Not, Hass und Gewalt und ohne Angst vor der eigenen Vergänglichkeit zu führen. Vielleicht werden die Menschen dereinst nach einem uns heute fast unendlich lang erscheinenden Leben, wie einst Hiob »satt an Lebenstagen«, selbst den Wunsch haben, ein geglücktes und erfülltes Leben würdevoll abzuschließen.

Der Theologe und Philosoph JOACHIM KAHL sagte in einem Vortrag einer Veranstaltung der Humanistischen Akademie Berlin, dass »die menschliche Sterblichkeit ihren Trost in sich selbst trage«. Diese Worte deute ich so, dass das menschliche Dasein als Chance zu sehen ist, es als ein »Werk« zu begreifen und zu gestalten, dessen Vollendung zugleich als Lebensende zu deuten ist. Der Tod kann dann als sinnvoller Abschluss eines Lebenswerkes hinzutreten, nicht als ein ins Leben einbrechender, gefürchteter Zerstörer. Das gern gewählte Bild vom »Abtreten von der Lebensbühne« scheint mir hier eine schöne Metapher zu sein. So wie ein großer Schauspieler seine Rolle, sein Werk, am Ende eines Schauspiels abschließt und mit Zufriedenheit und Dank abtritt, wenn er es als vollendet – im doppelten Sinne des Wortes – ansehen kann.

Für mich ganz wesentlich im Sinne von Erfüllung und Erleichterung wäre am Ende meines Lebens das Gefühl, das erreicht zu haben, was ich mir vorgenommen habe und was sinnvollerweise von einem Menschen erreicht werden kann. Wenn dann – zukünftig irgendwann – darüber hinaus die Lebenszeit eine solche große Spanne aufweist, dass ein Mensch selbst das Gefühl entwickelt, dass es genug sei und er selbstbestimmt sagen kann, es möge jetzt Schluss sein, dann denke ich, hat der Tod seinen Schrecken verloren. Ich erinnere mich, dass seinerzeit Pastor HEINRICH ALBERTZ, einst auch Regierender Bürgermeister von West-Berlin, kurz vor dem Ende seines Lebens in einem Gespräch sagte: Es reicht! Ich bewunderte damals diese Bereitschaft, den Tod nicht nur zu akzeptieren, sondern ihn sogar zu wollen. Sicherlich gab ihm sein verinnerlichter christlicher Glaube dazu auch die Kraft und den Mut.

Es sind dies alles Gedanken, die selbstverständlich noch nicht in jedem Aspekt zu Ende gedacht sind, aber sie deuten die Richtung an, in der ich für mich – erst recht, wenn ich vielleicht zwei oder drei Jahrhunderte später leben würde – den oben angedeuteten Trost sehen würde.

Ich bin ziemlich sicher, dass die Sehnsucht nach einer transzendenten Idee, die uns Trost und Hilfe verspricht, in dem Maße abnimmt, wie die irdischen Verhältnisse – physisch, psychisch, moralisch – sich bessern. Das wird sich nur sehr langfristig einstellen. Insofern leben wir und unsere unmittelbaren Nachfahren in einer noch lang andauernden Zwischenphase von ein, zwei Jahrhunderten, in der wir mit dieser »Trostlosigkeit« fertig werden müssen. Die Menschen im Altertum, im Mittelalter bis in die Neuzeit mussten mit Hunger und elenden Krankheiten ohne jede Hilfe, ohne jedes Schmerzmittel fertig werden. Die himmlische Botschaft hat sie nicht wirklich satt gemacht und auch die Schmerzen nicht nehmen können.

Ein Paradies auf Erden und die Aussicht auf eine selbstbestimmte Lebenszeit – so utopisch, so befremdlich, gar frevelhaft manchem von uns diese Visionen heute auch erscheinen mögen – sie werden für die kommenden Generationen am Horizont der Möglichkeiten auftauchen. Und die Erfahrung zeigt, das alles, was machbar ist und menschlichen Bedürfnissen entgegenkommt, schließlich auch realisiert wird. Diese Aussichten lassen eine Ahnung aufkommen, wie dramatisch sich in fernerer Zukunft Mensch und Leben verändern könnten. Wir heute Lebenden sollten uns nicht anmaßen zu entscheiden, was spätere Generationen für erstrebenswert halten dürfen. Menschen einer solchen Zukunft, die sich zwar erst schemenhaft, aber doch schon in Umrissen abzeichnet, bedürften dann keiner trügerischen Vertröstung mehr auf ein paradiesisches Himmelreich, das jenseits unserer irdischen Welt auf sie warten und ihnen unendliches Glück und ewiges Leben bescheren würde.

VIII.

Mein »Credo«

Credo ist Lateinisch und heißt bekanntlich: ich glaube. So wie der Christ glaubt im Sinne von »dafürhalten« und zugleich »fest überzeugt sein«, so glaube auch ich und bin fest überzeugt davon, dass der Mensch dereinst – wenn auch vielleicht erst in vielen hundert Jahren – das erreicht haben wird, was er einst als Projektion Gott zuschrieb: umfassend wissend, umfassend mächtig und umfassend gütig. Warum sollten wir diesen Traum nicht haben dürfen: Aufgrund von Wissen und Einsicht das Leid aller mit Gefühlen und Bewusstsein begabter Wesen schließlich so weit wie möglich aufzuheben und des Menschen Wohlergehen und Glück zu mehren. Ist eine solche Vision wirklich nur Selbstüberschätzung, Vermessenheit, frevelhafter Übermut, ein Greifen gar – um es biblisch auszudrücken – nach dem Thron Gottes? Muss dieser Versuch, ein Paradies auf Erden zu schaffen, mit der Hölle im Diesseits enden? Oder anders gefragt: Wären wir überhaupt in der Lage, ein solches Glück zu ertragen?

Wenn auch der Weg das Ziel sein kann, dann könnten wir ein solches Glück ertragen lernen, denn unsere Gedanken und Gefühle und unsere Erwartungen und Maßstäbe würden mit dieser beispiellosen Veränderung mitwachsen. Der Mensch ist in seiner psychischen und sozialen Natur immer auch das, was Wissenschaft und Technik ihm ermöglichen.

Bevor es aber so weit sein könnte, ist noch ein gewaltiges Stück an naturwissenschaftlicher und philosophischer Aufklärungsarbeit zu leisten. Hier kommt den allgemeinbildenden Schulen eine ganz herausragend wichtige Aufgabe zu. Sie werden diese Funktion aber erst übernehmen können, wenn auch die Bildungspolitik in ganzer Breite verstanden hat, welche grundlegende Rolle für den wirtschaftlich-technischen Wohlstand und politisch-moralischen Zustand unserer Gesellschaft eine solide naturwissenschaftliche und damit verbundene philosophische Bildung spielt. [1] Eine solche Bildung vermittelt nicht nur naturwissenschaftliches, das heißt an der real existierenden Natur orientiertes Wissen, sowie philosophische Einsichten, sie legt auch die Basis für klares, logisches und erfahrungsgeleitetes Denken und den Willen, erkannte Probleme kritisch zu durchdenken und soweit wie möglich zu klären. Vor allem macht eine solche Bildung kritik- und widerstandsfähig gegenüber irrationalen Heilszusagen, die aus einer angeblich anderen Welt versprochen werden. Die derzeit verstärkt erfolgende Gründung von evangelischen und katholischen Privatschulen stellt insofern eine religiös basierte Gegenbewegung dar.

Am Anfang dieses Buches habe ich gesagt, dass ich es zunächst für mich selbst schreiben werde, um mir Klarheit über wesentliche Fragen meines Lebens, besonders über den uns ungefragt anerzogenen Glauben zu verschaffen. Die Überlegungen des Kapitels I führten mich zu der Überzeugung, dass die Wissenschaften, vor allem die Naturwissenschaften, zu Recht den Anspruch erheben können, ein zwar immer nur vorläufig gültiges, letztlich aber doch zunehmend zutreffenderes Bild der realen Welt zu liefern. Insbesondere das Konzept der evolutionären Erkenntnistheorie kann zeigen, dass die Strukturen der Erkenntnis und die Strukturen der Realität stets so weit übereinstimmen, dass die so gewonnenen Informationen über die Welt ausreichen, in ihr zu überleben. Also – so die Schlussfolgerung – ist es unserem »Erkenntnisapparat« möglich, mindestens Ausschnitte aus der Realität zutreffend wahrzunehmen.

Bedeutsam ist die Feststellung, dass unsere Sinnesorgane und unser Gehirn offenbar fähig sind, der außersubjektiven Realität immer näher zu kommen, also die Möglichkeit sogar zu objektiver Erkenntnis zu begründen. Die Unterscheidung zwischen Mikro-, Meso- und Makrokosmos allerdings macht deutlich, dass unsere Anschauung, unser Denken und unsere Logik sich an den Strukturen gebildet haben, mit denen wir es im Alltag zu tun haben. Vorstellungsvermögen, Sprache und Alltagslogik versagen im Bereich der allerkleinsten und allergrößten Objekte. Nur mit wissenschaftlichen und speziell mathematischen Methoden sind wir in der Lage, diese Grenzen zu überwinden und uns weitere Bereiche der Welt zu erschließen. Es ist für mich nicht erkennbar, welchen Beitrag die Religionen zum Begreifen und Erklären dieser Welt liefern könnten.

Kapitel II machte deutlich, dass der Mensch sich zeitlich wie räumlich in einem äußerst schmalen Bereich bewegt. Weder extrem kleine Zeiteinheiten wie das Planck'sche Zeitteilchen von 10^{-43} Sekunden noch die extrem kleine Planck-Länge von 10^{-37} cm sind für uns vorstellbar. Auch das Alter unseres Universums von geschätzten 13,7 Milliarden Jahren oder die Entfernung der gerade noch mit technischen Hilfsmitteln erkennbaren Galaxien von 12 oder mehr Milliarden Lichtjahren lassen sich kaum begreifen. Die im kosmischen

Maßstab verschwindend kleine, geradezu bedeutungslose Größe unserer Erde und der erst nach 13,7 Milliarden Jahren erfolgende Auftritt des Menschen, gewissermaßen in letzter Minute, wollen nicht recht passen zu der von der christlichen Religion behaupteten Gottesebenbildlichkeit des Menschen und seiner angeblich herausgehobenen Stellung und Bedeutung im Kosmos. Eher drängt sich der Gedanke der Überschätzung der eigenen Rolle auf. Dass Zeit und Raum in ihrem Wesen völlig anderer Natur sind als es uns unsere unmittelbare Wahrnehmung vermittelt, konnte EINSTEIN mit seiner revolutionären Relativitätstheorie zeigen, aber er bewies damit auch in eindrucksvoller Weise, dass der Mensch in der Lage ist, ihm von Natur aus gesetzte anschauungs- und erkenntnismäßige Schranken mit wissenschaftlichen Methoden zu überwinden.

Die Grundlegung eines naturalistischen Weltbildes wird mit den in Kapitel III mitgeteilten naturwissenschaftlichen Einsichten fortgesetzt. Es geht dabei um die Darstellung der physikalischen Entwicklung unserer Welt vom Urknall bis heute. Die für die Menschheit des 20. Jahrhunderts völlig neue Einsicht war, dass unsere Welt einen zeitlichen und räumlichen Anfang hatte, aus dem sich über gewaltige Zeiträume die Sternensysteme, unsere Sonne und unsere Erde entwickelten. Zugleich aber provozierte diese Erkenntnis sofort die logische Frage, wer den Anstoß dazu gab und was davor war. Die Antwort, dass hier Gott eingegriffen hätte, befriedigt nicht, weil sie nichts erklärt, sie besteht nur aus einem unbestimmten und rätselhaften Begriff.

Das Geschehen im Mikrokosmos ließ an den Phänomenen Zufall, Superposition und Verschränkung erkennen, dass die Regeln unserer Alltagslogik dort nicht mehr uneingeschränkt gelten und möglicherweise ein Spezialfall einer umfassenderen »Weltlogik« sind. Der Mensch – so stellte DARWIN fest – ist ein Produkt der Evolution und kein Ergebnis göttlicher Planung, wie uns die Religionen weismachen wollen, eine Erkenntnis, die für viele erschütternd ist, weil sie zugleich auch mit glaubensbedrohenden Konsequenzen verbunden ist. Schließlich konnte anhand der Einsichten der Hirnforschung aufgezeigt werden, dass der Geist, also Denken, Bewusstsein und Gefühl, »nicht vom Himmel fiel«, sondern ebenso ein Ergebnis evolutionären Wirkens ist. Psychische Prozesse basieren – so die eindeutige Aussage der Hirnforschung – auf materiellen Prozessen und sind aus ihnen im Prinzip vollständig erklärbar, auch wenn entscheidende Mechanismen zum Verständnis dieser Vorgänge derzeit noch der Erklärung bedürfen.

Die Problematik der Willensfreiheit, die in Kapitel IV behandelt wird, genauer gesagt: die behauptete Nichtexistenz eines freien Willens, ist wie kaum ein anderes Thema geeignet, Protest und Ablehnung zu provozieren. Zu tief greift offenbar diese These in das Selbstverständnis des Menschen ein, um einfach widerspruchslos hingenommen zu werden. Der Gedanke, dass man in seinen willentlichen Entscheidungen nicht frei sei, vielmehr unbewusst von Motiven und seiner biologischen Natur gesteuert werde, ist für viele Menschen eine unerträgliche Vorstellung, eine das Selbstwertgefühl verletzende, eine die persönliche Autonomie scheinbar negierende Auffassung. Vor allem die moralischen, strafrechtlichen und theologischen Konsequenzen sind erheblich. Der Begriff der Schuld, ein zentrales Konzept unserer Moral, unseres Strafrechts und der christlichen Theologie, verliert seine Berechtigung, und seine Aufgabe scheint die Grundfesten der Gesellschaft zu erschüttern. Dass Letzteres nicht der Fall ist, konnte inzwischen überzeugend nachgewiesen werden, denn die Verantwortung des Einzelnen für sein Tun und Lassen bleibt bestehen, und an der Möglichkeit zur Selbstbestimmung wird trotz aller Willensdetermination ebenfalls nicht gerüttelt. Für mich bedeutet die Erkenntnis, dass wir nicht mit einem freien Willen ausgestattet sind, ein großes Maß an verständnisvoller Einsicht in das Verhalten anderer Menschen und eine Quelle großer Toleranz und Nachsicht dem Mitmenschen gegenüber. Dabei ist noch einmal zu betonen, dass Verständnis zwar Verzeihen bedeuten kann, aber nicht mit Billigung gleichzusetzen ist.

Mit den Ausführungen der Kapitel I bis IV ist – wie bereits mehrfach erwähnt – der Versuch unternommen worden, ein naturalistisches Weltbild zu skizzieren, auf dessen Grundlage die Auseinandersetzungen mit der herkömmlichen Gottesvorstellung und dem christlichen Glauben erfolgen soll. Zentrales Thema von Kapitel V ist die Frage nach der Existenz eines gütigen Gottes und die Problematik der so genannten Theodizee. Für mich ergab sich als nüchterne Erkenntnis, wenn denn die Logik in unserem Denken überhaupt noch eine Rolle spielen soll, dass es diesen von uns Menschen beschriebenen »lieben Gott« so nicht geben kann. Auch Gott als Fundament absoluter Moral ist entbehrlich. Moral hat sich evolutionär herausgebildet und wurde und wird von Menschen modifiziert, ergänzt oder neu formuliert. Üblich war über Jahrtausende die Praxis der Religionen, moralische Normen, die oft genug den jeweiligen Machthabern und einer herrschsüchtigen Priesterschaft zur Unterdrückung dienten, nachträglich als aus göttlichem Munde stammend zu verkünden. Für mich ist eine Moral beziehungsweise Werteordnung nur akzeptabel, die sich an den tatsächlichen Bedürfnissen der menschlichen Natur orientiert und die zu einem fairen Interessenausgleich zwischen Menschen mit unterschiedlichen Bedürfnissen und Interessen führt. Die ethischen Grundsätze eines weltlichen Humanismus sind es daher, die mich überzeugen und die ich versuche zu praktizieren.

Das Kapitel VI thematisiert den zentralen Gegenstand dieses Buches, eine Problematik, die mich zeitlebens bewegt und beschäftigt hat: Wie halte ich es mit der christlichen Religion? Mit dem Abschluss dieses Kapitels habe ich für mich die feste und wohl kaum noch zu erschütternde Überzeugung gewonnen, dass es sich um eine von Menschen erdachte Lehre handelt, deren Wahrheitsgehalt dem eines frommen Märchens entspricht. Es handelt sich um eine Lehre, die etwas verspricht, was der Mensch zwar ersehnt, aber selbst von deren Verkündigern inzwischen nicht mehr vorbehaltlos geglaubt wird. Es geht um eine religiöse Bewegung, die bezeichnenderweise in immer mehr sich gegenseitig die Berechtigung absprechende Kirchen und Sekten zerfallen ist und die durch ständige zeitgeistige Anpassung ihrer Botschaft zu retten sucht, was nach meinem Dafürhalten nicht zu retten ist. Diese Religion, diese ideologische Konstruktion ist Ursache und Anstifter einer unglaublich großen Zahl an Verbrechen gegen die Menschheit, die stets im Namen des angebeteten Gottes erfolgten und die dieser angeblich barmherzige Gott doch nie verhindert hat.

Auch wenn diese Religion gleichzeitig sehr vielen Menschen Trost, Hilfe und Lebenssinn gegeben hat und noch immer gibt, ist das für mich nicht im Geringsten ein Beleg für ihren Wahrheitsgehalt. Vor allem der moralische Gehalt großer Teile der Bibel bewegt sich weit unterhalb der durch Aufklärung, Menschenrechtserklärungen und staatliche Verfassungen, zum Beispiel der Bundesrepublik Deutschland, gesetzten Standards und wird daher von mir als Maßstab meines Handelns abgelehnt. Ich empfand zeitlebens den Widerspruch empörend zwischen der verkündeten Lehre und der Jahrtausende währenden Praxis des Großteils der führenden Repräsentanten der Kirche. Ich sehe dabei gleichzeitig das mutige und aufopferungsvolle Bemühen unzähliger Pfarrer, Pfarrerinnen und anderer überzeugter Christen, die dieser Lehre anhängen, dabei aber mehr auf die Stimme ihres Herzens hörten und hören. Was ich etwas pathetisch als »Stimme des Herzens« bezeichne, ist für mich das Ergebnis einer biologischen, sozialen und kulturellen Evolution, der Versuch, Egoismus und Selbstlosigkeit, Trieb und Vernunft ins Gleichgewicht zu bringen.

Ich selbst verwende für mich den Begriff Atheist nicht, obwohl von meiner Einstellung her eine solche Bezeichnung zutreffend wäre, den Begriff Humanist halte ich für angemessener und aussagekräftiger. Ich definiere meine Weltanschauung weniger durch Abgrenzung gegen eine Auffassung, vielmehr habe ich meine diesbezüglichen Ansichten aus der Anwendung des mir gegebenen Verstandes und aus dem Ergebnis des Nachdenkens und der Erfahrung von unzähligen Menschen gewonnen, die ebenfalls den Widerspruch zwischen Vernunft und Glauben zugunsten der Vernunft gelöst haben. Ein persönlicher Gott und barmherziger Weltenlenker kommt in meinem Weltbild nicht vor, denn ich kann beim besten Willen die Grundlagen zu einem solchen Glauben nicht erkennen. Der amerikanische Politiker ROBERT G. INGERSOLL (1833-1899) hat diesen Zwiespalt sehr treffend so auf den Punkt gebracht:

> »Wenn die Bibel und mein Verstand vom selben Schöpfer stammen, wessen Schuld ist es dann, dass sich die Bibel und mein Verstand einfach nicht vertragen können?«[2]

In Kapitel VII bekenne ich mich noch einmal ausdrücklich zu einer naturalistischen Weltanschauung, deren Basis die Erkenntnisse der modernen Naturwissenschaften sind (die man eigentlich treffender »Wirklichkeits«wissenschaften nennen sollte). Die Überlegenheit einer naturalistischen Weltsicht zeigt sich vor allem in der weltweiten Gültigkeit ihrer Grundlagen. In jedem Land der Welt, unabhängig von der jeweiligen Kultur, gilt die gleiche Physik und – wenn sie denn wissenschaftlich betrieben wird – auch die gleiche Biologie. Diese weltweite Gültigkeit kann man den zahllosen und grundverschiedenen Lehren vom »rechten Weg zum Seelenheil« gewiss nicht zusprechen. Religionen predigen den Menschen, *was* sie denken sollen, die Wissenschaften, speziell die Naturwissenschaften zeigen den Menschen, *wie* sie denken sollen, um zu wirklichkeitsgerechten und damit menschengemäßen Einsichten zu gelangen.

Bei aller Problematik auch einer natur- (bzw. wirklichkeits-)wissenschaftlichen Orientierung unseres Denkens und Handelns ist festzuhalten, dass wir über keine verlässlichere Möglichkeit verfügen, uns diese Welt zu erklären und so einzurichten, dass sie dereinst mal ein Ort werden könnte, der als biblische Hoffnung mit dem Begriff Paradies bezeichnet wird. So utopisch dieser Gedanke uns heute auch erscheinen mag – wenn der Sinn des Lebens darin gesehen wird, »glücklich zu werden und anderen ebenso zu Freude und Glück zu verhelfen«, und wenn gleichzeitig »Leid und Schmerz von Mensch und Tier so weit wie möglich gemindert werden«, warum sollte dann nicht in ferner Zukunft diese Erde ein diesseitiger »Garten Eden« sein können? Warum sollte es ausgeschlossen sein, dass im Diesseits das wirklich wird, was die Religion für ein angebliches Jenseits nur verspricht? Allein moderne Landwirtschaft und Medizin haben hungernden und kranken Menschen mehr an »Trost« bieten können als Glaube und Kirche je vermochten.

Eine solche Vision wird sich jedoch nur realisieren lassen, wenn der Mensch weitere Stufen der Aufklärung erklommen hat. Eine konsequente, wissenschaftlich orientierte Bildung verbunden mit einem ethischen Konzept, das frei von metaphysischen Moralvorstellungen unmittelbar an den Interessen und Bedürfnissen der Menschen anknüpft und Interessenkonflikte zwischen ihnen nach den Kriterien »fair« und »unfair« löst, könnte diesen Zukunftstraum Schritt für Schritt wahr werden lassen. Der Mensch als selbstbestimmtes und zugleich soziales Wesen ist das Maß aller Dinge, nicht ein geglaubter Schöpfer, der bisher nicht gezeigt hat, dass er die Menschheit befrieden kann. Ich denke, dass die Vorstellungen des neuen Humanismus am ehesten in der Lage sind, eine friedliche und glückliche, eine allen Menschen gerecht werdende Zeit anbrechen zu lassen.

Der physische, psychische und moralische Zustand unserer Gesellschaft wäre mit Sicherheit weitaus befriedigender, wenn die in der Summe ungeheueren geistigen Anstrengungen unzähliger Theologen, das angebliche Wort Gottes, wie es in der Bibel niedergelegt ist, mit der Logik und der Wirklichkeit in Übereinstimmung zu bringen, sich auf die Bewältigung konkreter, die Menschen tatsächlich bedrängender Probleme gerichtet hätten. Welchen Ertrag das intellektuelle Vermögen eines APOSTEL PAULUS, THOMAS VON AQUIN oder etwa MARTIN LUTHER hätte erbringen können, wenn sie ihre geistigen Energien in die Lösung tatsächlich existierender Nöte und Übel und nicht künstlich geschaffener theologischer Probleme investiert hätten, kann man nur erahnen. Ihr Ziel war des Menschen Heil, ihr Anspruch war die Wahrheit – leider haben sie ihre Talente am falschen und untauglichen Objekt entfaltet. Was würden wir vermissen, wenn es die Theologie nicht gäbe?

Versuchen wir also gemeinsam, aus den Fehlern unserer Vorväter zu lernen und einen neuen Anfang zu wagen. Die Aussichten, dass der Versuch gelingt, sind so groß wie noch nie in der Geschichte der Menschheit. Dennoch sollte eine solche Vision den Blick für die Realität nicht verstellen. In diesem Jahrhundert wird sich der ausgemalte Zukunftstraum noch nicht realisieren lassen. Irgendwann jedoch wird es gelingen, die Träume vom jenseitigen Paradies, die die Menschen einst in die Religion hineingeschrieben haben, im Diesseits schrittweise Wirklichkeit werden zu lassen. Vielleicht werden in etwa zwei oder drei Jahrhunderten erste Inseln einer menschengemachten Stätte des Glücks und des Friedens erscheinen. Es werden dann allerdings andere Menschen sein, die die neue Welt bewohnen, mit anderen Gedanken und anderen Gefühlen und vielleicht wieder auch anderen Vorstellungen von einem erfüllten und geglückten Leben.

Jede Bergbesteigung beginnt mit einem ersten Schritt und endet nach einer endlichen Zahl von Schritten. Unüberwindbar erscheinende Schluchten und überhängende Wände werden auftauchen, sie sollten uns und unsere Nachkommen aber nicht entmutigen, den Gipfel im Auge zu behalten und schließlich zu bezwingen. Und wenn der »Mount Everest des erstrebten Glücks« nicht erreichbar wäre, stimmte dann nicht wenigstens die Richtung? Auch der Weg kann das Ziel sein.

»Wer immer strebend sich bemüht, den können wir erlösen«, lässt uns der altersweise GOETHE in der Schluss-Szene des Faust II wissen.

Anmerkungen

Neben Buch und Zeitschrift als klassische Nachweis-Quelle wird oft auf das Internet verwiesen. Die Problematik bei Internet-Adressen ist einmal die Frage der Zuverlässigkeit bzw. Seriosität der mitgeteilten Informationen, zum andern die Dauerhaftigkeit der Zugriffsmöglichkeit. Zitierte Internet-Quellen stehen unter den angegebenen Adressen oft nur relativ kurze Zeit zur Verfügung. In diesen Fällen empfiehlt es sich zu versuchen, z. B. über die Suchmaschinen Yahoo oder Google die Quellen zu ermitteln; dabei sind gesuchte Überschriften von Dokumenten oder wörtliche Zitate entweder durch die tragenden Stichworte oder als exakt zu suchender Text (dann in Anführungszeichen) in das Suchfeld einzugeben.

Die Internetquellen wurden zuletzt im Januar 2011 auf Erreichbarkeit überprüft.

Aus der Fülle der lesenswerten Internet-Informationsquellen mit religionskritischen Inhalten seien zwei besonders erwähnt:

- Der Humanistische Pressedienst mit einer Vielzahl an Verweisen: http://hpd.de
- Magazin für junge Humanistinnen und Humanisten: http://www.wissenrockt.de

Kapitel I: Was können wir wissen? Was können wir erkennen?

1 Eine instruktive und sehr gut verständliche Einführung in die Problematik der Erkenntnistheorie liefert H. v. Ditfurth: Wir sind nicht nur von dieser Welt, Hoffmann und Campe, Hamburg 1981; hier besonders der Teil: Objektive Realität und Jenseitserwartung. Speziell die Gedankengänge von Kant werden auf den Seiten 163ff erläutert.

2 Gerhard Vollmer: Evolutionäre Erkenntnistheorie. Hirzel Verlag, Stuttgart 2002, 8. unveränderte Auflage, 226 S., hier S. 102. Gerhard Roth kritisiert in seinem jüngst erschienenen Buch "Wie einzigartig ist der Mensch – Die lange Evolution der Gehirne und des Geistes", hier S. 407f (Spektrum Akademischer Verlag, Heidelberg Oktober 2010) diese zentrale Aussage als nicht logisch begründet, betont aber gleichzeitig die Berechtigung und historischen Verdienste der Evolutionären Erkenntnistheorie.

3 Rupert Riedl: Biologie der Erkenntnis – Die stammesgeschichtlichen Grundlagen der Vernunft. Verlag Paul Parey, Berlin und Hamburg 1980, 2. Auflage, 230 S.

4 Konrad Lorenz: Die Rückseite des Spiegels – Versuch einer Naturgeschichte des Erkennens. R. Piper & Co. Verlag, München und Zürich 1973, 338 S., hier S. 15f.

5 Konrad Lorenz, 1973, S. 16f.

6 Konrad Lorenz, 1973, S. 22f.
7 Konrad Lorenz, 1973, S. 48ff.
8 Konrad Lorenz, 1973, S. 51.
9 Konrad Lorenz, 1973, S. 174f.
10 Hoimar von Ditfurth: Der Geist fiel nicht vom Himmel – die Evolution unseres Bewußtseins, Hoffmann und Campe Verlag, Hamburg 1976, 340 S., hier S. 301.
11 Titel eines Buches von Hoimar von Ditfurth: Der Geist fiel nicht vom Himmel – Die Evolution unseres Bewußtseins. Siehe Anmerkung 10!
12 Gerhard Vollmer: Was können wir wissen? Band 1, Hirzel Verlag, Stuttgart 2003, 3. Auflage, 337 S., hier S. 39.
13 Gerhard Vollmer, 2003, S. 129.
14 Gerhard Vollmer, 2003, S. 39-42.
15 Rupert Riedl, 1980, S. 14. Siehe Anmerkung 3!
16 Bunge, Mario und Mahner, Martin: Über die Natur der Dinge – Materialismus und Wissenschaft. S. Hirzel Verlag, Stuttgart und Leipzig 2004, 273 S.
17 Gerhard Vollmer, 2002, S. 119f. Siehe Anmerkung 2!

Als sehr geeignete einführende Bücher in die evolutionäre Erkenntnistheorie, weil übersichtlich und gut verständlich, können – neben dem in Anmerkung 1 erwähnten Buch von Ditfurth – die beiden Werke von Gerhard Vollmer sehr empfohlen werden; Titel siehe Anmerkung 2 und 12! Darüberhinaus ist empfehlenswert das in Anmerkung 16 aufgeführte Werk von Bunge und Mahner: Über die Natur der Dinge. Es handelt sich um eine erstklassige und gut lesbare Darstellung der Grundlagen wissenschaftlichen Denkens. Schließlich sei auf einen Aufsatz von Gerhard Vollmer verwiesen, der eine ebenfalls leicht lesbare Einführung in Idee und Konzeption des Naturalismus darstellt. Zu finden im Internet unter: http://brightsblog.wordpress.com/bright-stuff/#rechtenDingen.

Kapitel II: Raum und Zeit: Unbegreiflich in Dimension und Wesen

1 Werte aus: Joachim Hermann: Das grosse Lexikon der Astronomie. Bertelsmann Lexikon Verlag GmbH, Gütersloh 1996.
2 Mathematiker lieben die Bequemlichkeit. Sie haben deshalb für ganz große und ganz kleine Zahlen, die man sonst mit sehr vielen Nullen schreiben müsste, die sog. Exponentialdarstellung eingeführt. Sie kommt folgendermaßen zustande:

$$\begin{aligned} 100 &= 10\cdot10 &&= 10^2 \\ 1\,000 &= 10\cdot10\cdot10 &&= 10^3 \\ 10\,000 &= 10\cdot10\cdot10\cdot10 &&= 10^4 \\ 100\,000 &= 10\cdot10\cdot10\cdot10\cdot10 &&= 10^5 \\ 1\,000\,000 &= 10\cdot10\cdot10\cdot10\cdot10\cdot10 &&= 10^6 \\ 10\,000\,000 &= 10\cdot10\cdot10\cdot10\cdot10\cdot10\cdot10 &&= 10^7 \\ 100\,000\,000 &= 10\cdot10\cdot10\cdot10\cdot10\cdot10\cdot10\cdot10 &&= 10^8 \\ 1\,000\,000\,000 &= 10\cdot10\cdot10\cdot10\cdot10\cdot10\cdot10\cdot10\cdot10 &&= 10^9 \quad \text{usw.} \end{aligned}$$

Die hochgestellte Zahl gibt also an, wieviel Nullen an die Eins angehängt werden müssen, wenn man die konventionelle Schreibweise benutzen möchte. 4,6 Milliarden z. B. würde man also in konventioneller Schreibweise wie folgt darstellen:

$4\,600\,000\,000 = 4{,}6\cdot 1\,000\,000\,000 = 4{,}6\cdot 10^9$ in Exponentialschreibweise.

Kleine Zahlen werden wie folgt geschrieben

$0{,}1 = 1\cdot 10^{-1} = 10^{-1}$ (Ein Zehntel)
$0{,}01 = 1\cdot 10^{-2} = 10^{-2}$ (Ein Hundertstel)
$0{,}001 = 1\cdot 10^{-3} = 10^{-3}$ (Ein Tausendstel)
$0{,}0001 = 1\cdot 10^{-4} = 10^{-4}$
$0{,}00001 = 1\cdot 10^{-5} = 10^{-5}$ usw.

Die hochgestellte Zahl minus Eins gibt also die Anzahl der Nullen nach dem Komma an. Zum Beispiel wird die in konventioneller Schreibweise dargestellte Zahl 0,00452 $= 4{,}52\cdot 0{,}001$ in Exponentialdarstellung wie folgt geschrieben: $4{,}52\cdot 10^{-3}$.

3 Werte aus: Brockhaus Naturwissenschaft und Technik, Bände 1 bis 3. Bibliographisches Institut & F. A. Brockhaus AG Mannheim; Spektrum Akademischer Verlag GmbH, Heidelberg 2003.
4 Martin Rees: Unsere letzte Stunde – Warum die moderne Naturwissenschaft das Überleben der Menschheit bedroht. Bertelsmann Verlag, München 2003, 221 S., hier S. 196.
5 Brian Greene ist Professor für Mathematik und Physik an der Columbia Universität in New York. Er gilt derzeit als einer der führenden Forscher auf dem Gebiet der theoretischen Physik. Einer breiten Öffentlichkeit wurde er bekannt durch sein Buch "Das elegante Universum", Siedler Verlag, 2000. Im Jahr 2004 erschien ebenfalls im Siedler Verlag "Der Stoff, aus dem der Kosmos ist".
6 Ausführungen hierzu z. B. in dem Lehrbuch "Physik – Gymnasiale Oberstufe", hsg. von Prof. Dr. habil. Lothar Meyer und Dr. Gerd-Dietrich Schmidt, Paetec Gesellschaft für Bildung und Technik, Berlin 2003; hier Seite 540.
7 Spiegel-Gespräch "Warum ist nicht nichts?" mit dem Physiker Brian Greene über die Zersplitterung des Raums, das Wesen der Zeit und die Geburt des Universums aus einem unvorstellbar winzigen Korn. Der Spiegel 39/2004 – 20. September 2004.
8 Stephen W. Hawking: Eine kurze Geschichte der Zeit – Die Suche nach der Urkraft des Universums. Rowohlt Verlag, Reinbek bei Hamburg 1988. Siehe dort unter dem Stichwort "Keine-Grenzen-Bedingung".
9 Wochenzeitschrift Die Zeit, Nr. 30, 1998.
10 Wochenzeitschrift Die Zeit, Nr. 9, 2005, Sonderbeilage, erschienen anlässlich des Einstein-Jahrs.
11 Craig Callender: Ist Zeit eine Illusion? In: Spektrum der Wissenschaft, 2010, Heft 10, S. 33-39.

Kapitel III: Naturwissenschaft, Religion und menschliches Selbstverständnis

1 Dietrich Schwanitz: Bildung – Alles, was man wissen muss. Eichborn AG, Frankfurt 1999, 544 S.
2 Schwanitz, 1999, S. 482.
3 Entnommen der Zitaten-Sammlung von Edgar Dahl: Wer zur Hölle will schon in den Himmel? Ein Brevier für Ungläubige und solche, die es werden wollen. Books on Demand GmbH Norderstedt, 2010, 155 S. (Der Text wurde mir freundlicherweise vorab zur Verfügung gestellt.) – Die gesammelten Zitate sind ein bemerkenswerter

Hinweis darauf, dass wir damals in der Schule geradezu systematisch von den religionskritischen Ansichten vieler sonst hochgelobter Dichter, Denker und Schriftsteller ferngehalten wurden. Ich vermute, dass sich daran bis heute nicht viel geändert hat.

4 Zitiert nach der Einheitsübersetzung "Neues und Altes Testament", gemeinsam herausgegeben von den katholischen und evangelischen Kirchen Deutschlands, Österreichs und der Schweiz, Herder Verlag, 1980, 11 + 1459 S.

5 Zitiert nach Dawkins: Der Gotteswahn. Ullstein Berlin, 2007, 8. Aufl., S.185. Dawkins seinerseits zitiert hier ohne weitere Angaben den Autor Freeman. Es scheint sich dabei um eine Zusammenfassung zu handeln des 35. Kapitels des 10. Buches der "Bekenntnisse des heiligen Augustinus". Nachgelesen werden kann dieser Text im Projekt Gutenberg unter Augustinus, Aurelius: http://gutenberg.spiegel.de.

6 Hoimar von Ditfurth: Unbegreifliche Realität – Reportagen, Aufsätze, Essays eines Menschen, der das Staunen nicht verlernt hat. Rasch und Röhrig Verlag, Hamburg 1987, hier S. 42.

7 Ditfurth, 1987, S. 213.

8 Die Unmöglichkeit aus wissenschaftlichen Tatbeständen Sollwerte, also z. B. ethische Prinzipien oder Sinnzuweisungen, abzuleiten, soll hier nicht bestritten werden. Aber folgende Überlegung zeigt doch, dass es gewissermaßen "Brücken" zwischen dem Sein und dem Sollen geben könnte. Wenn man bei einer Gesellschaft z.B. nachweisen könnte, dass nur ein bestimmtes Moralsystem, also ein Satz von ethischen Prinzipien, Regeln und vielleicht Zielsetzungen, deren Überleben ermöglicht, dann wären faktisch dieses Moralsystem bzw. diese Sollwerte empirisch legitimiert, weil als einziges Normensystem das Überleben ermöglichend.

9 Wegen der letzten Absätze habe ich mit Kollegen Gerd Doerry heftig gerungen. Er hat mich aber überzeugt, dass meine bisherige zu kritische Einstellung gegenüber den Geistes-, Kultur- und Sozialwissenschaften nicht gerechtfertigt war. Ich hoffe, dass er sich mit den jetzt vorliegenden Formulierungen anfreunden kann.

10 Zitiert nach der Einheitsübersetzung. Siehe Anmerkung 4!

11 Teilweise entnommen dem Stichwort: Urknall – Anfang allen Seins? In: Brockhaus multimedial 2006 premium. Bibliographisches Institut & F.A. Brockhaus AG, Mannheim 2006.

12 Hans Küng: Der Anfang aller Dinge – Naturwissenschaft und Religion. Piper Verlag, München und Zürich 2005, 2. Auflage, 247 S., hier S. 96.

13 Harald Fritzsch: Quantenphysik und eine neue Deutung der Naturgesetze. Beitrag in: Brockhaus 2006 multimedial premium. Anregungen zu diesem Unterkapitel habe ich sowohl dem Brockhaus 2006 multimedial premium als auch dem Stichwort Quantenmechanik der Enzyklopädie Wikipedia entnommen. Eine gut verständliche und empfehlenswerte Lektüre in diesem Zusammenhang ist Silvia Arroyo Camejo: Skurrile Quantenwelt, siehe Anmerkung 14!

14 Silvia Arroyo Camejo: Skurrile Quantenwelt, Fischer Taschenbuch Verlag, Frankfurt 2007, 313 S. (Lizenzausgabe der gleichnamigen Ausgabe des Springer Verlags, Berlin Heidelberg 2006), hier S. 88.

15 Siehe Anmerkung 13!

16 Harald Lesch, Professor für theoretische Astrophysik an der Ludwig-Maximilians-Universität München, in der Sendereihe "Alpha Centauri" des Bayerischen Rundfunks, Fernsehen 2004. (Vorträge auch auf DVD erhältlich)

17 Werner Heisenberg: Das Naturbild der heutigen Physik, Rowohlt 1955, S. 18. Zitiert nach Silvia Arroyo Camejo: Skurrile Quantenwelt, 2007, S.186. Siehe auch Anmerkung 14!

18 Siehe z. B. die Überlegungen des viel zitierten amerikanischen Physikers David Joseph Bohm (1917-1992), der eine Theorie der "verborgenen Variablen" entwarf. Ausführungen dazu beispielsweise in Silvia Arroyo Camejo, 2007, S. 203 und 221ff.; siehe Anmerkung 14!

19 Zitiert nach der Einheitsübersetzung, siehe Anmerkung 4!

20 Ulrich Kutschera: Evolutionsbiologie, 2., aktualisierte und erweiterte Auflage, Verlag Eugen Ulmer, Stuttgart 2006, 303 S., hier S. 266.

21 Prof. Dr. Ernst Mayr in einem Gespräch mit Redakteuren der Frankfurter Allg. Zeitg. FAZ Feuilleton 12. März 2002, S. 47: Darwins Apostel – Der fast hundert Jahre alte Biologe Ernst Mayr über den Siegeszug der Evolutionstheorie im Biotechzeitalter.

22 Als Standardwerk der modernen Evolutionstheorie ist zu empfehlen: Ulrich Kutschera, Evolutionsbiologie (siehe Anmerkung 20!) U. Kutschera ist Professor für Pflanzenphysiologie und Evolutionsbiologie an der Universität Kassel. Sein Buch stellt den aktuellen Stand der Evolutionstheorie in anschaulicher und gut verständlicher Form dar und befasst sich auch ausführlich mit den Einwänden, die insbesondere von religiöser Seite gegen die Evolutionstheorie vorgebracht werden.

23 Das Manifest – Elf führende Neurowissenschaftler über Gegenwart und Zukunft der Hirnforschung. Zeitschrift Gehirn&Geist, 2004, Heft 6, Verlag Spektrum der Wissenschaft; hier S. 33 und 36.

24 Siehe z.B. Ulrich Bahnsen: Bauteile für die Seele. In: Wochenzeitschrift Die Zeit, 16.8.2007, Rubrik Wissenschaft, oder die Titelgeschichte des Wochenmagazins Der Spiegel "Die Sprache des Gehirns" vom 31.3.2008, S. 132-146.

25 Intelligenztests für Kolkraben. In: Spektrum der Wissenschaft, Juli 2007, S. 24ff. Wann ist ein Gehirn intelligent? In: Spektrum der Wissenschaft, November 2008, S. 124ff.

26 Gerhard Roth: Wie einzigartig ist der Mensch? – Die lange Evolution der Gehirne und des Geistes. Spektrum Akademischer Verlag, Heidelberg 2010, 437 S.

Kapitel IV: Schuld, Sühne, Glaube und die Illusion von der Willensfreiheit

1 Fritz Bauer: Die Schuld im Strafrecht. Erschienen im Sammelband Club Voltaire – Jahrbuch für kritische Aufklärung I, hsg. von Gerhard Szczesny, Szczesny Verlag, München 1963, S. 114-138. G. Szczesny war Initiator und Gründer der Humanistischen Union und verfolgte mit diesen Jahrbüchern die Absicht, Autoren zu Wort kommen zu lassen, die sich mit ihren Ansichten außerhalb der damals vorherrschenden christlichen Vorstellungswelt bewegten. Autoren dieses Sammelbandes waren u. a. Hans Albert, Alexander Mitscherlich, Hans Magnus Enzensberger, Max Frisch, Martin Walser, Erich Kästner, Ludwig Marcuse, Karl R. Popper, Karl Steinbuch.

2 Zitiert nach Bauer (S. 118) aus Friedrich Nietzsche "Götzendämmerung" und "Willen zur Macht".

3 Siehe Bauer, S. 127. Ich würde hier nicht davon sprechen, dass sich das "stärkste Motiv" durchsetzt. Korrekter wäre wohl die Formulierung, dass sich die "Resultierende aller im Moment wirkender Motive" durchsetzt.

4 Müssen die Geisteswissenschaften von der Hirnforschung lernen? Eine Kontroverse zwischen Prof. Dr. Dr. Gerhard Roth, Hirnforschung, Universität Bremen und Prof. Dr. Klaus Fischer, Philosophie, Universität Trier. In: Zeitschrift Forschung&Lehre, 2001, Heft 11, S. 584-585. Was Fischer offenbar nicht verstanden hat, ist, dass auch die Quantentheorie, obwohl mit Wahrscheinlichkeiten arbeitend, von einer deterministischen Grundgleichung, nämlich der Schrödinger-Gleichung, beherrscht wird. Diese Gleichung ist die Basis der Quantenmechanik und beschreibt die zeitliche Entwicklung des Zustands eines Quantensystems. Als Bewegungsgleichung der Quantenmechanik bildet sie das Fundament für fast alle praktischen Anwendungen der Quantentheorie.

5 Das Manifest – Elf führende Neurowissenschaftler über Gegenwart und Zukunft der Hirnforschung. Zeitschrift Gehirn&Geist, 2004, Heft 6, Verlag Spektrum der Wissenschaft, S. 30-37.

6 Gerhard Roth: Denken, Fühlen, Handeln – Wie das Gehirn unser Verhalten steuert. Suhrkamp Verlag, Frankfurt/M. 2001, 1. Auflage, 489 S., hier S. 437ff.

7 Max-Planck-Gesellschaft München, Presseinformation B/ 2008 (77) vom 13.4.2008. Siehe im Internet unter: www.mpg.de, suchen unter 'Haynes 2008 (77)'.

8 Holk Cruse: Ich bin mein Gehirn – Die neuronale Konstruktion der Freiheit. In: Frankfurter Allgemeine Zeitung, 05.04.2004, Seite 31 (Feuilleton). Anmerkung: In den Jahren 2003 bis 2005 fand im Feuilleton der Frankfurter Allgemeinen Zeitung eine intensive Auseinandersetzung zwischen Philosophen, Neurobiologen, Medizinern, Psychologen und Strafrechtlern zur Frage der Willensfreiheit statt. Die Streitgespräche wurden auf fachlich hohem Niveau von führenden Vertretern der jeweiligen Disziplin und Richtung geführt. Die erschienenen Beiträge sind im FAZ-Archiv gespeichert und über das Internet abrufbar.

9 Gerhard Roth: Ist der Wille frei? In: Frankfurter Allgemeine Sonntagszeitung, 19. 01. 2003, S. 50.

10 Benjamin Libet: Mind Time. Wie das Gehirn Bewusstsein produziert. Suhrkamp Verlag, Frankfurt a.M. 2005, 298 S.

11 Arthur Schopenhauer: Werke in zehn Bänden, Zürich 1977; hier Band VI, Preisschrift über die Freiheit des Willens, S. 82. (1839 und 1840 nahm Schopenhauer mit den Schriften "Über die Freiheit des Willens" und "Über die Grundlage der Moral" an Preisausschreiben der Dänischen und der Norwegischen Sozietät der Wissenschaften teil.)

12 Modifiziert zitiert aus: Michael Schmidt-Salomon: Können wir wollen, was wir wollen? – Unzeitgemässes zur Theorie der Willensfreiheit. Aufsatz erschienen in: Aufklärung und Kritik – Zeitschrift für humanistische Philosophie und freies Denken, 1995, Heft 2.

13 Albert Einstein: Mein Weltbild; hsg. von Carl Seelig. Ullstein Buch Nr. 65, Berlin 1955, 199 S., hier S. 7.

14 Abraham Pais: Ich vertraue auf Intution. Der andere Albert Einstein. Spektrum Akademischer Verlag, Heidelberg 1995, 357 S., hier S. 176.

15 Zeitschrift 'psychologie heute', 2000, Hefte 9 und 10, die sich anlässlich des 100. Todestages von Friedrich Nietzsche in zwei Beiträgen mit dessen Werk, insbesondere dessen psychologischen und tiefenpsychologischen Arbeiten, befassten.

16 Schockenhoff in einem Streitgespräch über Willensfreiheit anlässlich des Symposiums "turmdersinne" in Nürnberg Oktober 2004. Schockenhoff ist Professor für Moraltheologie an der Universität Freiburg und u.a. Mitglied im Nationalen Ethikrat.

17 Peter Bieri: Unser Wille ist frei. Aufsatz im Wochenmagazin Der Spiegel, Heft 2/2005, S. 124-125. Peter Bieri war Professor für Philosophie an der Freien Universität Berlin.

18 Ich beziehe mich hier beispielsweise auf eine Rede, die Habermas im November 2004 anlässlich der Verleihung des Kyoto-Preises gehalten hat. Seine Ausführungen wurden zum Beispiel in den Tageszeitungen Frankfurter Allgemeine und Berliner Tagesspiegel gekürzt veröffentlicht, wurden also einer interessierten, aber nicht unbedingt philosophisch ausgebildeten Leserschaft zugemutet (siehe Anmerkung 19!) Der Text erschließt sich dem philosophisch nicht vorgebildeten, aber dennoch anstrengungsbereiten und gutwilligen Leser allenfalls nach der dritten oder vierten Lektüre. Wie ein solcher, anlässlich einer Preisverleihung vorgetragener Text bei einmaligem Hören verstanden werden soll, bleibt ein Rätsel. Vermutlich ist es die Ehrfurcht vor der akademischen Autorität oder die Sorge, die eigene Verständnislosigkeit offenbaren zu müssen, die das ratlose Publikum am Ende eines solchen Vortrags brav klatschen lässt.

19 Jürgen Habermas: Die Freiheit, die wir meinen – Wie die Philosophie auf die Herausforderungen der Hirnforschung antworten kann. Abgedruckt im Kulturteil der Tageszeitung Der Tagesspiegel, Berlin, 14. November 2004, Seite 27. (Im Folgenden wird auf diesen Beitrag mehrmals Bezug genommen!)

20 Peter Bieri: Das Handwerk der Freiheit. Hanser Verlag, München 2001, 448 S.

21 Gerhard Roth: Kant und die Hirnforschung – Eine Bestandsaufnahme. In: Forschung und Lehre (Zeitschrift des Deutschen Hochschulverbands), 2004, Heft 3, S. 132-133.

22 Julian Nida-Rümelin: Über menschliche Freiheit. Reclam Verlag, Stuttgart 2005, 176 S.

23 Gehirnforscher sind doch keine Unmenschen – Streitgespräch zwischen dem Hirnforscher Wolf Singer und dem Philosophen Julian Nida-Rümelin: Geist contra Großhirn. In: Frankfurter Rundschau Magazin, 3. April 2004.

24 In einer Entscheidung des Bundesgerichtshofes, Großer Senat für Strafsachen vom 18. März 1952. Nachzulesen in: Entscheidungen des BGH in Strafsachen, 7. Band, zitierte Stelle auf Seite 200.

25 Das Hirn trickst das Ich aus – Streitgespräch zwischen dem Neurobiologen Gerhard Roth und dem Moraltheologen Eberhard Schockenhoff. Wochenmagazin Der Spiegel, 52/2004, S. 116ff.

26 Entnommen der Zitaten-Sammlung von Edgar Dahl: Wer zur Hölle will schon in den Himmel? Ein Brevier für Ungläubige und solche, die es werden wollen. Book on Demand GmbH Norderstedt, 2010, 155 S.

27 Michael Schmidt-Salomon: Jenseits von Gut und Böse – Warum wir ohne Moral die besseren Menschen sind. Pendo Verlag, München 2009, 349 S., hier 208ff.

28 Wolf Singer: Verschaltungen legen uns fest: Wir sollten aufhören, von Freiheit zu reden. In: C. Geyer (Hsg.), Hirnforschung und Willensfreiheit – Zur Deutung der neuesten Experimente. Suhrkamp Verlag, Frankfurt/M. 2004, S. 30-65. Auch erschienen in der Frankfurter Allgemeinen Zeitung, Feuilleton vom 8. Januar 2004, S. 33.

29 Über den Zusammenhang von Zurechenbarkeit und Verantwortung habe ich mehrmals mit Herrn Dipl.-Phys. Wolfram Friedrich, Egelsbach/Hessen diskutiert, der sich wie ich an einer Diskussion in "Spektrum der Wissenschaft" über "Schuld und freier Wille" im Mai 2010 beteiligte. Ihm habe ich entscheidende Anregungen zur Präzisierung meiner hier dargelegten Auffassungen von Zurechenbarkeit bzw. Zuschreibung und Verantwortung zu verdanken.

30 Diese letzten Überlegungen zum Widerstreit von Gefühl und Verstand gehen zurück auf einen sehr anregenden Gedankenaustausch, den ich auf Initiative von Jerry Colbach, Roedgen/Luxembourg im April/Mai 2010 mit ihm führte.

31 Fritz Bauer: Die Schuld im Strafrecht. Hier S. 137. Siehe Anmerkung 1!

Kapitel V: Nachdenken über Gott und Moral

1 Weltanschauungen in Deutschland – Religionszugehörigkeiten im Jahr 2010 in Prozent (Hochrechnung):

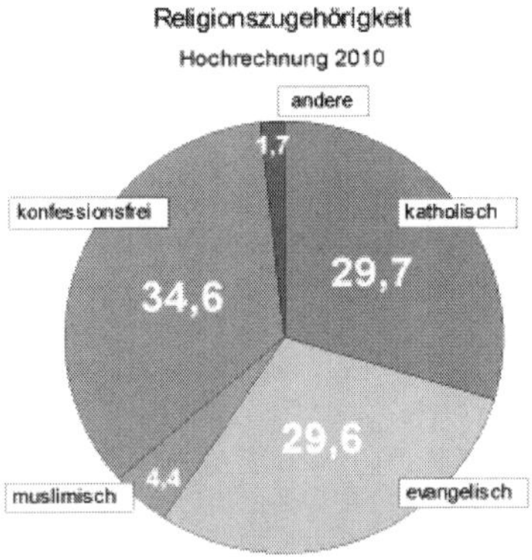

Quelle: fowid, Forschungsgruppe Weltanschauungen in Deutschland. Näheres siehe unter: www.fowid.de. Die Forschungsgruppe verfolgt das Ziel, umfassende empirische Informationen zu allen Aspekten von Weltanschauungen religiöser oder politischer Art zu erheben, auszuwerten und öffentlich zugänglich zu machen. Das Datenarchiv enthält umfangreiches Material aus empirischen Studien und im Textarchiv zahlreiche Artikel, Aufsätze und Interviews. Die redaktionelle Verantwortung hat Dr. Carsten Frerk. fowid ist ein Projekt der Giordano Bruno Stiftung.

Anmerkung: Die Anzahl der katholischen und evangelischen Christen ist nicht mit der Zahl der Kirchensteuerzahler gleichzusetzen, da etwa zwei Drittel der Kirchenmitglieder, nämlich Kinder und Jugendliche sowie Rentner, von der Kirchensteuer befreit sind.

2 Man betrachte z.B. die Zusammensetzung des Fernsehrats des ZDF. Von den weltanschaulichen Gruppierungen sind lediglich die Evangelische Kirche, die Katholische Kirche und der Zentralrat der Juden vertreten. Dasselbe gilt für die Fernsehausschüsse der ARD-Sender. Gleiches gilt auch für die Hörfunkprogramme, ob z.B. Bayerischer Hörfunk oder Deutschlandfunk, vertreten sind immer nur Evangelische und Katholische Kirche und Zentralrat der Juden bzw. Israelische Kultusgemeinden. Zum Vergleich der jeweils vertretenen bzw. ignorierten Gruppen: Etwa 24,1 Mill. katholische, etwa 24,2 Mill. evangelische Christen, etwa 28,2 Mill. Konfessionslose; knapp 4 Mill. Personen aus dem muslimischen Kulturkreis, wobei die Hälfte und mehr faktisch als nicht-gläubig angesehen wird, daher eigentlich den Konfessionslosen zuzurechen ist; etwa 200 000 Menschen jüdischen Glaubens, davon etwa die Hälfte nicht-praktizierend.

Unserem Verständnis von pluralistischer Demokratie entspräche eine repräsentative Vertretung der relevanten Meinungen. Dieses Prinzip wird hier eklatant verletzt. Von den verchristlichten Parteien CDU/CSU und SPD ist hier keine Anpassung an demokratischere Verhältnisse zu erwarten, von der in dieser Hinsicht opportunistischen Partei der Linken ebenfalls nicht. Das Verfassungsgericht wird aufgrund seiner von den Parteien bewusst "christlich" vorgenommenen Zusammensetzung daran in absehbarer Zeit auch nichts ändern.

3 Siehe hier z.B. das neueste Buch von Stephen Hawking und Leonard Mlodinow: Der große Entwurf – Eine neue Erklärung des Universums. Rowohlt Verlag 2010, 2. Auflage, 192 S. In diesem Buch vertreten die Autoren die These, dass das Universum sich selbst erschaffen haben könnte.

4 Siehe z. B. die 13. Enzyklika Fides und Ratio, in der Papst Johannes Paul II. verkündet "Glaube und Vernunft sind die beiden Flügel, mit denen sich der menschliche Geist zur Betrachtung der Wahrheit erhebt". (Vorgelegt im Oktober 1998) Er warnt darin vor einer ausschließlich weltlich ausgerichteten Wissenschaft und Philosophie. Zugleich erteilte er dem Denken der Postmoderne, das ohne Transzendenz und Gott auskomme, eine klare Absage. Eine pragmatisch orientierte Forschung ohne Bezug zu den letzten Sinnfragen könne sich – so Papst Johannes Paul II. – in eine potentielle Zerstörerin des Menschengeschlechts verwandeln.

5 Einen Überblick über die Gottesbeweise gibt zum Beispiel der Beitrag "Gottesbeweis" des Internet-Lexikons Wikipedia. Ich habe diesem Beitrag einige Anregungen für meine Darstellung entnommen.

6 Auf interessante Fehlschlüsse bei Argumentationen der eben besprochenen Art macht Volker Dittmar aufmerksam. Er schreibt: "Wir nehmen normalerweise an, dass wenn alle Elemente einer Menge eine bestimmte Eigenschaft haben, dass diese Eigenschaft dann auch für die Menge insgesamt gilt. Wenn alle Dinge im Universum eine Ursache haben …, dann muss auch die Gesamtheit aller Dinge – also das Universum selbst – eine Ursache haben ... Wie man sieht, kann man diese Behauptung nicht aufrecht erhalten, ohne dass sich logische Widersprüche ergeben. Ein Beispiel, um den Fehlschluss zu verdeutlichen, der hinter diesen Annahmen steckt:
(1) Alles im Universum hat eine Ursache, folglich muss das Universum selbst eine Ursache haben. (2) Alle Kaninchen, die jemals existiert haben, konnten nicht älter werden als 100 Jahre. Folglich kann die Gesamtheit der Kaninchen nicht älter als 100 Jahre sein. Derselbe falsche Schluss, einmal, wie in (1), nicht offensichtlich, aber in (2) offensichtlich falsch. Wenn "kann nicht älter als 100 Jahre werden" eine Eigenschaft aller jemals existierenden Kaninchen war, so gilt dies nicht für die Gesamtheit aller Kaninchen. Man wechselt die Ebene – man schließt von der Gesamtheit aller einzelnen konkreten Kaninchen darauf, dass die Menge der Kaninchen selbst nicht älter als 100 Jahre ist. Der Fehler in (2) ist deswegen so offensichtlich, weil wir ganz genau wissen, dass es schon vor mehr als 100 Jahren Kaninchen gab, und weil wir wissen, dass sich Kaninchen fortpflanzen, es also eine Kette von Kaninchen gibt, so dass die Gesamtheit der Kaninchen nicht die Eigenschaft jedes einzelnen Kaninchens haben muss. Die 'Menge aller Kaninchen' hat auch weder ein Fell noch rote Augen, auch wenn alle Kaninchen diese Eigenschaft hätten." Siehe im Internet unter:
www.dittmar-online.net/religion/gott/gottursache.html

7 Siehe auch Volker Dittmar, der auf diesen Beweis sehr ausführlich und teilweise recht humorvoll eingeht: www.dittmar-online.net/religion/gott/anthropic.html

8 Elie Wiesel: Die Nacht zu begraben. Verlag Langen/Müller, 1986/ 2005, 352 S., hier S. 93-94.

9 Hans Küng: Credo – Das Apostolische Glaubensbekenntnis – Zeitgenossen erklärt. Piper Verlag, 1992, 254 S., hier S. 42-43.

10 Johann Wolfgang Goethe: Aus meinem Leben. Dichtung und Wahrheit. Erster Teil, Erstes Buch. Hamburger Ausgabe, Band IX, S. 30-31.

11 Papst Johannes Paul II. am 11. Dezember 2002 in einer Predigt im Rahmen einer seiner üblichen Generalaudienzen, zitiert nach L'Osservatore Romano (deutsche Fassung) vom 20. Dez. 2002. Im weiteren Verlauf der Predigt begründet der Papst das Schweigen Gottes allerdings mit der Sündhaftigkeit der Menschen. Näheres unter: www.vatican.va – Suchfeld: Generalaudienz 11. Dezember 2002.

12 Neues Testament Matthäus Kapitel 10, Vers 29 und Lukas Kapitel 12, Vers 6. Dort heißt es bei Matthäus: Verkauft man nicht zwei Spatzen für ein paar Pfennig? Und doch fällt keiner von ihnen zur Erde ohne den Willen des Vaters. Bei Lukas heißt es: Verkauft man nicht fünf Spatzen für ein paar Pfennig? Und doch vergißt Gott nicht einen von ihnen. Zitiert nach der Einheitsübersetzung "Neues und Altes Testament", gemeinsam hsg. von den katholischen und evangelischen Kirchen Deutschlands, Österreichs und der Schweiz, Herder Verlag 1980.

13 In der Einheitsübersetzung, Herder 1980 (siehe Anmerkung 12!) im Abschnitt "Die Bücher der Lehrweisheit und die Psalmen" das erste Buch. Dort "Ijob" geschrieben.

14 Ich habe mich hier etwas am Text des Stichworts Hiob, Lexikon Religion von Hartwig Weber, Rowohlt Taschenbuchverlag, 2001, orientiert.

15 Ausführlich kommentiert diese ganze Problematik z. B. Walter Kaufmann in seinem Buch "Der Glaube eines Ketzers", Szczesny Verlag München, 1965 (Übersetzung aus dem Amerikanischen). Hier die Seiten 151-183, Kapitel "Das Leiden und die Bibel".

16 Wolfgang Huber: Der christliche Glaube – Eine evangelische Orientierung. Gütersloher Verlagshaus Gütersloh, 2008, 4. Auflage, 286 S. Hier die Seiten 57 und 63./ Joseph Ratzinger: Einführung in das Christentum. Kösel Verlag München, 2000, 5. Auflage, 366 S. Hier S. 23./ Siehe im Katholischen Katechismus unter dem Stichwort: Gott der Allmächtige und dort unter: Gottes Allmacht und das Übel. Sehr "aufschlussreich" in dieser Hinsicht ist ferner der Kurztext 324.
Zum Katholischen Katechismus siehe Anmerkung 6 von Kapitel VI!

17 Noch ausführlicher diskutiert die Frage des Leids und der Theodizee der Theologe Klaus Kühlwein in seinem Buch "Schöpfung ohne Sinn? – Gott und das Leid", Patmos Verlag, 2003, 176 S. Die mir bekannte umfassendste und lesenswerteste Beschäftigung mit dieser Thematik liefert der Philosoph Gerhard Streminger: Gottes Güte und die Übel der Welt. J.C.Mohr (Paul Siebeck) Tübingen, 1992, 442 S.

18 Zitiert aus der Einheitsübersetzung, Herder 1980 (siehe Anmerkung 12!), einschließlich der Absatzgestaltung. Eine textliche Variante dieser Zehn Gebote findet sich ferner im 5. Buch Mose, dem Deuteronomium, Kapitel 5, Verse 6-21.

19 In der Auswahl kritisierter bzw. kommentierter Bibelstellen folge ich u.a. auch den Anregungen in den Büchern von Karlheinz Deschner: Abermals krähte der Hahn, Stuttgart 1968; Karlheinz Deschner: Oben ohne – Für einen götterlosen Himmel und eine priesterfreie Welt, Reinbek bei Hamburg 1999; Norbert Rohde: Abschied von der Bibel, Norderstedt 2004; Norber Hoerster: Die Frage nach Gott, München 2005; Michael Schmidt-Salomon: Manifest des evolutionären Humanismus, Aschaffenburg 2005. Alle Bibelzitate sind der Einheitsübersetzung entnommen (s. Anmerkung 12!)

20 Michael Schmidt-Salomon: Manifest des evolutionären Humanismus – Plädoyer für eine zeitgemäße Leitkultur. Alibri Verlag, Aschaffenburg 2005, 181 S., hier Seite 67f.

21 Der EKD-Ratsvorsitzende Präses Nikolaus Schneider in der Talkshow "tacheles" der evangelischen Kirche (Kanal Phoenix) am 17.10.2010.

22 D. Martin Luther "Von den Juden und ihren Lügen", erschienen bei Hans Luft, Wittenberg 1543. Da diese Schrift auch in Bibliotheken schwer zu finden ist, habe ich hier aus einer im Internet zugänglichen Faksimile-Ausgabe aus den Artikeln 298 bis 310 passagenweise zitiert. Aufbereitet wurde diese Faksimile-Ausgabe von Dr. Rudolf Sponsel, Erlangen. Siehe: www.sgipt.org/sonstig/metaph/luther/lvdjuil.htm.
Siehe aber auch Borcherdt, H.H., Merz, Georg (Hsg.): Martin Luther – Ausgewählte Werke. Ergänzungsreihe 3. Band: Schriften wider Juden und Türken. Chr. Kaiser Verlag München, 1938, S. 61-228, hier ab S. 189.

23 Siehe z. B. Karlheinz Deschner: Abermals krähte der Hahn – Eine kritische Kirchengeschichte von den Anfängen bis zu Pius XII. Hans E. Günther Verlag, Stuttgart 1968, 3. Auflage, 727 S. Ferner sei auf sein Hauptwerk verwiesen: Kriminalgeschichte des Christentums, 10 Bände (von denen bisher 9 Bände erschienen sind). Rowohlt Verlag, Reinbek bei Hamburg 1996 und später. Karlheinz Deschner gilt wohl als der bedeutendste Kirchenkritiker des 20. Jahrhunderts. Näheres zu ihm und seinen Veröffentlichungen auch unter: www.deschner.info.

24 Michael Schmidt-Salomon, S. 70. Siehe Anmerkung 20!

25 Man mache sich beispielsweise über das Internet sachkundig. Im heutigen muslimisch geprägten Iran z. B. werden Ehebruch mit Steinigung und homosexuelle Kontakte zwischen Männern mit Erhängen bestraft. In Afghanistan z. B. droht jedem die Todesstrafe, der den muslimischen Glauben ablegen möchte.

26 Eine maßgebliche Rolle für das Einfühlungsvermögen spielen die so genannten Spiegelneuronen. Diese Spiegelneuronen »spiegeln« in mir die hirnphysiologischen Vorgänge, die bei meinem Mitmenschen ablaufen, wenn er für mich erkennbar Schmerz oder Freude empfindet.

27 Bertrand Russell: Warum ich kein Christ bin. rororo Taschenbuch Ausgabe, 1968, 263 S., hier S. 32.

28 Walter Kaufmann: Der Glaube eines Ketzers. Szczesny Verlag, München 1959, 431 S., hier das Kapitel Ethik, insbesondere die Seiten 319-328.

29 Eckart Voland: Grundriss der Soziobiologie, 2. Auflage, Spektrum Akademischer Verlag, Heidelberg Berlin 2000, 353 S. (Taschenbuch). Siehe auch unter:
http://www.faz.net/s/homepage.html. Dann im Suchfenster eingeben: Soziobiologie.

30 Michael Schmidt-Salomon, S. 102f. (Siehe Anm. 20!) Zur Todesstrafe bei Homosexualität vgl. z. B. Moses 3, Kap. 20, Vers 13!

31 Voltaire: Tugend. Aus: Kritische und satirische Schriften. Winkler Verlag, Zürich und München 1970, S. 733-734.

32 Siehe z. B. den Bericht aus dem Max-Planck-Institut für evolutionäre Anthropologie in Leipzig unter dem Titel "Selbstlose Primaten" vom 26. Juni 2007. Näheres unter:
www.eva.mpg.de → Press → Archive. Siehe ferner: Waal, Frans de u.a.: Primaten und Philosophen – Wie die Evolution die Moral hervorbrachte. Hanser Verlag 2008/ Waal, Frans de und Schickert, Hartmut: Der Affe in uns – Warum wir sind, wie wir sind. Deutscher Taschenbuch Verlag 2009. Siehe auch das Buch des Entwicklungspsychologen und Primatenforschers Michael Tomasello: Warum wir kooperieren. Edition Unseld 2010.

33 Michael Schmidt-Salomon, S. 104. Siehe Anmerkung 20!

34 E. J. Larson und L. Witham: Naturwissenschaftler und Religion in Amerika. In: Spektrum der Wissenschaft, 1999, Heft 11, S. 74.
35 Detlef Pollack: Rückkehr des Religiösen? Studien zum religiösen Wandel in Deutschland und Europa II. Verlag Mohr Siebeck Tübingen, 2009. Siehe auch unter: http://www.uni-muenster.de/Religion-und-Politik/
36 Den Brief an Max Born hatte ich folgender Internetseite entnommen: www.deutsches-museum.de/bildung/schul/img/modul13.pdf. Bitte suchen unter: www.deutsches-museum.de
Den in Englisch verfassten Text des Briefausschnitts mit Einsteins religiöser Überzeugung hatte ich einer nicht mehr zugänglichen Internetseite entnommen:
Weiter hilft eventuell folgende Seite: http://de.wikiquote.org/wiki/Albert_Einstein.
37 Dieser Brief ist noch nicht in einer allgemein zugänglichen Schrift veröffentlicht worden. Ich beziehe mich hier auf einen Beitrag im Berliner Tagesspiegel vom 15.5. 2008, S. 29, der über diesen kürzlich erfolgten Fund berichtete.
38 George V. Coyne in einem Spiegel-Artikel mit dem Titel "Die Zukunft der Weltreligionen: Was wusste Gott?" Der Spiegel 52/2000, 22.12.2000. Im Jahr 2006 löste Papst Benedikt XVI. ihn als Leiter der Sternwarte ab, da er – so Pressemeldungen – der päpstlichen Auffassung von Gott als einem "intelligenten Designer" widersprach, der den Prozess der Evolution lenke.
39 Einen sehr guten Überblick über Leben und Werk vermittelt die Ludwig-Feuerbach-Gesellschaft Nürnberg e.V. auf ihren Internetseiten. Siehe unter: www.ludwig-feuerbach.de.
40 Steven Weinberg: (K)ein Platz für Gott: "Es gibt keinen Beweis für Gott". In: Bild der Wissenschaft, 1999, Heft 12, S. 48-49. Von ihm stammt auch das sehr bekannt gewordene, mich seinerzeit sehr beeindruckende Buch "Die ersten drei Minuten – Der Ursprung des Universums", Piper Verlag München, 1977.
41 Günther Anders: Ketzereien. C.H. Beck Verlag, München, Nachdruck 1996, 358 S., hier S. 124.
42 Hans Jonas: Der Gottesbegriff nach Auschwitz – Eine jüdische Stimme. Suhrkamp Taschenbuch, 11. Auflage 1987, 64 S.
43 Claire Goll: Ich verzeihe keinem. Knaur Taschenbuchverlag, München 1980, 1995. 256 S., hier S. 11.
44 Norbert Hoerster: Die Frage nach Gott. Verlag C.H. Beck, München 2005, 125 S., hier Seite 122.

Kapitel VI: Endgültiger Abschied von Christentum und Kirche

1 Gerhard Szczesny: Die Zukunft des Unglaubens – Zeitgemäße Betrachtungen eines Nichtchristen. Paul List Verlag, München 1958/59, 220 S.
2 Als Beispiele für die immer noch nicht vollzogene Trennung von Staat und Kirche können genannt werden: Theologische Fakultäten als Pfarrer ausbildende Institutionen an staatlichen Universitäten; Religion als benotetes und versetzungsrelevantes Schulfach in eigentlich weltanschaulich neutralen Schulen; beamtete Pfarrer in Bundeswehr und Strafvollzug; Bezahlung von Bischöfen und Kardinälen aus allgemeinen Steuermitteln (s.a. Anmerkung 47!); Kirchensteuereinzug durch den Staat; zwangs-

weiser und nicht rückerstattungsfähiger(!) Kirchensteuerabzug beim Arbeitslosengeld, auch wenn keine Kirchenmitgliedschaft vorlag; verdeckte direkte und indirekte Zahlungen in Milliardenhöhe des Staates an die Kirche. Fundgruben an Belegen für die grundgesetzwidrige Verquickung von Staat und Kirche in Deutschland stellen die Bücher dar des Politologen und Journalisten Carsten Frerk: Violettbuch Kirchenfinanzen – Wie der Staat die Kirchen finanziert. Alibri Verlag, Aschaffenburg 2010, 269 S. und das des Rechtswissenschaftlers Gerhard Czermak: Religions- und Weltanschauungsrecht; Springer-Verlag Berlin, Heidelberg 2008, 327 S.

3 Der § 175 des Strafgesetzbuches formulierte in seiner Fassung von 1935: "Ein Mann, der mit einem anderen Mann Unzucht treibt oder sich von ihm zur Unzucht mißbrauchen lässt, wird mit Gefängnis bestraft. Bei einem Beteiligten, der zur Zeit der Tat noch nicht 21 Jahre alt war, kann das Gericht in besonders leichten Fällen von einer Strafe absehen." Unzucht lag nach einer Definition des Reichsgerichts dann vor, wenn "objektiv das allgemeine Schamgefühl verletzt und subjektiv die wollüstige Absicht vorhanden war, die Sinneslust eines der beiden Männer oder eines Dritten zu erregen." Das Strafmaß lag zwischen 6 Monaten Gefängnis und 10 Jahren Zuchthaus in besonders schweren Fällen. Während der national-sozialistischen Herrschaft wurde der Paragraph verschärft. Homosexuelle Männer wurden ins Konzentrationslager eingeliefert, sie kamen teilweise sogar nach ihrer Befreiung im Jahre 1945 erneut in Gefängnishaft. Der Paragraph hatte – wenn auch mit abnehmender Inanspruchnahme durch Polizei und Staatsanwaltschaften und Entschärfung im Jahre 1969 – Gültigkeit bis 1994(!).

4 In der Fassung der Einheitsübersetzung ("Neues und Altes Testament", gemeinsam hsg. von den katholischen und evangelischen Kirchen Deutschlands, Österreichs und der Schweiz, Herder Verlag 1980) lautet dieser Spruch wie folgt: "Rufe mich an am Tag der Not; dann rette ich dich und du wirst mich ehren." Dem Sinn nach drückt er dasselbe aus, wenn auch die Formulierung "und du wirst mich ehren" weniger herrisch und selbstherrlich wirkt als das "so sollst du mich preisen". Im Übrigen eines von vielen Beispielen für "entschärfende" Formulierungen der Einheitsübersetzung, um Bibelworte gegenüber zum Beispiel der wörtlicheren Luther-Übersetzung weniger archaisch, grausam oder befremdlich erscheinen zu lassen.

5 Zitiert aus den einleitenden Texten "Das Alte Testament" und "Das Neue Testament" der "Einheitsübersetzung – Neues und Altes Testament". Einheitsübersetzung, gemeinsam hsg. von den katholischen und evangelischen Kirchen Deutschlands, Österreichs und der Schweiz, Herder Verlag 1980, hier S. 1-2 und S. 1079.

6 Katechismus der katholischen Kirche. Zusammengestellt unter der Leitung des Kardinals Joseph Ratzinger und hsg. von Papst Johannes Paul II., 11.10.1992. Deutsche Ausgabe erschienen im Oldenbourg Verlag, München 1993, 816 S.

7 Uta Ranke-Heinemann: Nein und Amen – Mein Abschied vom traditionellen Christentum. Heyne Verlag, München 2002, 5., ergänzte Neuauflage, 446 S., hier S. 29/30. Die Theologin Ranke-Heinemann stellt in diesem Buch u.a. den derzeitigen theologischen Forschungsstand zusammen. Ein insgesamt sehr lesenswertes Buch.

8 Siehe z. B. Uta Ranke-Heinemann: Nein und Amen; siehe Anm. 7! Hier insbes. Kapitel 16: Fälschungen und falsche Autoren. Siehe ferner die Bücher des Theologen Gerd Lüdemann, z. B. Der große Betrug – Und was Jesus wirklich sagte und tat. Verlag zu Klampen, Lüneburg 1998, 125 S. Ferner: Karlheinz Deschner: Der gefälschte

Glaube – Eine kritische Betrachtung kirchlicher Lehren und ihrer historischen Hintergründe. Knesebeck Verlag, München 2004, 280 S.

9 Dafür "büßte" er dann mit Entzug der Prüfungsberechtigung für evangelische Theologiestudenten, Personal- und Mittelkürzung und Verlust seiner Theologie-Professur an der Universität Göttingen; diese wurde in eine Professur für Geschichte und Literatur des alten Christentums umbenannt. Der katholische Theologe Hubertus Mynarek, der es zwischenzeitlich immerhin bis zum Dekan der theologischen Fakultät der Universität Wien gebracht hatte und es ebenfalls wagte, seine wissenschaftlichen Erkenntnisse über Christentum und Kirche öffentlich zu machen, verlor seine Professur und musste die Universität ganz verlassen! Viele Theologen, die inzwischen zu ähnlichen Erkenntnissen wie Lüdemann und Mynarek gekommen sind, vermeiden es jedoch tunlichst, ihre Ansichten als evangelische oder katholische Theologen, also als Abhängige der Kirche, öffentlich zu äußern. Sie riskierten ansonsten ihre Stellung an der Universität. Die vom Grundgesetz (Art. 5) garantierte Lehrfreiheit besteht nicht an theologischen Fakultäten. Wer sie dort gegen die Kirche in Anspruch nimmt, läuft ernsthaft Gefahr, sein Amt zu verlieren! Das Bundesverwaltungsgericht urteilte am 3.2.05: "Ein Professor an der Evangelischen Theologischen Fakultät einer staatlichen Hochschule übt ein konfessionsgebundenes Amt aus. Sagt er sich öffentlich vom Christentum los, muss er es hinnehmen, wenn ihm auf Anregung der Landeskirche und der Fakultät anstelle des ursprünglichen konfessionsgebundenen Faches (Neues Testament) das dem bisherigen entsprechende religionswissenschaftliche Fach (Geschichte und Literatur des frühen Christentums) übertragen und er aus der Theologenausbildung ausgeschlossen wird." Das mag rechtslogisch in sich stimmig sein – wie Lüdemann selbst konstatiert – es fragt sich nur, was die Pfarrerausbildung an einer staatlichen Universität überhaupt zu suchen hat. Wer hätte nach den traurigen Erfahrungen unter den Nationalsozialisten und Kommunisten gedacht, dass auch heute noch Wissenschaftler an deutschen Universitäten im Dienste einer Ideologie stehen, und das gesetzlich geregelt und mit Konkordatsverträgen (z. T. aus der Zeit des Nationalsozialismus!) im Sinne der Kirche abgesichert. Wenn Theologie Wissenschaft sein will, und das muss sie auch, wenn sie sich an einer Universität befindet, dann ist sie wie jede andere Wissenschaft der Wahrheit verpflichtet.

10 Ich beziehe mich im Folgenden auf entsprechende neueste Fachliteratur von Theologen und Kirchenkritikern. Anregungen für die folgenden Bibel-Zitate habe ich daher u.a. durch die folgenden, teilweise bereits erwähnten Bücher bekommen. Im übrigen fordere ich den Leser ausdrücklich auf, die zitierten Bibelstellen – entnommen jeweils der ebenfalls bereits mehrfach erwähnten Einheitsbibel (vgl. Anmerkung 5!) – jeweils selbst nachzulesen und ggf. durch eigene Lektüre zu ergänzen!

Franz Buggle: Denn sie wissen nicht, was sie glauben – Oder warum man redlicherweise nicht mehr Christ sein kann. Alibri Verlag, Aschaffenburg 2004, 445 S.

Karlheinz Deschner: Abermals krähte der Hahn. Verlag Hans E. Günther, Stuttgart 1968, 727 S.

Karlheinz Deschner: Oben ohne – Für einen götterlosen Himmel und eine priesterfreie Welt. Rowohlt Verlag, Reinbek bei Hamburg 1999, 383 S.

Gerd Lüdemann: Die Intoleranz des Evangeliums – Erläutert an ausgewählten Schriften des Neuen Testaments. Zu Klampen Verlag, Springe 2004, 270 S.

Gerd Lüdemann: Das Unheilige in der Heiligen Schrift – Die dunkle Seite der Bibel. Zu Klampen Verlag, Springe 2004, 3. Auflage, 136 S.

Hubertus Mynarek: Herren und Knechte der Kirche. Historia Fachverlag für Kirchenkritik, Ulm-Wiblingen 2004, 490 S., ISBN: 3-980-6576-1-2.
Hubertus Mynarek: Mystik und Vernunft. LIT Verlag, Münster und London 2001, 2. Auflage, 255 S.
Uta Ranke-Heinemann: Nein und Amen – Mein Abschied vom traditionellen Christentum. Heyne Verlag, München 2002, 5., ergänzte Neuauflage, 446 S.
Norbert Rohde: Abschied von der Bibel – Vom alten Glauben zum neuen Wissen. Books on Demand GmbH, Norderstedt 2004, 220 S. (Neuauflage in 2009!)
Michael Schmidt-Salomon: Manifest des evolutionären Humanismus – Plädoyer für eine zeitgemäße Leitkultur. Alibri Verlag, Aschaffenburg 2005, 181 S.

11 Karlheinz Deschner: Kriminalgeschichte des Christentums. 10 Bände, davon 9 bereits erschienen. Rowohlt Verlag, Reinbek 1986-2008.

12 Ich orientiere mich hier etwas an den Zitaten von Franz Buggle, 2004, S. 76-79. Siehe Anmerkung 10!

13 Zitiert nach Jan Assmann: Monotheismus und die Sprache der Gewalt. Picus Verlag, Wien 2007, 4. Auflage, hier S. 27f, einschließlich der dortigen Anmerkungen 9 und 10. Ebenfalls aus assyrischen Textquellen stammt der Text des (von mir im Folgenden erwähnten) Kapitels 28 des Deuteronomiums mit seinen ungeheuerlichen Strafandrohungen.

14 Katechismus der katholischen Kirche, vgl. Anmerkung 6! Hier Stichwort Nr. 2357ff (Homosexualität), Seite 596. Der Mediävist Jankrift berichtet über die Verurteilung von Homosexuellen im Mittelalter. So wurden beispielsweise im Jahre 1409 in Augsburg ein Gerbermeister und vier Geistliche wegen "widernatürlicher" Handlungen verurteilt. Der Gerbermeister wurde verbrannt, die vier Geistlichen wurden in Käfige gesperrt, wo sie nach wenigen Tagen ebenfalls qualvoll den Tod fanden, selbstverständlich unter geistlichem Beistand. Siehe dazu: Kay Peter Jankrift: Henker, Huren, Handelsherren – Alltag in einer mittelalterlichen Stadt. Klett-Cotta Verlag, Stuttgart 2008, 235 S.

15 Dass dies keine bloße Behauptung darstellt, können viele Psychotherapeuten bestätigen, die Klienten aus stark christlich-religiösem Milieu betreuen. Ich selbst habe aufgrund vorliegenden Buchs mehrere Zuschriften von Frauen bekommen, die sich – in völliger Verkennung meiner diesbezüglichen Kompetenzen – ratsuchend an mich wandten. Sie schilderten mir ihre psychischen Probleme, insbesondere immer wiederkehrende Albträume, in denen göttlicher Zorn, der Teufel und die Hölle eine sie zermürbende Rolle spielten. Man kann nur fassungslos registrieren, dass heute und in Deutschland Menschen immer noch Opfer solchen mittelalterlichen Aberglaubens werden.

16 Katechismus der katholischen Kirche, vgl. Anmerkung 6! Hier Stichwort Nr. 1033ff (Die Hölle), Seite 295.

17 Inzwischen vermutet man den historischen Kern der Apokalypse, wie sie in der Offenbarung des Johannes beschrieben wird, entdeckt zu haben. In der jordanischen Wüste nahe der Grenze zu Saudi-Arabien ist im Jahr 2006 ein gewaltiger Krater (wieder) entdeckt worden, der vor knapp 10 000 Jahren entstanden ist. Der mehr als fünf Kilometer breite Krater entstand beim Einschlag eines etwa 100 Meter großen Meteoriten. Im Offenbarungstext heißt es: "Da wurde etwas, das einem großen brennenden Berg glich, ins Meer geworfen. Ein Drittel des Meeres wurde zu Blut. Und ein Drittel der Geschöpfe, die im Meer leben, kam um und ein Drittel der Schiffe wurde vernichtet. Der dritte Engel blies seine Posaune. Da fiel ein großer Stern vom

Himmel; er loderte wie eine Fackel und fiel auf ein Drittel der Flüsse und auf die Quellen." Auch die geschilderten schweren Erdbeben, die zentnerschweren vom Himmel fallenden Hagelbrocken und die alles verbrennende Sonnenglut (vgl. Kap. 16!) entsprechen dem, was beim Einschlag eines solchen gewaltigen, mit astronomischer Geschwindigkeit einschlagenden Meteoriten zu beobachten wäre. Auch die im Alten Testament beschriebene große Flut dürfte tatsächlich stattgefunden haben. Forschungen in den 80er Jahren ergaben, dass nach Ende der letzten Eiszeit weltweit die Temperaturen stiegen und die Gletscher schmolzen. Der Wasserspiegel des Mittelmeers stieg erheblich an und durchbrach schließlich die schmale Landbrücke am heutigen Bosporus. Die Wassermassen ergossen sich in die tiefer gelegenen Regionen und bildeten u.a. das heutige Schwarze Meer. Das Geschehen wird auf das 6. Jahrtausend v. Chr. datiert und könnte einer sehr großen Zahl von Menschen das Leben gekostet haben. Berichte über Sintfluten gibt es übrigens weltweit in großer Zahl. Die beiden Beispiele zeigen, dass in die Texte des Alten Testaments sicherlich uralte historische Begebenheiten eingeflossen sind, wenn auch – wie im Fall der Offenbarung – nur noch bruchstückhaft erkennbar und in apokalyptisch gedeuteter Form.

18 Der Theologe Friedrich Wilhelm Graf am 12.10.2010 in der Süddeutschen Zeitung.

19 Franz Buggle: Denn sie wissen nicht, was sie glauben – Oder warum man redlicherweise nicht mehr Christ sein kann. Alibri Verlag, Aschaffenburg 2004, 445 S., hier S. 62.

20 Gerd Lüdemann: Das Unheilige in der Heiligen Schrift – Die dunkle Seite der Bibel. Zu Klampen Verlag, Springe 2004, 3. Auflage, 136 S.

21 Siehe z. B. Hartwig Weber: Lexikon Religion, Rowohlt Taschenbuch, Reinbek bei Hamburg 2001, hier Stichwort Christenverfolgung.

22 Siehe z. B. Karlheinz Deschner, Kriminalgeschichte des Christentums, 2. Band: Die Spätantike. Hier z. B. 4. bis 7. Kapitel. Siehe Anmerkung 11!

Zu Karlheinz Deschner, geb. 1924, ist zu sagen, dass er wohl der bekannteste europäische Kirchenhistoriker und -kritiker ist. Bei aller religiöser bzw. ideologischer Gegnerschaft wird er dennoch auch von katholischen und evangelischen Theologen als Quelle zitiert, da die Zuverlässigkeit seiner Dokumentationen prinzipiell nicht in Frage gestellt wird. Ebenso wie das 1962 erschienene Werk "Abermals krähte der Hahn" gilt seine "Kriminalgeschichte des Christentums" vielen als Standardwerk der Kirchengeschichte.

23 Karlheinz Deschner: Kriminalgeschichte des Christentums: 6. Band, 6. Kapitel, S. 381-382. Siehe Anmerkung 11!

24 Walter Kaufmann: Der Glaube eines Ketzers. Szczesny Verlag, München 1965, 431 S. (Übersetzung aus dem Amerikanischen).

25 Gunnar Heinsohn: Lexikon der Völkermorde. Rowohlt Taschenbuch, Reinbek bei Hamburg 1998, 469 S. Hier Stichwort Kreuzzüge. (Hervorzuheben ist bei diesem Lexikon die Sensibilität und diskutierte Vorsicht bei der Mitteilung von Zahlen!)

26 Hans Kühner: Tabus der Kirchengeschichte – Notwendige Wandlungen des Urteils. 2. Auflage, Nürnberg 1965. Zitiert nach Joachim Kahl: Das Elend des Christentums. Rowohlt Taschenbuch, Reinbek bei Hamburg 1993, überarbeitete und erweiterte Neuausgabe, 223 S., hier S. 38.

27 Joachim Kahl: Das Elend des Christentums, S. 53. Siehe Anmerkung 26!

28 Karlheinz Deschner: Kriminalgeschichte des Christentums, Band 7, S. 264. Siehe Anmerkung 11!

29 Walter Nigg: Das Buch der Ketzer. Diogenes Verlag AG, Zürich 1986, 594 S. (Die Erstausgabe erschien 1949 im Artemis Verlag Zürich.) Hier Seite 263ff.

30 Karlheinz Deschner: Kriminalgeschichte des Christentums, Band 7, S. 262f. Siehe Anmerkung 11!

31 Karlheinz Deschner: Kriminalgeschichte des Christentums, Band 7, S. 268. Siehe Anmerkung 11!

32 Karlheinz Deschner: Kriminalgeschichte des Christentums, Band 7, S. 271. Siehe Anmerkung 11!

33 Joachim Kahl, Das Elend des Christentums, S. 56. Siehe Anmerkung 26!

34 Lexikon der Völkermorde, Stichwort Hexenverfolgung. Dort auch Thematisierung des Problems der Schätzung der tatsächlichen Opferzahlen.

35 Walter Nigg: Das Buch der Ketzer. Diogenes Verlag AG, Zürich 1986, 594 S. (Die Erstausgabe erschien 1949 im Artemis Verlag Zürich.) Hier Seite 341ff. – Horst Herrmann: Sex und Folter in der Kirche – 2000 Jahre Folter im Namen Gottes. Bassermann Verlag, München 2009, 363 S.

36 Klaus Kühlwein: Warum der Papst schwieg. Pius XII. und der Holocaust. Patmos Verlag, Düsseldorf 2008, 246 S. Kühlwein stützt sich u.a. auf Aussagen des Beauftragten für das Seligsprechungsverfahren von Papst Pius XII., Pater Peter Gumpel SJ. Uta Ranke-Heinemann: Nein und Amen – Mein Abschied vom traditionellen Christentum. Heyne Verlag, München 2002, 5., ergänzte Neuauflage, 446 S., hier S. 87/88 (mit genauer Angabe der Informationsquellen) und weiter S. 89/90.

37 Der Spiegel, 1. Juni 1998, Heft 23 – Titelgeschichte: Gottes willige Vollstrecker.

38 Siehe z. B. Lexikon der Völkermorde, 1998, Stichwort: Indianer 1492 bis heute. (Siehe auch Anmerkung 21!)

39 Bartolomé de la Casas: Kurzgefaßter Bericht von der Verwüstung der Westindischen Länder. Neu herausgegeben und kommentiert von Hans Magnus Enzensberger, Insel Taschenbuch 553, 1966, 153 S. Wer sich umfassender über die verheerenden Folgen christlicher Missionsarbeit informieren möchte, sei verwiesen auf das umfangreiche Werk von Gert von Paczensky: Verbrechen im Namen Christi – Mission und Kolonialismus, Knaus Verlag, München 1991. Der auch vom Fernsehen bekannte Journalist beschreibt in einem außerordentlich detailreichen und penibel dokumentierten Buch, was an Unfassbarem und Unglaublichem im Namen dieser Religion weltweit und bis heute angerichtet wurde. (Resignierend muss man jedoch feststellen, dass es kaum ein Christ wissen oder wahrhaben will.)

40 Joachim Kahl, Das Elend des Christentums, S. 43f. (Anmerkung 26!) Siehe aber auch Deschner: Abermals krähte der Hahn, S. 442-464! (Anmerkung 42!)

41 Gerd Lüdemann: Das Unheilige in der Heiligen Schrift – Die dunkle Seite der Bibel. Zu Klampen Verlag, Springe 2004, 3. Auflage, 136 S. (Taschenbuch); hier Kap. 3, insbes. S. 111-119. Uta Ranke-Heinemann: Nein und Amen – Mein Abschied vom traditionellen Christentum. Heyne Verlag, München 2002, 5., ergänzte Neuauflage, 446 S. (Taschenbuch); hier z. B. Kapitel 8, 9 und 13. Walter Laqueur: Gesichter des Antisemitismus – Von den Anfängen bis heute. Verlag Propyläen, 2008, 247 S.

42 Karlheinz Deschner: Abermals krähte der Hahn – eine kritische Kirchengeschichte von den Anfängen bis zu Pius XII. 3. Auflage, Stuttgart 1968, hier S. 461f. Auch in: Gerhard Czermak: Christen gegen Juden. Hamburg 1997, S. 338/39 oder: Joachim Kahl: Das Elend des Christentums. Reinbek b. Hamburg 1993, S. 51.

43 Martin Sasse (Hsg.): Martin Luther über die Juden: Weg mit ihnen! Sturmhut-Verlag Freiburg, 1938. Das Buch ist nicht mehr erhältlich, lediglich in Universitätsbibliotheken einsehbar. Unter folgender Internet-Adresse sind das Original von Titelblatt und Vorwort als Fotokopie einsehbar:
www.sgipt.org/sonstig/metaph/luther/judens.htm#1.

44 Wolfang Klosterhalfen: Morden mit Gott: Hitlerverehrung und Kriegshetze von deutschen Kirchenführern. Siehe unter: www.reimbibel.de/Kirche-im-Dritten-Reich.htm.

45 Der Text dieses von Papst Johannes XXIII. den Juden gewidmeten Gebets steht auf einer Schrifttafel in der Werner-Kapelle in Bacharach. Im Internet zu finden z. B. unter den Adressen:
www.alemannia-judaica.de/bacharach_synagoge.htm oder
www.johannesxxiii.net/seite_008.htm. Zur direkten Suche sind in Yahoo oder Google die ersten etwa sechs Gebetsworte in Anführungsstrichen einzugeben.

46 Hier verweise ich nochmals auf die Bücher von Deschner, Nigg, Kaufmann und anderen Kirchenhistorikern bzw. Theologen. Auch lohnt es sich, unter den kennzeichnenden Begriffen im Internet zu recherchieren. Auch wenn selbstverständlich Internet-Informationsquellen bezüglich Verlässlichkeit bzw. Wahrheitsgehalt mit Vorsicht zu betrachten sind, gilt dennoch, dass sie mindestens interessante Aspekte ansprechen, die man dann selbst weiter verfolgen und verifizieren kann. In vielen Fällen stößt man dann auf Originalquellen und -zeugnisse, die von seriösen wissenschaftlichen Institutionen ins Netz gestellt werden. Schließlich ist auf einen unschätzbaren Vorteil des Internets zu verweisen. Das Internet untersteht – anders als Rundfunk und Fernsehen – nicht der Mitkontrolle der Kirche oder ihr treu Ergebener. Trotzdem ist auch hier Vorsicht geboten, so ist z. B. das Internet-Lexikon Wikipedia nicht frei von "Reinigungsversuchen" fundamentalistisch eingestellter Christen.
In Aufsätzen oder Vorträgen von bekannten Kirchenkritikern wie Deschner, Schmidt-Salomon, Mynarek u.a. ist immer wieder zu erfahren, dass sie z. B. bei Fernseh-Talkshows – wenn denn schon einmal eine Einladung erfolgt – in vielen Fällen ganz kurz vorher doch noch mit den fadenscheinigsten Begründungen ausgeladen werden. Ihnen wurde bisher selten Gelegenheit gegeben, kirchenkritische oder gar atheistische Standpunkte öffentlich zu erläutern. Erst in letzter Zeit scheint sich hier eine Lockerung anzubahnen. Ob sie Bestand haben wird, ist abzuwarten. Von den in hoher Auflage erscheinenden Wochenzeitschriften sind vor allem "Der Spiegel" und der "Stern" zu nennen, von den Tageszeitungen z. B. die Berliner Tageszeitung "taz" oder "Neues Deutschland", die den Mut und die Unabhängigkeit haben, auch ausgesprochen kirchenkritische Beiträge zu veröffentlichen.

47 Was die Finanzsituation der Kirchen heute und ihre verdeckte Finanzierung durch den deutschen Staat anbelangt, orientiere man sich in den gründlich recherchierten und detailreichen Büchern von Carsten Frerk: Finanzen und Vermögen der Kirchen in Deutschland, 3. Auflage, Alibri Verlag, Aschaffenburg 2004, 435 S. Besonders sein neuestes Werk ist äußerst aufschlussreich: Carsten Frerk: Violettbuch Kirchenfinanzen – Wie der Staat die Kirchen finanziert, Alibri Verlag, Aschaffenburg 2010, 269 S. Ferner: Friedhelm Schwarz: Wirtschaftsimperium Kirche – Der mächtigste Konzern Deutschlands, Campus Verlag, Frankfurt/M. 2005, 230 S. Diese Publikationen machen deutlich, dass die Kirchen in Deutschland eigentlich grundgesetzwidrig zweistellige Milliardenbeträge direkt und indirekt als Subventionen aus allgemeinen Steuermitteln pro Jahr zugeschanzt bekommen. Natürlich ganz "legal", weil z.T. über –

dem Geist nach grundgesetzwidrige und vom Staat nicht mehr kündbare(!) – sog. Konkordate geregelt. Nur ein Beispiel: Kardinäle und Bischöfe werden in der Regel samt aller Kosten wie Wohnung, Krankenkasse, Bedienstete, Auto etc. vom Staat bezahlt! Und eine bezeichnende Irreführung wird in diesem Zusammenhang ebenfalls aufgedeckt, dass nämlich die von den konfessionellen Krankenhäusern, Kindergärten, Alten- und Pflegeheimen bzw. Wohltätigkeitsorganisationen wie Caritas und Diakonie erbrachten Sozialleistungen zu ca. 90% und mehr vom Staat und den Sozialkassen finanziert, im Bewusstsein der Öffentlichkeit aber als von der Kirche geleistet wahrgenommen werden.

48 Siehe Internetadresse: www.vatican.va. Auf der Startseite "Deutsch" auswählen. In das Suchfeld Stichwort "Tag der Vergebung" eingeben. Anklicken des Suchergebnisses "tag der vergebung, 12. märz 2000". Dann Anklicken der Schrift: "Erinnern und Versöhnen: die Kirche und die Verfehlungen in ihrer Vergangenheit".

49 Edgar Dahl: Das Elend der Theologie. Rezension des Buches von Manfred Lütz: Gott – Eine kleine Geschichte des Größten. Pattloch Verlag, München 2007, 297 S. Rezension dazu siehe unter Humanist. Pressedienst vom 21.3.2008, Beitrag Nr. 4160. Internet: http://hpd.de/node/4160.

50 Zitiert nach Walter Kaufmann: Der Glaube eines Ketzers, Szczesny Verlag, München 1965, hier S. 89.

51 Auf die Problematik der "Unbefleckten Empfängnis" machte mich freundlicherweise der Kollege Georg Dorn von der Universität Salzburg aufmerksam. Ich hatte das in den vorhergehenden Auflagen falsch dargestellt. "Unbefleckte Empfängnis" und "Jungfrauengeburt" sind für mich bizarre Beispiele für theologische Konstruktionen. Nachfolgend zwecks "Aufklärung" wörtliche Auszüge aus Wikipedia und Kathpedia.
Wikipedia: Die "Unbefleckte Empfängnis" ist ein römisch-katholisches Glaubensdogma, nach der die Gottesmutter Maria vor jedem Makel der Erbsünde bewahrt wurde. Damit habe Gott Maria vom ersten Augenblick ihres Lebens an vor der Sünde bewahrt, weil sie Mutter Gottes werden sollte. Dieses Dogma ist von der Jungfrauengeburt zu unterscheiden. Es bezieht sich nicht auf die Empfängnis Jesu, sondern auf die seiner Mutter Maria, die auf natürliche Weise von ihren Eltern Anna und Joachim gezeugt, empfangen und geboren wurde. Es sagt nichts aus über das Tun ihrer Eltern, sondern über ein Handeln Gottes an Maria, und macht keine moralische Aussage, sondern eine Glaubensaussage ... Die "Jungfrauengeburt" Jesu Christi gehört seit dem 2. Jahrhundert zum Apostolischen Glaubensbekenntnis, "... empfangen durch den Heiligen Geist, geboren von der Jungfrau Maria ..." Die evangelischen Kirchen relativieren diese Lehre als unwesentlich für den christlichen Glauben oder lehnen sie als unbiblisch ab. Die Humanbiologie schließt eine Zeugung ohne männliches Sperma (Parthogenese) beim Menschen aus.
Kathpedia: Das Freisein von der Erbsünde war für Maria ein unverdientes Geschenk Gottes und ein Ausnahmegesetz, das nur ihr gewährt wurde. Die Wirkursache der "Unbefleckten Empfängnis" Mariens ist der allmächtige Gott. ... Die "Unbefleckte Empfängnis" ist ein Dogma. Papst Pius IX. verkündete am 8. Dezember 1854 als von Gott geoffenbarte und darum von allen Gläubigen fest und standhaft zu glaubende Lehre: "Die seligste Jungfrau Maria wurde im ersten Augenblick ihrer Empfängnis durch ein einzigartiges Gnadengeschenk und Vorrecht des allmächtigen Gottes im Hinblick auf die Verdienste Christi Jesu, des Erlösers des Menschengeschlechtes, rein von jedem Makel der Erbschuld bewahrt."

52 Joseph Ratzinger: Einführung in das Christentum. Kösel Verlag, München 2005, 5. Auflage, 366 S., hier S. 255ff.
53 Uta Ranke-Heinemann: Nein und Amen – Mein Abschied vom traditionellen Christentum. Heyne Verlag, München 2002, 5., ergänzte Neuauflage, 446 S., hier S. 343 und S. 336.
54 Katechismus der katholischen Kirche, 1993, Texte 1033 und 1035, S. 295. Siehe Anmerkung 6!
55 Katechismus der katholischen Kirche, 1993, Texte 643, S. 198 und 660, S. 203. Siehe Anmerkung 6!
56 Katechismus der katholischen Kirche, 1993, Texte 1992, S. 515 und 964, S. 278. Siehe Anmerkung 6!
57 Zitiert nach Uta Ranke-Heinemann, S. 376. Siehe Anmerkung 53!
58 Hartwig Weber: Lexikon Religion, Rowohlt Taschenbuch, Reinbek bei Hamburg 2001. Modifiziert entnommen dem Stichwort Abendmahl.
59 Uta Ranke-Heinemann, S. 384. Siehe Anmerkung 53!
60 Karl-Heinz Kohl: Das unbekannte Christentum. Beitrag in der Frankfurter Allgemeinen Zeitung vom 14. August 2007, S. 7. Das Zitat von Porphyrius ist aus Adolf von Harnack: Die Mission und Ausbreitung des Christentums in den ersten drei Jahrhunderten, 4. Auflage, 1924, S. 248, dort Anmerkung 1. (Angaben nach einer persönlichen Mitteilung des Autors K.-H. Kohl.)
61 Norbert Copray (Hsg.): Baustelle Christentum – Glaube und Theologie auf dem Prüfstand. Matthias-Grünewald-Verlag, Oberursel 2009, 221 S. / Klaus-Peter Jörns: Notwendige Abschiede – Auf dem Weg zu einem glaubwürdigen Christentum. Gütersloher Verlagshaus, 2004, 5. Auflage, 412 S.
62 Die Willensfreiheit wurde von dem Kirchenlehrer Thomas von Aquin (1225-1274) aus theologischen Gründen eingeführt bzw. behauptet. Vgl. die ausführliche Darstellung dieser Problematik in Kapitel IV!
63 Michael Schmidt-Salomon in einem Interview mit dem Internet-Projekt "Der Humanist": www.humanist.de/ → Religion → Texte: Das Christentum hat sich …
64 Von der Existenz von Engeln als personale und unsterbliche geistige Wesen und ihrer Funktion im Himmel und auf Erden ist z.B. im katholischen Katechismus (1993) an vielen Stellen die Rede. Siehe z. B. Kurztexte 350-351, S. 121 oder Kurztexte 328-330, S. 116f. Siehe Anmerkung 6!
65 Marcel Reich-Ranicki im Wochenmagazin Der Spiegel, Ausgabe 15 vom 7.4.2007, S. 129.
66 Siehe Anmerkungen 1 und 2 zu Kapitel V!
67 Gerhard Szczesny: Die Zukunft des Unglaubens, 1958/59, S. 149. Siehe Anmerkung 1!
68 Dalai-Lama: Die Welt in einem einzigen Atom – Meine Reise durch Wissenschaft und Buddhismus. Theseus Verlag, Berlin 2005, 240 S., hier S. 9.
69 Rede von Papst Benedikt XVI. an der Universität Regensburg, gehalten am 12.9. 2006 anlässlich seines Besuches in Bayern. Wortlaut siehe Internetadresse:
www.vatican.va. Auf der Startseite "Deutsch" auswählen. In das angebotene Suchfeld die Stichworte "Glaube Vernunft Regensburg 2006" eingeben. Anklicken des Suchergebnisses "treffen mit den vertretern der wissenschaften …"
Eine in diesen Zusammenhang sehr erhellende Auseinandersetzung liefert Hans Albert in seinem neuesten Buch: Joseph Ratzingers Rettung des Christentums – Be-

schränkungen des Vernunftgebrauchs im Dienste des Glaubens. Alibri Verlag, Aschaffenburg 2008, 126 Seiten.

70 Daten zusammengestellt aus den beiden Schriften: 1. Klaus-Peter Jörns: Die neuen Gesichter Gottes – Was die Menschen heute wirklich glauben. 2. Auflage, Beck Verlag, München 1999, 267 S., hier vor allem S. 234-263. 2. Albrecht Rademacher und Klaus-Peter Jörns: Antworten von Pfarrerinnen und Pfarrern der Evangelischen Kirche in Berlin-Brandenburg sowie von Berliner Theologiestudenten. Beitrag in: Klaus-Peter Jörns und Carsten Großeholz (Hrsg.): Was die Menschen wirklich glauben – Die soziale Gestalt des Glaubens – Analysen einer Umfrage. Chr. Kaiser Gütersloher Verlagshaus, Gütersloh 1998, hier S. 195-257 und 287-332.

71 Uwe Schmidt: Widerstand gegen die Zumutungen des Glaubens – Ein Gemeindepfarrer und seine ganz persönliche Kirchengeschichte. Teia Verlag, Berlin 2010, 177 S.

72 Die Diskussion fand statt am 7. März 2007 im SWR Fernsehen zu dem Thema "Gibt es ein Leben nach dem Tod?". Teilnehmer waren der Sprecher der katholischen Bischofskonferenz Kardinal Lehmann, der Vorstandssprecher der Giordano-Bruno-Stiftung Dr. Michael Schmidt-Salomon, ein ehemaliger Tagesschausprecher und eine buddhistische Nonne. Der am nächsten Tag vom SWR zusammengestellte Bericht im Internet erwähnte mit keiner Zeile die brisanten Äußerungen des Kardinals. Auf eine Anfrage an Schmidt-Salomon, ob er meinen Eindruck bestätigen könne, dass sich Kardinal Lehmann möglicherweise in einer Glaubenskrise befände, antwortete er mir in einer E-Mail u.a. Folgendes: "Ich kann Ihren Eindruck bzgl. Lehmann nur bestätigen. Ich hatte, als ich mit ihm nach der Sendung sprach, das Gefühl, eher einem Spinozisten gegenüber zu stehen als einem glaubenstreuen Kirchenfürsten. Offenbar zitiert er auch lieber Brecht als die Bibel. Das ist wirklich ungewöhnlich und bringt dogmatische Katholiken regelrecht zum Kochen. Schauen Sie sich hierzu doch einmal diese Hetz-Meldung von http://www.kreuz.net/article.4828.html (und vor allem die über 150 Kommentare) an." Monate später ist unter der gleichen Internet-Adresse eine ausführlich kommentierte, aber entschärfte Meldung zu diesem gesamten Vorgang eingestellt worden.

73 ALLBUS-Erhebung 2002, durchgeführt an einer repräsentativen Auswahl von ca. 2800 Bundesbürgern vom Zentralarchiv für Empirische Sozialforschung, Universität Köln, und ZUMA Zentralinstitut für Umfragen, Methoden und Analysen, Mannheim (jetzt GESIS). – Die Wandlungen des eigenen Gottesbildes beschreibt Reinhold Miller in seinem Buch "Gott ein Geschöpf des Menschen – Mein Weg vom traditionellen Glauben zur Wirklichkeit ohne Gott" (Olms Verlag, Hildesheim 2008). Im Kontrast zur bloßen Kenntnisnahme der entpersönlichten Daten einer Umfrage erlebt hier der Leser die subjektiven Prozesse der Ablösung aus einer einengenden katholischen Glaubenswelt und der Entwicklung hin zu einem mündigen und sich frei fühlenden Menschen ohne Gott.

74 Der Humanistische Pressedienst berichtete am 19.12.07 von einer Studie über 328 im Internet veröffentlichte Predigten. Danach bildeten in 75% der Fälle nur 5 der 66 Bücher der Bibel die Grundlage der Predigten. Allen voran das Lukas-Evangelium, dann folgten die drei übrigen Evangelisten und schließlich noch das 1. Buch Mose (Genesis), aus dem aber nur aus 10 der insgesamt 50 Kapiteln zitiert wird. Schon erstaunlich, wie wenig offenbar das "Buch der Bücher" geistige bzw. geistliche Anregung liefert! Siehe unter: http://hpd.de/node/3490.

75 Die Autoren Buggle, Deschner, Lüdemann, Mynarek oder Schmidt-Salomon berichten in ihren Schriften wiederholt von massiven Eingriffen in die Meinungsfreiheit seitens der Verantwortlichen im deutschen Fernsehen. So werden Beispiele beschrieben, wo (wiederholt!) zugesagte Fernsehauftritte im allerletzten Moment unter fadenscheinigen Begründungen abgesagt werden, hohe Kirchenvertreter es ablehnen mit kirchenkritischen Teilnehmern zusammen in Talkshows aufzutreten (mit der Folge natürlich, dass letztere ausgeladen wurden!), bereits fertiggestellte kirchenkritische Sendungen auf Druck des leitenden Redakteurs (der ganz offenbar seine Weisungen wiederum von ihm übergeordneter Stelle empfing!) wieder aus dem vorgesehenen Programm genommen wurden, massiver Druck von bischöflicher Seite auf Verlage ausgeübt wird, Bücher bestimmter Autoren bzw. Inhalte nicht zu verlegen.

76 Titelschlagzeile der Berliner Tageszeitung "die tageszeitung" (taz) vom 19.8.2005.

77 Forschungsgruppe Weltanschauungen in Deutschland (fowid). Abrufbar über die Internetadresse: www.fowid.de/ Datenblatt Religionszugehörigkeiten 1950-2004, Fassung vom 19.12.2005. Siehe auch Anmerkung 1 von Kapitel V!
Im Jahr 2008 traten etwa 170 000 aus der evangelischen, etwa 121 000 Menschen aus der katholischen Kirche aus.
Siehe auch die Analyse einer Allensbach-Umfrage in der FAZ vom 23.6.2010: "Schwere Zeiten für die Kirche", kommentiert von Prof. Dr. Renate Köcher.

78 Amt für Kirchliche Dienste. Kommentierung einiger Aspekte der vierten EKD-Erhebung zur Kirchenmitgliedschaft. Abrufbar als PDF-Datei unter: www.ekkw.de/angebote/img/img_eigene/ge_Kirche_Kultur.pdf.
Ggf. mit Yahoo (www.yahoo.de) oder Google suchen, dazu folgenden Text in Anführungszeichen(!) eingeben: "Kirche als kultureller Restbestand?"
Die Studie stammt aus dem Jahr 2003. Zwischenzeitlich haben sich sicherlich Verschiebungen ergeben, vermutlich kaum zu Gunsten der evangelischen Kirche.

79 Als Datenquelle siehe vor allem fowid, Forschungsgruppe Weltanschauungen in Deutschland: www.fowid.de → Datenarchiv → Religionszugehörigkeiten. (Siehe auch Anmerkung 1 zu Kapitel V!) Kritische Informationen rund um Glauben und Kirche liefert täglich auch der Humanistische Pressedienst: www.hpd.de.
Berlin hatte 2007 3,42 Mill. Einwohner, davon bekannten sich 1,05 Mill. zu einer der christlichen Kirchen, also 30,7%. Quelle: Amt für Statistik Berlin-Brandenburg.

80 Detlef Pollack: Rückkehr des Religiösen? Studien zum religiösen Wandel in Deutschland und Europa II. Verlag Mohr Siebeck, Tübingen 2009, 367 S.
Zum Engagement des Bundespräsidenten Wulff in Sachen der evangelikalen Bewegung ProChrist, die in der politischen Kommentierung überwiegend als nicht vereinbar mit der Neutralität des Amtes des Bundespräsidenten angesehen wird, siehe unter Yahoo oder Goggle unter den Stichworten "ProChrist Bundespräsident Wulff"!

81 Ein geradezu bahnbrechendes Werk mit außerordentlich vielen Details und Quellennachweisen zur Finanzierung angeblich rein kirchlicher Leistungen durch Staat und Sozialkassen ist das jüngst erschienene Buch des Politologen Carsten Frerk: Violettbuch Kirchenfinanzen – Wie der Staat die Kirchen finanziert; Alibri Verlag, Aschaffenburg 2010, 269 S.
Man recherchiere auch mal selbst im Internet unter den Stichworten "Kirche und Finanzen"! Dabei wird man schnell feststellen, dass die nicht-kirchlichen Quellen wesentlich informativer sind! Siehe auch Anmerkung 47!

82 Franz Buggle: Denn sie wissen nicht, was sie glauben – Oder warum man redlicherweise nicht mehr Christ sein kann. Siehe Anmerkung 10!

83 Hans Küng: Der Anfang aller Dinge – Naturwissenschaft und Religion. Piper Verlag, München und Zürich 2005, 2. Auflage, 247 S.

84 Karen Duve in ihrem Essay "Welt ohne Gott – Ein Plädoyer wider den Glauben". Der Spiegel, 2009, Heft 14, 30.3.09, S. 142-143.

85 Man mache sich über Yahoo oder Google unter den Stichworten "Kirchliches Arbeitsrecht" und "Kündigung" bzw. "Einstellung" oder verwandter Begriffe sachkundig. Wem diese Problematik neu ist, wird erschüttert feststellen, welche Sonderrechte sich die Kirchen über die Jahrzehnte, vor allem mit Hilfe kirchenergebener Politiker von CDU, SPD und FDP, angeeignet haben.

86 Hoimar von Ditfurth: Wir sind nicht nur von dieser Welt – Naturwissenschaft, Religion und die Zukunft des Menschen. Hoffmann und Campe Verlag, Hamburg 1981, 340 S.

87 Geradezu perfektioniert haben (der frühere) Kardinal Karl Lehmann und (der frühere) Bischof Wolfgang Huber die Kunst, bei aktuellen Anlässen (Terroranschlägen, Erdbeben, Flutkatastrophen, Unglücksfällen größeren Ausmaßes etc.) problematische theologische Fragen (z. B. Gottes unerklärliches Schweigen anlässlich einer großen Katastrophe) zu diskutieren und zu "lösen". Sie führen in vielfach erprobter Diktion vor, wie man mittels hochgetriebener Abstraktion, vager Begrifflichkeit, theologisch schwammiger Ausdrucksweise und nichtssagender Floskeln bei gelegentlich sogar freimütig eingeräumter eigener Ratlosigkeit jede noch so heikle Situation aus christlich-theologischer Sicht so zerreden kann, dass man als Hörer oder Leser schließlich ebenso ratlos da steht. Man unterziehe sich bei solchen Gelegenheit der Mühe, Reden oder Texte der genannten Kirchenmänner auf ihren tatsächlichen semantischen Gehalt zu analysieren.

88 So entwickelt er eine Vorstellung des "Jenseits", dem aus heutiger und mit großer Wahrscheinlichkeit auch zukünftiger wissenschaftlicher Sicht nicht zu widersprechen sein wird. Für ihn definiert sich Jenseits als der Bereich des Diesseits(!), der uns derzeitig oder möglicherweise aufgrund der prinzipiellen Grenzen unseres Verstandes für immer weder verstandesmäßig noch empirisch zugänglich ist. Aber – so seine These – die Grenze verschiebt sich aufgrund wissenschaftlichen Fortschritts immer weiter im Sinne einer "Ver-Diesseitigung" oder Entmystifizierung des Jenseits.

89 Alles so nachzulesen z. B. im aktuellen Katechismus der katholischen Kirche (1993), dem von Papst Johannes Paul II. und dem (damaligen) Kardinal Ratzinger herausgegebenen verbindlichen Leitfaden des katholischen Glaubens. Siehe auch Anmerkung 6!

90 Als ich Ditfurths Buch kurz nach dessen Erscheinen 1981 las und irritiert war von den hier kritisch zitierten Passagen, war ich von dem Wissenschaftler Ditfurth sehr enttäuscht, hielt aber immer noch die Möglichkeit für gegeben, dass ich mich irrte und Ditfurth nicht verstanden hätte. Eine im Rahmen der Abfassung des vorliegenden Buches erneute Lektüre ließ in mir aber die Überzeugung wachsen, dass Ditfurths hier kritisch zitierte Positionen für mich nicht akzeptabel sind. Zu meiner Genugtuung entdeckte ich in Buggles Buch: "Denn sie wissen nicht, was sie glauben", ebenfalls eine ganz klare, noch wesentlich differenzierter begründete Bestätigung meiner hier geäußerten, schon damals empfundenen Auffassung.

91 Heinz Zahrnt: Warum ich glaube – Meine Sache mit Gott. dtv Taschenbuch 1533, München 1980, 301 S., hier S. 120.

92 Was "emotionaler Widerstand" bedeuten kann, lässt sich mitunter in Diskussionen mit Marxisten beobachten. Selbst wenn vom Verstand her eingesehen wird, dass diese Ideologie in weiten Teilen durch die Praxis widerlegt wurde, empfinden viele von ihnen aufgrund lebenslanger Identifikation mit dieser Lehre ein Aufgeben dieser Weltanschauung als Verlust eines Teils ihrer Persönlichkeit.

93 Von Sozialisten und Liberalen, die in früheren Zeiten zu vehementen Verfechtern der Presse- und Meinungsfreiheit gehörten, hört man diesbezüglich sehr wenig Kritik. Weil sie die Kirchen inzwischen eher als Verbündete benötigen, will man sich vermutlich ihre Sympathien nicht verscherzen. Insbesondere die FDP, einst Verfechter einer strikten Trennung von Staat und Kirche, hat diesen fundamentalen Grundsatz einer liberalen Partei offenbar inzwischen aufgegeben.
In den seriöseren Programmteilen des Fernsehens werden in letzter Zeit vermehrt Forschungsergebnisse über die Zeiten und Orte urchristlichen Geschehens präsentiert. Sie stimmen selten mit dem überein, was Religions- und Konfirmandenunterricht uns seinerzeit mitteilten. In den Kulturprogrammen des Hörfunks gibt es ganz gelegentlich weltanschaulich "neutrale", manchmal sogar kirchenkritische Sendungen.
Von den überregionalen Presseerzeugnissen sind es die Wochenzeitschriften "Der Spiegel", gelegentlich "Der Stern" und die Berliner Tageszeitungen "taz" und "Neues Deutschland", die sich teilweise sehr kritisch mit Kirche und Religion auseinandersetzen. Seit Oktober 2006 gibt es den "Humanistischen Pressedienst", der sich zum Ziel gesetzt hat, "dass aufklärerische, humanistische und freigeistige Positionen in Medien und Politik größere Beachtung finden". Siehe auch unter: http://hpd.de/

94 Quelle: http://gemeinden.erzbistum-koeln.de/st_andreas_koeln/albertusMagnus/ansprache_ppaul2.

95 Wolfgang Huber: Der christliche Glaube – Eine evangelische Orientierung. Gütersloher Verlagshaus, Gütersloh 2008, 4. Auflage, 286 S., hier S. 195 und 196. Eine sehr lesenswerte Rezension dieses Buches von Carsten Werner ist über den Humanistischen Pressedienst verfügbar: http://hpd.de/node/5374.

96 Klaus von Stosch: Einführung in die Systematische Theologie. Verlag Schöning, Paderborn 2009, 2. Auflage, 352 S., hier S. 137. Den Hinweis auf dieses Buch und das Zitat verdanke ich Bernd Vowinkels Aufsatz "Ist der Neue Atheismus niveaulos?", Juni 2010, auf den auch sonst sehr lesenswerten Seiten der Giordano Bruno Stiftung, Regionalgruppe Köln-Bonn-Düsseldorf: http://gbskoeln.de.

97 Max Planck: Vorträge und Erinnerungen. Wissenschaftliche Buchgesellschaft, Darmstadt 1965, S. 13.

Kapitel VII: Überlegungen zu einem alternativen Welt- und Menschenbild

1 Edgar Dahl: Macht Geld glücklich? Das Wohlstandsparadox. In: Spektrum der Wissenschaft, Mai 2008, S. 84-87.

2 Die Antworten aus den Fragebogen wurden der Zeitschrift "Forschung & Lehre" der Jahrgänge 1997 bis 2005 entnommen.

3 Heiko Ernst im Gespräch mit der Zeitschrift "diesseits – Zeitschrift für Humanismus und Aufklärung", 2007, Heft 3. Heiko Ernst ist auch Autor des Buches "Das gute Le-

ben. Der ehrliche Weg zum Glück", Ullstein Taschenbuch, 2005, in dem er die hier zitierten Gedanken detaillierter ausführt und begründet.

4 Michael Schmidt-Salomon: Manifest des evolutionären Humanismus – Plädoyer für eine zeitgemäße Leitkultur. Alibri Verlag, Aschaffenburg 2005, 181 S., hier S. 26-27.

5 Peter Singer: Je mehr wir für andere leben, desto zufriedener leben wir. In: Dahl, E. (Hsg.): Brauchen wir Gott? Moderne Texte zur Religionskritik. Hirzel Verlag, Stuttgart 2005, 173 S.

6 Brockhaus multimedial 2006 premium, Bibliographisches Institut & F.A. Brockhaus AG, Mannheim 2006, und Internet-Lexikon Wikipedia: Stichwort Menschenrechte.

7 Michael Schmidt-Salomon: Erkenntnis aus Engagement – Grundlegungen zu einer Theorie der Neomoderne. Alibri Verlag, Aschaffenburg 1999, 486 S., hier Kap. 3.2.1.

8 Siehe unter: www.idea.de – das christliche Nachrichtenportal, Meldung vom 2.7.08.

9 U.a. Materialien des Humanistischen Verbands Deutschland. Siehe z.B. www.humanismus.de

10 Koordinierungsrat säkularer Organisationen. Siehe unter: www.korso-deutschland.de.

11 Bund für Geistesfreiheit, Ortsverband Augsburg. Siehe unter: http://www.bfg-augsburg.de/augsburg/index.php?p=bfg&u=grundsaetze.

12 Michael Schmidt-Salomon: Manifest des evolutionären Humanismus, hier S. 156-159. Siehe Anmerkung 4!

13 Joachim Kahl: Weltlicher Humanismus – Eine Philosophie für unsere Zeit. LIT Verlag, Berlin 2009, 260 S., 4., korrigierte Auflage. Kahl ist weit über die Grenzen der Bundesrepublik Deutschland bekannt geworden durch sein Buch "Das Elend des Christentums oder Plädoyer für eine Humanität ohne Gott", das bereits 1968 erschien, starke Resonanz in Kirche und Öffentlichkeit auslöste und das sich – nach Angaben des Autors – etwa hundertdreißigtausend Mal verkaufte. (Siehe auch Anmerkung 26 von Kapitel VI!) Kahl promovierte 1967 zum Doktor der Theologie, die ihn – wie er in seinen autobiographischen Notizen vermerkt – zum Atheismus führte. Nach seiner Promotion trat er aus der Kirche aus. Was Kahl in meinen Augen so beeindruckend macht, ist seine intellektuelle Redlichkeit, die ihn auf die von ihm erkannte Wahrheit verpflichtete. Er gab für seine Überzeugung eine theologische Karriere an der Universität auf, die ihm seinen Lebensweg materiell und im Gefüge unserer akademischen Welt ansehensmäßig gewiss leichter und bequemer gemacht hätte. Es ist dies eine Haltung, die alle Achtung verdient, leider nur von wenigen gezeigt wird.

14 Nina von Hardenberg: Verurteilt zum Leben – Sterbehilfe-Diskussion. In: Süddeutsche Zeitung vom 21.6.08. Text war seinerzeit abrufbar über: www.sueddeutsche.de/deutschland/artikel/280/181719/print/html.

15 Satzung und Positionspapiere der Deutschen Gesellschaft für Humanes Sterben (DGHS). Siehe unter: www.dghs.de/

16 Meldung Nr. 5176 des Humanistischen Pressedienstes vom 5. August 2008. Siehe auch: http://hpd.de/node/5176.

17 Walter Jens, Hans Küng u.a.: Menschenwürdig Sterben. Ein Plädoyer für Selbstverantwortung. Piper Verlag, München 1995, 2. Auflage, 220 S.

18 Norbert Hoerster: Ethik des Embryonenschutzes – Ein rechtsphilosophischer Essay. Philipp Reclam jun., Stuttgart 2002, 136 S.

19 Zwei bewegende Essays für die Zulassung der Präimplantationsdiagnostik erschienen im Wochenmagazin "Der Spiegel". Eberhard Schwinger: Ende einer Farce – Der

Embryonenschutz soll Leben schützen, aber kann Menschen schaden; in: Der Spiegel, 2010, Heft 28, S. 116-117. Eva Menasse: Zellhaufen mit Potential – Ein Verbot der Präimplantationsdiagnostik ist nicht christlich, sondern falsch; in: Der Spiegel, 2010, Heft 44, S. 140-142.

20 Zu den Ideen und Zielen des Transhumanismus siehe auch den Internetauftritt der "Deutschen Gesellschaft für Transhumanismus", http://www.detrans.de/. Lesenswerte Beiträge zu Idee und Problematik des Transhumanismus bietet Peter Möller auf seinen Internetseiten, www.philolex.de/tranhuma.htm. Siehe ferner unter "Transhumanismus" im Internet-Lexikon Wikipedia.

21 Peter Sloterdijk: Regeln für den Menschenpark: Ein Antwortschreiben zu Heideggers Brief über den Humanismus. Suhrkamp Taschenbuch, 1999, 59 S.

Kapitel VIII: Mein »Credo«

1 Das Wissen des Durchschnittsbürgers zu naturwissenschaftlichen Sachverhalten kann nur als dürftigst bezeichnet werden, wenn auch aufgrund einschlägiger Fernsehsendungen eine überwiegend positive Einstellung zu naturwissenschaftlichen Themen und Erkenntnissen vorliegt. Der zeitliche Umfang der Fächer Physik und Biologie am Gesamtunterricht ist so gering, dass allenfalls in den Oberstufen eine halbwegs solide naturwissenschaftliche Basisausbildung erfolgt. Im Zuge der Umstellung von 13 auf 12 Jahre Schulausbildung wurde in vielen Fällen der naturwissenschaftliche Unterricht jedoch weiter gekürzt. Geradezu erschütternd ist die Tatsache, dass die Evolutionstheorie, von der in der Schule keinesfalls jeder etwas zu hören bekommt, an manchen Hochschulen Deutschlands noch nicht einmal zum verpflichtenden Bestandteil eines Lehrer-Biologie-Studiums gehört, wie der Evolutionsbiologe Prof. Dr. U. Kutschera, Universität Kassel, mitteilt. Da verwundert es kaum noch, wenn die damalige hessische Kultusministerin Karin Wolff (CDU) im Jahr 2007 verlangte, die biblische Schöpfungsgeschichte im Biologieunterricht als gleichwertige Alternative zur Evolutionstheorie zu behandeln. Um die weltanschaulichen Grundkenntnisse sieht es innerhalb der deutschen Bevölkerung beziehungsweise Schülerschaft noch trauriger aus. Die Länder Brandenburg und Berlin und andere haben bereits begonnen oder stehen kurz davor, mit dem Fach Lebenskunde die bisher einseitige religiöse Orientierung aufzubrechen und den heranwachsenden Bürgern Kenntnisse über Themen wie Ursprung von Religion, Religion und Moral, Umgang mit anderen Religionen, Leben ohne Religion, Naturwissenschaft und Weltanschauung zu vermitteln. Der Lebenskundeunterricht ist ein bekenntnisorientierter Weltanschauungsunterricht, der eine humanistische Lebensauffassung vertritt und am weltlichen Humanismus, der Aufklärung und den modernen (Natur-)Wissenschaften orientiert ist. Ziel ist es, die Schüler mit dem Wissen und der Einstellung vertraut zu machen, die sie befähigen, in religiösen beziehungsweise weltanschaulichen Fragen eine eigenständige und begründete Entscheidung zu treffen. Dass die Kirchen und die sie in diesem Punkt unterstützenden Parteien und gesellschaftlichen Organisationen gegen diese curricularen Entwicklungen größten Argwohn hegen, überrascht nicht.

2 Entnommen der Zitaten-Sammlung von Edgar Dahl: Wer zur Hölle will schon in den Himmel? Ein Brevier für Ungläubige und solche, die es werden wollen. Book on Demand GmbH Norderstedt, 2010, 155 S.

Stichwortverzeichnis

E

F

G

H

N

O, P, Q

T

U